第 四 版

經濟·經營數學

李 孝 求
朴 勝 安 共著

博 英 社

머 리 말

現代의 經濟學과 經營學의 가장 큰 특징의 하나는 그 理論의 전개를 위하여 數學的 방법을 빌리는 경우가 매우 많다고 하는 사실이다. 經濟學이나 經營學에서 다루는 개념들은 대부분 그 특성을 數量的으로 표현할 수 있기 때문에, 經濟學이나 經營學의 理論을 구성함에 있어서 數量的 接近方法이 널리 응용된다고 하는 것은 하나의 論理的 歸結이라고 할 수 있겠다. 물론 대부분의 經濟學 및 經營學의 理論은 전통적인 방법과 같이 일반적인 用語로 표현할 수 있지만, 數學的 방법을 사용하게 되면 理論展開의 과정이 보다 논리적이고 명확해진다는 것은 周知하는 바와 같다.

오늘날 經濟學과 經營學의 여러 분야에서 응용되고 있는 數學은 점점 그 범위가 넓어지고, 또 그 수준도 높아지고 있다. 그러나 經商系列의 學部課程에서 응용되는 數學은 비교적 그 범위와 수준이 한정되어 있다고 할 수 있다. 이 책의 목적은 이와 같이 學部水準에서 배우게 되는 經濟學과 經營學을 이해하고 응용하는 데 필요한 數學的 基礎를 제공하는 데 있다.

이 책을 읽기 위하여 필요한 數學에 대한 事前知識은 우리 나라 高等學校에서 배우고 있는 文科數學으로 충분할 것이다. 한편, 이 책에서 다루고 있는 經濟學과 經營學의 數學的 응용을 이해하기 위해서는 經商系列 大學의 1, 2學年 과정에서 배우는 經濟原論 수준의 지식이 필요하리라고 생각된다. 그러나 이 책의 數學은 그 자체로서 내용의 一貫性을 지니고 있기 때문에, 經濟學과 經營學에의 응용을 다루지 않는다면, 經濟原論을 아직 마치지 않은 學生들의 一般敎養數學의 敎科書로서도 충분히 사용될 수 있으리라 믿는다.

이 책은 가급적 經商系列의 각 學科의 특성과 敎授님들의 편의에 따라 伸縮性 있게 이용할 수 있도록 엮었다. 특히 *로 표시된 일부의 節이나 小節은 講義를 생략하는 경우에도 전체적인 내용의 연속에는 지장이 없도록 되어 있다. 또 최근 우리 나라의 高等學校에서 가르치는 數學의 수준이 비교적 높으므로, 學生들의 수준에 따라 제 2 장의 대부분과 다른 章에 있어서도 기초적인 槪念들을 다루는 節이나 小節은 추가적으로 學生들의 自習에 맡겨도 무방하리라고 생각된다. 다음에 제13장의 微分方程式과 差分方程式, 그리고 제14장의 벡터는 하나의 독립적인 章을 이루고 있으므로 講義進度에 따라서는 생략해도 내용의 연속에 지장이 없도록 되어 있다.

앞에서 지적한 것 외에도, 經濟數學의 教材로서 이 책이 사용되는 경우에는 제15장 線型計劃法과 제16장 게임理論의 대부분은 다루지 않아도 무방하리라고 생각된다. 한편, 經營數學의 教材로서 이 책이 사용되는 경우에는 제3장의 2절 이하와 제5장의 7절 이하, 그리고 제7장의 10절과 제8장의 9절은 모두 생략해도 좋고, 그 밖에 제9장∼제12장의 일부는 다루지 않아도 무방할 것이다.

이 책의 數學은 주로 朴勝安이, 그리고 經濟學 및 經營學에의 應用은 주로 李孝求가 맡아 썼다. 그러나 물론 여러 단계에 걸쳐 두 著者는 서로 각자가 쓴 부분에 대해 示唆와 助言을 서슴지 않았다. 어느 경우에나 共著란 결코 용이한 作業이 아니다. 그러나 이 책의 경우처럼 共著가 명분이 있을 뿐 아니라, 또 순조롭게 쓰여진 경우도 찾아보기 어려울 것이라고 自負할 수 있는 것은 큰 즐거움이 아닐 수 없다.

이 책의 初版이 나온 지 20년이 넘었고, 그 동안 의외로 여러분들의 歡迎을 받아 여러 版을 거듭하게 되니 著者로서는 望外의 영광이 아닐 수 없다. 그러나 著者의 게으름으로 이제야 第4版으로 不足한 점을 補完하게 되어 罪悚스러움을 금할 수 없다.

끝으로, 이 책의 出版을 쾌히 맡아 주시고, 物心兩面으로 여러 가지 配慮를 아끼지 않아 주신 安鍾萬 사장님, 博英社의 여러분들에게 깊은 感謝를 드린다.

1999年 8月

著 者

차　　례

제 1 장　序　　論

제 2 장　數學의 基礎概念

제 3 장 간단한 線型모델

제 4 장 行 列

제 5 장 行列式과 聯立一次方程式

제 6 장 微 分 法

제 7 장 偏微分法

제 8 장 一變數函數의 極大와 極小

제 9 장 多變數函數의 極大와 極小

제10장 制約條件 아래에서의 極大와 極小

제11장 超越函數

제12장 積 分 法

제13장 微分方程式과 差分方程式

제14장 Euclid 空間

제15장 線型計劃法

제16장 게임理論

제 1 장

序　　論

1. 1　經濟 및 經營모델
1. 2　變數와 變數의 種類
1. 3　모델과 方程式의 種類
1. 4　經濟 및 經營모델의 類型

제 1 장 序　　論

1.1 經濟 및 經營모델

經濟學이나 經營學에 있어서 數學的 방법을 이용하여 理論을 정립하는 과정을 흔히 모델 빌딩(model building)이라 하고, 이와 같이 하여 수학적 방법으로 표현된 이론을 **數學的 모델**(mathematical model) 또는 간단히 **모델**(model)이라 부른다. 이 책의 목적은 대학과정에서 응용되는 經濟 및 經營모델을 이해하는 데 필요한 수학적 기초를 제공하는 데 있다.

경제학과 경영학에서는 주로 임금, 가격, 국민소득, 고용 등과 같은 變數들을 다루고 있기 때문에, 經濟 및 經營모델이란 이들 변수들 사이에 존재하는 관계를 定式化한 것이다. 수학적 모델에 있어서는 변수 사이의 관계는 모두 방정식으로 표현된다.

예를 들어, 수요량을 q^D, 가격을 p라고 할 때, 需要函數를 나타내는 모델은 다음과 같이 쓸 수 있다.

$$q^D = a + bp \tag{1.1.1}$$

이와 같이, 단 하나의 방정식으로 구성되는 모델을 單一方程式모델(single equation model)이라고 한다.

이에 대하여 두 개 이상의 방정식으로 구성되는 모델을 聯立方程式모델(simultaneous equation model)이라 한다.

예를 들어, q^D를 수요량, q^S를 공급량, 그리고 p를 가격이라고 할 때,

$$\begin{aligned} q^D &= a + bp && \text{(需要函數)} \\ q^S &= c + dp && \text{(供給函數)} \\ q^D &= q^S && \text{(均衡條件)} \end{aligned} \tag{1.1.2}$$

의 세 방정식으로 이루어진 需要·供給모델은 연립방정식모델이다.

1.2 變數와 變數의 種類

經濟 및 經營모델은 앞에서 본 바와 같이 변수 사이의 관계를 나타내는 하나 또는 여러 개의 방정식의 체계로 이루어지는데, 모델에서 말하는 **變數**(variable)란 가격이나 수요량 또는 공급량과 같이 그 값이 변화하는 量(quantity)을 가리킨다. 한편, (1.1.1)이나 (1.1.2)의 모델을 구성하는 방정식에서 a와 b 또는 c와 d같이 모델의 특성을 나타내 주는 常數(constant)를 가리켜 모델의 **파라미터**(parameter)라 한다.

변수에는 온도계의 수은주의 높이와 같이 일정한 區間 안의 어떠한 값이라도 택할 수 있는 것과, 가구의 자녀의 수와 같이 整數값만을 택할 수 있는 것이 있는데, 전자를 **連續變數**(continuous variable)라 하고, 후자를 **離散變數**(discrete variable)라 한다. 그런데 일반적으로 連續變數가 수학적으로 다루기 편리하기 때문에 經濟 및 經營모델에서는 대부분 모든 변수를 연속변수로 취급하고 있다.

經濟 및 經營모델이란 경제학과 경영학에서 다루는 변수의 움직임을 설명하는 것을 목적으로 한다. 모델에 포함된 변수 가운데 이와 같이 모델이 설명하려고 하는 변수를 가리켜 **內生變數**(endogenous variable)라 한다. 다시 말하면, 내생변수란 모델의 연립방정식에 의해 결정되는 변수이고, 따라서 그 연립방정식의 未知數(unknowns)이다. 그러므로 모델을 구성하는 방정식의 수는 최소한 내생변수의 수와 같아야 한다. 식 (1.1.1)에 있어서는 q^D가 내생변수이며, (1.1.2)에 있어서는 q^D와 q^S 그리고 p가 모두 내생변수이다.

내생변수에 대하여 모델에 포함된 변수 가운데 모델에 의해 설명되지 않고 모델 밖으로부터 외생적으로 주어지는 변수를 **外生變數**(exogenous variable)라 부른다. 외생변수는 내생변수에는 영향을 주지만, 그 자신은 모델 안의 다른 변수의 영향을 받지 않는다. 예를 들어, (1.1.1)에서 가격 p는 외생변수이다. 그러나 (1.1.2)에서의 가격 p는 위에서 말한 바와 같이 외생변수가 아니라 내생변수이다. 이와 같이 볼 때, 내생변수와 외생변수의 구분이란 절대적인 것이 아니고, 동일한 변수라 하더라도 모델에 따라서 내생변수가 되기도 하고 외생변수가 되기도 한다. 한편, 파라미터들도 그 값이 모델 밖으로부터 외생적으로 주어지기 때문에 때로는 외생변수와 같이 취급되기도 한다.

1.3 모델과 方程式의 種類

식 (1.1.1)과 (1.1.2)에서 본 바와 같이 모델을 구성하는 방정식은 두 개 이상의 변수 사이에 존재하는 관계를 나타내는 식이다. 또 하나의 예를 들어 보면, 消費 C와 所得 Y의 관계를 나타내는

$$C=a+cY \tag{1.3.1}$$

는 消費函數라 불리는 모델이다. 이 때, 모델의 파라미터의 값이 $a=50$, $c=0.8$로 주어지면, 이 소비함수는 다음과 같은 특정한 모양을 갖는다.

$$C=50+0.8Y \tag{1.3.2}$$

모델을 구성하는 방정식은 앞에서 본 모든 방정식과 같이 一次函數라고 하는 특정한 함수(specific form)로 표시되기도 하고, 또는 다음과 같은 일반적인 함수(general form)의 형태로 표현되기도 한다.

$$C=c(Y) \tag{1.3.3}$$

식 (1.3.3)은 소비가 소득의 함수라는 일반적인 관계만을 보여주고 있고, 소비와 소득이 구체적으로 어떠한 관계에 있다는 것을 보여주지는 않는다.

經濟 또는 經營모델을 구성하는 방정식은 다음과 같은 다섯 가지의 종류로 구분할 수 있다.

1. 行動方程式(behavioral equation)

經濟 또는 經營活動을 행하고 있는 주체나 집단의 행동을 설명해 주는 방정식을 말한다. 식 (1.3.1)에서 본 소비함수는 소비자들이 소비를 어떻게 결정한다는 것을 설명해 주고 있기 때문에 하나의 行動方程式이다. 또 (1.1.2)에서 본 수요함수나 공급함수도 가계나 기업의 경제적 행동을 설명하고 있는 방정식이기 때문에 모두 행동방정식이다. 어느 모델에 있어서나 행동방정식이 가장 중심적인 위치를 차지하고 있을 뿐만 아니라, 또 가

장 중요한 방정식이다. 經濟 및 經營모델을 구성하는 행동방정식은 모두 경제학 및 경영학의 이론으로부터 도출된다.

2. 技術方程式(technological equation)

변수간에 존재하는 기술적인 관계를 나타내 주는 방정식을 말한다. 技術方程式의 대표적인 것으로는 생산과정에 있어서의 투입물(input)과 산출물(output)의 기술적인 관계를 나타내 주는 生産函數(production function)가 있다. 생산함수 가운데 가장 유명한 코브-더글러스(Cobb-Douglas) 생산함수는

$$Q = AL^{\alpha}K^{\beta}$$

와 같이 나타난다. 여기서 Q는 산출량, L는 노동의 투입량, K는 자본의 투입량, 그리고 A, α, β는 모두 파라미터인 상수이다.

3. 定義方程式(definitional equation)

정의에 의하여 변수간에 성립되는 관계를 나타내 주는 방정식이다. 예를 들어, 저축 S를 소득 Y 가운데 소비 C에 지출되지 않은 殘餘額(residual)이라고 정의하면,

$$S = Y - C, \quad \text{따라서} \quad Y = C + S$$

라는 관계가 항상 성립하는데, 이는 모두 定義方程式이다. 정의방정식은 흔히 항등식(identity)이라고도 불린다.

4. 制度方程式(institutional equation)

경제제도로 인하여 변수간에 존재하게 되는 관계를 나타내 주는 방정식이다. 예를 들면, 소득세율이 t로 일정하게 주어졌다면, 조세 T와 소득 Y 사이에는 조세라는 제도를 통하여,

$$T = tY$$

와 같은 制度方程式이 성립한다. 또 정부가 은행으로 하여금 예금 D 가운데 일정비율 r의 지불준비금 R를 보유하도록 한다면,

$$R = rD$$

의 관계로 나타나는 방정식도 하나의 제도방정식이다.

5. 均衡方程式(equilibrium equation)

시장의 균형조건을 나타내 주는 방정식을 말한다. 예를 들어, 수요량을 q^D, 공급량을 q^S라 하면,

$$q^D = q^S$$

는 하나의 均衡方程式이 되고, 이는 수요량과 공급량이 일치할 때 시장이 균형상태에 있다는 것을 나타내 준다. 또 균형소득은 소득 Y가 소비지출 C와 투자지출 I의 합과 일치하는 수준에서 결정된다고 하면,

$$Y = C + I$$

는 소득결정의 균형조건을 나타내는 균형방정식이다.

1.4 經濟 및 經營모델의 類型

1. 單一方程式모델과 聯立方程式모델

經濟 및 經營모델은 여러 가지 관점에서 분류할 수 있다. 우선 모델을 구성하는 방정식이 하나뿐인 모델을 **單一方程式모델**(single equation model)이라 하고, 두 개 이상의 方程式으로 구성되는 모델을 **聯立方程式모델**(simultaneous equation model)이라고 부른다는 것은 앞에서 말한 바와 같다. 또 다른 예를 들어 보면, (1.3.1)에서 본 소비함수는 단일방정식모델이지만, 가장 단순한 巨視經濟모델(macro model)인

$$C = a + cY$$
$$Y = C + I$$

는 두 개의 방정식으로 이루어진 연립방정식모델이다.

위의 등식에서 I는 외생변수로서 소득의 수준과 관계없이 결정되는 독립투자를 나타낸다.

2. 線型모델과 非線型모델

다음에 모델을 구성하는 방정식의 함수의 형태(functional form)에 따라 **線型모델**(linear model)과 **非線型모델**(non-linear model)로 구분된다. 線型모델이란 모델을 구성하는 방정식이 모든 변수에 대하여 一次函數로만 나타나는 모델을 말한다. 이에 대하여 모델을 구성하는 방정식 가운데 적어도 하나가 二次函數 이상의 高次函數, 有理函數, 指數函數 또는 로그函數로 나타나는 모델을 非線型모델이라 부른다.

제3장에서 보는 바와 같이 간단한 線型모델을 다루기 위해서는 고등학교에서 배운 代數學의 지식만으로도 충분하다. 그러나 변수가 많은 복잡한 線型모델은 제4장과 제5장에서 배우게 되는 行列 및 行列式을 응용하여 다루지 않으면 안 된다. 한편, 非線型모델을 이해하기 위해서는 제6장과 제7장에서 배우게 되는 微分法과 偏微分法의 지식이 필요하다.

3. 靜學・比較靜學・動學모델

經濟 및 經營모델은 또 시간(time)과의 관계에 따라 **靜學모델**(static model), **比較靜學모델**(comparative static model), 그리고 **動學모델**(dynamic model)로 나눌 수 있다. 靜學모델이란 시간의 개념이 명시적으로 포함되지 않은 모델을 말한다. 다시 말하면, 靜學모델에 있어서는 모든 변수는 시간의 함수가 아니다. 지금까지 본 모델은 모두 靜學모델이다. 한편, 시간이 명시적으로 포함되지 않은 채 모델의 두 균형상태를 비교분석하는 모델을 比較靜學모델이라고 한다.

靜學모델이나 比較靜學모델에 대하여 시간이 명시적으로 포함되는 모델을 動學모델이라 한다. 예를 들어, t가 시간을 나타낸다고 할 때, 다음과 같은 巨視經濟모델은 動學모델이다.

$$C_t = a + cY_t + dC_{t-1}$$
$$Y_t = C_t + I_t$$

動學모델을 수학적으로 다루기 위해서는 제12장에서 배우게 되는 적분법 외에 제13장에서 다루는 差分方程式(difference equation)과 微分方程式(differential equation)에 대한 지식이 필요하다. 이 책에서는 제12장과 제

13장에서 간단한 動學모델을 설명하는 것 외에는 모두 靜學 및 比較靜學 모델만을 다루기로 한다.

4. 確定的 모델과 確率的 모델

마지막으로, 經濟 및 經營모델은 **確定的 모델**(deterministic model)과 **確率的 모델**(stochastic model)로 나눌 수 있다. 확정적 모델이란 일반적인 수학적 모델을 말하고, 확률적 모델이란 수학적 모델에 確率(probability)의 이론을 응용하는 모델을 말한다. 수요함수를 예로 들어 확정적 모델과 확률적 모델의 차이를 설명하여 보자.

수요량을 q^D, 가격을 p라 하고, 어느 재화에 대한 수요함수가

$$q^D = 11 - 0.4p \tag{1.4.1}$$

와 같다고 하자. 수요함수가 이와 같이 주어지면, 여러 가지 가격수준에 따른 수요량이 정확하게 구해진다. 즉, 가격이 20원이면 수요량은 3이고, 가격이 15원이면 수요량은 5이다. 이와 같이 특정한 가격에 대하여 특정한 수요량이 1 대 1로 대응하는 관계가 확정적(exact)이기 때문에, 이와 같은 관계를 나타내는 모델을 확정적 모델이라고 한다.

한편, 같은 재화에 대한 수요함수가

$$q^D = 11 - 0.4p + \varepsilon \tag{1.4.2}$$

과 같이 나타내고, ε은 확률변수(random variable)로서 그 값이 1일 확률이 0.25, 0일 확률이 0.50, 그리고 −1일 확률이 0.25라고 하자. 이 때에는 가격과 수요량 사이에는 1 대 1의 확정적인 관계가 결정되지 않는다. 예를 들어, 가격이 20원일 때 수요량이 2개가 되는 경우가 25%, 3개인 경우가 50%, 그리고 4개가 되는 경우가 25% 된다. 이와 같이 특정한 가격에 대응하는 수요량이 일정한 확률을 가지고 변화하는데, 이와 같은 관계를 나타내는 모델을 확률적 모델이라고 한다.

식 (1.4.2)와 같은 확률적 모델은 (1.4.1)과 같이 확정적 모델에서 정식화된 변수간의 관계를 현실세계에서 실제로 관찰한 변수의 움직임으로부터 경험적으로 推定(estimation)하거나 檢定(hypothesis testing)할 때 이용된다. 따라서 확률적 모델을 다루기 위해서는 우선 확정적 모델이 설정되지 않으면 안 된다. 확률적 모델만을 주로 다루는 경제학의 한 분야를

가리켜 **計量經濟學**(econometrics)이라고 부르는데, 이는 경제학에서뿐만 아니라 경영학의 여러 분야에서도 널리 응용되고 있다.

그런데 원래 확률이란 불확실성(uncertainty)하에서의 의사결정(decision making)을 다루는 학문이기 때문에 확률의 개념을 사용하는 모델은 모두 확률적 모델이라고 말할 수 있다. 따라서 경영학의 의사결정이론에서 다루는 많은 모델도 대부분 확률적 모델의 범주 안에 속한다.

계량경제학과 의사결정이론은 학문적으로 각각 하나의 독립된 분야이고, 그 이해를 위해서는 推測統計學(inferential statistics)에 대한 지식이 필요하다. 이 책에서는 제16장의 게임이론에서 간단한 의사결정모델을 다루는 것 외에는 모두 확정적 모델만을 다루기로 한다.

제 2 장

數學의 基礎概念

제 2 장 數學의 基礎概念

이 章에서는 集合記號, 論理記號, 實數의 體系, 集合의 演算, 直交座標系, 函數, 函數의 合成, 多變數函數 등 數學의 기본사항을 논하기로 한다. 따라서 이미 잘 알고 있다고 생각될 경우에는 필요할 때마다 해당 항목만을 참조해 주기 바란다.

2.1 集 合

直觀 또는 思考에 의하여 구별될 수 있는 대상으로서, 어떤 일정한 범위에 있는 것들을 모아 전체로 생각한 것을 이러한 대상들의 **集合**(set)이라 하고, 대상 하나하나를 그 集合의 **元素**(element)라 한다. 한 대상 a가 집합 S의 원소일 때, 이것을

$$a \in S \quad \text{또는} \quad S \ni a$$

로 나타내고 이것을 "a가 S에 속한다(belong)" 또는 "S는 a를 포함한다(contain)"고 말한다. 또 a가 S의 원소가 아닐 때에는 이 사실을

$$a \notin S \quad \text{또는} \quad S \not\ni a$$

로 나타낸다.

원소의 개수가 유한인 집합을 **有限集合**(finite set), 무한인 집합을 **無限集合**(infinite set)이라 한다. 유한집합 A에 속해 있는 원소의 개수를 A의 **位數**(order) 또는 **濃度**(cardinality)라 하고, 이것을 $|A|$로 나타낸다.

원소가 없는 집합을 **空集合**(empty set, null set)이라 하고, 이를 기호 ϕ로 표시한다.

이 책에서 **N, Z, Q, R**는 각각 다음 집합을 나타낸다.

N=자연수 전체의 집합	**Q**=유리수 전체의 집합
Z=정수 전체의 집합	**R**=실수 전체의 집합

집합이 어떤 원소들로 이루어져 있는지를 나타내기 위하여 흔히 다음의 두 방법이 쓰인다.

첫째로, 집합을 이루고 있는 원소를 순서 없이 일렬로 나열한 다음에 괄호 $\{\quad\}$로 묶어 나타내는 방법이 있다. 예를 들면, 세 문자 a, b, c로 이루어진 集合 A는 $A=\{a, b, c\}$로 나타낸다. 또 자연수 전체의 集合을 $\mathbf{N}$이라 하면,

$$\mathbf{N}=\{1, 2, 3, 4, \cdots\}$$

로 나타낼 수 있다. 이와 같은 표시법을 **元素羅列法**이라 한다.

둘째로, 집합에 속하는 각 원소 x가 만족시키는 어떤 성질 $p(x)$를 제시함으로써 그 집합을 나타내는 방법이 있다. 이 때, 성질 $p(x)$를 만족시키는 x 전체의 집합은

$$\{x \mid p(x)\}$$

로 나타낸다. 또 성질 $p(x)$를 만족시키는 S의 원소 x 전체의 집합은

$$\{x \in S \mid p(x)\} \quad \text{또는} \quad \{x \mid x \in S,\ p(x)\}$$

로 나타낸다. 예를 들면, $\{x \mid x\text{는 자연수}\}$는 자연수 전체의 集合 $\mathbf{N}$을 나타내며,

$$\{x \in \mathbf{R} \mid 0 < x < 1\}$$

은 0보다 크고 1보다 작은 실수 전체의 집합을 나타낸다. 이러한 표시법을 **條件提示法** 또는 **集合構成表示法**(set-builder notation)이라 한다.

두 집합 A, B가 동일한 원소를 포함하고 있을 때, 이 두 집합은 서로 **같다**(equal)고 말하고 이를 $A=B$ 또는 $B=A$로 나타낸다.

집합 B의 모든 원소가 집합 A에 속할 때, 즉

$$x \in B \text{ 이면 반드시 } x \in A$$

일 때, B를 A의 **部分集合**(subset)이라 하고, 이를 $B \subset A$ 또는 $A \supset B$로 나타낸다. 분명히, 한 집합 A는 A 자신의 부분집합이고, 또 공집합은 모든 집합의 부분집합이다. 특히, $B \subset A$인 동시에 $B \neq A$일 때, B를 A의 **眞部分集合**(proper subset)이라 한다.

책에 따라서는 부분집합을 나타낼 때 기호 $\subset$ 대신에 $\subseteq$ 또는 $\subseteqq$를 사용하고, 진부분집합을 나타날 때에는 $\subset$ 또는 $\subsetneqq$를 사용하기도 한다.

2.2 合集合과 交集合, 곱集合

두 집합 A, B가 있을 때, 이 두 집합 중 어느 한 집합에 속해 있는 원소들 전체의 집합을 A와 B의 **合集合**(union)이라 하고, 이를 $A\cup B$로 나타낸다. 또 A에 속하는 동시에 B에도 속하는 원소 전체의 집합을 A와 B의 **交集合**(intersection) 또는 **共通部分**(common part)이라 하고, 이를 $A\cap B$로 나타낸다. 즉,

$$A\cup B=\{x\mid x\in A \text{ 또는 } x\in B\}$$
$$A\cap B=\{x\mid x\in A,\ x\in B\}$$

[그림 2-1]

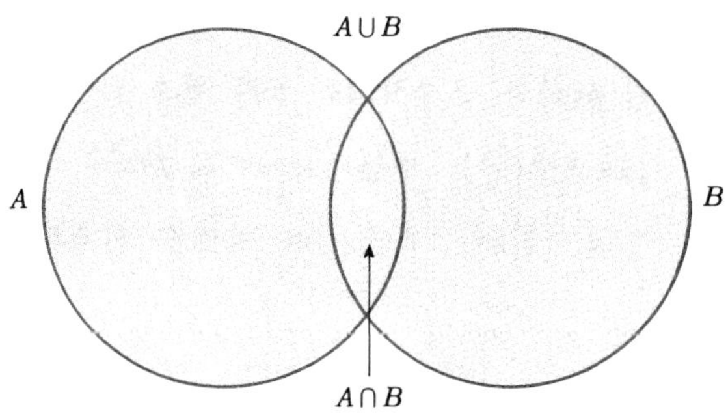

집합 A의 원소 중에서 B에 속하지 않는 원소 전체의 집합을 A와 B의 **差集合**(difference)이라 하고 이를 $A-B$로 나타낸다. 즉,

$$A-B=\{x\in A\mid x\notin B\}=\{x\mid x\in A,\ x\notin B\}$$

위에서 정의한 집합들을 Venn 다이어그램(Venn diagram)으로 나타내면 [그림 2-1]과 같다.

두 집합 A, B 사이에 $A\cap B=\phi$인 관계가 있을 때, A와 B는 **서로素**(disjoint)라 한다.

두 원소 a, b로 이루어진 집합은 a, b의 순서에 관계없이 $\{a, b\}$ 또는 $\{b, a\}$로 나타낼 수 있다. 순서까지 고려하여서 만든 쌍 (a, b)를 a, b의 **順序雙**(ordered pair)이라 한다. 따라서 $(a, b)=(c, d)$인 것은 $a=c$, $b=d$일 때, 그리고 이 때에 한한다.

두 집합 A, B에 대하여 A의 원소 a와 B의 원소 b로 만든 순서쌍 (a, b) 전체의 집합을 A와 B의 **곱集合** 또는 **데칼트 곱**(Cartesian product)이라 하고 이를 $A\times B$로 나타낸다(여기서 Cartesian은 Descartes의 Cartes에서 온 말). 즉,

$$A\times B=\{(a, b)\mid a\in A,\ b\in B\}$$

특히, $A\times A$를 흔히 A^2으로 나타낸다. 예를 들면,

$$\mathbf{R}^2=\mathbf{R}\times\mathbf{R}=\{(x, y)\mid x\in\mathbf{R},\ y\in\mathbf{R}\}$$

또, $A=\{1, 2, 3\}$, $B=\{1, 2\}$에 대하여 곱집합 $A\times B$와 곱집합 $B\times A$는 각각 다음과 같고 $A\times B\neq B\times A$이다.

$$A\times B=\{(1, 1), (1, 2), (2, 1), (2, 2), (3, 1), (3, 2)\}$$
$$B\times A=\{(1, 1), (1, 2), (1, 3), (2, 1), (2, 2), (2, 3)\}$$

[그림 2-2]

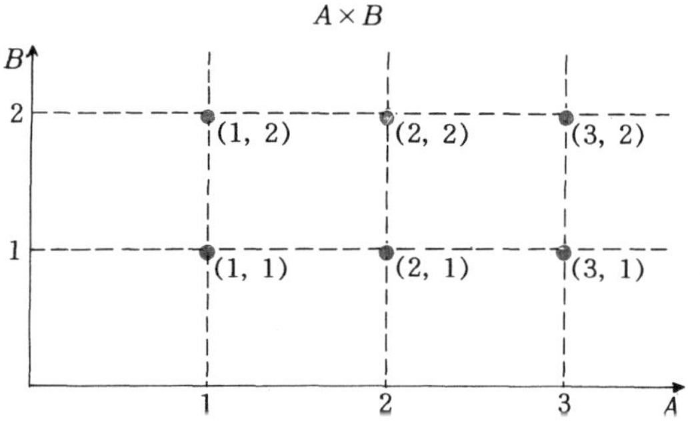

일반적으로, 집합 A_1, A_2, $\cdots$, A_n에 대하여 **순서 n組**(ordered n-tuple)

$$(a_1, a_2, \cdots, a_n), \qquad a_1\in A_1,\ a_2\in A_2,\ \cdots,\ a_n\in A_n$$

전체로 이루어진 집합을 A_1, A_2, $\cdots$, A_n의 **곱集合** 또는 **데칼트 곱**이라 하고 이를 $A_1\times A_2\times\cdots\times A_n$으로 나타낸다. 즉,

$$A_1\times A_2\times\cdots\times A_n=\{(a_1, a_2, \cdots, a_n)\mid a_1\in A_1,\ a_2\in A_2,\ \cdots,\ a_n\in A_n\}$$

특히, $A_1=A_2=\cdots=A_n=A$인 경우의 곱집합을 $A_1\times A_2\times\cdots\times A_n$을 A^n으로 나타낸다. 예를 들면,

$$\mathbf{R}^3=\mathbf{R}\times\mathbf{R}\times\mathbf{R}=\{(x_1, x_2, x_3)\mid x_1\in\mathbf{R},\ x_2\in\mathbf{R},\ x_3\in\mathbf{R}\}$$

練習問題 2. 2

[1] 다음 집합을 條件提示法으로 나타내어라.

(a) 5보다 큰 실수 전체의 집합

(b) 5보다 작은 양의 실수 전체의 집합

(c) 방정식 $x^2+2x-8=0$의 근 전체의 집합

[2] $A=\{2, 4, 6\}$, $B=\{4, 2, 6\}$, $C=\{1, 2, 6\}$, $D=\{2, 6\}$일 때, 다음 중에서 참인 것을 찾아라.

(a) $A=B$

(b) $3 \notin B$

(c) $A \supset D$

(d) $A=C$

(e) $4 \notin D$

(f) $\phi \subset B$

(g) $5 \in C$

(h) $D \subset C$

[3] 문제 2에서 다음을 구하여라.

(a) $A \cup B$

(b) $B \cap C$

(c) $D \cap B \cap A$

(d) $C \cup A \cup D$

[4] 집합의 원소는 그 자체가 집합일 수도 있다.
집합 $\{x, \{y, z\}\}$의 부분집합을 모두 구하여라.

[5] $A=\{1, 3, 5\}$, $B=\{a, b\}$, $C=\{1, 2\}$일 때, 다음을 구하여라.

(a) $A \times B$

(b) $C \times B$

(c) $A \times C$

(d) $A \times B \times C$

2. 3 論理記號

두 명제 p, q가 있을 때, 이들을 "…이면, …이다"로 연결시켜 만든 合成命題 "p 이면 q이다"를 **條件文**이라 하고 이를

$$p \longrightarrow q$$

로 나타낸다. 이 때, p를 이 조건문의 **假定**(hypothesis)이라 하고, q를 이 조건문의 **結論**(conclusion)이라 한다.

조건문 $p \longrightarrow q$에서, p가 참이면 반드시 q도 참인 경우에 이 조건문을

$$p \Longrightarrow q$$

로 나타낸다. 또, 이 때

p를 q의(q가 성립하기 위한) **充分條件**,
q를 p의(p가 성립하기 위한) **必要條件**

이라 한다.

더욱이, $p \Longrightarrow q$인 동시에 $q \Longrightarrow p$일 때, 이를

$$p \Longleftrightarrow q$$

로 나타내고 p와 q는 서로 **同値**(equivalent)인 명제라고 한다. 또, 이 때

p를 q의(q가 성립하기 위한) **必要充分條件**,
q를 p의(p가 성립하기 위한) **必要充分條件**

이라 한다.

수학적 명제를 흔히 다음과 같은 論理記號를 써서 간단히 나타내기도 한다.

$\forall$ "모든 [각, 임의의] … 에 대하여,"
"for all [each, any, arbitrary]"
$\exists$ "(적어도 하나) *存在*한다." "there exists a [at least one]"
$\exists !$ "단 하나 *存在*한다." "there exists a unique"
$:$ "이러이러한" "such that"

예를 들어,

$$\forall x \in A$$

는 "집합 A에 속하는 모든 x에 대하여"를 뜻한다.

그리고

$$\exists ! \ x \in \mathbf{R} : x^3 = 1$$

은

"$x^3=1$을 만족시키는 실수 x가 단 하나 존재한다"
(there exists a unique real number x such that $x^3=1$)

를 의미한다.

2.4 二項演算

집합

$$\mathbf{Z}=\{\cdots, -3, -2, -1, 0, 1, 2, 3, \cdots\}$$

위에는 덧셈과 곱셈이 정의되어 있다.

일반적으로, 집합 S가 있을 때, S의 원소 x, y에 대하여 S의 단 하나의 원소 z를 대응시켜 주는 對應規則

$$(x, y) \longrightarrow z$$

를 S 위의 **二項演算**(binary operation) 또는 간단히 **演算**이라 한다. 이 때, $\circ$와 같은 기호를 써서 $x \circ y=z$로 나타내고, S 위에 연산 $\circ$이 **정의되어 있다**고 한다. 연산을 나타내는 기호로서 $+$, $\times$, $\cdot$, $\circ$, $*$ 등이 쓰인다.

집합 S 위에 연산 $\circ$이 정의되었을 때, S의 한 부분집합 A에 대하여

$$x, y \in A \Longrightarrow x \circ y \in A$$

가 성립하는 경우 A는 연산 $\circ$에 관하여 **닫혀 있다**(be closed)고 한다. 특히, S 자신은 이 연산에 관하여 닫혀 있다.

집합 S 위에 연산 $\circ$이 정의되어 있다고 하자. 모든 $a \in S$에 대하여,

$$a \circ e=e \circ a=a$$

인 원소 $e \in S$가 존재할 때, e를 연산 $\circ$에 관한 S의 **恒等元**(identity)이라 한다. 또, 항등원 e가 존재하는 경우 한 원소 $a \in S$에 대하여

$$a \circ x=x \circ a=e$$

를 만족시키는 원소 $x \in S$를 연산 $\circ$에 관한 a의 **逆元**(inverse)이라 한다.

2.5 實數의 體系

이 책에서 '數'라는 말은 實數(real number)를 뜻한다. 실수 전체의 집합 $\mathbf{R}$ 위에는 덧셈과 곱셈이 정의되어 있고, 또 順序(order) "$<$"가 정의되어 있다.

먼저 집합 $\mathbf{R}$의 덧셈 및 곱셈에 관한 기본성질을 생각해 보자.

[定理 2.5.1] 덧셈 및 곱셈에 관한 基本性質

A.0 : 집합 $\mathbf{R}$ 위에 덧셈이 정의되어 있다. 즉,

$$a,\ b \in \mathbf{R} \Longrightarrow a+b \in \mathbf{R}$$

A.1 : $a+b=b+a$ (덧셈에 관한 交換法則)

A.2 : $(a+b)+c=a+(b+c)$ (덧셈에 관한 結合法則)

A.3 : 특정한 실수 $0 \in \mathbf{R}$이 존재하여, 모든 $a \in \mathbf{R}$에 대하여

$$a+0=0+a=a$$

가 성립한다. 이 0을 덧셈에 관한 恒等元이라 한다.

A.4 : 각 $a \in \mathrm{R}$에 대하여

$$a+(-a)=(-a)+a=0$$

인 실수 $-a \in \mathbf{R}$가 단 하나 존재한다. 이 $-a$를 덧셈에 관한 a의 逆元이라 한다.

M.0 : 집합 $\mathbf{R}$ 위에 곱셈이 정의되어 있다. 즉,

$$a,\ b \in \mathbf{R} \Longrightarrow a \cdot b \in \mathbf{R}$$

M.1 : $a \cdot b=b \cdot a$ (곱셈에 관한 交換法則)

M.2 : $(a \cdot b) \cdot c=a \cdot (b \cdot c)$ (곱셈에 관한 結合法則)

M.3 : 특정한 실수 $1 \in \mathbf{R}$, $1 \neq 0$이 존재하여, 모든 $a \in \mathbf{R}$에 대하여

$$a \cdot 1=1 \cdot a=a$$

가 성립한다. 이 1을 곱셈에 관한 恒等元이라 한다.

M.4 : 각 $a \in \mathbf{R}$, $a \neq 0$에 대하여

$$a \cdot a^{-1}=a^{-1} \cdot a=1$$

인 $a^{-1} \in \mathbf{R}$가 단 하나 존재한다. 이 $a^{-1}=\frac{1}{a}$을 곱셈에 관한 a의 逆元이라 한다.

D : $a \cdot (b+c)=a \cdot b+a \cdot c$, $(a+b) \cdot c=a \cdot c+b \cdot c$ (分配法則)

집합 $\mathbf{R}$에서의 뺄셈과 나눗셈은 각각 덧셈, 곱셈에 의하여 정의된다. 즉, $a,\ b \in \mathbf{R}$에 대하여 $a-b$를

$$a-b=a+(-b)$$

로 정의하고, 또 특히 $b \neq 0$일 때 $a \div b$를 다음과 같이 정의한다.

$$a \div b=a \cdot b^{-1}=\frac{a}{b}$$

집합 **R**가 덧셈 및 곱셈에 관하여 위와 같은 성질을 갖고 있다는 의미에서 **R**를 **實數體**(real number field)라 한다.

다음에, 집합 **R**의 순서 $<$에 관한 기본성질을 생각해 보자.

[定理 2.5.2] 順序에 관한 기본성질

O. 1 : 임의의 $a, b \in \mathbf{R}$에 대하여, 다음 중 단 하나만이 성립한다.

$$a<b, \quad a=b, \quad b<a$$

O. 2 : $a<b,\ b<c \Longrightarrow a<c$

O. 3 : $a<b$이면, 모든 $c \in \mathbf{R}$에 대하여

$$a+c<b+c, \quad a-c<b-c$$

O. 4 : $a<b,\ c>0 \Longrightarrow ac<bc,\ \dfrac{a}{c}<\dfrac{b}{c}$

흔히 "$a<b$"를 "$b>a$"로도 나타내고, "$a<b$ 또는 $a=b$"임을 "$a \leq b$"로 나타낸다.

임의의 실수 a에 대하여, a의 **絶對값**(absolute value) $|a|$를 다음과 같이 정의한다.

$$a \geq 0 \text{ 이면, } |a|=a$$
$$a<0 \text{ 이면, } |a|=-a$$

이 정의로부터, 다음이 성립함을 알 수 있다.

$$|a| \geq 0, \qquad |-a|=|a|$$
$$-|a| \leq a \leq |a|, \qquad |a|^2=a^2$$

또 다음이 성립한다.

$a>0$일 때,

(1) $|x|<a \Longleftrightarrow -a<x<a$

(2) $|x-b|<a \Longleftrightarrow b-a<x<b+a$

임의의 실수 a, b에 대하여,

(3) $|ab|=|a||b|$

(4) $|a+b| \leq |a|+|b|$

두 정수 a, $b(b\neq0)$의 몫 $\frac{a}{b}$의 꼴로 표시되는 실수를 **有理數**(rational number)라고 한다. 정수 a는 $\frac{a}{1}$의 꼴로 나타낼 수 있으므로 정수도 역시 유리수이다. 즉,

$$\mathbf{Q}=\left\{\frac{a}{b}\,\middle|\, a,\, b\in\mathbf{Z},\ b\neq0\right\}$$

그러나 실수 $\sqrt{2}$, $\sqrt{3}$, π 등은 유리수가 아니다. 이와 같이 유리수가 아닌 실수를 **無理數**(irrational number)라 한다.

2.6 集合演算

한 집합 U의 부분집합 전체로 이루어진 집합을 U의 멱集合(power set)이라 하고 이를 $\mathcal{P}(U)$로 나타낸다. 즉,

$$\mathcal{P}(U)=\{A\,|\,A\subset U\}$$

경우에 따라서는 특정한 집합 U의 원소 및 그 부분집합들에 대해서만 논할 때가 있다. 이러한 경우, U를 **全體集合**(universal set) 또는 **全集合**이라 한다.

전체집합 U의 멱集合 $\mathcal{P}(U)$ 위에서는 두 二項演算 ∪, ∩이 정의되어 있다. 즉,

$$A,\ B\in\mathcal{P}(U)\implies A\cup B\in\mathcal{P}(U),\ A\cap B\in\mathcal{P}(U)$$

[그림 2-3]

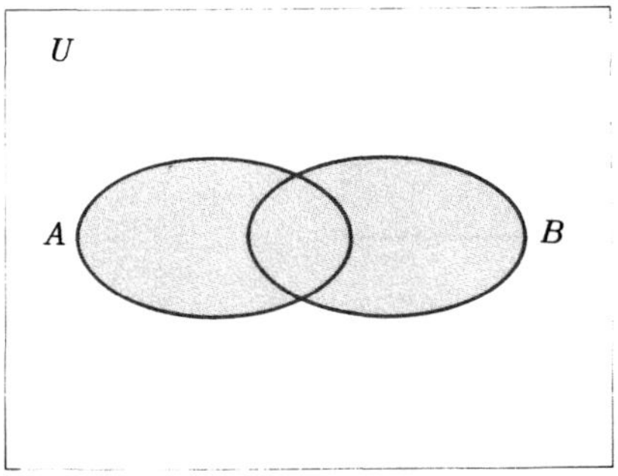

$A\cup B$

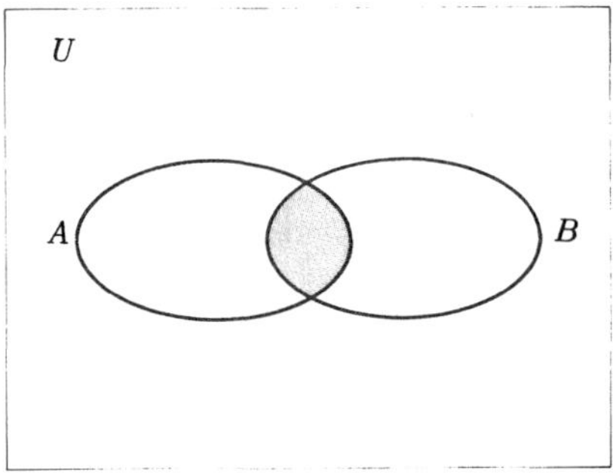

$A\cap B$

다시 말하면,

$$A \subset U,\ B \subset U \Longrightarrow A \cup B \subset U,\ A \cap B \subset U$$

합집합 및 교집합의 정의에 의하여 다음 정리가 성립한다. 이 정리의 증명은 생략하기로 한다.

[定理 2.6.1]

$A, B, C \in \mathcal{P}(U)$라 할 때, 다음이 성립한다.

(1) $A \cap B \subset A \subset A \cup B, \quad A \cap B \subset B \subset A \cup B$

(2) $\phi \subset A$

(3) $A \subset A$ (反 射 律)

(4) $A \subset B,\ B \subset C \Longrightarrow A \subset C$ (推 移 律)

(5) $A \subset B,\ B \subset A \Longrightarrow A = B$ (反對稱律)

(6) $A \subset B \Longleftrightarrow A \cap B = A \Longleftrightarrow A \cup B = B$

임의의 $A \subset U$에 대하여, 차집합 $U - A$를 특히 (U에 대한) A의 **餘集合**(complement)이라 하고, 이를 간단히 A' 또는 A^C로 나타낸다. 즉,

$$A' = U - A = \{x \in U \mid x \notin A\}$$

[그림 2-4]

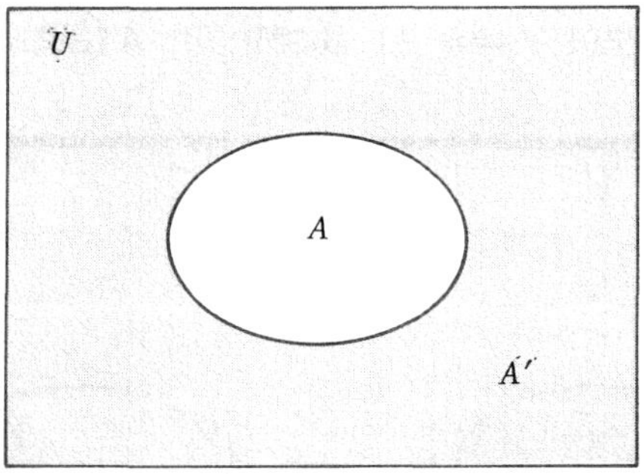

분명히 임의의 $A \subset U$에 대하여 $A' \subset U$이다. 즉,

$$A \in \mathcal{P}(U) \Longrightarrow A' \in \mathcal{P}(U)$$

Venn 다이어그램을 이용하면, 다음 定理가 성립함을 쉽게 이해할 수 있다.

[定理 2.6.2]

집합 $\mathcal{P}(U)$ 위에서 二項演算 $\cup$, $\cap$과 一項演算 $'$가 정의되어 있고, 또 이에 관하여 다음과 같은 기본성질이 성립한다.

(1) 交換法則

i) $A\cup B=B\cup A$ ii) $A\cap B=B\cap A$

(2) 結合法則

i) $(A\cup B)\cup C=A\cup(B\cup C)$ ii) $(A\cap B)\cap C=A\cap(B\cap C)$

(3) 分配法則

i) $A\cap(B\cup C)=(A\cap B)\cup(A\cap C)$

ii) $A\cup(B\cap C)=(A\cup B)\cap(A\cup C)$

(4) 멱等性

i) $A\cup A=A$ ii) $A\cap A=A$

(5) 恒等元과 存在性

i) $A\cup\phi=A$ ii) $A\cap U=A$

(6) 優越元의 存在性

i) $A\cup U=U$ ii) $A\cap\phi=\phi$

(7) i) $A\cup A'=U$ ii) $A\cap A'=\phi$

(8) $(A')'=A$

(9) De Morgan의 法則

i) $(A\cup B)'=A'\cap B'$ ii) $(A\cap B)'=A'\cup B'$

앞의 [定理 2.6.2]의 (1)~(9)에서, i)과 ii)는 $\cup$과 $\cap$를 서로 맞바꾸고 또 ϕ와 U를 서로 맞바꾸어 놓은 것이다. 이러한 의미에서 (1)~(9)의 각각에 대하여 i)과 ii)를 서로 **雙對的**(dual)이라 한다. 즉, ii)는 i)의 雙對命題이고, i)은 ii)의 쌍대명제이다.

일반적으로, [定理 2.6.2]의 성질 (1)~(9)로부터 유도된 정리는 물론 참이고, 이 정리의 $\cup$과 $\cap$ 그리고 ϕ와 U를 서로 맞바꾸어 놓음으로써 얻게 되는 새로운 정리(이를 본래의 定理의 雙對定理라 한다)도 또한 참이다. 이러한 사실을 **雙對性의 原理**(principle of duality)라고 한다.

다음 정리는 [定理 2.6.2]의 성질 (1)~(9) 및 雙對性의 原理를 이용하여 증명한다.

[定理 2.6.3]

$A, B, C \in \mathcal{P}(U)$라고 할 때, 다음이 성립한다.

(1) i) $A \cup (A \cap B) = A$ ii) $A \cap (A \cup B) = A$

(2) i) $A \cup (A' \cap B) = A \cup B$ ii) $A \cap (A' \cup B) = A \cap B$

(3) i) $(A \cup B) \cap (A' \cup C) \cap (B \cup C) = (A \cup B) \cap (A' \cup C)$

ii) $(A \cap B) \cup (A' \cap C) \cup (B \cap C) = (A \cap B) \cup (A' \cap C)$

(4) $A = B \Longleftrightarrow A' = B'$

(5) i) $U' = \phi$ ii) $\phi' = U$

실제로, (1)의 i), (2)의 i), (3)의 i)은 각각 다음과 같이 증명된다.

$$
\begin{aligned}
A \cup (A \cap B) &= (A \cap U) \cup (A \cap B) && \text{(기본성질 (5)의 ii))}\\
&= A \cap (U \cap B) && \text{(기본성질 (3)의 i))}\\
&= A \cap (B \cup U) && \text{(기본성질 (1)의 i))}\\
&= A \cap U && \text{(기본성질 (6)의 i))}\\
&= A && \text{(기본성질 (5)의 ii))}
\end{aligned}
$$

$$
\begin{aligned}
A \cup (A' \cap B) &= (A \cup A') \cap (A \cup B) && \text{(기본성질 (3)의 ii))}\\
&= U \cap (A \cup B) && \text{(기본성질 (7)의 i))}\\
&= (A \cup B) \cap U && \text{(기본성질 (1)의 ii))}\\
&= A \cup B && \text{(기본성질 (5)의 ii))}
\end{aligned}
$$

$$
\begin{aligned}
&(A \cup B) \cap (A' \cup C) \cap (B \cup C)\\
&\quad = (A \cup B) \cap (A' \cup C) \cap \{\phi \cup (B \cup C)\}\\
&\quad = (A \cup B) \cap (A' \cup C) \cap \{(A \cap A') \cup (B \cup C)\}\\
&\quad = (A \cup B) \cap (A' \cup C) \cap \{[A \cup (B \cup C)] \cap [A' \cup (B \cup C)]\}\\
&\quad = \{(A \cup B) \cap [(A \cup B) \cup C]\} \cap \{(A' \cup C) \cap [(A' \cup C) \cup B]\}\\
&\quad = (A \cup B) \cap (A' \cup C)
\end{aligned}
$$

雙對原理에 의하여 (1)의 ii), (2)의 ii), (3)의 ii)가 성립한다. 또한 (4)와 (5)는 쉽게 증명된다.

練習問題 2.6

[1] Venn 다이어그램을 이용하여, 다음이 성립함을 확인하여라.

(a) $A \subset B \iff A \cap B' = \phi$

(b) $A \subset B \iff B' \subset A'$

[2] 두 집합 A와 B의 **對稱差集合**(symmetric difference) $A \oplus B$를 다음과 같이 정의하자.

$$A \oplus B = (A \cap B') \cup (A' \cap B)$$

이 때, 다음이 성립함을 Venn 다이어그램을 이용하여 확인하여라.

(a) $A \oplus B = B \oplus A$

(b) $A \oplus (B \oplus C) = (A \oplus B) \oplus C$

(c) $A \cap (B \oplus C) = (A \cap B) \oplus (A \cap C)$

(d) $A \cup B = A \oplus B \oplus (A \cap B)$

(e) $A \oplus A = \phi$

(f) $A \oplus \phi = A$

(g) $A \oplus U = A'$

(h) $A \oplus A' = U$

(i) $A \oplus B = A \cup B \iff A \cap B = \phi$

2.7 直交座標系

1. 座標直線

한 직선이 주어졌을 때, 이 직선 위의 각 점에 대하여 단 하나의 실수가 대응하고, 역으로 각 실수에 대하여 직선 위의 단 하나의 점에 대응한다. 즉, 실수 전체의 집합 **R**와 직선 위의 점 전체 사이에는 1 對 1 對應관계가 있다. 더욱이, 직선 위의 두 점 A와 B에 대응하는 실수를 각각 a, b라 하면, A가 B의 왼쪽에 있을 때 그리고 이 때에만 $a<b$이다. 직선 위의 점 P에 실수 x가 대응할 때, x를 점 P의 (**一次元**)**座標**(coordinate)라 하고 이것을 P(x)로 나타낸다. 또 직선 위의 점 P를 간단히 점 x라고 부르기도 한다.

[그림 2-5]

[그림 2-5]와 같이 각 점에 주어진 직선을 **座標直線**(coordinate line)이라 하고, 이 때 O를 原點(origin), 화살표 방향을 양의 방향이라고 한다.

두 실수 $a, b(a<b)$에 대하여 다음 각 집합을 **區間**(interval)이라 한다.

$$[a,\ b]=\{x\,|\,a\le x\le b\},\qquad (a,\ b)=\{x\,|\,a<x<b\}$$
$$[a,\ b)=\{x\,|\,a\le x<b\},\qquad (a,\ b]=\{x\,|\,a<x\le b\}$$

특히, $[a,\ b]$를 **閉區間**(closed interval), $(a,\ b)$를 **開區間**(open interval)이라 하고, $[a,\ b)$와 $(a,\ b]$를 **半開區間**(half-open interval)이라고 한다. 이들 각 구간을 좌표직선 위에 나타내면 [그림 2-6]과 같다.

[그림 2-6]

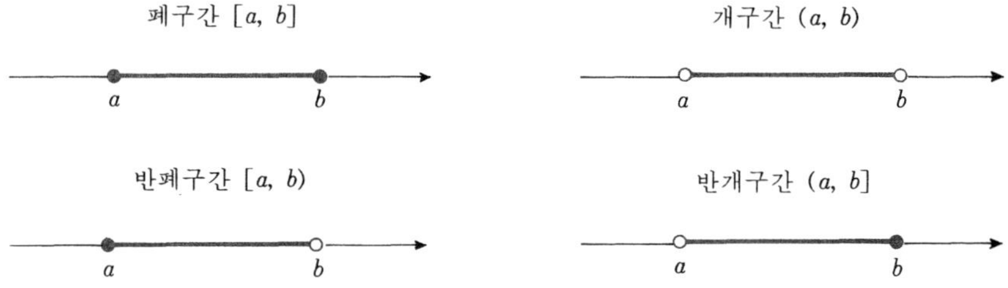

한 실수 a에 대하여

$$[a,\ \infty)=\{x\,|\,a\le x\},\qquad (a,\ \infty)=\{x\,|\,a<x\}$$
$$(-\infty,\ b]=\{x\,|\,x\le b\},\qquad (-\infty,\ b)=\{x\,|\,x<b\}$$

를 흔히 **無限區間**(infinite interval)이라 한다. 이들 각 구간을 좌표직선 위에 나타내면 [그림 2-7]과 같다. 특히, $(-\infty,\ \infty)$는 실수 전체의 집합 **R**를 나타낸다.

[그림 2-7]

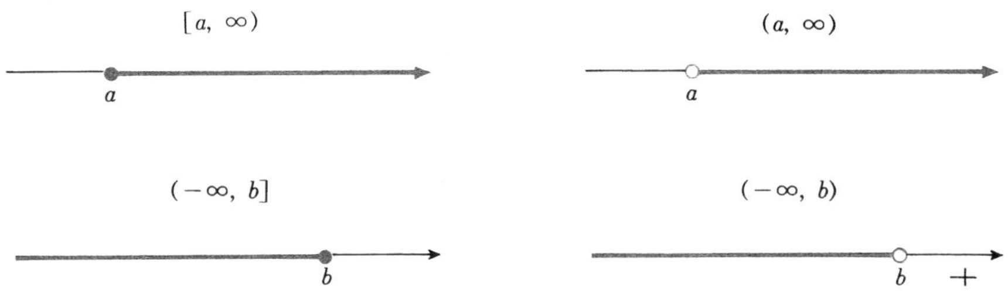

座標直線 위에서, 실수 x의 절대값 $|x|$는 원점으로부터 점 x까지의 거리를 나타낸다. 따라서 $a>0$일 때, 부등식 $|x|<a$는 x가 $-a$와 a 사이에 있음을 뜻한다. 즉, $|x|<a \iff -a<x<a$이다.

[그림 2-8]

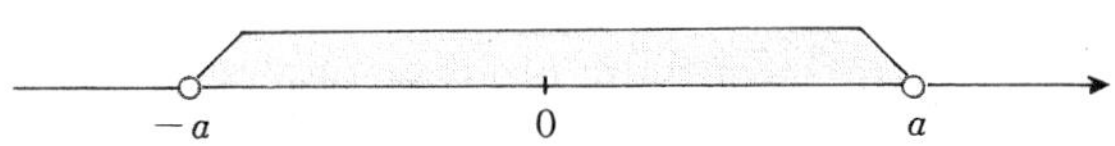

2. 座標平面

평면 위의 한 점 O에서 직교하는 두 좌표직선 Ox, Oy가 [그림 2-9]와 같이 주어졌을 때, Ox를 x축, Oy를 y축, O를 원점이라 한다. 평면 위의 한 점 P에서 x축, y축에 내린 수선의 발의 一次元座標를 각각 x, y라 하면, 점 P에 대하여 順序雙 (x, y)가 대응한다. 역으로, 순서쌍 (x, y)가 주어지면 이에 대응하는 점 P가 정해진다. 즉, 집합

$$\mathbf{R}^2=\{(x, y)\,|\,x\in\mathbf{R},\ y\in\mathbf{R}\}$$

과 平面 위의 점 전체의 집합 사이에는 1 對 1 對應관계가 있다. 이 때, x를 P의 x좌표, y를 P의 y좌표, 순서쌍 (x, y)를 P의 좌표라 한다. 또, P의 좌표가 (x, y)라는 사실을 $P(x, y)$로 나타낸다. 이와 같이 각 점에 좌표가 주어진 평면을 **座標平面**(coordinate plane)이라 한다.

두 좌표축은 평면을 4부분으로 나눈다. [그림 2-9]에서 Ⅰ, Ⅱ, Ⅲ, Ⅳ로 표시한 부분을 각각 第1四分面, 第2四分面, 第3四分面, 第4四分面이라 한다. 각 사분면(quadrant)에서의 좌표 (x, y)는 [그림 2-9]에 표시된 것과 같은 부호를 갖는다.

[그림 2-9]

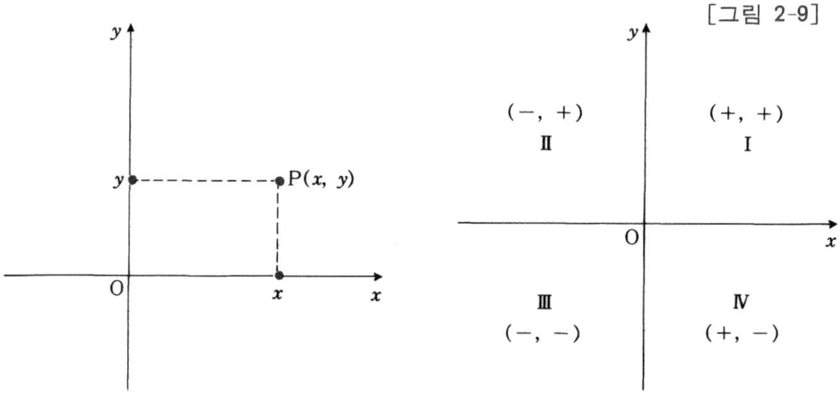

두 변수 x, y에 관한 방정식 또는 부등식을 만족하는 점 (x, y) 전체의 集合을 주어진 방정식 또는 부등식의 **그래프**(graph)라 한다.

예를 들어, 방정식 $y=2x$를 만족시키는 점 (x, y) 전체의 집합은

$$\{(x, y) \in \mathbf{R}^2 \mid y=2x\}$$

와 같이 쓸 수 있고, (0, 0), (1, 2), (−1, −2) 등은 이 집합에 속한다. 이 집합을 좌표평면에 나타내면 [그림 2-10]에서와 같은 직선을 얻는다.

[그림 2-10]

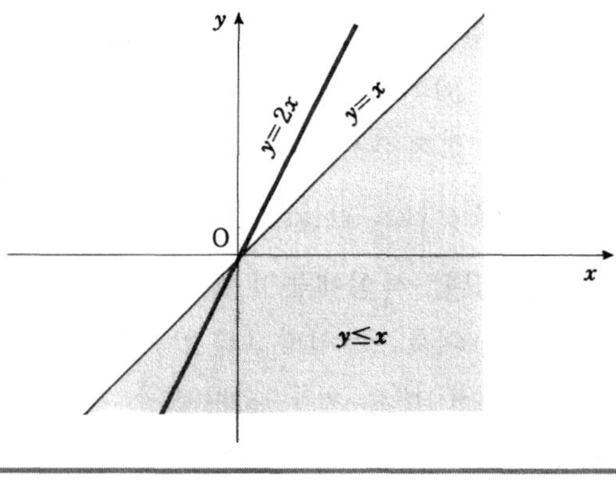

또, 不等式 $y \leq x$를 만족시키는 점 (x, y) 전체의 집합

$$\{(x, y) \in \mathbf{R}^2 \mid y \leq x\}$$

는 (1, 1), (1, 0), (1, −1) 등을 포함한다. 그리고 부등식 $y \leq x$의 그래프는 [그림 2-10]의 직선 $y=x$ 및 그 아래 부분이다.

3. 空間座標

공간 위의 한 점 O에서 서로 직교하는 세 좌표직선 Ox, Oy, Oz를 각각 x축, y축, z축이라 하고 y축과 z축으로 정해지는 좌표평면을 yz평면, z축과 x축으로 정해지는 좌표평면을 zx평면, x축과 y축으로 정해지는 좌표평면을 xz평면이라 한다([그림 2-11] 참조).

[그림 2-11]

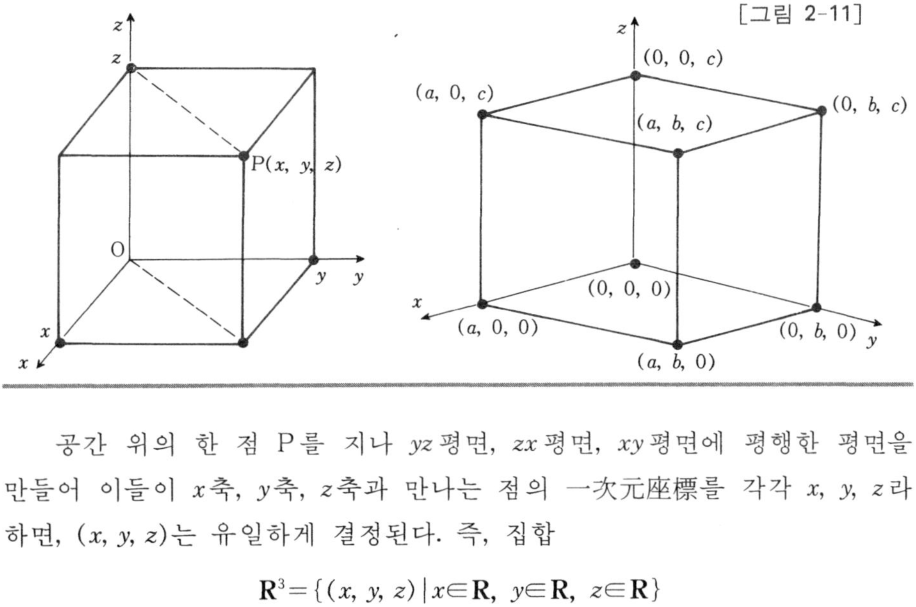

공간 위의 한 점 P를 지나 yz평면, zx평면, xy평면에 평행한 평면을 만들어 이들이 x축, y축, z축과 만나는 점의 一次元座標를 각각 x, y, z라 하면, (x, y, z)는 유일하게 결정된다. 즉, 집합

$$\mathbf{R}^3 = \{(x, y, z) \mid x \in \mathbf{R},\ y \in \mathbf{R},\ z \in \mathbf{R}\}$$

와 공간 위의 점 전체의 집합 사이에는 1對1 對應 관계가 있다. 이 때, x, y, z를 각각 점 P의 x좌표, y좌표, z좌표라 하면, (x, y, z)를 P의 좌표라 부르고 $P(x, y, z)$로 나타낸다.

공간에서 방정식 $x=a$를 만족시키는 점 (x, y, z) 전체의 집합은 점 $(a, 0, 0)$을 지나 yz평면에 평행한 평면을 나타낸다. 또, 방정식 $x=a$, $y=b$, $z=c$는 각각 [그림 2-12]의 (a), (b), (c)와 같은 평면을 나타낸다.

[그림 2-12]

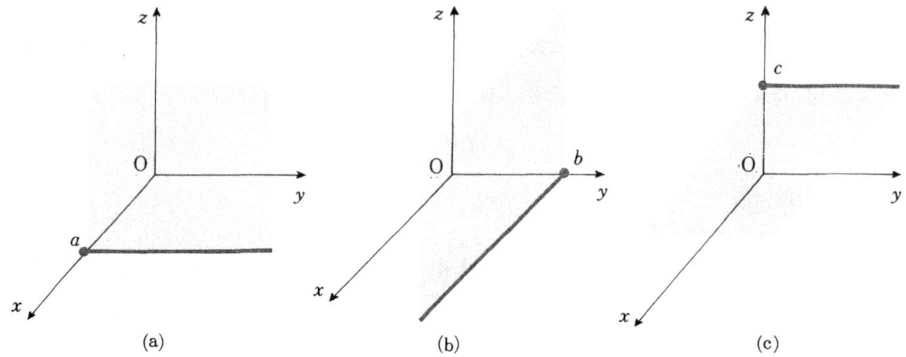

練習問題 2.7

[1] 평면 위의 두 점 $P_1(x_1, y_1)$과 $P_2(x_2, y_2)$ 사이의 거리는

$$\sqrt{(x_2-x_1)^2+(y_2-y_1)^2}$$

임을 피타고라스定理를 이용하여 증명하여라.

[2] 공간 위의 두 점 $P_1(x_1, y_1, z_1)$과 $P_2(x_2, y_2, z_2)$ 사이의 거리는

$$\sqrt{(x_2-x_1)^2+(y_2-y_1)^2+(z_2-z_1)^2}$$

임을 보여라.

[3] 다음 집합을 좌표평면 또는 좌표공간 위에 나타내어라.

(a) $\{(x, y) \mid x+y=1\}$ (b) $\{(x, y) \mid x^2+y^2=1\}$

(c) $\{(x, y, z) \mid y=0, z=0\}$ (d) $\{(x, y, z) \mid z=0\}$

2.8 函 數

1. 函數의 定義

일정한 규칙에 따라 집합 A의 각 원소에 대하여 집합 B의 단 하나의 원소를 대응시킬 때, 이러한 對應規則을 A에서 B로의 **函數**(function of A

into B) 또는 A에서 B로의 **寫像**(mapping of A into B)이라 한다.

집합 A에서 집합 B로의 함수 f가 정의되어 있을 때, 이 사실을

$$f: A \longrightarrow B \qquad \text{또는} \qquad A \xrightarrow{f} B$$

로 나타내고 A를 f의 **定義域**(domain), B를 f의 **共域**(codomain)이라 한다. 또, 각 $x \in A$에 대응하는 B의 유일한 원소를 $f(x)$로 나타내고, 이 $f(x)$를 x에서의 f의 **函數값** 또는 f에 의한 x의 **像**(image)이라고 한다. 그리고 함수 f에 의한 像 전체의 집합을 $f(A)$로 나타낸다. 즉,

$$f(A) = \{f(x) \mid x \in A\} \subset B$$

그리고 $f(A)$를 함수 f의 **値域**(range) 또는 **像**이라 한다.

함수를 나타내는 기호로서는

$$f,\ g,\ h,\ F,\ G,\ H,\ \varphi,\ \psi,\ \Phi,\ \Psi$$

등이 자주 쓰인다.

[그림 2-13]

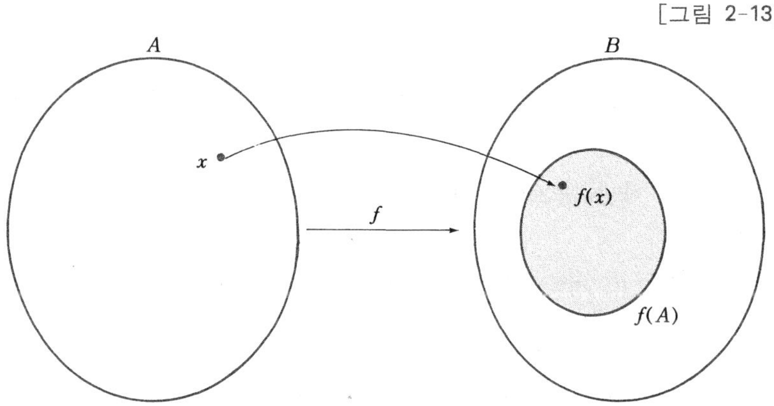

[예 1] 함수 $f: \mathbf{R} \longrightarrow \mathbf{R}$를

$$f(x) = x^2 - 6x + 2$$

에 의하여 정의되는 함수라고 할 때,

$$f(0) = 0 - 6 \cdot 0 + 2 = 2$$

$$f(2) = 2^2 - 6 \cdot 2 + 2 = -6$$

$$f(4) = 4^2 - 6 \cdot 4 + 2 = -6$$

두 함수 $f : A \longrightarrow B$와 $g : A \longrightarrow B$에서,

$$\text{모든 } x \in A\text{에 대하여 } f(x) = g(x)$$

가 성립할 때, 이 두 함수는 서로 같다고 하고, 이를 $f = g$로 나타낸다. 예를 들면, 다음 두 함수는 서로 같다.

$$f : \mathbf{R} \longrightarrow \mathbf{R}, \quad f(x) = x^2 - 6x + 2$$
$$g : \mathbf{R} \longrightarrow \mathbf{R}, \quad g(x) = (x-3)^2 - 7$$

2. 1 對 1 函數, 위로의 函數, 1 對 1 對應

함수 $f : A \longrightarrow B$가 다음 성질을 가질 때, f를 **1 對 1**(one-one, injective) **함수** 또는 **單射(함수)**(injection)라 한다([그림 2-14] 참조).

$$x_1 \neq x_2 \Longrightarrow f(x_1) \neq f(x_2), \text{ 즉 } f(x_1) = f(x_2) \Longrightarrow x_1 = x_2$$

함수 $f : A \longrightarrow B$의 値域 $f(A)$가 共域 B와 일치할 때, 즉

$$\{f(x) \mid x \in A\} = B$$

일 때, f를 A에서 B **위로의 函數**(function of A onto B) 또는 **全射(函數)**(surjection)라 한다. 다시 말하면, 모든 $y \in B$에 대하여 $f(x) = y$인 원소 $x \in A$가 적어도 하나 존재할 때, f를 A에서 B 위로의 함수라고 한다([그림 2-14] 참조).

그리고 함수 $f : A \longrightarrow B$가 1 대 1 인 동시에 위로의 함수일 때, f를 A에서 B 위로의 **1 對 1 對應**(one-one correspondence)이라고 한다.

예 2 함수 $f : \mathbf{R} \longrightarrow \mathbf{R}$, $f(x) = 2x + 1$는 일대일 대응이다.

실제로, 임의의 실수 x_1, x_2에 대하여

$$2x_1 + 1 = 2x_2 + 1 \Longrightarrow x_1 = x_2$$

이므로, f는 1 대 1 이다.

또, 임의의 $y \in \mathbf{R}$에 대하여 $\dfrac{y-1}{2} \in \mathbf{R}$ 이고

$$f\left(\frac{y-1}{2}\right) = 2\left(\frac{y-1}{2}\right) + 1 = y$$

이므로, f는 위로의 함수이다.

[그림 2-14]

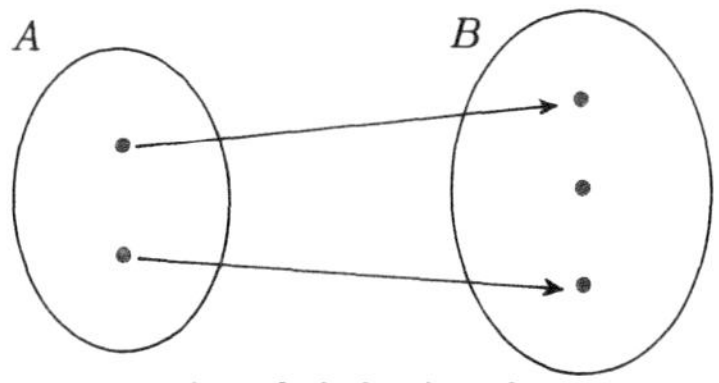

1 대 1이지만 위로의 함수는 아니다.

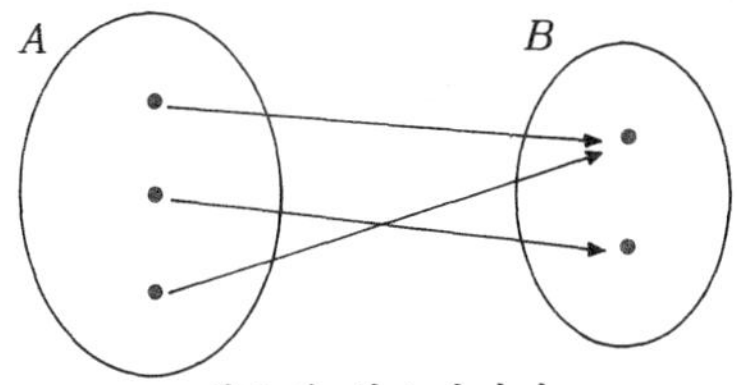

위로의 함수이지만 1 대 1은 아니다.

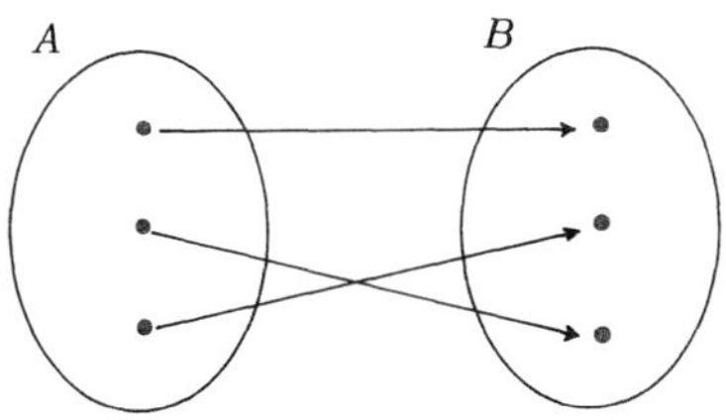

1 대 1 대응

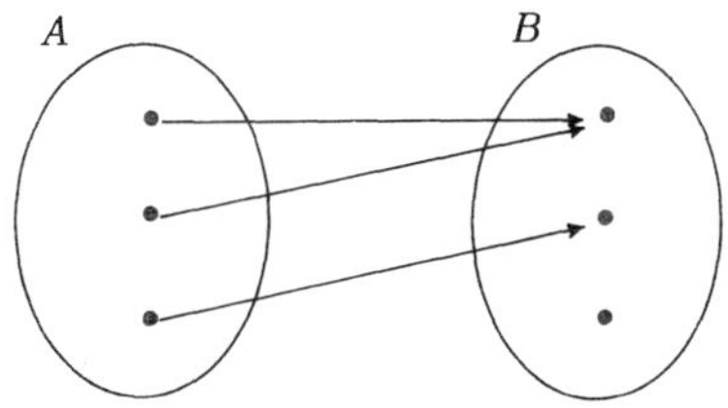

1 대 1도 아니고 위로의 함수도 아니다.

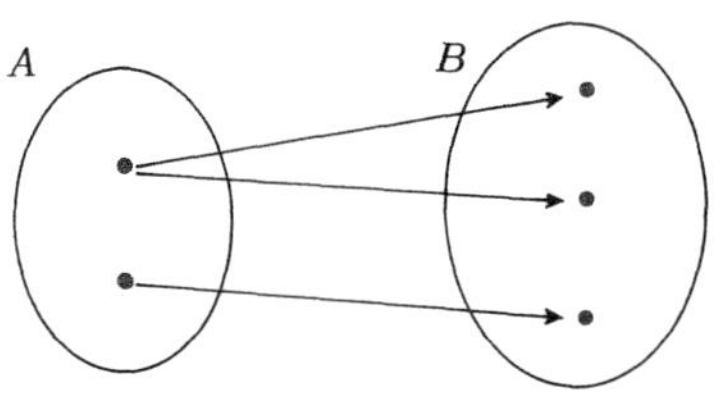

함수가 아니다.

예 3 $A=\{1, 2, 3\}$일 때, A에서 A 위로의 1 대 1 대응은 다음과 같다.

$f_1 : A \longrightarrow A$	$f_2 : A \longrightarrow A$	$f_3 : A \longrightarrow A$
$f_1(1)=1$	$f_2(1)=2$	$f_3(1)=3$
$f_1(2)=2$	$f_2(2)=3$	$f_3(2)=1$
$f_1(3)=3$	$f_2(3)=1$	$f_3(3)=2$

$f_4 : A \longrightarrow A$	$f_5 : A \longrightarrow A$	$f_6 : A \longrightarrow A$
$f_4(1)=1$	$f_5(1)=3$	$f_6(1)=2$
$f_4(2)=3$	$f_5(2)=2$	$f_6(2)=1$
$f_4(3)=2$	$f_5(3)=1$	$f_6(3)=3$

練習問題 2.8

[1] 함수 $f: \mathbf{R} \longrightarrow \mathbf{R}$가

$$f(x)=\begin{cases} 1, & x \geq 0 \\ -1, & x<0 \end{cases}$$

으로 정의되어 있을 때, $f(1)$, $f(0)$, $f(-1)$의 값을 구하여라.

[2] 함수 $f:[0, 3] \longrightarrow \mathbf{R}$가

$$f(x)=3x+5$$

으로 정의되어 있을 때, f의 値域을 구하여라.

또, f가 1 대 1 함수임을 보여라.

[3] 다음과 같이 정의된 함수 $f: \mathbf{R} \longrightarrow \{0, 1\}$의 定義域과 値域을 말하여라.

$$f(x)=\begin{cases} 1, & x \text{는 유리수} \\ 0, & x \text{는 무리수} \end{cases}$$

이 함수는 1 대 1 인가? 또, 이 함수는 위로의 함수인가?

[4] 집합 $A=\{1, 2, 3, 4\}$라고 할 때, A에서 A 위로의 1 대 1 대응은 모두 몇 개 있는가?

2.9 函數의 合成

두 함수 $f: A \longrightarrow B$와 $g: B \longrightarrow C$에 대하여, f와 g를 이 순서대로 결합하면 A에서 C로의 함수

$$x \longrightarrow f(x) \longrightarrow g(f(x))$$

를 얻게 된다.

이와 같이 정의된 함수를 f와 g의 **合成函數**(composite)라 하고, 이를 $g \circ f$로 나타낸다. 즉, 함수 $g \circ f: A \longrightarrow C$는

$$(g \circ f)(x)=g(f(x)), \quad x \in A$$

에 의하여 정의된 함수이다.

[그림 2-15]

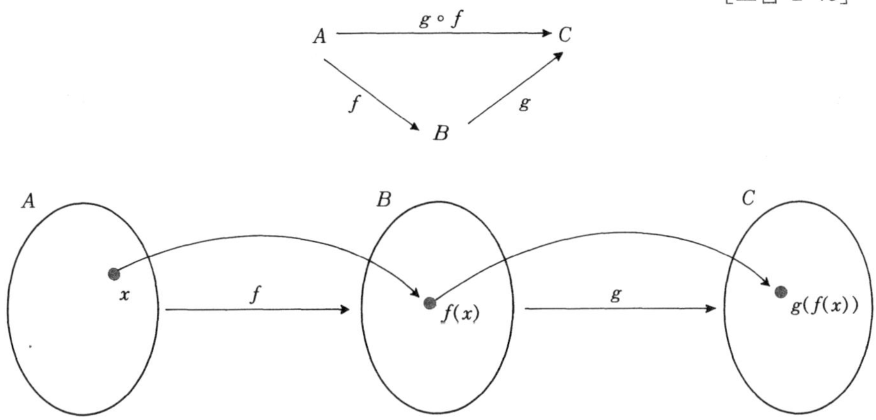

예 1 두 함수

$$f : \mathbf{R} \longrightarrow \mathbf{R}, \quad f(x) = x^2$$
$$g : \mathbf{R} \longrightarrow \mathbf{R}, \quad g(x) = x+1$$

에 대하여, 합성함수 $g \circ f : \mathbf{R} \longrightarrow \mathbf{R}$와 $f \circ g : \mathbf{R} \longrightarrow \mathbf{R}$는 각각 다음과 같이 정의된다.

$$(g \circ f)(x) = g(f(x)) = g(x^2) = x^2 + 1$$
$$(f \circ g)(x) = f(g(x)) = f(x+1) = (x+1)^2 = x^2 + 2x + 1$$

일반적으로, 함수 $g \circ f$가 정의되는 경우에도 $f \circ g$는 정의되지 않을 수 있다. 또, $g \circ f$와 $f \circ g$가 모두 정의된다고 하더라도 항상 $g \circ f$와 $f \circ g$가 같다고 말할 수는 없다.

예를 들면, 예 1의 두 함수 f, g를 보면,

$$(g \circ f)(x) \neq (f \circ g)(x)$$

인 실수 x가 존재하므로 $g \circ f \neq f \circ g$이다.

다음과 같이 정의된 함수 $1_A : A \longrightarrow A$를 A 위의 **恒等函數**(identity function)라 한다.

$$1_A(x) = x, \quad x \in A$$

분명히, 항등함수는 1對1 對應이다.

합성함수의 정의에 의하여, 다음 정리가 성립함을 쉽게 알 수 있다.

[定理 2.9.1]

임의의 함수 $f: A \longrightarrow B$, $g: B \longrightarrow C$, $h: C \longrightarrow D$에 대하여 다음 등식이 성립한다.

$$f \circ 1_A = f, \quad 1_B \circ f = f$$

$$h \circ (g \circ f) = (h \circ g) \circ f$$

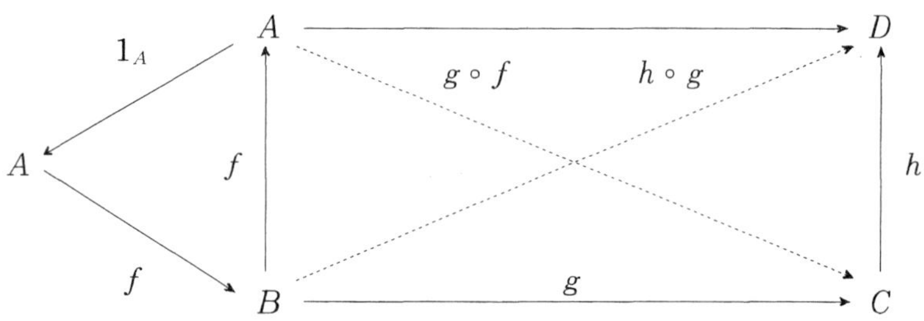

練習問題 2.9

[1] $A = \{a, b, c, d, e\}$이고 $f: A \longrightarrow A$, $g: A \longrightarrow A$가 다음 표와 같이 정의된 함수일 때, 함수 $g \circ f$ 및 $f \circ g$를 표로 나타내어라.

x	$f(x)$	$g(x)$
a	b	e
b	c	a
c	d	b
d	e	c
e	a	d

[2] $f: \mathbf{R} \longrightarrow \mathbf{R}$와 $g: \mathbf{R} \longrightarrow \mathbf{R}$가 각각 다음과 같이 정의된 함수라 하자.

$$f(x) = 2x^3 + 1, \quad g(x) = x + 2$$

(a) 합성함수 $g \circ f$를 구하여라.

(b) 합성함수 $f \circ g$를 구하여라.

[3] $f: A \longrightarrow B$, $g: B \longrightarrow C$를 함수라 할 때, 다음을 증명하여라.

(a) f와 g가 1 대 1 함수이면, $g \circ f: A \longrightarrow C$도 1 대 1 함수이다.

(b) f와 g가 위로의 함수이면, $g \circ f: A \longrightarrow C$도 위로의 함수이다.

2.10 一變數函數

이 절에서는 정의역과 공역이 모두 실수로 이루어진 집합인 함수만을 논하기로 한다. 다시 말하면,

$$f : A \longrightarrow B, \quad A \subset \mathbf{R}, \ B \subset \mathbf{R}$$

과 같은 함수만을 다루기로 한다.

[그림 2-16]

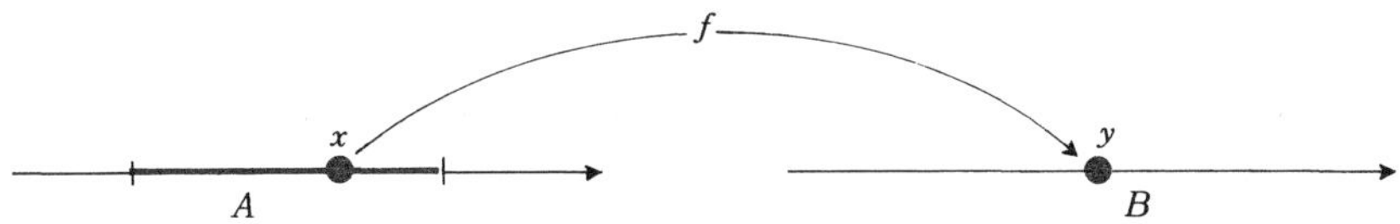

함수 $f : A \longrightarrow B$가 있을 때, 각 실수 $x \in A$에 대하여 x의 f에 의한 함수값을 y로 나타내면, $y = f(x)$이다. 이 때, x가 A의 모든 원소를 택하면서 변하면, 이 x의 값에 따라 y의 값도 변한다.

이러한 의미에서, x를 함수 f의 **獨立變數**(independent variable)라 하고 y를 f의 **從屬變數**(dependent variable)라 하며, f를 한 개의 독립변수 x를 가진 **一變數函數**라 한다. 또한 "y는 x의 함수"라고 말하기도 한다. 여기서 함수 f의 値域은 $\{f(x) \mid x \in A\}$이다.

함수 $f : A \longrightarrow B$가 방정식 $y = f(x)$에 의하여 정의되어 있을 때, 이 함수를 간단히

함수 $f(x)$
함수 $y = f(x)$
함수 $y = f(x), \ x \in A$

와 같이 나타내기도 한다.

함수의 정의역이 명시되어 있지 않은 경우에는 함수값이 정의되는 실수 전체의 집합을 이 함수의 정의역으로 생각한다.

예 1 함수 $f(x)=\dfrac{1}{x}$에서, $f(x)$의 값은 $x\neq0$일 때에 한하여 정의된다. 따라서 이 함수의 정의역은

$$A=\{x\in\mathbf{R}\mid x\neq0\}$$

이다. 한편, x가 정의역 A의 모든 값을 택하면서 변할 때 $f(x)$는 0이 아닌 실수값을 택하면서 변하므로, 이 함수의 치역은 다음과 같다.

$$f(A)=\{f(x)\mid x\in A\}=\left\{\frac{1}{x}\mid x\in A\right\}=\{y\in\mathbf{R}\mid y\neq0\}$$

함수 $f: A\longrightarrow B$에 대하여, 집합

$$\{(x,\ y)\mid x\in A,\ \ y=f(x)\}$$

를 f의 **그래프**(graph)라 한다. 함수의 그래프를 座標平面에 나타내면 하나의 平面曲線(curve)을 이룬다([그림 2-17] 참조).

곡선 $y=f(x)$는 y축에 평행한 직선과 단 한점에서 만나거나 또는 만나지 않는다. 그러나 경우에 따라서는 서로 다른 두 원소 $x_1, x_2\in A$에 대하여 $f(x_1)=f(x_2)$일 수도 있으므로, 이 곡선은 x축에 평행한 직선과 한 점 이상에서 만날 수도 있다([그림 2-17] 참조).

經濟學이나 經營學에 이용되는 함수의 정의역 및 치역은 음이 아닌 실수 전체의 집합, 즉 $[0,\ \infty)=\{x\in\mathbf{R}\mid x\geq0\}$이거나, 또는 그 부분집합이다. 이러한 함수의 그래프는 좌표평면의 第1四分面에 나타낼 수 있다.

[그림 2-17]

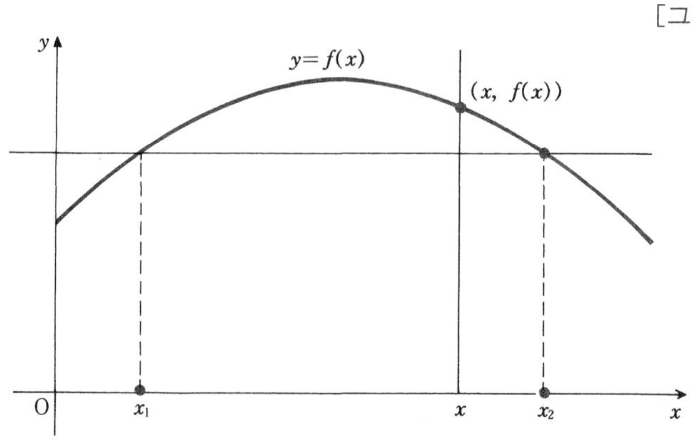

두 함수

$$f : A \longrightarrow \mathbf{R}, \quad g : B \longrightarrow \mathbf{R}$$

에 대하여, 이 두 함수의 합 $f+g$, 차 $f-g$, 곱 $f\cdot g$, 몫 $\frac{f}{g}$, 그리고 함수 f의 實數倍 cf는 각각 다음과 같이 정의된 함수이다(여기서 c는 상수).

$$(f+g)(x) = f(x)+g(x)$$
$$(f-g)(x) = f(x)-g(x)$$
$$(f\cdot g)(x) = f(x)g(x)$$
$$\left(\frac{f}{g}\right)(x) = \frac{f(x)}{g(x)}$$
$$(cf)(x) = cf(x)$$

위의 각 함수의 정의역은 함수값이 정의되는 실수 전체의 집합이다.

2.11 간단한 函數의 例

이 절에서는 간단한 一變數함수의 예와 그 그래프에 대하여 알아보기로 하자.

1. 多項函數

실수 $a_0, a_1, \cdots, a_n$을 계수로 가지는 다항식

$$f(x) = a_0x^n + a_1x^{n-1} + \cdots + a_{n-1}x + a_n, \quad n \geq 0$$

에 의하여 정의되는 함수 $f : \mathbf{R} \longrightarrow \mathbf{R}$를 **多項函數**(polynomial function)라 한다. 특히, $a_0 \neq 0$인 경우에 이 함수를 ***n*次의 多項函數** 또는 간단히 ***n*次函數**라 한다.

특히, 상수다항식

$$f(x) = c$$

에 의하여 정의되는 함수를 **常數函數**(constant function)라 한다.

상수함수 $f(x)=c$의 그래프는 점 $(0, c)$를 지나 x축에 평행한 직선이다([그림 2-18] 참조).

[그림 2-18]

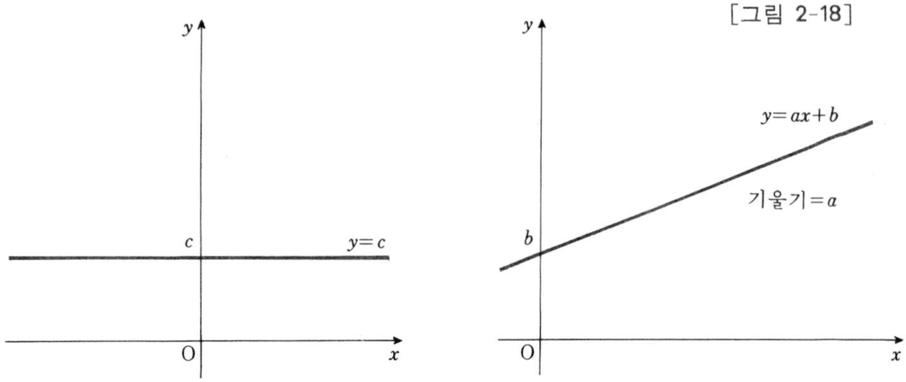

(1) 一次函數

一次함수 $f(x)=ax+b$ $(a\neq0)$의 그래프는 기울기가 a이고 y절편이 b인 직선이다([그림 2-18] 참조).

(2) 二次函數

二次함수 $f(x)=ax^2+bx+c$ $(a\neq0)$에서, ax^2+bx+c를 다음과 같이 변형할 수 있다.

$$
\begin{aligned}
ax^2+bx+c&=a\left(x^2+\frac{b}{a}x\right)+c\\
&=a\left\{\left(x+\frac{b}{2a}\right)^2-\frac{b^2}{4a^2}\right\}+c=a\left(x+\frac{b}{2a}\right)^2-\frac{b^2-4ac}{4a}
\end{aligned}
$$

[그림 2-19]

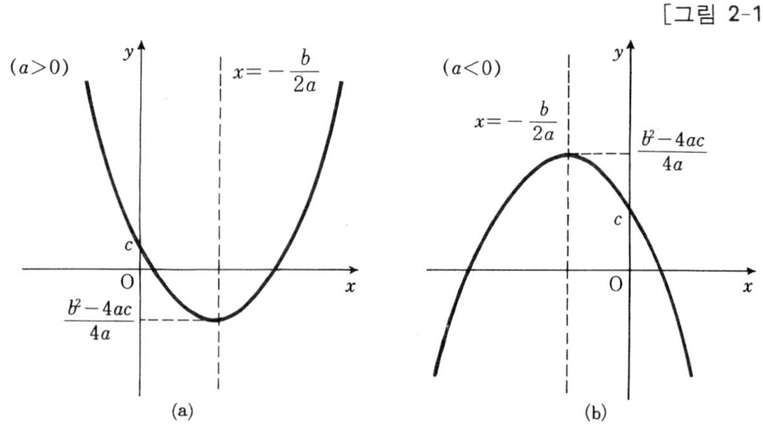

따라서 이 二次함수의 그래프는 對稱軸이 직선 $x=-\dfrac{b}{2a}$ 이고, 꼭지점이 $\left(-\dfrac{b}{2a},\ -\dfrac{b^2-4ac}{4a}\right)$인 拋物線(parabola)이다([그림 2-19] 참조).

(3) 三次函數

일반적으로, 三次함수

$$f(x)=ax^3+bx^2+cx+d \quad (a\neq 0)$$

의 그래프는 [그림 2-20]과 같다.

[그림 2-20]

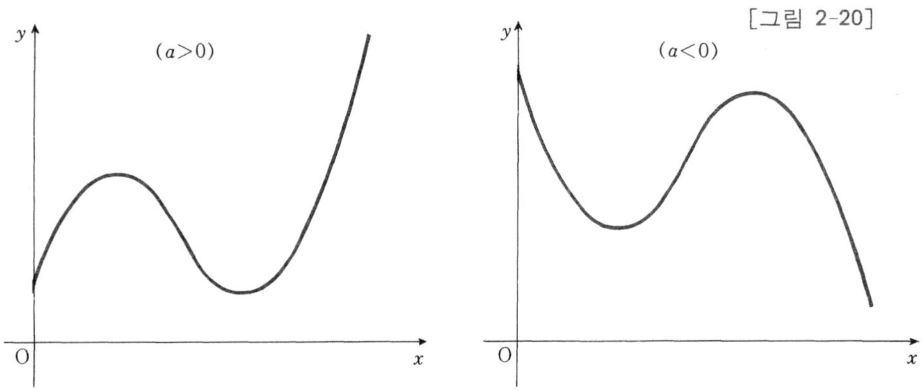

2. 有理函數

두 다항식 $P(x)$, $Q(x)$의 몫으로 표시되는 식 $\dfrac{P(x)}{Q(x)}$를 **有理式**이라고 한다. 또 유리식에 의하여 정의되는 함수

$$f(x)=\frac{P(x)}{Q(x)}$$

를 **有理函數**(rational function)라고 한다.

이 유리함수의 定義域은 $\{x\in\mathbf{R}\,|\,Q(x)\neq 0\}$이다. 예를 들면, 유리함수

$$f(x)=\frac{x+1}{(x-1)(x-2)}$$

의 정의역은 $\{x\in\mathbf{R}\,|\,x\neq 1,\ x\neq 2\}$이다.

유리함수

$$f(x)=\frac{ax+b}{cx+d} \qquad (c\neq 0,\ ad-bc\neq 0)$$

를 생각해 보자.

먼저, 우변을 변형하면 다음과 같이 된다.

$$\frac{ax+b}{cx+d}=\frac{a}{c}+\frac{bc-ad}{c}\ \frac{1}{cx+d}$$
$$=\frac{a}{c}+\frac{bc-ad}{c^2}\ \frac{1}{x+d/c}$$

따라서

$$p=-\frac{d}{c},\quad q=\frac{a}{c},\quad k=\frac{bc-ad}{c^2}$$

이라 놓으면, 주어진 $f(x)$는

$$f(x)=q+\frac{k}{x-p}$$

로 변형된다.

이 함수의 그래프는 [그림 2-21]과 같은 **直角雙曲線**(rectangular hyperbola)이다.

[그림 2-21]에서, 두 직선 $x=p$와 $y=q$는 **漸近線**(asymptote)이다.

[그림 2-21]

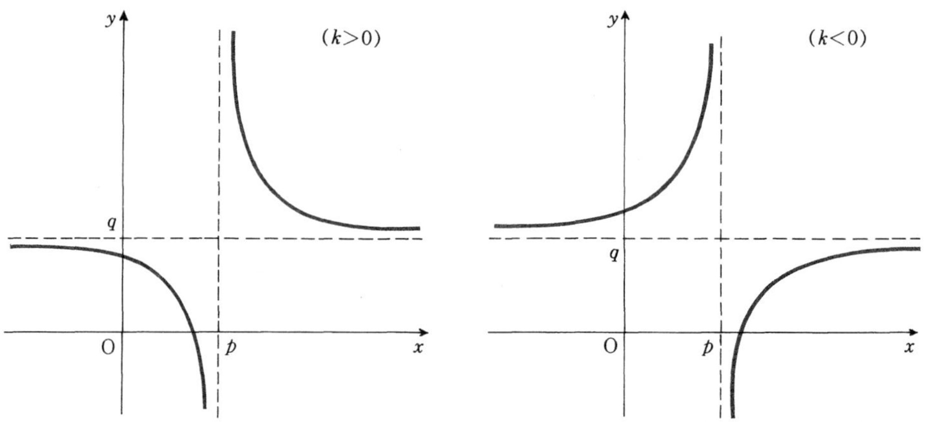

3. 제곱근函數

함수

$$f : [0, \infty) \longrightarrow \mathbf{R}, \quad f(x)=\sqrt{x}$$

를 **제곱근函數**(square root function)라 한다.

이 함수의 그래프는 [그림 2-22]와 같다.

[그림 2-22]

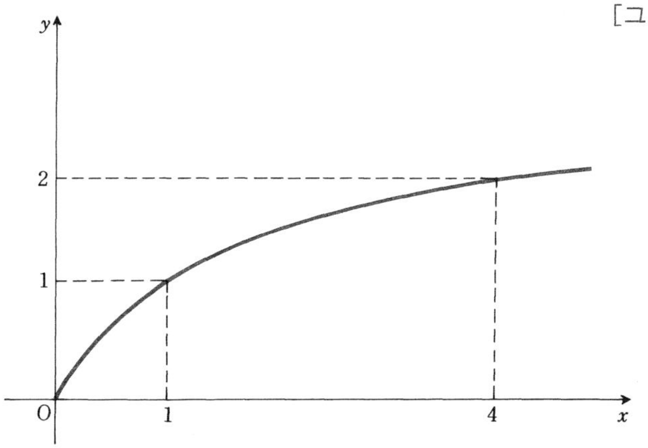

練習問題 2.11

[1] 다음 함수의 그래프를 그려라.

(a) $f(x)=3x+5$ (b) $f(x)=-3x+5$

(c) $f(x)=-x^2+4x-2$ (d) $f(x)=x^2+4x-2$

[2] 함수 $f(x)=\dfrac{24}{x}$ $(x>0)$의 그래프를 그려라.

[3] 함수 $f(x)=|x|$의 그래프를 그려라.

[4] 함수 $f(x)=x^3$의 그래프를 그려라.

[5] 함수 $f(x)=\sqrt{x-2}$의 그래프를 그려라.

2. 12 多變數函數

이제까지는 독립변수가 한 개인 함수, 즉 一變數함수만을 다루었으나 이 절에서는 독립변수가 두 개 이상인 함수에 대하여 논하기로 한다.

임의의 두 실수의 順序雙 전체의 집합을 $\mathbf{R}^2$으로 나타낸다. 즉,

$$\mathbf{R}^2=\mathbf{R}\times\mathbf{R}=\{(x, y)\,|\,x\in\mathbf{R},\ y\in\mathbf{R}\}$$

이제 D를 $\mathbf{R}^2$의 한 부분집합이라 할 때, 각 $(x, y)\in D$에 단 하나의 실수 $z\in\mathbf{R}$를 정해 주는 對應規則 $f: D\longrightarrow\mathbf{R}$를 두 변수 x, y의 함수라 하고,

$$z=f(x, y)$$

로 나타낸다.

[그림 2-23]

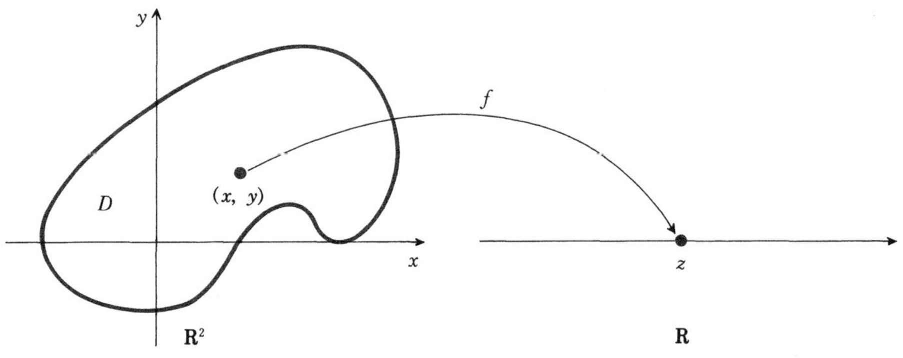

위의 정의에서, 독립적으로 변하는 두 변수 x, y를 獨立變數라 하고 z를 從屬變數라 하며, f를 두 독립변수가 x, y인 **二變數函數**(function of two variables)라 한다.

방정식 $z=f(x, y)$에 의하여 정의되는 함수 f를 간단히

$$\text{함수 } f(x, y) \qquad \text{또는} \qquad \text{함수 } z=f(x, y)$$

라고도 한다.

함수의 정의역이 明示되어 있지 않은 경우에는 함수값 $f(x, y)$가 존재하는 순서쌍 (x, y) 전체를 이 함수의 정의역으로 생각한다.

예 1 $f(x, y)=x^2-y^2$은 모든 x, y에 대하여 정의되는 함수이다. 따라서 함수 f의 정의역은 $\mathbf{R}^2=\{(x, y)\,|\,x\in\mathbf{R},\ y\in\mathbf{R}\}$이다. 이 때,

$$f(3, 1)=3^2-1^2=8, \quad f(1, 3)=1^2-3^2=-8$$
$$f(-2, 5)=(-2)^2-5^2=-21$$

예 2 함수 $f(x, y)=\sqrt{1-x^2-y^2}$은 $1-x^2-y^2\geq 0$일 때에만 정의된다. 따라서 이 함수의 정의역은 $D=\{(x, y)\,|\,x^2+y^2\leq 1\}$, 즉 원점을 중심으로 하고 반지름이 1인 원 및 그 내부이다. 이 때,

$$f(0, 0)=\sqrt{1-0^2-0^2}=1, \quad f(1, 0)=\sqrt{1-1^2-0^2}=0=f(1, 0)$$

二變數函數 $f(x, y)$가 있을 때, 집합

$$\{(x, y, z)\,|\,(x, y)\in D, \quad z=f(x, y)\}$$

를 이 함수의 **그래프**라 한다. 이제 x축, y축, z축을 直交座標軸으로 갖는 空間座標系를 택하면, 함수 $f(x, y)$의 그래프는 하나의 **曲面**(surface)을 나타낸다.

함수 $f(x, y)$에서 $y=b$ (b는 상수)이면 $z=f(x, b)$는 x만의 함수로 된다. 또, $z=f(x, b)$의 그래프는 평면 $y=b$ 위의 품기므로, 이 그래프는 곡면 $z=f(x, y)$와 평면 $y=b$의 交線이라고 생각할 수 있다. 이러한 교선을 곡면 $z=f(x, y)$의 **切斷**(section)이라 부른다. 마찬가지로, 곡선 $z=f(a, y)$는 곡면 $z=f(x, y)$와 평면 $x=a$의 교선이다([그림 2-24] 참조).

[그림 2-24]

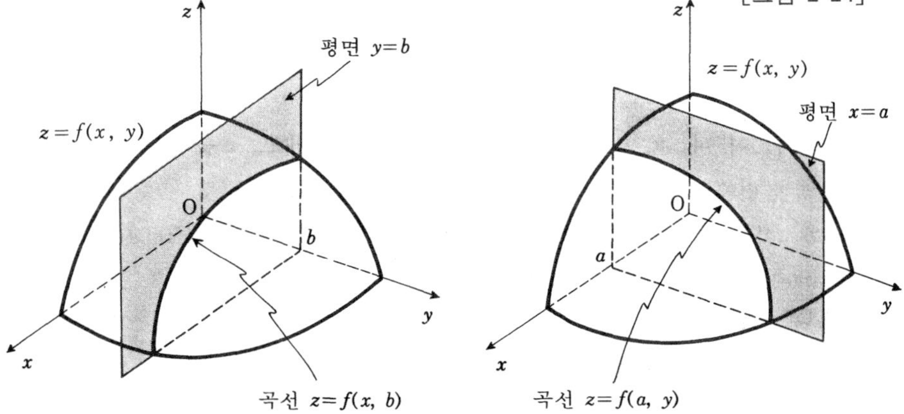

곡면 $z=f(x, y)$를 xy평면에 평행한 평면 $z=k$(k는 상수)로 절단하면 空間曲線이 생긴다. 이 곡선을 xy평면에 **正射影**(projection)하여서 얻게 되는 平面曲線을 **等高線**(level curve)이라 한다. 예를 들면, 곡면

$$z=100-x^2-y^2, \quad z\geq 0$$

을 평면 $z=75$로 절단하여 얻는 등고선은 xy평면 위의 원

$$x^2+y^2=5^2$$

이다([그림 2-25] 참조).

[그림 2-25]

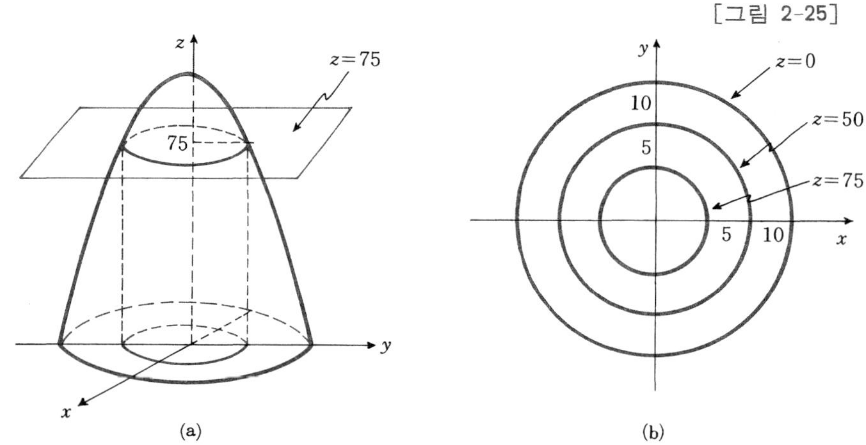

일정한 범위의 실수의 값을 택하면서 독립적으로 변하는 n개의 변수 $x, y, z, \cdots, w$가 있을 때, 한 順序 n組$(x, y, z, \cdots, w)$에 단 하나의 실수 u를 정해 주는 對應規則 f를 n변수 $x, y, z, \cdots, w$의 함수라 하고,

$$u=f(x, y, z, \cdots, w)$$

로 나타낸다. 이 때, $x, y, z, \cdots, w$를 독립변수라 하고, u를 종속변수라 하며, f를 독립변수가 $x, y, z, \cdots, w$인 ***n*變數函數**라 한다.

두 개 이상의 변수를 갖는 함수를 통틀어 **多變數函數**(function of several variable)라고 한다. 일반적으로, 二變數函數에 관한 이론은 그대로 多變數함수에 대해서도 확장하여 적용할 수 있으므로 앞으로는 二變數함수에 관해서만 상세히 논하기로 하고 다변수함수에 대한 정리의 증명은 생략한다.

예 3 함수 $u=f(x, y, z)=x^2+y^2+z^2$에 대하여,

$$f(0, 0, 0)=0^2+0^2+0^2=0,$$
$$f(1, 2, 3)=1^2+2^2+3^2=14$$

그리고 $u=4$일 때 $x^2+y^2+z^2=2^2$이고, 곡면 $x^2+y^2+z^2=2^2$은 원점을 중심으로 하고 반지름의 길이가 2인 球(sphere)를 나타낸다. 이 곡면을 $u=4$에 대한 **等高面**(level surface)이라 한다.

練習問題 2.12

[1] 다음 함수의 정의역을 구하고, 이 정의역을 xy평면 위에 그려라.

(a) $f(x, y)=2x^2+y^2$

(b) $f(x, y)=\frac{1}{3}\sqrt{36-9x^2-4y^2}$

(c) $f(x, y)=-\sqrt{2x-3y+4}$

[2] 함수 $z=\frac{1}{4}(x^2+y^2)$가 있다. 다음 각 z의 값에 대한 등고선을 xy평면에 그려라.

(a) $z=0$

(b) $z=4$

(c) $z=8$

(d) $z=12$

[3] 다음 함수의 정의역을 구하여라.

(a) $z=\sqrt{x^2+y^2+z^2-16}$

(b) $u=16x^2+16y^2-9z$

[4] $u=f(x, y, z)=x^2+4y^2+9z^2$일 때, $u=12$와 $u=36$에 대한 등고면의 방정식을 구하여라.

제 3 장

간단한 線型모델

제 3 장 간단한 線型모델

經濟·經營모델 가운데 가장 간단한 것은 **線型모델**(linear model)이다. 제1장에서도 설명한 바와 같이 간단한 線型모델을 수학적으로 다루기 위해서는 고등학교에서 배운 代數學의 지식만으로 충분하다. 따라서 行列이나 行列式 및 微·積分學을 공부하고 이들이 경제학과 경영학에 어떻게 응용되는지를 보기 전에, 이 장에서는 우선 간단한 線型모델을 예로 들어 경제·경영모델을 좀더 상세하게 설명하여 보기로 하자.

3.1 需要·供給모델

1. 均衡價格과 均衡數量

먼저 경제학에서 가장 흔히 쓰이는 需要·供給모델을 보자. 식 (1.1.2)에서 이미 본 바와 같이 線型인 수요·공급모델은 다음과 같은 세 개의 방정식으로 구성된다.

$$q^D = a + bp \qquad \text{(수요함수)} \qquad (3.1.1)$$

$$q^S = c + dp \qquad \text{(공급함수)} \qquad (3.1.2)$$

$$q^D = q^S \qquad \text{(균형조건)} \qquad (3.1.3)$$

위에서 q^D는 수요량, q^S는 공급량, 그리고 p는 가격을 나타낸다. 제1장에서 설명한 바와 같이 이 모델의 처음 두 방정식은 行動方程式이고, 마지막 방정식은 均衡方程式이다. 그리고 a, b, c, d는 모두 이 모델의 파라미터이다.

經濟모델의 파라미터들이 갖는 값의 부호나 크기는 보통 일정한 制約(restriction)을 받게 되는데, 이 제약은 경제이론에 의해 주어진다. 예를 들어, 경제원론에서 배운 바와 같이 일반적으로 어느 재화의 가격이 상승하면 그 재화에 대한 수요량은 감소하고 공급량은 증가한다. 따라서 수요·

공급모델의 파라미터는 우선 다음과 같은 제한을 받게 된다.

i) $b<0$

ii) $d>0$

다음에, **經濟財**(economic goods)의 가격 및 수요량과 공급량은 모두 음의 값을 갖지 않는다. 즉, 항상 $p\geq 0$, $q^S\geq 0$, $q^D\geq 0$ 이다. 따라서 다음과 같은 조건이 만족되어야 한다.

iii) $a>0$

iv) $c<a$

이 때, iii)은 수요량이 음의 값을 갖지 않기 위해서 필요하며, iv)는 가격이 음의 값을 갖지 않기 위하여 필요하다.

경제이론에 의해 주어지는 행동방정식은 모두 특정한 경제주체의 경제활동에 대한 計劃(plan)을 나타내 준다. 즉, 수요함수는 소비자의 수요에 대한 계획을 나타내 주며, 공급함수는 기업의 공급에 대한 계획을 나타내 준다. 한편, **市場의 均衡**(equilibrium)이란 시장에 참여하는 모든 경제주체의 계획이 실현된(realized) 상태를 말한다.

이제 수요·공급모델이 다음과 같이 특정하게 주어져 있다고 하자.

$$q^D=1200-2p$$
$$q^S=4p$$
$$q^D=q^S$$

이 모델의 첫번째 방정식은 소비자들의 구매계획을 나타내 주는 수요함수이고, 두 번째 방정식은 기업들의 공급계획을 나타내 주는 공급함수이다. 두 식에서 보는 바와 같이 소비자들과 기업들은 모두 재화의 가격에 따라 그들의 계획을 세우고 있다. 예를 들어, $p=100$ 이면 소비자들이 구매하려고 하는 재화의 수량은 1000 이지만, 기업들이 공급하려고 하는 재화의 수량은 400 이다. 이 때에는 $q^D>q^S$ 이기 때문에, 소비자들의 계획이 실현될 수가 없다. 또 반대로 $p=300$ 이면 소비자들이 구매하려고 하는 재화의 수량은 600 에 지나지 않는데, 기업들이 공급하려고 하는 재화의 수량은 1200 이 되어 공급된 재화가 모두 판매되지 않는다. 다시 말하면, $q^D<q^S$ 이면 기업의 계획이 실현되지 않는다.

이와 같이, 소비자와 기업의 계획이 모두 실현되기 위해서는 $q^D=q^S$ 이어야 함을 알 수 있는데, 모델의 세 번째 방정식이 이 **均衡條件**(equilibrium condition)을 나타내 주고 있다. 이와 같이 $q^D=q^S$가 되는 가격수준은 수요함수와 공급함수를 균형조건에 대입함으로써 다음과 같이 구할 수 있다.

$$
\begin{aligned}
&1200-2p=4p\\
&6p=1200\\
&\bar{p}=200
\end{aligned}
$$

위와 같이 구한 $\bar{p}=200$을 **均衡價格**(equilibrium price)이라 부른다. 이 균형가격을 수요함수 또는 공급함수에 대입하면 다음과 같이 **均衡數量**(equilibrium quantity) $\bar{q}$가 구해진다.

$$\bar{q}=q^D=q^S=800$$

일반적인 需要·供給모델의 해는 다음과 같이 구해진다. 우선 두 행동방정식을 균형조건에 대입하면 다음과 같다.

$$a+bp=c+dp$$

윗식을 이항하여 정리하면 다음 식을 얻는다.

$$a-c=dp-bp=p(d-b)$$

이제, 양변을 $(d-b)>0$으로 나누어 주면, 균형가격 $\bar{p}$는 다음과 같이 결정된다.

$$\bar{p}=\frac{a-c}{d-b} \tag{3.1.4}$$

수요·공급모델의 파라미터에 대한 부호의 제약조건 i)~iv)가 모두 만족되면, (3.1.4)에서 항상 $\bar{p}>0$임을 알 수 있다. 그러므로 (3.1.4)를 (3.1.1)에 대입하면 균형수량 $\bar{q}=q^D=q^S$는 다음과 같이 결정된다.

$$\bar{q}=a+b\left(\frac{a-c}{d-b}\right) \tag{3.1.5}$$

역시 파라미터에 대한 부호의 제약조건이 모두 만족하면, 항상 $\bar{q}>0$이 된다. 또, (3.1.5)는

$$
\begin{aligned}
\bar{q}&=\frac{a(d-b)+b(a-c)}{d-b}\\
&=\frac{ad-bc}{d-b}
\end{aligned} \tag{3.1.6}
$$

로 나타낼 수도 있다. 균형수량 $\bar{q}$는 또한 (3.1.4)를 공급함수 (3.1.2)에 대입하여 구할 수도 있다.

식 (3.1.4)와 (3.1.5)를 흔히 (3.1.1)~(3.1.3)으로 이루어진 수요・공급모델의 **解**(solution)라고 부른다. 일반적으로 모델의 해란 내생변수를 모델의 파라미터와 외생변수만의 함수로 나타낸 방정식을 말하는데, 지금까지 본 수요・공급모델에서는 외생변수가 존재하지 않기 때문에 모델의 해는 모두 파라미터의 함수로만 나타나 있다.

일반적으로 (3.1.1)~(3.1.3)은 수요・공급모델의 구조를 나타내고 있기 때문에 **構造方程式**(structural equation)이라 부르고, 모델의 해를 나타내는 (3.1.4)와 (3.1.5)는 구조방정식으로부터 유도되기 때문에 **誘導型方程式**(reduced form equation)이라고 부른다.

2. 物品税와 比較靜學

식 (3.1.1)~(3.1.3)으로 구성된 수요・공급모델에 새로운 변수가 도입되면 모델의 구조가 변화한다. 예를 들어, 정부가 재화 한 단위에 t원씩의 物品税(excise tax)를 부과하면 수요・공급모델은 다음과 같이 변화한다.

$$q^D = a + bp \qquad (3.1.1)$$

$$q^S = c + dp^* \qquad (3.1.7)$$

$$q^D = q^S \qquad (3.1.3)$$

$$p^* = p - t \qquad (3.1.8)$$

위에서, (3.1.8)은 p^*에 대한 定義方程式으로, 여기서 새로운 변수 p^*는 기업의 재화 한 단위를 판매할 때 실제로 얻게 되는 수입을 나타내는 내생변수이다.

이 새로운 모델의 해는 앞에서와 마찬가지로 대입방법에 의해 구할 수 있다. 우선 (3.1.8)을 (3.1.7)에 대입하면,

$$q^S = c + dp - dt \qquad (3.1.9)$$

가 되어 p^*가 소거된다. 다음에 (3.1.1)과 (3.1.9)를 균형조건식 (3.1.3)에 대입하면 q^D와 q^S가 소거된다. 즉,

$$a + bp = c + dp - dt$$

이를 정리하면 다음을 얻는다.

$$a-c=p(d-b)-dt$$

따라서 이제 새로운 균형가격 $\bar{p}$는 다음과 같이 구할 수 있다.

$$\bar{p}=\frac{a-c}{d-b}+\frac{d}{d-b}t \tag{3.1.10}$$

한편, (3.1.10)을 (3.1.1)에 대입하면, 새로운 균형수량 $\bar{q}$는 다음과 같이 구해진다.

$$\begin{aligned}\bar{q}&=a+b\left(\frac{a-c}{d-b}+\frac{d}{d-b}t\right)\\&=a+b\left(\frac{a-c}{d-b}\right)+\left(\frac{bd}{d-b}\right)t\end{aligned} \tag{3.1.11}$$

이제 (3.1.4)와 (3.1.10)을 비교하여 보면, $t>0$일 때 $\frac{d}{d-b}t$가 항상 양의 값을 가지므로 물품세를 부과하면 균형가격은 항상 상승한다는 것을 알 수 있다. 한편, (3.1.6)과 (3.1.11)을 비교하여 보면, $t>0$일 때 $\frac{db}{d-b}t$가 항상 음의 값을 가지므로 물품세를 부과하면 균형수량은 항상 감소한다는 것을 알 수 있다.

제1장 4절에서 설명한 대로 이와 같이 한 균형상태와 다른 균형상태에 있어서의 내생변수들이 갖는 값을 비교하는 것을 **比較靜學**(comparative statics)이라 부른다.

練習問題 3.1

[1] 수요함수와 공급함수가 다음과 같이 주어졌다고 하고, 균형가격과 균형수량을 구하여라.

(a) $q^D=8000-1000p$ (b) $q^S=-4000+2000p$

[2] 문제 1에서 산출량 한 단위당 0.5원의 물품세가 부과될 때, 균형가격과 균형수량을 구하여라.

[3] 문제 1에서 수요함수가 $q^D=9000-1000p$로 변할 때, 새로운 균형가격과 균형수량을 구하여라.

[4] 문제 1~3을 그림을 그려 설명하여 보아라.

3.2 單純한 巨視經濟모델

1. 均衡所得의 決定

가계와 기업만이 존재하는 가장 단순한 **巨視經濟모델**(macro model)은 다음과 같은 두 방정식으로 구성된다.

$$C = a + cY \tag{3.2.1}$$

$$Y = C + I \tag{3.2.2}$$

이 모델에서 소비 C와 소득(또는 산출량) Y는 내생변수이고, 투자 I는 외생변수이다.

식 (3.2.1)은 소비함수로서 소비는 소득의 크기에 따라 결정된다는 것을 보여주는 행동방정식이다. 그리고 이 방정식의 파라미터 c는 소득이 증가할 때 소비가 증가하는 비율을 나타내기 때문에 **限界消費性向**(marginal propensity to consume)이라고 불리는데, 이를 MPC로 표시하기로 하자. 즉,

$$MPC = c = \frac{\Delta C}{\Delta Y} \tag{3.2.3}$$

한편, 소득에 대한 소비의 비율을 **平均消費性向**(average propensity to consume)이라 하는데, 이를 APC로 나타내면,

$$APC = \frac{C}{Y} = \frac{a + cY}{Y} = \frac{a}{Y} + c \tag{3.2.4}$$

가 된다. 만약 $a>0$이면 APC가 항상 MPC보다 크고, $a=0$이면 $APC = MPC$가 된다.

식 (3.2.2)는 소득결정의 균형조건을 나타내는 균형방정식이다. 여기서 I는 기업이 計劃한 投資(planned investment), 또는 事前的 投資(ex-ante investment)를 나타내는데, 이와 같이 소득과 관계없이 독립적으로 결정되는 투자를 흔히 **獨立投資**(autonomous investment)라고 한다. 그리고 C는 가계가 계획하는 소비를 나타내기 때문에, (3.2.2)는 실제로 생산된 산출량 또는 실제로 창출된 소득이 가계와 기업의 계획된 지출과 일치할 때 거시경제가 균형을 이룬다는 것을 나타내고 있다(실제로 생산된 산출량은 항상 동액의 소득을 창출한다).

단순한 거시경제모델에서 균형소득 또는 균형산출량이 어떻게 결정되는가를 보기 위하여 소비함수가 다음과 같이 주어졌다고 가정하여 보자.

$$C=50+0.8Y$$

또 기업들이 계획하는 투자는 $I=20$으로 일정하다고 하자. 이 때, 만약 기업들이 생산한 산출량이 $Y=400$이라고 하면, $C=50+(0.8)(400)=370$이 된다. 따라서 가계와 기업이 계획한 지출은 모두 $C+I=370+20=390$으로 생산된 산출량 400보다 작다. 그러므로 기업이 생산한 것 가운데 10만큼은 팔리지 않고 재고로 남게 된다. 在庫(inventory)도 투자의 일종이지만, 이 경우에는 計劃하지 않은 投資(unplanned investment)이고, 따라서 기업의 계획이 실현되지 않고 있다.

기업이 계획하지 않은 투자를 I_u라고 하면, 實現된 投資(realized investment) 또는 事後的 投資(ex-post investment) I_r은

$$I_r=I+I_u=20+10=30 \tag{3.2.5}$$

으로 정의된다. 그리고

$$Y=C+I_r=370+30=400 \tag{3.2.6}$$

의 관계가 성립함을 알 수 있다. 한편, 소득 Y 가운데 소비되지 않은 것을 貯蓄(saving)이라 정의하고, S로 표시하면

$$S=Y-C=400-370=30 \tag{3.2.7}$$

$$Y=C+S=370+30=400 \tag{3.2.8}$$

이 된다. 식 (3.2.5)와 (3.2.7)로부터

$$I_r=S=30 \tag{3.2.9}$$

이 되어 실현된 투자는 항상 저축과 동일하다는 것을 알 수 있다.

위에서 본 (3.2.5)~(3.2.9)는 모두 정의에 따라 항상 성립하는 定義方程式 또는 恒等式(identity)이다.

앞에서 본 바와 같이 기업들이 생산한 산출량이 400이면, 이 경제는

$$Y=400>C+I=390$$

의 관계에 있기 때문에 균형상태에 있지 못하다. 왜냐하면 기업이 생산한 것이 모두 판매되지 않고 그 일부가 원하지 않는 재고로 남았기 때문에, 기업은 다음 기에는 더 적은 양을 생산하려고 할 것이기 때문이다. 만약

다음 기에 기업이 생산한 새로운 산출량이 $Y=350$이라면, 이 때에는

$$C+I=330+20=350$$

이 되어 $C+I$가 Y와 일치한다. 따라서 기업이 생산한 것이 모두 판매되고 하나의 재고도 남지 않는다. 이와 같이, 기업과 가계의 모든 계획이 실현되고 있기 때문에, 이제 이 경제는 균형상태에 있게 된다. 따라서 거시경제의 균형조건은

$$Y=C+I \tag{3.2.2}$$

가 됨을 알 수 있다. 한편, 이 균형조건은 또

$$I=S \tag{3.2.10}$$

$$I=I_r \tag{3.2.11}$$

$$I_u=0 \tag{3.2.12}$$

등의 여러 가지 방법으로도 표현할 수 있다.

이상의 설명으로부터 $Y=C+I$ 또는 $I=S$는 거시경제의 균형조건을 나타내는 均衡方程式이고, $Y=C+I_r$ 또는 $I_r=S$는 정의에 따라 항상 성립하는 定義方程式이라는 것을 알 수가 있다. 흔히 저축과 투자는 항상 일치한다고 말하는 것은 $I_r=S$와 같이 사후적으로 이들이 항상 일치하는 것을 말하고, 소득이 저축과 투자에 의해 결정된다고 하는 것은 균형조건으로서의 $I=S$를 말하는 것이므로 이를 혼동하지 않는 것이 매우 중요하다.

식 (3.2.1)과 (3.2.2)의 두 방정식으로 구성된 거시경제모델은 두 개의 내생변수 Y와 C를 가지고 있기 때문에, 그 해(solution)를 쉽게 구할 수 있다. 즉, (3.2.1)을 (3.2.2)에 대입하면

$$Y=a+cY+I \tag{3.2.13}$$

가 되고, 이를 Y에 관하여 풀면

$$Y=\frac{a}{1-c}+\frac{1}{1-c}I \tag{3.2.14}$$

로 균형소득(균형산출량) Y의 값을 구할 수가 있다. 한편, (3.2.14)를 다시 (3.2.1)에 대입하면,

$$C=\frac{a}{1-c}+\frac{c}{1-c}I \tag{3.2.15}$$

로 균형소득에서의 소비 C의 값이 구해진다.

식 (3.2.1)과 (3.2.2)가 이 거시경제모델의 構造方程式이고, 위에서 본 (3.2.14)와 (3.2.15)가 이 모델의 誘導型方程式이다.

2. 乘數와 比較靜學

이제 (3.2.14)로부터 독립투자 I가 ΔI만큼 증가하면 균형소득은 다음과 같이 증가한다는 것을 알 수 있다.

$$\Delta Y = \frac{1}{1-c}\Delta I$$

이 때, ΔY를 ΔI로 나눈 값을 **乘數**(multiplier)라고 부르는데, 이를 k로 표시하면

$$k = \frac{\Delta Y}{\Delta I} = \frac{1}{1-c} \tag{3.2.16}$$

이 된다.

한편, (3.2.7)로부터 저축은

$$\begin{aligned} S &= Y - C \\ &= Y - a - cY \\ &= -a + (1-c)Y \end{aligned}$$

가 되는데, 여기서 $1-c=s$라고 하면, s는 소득이 증가할 때 저축이 증가하는 비율을 나타내므로 **限界貯蓄性向**(marginal propensity to save)이라 부른다. 따라서 (3.2.16)은 다음과 같이 나타낼 수 있다.

$$k = \frac{\Delta Y}{\Delta I} = \frac{1}{s} \tag{3.2.17}$$

그러므로 승수는 한계저축성향의 역수와 같다는 것을 알 수가 있다. 승수이론도 比較靜學모델의 한 예이다.

예 1 $C=50+0.8Y$이고, $I=20$일 때, 균형소득은 다음과 같이 구해진다.

$$Y = 50 + 0.8Y + 20$$

$$Y(1-0.8) = 70$$

$$Y = \frac{70}{0.2} = 350$$

그런데 이 값은 앞에서 본 균형소득과 같음을 알 수 있다. 한편, 이 때 소비는 다음과 같이 구할 수 있다.

$$C=50+0.8(350)=330$$

이제 I가 20에서 30으로 $\Delta I=10$만큼 증가하면, 새로운 균형소득은

$$Y=50+0.8Y+30$$

$$=\frac{80}{0.2}=400$$

이 되고, $\Delta Y=400-350=50$이 된다. 따라서 승수 k는

$$k=\frac{\Delta Y}{\Delta I}=\frac{50}{10}=5$$

한편, $c=0.8$이므로 $s=0.2$가 되고, (3.2.16)의 公式으로부터 직접 다음과 같이 승수의 값을 구할 수도 있다.

$$k=\frac{1}{1-0.8}=\frac{1}{0.2}=5$$

練習問題 3.2

[1] 소비함수가 $C=40+0.75Y$로 주어지고 계획된 투자가 60일 때, 균형소득과 이 때의 소비 및 저축을 구하여라.

[2] 문제 1에서 계획된 투자가 80으로 증가할 때, 새로운 균형소득을 구하고 이로부터 투자승수를 구하여라

[3] 문제 1의 소비함수에서 $AFC>MFC$임을 보여라.

3.3 財政과 巨視經濟모델

앞에서는 가계와 기업만이 존재하고 정부의 경제활동이 전혀 없는 가장 단순한 경제의 거시모델을 보았는데, 이제는 정부지출과 조세가 존재하는 경우의 거시모델을 설명해 보기로 하자. 우선 조세가 소득수준과 관계없이 결정되는 定額稅(lump sum tax)라고 하면 거시경제모델은 다음과 같은 세 방정식으로 구성된다.

$$C=a+cY_d \tag{3.3.1}$$

$$Y_d = Y - T \tag{3.3.2}$$

$$Y = C + I + G \tag{3.3.3}$$

위에서 Y_d는 가처분소득, T는 조세, 그리고 G는 정부지출을 나타낸다. 여기서 Y_d는 내생변수이고 T와 G는 외생변수이다. 식 (3.3.1)은 앞에서와 마찬가지로 소비함수를 나타내는 行動方程式인데, 소비는 이제 가처분소득의 함수가 된다. 식 (3.3.2)는 가처분소득은 소득으로부터 조세를 뺀 것과 같다고 하는 가처분소득에 대한 定義方程式이고, 마지막으로, (3.3.3)은 소득결정의 균형조건을 나타내는 均衡方程式이다.

이 모델의 해는 (3.3.2)를 (3.3.1)에 대입하고, 이를 다시 (3.3.3)에 대입함으로써 구해진다. 즉,

$$Y = a + c(Y - T) + I + G$$

$$Y = \frac{a - cT + I + G}{1 - c} \tag{3.3.4}$$

이제 윗식으로부터 독립투자가 ΔI만큼 변화하면, 균형소득은

$$\Delta Y = \frac{\Delta I}{1 - c}$$

만큼 변화하고, 따라서 승수는 제2절에서 본 단순한 거시모델의 경우와 같다는 것을 알 수가 있다. 즉,

$$\frac{\Delta Y}{\Delta I} = \frac{1}{1 - c} = \frac{1}{s} \tag{3.3.5}$$

마찬가지로 외생변수인 정부지출이 ΔG만큼 변할 때의 승수도 역시

$$\frac{\Delta Y}{\Delta G} = \frac{1}{1 - c} = \frac{1}{s} \tag{3.3.6}$$

이 된다. 흔히 (3.3.5)를 투자승수, 그리고 (3.3.6)을 정부지출승수라고 부르는데, 여기서는 그 값이 동일하다. 마지막으로, 외생변수인 조세가 ΔT만큼 변할 때의 승수를 구해 보면,

$$\frac{\Delta Y}{\Delta T} = \frac{-c}{1 - c} \tag{3.3.7}$$

가 되고, $c > 0$이기 때문에 조세승수는 음의 값을 갖는다는 것을 알 수 있다. 그런데 (3.3.6)과 (3.3.7)에서

$$\frac{\Delta Y}{\Delta G}+\frac{\Delta Y}{\Delta T}=\frac{1}{1-c}+\frac{-c}{1-c}=\frac{1-c}{1-c}=1$$

의 관계가 성립하는데, 이를 **均衡豫算乘數**(balanced budget multiplier)라 부른다.

예 1 정부가 포함된 巨視經濟모델이 다음과 같이 주어졌다고 하자.

$$C=40+0.8Y_d$$
$$Y_d=Y-T$$
$$T=10$$
$$I=60$$
$$G=10$$
$$Y=C+I+G$$

이제, 모든 변수를 균형조건 (3.3.3)에 대입시키면

$$Y=40+0.8(Y-10)+60+10$$

이 되어, 균형소득은 $Y=510$으로 결정된다. 이제, G와 T를 모두 10만큼 증가시키면

$$Y=40+0.8(Y-20)+60+20$$

이 되고, 따라서 $Y=520$으로 균형소득이 역시 10만큼 증가하여 균형예산승수가 1임을 알 수 있다.

앞에서와 같이 조세가 정액세가 아니고 소득에 비례하여 부과되는 比例所得稅(proportional income tax)라면 거시경제모델은 다음과 같은 네 방정식으로 구성된다.

$$C=a+cY_d \tag{3.3.1}$$
$$Y_d=Y-T \tag{3.3.2}$$
$$T=tY \tag{3.3.8}$$
$$Y=C+I+G \tag{3.3.3}$$

위에서 t는 소득세율을 나타내며, (3.3.8)은 조세제도를 나타내는 制度方程式이다. 따라서 이제 조세 T는 외생변수가 아니라 내생변수가 된다. 이 모델의 해를 역시 대입방법에 의하여 구해 보면 다음과 같다.

$$Y=a+c(Y-tY)+I+G$$

$$Y = \frac{a + I + G}{1 - c(1 - t)} \qquad (3.3.9)$$

예 2 거시경제모델이 다음과 같이 주어졌다고 하자.

$$C = 40 + 0.8\,Y_d$$
$$Y_d = Y - T$$
$$T = 0.1\,Y$$
$$G = 40$$
$$I = 60$$
$$Y = C + I + G$$

이제, 모든 변수를 균형조건 (3.3.3)에 대입시키게 되면

$$Y = 40 + 0.8(Y - 0.1\,Y) + 60 + 40$$

이 되고, 따라서 $Y = 500$ 으로 균형소득이 결정된다.

여기서 다시 앞에서와 마찬가지 방법으로 조세가 비례소득세로 부과되는 경우의 투자승수 또는 정부지출승수를 구해 보자. 식 (3.3.9)에서 다른 파라미터의 크기는 변하지 않고 정부지출 G만 ΔG만큼 증가하면, 균형소득은

$$\Delta Y = \frac{1}{1 - c(1 - t)}\,\Delta G$$

만큼 증가한다. 따라서 이 경우의 정부지출승수는 다음과 같다.

$$\frac{\Delta Y}{\Delta G} = \frac{1}{1 - c(1 - t)} \qquad (3.3.10)$$

그런데 (3.3.10)으로 나타나는 비례소득세의 경우일 때의 정부지출승수는 (3.3.6)으로 나타나는 정액세의 경우일 때의 정부지출승수보다 작다. 그것은 정부지출이 ΔG만큼 증가하여 균형소득이 ΔY만큼 증가할 때, 정액세의 경우에 있어서는 정부의 조세수입이 변화하지 않으나, 비례소득세의 경우에는 균형소득의 증가와 함께 정부의 조세수입 또한 증가하기 때문이다.

練習問題 3.3

[1] 거시경제모델이 $C=40+0.8Y_d$, $Y_d=Y-T$, $I=60$, $G=20$, $T=20$으로 주어질 때 균형소득을 구하고, 이 때 $I+G=T+S$가 됨을 보여라.

[2] 문제 1에서 G와 T가 각각 10만큼씩 증가할 때, 균형소득도 10만큼 증가함을 보여라.

[3] 문제 1에서 $T=0.2Y$일 때 균형소득을 구하여라.

3. 4 貨幣와 巨視經濟모델

지금까지는 투자는 외생적으로 결정되는 독립투자라고만 보았는데, 이제 전통적인 투자이론에 따라 투자는 이자율의 감소함수라고 가정하여 보자. 즉, 투자는 이자율이 증가하면 감소하고, 반대로 이자율이 감소하면 증가한다고 하자. 그러면 이제 투자함수는

$$I=b+gr$$

이라고 쓸 수 있다. 위에서 파라미터 b와 g는 가정에 의하여

$$b>0, \quad g<0$$

의 제약조건을 가지게 된다.

이제 설명을 간단히 하기 위하여 소비함수에서 $a=0$라 하고, 정부지출은 G로 일정하게 주어져 있으며, 조세는 비례소득세로 부과된다고 하면, 거시경제모델은 다음과 같은 다섯 방정식으로 구성된다.

$$C=cY_d \tag{3.4.1}$$

$$Y_d=Y-T \tag{3.4.2}$$

$$T=tY \tag{3.4.3}$$

$$I=b+gr \tag{3.4.4}$$

$$Y=C+I+G \tag{3.4.5}$$

$$0<c<1,\ 0<t<1,\ b>0,\ g<0$$

식 (3.4.4)는 투자의 결정요인을 설명해 주는 行動方程式이다. 따라서 이제 투자 I는 모델의 내생변수가 된다. 그런데 이 다섯 방정식이 하나의 모

델을 이루기 위해서는 이자율 r가 외생적으로 결정되는 외생변수이어야 한다. 왜냐하면 r의 값이 주어져야만 이 모델의 해를 구할 수가 있기 때문이다.

그러나 만약 r가 외생변수가 아니라면, (3.4.1)~(3.4.5)는 r의 값이 어떻게 결정되는가를 설명해 주지 못하기 때문에 완전한 모델이 아니다. 다시 말하면, 이 거시모델은 다섯 개의 방정식으로 구성되어 있으나, 내생변수는 Y, Y_d, r, C, T, I의 여섯 개이므로 이 모델은 불완전한 모델인 것이다. 따라서 (3.4.1)~(3.4.5)가 하나의 완전한 모델이 되기 위해서는 r의 값이 모델 안에서 내생적으로 결정되도록 새로운 방정식들이 도입되어야 한다.

그러면 이자율(interest rate)은 어떻게 결정되겠는가? 이자율은 화폐(money)의 가격이고 따라서 모든 재화의 가격과 마찬가지로 화폐에 대한 수요와 공급에 의해 결정된다고 말할 수 있다. 그러므로 이제 화폐의 수요량을 M^D라 하고, 화폐의 공급량을 M^S라고 하면, 이자율 결정의 균형조건은 다음과 같이 나타낼 수 있다.

$$M^D = M^S \tag{3.4.8}$$

한편, 케인즈 경제학에서는 화폐에 대한 수요는 소득의 증가함수이고 이자율의 감소함수라고 가정하고 있다. 따라서 화폐수요를 나타내는 行動方程式은

$$M^D = d + eY + fr \tag{3.4.6}$$

이라고 쓸 수 있는데, 여기서 파라미터들은 가정에 따라

$$d>0, \ e>0, \ f<0$$

이라는 제약조건을 갖게 된다. 마지막으로 화폐의 공급은 일반적으로 중앙은행의 정책에 의해 결정된다. 따라서 화폐공급을 나타내는 行動方程式은

$$M^S = M_0 \tag{3.4.7}$$

로 나타낼 수 있는데, 여기서 M_0는 중앙은행에 의해 공급된 통화량을 나타내는 외생변수이다.

이제 (3.4.6)~(3.4.8)은 화폐시장의 균형을 설명하고 있기 때문에 **貨幣市場모델**(money market model)이라고 부를 수 있다. 한편, (3.4.1)~(3.4.5)는 재화시장의 균형을 나타내기 때문에 **財貨市場모델**(goods market model)이라고 부를 수 있다.

재화시장모델이 이자율 r의 결정을 설명할 수 없기 때문에 불완전한 모델인 것처럼, 화폐시장모델도 식 (3.4.6)에 포함되어 있는 변수인 소득 Y의 결정을 설명할 수 없기 때문에 또한 불완전한 모델이다. 그러나 이 두 모델을 통합한 하나의 새로운 모델은 이자율과 소득을 포함한 모든 내생변수의 움직임을 설명할 수 있는 완전한 모델이 된다. 이를 보기 위하여 우선 지금까지 설명한 두 시장의 모델을 정리해 보면 다음과 같다.

1) 財貨市場

$$C = cY_d \tag{3.4.1}$$

$$Y_d = Y - T \tag{3.4.2}$$

$$T = tY \tag{3.4.3}$$

$$I = b + gr \tag{3.4.4}$$

$$Y = C + I + G \tag{3.4.5}$$

$$0 < c < 1,\ 0 < t < 1,\ g < 0,\ 0 < b$$

2) 貨幣市場

$$M^D = d + eY + fr \tag{3.4.6}$$

$$M^S = M_0 \tag{3.4.7}$$

$$M^D = M^S \tag{3.4.8}$$

$$0 < d,\ 0 < e,\ f < 0$$

이와 같이, (3.4.1)~(3.4.8)로 구성된 일반적인 거시경제모델의 해를 구하기 위하여, 먼저 두 시장의 行動方程式을 각각 균형조건에 대입하여 r에 관하여 풀면, 다음과 같은 두 방정식을 얻는다.

$$r = -\frac{(b+G)}{g} + \frac{\{1-c(1-t)\}}{g}Y \tag{3.4.9}$$

$$r = \frac{M_0 - d}{f} - \frac{e}{f}Y \tag{3.4.10}$$

식 (3.4.9)와 (3.4.10)은 두 방정식으로 구성된 연립방정식이고, 두 미지수 r와 Y만을 가지고 있으므로 그 해를 얻는 것이 가능하다. 즉, (3.4.9)를 (3.4.10)에 대입하면,

$$\frac{\{1-c(1-t)\}}{g}Y - \frac{(b+G)}{g} = -\frac{e}{f}Y + \frac{M_0 - d}{f}$$

가 되고, 이를 정리하면

$$Y\left(\frac{1-c(1-t)}{g}+\frac{e}{f}\right)=\frac{b+G}{g}+\frac{M_0-d}{f}$$

$$Y\left(\frac{f\{1-c(1-t)\}+eg}{fg}\right)=\frac{f(b+G)+g(M_0-d)}{fg}$$

가 된다. 따라서 균형소득은 다음과 같이 결정된다.

$$\begin{aligned}Y&=\frac{f(b+G)+g(M_0-d)}{f\{1-c(1-t)\}+eg}\\&=\frac{b+G+(M_0-d)g/f}{1-c(1-t)+eg/f}\end{aligned} \tag{3.4.11}$$

한편, (3.4.11)을 (3.4.9)에 대입하면, 균형이자율 r의 값이 구해진다.

$$r=\frac{\{1-c(1-t)\}}{f\{1-c(1-t)\}+eg}(M_0-d)-\frac{e(b+G)}{f\{1-c(1-t)\}+eg} \tag{3.4.12}$$

경제학에서는 식 (3.4.9)의 곡선을 *IS*곡선이라 부르고, 식 (3.4.10)의 곡선을 *LM*곡선이라 부르는데, 이들이 [그림 3-1]에 그려져 있다. *IS*곡선은 소득이 계획된 지출과 동일해야 한다는 재화시장의 균형조건을 만족시키는 r와 Y의 배합을 보여주며, *LM*곡선은 화폐에 대한 수요와 공급이 동일해야 한다는 화폐시장의 균형조건을 만족시키는 r와 Y의 배합을 보여준다. 따라서 *IS*곡선과 *LM*곡선의 교점에서 결정되는 r와 Y는 재화시장과 화폐시장의 균형조건을 동시에 만족시키고 있다.

*IS*곡선의 기울기는 [그림 3-1]에서 보는 바와 같이 陰인데, 이는

[그림 3-1]

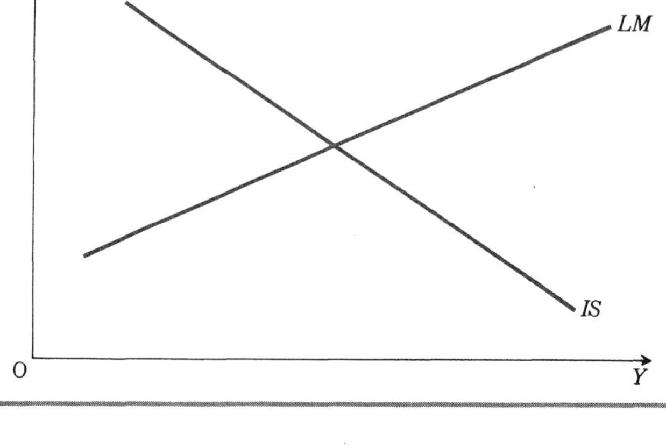

(3.4.9)에서

$$\frac{\Delta r}{\Delta Y} = \frac{1-c(1-t)}{g} < 0$$

이기 때문이다. 마찬가지로, (3.4.10)에서 알 수 있는 바와 같이

$$\frac{\Delta r}{\Delta Y} = -\frac{e}{f} > 0$$

이므로, LM곡선의 기울기는 陽이다.

예 1 화폐시장을 포함한 거시경제모델이 다음과 같이 주어졌다고 하자.

$$C = 150 + 0.8\,Y_d$$
$$T = 0.25\,Y$$
$$G = 250$$
$$I = 100 - 100r$$
$$M^D = 50 + 0.2\,Y - 200r$$
$$M^S = 250$$
$$Y = C + I + G$$
$$M^S = M^D$$

먼저, IS곡선과 LM곡선의 방정식을 구해 보면 다음과 같다.

IS곡선: $$r = \frac{500 - 0.4\,Y}{100}$$

LM곡선: $$r = \frac{-100 + 0.1\,Y}{100}$$

다음으로 이 두 방정식을 풀면 $Y=1200$, $r=0.2$, $C=870$, $T=300$, $I=80$ 임을 알 수 있다.

화폐시장이 포함된 일반적인 거시모델에 있어서의 승수는 앞에서 본 바와 동일한 방법으로 구할 수 있다. 이를 보기 위해 먼저 정부지출 G를 제외하고는 외생변수인 통화량과 모든 行動方程式의 파라미터가 불변이라고 가정하자. 그리고 이 때 정부지출 G가 ΔG만큼 증가하였다고 하면, (3.4.11)로부터 소득의 변화량 ΔY는

$$\Delta Y = \frac{1}{1-c(1-t)+eg/f}\,\Delta G$$

임을 알 수 있다. 따라서 정부지출승수는 다음과 같다.

$$\frac{\Delta Y}{\Delta G}=\frac{1}{1-c(1-t)+eg/f} \tag{3.4.13}$$

식 (3.4.13)을 제 3 절의 비례소득세의 경우에 구한 정부지출승수

$$\frac{\Delta Y}{\Delta G}=\frac{1}{1-c(1-t)}$$

과 비교하여 보면, $f<0$, $g<0$, $e>0$ 이기 때문에 $\frac{eg}{f}>0$ 이 되고, 따라서

$$\frac{1}{1-c(1-t)}>\frac{1}{1-c(1-t)+eg/f}$$

이 됨을 알 수 있다. 다시 말해서, 화폐시장이 포함된 경우의 정부지출승수는 그렇지 않은 경우보다 작다.

다음으로 정부지출과 행동방정식의 파라미터가 모두 일정하다고 하고, 통화량 M_0 가 ΔM_0 만큼 변하면, (3.4.11)로부터

$$\Delta Y=\frac{g/f}{1-c(1-t)+eg/f}\Delta M_0$$

가 됨을 알 수 있다. 따라서 통화량승수는 다음과 같다.

$$\frac{\Delta Y}{\Delta M}=\frac{g/f}{1-c(1-t)+eg/f}>0 \tag{3.4.14}$$

이와 같이, 통화량승수가 陽의 값을 갖게 되는 이유는 $f<0$, $g<0$, 그리고 $e>0$ 이므로 $\frac{g}{f}>0$ 이고, $1-c(1-t)+eg/f>0$ 이 되기 때문이다.

練習問題 3.4

[1] 거시경제모델이 $C=100+0.75Y_d$, $T=0.2Y$, $I=80-300r$, $G=90$, $M^S=100$, $M^D=10+0.2Y-300r$로 주어질 때, IS곡선과 LM곡선의 방정식을 구하고, 균형소득과 균형이자율을 구하여라.

[2] 문제 1에서 정부지출이 $G=120$으로 변할 때, 균형소득의 변화량을 구하여라. 그리고 정부지출승수를 구하여라.

[3] 문제 1에서 $M^S=130$으로 변할 때, 이자율과 소득의 변화량을 구하여라. 그리고 통화량승수를 구하여라.

제 4 장

行　　列

제 4 장 行　　列

이 장에서는 行列과 그 연산에 관한 성질을 논하고 또 聯立一次方程式에 대하여 간단히 논한다.

聯立一次方程式의 解法에 대해서는 제5장에서 좀더 상세히 다루기로 한다.

4.1 行列의 定義

수, 변수, 함수 등을 직사각형 또는 정사각형 모양으로 배열해 놓고 角괄호 [ ]로 묶은 것을 **行列**(matrix)이라 한다. 예를 들면,

$$\begin{bmatrix} 1 & 7 & 8 & 9 \\ 2 & 6 & -5 & 4 \\ 3 & 0 & 10 & 11 \end{bmatrix}$$

은 행렬이다. 여기서 가로 줄을 **行**(row)이라 하고, 세로 줄을 **列**(column)이라 한다. 위의 행렬에서, 제1행에는 1, 7, 8, 9가 들어 있고, 제3열에는 8, −5, 10이 세로로 나열되어 있다.

일반적인 행렬을 표시할 때에는 그 행렬의 구성원소의 위치를 명확히 나타내기 위하여 흔히 二重添字를 사용한다. 예를 들어,

$$\begin{bmatrix} a_{11} & a_{12} & a_{13} & a_{14} \\ a_{21} & a_{22} & a_{23} & a_{24} \\ a_{31} & a_{32} & a_{33} & a_{34} \end{bmatrix}$$

에서 제1행의 원소는 첫째 첨자가 1인 원소 a_{11}, a_{12}, a_{13}, a_{14}이고, 제2행의 원소는 첫째 첨자가 2인 원소 a_{21}, a_{22}, a_{23}, a_{24}이다. 또 이 행렬에서 제1열의 원소는 둘째 첨자가 1인 원소 a_{11}, a_{21}, a_{31}이고, 제4열의 원소는 둘째 첨자가 4인 원소들이다.

일반적으로, 행렬

$$A = \begin{bmatrix} a_{11} & a_{12} & \cdots\cdots & a_{1n} \\ a_{21} & a_{22} & \cdots\cdots & a_{2n} \\ \cdots & \cdots & \cdots & \cdots \\ a_{m1} & a_{m2} & \cdots\cdots & a_{mn} \end{bmatrix}$$

에서, 수평인 줄을 行이라 하고 수직인 줄을 列이라 하며, 각 구성원소를 행렬 A의 **元素**(element) 또는 **成分**(component, entry)이라 한다. 제 i행에는 원소 a_{i1}, a_{i2}, $\cdots$, a_{in}이 있고, 제 j열에는 원소 a_{1j}, a_{2j}, $\cdots$, a_{mj}가 수직으로 나열되어 있다.

따라서 원소 a_{ij}는 제 i행, 제 j열에 있는 원소이다. 이 a_{ij}를 행렬 A의 **(i, j)元素** 또는 **(i, j)成分**이라 한다.

위의 행렬과 같이 m개의 行과 n개의 열로 되어 있는 행렬을 **$m \times n$ 行列** 또는 **(m, n)型 行列**이라 한다. 특히, $n \times n$行列을 n次의 **正四角行列**(square matrix) 또는 **n次行列**이라 한다.

또, $1 \times n$행렬을 n次元 行벡터(row vector), $m \times 1$行列을 m次元 列벡터(column vector)라고도 한다.

예 1 행렬

$$\begin{bmatrix} 1 & -3 & 4 \\ 0 & 5 & 2 \end{bmatrix}, \quad \begin{bmatrix} 4 & 3 \\ 2 & 1 \end{bmatrix}, \quad [3 \quad 2 \quad -1], \quad \begin{bmatrix} 4 \\ 2 \end{bmatrix}$$

는 각각 2×3行列, 二次정사각행렬, 三次元 行벡터, 二次元 列벡터이다.

예 2 행렬 $\begin{bmatrix} 2 & 1 & 4 & 3 \\ 5 & 6 & 8 & 7 \end{bmatrix}$은 2×4 행렬이다. 이 행렬의 제1행으로 만든 行벡터는 $[2 \quad 1 \quad 4 \quad 3]$이고, 또 제3열로 만든 列벡터는 $\begin{bmatrix} 4 \\ 8 \end{bmatrix}$이다.

위의 행렬을 간단히 $A = [a_{ij}]_{m \times n}$으로 나타낸다. 이 기호는 행렬 A가 원소 a_{ij}들로 된 $m \times n$行列임을 말해 준다. 문맥상 그 型을 명시할 필요가 없을 경우에는 간단히 $A = [a_{ij}]$로 나타내기도 한다. 또한, 행렬을 나타낼 때 앞의 예처럼 角괄호 [ ]로 원소를 한데 묶는 대신에,

$$\begin{Vmatrix} 2 & 1 & 4 & 3 \\ 5 & 6 & 8 & 7 \end{Vmatrix}, \quad \begin{pmatrix} 2 & 1 & 4 & 3 \\ 5 & 6 & 8 & 7 \end{pmatrix}$$

과 같이, 두 줄 ‖ ‖ 또는 둥근 괄호 ( )를 써서 원소들을 한데 묶기도 한다. 이 책에서는 角괄호만을 사용하기로 한다.

행렬의 型이나 그 원소를 明示할 필요가 없을 경우에는 행렬을 A, B, X, Y, … 등과 같이 알파벳 대문자로 나타내기로 한다.

단 한 개의 원소만으로 이루어진 1×1 行列은 그 원소 자신과 동일한 것으로 생각하기로 한다. 예를 들면,

$$[2]=2, \quad [-4]=-4, \quad [a]=a$$

4.2 行列의 演算에 관한 성질

이 장에서는 주로 실수를 원소로 가지는 행렬에 대해서만 논한다. 실수를 원소로 가지는 $m\times n$ 행렬 전체의 집합을 $\mathrm{Mat}_{m\times n}(\mathbf{R})$로 나타내고, 특히 $\mathrm{Mat}_{n\times n}(\mathbf{R})$을 $\mathrm{Mat}_n(\mathbf{R})$로 나타내자. 즉,

$$\mathrm{Mat}_{m\times n}(\mathbf{R})=\{[a_{ij}]_{m\times n} \mid a_{ij}\in\mathbf{R},\ 1\le i\le m,\ 1\le j\le n\}$$
$$\mathrm{Mat}_n(\mathbf{R})=\{[a_{ij}]_{n\times n} \mid a_{ij}\in\mathbf{R},\ 1\le i\le n,\ 1\le j\le n\}$$

1. 相等關係

두 행렬 A와 B는 그 型이 같은 동시에 각 대응하는 원소가 모두 같을 때 서로 같다(equal)고 하고, 이 사실을 $A=B$로 나타낸다. 다시 말하면, 두 행렬 $A=[a_{ij}]$와 $B=[b_{ij}]$가 서로 같으려면 우선 그 型이 같아야 하고 또 모든 i, j에 대하여 $a_{ij}=b_{ij}$이어야 한다.

예를 들면,

$$\begin{bmatrix} 4 & 3 \\ 2 & 0 \end{bmatrix}=\begin{bmatrix} 4 & 3 \\ 2 & 0 \end{bmatrix}\neq\begin{bmatrix} 2 & 0 \\ 4 & 3 \end{bmatrix}, \quad [1\ 2\ 3]\neq\begin{bmatrix} 1 \\ 2 \end{bmatrix}$$

$$\begin{bmatrix} x \\ y \end{bmatrix}=\begin{bmatrix} 7 \\ 4 \end{bmatrix} \Longleftrightarrow x=7,\ y=4 \Longleftrightarrow [x\ y]=[7\ 4]$$

2. 덧 셈

두 행렬 A와 B의 합 $A+B$는 A와 B가 같은 型일 때 한하여 정의된다. 또, 두 $m\times n$ 행렬 $A=[a_{ij}]_{m\times n}$, $B=[b_{ij}]_{m\times n}$에 대하여 합 $A+B$를

$$A+B=[a_{ij}+b_{ij}]_{m\times n}$$

으로 정의한다. 다시 말하면, $A+B$는 (i, j)원소가 $a_{ij}+b_{ij}$인 $m\times n$ 행렬이다.

예 1 $\begin{bmatrix}4 & 9\\2 & 1\end{bmatrix}+\begin{bmatrix}2 & 0\\2 & -1\end{bmatrix}=\begin{bmatrix}4+2 & 9+0\\2+3 & 1-1\end{bmatrix}=\begin{bmatrix}6 & 9\\5 & 0\end{bmatrix}$

$$\begin{bmatrix}a_{11} & a_{12}\\a_{21} & a_{22}\\a_{31} & a_{33}\end{bmatrix}+\begin{bmatrix}b_{11} & b_{12}\\b_{21} & b_{22}\\b_{31} & b_{32}\end{bmatrix}=\begin{bmatrix}a_{11}+b_{11} & a_{12}+b_{12}\\a_{21}+b_{21} & a_{22}+b_{22}\\a_{31}+b_{31} & a_{32}+b_{32}\end{bmatrix}$$

$$\begin{bmatrix}1 & 2 & 3\\4 & 5 & 2\end{bmatrix}+\begin{bmatrix}-1 & 0 & -3\\0 & 5 & 4\end{bmatrix}=\begin{bmatrix}0 & 2 & 0\\4 & 7 & 6\end{bmatrix}$$

예 2 $\begin{bmatrix}1 & 2\\6 & -4\end{bmatrix}$와 $\begin{bmatrix}3 & 0\\4 & 1\\1 & 2\end{bmatrix}$의 합은 정의되지 않는다.

이제, 집합 $\mathrm{Mat}_{m\times n}(\mathbf{R})$의 덧셈에 관한 성질을 알아보자. 먼저,

$$A=[a_{ij}]_{m\times n},\ B=[b_{ij}]_{m\times n},\ C=[c_{ij}]_{m\times n}$$

이라 할 때, 덧셈 정의에 의하여 다음 두 등식이 성립한다.

$$A+B=[a_{ij}+b_{ij}]_{m\times n}=[b_{ij}+a_{ij}]_{m\times n}=B+A \tag{4.2.1}$$

$$\begin{aligned}(A+B)+C&=[a_{ij}+b_{ij}]_{m\times n}+[c_{ij}]_{m\times n}=[(a_{ij}+b_{ij})+c_{ij}]_{m\times n}\\&=[a_{ij}+(b_{ij}+c_{ij})]_{m\times n}=[a_{ij}]_{m\times n}+[b_{ij}+c_{ij}]_{m\times n}\\&=A+(B+C)\end{aligned} \tag{4.2.2}$$

모든 원소가 0인 $m\times n$ 행렬을 $m\times n$ **零行列**(zero matrix)이라 하고, 이를 $O_{m\times n}$ 또는 간단히 O로 나타낸다. 즉,

$$O=O_{m\times n}=\begin{bmatrix}0 & 0 & \cdots & 0\\0 & 0 & \cdots & 0\\\cdots & \cdots & \cdots & \cdots\\0 & 0 & \cdots & 0\end{bmatrix}_{m\times n}$$

분명히, 모든 $m\times n$ 행렬 $A\in\mathrm{Mat}_{m\times n}(\mathbf{R})$에 대하여 다음이 성립한다.

$$A+O=O+A=A \tag{4.2.3}$$

임의의 $m\times n$ 행렬 $A=[a_{ij}]_{m\times n}$에 대하여, 행렬 $-A$를

$$-A=[-a_{ij}]_{m\times n}$$

으로 정의한다. 예를 들면,

$$-\begin{bmatrix} 2 & -3 & 1 \\ 0 & 4 & -6 \end{bmatrix}=\begin{bmatrix} -2 & 3 & -1 \\ 0 & -4 & 6 \end{bmatrix}$$

한편, 정의에 의하여 다음이 성립한다.

$$A+(-A)=(-A)=0 \tag{4.2.4}$$

이상에서 얻은 결과를 종합해 보면, 집합 $\mathrm{Mat}_{m\times n}(\mathbf{R})$는 덧셈에 관하여 실수 전체의 집합 $\mathbf{R}$는 비슷한 성질을 갖는다(제2장 5절 참조). 다시 말하면, (4.2.1)~(4.2.4)에 의하여 다음 정리가 성립한다.

[定理 4.2.1]

집합 $\mathrm{Mat}_{m\times n}(\mathbf{R})$는 덧셈에 관해 다음과 같은 기본성질을 갖는다.

(0) $\mathrm{Mat}_{m\times n}(\mathbf{R})$ 위에는 덧셈 $+$가 정의되어 있다. 즉,

$$A,\ B\in\mathrm{Mat}_{m\times n}(\mathbf{R}) \Longrightarrow A+B\in\mathrm{Mat}_{m\times n}(\mathbf{R})$$

(1) $A+B=B+A$ (交換法則)

(2) $(A+B)+C=A+(B+C)$ (結合法則)

(3) 특정한 행렬 $O\in\mathrm{Mat}_{m\times n}(\mathbf{R})$가 존재하여, 모든 $A\in\mathrm{Mat}_{m\times n}(\mathbf{R})$에 대해

$$A+O=O+A=A$$

(4) 각 $A\in\mathrm{Mat}_{m\times n}(\mathbf{R})$에 대하여

$$A+(-A)=(-A)+A=O$$

인 $-A\in\mathrm{Mat}_{m\times n}(\mathbf{R})$가 존재한다.

결합법칙에 의하여 $(A+B)+C$와 $A+(B+C)$는 같으므로, 이것을 괄호 없이 간단히 $A+B+C$로 나타낸다. 또, 행렬 $A-B$를

$$A-B=A+(-B)$$

로 정의한다. 즉, 행렬 $A=[a_{ij}]_{m\times n}$과 $B=[b_{ij}]_{m\times n}$에 대하여 差 $A-B$는 그 (i,j)원소가 $a_{ij}-b_{ij}$인 $m\times n$ 행렬이다.

예 3 $\begin{bmatrix} 4 & 9 \\ 2 & 1 \end{bmatrix} - \begin{bmatrix} 2 & 0 \\ 3 & -1 \end{bmatrix} = \begin{bmatrix} 4-2 & 9-0 \\ 2-3 & 1-(-1) \end{bmatrix} = \begin{bmatrix} 2 & 9 \\ -1 & 2 \end{bmatrix}$

[定理 4.2.1]의 결과에 따라, $\mathrm{Mat}_{m\times n}(\mathbf{R})$에서의 덧셈 및 뺄셈은 실수에 대한 경우와 동일함을 알 수 있다. 특히, 다음 두 사실이 성립한다.

$$A+C=B+C \Longrightarrow A=B \quad (\text{消約法則}) \tag{4.2.5}$$

$$X+B=A \Longrightarrow X=A-B \tag{4.2.6}$$

예 4 $X+\begin{bmatrix} 5 & -1 & 0 \\ 8 & 8 & 2 \end{bmatrix} = \begin{bmatrix} 3 & 4 & -3 \\ 7 & -1 & 8 \end{bmatrix}$ 일 때,

$$X=\begin{bmatrix} 3 & 4 & -3 \\ 7 & -1 & 8 \end{bmatrix} - \begin{bmatrix} 5 & -1 & 0 \\ 7 & 8 & 2 \end{bmatrix} = \begin{bmatrix} -2 & 5 & -3 \\ 0 & -9 & 6 \end{bmatrix}$$

3. 스칼라곱셈

행렬과 구별하기 위하여 수, 변수, 함수 등을 **스칼라**(scalar)라고 부르기로 한다. 행렬 $A=[a_{ij}]_{m\times n}$와 스칼라 k와의 곱 kA를

$$kA=[ka_{ij}]_{m\times n}$$

으로 정의한다. 즉, kA는 A의 각 원소에 k를 곱한 것을 원소로 갖는 행렬이다. 이 때, kA를 A의 **스칼라倍**(scalar multiple)라 한다.

예 5 정의에 의하여 다음이 성립한다.

$$2\begin{bmatrix} a & b \\ c & d \end{bmatrix} = \begin{bmatrix} 2a & 2b \\ 2c & 2d \end{bmatrix}$$

$$(-1)A=A$$

$$-\begin{bmatrix} 1 & 2 & 3 \\ 4 & 5 & 6 \end{bmatrix} = \begin{bmatrix} -1 & -2 & -3 \\ -4 & -5 & -6 \end{bmatrix} = (-1)\begin{bmatrix} 1 & 2 & 3 \\ 4 & 5 & 6 \end{bmatrix}$$

$$5\begin{bmatrix} 3 & 0 \\ 4 & 5 \end{bmatrix} - 3\begin{bmatrix} 2 & 6 \\ 4 & 3 \end{bmatrix} = \begin{bmatrix} 15 & 0 \\ 20 & 25 \end{bmatrix} - \begin{bmatrix} 6 & 18 \\ 12 & 9 \end{bmatrix} = \begin{bmatrix} 9 & -18 \\ 8 & 16 \end{bmatrix}$$

다음 정리가 성립함은 정의에 의하여 분명하다.

[定理 4.2.2]

집합 $\mathrm{Mat}_{m\times n}(\mathbf{R})$ 위에는 $\mathbf{R}$에 의한 스칼라곱셈이 정의되어 있다. 즉,

$$k\in R,\ A\in\mathrm{Mat}_{m\times n}(\mathbf{R}) \Longrightarrow kA\in\mathrm{Mat}_{m\times n}(\mathbf{R})$$

또, 임의의 실수 k, $l\in\mathbf{R}$과 행렬 A, $B\in\mathrm{Mat}_{m\times n}(\mathbf{R})$에 대하여 다음이 성립한다.

(1) $k(A+B)=kA+kB$

(2) $(k+l)A=kA+lA$

(3) $(kl)A=k(lA)$

(4) $1A=A$

4. 곱　셈

먼저, $1\times n$ 행렬과 $n\times 1$ 행렬의 곱을 생각해 보자. 이제,

$$A=[a_1\ \ a_2\ \cdots\ a_n],\qquad B=\begin{bmatrix} b_1\\ b_2\\ \vdots\\ b_n\end{bmatrix}$$

이라 할 때, 곱 AB를 다음과 같이 정의한다.

$$AB=[a_1\ \ a_2\ \cdots\ a_n]\begin{bmatrix} b_1\\ b_2\\ \vdots\\ b_n\end{bmatrix}=a_1b_1+a_2b_2+\cdots+a_nb_n \tag{4.2.7}$$

예 6

$$[-1\ \ 2\ \ 3]\begin{bmatrix} 4\\ -2\\ 1\end{bmatrix}=(-1)\cdot 4+2(-2)+3\cdot 1=-5$$

$$[1\ \ \ 2]\begin{bmatrix} 4\\ 3\end{bmatrix}=1\cdot 4+2\cdot 3=10$$

이제, 일반적인 경우에 대하여 정의해 보자. 두 행렬 A와 B의 곱 AB는 A의 열의 개수와 B의 행의 개수가 같을 때에만 정의된다. 또, 곱 AB가 정의될 경우, AB의 (i, j)원소는 A의 제i행으로 만든 행벡터에 B의 제j열로 만든 열벡터를 곱한 값이다.

실제로, $m\times n$ 행렬 $A=[a_{ij}]_{m\times n}$와 $n\times p$ 행렬 $B=[b_{ij}]_{n\times p}$의 곱 $C=AB$는 다음과 같이 정의된 $m\times p$ 행렬이다.

$$AB=\begin{bmatrix} a_{11} & a_{12} & \cdots\cdots & a_{1n} \\ a_{21} & a_{22} & \cdots\cdots & a_{2n} \\ \cdots & \cdots & \cdots & \cdots \\ a_{m1} & a_{m2} & \cdots\cdots & a_{mn} \end{bmatrix}\begin{bmatrix} b_{11} & b_{12} & \cdots & b_{1p} \\ b_{21} & b_{22} & \cdots & b_{2p} \\ \vdots & \vdots & \vdots & \vdots \\ b_{n1} & b_{n2} & & b_{np} \end{bmatrix}$$

$$=\begin{bmatrix} c_{11} & c_{12} & \cdots\cdots & c_{1p} \\ c_{21} & c_{22} & \cdots\cdots & c_{2p} \\ \cdots & \cdots & \cdots & \cdots \\ c_{m1} & c_{m2} & \cdots\cdots & c_{mp} \end{bmatrix}=C \qquad (4.2.8)$$

단, $$c_{ij}=[a_{i1} \ a_{i2} \cdots a_{in}]\begin{bmatrix} b_{1j} \\ b_{2j} \\ \vdots \\ b_{nj} \end{bmatrix}=a_{i1}b_{1j}+a_{i2}b_{2j}+\cdots+a_{in}b_{nj}$$

$(m\times n$ 行列$)\cdot(n\times p$ 行列$)=(m\times p$ 行列$)$

예 7 $A=[1 \ 5]$, $B=\begin{bmatrix} 3 & 6 & 1 \\ 2 & 2 & 4 \end{bmatrix}$일 때,

$$AB=[13 \ 16 \ 21]$$

예 8 $A=\begin{bmatrix} 3 & 5 \\ 4 & 6 \end{bmatrix}$, $B=\begin{bmatrix} -1 & 0 \\ 4 & 7 \end{bmatrix}$일 때,

$$AB=\begin{bmatrix} 3\cdot(-1)+5\cdot4 & 3\cdot0+5\cdot7 \\ 4\cdot(-1)+6\cdot4 & 4\cdot0+6\cdot7 \end{bmatrix}=\begin{bmatrix} 17 & 35 \\ 20 & 42 \end{bmatrix}$$

$$BA=\begin{bmatrix} (-1)\cdot3+0\cdot4 & (-1)\cdot5+0\cdot6 \\ 4\cdot3 \quad +7\cdot4 & 4\cdot5 \quad +7\cdot6 \end{bmatrix}=\begin{bmatrix} -3 & -5 \\ 40 & 62 \end{bmatrix}$$

따라서 곱 AB와 BA는 모두 정의되지만 $AB\neq BA$이다.

예 9 $\begin{bmatrix} 9 \\ 7 \end{bmatrix}[3 \ \ 4] = \begin{bmatrix} 9\cdot3 & 9\cdot4 \\ 7\cdot3 & 7\cdot4 \end{bmatrix} = \begin{bmatrix} 27 & 36 \\ 21 & 28 \end{bmatrix}$

$$[3 \ \ 4]\begin{bmatrix} 9 \\ 7 \end{bmatrix} = 3\cdot9+4\cdot7=55$$

위에서 첫째 경우는 (2×1 행렬)·(1×2 행렬)＝(2×2 행렬)이고, 또 둘째 경우는 (1×2 행렬)·(2×1 행렬)＝스칼라이다.

일반적으로,

$$(1\times n \text{ 행렬})\cdot(n\times1 \text{ 행렬})=(1\times1 \text{ 행렬})=\text{스칼라}$$

예 10 $\begin{bmatrix} a & b \\ c & d \end{bmatrix}\begin{bmatrix} x \\ y \end{bmatrix} = \begin{bmatrix} ax+by \\ cx+dy \end{bmatrix}, \qquad [x \ \ y]\begin{bmatrix} a & b \\ c & d \end{bmatrix} = [ax+cy \quad bx+dy]$

예 11

$$\begin{bmatrix} 1 & -1 & 2 \\ 3 & 0 & 2 \end{bmatrix}\begin{bmatrix} 1 & 2 & 0 \\ 0 & -1 & 1 \\ 1 & 2 & -1 \end{bmatrix}$$

$$= \begin{bmatrix} 1\cdot1+(-1)\cdot0+2\cdot1 & 1\cdot2+(-1)\cdot(-1)+2\cdot2 & 1\cdot0+(-1)\cdot1+2\cdot(-1) \\ 3\cdot1+0\cdot0+2\cdot1 & 3\cdot2+0\cdot(-1)+2\cdot2 & 3\cdot0+0\cdot1+2\cdot(-1) \end{bmatrix}$$

$$= \begin{bmatrix} 3 & 7 & -3 \\ 5 & 10 & -2 \end{bmatrix}$$

행렬의 곱셈에 관해서는 다음이 성립한다(단, 각 단계별로 행렬의 곱이 정의될 경우에 한하여).

$$(AB)C=A(BC) \qquad \text{(結合法則)} \qquad (4.2.9)$$

$$A(B+C)=AB+AC,\ (A+B)C=AC+BC \qquad \text{(分配法則)} \qquad (4.2.10)$$

예 12 $A=\begin{bmatrix} 1 & 2 \\ 3 & 4 \end{bmatrix},\ B=\begin{bmatrix} 1 & 1 \\ 0 & 1 \end{bmatrix},\ C=\begin{bmatrix} 5 \\ 6 \end{bmatrix}$ 일 때,

$$AB=\begin{bmatrix} 1 & 2 \\ 3 & 4 \end{bmatrix}\begin{bmatrix} 1 & 1 \\ 0 & 1 \end{bmatrix}=\begin{bmatrix} 1 & 3 \\ 3 & 7 \end{bmatrix}, \quad BC=\begin{bmatrix} 1 & 1 \\ 0 & 1 \end{bmatrix}\begin{bmatrix} 5 \\ 6 \end{bmatrix}=\begin{bmatrix} 11 \\ 6 \end{bmatrix}$$

따라서

$$(AB)C=\begin{bmatrix} 1 & 3 \\ 3 & 7 \end{bmatrix}\begin{bmatrix} 5 \\ 6 \end{bmatrix}=\begin{bmatrix} 23 \\ 57 \end{bmatrix}, \quad A(BC)=\begin{bmatrix} 1 & 2 \\ 3 & 4 \end{bmatrix}\begin{bmatrix} 11 \\ 6 \end{bmatrix}=\begin{bmatrix} 23 \\ 57 \end{bmatrix}$$

分配法則 (4.2.10)을 이용하여 다음 등식이 성립함을 보일 수 있다.

$$(A+B)(C+D) = AC+AD+BC+BD \qquad (4.2.11)$$

행렬의 곱셈에 대해서는 일반적으로 교환법칙이 성립하지 않는다. 예를 들어, A와 B가 각각 2×3 행렬, 3×4 행렬일 때, 곱 AB는 정의되지만 곱 BA는 정의되지 않으므로 $AB\neq BA$이다. 또, 앞의 예 8에서 본 바와 같이, 곱 AB와 BA가 모두 정의되는 경우에도 $AB\neq BA$일 수 있다.

물론, $AB=BA$일 수도 있다. 예를 들면,

$$\begin{bmatrix} 3 & 2 \\ 2 & 3 \end{bmatrix}\begin{bmatrix} -1 & 2 \\ 2 & -1 \end{bmatrix}=\begin{bmatrix} 1 & 4 \\ 4 & 1 \end{bmatrix}=\begin{bmatrix} -1 & 2 \\ 2 & -1 \end{bmatrix}\begin{bmatrix} 3 & 2 \\ 2 & 3 \end{bmatrix}$$

主對角線 위의 원소가 모두 1이고 그 밖의 원소는 모두 0인 n次행렬을 n次의 **恒等行列**(identity matrix) 또는 **單位行列**(unit matrix)이라 하고, 이를 I_n 또는 E_n으로 나타내거나 I 또는 E로 나타낸다. 즉,

$$I=I_n=\begin{bmatrix} 1 & 0 & \cdots\cdots & 0 \\ 0 & 1 & \cdots\cdots & 0 \\ \cdots & \cdots & \cdots & \cdots \\ 0 & 0 & \cdots\cdots & 1 \end{bmatrix}_{n\times n}$$

모든 $m\times n$ 행렬 A에 대하여 다음이 성립한다.

$$I_mA = AI_n = A \qquad (4.2.12)$$

예 13 $A=\begin{bmatrix} 1 & 2 & 3 \\ 4 & 5 & 6 \end{bmatrix}$일 때,

$$I_2A=\begin{bmatrix} 1 & 0 \\ 0 & 1 \end{bmatrix}\begin{bmatrix} 1 & 2 & 3 \\ 4 & 5 & 6 \end{bmatrix}=\begin{bmatrix} 1 & 2 & 3 \\ 4 & 5 & 6 \end{bmatrix}=A$$

$$AI_3=\begin{bmatrix} 1 & 2 & 3 \\ 4 & 5 & 6 \end{bmatrix}\begin{bmatrix} 1 & 0 & 0 \\ 0 & 1 & 0 \\ 0 & 0 & 1 \end{bmatrix}\begin{bmatrix} 1 & 2 & 3 \\ 4 & 5 & 6 \end{bmatrix}=A$$

$$8I_3=8\begin{bmatrix} 1 & 0 & 0 \\ 0 & 1 & 0 \\ 0 & 0 & 1 \end{bmatrix}=\begin{bmatrix} 8 & 0 & 0 \\ 0 & 8 & 0 \\ 0 & 0 & 8 \end{bmatrix}$$

練習問題 4.2

[1] $A=\begin{bmatrix}3 & -7\\ 6 & 9\end{bmatrix}$, $B=\begin{bmatrix}0 & 8\\ 3 & -2\end{bmatrix}$, $C=\begin{bmatrix}7 & 3\\ 6 & 1\end{bmatrix}$일 때, 다음을 구하여라.

(a) $A+B$ (b) $C-A$ (c) $3A$ (d) $4B+2C$

[2] $A=\begin{bmatrix}2 & 1\\ 3 & 0\\ 5 & 1\end{bmatrix}$, $B=\begin{bmatrix}4 & 0\\ 3 & 8\end{bmatrix}$, $C=\begin{bmatrix}1 & 2\\ 6 & 3\end{bmatrix}$라고 하자.

(a) AB를 계산하여라. BA는 정의되는가? 왜냐?

(b) BC와 CB를 계산하여라. 이 때, $BC=CB$인가?

[3] 다음 등식을 만족시키는 x와 y의 값을 구하여라.

$$\begin{bmatrix}x+y & 2\\ 1 & x-y\end{bmatrix}=\begin{bmatrix}3 & 2\\ 1 & 5\end{bmatrix}$$

[4] 다음을 계산하여라.

(a) $\begin{bmatrix}9 & 7 & 0\\ 3 & 0 & 4\\ 2 & 3 & 0\end{bmatrix}\begin{bmatrix}2 & 0\\ 0 & 1\\ 3 & 5\end{bmatrix}$ (b) $\begin{bmatrix}3 & 6 & 0\\ 4 & 2 & -7\end{bmatrix}\begin{bmatrix}x\\ y\\ z\end{bmatrix}$

(c) $\begin{bmatrix}1\\ 2\\ 3\end{bmatrix}\begin{bmatrix}4 & 5\end{bmatrix}$ (d) $\begin{bmatrix}-9 & 5 & 1\end{bmatrix}\begin{bmatrix}7 & 0\\ 0 & 2\\ 1 & 4\end{bmatrix}$

[5] $A=\begin{bmatrix}3 & 6\\ 7 & 0\end{bmatrix}$, $B=\begin{bmatrix}-1 & 7\\ 8 & 4\end{bmatrix}$, $C=\begin{bmatrix}0 & 0\\ 1 & 2\end{bmatrix}$일 때, 다음이 성립함을 확인하여라.

(a) $(A+B)+C=A+(B+C)$

(b) $(A+B)-C=A+(B-C)$

(c) $(AB)C=A(BC)$

[6] 다음 부등식을 만족시키는 x의 값을 구하여라.

$$\begin{bmatrix}x & 4 & 1\end{bmatrix}\begin{bmatrix}2 & 1 & 0\\ 1 & 0 & 2\\ 0 & 2 & 4\end{bmatrix}\begin{bmatrix}x\\ 4\\ 1\end{bmatrix}>0$$

4.3 逆 行 列

이제까지 배운 바를 종합하여, 실수를 성분으로 가진 n次행렬 전체의 집합 $\mathrm{Mat}_n(\mathbf{R})$의 연산에 관한 성질을 재음미하여 보자.

[定理 4.2.1], [定理 4.2.2] 그리고 (4.2.9), (4.2.10), (4.2.12)에 의하여 다음 정리를 얻는다.

[定理 4.3.1]

실수를 성분으로 가진 n次행렬 전체의 집합 $\mathrm{Mat}_n(\mathbf{R})$ 위에는 덧셈, 스칼라곱셈, 곱셈이 정의되어 있고, 또 이들 연산에 관하여 다음 성질을 갖는다.

A.1 $A+B=B+A$

A.2 $(A+B)+C=A+(B+C)$

A.3 특정한 영행렬 $O\in\mathrm{Mat}_n(\mathbf{R})$가 존재하여, 모든 $A\in\mathrm{Mat}_n(\mathbf{R})$에 대하여

$$A+O=O+A=A$$

A.4 각 $A\in\mathrm{Mat}_n(\mathbf{R})$에 대하여 덧셈에 관한 逆元 $-A\in\mathrm{Mat}_n(\mathbf{R})$가 존재한다. 즉,

$$A+(-A)=(-A)+A=O$$

SM.1 $k(A+B)=kA+kB$

SM.2 $(k+l)A=kA+lA$

SM.3 $(kl)A=k(lA)$

SM.4 $1A=A$

M.1 $(AB)C=A(BC)$

M.2 특정한 항등행렬 $I\in\mathrm{Mat}_n(\mathbf{R})$가 존재하여, 모든 $A\in\mathrm{Mat}_n(\mathbf{R})$에 대하여

$$AI=IA=A$$

D. $A(B+C)=AB+AC,\ (A+B)C=AC+BC$

SMM $k(AB)=(kA)B=A(kB)$

한 n次행렬 A에 대하여, 곱 AA, AAA, $\cdots$를 간단히 A^2, A^3, $\cdots$으로 나타낸다.

이제, 실수의 곱셈과 $n\times n$ 행렬의 곱셈과의 차이점을 좀더 자세히 알아보자.

(1) 일반적으로, 교환법칙은 성립하지 않는다. 즉, $AB\neq BA$ 이다.

예를 들어,

$$\begin{bmatrix} 2 & -1 \\ -1 & 2 \end{bmatrix}\begin{bmatrix} 1 & 4 \\ 1 & 1 \end{bmatrix}=\begin{bmatrix} 1 & 7 \\ 1 & -2 \end{bmatrix}\neq\begin{bmatrix} -2 & 7 \\ 1 & 1 \end{bmatrix}=\begin{bmatrix} 1 & 4 \\ 1 & 1 \end{bmatrix}\begin{bmatrix} 2 & -1 \\ -1 & 2 \end{bmatrix}$$

(2) 일반적으로, "$AB=O \Longrightarrow A=O$ 또는 $B=O$"는 성립하지 않는다.

예를 들어, 다음 각 곱은 零行列이지만 어느 因子도 零行列은 아니다.

$$\begin{bmatrix} 2 & 4 \\ 1 & 2 \end{bmatrix}\begin{bmatrix} -2 & 4 \\ 1 & -2 \end{bmatrix}=\begin{bmatrix} 0 & 0 \\ 0 & 0 \end{bmatrix}=O$$

$$A=\begin{bmatrix} 1 & 2 & 5 \\ 2 & 4 & 10 \\ -1 & -2 & -5 \end{bmatrix}\neq O \text{ 일 때, } A^2=AA=\begin{bmatrix} 0 & 0 & 0 \\ 0 & 0 & 0 \\ 0 & 0 & 0 \end{bmatrix}=O$$

위의 예에서와 같이, $AB=O$ 이지만 A 도 零行列이 아니고 B 도 零行列이 아닐 때, n次행렬 A 와 B 를 **零因子**(zero divisor)라 한다.

(3) 일반적으로, "$AB=AC,\ A\neq O \Longrightarrow B=C$"은 성립하지 않으며, 또 "$BA=CA,\ A\neq O \Longrightarrow B=C$"도 성립하지 않는다.

예를 들어,

$$A=\begin{bmatrix} 2 & 3 \\ 6 & 9 \end{bmatrix},\quad B=\begin{bmatrix} 1 & 1 \\ 1 & 2 \end{bmatrix},\quad C=\begin{bmatrix} -2 & 1 \\ 3 & 2 \end{bmatrix} \text{ 일 때,}$$

$$AB=\begin{bmatrix} 5 & 8 \\ 15 & 24 \end{bmatrix}=AC, \text{ 그러나 } B\neq C$$

행렬 $A\in \mathrm{Mat}_n(\mathbf{R})$에 대하여

$$AB=BA=I \tag{4.3.1}$$

를 만족시키는 $B\in \mathrm{Mat}_n(\mathbf{R})$가 존재하는 경우에 A 를 **正則行列**(non-singular, regular)이라 하며, 이 때 B 를 A 의 **逆行列**(inverse matrix)이라 하고 B 를 A^{-1} 로 나타낸다. 즉,

$$AA^{-1}=A^{-1}A=I \tag{4.3.2}$$

이 경우에, A는 A^{-1}의 逆行列이다. 즉,

$$(A^{-1})^{-1}=A \tag{4.3.3}$$

한편, 항등행렬 I에 대하여 $II=I$가 성립한다. 따라서

$$I^{-1}=I \tag{4.3.4}$$

예 1 두 행렬

$$A=\begin{bmatrix} 2 & 5 \\ 3 & 8 \end{bmatrix}, \quad B=\begin{bmatrix} 8 & -5 \\ -3 & 2 \end{bmatrix}$$

에 대하여,

$$AB=\begin{bmatrix} 1 & 0 \\ 0 & 1 \end{bmatrix}=BA$$

이므로 $A^{-1}=B$, $B^{-1}=A$ 이다.

예 2 행렬 $A=\begin{bmatrix} 1 & 0 \\ 0 & 0 \end{bmatrix}$는 정칙행렬이 아니다.

실제로, 임의의 행렬 $B\in \mathrm{Mat}_2(\mathbf{R})$에 대하여

$$AB=\begin{bmatrix} 0 & 1 \\ 0 & 0 \end{bmatrix}\begin{bmatrix} b_{11} & b_{12} \\ b_{21} & b_{22} \end{bmatrix}=\begin{bmatrix} b_{21} & b_{22} \\ 0 & 0 \end{bmatrix}\neq I$$

이므로 A는 정칙행렬이 아니다.

예 3 행렬

$$A=\begin{bmatrix} a_{11} & a_{12} \\ a_{21} & a_{22} \end{bmatrix}$$

에 대하여 $\varDelta=a_{11}a_{22}-a_{12}a_{21}$라고 할 때, $\varDelta\neq 0$ 이면 A의 逆行列 A^{-1}는 존재하고 A^{-1}는 다음과 같다.

$$A^{-1}=\begin{bmatrix} \dfrac{a_{22}}{\varDelta} & \dfrac{-a_{12}}{\varDelta} \\ \dfrac{-a_{21}}{\varDelta} & \dfrac{a_{11}}{\varDelta} \end{bmatrix}$$

예를 들면, $A=\begin{bmatrix} 1 & -4 \\ -1 & 2 \end{bmatrix}$일 때, $A^{-1}=\begin{bmatrix} -1 & -2 \\ -\frac{1}{2} & -\frac{1}{2} \end{bmatrix}$이다.

예 4

$$A=\begin{bmatrix}1 & 2 & 3\\ 4 & 5 & 6\\ 7 & 8 & 10\end{bmatrix},\quad B=\begin{bmatrix}-\frac{2}{3} & -\frac{4}{3} & 1\\ -\frac{2}{3} & \frac{11}{3} & -2\\ 1 & -2 & 1\end{bmatrix}$$

에 대하여, $AB=BA=I$ 이므로 $A^{-1}=B$, $B^{-1}=A$ 이다.

일반적으로, n次행렬 A가 正則행렬이기 위한 필요충분조건과 정칙행렬의 逆行列을 구하는 방법에 대해서는 제5장 1절과 제5장 4절에서 논하기로 한다.

逆行列에 대해서는 다음 정리가 성립한다.

[定理 4.3.2]

(1) A의 역행렬 A^{-1}가 존재할 때, A^{-1}의 역행렬은 A이다. 즉,

$$(A^{-1})^{-1}=A$$

(2) A, B의 역행렬 A^{-1}, B^{-1}가 존재할 때, AB의 역행렬은 $A^{-1}B^{-1}$ 이다. 즉,

$$(AB)^{-1}=B^{-1}A^{-1}$$

예 5

$$A=\begin{bmatrix}2 & 0\\ 0 & 3\end{bmatrix},\quad B=\begin{bmatrix}1 & -1\\ 0 & 1\end{bmatrix} \text{ 일 때,}$$

$$A^{-1}=\begin{bmatrix}\frac{1}{2} & 0\\ 0 & \frac{1}{3}\end{bmatrix},\quad B^{-1}=\begin{bmatrix}1 & 1\\ 0 & 1\end{bmatrix}$$

$$(AB)^{-1}=\begin{bmatrix}2 & -2\\ 0 & 3\end{bmatrix}^{-1}=\begin{bmatrix}\frac{1}{2} & \frac{1}{3}\\ 0 & \frac{1}{3}\end{bmatrix}=\begin{bmatrix}1 & 1\\ 0 & 1\end{bmatrix}\begin{bmatrix}\frac{1}{2} & 0\\ 0 & \frac{1}{3}\end{bmatrix}=B^{-1}A^{-1}$$

$$A^{-1}B^{-1}=\begin{bmatrix}\frac{1}{2} & 0\\ 0 & \frac{1}{2}\end{bmatrix}\begin{bmatrix}1 & 1\\ 0 & 1\end{bmatrix}=\begin{bmatrix}\frac{1}{2} & \frac{1}{2}\\ 0 & \frac{1}{3}\end{bmatrix}\neq(AB)^{-1}$$

행렬에 대한 방정식

$$AX = B$$

에서 A^{-1}가 존재하면 $X = A^{-1}B$이다.

또, A^{-1}와 C^{-1}가 존재할 때,

$$AXC = B \text{ 이면 } \quad X = A^{-1}BC^{-1}$$

여기서 곱셈의 순서에 주의하여야 한다.

다음 정리의 증명은 생략하기로 한다.

[定理 4.3.3]

임의의 n次행렬 A에 대하여, 다음 네 조건은 서로 同値이다.

(1) A는 正則행렬이다.

(2) $AB = BA = I$인 n次행렬 B가 존재한다.

(3) $AB = I$인 n次행렬 B가 존재한다.

(4) $BA = I$인 n次행렬 B가 존재한다.

練習問題 4.3

[1] 행렬

$$A = \begin{bmatrix} 1 & 2 & 0 \\ 1 & 1 & 0 \\ -4 & 1 & 0 \end{bmatrix}, \quad B = \begin{bmatrix} 0 & 0 & 0 \\ 0 & 0 & 0 \\ 1 & 4 & 1 \end{bmatrix}$$

일 때, $AB = O$, $BA \neq O$임을 확인하여라.

[2] 두 n次행렬 A, B에 다음이 성립함을 보여라.

(a) $(A+B)^2 = A^2 + AB + BA + B^2$

(b) $(A+B)(A-B) = A^2 + BA - AB - B^2$

(c) $(A+B)^2 = A^2 + 2AB + B^2 \iff AB = BA$

(d) $(A+B)(A-B) = A^2 - B^2 \iff AB = BA$

[3] $A = \begin{bmatrix} a & 1-a \\ 1+a & -a \end{bmatrix}$일 때, A^2을 구하여라.

[4] 다음을 구하여라.

(a) $\begin{bmatrix} 1 & 0 \\ 0 & 0 \end{bmatrix}^2$ (b) $\begin{bmatrix} 0 & 1 & 0 \\ 0 & 0 & 1 \\ 0 & 0 & 0 \end{bmatrix}^3$ (c) $\begin{bmatrix} 0 & 1 & 0 & 0 \\ 0 & 0 & 1 & 0 \\ 0 & 0 & 0 & 1 \\ 0 & 0 & 0 & 0 \end{bmatrix}^4$

[5] 다음 행렬의 역행렬을 구하여라.

(a) $\begin{bmatrix} 1 & 0 \\ 4 & 1 \end{bmatrix}$ (b) $\begin{bmatrix} 0 & 1 \\ 1 & 0 \end{bmatrix}$ (c) $\begin{bmatrix} 10 & 4 \\ 8 & 5 \end{bmatrix}$

[6] 행렬방정식 $AXC=B$에서 A와 C의 역행렬이 존재할 때,

$$X=A^{-1}BC^{-1}$$

임을 증명하여라.

[7] 행렬 A, B, C, D가 모두 정칙행렬일 때, 다음이 성립함을 보여라.

$$(ABCD)^{-1}=D^{-1}C^{-1}B^{-1}A^{-1}$$

[8] 다음을 구하여라.

(a) $\begin{bmatrix} 1 & 0 & 0 \\ 0 & 2 & 0 \\ 0 & 0 & -3 \end{bmatrix}^{-1}$

(b) $\begin{bmatrix} 1 & 0 & 0 \\ 0 & 0 & 1 \\ 0 & 1 & 0 \end{bmatrix}^{-1}$

[9] 문제 8을 이용하여, 다음 등식을 만족시키는 행렬 A를 구하여라.

(a) $\begin{bmatrix} 1 & 0 & 0 \\ 0 & 2 & 0 \\ 0 & 0 & -3 \end{bmatrix} A \begin{bmatrix} 1 & 0 & 0 \\ 0 & 0 & 1 \\ 0 & 1 & 0 \end{bmatrix} = \begin{bmatrix} 1 & 2 & 3 \\ 4 & 5 & 4 \\ 3 & 2 & 1 \end{bmatrix}$

(b) $A \begin{bmatrix} 1 & 0 & 0 \\ 0 & 2 & 0 \\ 0 & 0 & -3 \end{bmatrix} = \begin{bmatrix} 1 & 0 & 0 \\ 0 & 0 & 1 \\ 0 & 1 & 1 \end{bmatrix}$

4.4 聯立一次方程式과 行列

행렬에 대한 방정식

$$\begin{bmatrix} 4 & 6 & 8 \\ 2 & 2 & 3 \\ 1 & 4 & 7 \end{bmatrix} \begin{bmatrix} x_1 \\ x_2 \\ x_3 \end{bmatrix} = \begin{bmatrix} 2 \\ 1 \\ 0 \end{bmatrix} \tag{4.4.1}$$

에서, 행렬에 곱셈 정의에 의하여 좌변을 정리하면

$$\begin{bmatrix} 4x_1+6x_2+8x_3 \\ 2x_1+2x_2+3x_3 \\ x_1+4x_2+7x_3 \end{bmatrix} = \begin{bmatrix} 2 \\ 1 \\ 0 \end{bmatrix}$$

이 되고, 이로부터 다음과 같은 聯立一次方程式을 얻는다.

$$\begin{cases} 4x_1+6x_2+8x_3=2 \\ 2x_1+2x_2+3x_3=1 \\ x_1+4x_2+7x_3=0 \end{cases} \tag{4.4.2}$$

역으로 연립일차방정식 (4.4.2)로부터 行列方程式 (4.4.1)을 얻을 수 있다.

일반적으로, n개의 미지수 x_1, x_2, $\cdots$, x_n에 관한 m개의 일차방정식으로 이루어진 연립일차방정식

$$\begin{cases} a_{11}x_1+a_{12}x_2+\cdots+a_{1n}x_n=b_1 \\ a_{21}x_1+a_{22}x_2+\cdots+a_{2n}x_n=b_2 \\ \cdots\cdots\cdots\cdots\cdots\cdots\cdots\cdots\cdots \\ a_{m1}x_1+a_{m2}x_2+\cdots+a_{mn}x_n=b_m \end{cases} \tag{4.4.3}$$

이 주어졌을 때,

$$A=\begin{bmatrix} a_{11} & a_{12} & \cdots & a_{1n} \\ a_{21} & a_{22} & \cdots & a_{2n} \\ \cdots & \cdots & \cdots & \cdots \\ a_{m1} & a_{m2} & \cdots & a_{mn} \end{bmatrix}, \quad X=\begin{bmatrix} x_1 \\ x_2 \\ \vdots \\ x_n \end{bmatrix}, \quad B=\begin{bmatrix} b_1 \\ b_2 \\ \vdots \\ b_m \end{bmatrix}$$

이라 놓으면, (4.4.3)은 다음과 같은 행렬방정식으로 나타낼 수 있다.

$$AX = B \tag{4.4.4}$$

이 때, 연립일차방정식의 계수들로 된 行列 A를 연립일차방정식 (4.4.3)의 **係數行列**(coefficient matrix)이라 부른다.

연립일차방정식 (4.4.3)을 만족시키는 한 벌의 $x_1, x_2, \cdots, x_n$값을 구한다는 것은 행렬방정식 (4.4.4)를 만족시키는 하나의 列벡터 X를 구한다는 것과 마찬가지이다.

이러한 의미에서,

$$x_1 = c_1, \; x_2 = c_2, \; \cdots, \; x_n = c_n$$

이 연립일차방정식 (4.4.3)을 만족시킬 때,

$$x_1 = c_1, \; x_2 = c_2, \; \cdots, \; x_n = c_n \tag{4.4.5}$$

또는

$$(x_1, x_2, \cdots, x_n) = (c_1, c_2, \cdots, c_n) \tag{4.4.6}$$

또는

$$\begin{bmatrix} x_1 \\ x_2 \\ \vdots \\ x_n \end{bmatrix} = \begin{bmatrix} c_1 \\ c_2 \\ \vdots \\ c_n \end{bmatrix} \tag{4.4.7}$$

을 (4.4.3)의 **解**(solution)라 한다.

연립일차방정식의 解法에 대해서는 第5.5節 및 第5.6節에서 상세히 논하기로 한다.

연립일차방정식 (4.4.3)은 列벡터를 사용해서 나타낼 수도 있다. 실제로 係數行列 A의 제 j열로 만든 列벡터를 A_j라 하자. 즉,

$$A_1 = \begin{bmatrix} a_{11} \\ a_{21} \\ \vdots \\ a_{m1} \end{bmatrix}, \quad A_2 = \begin{bmatrix} a_{12} \\ a_{22} \\ \vdots \\ a_{m2} \end{bmatrix}, \quad \cdots, \quad A_n = \begin{bmatrix} a_{1n} \\ a_{2n} \\ \vdots \\ a_{mn} \end{bmatrix} \tag{4.4.8}$$

이 때, 연립방정식 (4.4.3)은 다음과 같이 표시된다.

$$x_1A_1 + x_2A_2 + \cdots + x_nA_n = B$$

예 1 연립일차방정식

$$\begin{cases} 3x+6y=2 \\ x+3y=1 \end{cases}$$

은 다음과 같이 나타낼 수 있다.

$$\begin{bmatrix} 3 & 6 \\ 1 & 3 \end{bmatrix} \begin{bmatrix} x \\ y \end{bmatrix} = \begin{bmatrix} 2 \\ 1 \end{bmatrix},$$

또는

$$x\begin{bmatrix} 3 \\ 1 \end{bmatrix} + y\begin{bmatrix} 6 \\ 3 \end{bmatrix} = \begin{bmatrix} 2 \\ 1 \end{bmatrix}$$

예 2 연립일차방정식

$$\begin{cases} 2x_1-3x_2+4x_3=1 \\ 3x_1-4x_2+6x_3=5 \end{cases}$$

는 다음과 같이 나타낼 수 있다.

$$\begin{bmatrix} 2 & -3 & 4 \\ 3 & -4 & 6 \end{bmatrix} \begin{bmatrix} x_1 \\ x_2 \\ x_3 \end{bmatrix} = \begin{bmatrix} 1 \\ 5 \end{bmatrix}$$

$$x_1\begin{bmatrix} 2 \\ 3 \end{bmatrix} + x_2\begin{bmatrix} -3 \\ -4 \end{bmatrix} + x_3\begin{bmatrix} 4 \\ 6 \end{bmatrix} = \begin{bmatrix} 1 \\ 5 \end{bmatrix}$$

4. 5 轉置行列, 對稱行列, 스칼라行列

이 절에서는 轉置行列, 對稱行列, 스칼라行列 등 몇 가지 특수한 형태의 행렬에 대하여 논하기로 한다.

1. 轉置行列

행렬 $A=[a_{ij}]_{m\times n}$의 行과 列을 차례로 서로 바꾸어 놓은(순서를 유지하면서) $n\times m$ 행렬을 A의 **轉置行列**(transpose)이라 하고, 이것을 A^T 또는 A'로 나타낸다. 즉,

$$A^T = A' = \begin{bmatrix} a_{11} & a_{21} & \vdots & a_{m1} \\ a_{12} & a_{22} & \vdots & a_{m2} \\ \vdots & \vdots & \vdots & \vdots \\ a_{1n} & a_{2n} & \vdots & a_{mn} \end{bmatrix}_{m\times n} = [a_{ji}]_{n\times m} \tag{4.5.1}$$

예를 들면,

$$A = \begin{bmatrix} 2 & 0 & -1 \\ 1 & 3 & 4 \end{bmatrix} \text{일 때, } A^T = \begin{bmatrix} 2 & 1 \\ 0 & 3 \\ -1 & 4 \end{bmatrix}$$

정의에 의하여 $m\times n$ 행렬의 轉置行列은 $n\times m$ 행렬이다. 특히, 行벡터를 전치시키면 列벡터로 되고, 列벡터를 전치시키면 行벡터로 된다.

예를 들면,

$$[1\ 4\ 6]^T = \begin{bmatrix} 1 \\ 4 \\ 6 \end{bmatrix}, \quad \begin{bmatrix} 1 \\ 2 \\ 3 \\ 4 \end{bmatrix}^T = [1\ 2\ 3\ 4]$$

다음 정리의 증명은 생략하기로 한다.

[定理 4.5.1]

두 행렬 A, B에 대한 합 $A+B$, 스칼라 배 kA, 곱 AB가 정의될 때,

(1) $(A^T)^T = A$

(2) $(A+B)^T = A^T + B^T$

(3) $(kA)^T = kA^T$

(4) $(AB)^T = B^T A^T$

예 1 $A = \begin{bmatrix} 4 & 1 \\ 9 & 0 \end{bmatrix}$, $B = \begin{bmatrix} 2 & 0 \\ 7 & 1 \end{bmatrix}$ 일 때,

$$(A+B)^T = \begin{bmatrix} 6 & 1 \\ 16 & 1 \end{bmatrix}^T = \begin{bmatrix} 6 & 16 \\ 1 & 1 \end{bmatrix}$$

$$A^T + B^T = \begin{bmatrix} 4 & 9 \\ 1 & 0 \end{bmatrix} + \begin{bmatrix} 2 & 7 \\ 0 & 1 \end{bmatrix} = \begin{bmatrix} 6 & 16 \\ 1 & 1 \end{bmatrix}$$

예 2 $A=\begin{bmatrix}1 & 2\\ 3 & 4\end{bmatrix}$ 일 때,

$$(5A)^T=\begin{bmatrix}5 & 10\\ 15 & 20\end{bmatrix}^T=\begin{bmatrix}5 & 15\\ 10 & 20\end{bmatrix}=\begin{bmatrix}1 & 3\\ 2 & 4\end{bmatrix}=5A^T$$

예 3 $A=\begin{bmatrix}9 & -1\\ 2 & 1\end{bmatrix}$, $B=\begin{bmatrix}2 & 0 & 1\\ 1 & 1 & 0\end{bmatrix}$ 일 때,

$$(AB)^T=\begin{bmatrix}17 & -1 & 9\\ 4 & 0 & 2\end{bmatrix}^T=\begin{bmatrix}17 & 4\\ -1 & 0\\ 9 & 2\end{bmatrix}$$

$$B^TA^T=\begin{bmatrix}2 & 1\\ 0 & 1\\ 1 & 0\end{bmatrix}\begin{bmatrix}9 & 2\\ -1 & 0\end{bmatrix}\begin{bmatrix}17 & 4\\ -1 & 0\\ 9 & 2\end{bmatrix}$$

따라서 $(AB)^T=B^TA^T$ 이다. 그러나 A^TB^T은 정의되지 않는다.

---

2. 對稱行列, 交代行列

정사각행렬 $A=[a_{ij}]_{n\times n}$에 대하여

$$A=A^T \text{ (즉, 모든 } i, j\text{에 대하여 } a_{ij}=a_{ji}) \tag{4.5.2}$$

일 때, A를 **對稱行列**(symmetric matrix)이라 한다. 또,

$$A=-A^T \text{ (즉, 모든 } i, j\text{에 대하여 } a_{ij}=-a_{ji}) \tag{4.5.3}$$

일 때, A를 **交代行列**(alternating matrix) 또는 **反對稱行列**(skew-symmetric matrix)이라 한다.

다음 행렬은 각각 대칭행렬, 교대행렬의 예이다.

$$\begin{bmatrix}3 & 1 & 2\\ 1 & 4 & -3\\ 2 & -3 & 5\end{bmatrix}, \quad \begin{bmatrix}0 & 1 & -2\\ -1 & 0 & 3\\ 2 & -3 & 0\end{bmatrix}$$

위의 예에서 보는 바와 같이, 대칭행렬의 원소들은 主대각선에 관하여 대칭이고, 교대행렬의 주대각선 위의 원소는 모두 0 이다.

일반적으로, 두 대칭행렬의 곱은 대칭행렬이 아니다. 예를 들면,

$$A=\begin{bmatrix}1 & 2\\ 2 & 3\end{bmatrix},\quad B=\begin{bmatrix}3 & 7\\ 7 & 6\end{bmatrix}\text{일 때,}\quad AB=\begin{bmatrix}17 & 19\\ 27 & 32\end{bmatrix}$$

이고, 분명히 AB는 대칭행렬이 아니다.

3. 對角行列, 스칼라行列

대칭행렬의 한 예로서, 주대각선 위의 원소를 제외한 모든 원소가 0인 행렬을 **對角行列**(diagonal matrix)이라 한다. 대각행렬

$$A=\begin{bmatrix}a_1 & 0 & \cdots\cdots & 0\\ 0 & a_2 & \cdots\cdots & 0\\ & & \ddots & \\ 0 & & \cdots\cdots & a_n\end{bmatrix}_{n\times n} \tag{4.5.4}$$

를 흔히 $A=\text{diag}\{a_1, a_2, \cdots, a_n\}$으로 나타낸다. 특히, $A=\text{diag}\{a_1, a_2, \cdots, a_n\}$의 대각선 위의 원소 $a_1, a_2, \cdots, a_n$이 모두 0이 아닐 때, A는 正則行列이고

$$A^{-1}=\text{diag}\{a_1^{-1}, a_2^{-1}, \cdots, a_n^{-1}\}$$

임을 알 수 있다. 예를 들면,

$$\begin{bmatrix}1 & 0 & 0\\ 0 & 2 & 0\\ 0 & 0 & 3\end{bmatrix}^{-1}=\begin{bmatrix}1 & 0 & 0\\ 0 & \frac{1}{2} & 0\\ 0 & 0 & \frac{1}{3}\end{bmatrix}$$

대각행렬 중에서, 주대각선 위의 원소가 모두 동일한 행렬을 **스칼라行列**(scalar matrix)이라 한다. 또, 스칼라行列

$$B=\begin{bmatrix}k & 0 & \cdots\cdots & 0\\ 0 & k & \cdots\cdots & 0\\ & & \ddots & \\ 0 & & \cdots\cdots & k\end{bmatrix}_{n\times n}=\text{diag}\{k, k, \cdots, k\} \tag{4.5.5}$$

를 $B=kI_n$로 나타낼 수 있다.

임의의 $n\times n$행렬 $A=[a_{ij}]_{n\times n}$에 대하여, 다음 등식이 성립한다.

$$\begin{bmatrix} k & 0 & \cdots\cdots & 0 \\ 0 & k & \cdots\cdots & 0 \\ \cdots & \cdots & \cdots & \cdots \\ 0 & 0 & \cdots\cdots & k \end{bmatrix} A = kA = A \begin{bmatrix} k & 0 & \cdots\cdots & 0 \\ 0 & k & \cdots\cdots & 0 \\ \cdots & \cdots & \cdots & \cdots \\ 0 & 0 & \cdots\cdots & k \end{bmatrix}$$

$$\begin{bmatrix} k & 0 & \cdots\cdots & 0 \\ 0 & k & \cdots\cdots & 0 \\ \cdots & \cdots & \cdots & \cdots \\ 0 & 0 & \cdots\cdots & k \end{bmatrix} + \begin{bmatrix} l & 0 & \cdots\cdots & 0 \\ 0 & l & \cdots\cdots & 0 \\ \cdots & \cdots & \cdots & \cdots \\ 0 & 0 & \cdots\cdots & l \end{bmatrix} = \begin{bmatrix} k+l & 0 & \cdots\cdots & 0 \\ 0 & k+l & \cdots\cdots & 0 \\ \cdots & \cdots & \cdots & \cdots \\ 0 & 0 & \cdots\cdots & k+l \end{bmatrix} \tag{4.5.6}$$

$$\begin{bmatrix} k & 0 & \cdots\cdots & 0 \\ 0 & k & \cdots\cdots & 0 \\ \cdots & \cdots & \cdots & \cdots \\ 0 & 0 & \cdots\cdots & k \end{bmatrix} \begin{bmatrix} l & 0 & \cdots\cdots & 0 \\ 0 & l & \cdots\cdots & 0 \\ \cdots & \cdots & \cdots & \cdots \\ 0 & 0 & \cdots\cdots & l \end{bmatrix} = \begin{bmatrix} kl & 0 & \cdots\cdots & 0 \\ 0 & kl & \cdots\cdots & 0 \\ \cdots & \cdots & \cdots & \cdots \\ 0 & 0 & \cdots\cdots & kl \end{bmatrix} \tag{4.5.7}$$

練習問題 4.5

[1] $A=\begin{bmatrix} 3 & 1 \\ -4 & 2 \end{bmatrix}$ 일 때, $(A^T)^T=A$ 임을 확인하여라.

[2] $A=\begin{bmatrix} 1 & 0 & 1 \\ 2 & -1 & 3 \\ 0 & 0 & 4 \end{bmatrix}$ 일 때, AA^T과 A^TA가 대칭행렬임을 보여라.

[3] $\begin{bmatrix} 3 & 8 & 4 \\ 8 & 7 & -1 \\ 4 & -1 & 2 \end{bmatrix} + \begin{bmatrix} 1 & -1 & 3 \\ -1 & 2 & 4 \\ 3 & 4 & 6 \end{bmatrix}$ 은 대칭행렬임을 보여라.

[4] $A=\begin{bmatrix} 1 & -1 & 2 \\ 2 & 1 & 0 \end{bmatrix}$, $B=\begin{bmatrix} 1 & 2 \\ 2 & 0 \\ -1 & 1 \end{bmatrix}$ 일 때, $(AB)^T=B^TA^T$ 임을 확인하여라.

또, $(A^TB^T)^T=BA$ 임을 확인하여라.

[5] 행렬 A가 대칭행렬이거나 또는 교대행렬일 때,

(a) $AA^T=A^TA$ 임을 보여라.

(b) A^2은 대칭행렬임을 보여라.

[6] 다음 행렬의 역행렬을 구하여라.

(a) $A=\begin{bmatrix} 4 & 0 \\ 0 & -3 \end{bmatrix}$　　　(b) $B=\begin{bmatrix} -2 & 0 & 0 \\ 0 & 5 & 0 \\ 0 & 0 & -3 \end{bmatrix}$

4.6 行列의 分割*

때에 따라서는 주어진 행렬을 몇 개의 직사각형 모양의 블록(block)으로 분할할 필요가 생긴다. 이 때, 각 블록을 본래의 행렬의 **部分行列**(submatrix)이라 한다.

다음 예를 생각해 보자.

예 1 행렬

$$A=\begin{bmatrix} 1 & 0 \\ -1 & -3 \\ 2 & 1 \end{bmatrix}$$

에 대하여

$$A_1=\begin{bmatrix} 1 \\ -1 \\ 2 \end{bmatrix},\quad A_2=\begin{bmatrix} 0 \\ -3 \\ 1 \end{bmatrix}$$

$$B_1=[1\ \ 0],\ B_2=[-1\ \ -3],\ B_3=[2\ \ 1]$$

이라 하면, A는 다음과 같이 나타낼 수 있다.

$$A=[A_1\ \ A_2],\quad A=\begin{bmatrix} B_1 \\ B_2 \\ B_3 \end{bmatrix}$$

또한,

$$C_1=\begin{bmatrix} 1 & 0 \\ -1 & -3 \end{bmatrix},\quad C_2=[2\ \ 1]$$

이라 놓으면, A는 다음과 같이 쓸 수 있다.

$$A=\begin{bmatrix} C_1 \\ C_2 \end{bmatrix}$$

행렬을 부분행렬로 분할하려면, 먼저 주어진 행렬을 점선으로 구분한 다음에 이로 인하여 생기는 각 부분을 부분행렬로 생각하면 된다.

예를 들어,

$$\begin{bmatrix} 1 & 2 & -1 \\ 3 & 0 & 2 \\ 1 & 1 & 1 \end{bmatrix} = \left[\begin{array}{cc:c} 1 & 2 & -1 \\ 3 & 0 & 2 \\ \hdashline 1 & 1 & 1 \end{array}\right] = \begin{bmatrix} A & B \\ C & D \end{bmatrix}$$

여기서

$$A = \begin{bmatrix} 1 & 2 \\ 3 & 0 \end{bmatrix}, \quad B = \begin{bmatrix} 1 \\ 2 \end{bmatrix}, \quad C = [1 \quad 1], \quad D = [\,1\,]$$

같은 型의 행렬 A, B가 동일한 모양으로 분할되어 있을 때, 합 $A+B$를 각 부분행렬들의 합으로 나타낼 수 있다.

예를 들면,

$$\begin{bmatrix} A_1 & B_1 \\ C_1 & D_1 \end{bmatrix} + \begin{bmatrix} A_2 & B_2 \\ C_2 & D_2 \end{bmatrix} = \begin{bmatrix} A_1+A_2 & B_1+B_2 \\ C_1+C_2 & D_1+D_2 \end{bmatrix}$$

두 행렬 A, B의 곱 AB를 계산할 때, 경우에 따라서는 각 행렬 A, B를 부분행렬로 분할한 다음에 계산하는 것이 편리하다. 다음 예를 통하여 분할하는 방법을 알아보자.

예 2 두 행렬

$$A = \left[\begin{array}{cc:c} 1 & 0 & 2 \\ 0 & 1 & -2 \end{array}\right], \quad B = \left[\begin{array}{cc} 1 & 0 \\ 0 & 1 \\ \hdashline 3 & -1 \end{array}\right]$$

에 대하여,

$$A_1 = \begin{bmatrix} 1 & 0 \\ 0 & 1 \end{bmatrix}, \quad A_2 = \begin{bmatrix} 2 \\ -2 \end{bmatrix}, \quad B_1 = \begin{bmatrix} 1 & 0 \\ 0 & 1 \end{bmatrix}, \quad B_2 = [3 \quad -1]$$

이라 하면, AB는 다음과 같다.

$$AB = [A_1 \quad A_2] \begin{bmatrix} B_1 \\ B_2 \end{bmatrix} = [A_1B_1 + A_2B_2]$$

$$= \left[\begin{bmatrix} 1 & 0 \\ 0 & 1 \end{bmatrix} + \begin{bmatrix} 6 & -2 \\ -6 & 2 \end{bmatrix}\right] = \begin{bmatrix} 7 & -2 \\ -6 & 3 \end{bmatrix}$$

예 3 두 행렬

$$A=\left[\begin{array}{cc|cc} 2 & 1 & 0 & 0 \\ 1 & -1 & 0 & 0 \\ \hline 0 & 0 & 0 & 1 \\ 0 & 0 & 2 & 0 \end{array}\right], \quad B=\left[\begin{array}{cc|cc} 0 & 0 & 1 & 0 \\ 0 & 0 & 0 & 1 \\ \hline 0 & 2 & 0 & 0 \\ -2 & 0 & 0 & 0 \end{array}\right]$$

에 대하여

$$AB=\left[\begin{array}{c|c} \begin{bmatrix} 0 & 0 \\ 0 & 0 \end{bmatrix} & \begin{bmatrix} 2 & 1 \\ 1 & -1 \end{bmatrix}\begin{bmatrix} 1 & 0 \\ 0 & 1 \end{bmatrix} \\ \hline \begin{bmatrix} 0 & 1 \\ 2 & 0 \end{bmatrix}\begin{bmatrix} 0 & 2 \\ -2 & 0 \end{bmatrix} & \begin{bmatrix} 0 & 0 \\ 0 & 0 \end{bmatrix} \end{array}\right]=\begin{bmatrix} 0 & 0 & 2 & 1 \\ 0 & 0 & 1 & -1 \\ -2 & 0 & 0 & 0 \\ 0 & 4 & 0 & 0 \end{bmatrix}$$

예 4 두 행렬

$$A=\begin{bmatrix} a_{11} & a_{12} & a_{13} \\ a_{21} & a_{22} & a_{23} \\ a_{31} & a_{32} & a_{33} \end{bmatrix}, \quad B=\begin{bmatrix} b_{11} & b_{12} \\ b_{21} & b_{22} \\ b_{31} & b_{32} \end{bmatrix}$$

를 각각 부분행렬로 분할하여

$$A=\left[\begin{array}{cc|c} a_{11} & a_{12} & a_{13} \\ a_{21} & a_{22} & a_{23} \\ \hline a_{31} & a_{32} & a_{33} \end{array}\right]=\begin{bmatrix} A_{11} & A_{12} \\ A_{21} & A_{22} \end{bmatrix}, \quad B=\left[\begin{array}{cc} b_{11} & b_{12} \\ b_{21} & b_{22} \\ \hline b_{31} & b_{32} \end{array}\right]=\begin{bmatrix} B_{11} \\ B_{12} \end{bmatrix}$$

이라고 놓으면,

$$AB=\begin{bmatrix} A_{11} & A_{12} \\ A_{21} & A_{22} \end{bmatrix}\begin{bmatrix} B_{11} \\ B_{21} \end{bmatrix}=\begin{bmatrix} A_{11}B_{11}+A_{12}B_{21} \\ A_{21}B_{11}+A_{22}B_{21} \end{bmatrix}$$

앞의 세 예에서 본 바와 같이 $m\times n$ 행렬 A와 $n\times p$ 행렬 B의 곱 AB를 구하기 위하여 A, B를 부분행렬로 분할할 때에는 곱셈이 정의되도록 각 부분행렬의 型을 맞추어야 한다. 실제로, 행렬 A가

$$A=\begin{bmatrix} a_{11} & a_{12} & \cdots\cdots & a_{1n} \\ a_{21} & a_{22} & \cdots\cdots & a_{2n} \\ \cdots & \cdots & \cdots\cdots & \cdots \\ a_{m1} & a_{m2} & \cdots\cdots & a_{mn} \end{bmatrix}=\begin{array}{c} \begin{array}{cccc} n_1\text{ 열} & n_2\text{ 열} & & n_s\text{ 열} \end{array} \\ \left[\begin{array}{c|c|c|c} A_{11} & A_{12} & \cdots & A_{1s} \\ \hline A_{21} & A_{22} & \cdots & A_{2s} \\ \hline \vdots & \vdots & \cdots & \vdots \\ \hline A_{r1} & A_{r2} & \cdots & A_{rs} \end{array}\right] \end{array}\begin{array}{l} \\ m_1\text{ 행} \\ m_2\text{ 행} \\ \\ m_r\text{ 행} \end{array}$$

와 같은 경우에 행렬 B는 다음과 같이 분할되어야 한다.

$$B=\begin{bmatrix} b_{11} & b_{12} & \cdots\cdots & b_{1p} \\ b_{21} & b_{22} & \cdots\cdots & b_{2p} \\ \cdots & \cdots & \cdots & \cdots \\ b_{n1} & b_{n2} & \cdots\cdots & b_{np} \end{bmatrix} = \begin{array}{c} \begin{array}{cccc} p_1 & p_2 & & p_t \\ \text{열} & \text{열} & & \text{열} \end{array} \\ \left[\begin{array}{c:c:c:c} B_{11} & B_{12} & \cdots & B_{1t} \\ \hdashline B_{21} & B_{22} & \cdots & B_{2t} \\ \hdashline \vdots & \vdots & \cdots & \vdots \\ \hdashline B_{s1} & B_{s2} & \cdots & B_{st} \end{array}\right] \end{array} \begin{array}{l} n_1 \text{ 행} \\ n_2 \text{ 행} \\ \\ n_s \text{ 행} \end{array}$$

練習問題 4.6

[1] 아래에 표시되어 있는 분할을 이용하여 곱을 구하여라.

$$\left[\begin{array}{cc:ccc} 1 & 2 & 0 & 0 & 0 \\ -2 & 1 & 0 & 0 & 0 \\ \hdashline 0 & 0 & 1 & 0 & 0 \\ 0 & 0 & 0 & 1 & 0 \\ 0 & 0 & 0 & 0 & 1 \end{array}\right] \left[\begin{array}{ccc:cc} 0 & 0 & 0 & 2 & 1 \\ 0 & 0 & 0 & 1 & -2 \\ \hdashline 0 & 0 & 1 & 0 & 0 \\ 0 & 1 & 0 & 0 & 0 \\ 1 & 0 & 0 & 0 & 0 \end{array}\right]$$

[2] 아래에 표시되어 있는 분할을 이용하여 A^2을 구하여라.

$$\text{(a)}\ A = \left[\begin{array}{ccc:ccc} 1 & 0 & 0 & 0 & 0 & 1 \\ 0 & 1 & 0 & 0 & 0 & 1 \\ 0 & 0 & 1 & 0 & 0 & 1 \\ \hdashline 0 & 0 & 0 & 1 & 0 & 0 \\ 0 & 0 & 0 & 0 & 1 & 0 \\ \hdashline 1 & 1 & 1 & 0 & 0 & 1 \end{array}\right]$$

$$\text{(b)}\ A = \left[\begin{array}{c:cc:cc} 1 & 0 & 0 & 0 & 0 \\ \hdashline 0 & 0 & 1 & 1 & 0 \\ 0 & 1 & 0 & 0 & 1 \\ \hdashline 0 & 1 & 0 & 0 & 1 \\ 0 & 0 & 1 & 1 & 0 \end{array}\right]$$

[3] 행렬 A의 역행렬 A^{-1}가 존재할 때, 행렬 $\left[\begin{array}{c:c} A^{-1} & O \\ \hdashline X & A^{-1} \end{array}\right]$가 $\left[\begin{array}{c:c} A & O \\ \hdashline B & A \end{array}\right]$의 역행렬이 되도록 X를 정하여라.

[4] 문제 3을 이용하여, 다음 각 행렬의 역행렬을 구하여라.

(a) $A = \left[\begin{array}{cc:cc} 1 & 0 & 0 & 0 \\ 1 & 1 & 0 & 0 \\ \hdashline 0 & 0 & 1 & 0 \\ 0 & 0 & 1 & 1 \end{array}\right]$

(b) $B = \left[\begin{array}{cc:cc} 1 & 0 & 0 & 0 \\ 1 & 1 & 0 & 0 \\ \hdashline 1 & 1 & 1 & 0 \\ 1 & 1 & 1 & 1 \end{array}\right]$

제 5 장

行列式과 聯立一次方程式

제 5 장 行列式과 聯立一次方程式

5.1 行列式의 起源

行列式은 본래 연립일차방정식의 解法에 그 기원을 두고 있다. 다음 연립일차방정식을 풀어 보자.

$$\begin{cases} a_1x + b_1y = c \\ a_2x + b_2y = c \end{cases} \qquad (5.1.1)$$

두 방정식에 각각 b_2, $-b_1$을 곱한 다음에 변변 더하면, 다음 등식을 얻는다.

$$(a_1b_2 - a_2b_1)x = c_1b_2 - c_2b_1 \qquad (5.1.2)$$

마찬가지로, 주이진 두 방정식에 각각 $-a_2$, a_1을 곱한 다음에 변변 더하면, 다음 등식을 얻는다.

$$(a_1b_2 - a_2b_1)y = a_1c_2 - a_2c_1 \qquad (5.1.3)$$

따라서 다음이 성립한다.

i) $a_1b_2 - a_2b_1 \neq 0$ 이면,

$$x = \frac{c_1b_2 - c_2b_1}{a_1b_2 - a_2b_1}, \quad y = \frac{a_1c_2 - a_2c_1}{a_1b_2 - a_2b_1}$$

ii) $a_1b_2 - a_2b_1 = 0$ 이면, 연립일차방정식 (5.1.1)의 해는 무수히 많든가 또는 전혀 없다.

실제로, (5.1.1)의 두 방정식은 두 직선을 나타낸다. 위의 i)은 이 두 직선이 단 한 점에서 만나는 경우이고, ii)는 이 두 직선이 서로 일치하거나 또는 平行한 경우이다.

위의 결과를 요약하기 위하여 이제 다음을 정의하여 보기로 하자.

임의의 2×2 행렬

$$A=\begin{bmatrix} a_{11} & a_{12} \\ a_{21} & a_{22} \end{bmatrix}$$

에 대하여, $a_{11}a_{12}-a_{12}a_{21}$을 행렬 A의 **行列式**(determinant)이라 하고 이것을 기호로

$$|A|, \quad \det A, \quad \begin{vmatrix} a_{11} & a_{12} \\ a_{21} & a_{22} \end{vmatrix}$$

등으로 나타낸다. 즉,

$$|A|=\begin{vmatrix} a_{11} & a_{12} \\ a_{21} & a_{22} \end{vmatrix}=a_{11}a_{22}-a_{12}a_{21} \tag{5.1.4}$$

이제, (5.1.2)와 (5.1.3)을 행렬식을 써서 나타내면, 아래와 같이 된다.

$$\begin{aligned} \begin{vmatrix} a_1 & b_1 \\ a_2 & b_2 \end{vmatrix} x &= \begin{vmatrix} c_1 & b_1 \\ c_2 & b_2 \end{vmatrix} \\ \begin{vmatrix} a_1 & b_1 \\ a_2 & b_2 \end{vmatrix} y &= \begin{vmatrix} a_1 & c_1 \\ a_2 & c_2 \end{vmatrix} \end{aligned} \tag{5.1.5}$$

따라서 다음 定理가 성립한다.

[定理 5.1.1] 聯立一次方程式의 解

연립일차방정식

$$\begin{cases} a_1x+b_1y=c_1 \\ a_2x+b_2y=c_2 \end{cases}$$

가 단 하나의 解를 갖기 위한 필요충분조건은

$$\begin{vmatrix} a_1 & b_1 \\ a_2 & b_2 \end{vmatrix} \neq 0$$

인 것이다.

또, 이 때 이 연립일차방정식의 解는 다음과 같다.

$$x=\frac{\begin{vmatrix} c_1 & b_1 \\ c_2 & b_2 \end{vmatrix}}{\begin{vmatrix} a_1 & b_1 \\ a_2 & b_2 \end{vmatrix}}, \quad y=\frac{\begin{vmatrix} a_1 & c_1 \\ a_2 & c_2 \end{vmatrix}}{\begin{vmatrix} a_1 & b_1 \\ a_2 & b_2 \end{vmatrix}} \tag{5.1.6}$$

예 1 연립일차방정식

$$\begin{cases} x-2y=-1 \\ 2x+3y=12 \end{cases}$$

에서

$$\begin{vmatrix} 1 & -2 \\ 2 & 3 \end{vmatrix}=1\cdot 3-(-2)\cdot 2=7\neq 0$$

따라서 이 연립방정식은 단 하나의 해를 갖는다.

또한, 주어진 연립일차방정식의 해는 다음과 같다.

$$x=\frac{\begin{vmatrix} -1 & -2 \\ 12 & 3 \end{vmatrix}}{\begin{vmatrix} 1 & -2 \\ 2 & 3 \end{vmatrix}}=\frac{21}{7}=3, \quad y=\frac{\begin{vmatrix} 1 & -1 \\ 2 & 12 \end{vmatrix}}{\begin{vmatrix} 1 & -2 \\ 2 & 3 \end{vmatrix}}=\frac{14}{7}=2$$

예 2 연립일차방정식

$$\begin{cases} 2x+\ y=\ 8 \\ 4x+2y=16 \end{cases}$$

에서

$$\begin{vmatrix} 2 & 1 \\ 4 & 2 \end{vmatrix}=2\cdot 2-1\cdot 4=0$$

한편, 둘째 식은 첫째 식에 2를 곱한 것과 같다. 따라서 이 연립방정식의 해는 무수히 많다.

이제, 二次행렬 A가 정칙행렬이기 위한 필요충분조건을 구해 보기로 하자. 먼저, 행렬

$$A=\begin{bmatrix} a_{11} & a_{12} \\ a_{21} & a_{22} \end{bmatrix}$$

을 정칙행렬이라 가정하고, 그 역행렬을 $B=\begin{bmatrix} x & u \\ y & v \end{bmatrix}$라고 하자. 이 때,

$$\begin{bmatrix} a_{11} & a_{12} \\ a_{21} & a_{22} \end{bmatrix}\begin{bmatrix} x & u \\ y & v \end{bmatrix}=\begin{bmatrix} 1 & 0 \\ 0 & 1 \end{bmatrix}$$

이므로, 다음 두 연립방정식이 성립한다.

$$\begin{cases} a_{11}x+a_{12}y=1\cdots\cdots① \\ a_{21}x+a_{22}y=0\cdots\cdots② \end{cases} \qquad \begin{cases} a_{11}u+a_{12}v=0\cdots\cdots③ \\ a_{21}u+a_{22}v=1\cdots\cdots④ \end{cases}$$

따라서 (5.1.5)에 의하여 다음의 네 등식이 성립한다.

$$|A|x=a_{22}, \qquad |A|u=-a_{12}$$
$$|A|y=-a_{21}, \qquad |A|v=a_{11}$$

그런데 $|A|=a_{11}a_{22}-a_{12}a_{21}=0$ 이면, 위의 네 등식에 의하여

$$a_{11}-a_{12}-a_{21}-a_{22}-0$$

으로 되어 ①과 ④에 모순된다. 따라서 $|A|\neq 0$ 이어야 한다.

또, $|A|\neq 0$ 일 때, ①~④에 의해서 다음이 성립한다.

$$x=\frac{a_{22}}{|A|}, \qquad u=\frac{-a_{12}}{|A|}$$
$$y=\frac{-a_{21}}{|A|}, \qquad v=\frac{a_{11}}{|A|}$$

즉,

$$B=\begin{bmatrix} \dfrac{a_{22}}{|A|} & \dfrac{-a_{12}}{|A|} \\ \dfrac{-a_{21}}{|A|} & \dfrac{a_{11}}{|A|} \end{bmatrix} \tag{5.1.7}$$

역으로, $|A|\neq 0$ 일 때 (5.1.7)의 행렬 B에 대하여 $AB=BA=I$ 이므로 A는 정치행렬이고 $A^{-1}=B$이다.

이제까지 얻은 결과를 종합하면 다음과 같다.

[定理 5.1.2]

행렬 $A=\begin{bmatrix} a_{11} & a_{12} \\ a_{21} & a_{22} \end{bmatrix}$가 정칙행렬이기 위한 필요충분조건은

$$|A|=a_{11}a_{22}-a_{12}a_{21}\neq 0$$

인 것이다. 또, 이 때

$$A^{-1}=\frac{1}{|A|}\begin{bmatrix} a_{22} & -a_{12} \\ -a_{21} & a_{11} \end{bmatrix} \tag{5.1.8}$$

5.2 行列式의 定義

실수를 성분으로 갖는 정사각행렬 A가 있을 때, 일정한 법칙에 따라 A의 원소를 각 행과 각 열에서 하나씩 택해서 곱한 값들에 + 또는 −를 붙여 이를 모두 합한 값을 행렬 A의 **行列式**(determinant)이라 하고, 이를 $|A|$ 또는 det A로 나타낸다.

특히 n次행렬

$$A = \begin{bmatrix} a_{11} & a_{12} & \cdots\cdots & a_{1n} \\ a_{21} & a_{22} & \cdots\cdots & a_{2n} \\ \cdots & \cdots & \cdots & \cdots \\ a_{n1} & a_{n2} & \cdots\cdots & a_{nn} \end{bmatrix}$$

의 행렬식을 특히 ***n*次行列式**이라 하고 이를

$$|A| \quad \text{또는} \quad \det A \quad \text{또는} \quad \begin{vmatrix} a_{11} & a_{12} & \cdots\cdots & a_{1n} \\ a_{21} & a_{22} & \cdots\cdots & a_{2n} \\ \cdots & \cdots & \cdots & \cdots \\ a_{n1} & a_{n2} & \cdots\cdots & a_{nn} \end{vmatrix} \qquad (5.2.1)$$

으로 나타낸다.

행렬과 달리, 행렬식은 실수 값을 갖는다는 사실에 유의해야 한다. 행렬식 $|A|$의 값을 구하는 과정을 "행렬식을 계산한다" 또는 "행렬식을 전개한다"고 말한다.

이제, n차행렬식을 정의하기로 한다.

1. 一次行列式

임의의 실수 a에 대하여 행렬 $[a]$의 행렬식은 모두 실수 a와 같다.

2. 二次行列式

행렬 $A=\begin{bmatrix} a_{11} & a_{12} \\ a_{21} & a_{22} \end{bmatrix}$의 행렬식 $|A|$를 다음과 같이 정의한다.

$$|A| = \begin{vmatrix} a_{11} & a_{12} \\ a_{21} & a_{22} \end{vmatrix} = a_{11}a_{22} - a_{21}a_{12} \qquad (5.2.2)$$

3. 三次行列式

행렬

$$A=\begin{bmatrix} a_{11} & a_{12} & a_{13} \\ a_{21} & a_{22} & a_{23} \\ a_{31} & a_{32} & a_{33} \end{bmatrix}$$

의 행렬식 $|A|$를 다음과 같이 정의한다.

$$|A|=\begin{vmatrix} a_{11} & a_{12} & a_{13} \\ a_{21} & a_{22} & a_{23} \\ a_{31} & a_{32} & a_{33} \end{vmatrix}$$

$$=a_{11}a_{22}a_{33}+a_{12}a_{23}a_{31}+a_{13}a_{21}a_{32}-a_{11}a_{23}a_{32}-a_{12}a_{21}a_{33}-a_{13}a_{22}a_{31} \quad (5.2.3)$$

예를 들면,

$$|A|=\begin{vmatrix} 1 & 2 & 3 \\ 2 & 5 & 6 \\ 7 & 8 & 10 \end{vmatrix}$$

$$=1\cdot5\cdot10+2\cdot6\cdot7+3\cdot4\cdot8-1\cdot6\cdot8-2\cdot4\cdot10-3\cdot5\cdot7$$

$$=-3$$

定義式 (5.2.3)은 복잡해 보이나, 다음 두 그림과 같이 조직적으로 나타낼 수 있다.

[그림 5-1]

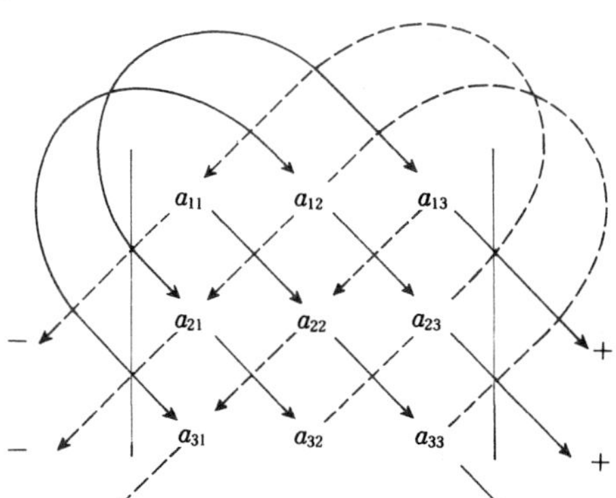

[그림 5-2]

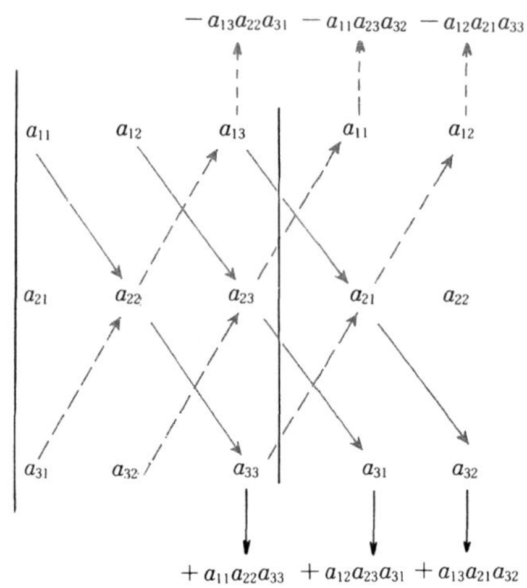

앞의 식 (5.2.3)은 다음과 같이 나타낼 수 있다.

$$|A|=a_{11}(a_{22}a_{33}-a_{23}a_{32})-a_{12}(a_{21}a_{33}-a_{23}a_{31})+a_{13}(a_{21}a_{32}-a_{22}a_{31})$$

즉, $$|A|=a_{11}(+1)\begin{vmatrix} a_{22} & a_{23} \\ a_{32} & a_{33} \end{vmatrix}+a_{12}(-1)\begin{vmatrix} a_{21} & a_{23} \\ a_{31} & a_{33} \end{vmatrix}+a_{13}(+1)\begin{vmatrix} a_{21} & a_{22} \\ a_{31} & a_{32} \end{vmatrix} \quad (5.2.4)$$

위의 등식에서

$$M_{11}=\begin{vmatrix} a_{22} & a_{23} \\ a_{32} & a_{33} \end{vmatrix},$$

$$M_{12}=\begin{vmatrix} a_{21} & a_{23} \\ a_{31} & a_{33} \end{vmatrix},$$

$$M_{13}=\begin{vmatrix} a_{21} & a_{22} \\ a_{31} & a_{33} \end{vmatrix}$$

라고 하면, M_{11}은 A 또는 $|A|$에서 a_{11}을 품고 있는 행과 열, 즉 제1행과 제1열을 없애 얻은 행렬식이다. 마찬가지로 M_{12}, M_{13}는 각각 a_{12}, a_{13}를 품는 행과 열을 없애 얻은 행렬식이다. 이와 같이 하여 얻은 행렬식은 행렬 A 또는 행렬식 $|A|$의 **小行列式**(minor)이라 한다. 이제,

$$A_{11}=(+1)M_{11}, \qquad A_{12}=(-1)M_{12}, \qquad A_{13}=(+1)M_{13}$$

라 놓으면, (5.2.4)는 다음과 같이 간단히 쓸 수 있다.

$$|A| = a_{11}A_{11} + a_{12}A_{12} + a_{13}A_{13} \qquad (5.2.5)$$

여기서 A_{11}, A_{12}, A_{13}를 각각 a_{11}, a_{12}, a_{13}의 **餘因數**(cofactor)라 하고, (5.2.5)를 $|A|$에 제 1 행에 관한 **Laplace 展開**(expansion)라 한다.

예 1 다음 행렬식을 생각해 보자.

$$|A| = \begin{vmatrix} 1 & 2 & 3 \\ 4 & 5 & 6 \\ 7 & 8 & 10 \end{vmatrix}$$

먼저,

$$M_{11} = \begin{vmatrix} 5 & 6 \\ 8 & 10 \end{vmatrix} = 50 - 48 = 2, \qquad A_{11} = M_{11} = 2$$

$$M_{12} = \begin{vmatrix} 4 & 6 \\ 7 & 10 \end{vmatrix} = 40 - 42 = -2, \qquad A_{12} = -M_{12} = 2$$

$$M_{13} = \begin{vmatrix} 4 & 5 \\ 7 & 8 \end{vmatrix} = 32 - 35 = -3, \qquad A_{13} = M_{13} = -3$$

이므로

$$\begin{aligned} |A| &= a_{11}A_{11} + a_{12}A_{12} + a_{13}A_{13} \\ &= 1 \cdot 2 + 2 \cdot 2 + 3(-3) = -3 \end{aligned}$$

지금까지는 제 1 행에 대해서만 생각하였으나, 임의의 행 또는 열에 대하여도 같은 결과를 얻을 수 있다. 이를 보기 위하여 행렬 A 또는 행렬식 $|A|$에서 원소 a_{ij}를 품는 제 i 행과 제 j 열을 없애 얻은 소행렬식을 M_{ij}라 하고, a_{ij}의 여인수(cofactor) A_{ij}를 다음과 같이 정의하자.

$$A_{ij} = (-1)^{i+j} M_{ij} \qquad (5.2.6)$$

여인수 A_{ij}는 소행렬식 M_{ij}에 다음 표와 같이 + 또는 －부호를 붙인 것이다.

$$\begin{vmatrix} + & - & + \\ - & + & - \\ + & - & + \end{vmatrix}$$

이 때, 다음 定理가 성립함을 쉽게 확인할 수 있다.

[定理 5.2.1]

행렬식 $|A|=\begin{vmatrix} a_{11} & a_{12} & a_{13} \\ a_{21} & a_{22} & a_{23} \\ a_{31} & a_{32} & a_{33} \end{vmatrix}$ 에 대하여

(1) $|A|=a_{i1}A_{i1}+a_{i2}A_{i2}+a_{i3}A_{i3}\quad (i=1,\ 2,\ 3)$ (5.2.7)

(2) $|A|=a_{1j}A_{1j}+a_{2j}A_{2j}+a_{3j}A_{3j}\quad (j=1,\ 2,\ 3)$ (5.2.8)

위의 (5.2.7), (5.2.8)을 각각 $|A|$의 제 i행에 관한 展開, $|A|$의 제 j열에 관한 展開라 한다.

예 2 다음 행렬식을 생각해 보자(예 1 참조).

$$|A|=\begin{vmatrix} 1 & 2 & 3 \\ 4 & 5 & 6 \\ 7 & 8 & 10 \end{vmatrix}$$

먼저,

$$A_{11}=2,\ A_{12}=2,\ A_{13}=-3$$

이고, 또한

$$A_{21}=(-1)^{2+1}\begin{vmatrix} 2 & 3 \\ 8 & 10 \end{vmatrix}=4,\ A_{22}=(-1)^{2+2}\begin{vmatrix} 1 & 3 \\ 7 & 10 \end{vmatrix}=-11,$$

$$A_{23}=(-1)^{2+3}\begin{vmatrix} 1 & 2 \\ 7 & 8 \end{vmatrix}=-6$$

따라서 $|A|$를 제 2 행에 관하여 전개하면, 다음을 얻는다.

$$|A|=a_{21}A_{21}+a_{22}A_{22}+a_{23}A_{23}=4\cdot 4+5(-11)+6\cdot 6=-3$$

같은 방법으로, 다른 여인수를 구하면

$$A_{31}=(-1)^{3+1}\begin{vmatrix} 2 & 3 \\ 5 & 6 \end{vmatrix}=-3,\quad A_{32}=(-1)^{3+2}\begin{vmatrix} 1 & 3 \\ 4 & 6 \end{vmatrix}=6,$$

$$A_{33}=(-1)^{3+3}\begin{vmatrix} 1 & 2 \\ 4 & 5 \end{vmatrix}=-3$$

따라서 $|A|$를 제 1 열에 관하여 전개하면 다음을 얻는다.

$$|A|=a_{11}A_{11}+a_{21}A_{21}+a_{31}A_{31}=1\cdot 2+4\cdot 4+7(-3)=-3$$

예 3 다음 행렬식의 값을 구하여 보자.

$$|A|=\begin{vmatrix} 5 & 6 & 1 \\ 2 & 3 & 0 \\ 7 & -3 & 0 \end{vmatrix}$$

주어진 행렬식을 제1행에 관하여 전개하면,

$$|A|=5\begin{vmatrix} 3 & 0 \\ -3 & 0 \end{vmatrix}-6\begin{vmatrix} 2 & 0 \\ 7 & 0 \end{vmatrix}+1\begin{vmatrix} 2 & 3 \\ 7 & -3 \end{vmatrix}=0+0-27=-27$$

또, 이 행렬식을 제3열에 관하여 전개하면,

$$|A|=1\begin{vmatrix} 2 & 3 \\ 7 & -3 \end{vmatrix}-0\begin{vmatrix} 5 & 6 \\ 7 & -3 \end{vmatrix}+0\begin{vmatrix} 5 & 6 \\ 2 & 3 \end{vmatrix}=-27+0+0=-27$$

4. n次行列式

이제 n次행렬 $A=[a_{ij}]_{m\times n}$의 행렬식

$$|A|=\begin{vmatrix} a_{11} & a_{12} & \cdots\cdots & a_{1n} \\ a_{21} & a_{22} & \cdots\cdots & a_{2n} \\ \cdots & \cdots & \cdots & \cdots \\ a_{n1} & a_{n2} & \cdots\cdots & a_{nn} \end{vmatrix} \qquad (5.2.9)$$

을 정의하여 보자. 행렬 A에서 원소 a_{ij}를 품는 행과 열(제i행과 제j열)을 없애 얻은 소행렬식을 M_{ij}라 할 때,

$$A_{ij}=(-1)^{i+j}M_{ij} \qquad (5.2.10)$$

를 a_{ij}의 餘因數라 한다. 이 때, 행렬식 $|A|$를 다음과 같이 정의한다.

$$|A|=a_{11}A_{11}+a_{12}A_{12}+\cdots+a_{1n}A_{1n} \qquad (5.2.11)$$

여인수 A_{11}, A_{12}, $\cdots$, A_{1n}은 $(n-1)$차행렬식이므로 (5.2.11)은 歸納的으로 잘 정의되는 셈이다. 위의 (5.2.11)을 행렬식 $|A|$의 제1행에 관한 Laplace展開라 한다.

다음 행렬식의 값을 구하여 보자.

$$|A|=\begin{vmatrix} 1 & 2 & 3 & 0 \\ 0 & 4 & 5 & 6 \\ 1 & 0 & 2 & 3 \\ 4 & 0 & 2 & 3 \end{vmatrix}$$

주어진 행렬식을 제 1 행에 관하여 전개하면,

$$|A| = a_{11}A_{11} + a_{12}A_{12} + a_{13}A_{13} + a_{14}A_{14} = A_{11} + 2A_{12} + 3A_{13}$$

한편,

$$M_{11} = \begin{vmatrix} 4 & 5 & 6 \\ 0 & 2 & 3 \\ 0 & 2 & 3 \end{vmatrix} = 4\begin{vmatrix} 2 & 3 \\ 2 & 3 \end{vmatrix} = 0 \qquad \text{[제 1 열에 관한 전개]}$$

$$M_{12} = \begin{vmatrix} 0 & 5 & 6 \\ 1 & 2 & 3 \\ 4 & 2 & 3 \end{vmatrix} = 0\begin{vmatrix} 2 & 3 \\ 2 & 3 \end{vmatrix} - 5\begin{vmatrix} 1 & 3 \\ 4 & 3 \end{vmatrix} + 6\begin{vmatrix} 1 & 2 \\ 4 & 2 \end{vmatrix} = 9$$

[제 1 행에 관한 전개]

$$M_{13} = \begin{vmatrix} 0 & 4 & 6 \\ 1 & 0 & 3 \\ 4 & 0 & 3 \end{vmatrix} = -4\begin{vmatrix} 1 & 3 \\ 4 & 3 \end{vmatrix} = 36 \qquad \text{[제 2 열에 관한 전개]}$$

$$A_{11} = M_{11} = 0,\ A_{12} = -M_{12} = -9,\ A_{13} = M_{13} = 36$$

따라서 $|A| = 1\cdot 0 + 2\cdot(-9) + 3\cdot 36 = 90$

일반적으로, n 차행렬식 $|A|$는 임의의 행 또는 열에 관하여 전개할 수 있다. 다음 定理를 증명 없이 받아들이기로 한다.

[定理 5.2.2] 第 i 行 및 第 j 行에 관한 Laplace 展開

(1) $|A| = a_{i1}A_{i1} + a_{i2}A_{i2} + \cdots + a_{in}A_{in} \quad (i=1, 2, \cdots, n)$ (5.2.12)

(2) $|A| = a_{1j}A_{1j} + a_{2j}A_{2j} + \cdots + a_{nj}A_{nj} \quad (j=1, 2, \cdots, n)$ (5.2.13)

예 4 다음 행렬식의 값을 구하여 보자.

$$|A| = \begin{vmatrix} 1 & 2 & 3 & 0 \\ 0 & 4 & 5 & 6 \\ 1 & 0 & 2 & 3 \\ 4 & 0 & 2 & 3 \end{vmatrix}$$

이 행렬식을 0 이 많이 들어 있는 제 2 열에 관하여 전개하면,

$$|A| = a_{12}A_{12} + a_{22}A_{22} + a_{32}A_{32} + a_{42}A_{42} = 2A_{12} + 4A_{22}$$

한편, $A_{12} = -9$, $A_{22} = 27$ 이므로

$$|A| = 2\cdot(-9) + 4\cdot 27 = 90$$

練習問題 5.2

[1] 다음 행렬식에서 각 원소의 여인수를 구하여라.

$$\begin{vmatrix} 2 & 3 & 7 \\ 4 & -1 & 8 \\ 1 & 0 & -2 \end{vmatrix}$$

[2] 다음 행렬식의 값을 구하여라.

(a) $\begin{vmatrix} a-b & a+b \\ a+b & a-b \end{vmatrix}$ (b) $\begin{vmatrix} 8 & 1 & 3 \\ 4 & 0 & 1 \\ 0 & 6 & 3 \end{vmatrix}$

(c) $\begin{vmatrix} 1 & 5 & -5 \\ 3 & 2 & -5 \\ 6 & -2 & -5 \end{vmatrix}$ (d) $\begin{vmatrix} 1 & 0 & 2 \\ 0 & 2 & 3 \\ 4 & 0 & 5 \end{vmatrix}$

[3] 다음 행렬식의 값을 구하여라.

(a) $\begin{vmatrix} 1 & 4 & 5 \\ 0 & 2 & 6 \\ 0 & 0 & 3 \end{vmatrix}$ (b) $\begin{vmatrix} 1 & 0 & 0 \\ 4 & 2 & 0 \\ 5 & 6 & 3 \end{vmatrix}$

[4] 다음 四次行列式의 값을 구하여라.

(a) $\begin{vmatrix} 1 & 6 & 4 & 3 \\ 2 & 8 & 5 & 4 \\ 3 & 8 & 7 & 5 \\ 4 & 9 & 7 & 7 \end{vmatrix}$ (b) $\begin{vmatrix} 1 & 0 & 0 & 0 \\ 2 & 3 & 0 & 0 \\ 4 & 5 & 6 & 0 \\ 7 & 8 & 9 & 10 \end{vmatrix}$

(c) $\begin{vmatrix} 2 & 0 & 0 & 0 \\ 0 & -3 & 0 & 0 \\ 0 & 0 & 1 & 0 \\ 0 & 0 & 0 & 2 \end{vmatrix}$ (d) $\begin{vmatrix} 1 & 2 & 0 & 1 \\ 0 & 3 & 2 & 0 \\ 0 & 0 & 1 & 3 \\ 0 & 0 & 0 & 2 \end{vmatrix}$

5.3 行列式의 性質

정의에 따라서 행렬식의 값을 구하려면 복잡한 계산을 거쳐야 한다. 그러나 다음과 같은 행렬식의 성질을 이용하면 간단히 처리할 수 있다.

이제, 행렬식의 성질을 예를 들어 설명하여 보자.

1. 轉置行列의 行列式

전치행렬의 행렬식은 본래 행렬의 행렬식과 같다. 즉,

$$|A^T| = |A|$$

예 1 행렬

$$A = \begin{bmatrix} a & b \\ c & d \end{bmatrix}$$

에 대하여

$$|A| = \begin{vmatrix} a & b \\ c & d \end{vmatrix} = ad - bc,$$

$$|A^T| = \begin{vmatrix} a & b \\ c & d \end{vmatrix} = ad - bc$$

예 2 행렬

$$A = \begin{bmatrix} 1 & -1 & 0 \\ 2 & 1 & 2 \\ 4 & 4 & 9 \end{bmatrix}$$

에 대하여

$$|A| = \begin{vmatrix} 1 & -1 & 0 \\ 2 & 1 & 2 \\ 4 & 4 & 9 \end{vmatrix} = \begin{vmatrix} 1 & 2 \\ 4 & 9 \end{vmatrix} + \begin{vmatrix} 2 & 2 \\ 4 & 9 \end{vmatrix} = 1 + 10 = 11$$

$$|A^T| = \begin{vmatrix} 1 & 2 & 4 \\ -1 & 1 & 4 \\ 0 & 2 & 9 \end{vmatrix} = \begin{vmatrix} 1 & 4 \\ 2 & 9 \end{vmatrix} - 2\begin{vmatrix} -1 & 4 \\ 0 & 9 \end{vmatrix} + 4\begin{vmatrix} -1 & 1 \\ 0 & 2 \end{vmatrix}$$

$$= 1 + 18 - 8 = 11$$

정사각행렬 $A=[a_{ij}]_{n\times n}$에서, 대각선 밑에 있는 성분이 모두 0이라고 하자. 즉,

$$A=\begin{bmatrix} a_{11} & a_{12} & \cdots & a_{1n} \\ 0 & a_{22} & \cdots & a_{2n} \\ \vdots & \vdots & \ddots & \vdots \\ 0 & 0 & \cdots & a_{nn} \end{bmatrix}$$

이 때, $|A|=a_{11}\,a_{22}\cdots a_{nn}$이다. 따라서

$$\begin{vmatrix} a_{11} & 0 & \cdots & 0 \\ a_{12} & a_{22} & \cdots & 0 \\ \vdots & \vdots & \ddots & \vdots \\ a_{1n} & a_{2n} & \cdots & a_{nn} \end{vmatrix}=\begin{vmatrix} a_{11} & a_{12} & \cdots & a_{1n} \\ 0 & a_{22} & \cdots & a_{2n} \\ \vdots & \vdots & \ddots & \vdots \\ 0 & 0 & \cdots & a_{nn} \end{vmatrix}=a_{11}\,a_{22}\cdots a_{nn}$$

특히, 대각행렬의 행렬식의 값은 主대각선 원소들의 곱과 같다. 즉,

$$\begin{vmatrix} a & 0 & 0\cdots\cdots 0 \\ 0 & b & 0\cdots\cdots 0 \\ \cdots & \cdots & \cdots\cdots\cdots \\ 0 & 0 & 0\cdots\cdots c \end{vmatrix}=ab\cdots c,\qquad \begin{vmatrix} 1 & 0 & 0\cdots\cdots 0 \\ 0 & 1 & 0\cdots\cdots 0 \\ \cdots & \cdots & \cdots\cdots\cdots \\ 0 & 0 & 0\cdots\cdots 1 \end{vmatrix}=1$$

앞의 성질에 의하여, 대응하는 행과 열을 모두 바꾸어도 행렬식의 값은 변하지 않으므로 행에 관한 성질은 열에 대해서도 성립한다.

2. 두 行(또는 列)을 서로 바꾸는 경우

임의의 두 행(또는 열)을 서로 바꾸면 행렬식의 값은 부호만 달라진다.

예 3

$$\begin{vmatrix} 6 & 1 & 0 \\ 3 & -1 & 2 \\ 4 & 0 & -1 \end{vmatrix}=6\begin{vmatrix} -1 & 2 \\ 0 & 1 \end{vmatrix}-1\begin{vmatrix} 3 & 2 \\ 4 & -1 \end{vmatrix}=6+11=17$$

한편, 제1행과 제3행을 서로 바꾸면,

$$\begin{vmatrix} 4 & 0 & -1 \\ 3 & -1 & 2 \\ 6 & 1 & 0 \end{vmatrix}=4\begin{vmatrix} -1 & 2 \\ 0 & 1 \end{vmatrix}-1\begin{vmatrix} 3 & -1 \\ 6 & 1 \end{vmatrix}=-8-9=-17$$

---

3. 共通因數

한 행(또는 열)의 共通因數는 행렬식의 밖으로 빼낼 수 있다.

예를 들면, 행렬 $A=\begin{bmatrix} a & b \\ c & d \end{bmatrix}$에 대하여

$$\begin{vmatrix} ka & kb \\ c & d \end{vmatrix} = k(ad-bc) = k\begin{vmatrix} a & b \\ c & d \end{vmatrix} = k|A|$$

$$|kA| = \begin{vmatrix} ka & kb \\ kc & kd \end{vmatrix} = k^2(ad-bc) = k^2|A|$$

예 4

$$|A| = \begin{vmatrix} 1 & 7 & 3 \\ 2 & 10 & 8 \\ 6 & 1 & 4 \end{vmatrix} = 2\begin{vmatrix} 1 & 7 & 3 \\ 1 & 5 & 4 \\ 6 & 1 & 4 \end{vmatrix}$$

실제로, 위의 첫째 식과 둘째 식을 전개하면,

$$|A| = 1(40-8) - 7(8-48) + 3(2-60) = 138$$

$$|A| = 2\{1(20-4) - 7(4-24) + 3(1-30)\} = 138$$

예 5

$$\begin{vmatrix} 0 & 0 \\ 3 & 7 \end{vmatrix} = \begin{vmatrix} 0 & 3 \\ 0 & 7 \end{vmatrix} = 0,$$

$$\begin{vmatrix} 0 & 0 & 0 \\ a_{21} & a_{22} & a_{23} \\ a_{31} & a_{32} & a_{33} \end{vmatrix} = 0A_{11} + 0A_{12} + 0A_{13} = 0$$

위의 성질로부터 다음 결과를 쉽게 얻을 수 있다.

(3a) 한 행(또는 열)의 원소가 모두 0이면 행렬식의 값은 0이다.

(3b) n次행렬 A에 대하여, kA의 행렬식의 값은 $k^n|A|$이다.

4. 두 行(또는 列)이 비례하는 경우

두 행(또는 열)이 서로 같거나 또는 비례하면 행렬식의 값은 0이다. 이 성질은 성질 (2)와 (3)에 의하여 쉽게 증명된다.

예 6 $\begin{vmatrix} 2a & 2b \\ a & b \end{vmatrix} = 2\begin{vmatrix} a & b \\ a & b \end{vmatrix} = 0$

$$\begin{vmatrix} 1 & 2 & 3 \\ 4 & 5 & 6 \\ 4 & 8 & 12 \end{vmatrix} = 4\begin{vmatrix} 1 & 2 & 3 \\ 4 & 5 & 6 \\ 1 & 2 & 3 \end{vmatrix} = 4\cdot 0 = 0$$

5. 한 行(또는 列)의 원소가 두 수의 합인 경우

한 행(또는 열)의 각 원소가 두 數의 합일 경우에는 이 행렬식을 두 행렬식의 합으로 나타낼 수 있다. 예를 들면,

$$\begin{vmatrix} 1 & 4+2 & 7 \\ 2 & 5+1 & 8 \\ 3 & 6+3 & 9 \end{vmatrix} = \begin{vmatrix} 1 & 4 & 7 \\ 2 & 5 & 8 \\ 3 & 6 & 9 \end{vmatrix} + \begin{vmatrix} 1 & 2 & 7 \\ 2 & 1 & 8 \\ 3 & 3 & 9 \end{vmatrix}$$

$$\begin{aligned} \begin{vmatrix} a+e & b+f \\ c & d \end{vmatrix} &= (a+e)d-(b+f)c \\ &= ad-bc+ed-fc \\ &= \begin{vmatrix} a & b \\ c & d \end{vmatrix} + \begin{vmatrix} e & f \\ c & d \end{vmatrix} \end{aligned}$$

그러나 일반적으로 $|A+B| \neq |A|+|B|$ 이다. 예를 들면,

$$\begin{vmatrix} 1 & 0 \\ 0 & 0 \end{vmatrix} + \begin{vmatrix} 0 & 0 \\ 1 & 1 \end{vmatrix} = 0 \neq 1 = \begin{vmatrix} 1+0 & 0+0 \\ 0+1 & 0+1 \end{vmatrix}$$

6. 한 行(또는 列)의 스칼라倍를 더하는 경우

한 행의 k倍를 다른 행에 더하거나 빼도 행렬식 값은 변하지 않는다.

예를 들면, $A = \begin{bmatrix} a & b \\ c & d \end{bmatrix}$에 대하여

$$\begin{vmatrix} a+2c & b+2d \\ c & d \end{vmatrix} = \begin{vmatrix} a & b \\ c & d \end{vmatrix} + \begin{vmatrix} 2c & 2d \\ c & d \end{vmatrix} = \begin{vmatrix} a & b \\ c & d \end{vmatrix} = |A|$$

마찬가지로,

$$\begin{vmatrix} a_1 & a_2+ka_1 & a_3 \\ b_1 & b_2+kb_1 & b_3 \\ c_1 & c_2+kc_1 & c_3 \end{vmatrix} = \begin{vmatrix} a_1 & a_2 & a_3 \\ b_1 & b_2 & b_3 \\ c_1 & c_2 & c_3 \end{vmatrix} + \begin{vmatrix} a_1 & ka_1 & a_3 \\ b_1 & kb_1 & b_3 \\ c_1 & kc_1 & c_3 \end{vmatrix} = \begin{vmatrix} a_1 & a_2 & a_3 \\ b_1 & b & b_3 \\ c_1 & c_2 & c_3 \end{vmatrix}$$

이 성질은 행렬식을 계산할 때 가장 많이 쓰인다. 이 성질을 반복하여 이용하면 한 행(또는 열)의 모든 원소가 한 개를 제외하고는 모두 0이 되도록 할 수 있기 때문에 계산은 아주 간단해진다. 예를 들면,

$$|A| = \begin{vmatrix} 1 & 2 & -1 \\ -2 & 1 & 4 \\ 3 & 0 & 5 \end{vmatrix}$$

에서, 제1열의 2배를 제2열에서 빼면,

$$|A| = \begin{vmatrix} 1 & 0 & -1 \\ -2 & 5 & 4 \\ 3 & -6 & 5 \end{vmatrix}$$

이고, 다시 제1열을 제3열에 더한 결과를 계산하면 다음과 같다.

$$|A| = \begin{vmatrix} 1 & 0 & 0 \\ -2 & 5 & 2 \\ 3 & -6 & 8 \end{vmatrix} = 1\begin{vmatrix} 5 & 2 \\ -6 & 8 \end{vmatrix} = 40+12=52$$

앞의 성질을 이용하여 계산할 때에는 주의해야 한다. 한 행(또는 열)의 k배에 다른 행을 더하면 전혀 다른 결과를 가져오기 때문이다.

예를 들면, $|A| = \begin{vmatrix} -2 & 1 \\ 4 & 3 \end{vmatrix}$에서 제1행의 2배를 제2행에 더하면

$$\begin{vmatrix} -2 & 1 \\ 0 & 5 \end{vmatrix} = -10 = |A|$$

이지만, 제1행의 2배에 제2행을 더하면

$$\begin{vmatrix} 2(-2)+4\cdot 2\cdot 1+3 \\ 4 \qquad\qquad 3 \end{vmatrix} = \begin{vmatrix} 0 & 5 \\ 4 & 3 \end{vmatrix} = -20 = 2(-10) \neq |A|$$

으로 된다.

7. 行列式의 곱

두 n次행렬 A, B의 곱 AB와 BA에 대하여 행렬식

$$|AB|, \ |BA|$$

는 두 행렬식 $|A|$, $|B|$의 곱과 같다. 즉,

$$|AB| = |A|\,|B| = |B|\,|A| = |BA|$$

예 7 두 행렬

$$A=\begin{bmatrix} 1 & 3 \\ 2 & 8 \end{bmatrix}, \qquad B=\begin{bmatrix} 2 & 3 \\ 5 & 11 \end{bmatrix}$$

에 대하여

$$AB=\begin{bmatrix} 17 & 36 \\ 44 & 94 \end{bmatrix}, \quad BA=\begin{bmatrix} 8 & 30 \\ 27 & 103 \end{bmatrix}$$

그런데

$$|A|=2, \quad |B|=7, \quad |AB|=14, \quad |BA|=14$$

이므로

$$|AB|=14=|A|\,|B|=|BA|$$

練習問題 5.3

[1] 다음은 행렬식의 어떤 성질을 이용한 것인가?

(a) $\begin{vmatrix} 8 & 18 \\ 28 & 56 \end{vmatrix} = \begin{vmatrix} 8 & 18 \\ 4 & 2 \end{vmatrix}$

(b) $\begin{vmatrix} 9 & 27 \\ 4 & 2 \end{vmatrix} = 18\begin{vmatrix} 1 & 3 \\ 2 & 1 \end{vmatrix}$

(c) $\begin{vmatrix} 2 & 6 \\ -2 & 7 \end{vmatrix} = -\begin{vmatrix} 2 & 6 \\ 2 & -7 \end{vmatrix}$

(d) $\begin{vmatrix} 2 & 4 \\ 8 & 16 \end{vmatrix} = 0$

[2] 다음 등식이 성립함을 확인하여라.

$$\begin{vmatrix} 1 & a & a^2 \\ 1 & b & b^2 \\ 1 & c & c^2 \end{vmatrix} = \begin{vmatrix} 0 & a-c & a^2-c^2 \\ 0 & b-c & b^2-c^2 \\ 1 & c & c^2 \end{vmatrix} = \begin{vmatrix} a-c & a^2-c^2 \\ b-c & b^2-c^2 \end{vmatrix}$$

$$=(a-c)(b-c)\begin{vmatrix} 1 & a+c \\ 1 & b+c \end{vmatrix} = (a-c)(b-c)(b-a)$$

[3] 다음 행렬식의 값을 성질 (6)을 써서 계산하여라.

(a) $\begin{vmatrix} 1 & 3 & 2 \\ 8 & 17 & 21 \\ 2 & 7 & 1 \end{vmatrix}$ (b) $\begin{vmatrix} 4 & 2 & 0 \\ 3 & 2 & 0 \\ 4 & 5 & 6 \end{vmatrix}$

[4] 다음을 계산하여라.

(a) $\begin{vmatrix} 2 & -1 & 1 & 0 \\ -1 & 4 & 0 & 1 \\ 1 & 0 & 2 & -2 \\ 0 & 1 & -2 & 1 \end{vmatrix}$ (b) $\begin{vmatrix} a & b & 0 & 0 \\ 0 & a & b & 0 \\ 0 & 0 & a & b \\ b & 0 & 0 & a \end{vmatrix}$

[5] 다음이 성립함을 확인하여라.

$$\begin{bmatrix} 0 & 1 & 0 & 0 & 0 \\ 1 & 0 & 0 & 0 & 0 \\ a & b & 0 & 1 & 2 \\ c & d & 2 & 0 & 1 \\ e & f & 1 & 2 & 0 \end{bmatrix} = \begin{vmatrix} 0 & 1 \\ 1 & 0 \end{vmatrix} \begin{vmatrix} 0 & 1 & 2 \\ 2 & 0 & 1 \\ 1 & 2 & 0 \end{vmatrix}$$

[6] 다음 행렬의 행렬식 값을 구하여라.

$$\begin{bmatrix} 1 & 0 & 0 \\ 0 & 2 & 0 \\ 0 & 0 & 3 \end{bmatrix}\begin{bmatrix} 2 & 0 & 1 \\ 0 & 1 & 0 \\ 1 & 0 & 1 \end{bmatrix}\begin{bmatrix} 1 & 1 & \frac{1}{3} \\ 1 & \frac{1}{2} & 0 \\ 1 & 0 & 0 \end{bmatrix}$$

5.4 逆行列의 計算

먼저 三次행렬식의 역행렬에 대하여 논하기로 한다. 행렬

$$|A|=\begin{vmatrix} a_{11} & a_{12} & a_{13} \\ a_{21} & a_{22} & a_{23} \\ a_{31} & a_{32} & a_{33} \end{vmatrix} \tag{5.4.1}$$

에서, a_{ij}의 여인수를 A_{ij}라 하면 [定理 5.2.1]에 의하여 다음이 성립한다.

$$\begin{aligned} |A| &= a_{i1}A_{i1}+a_{i2}A_{i2}+a_{i3}A_{i3} \\ |A| &= a_{1j}A_{1j}+a_{2j}A_{2j}+a_{3j}A_{3j} \end{aligned} \qquad (i,\ j=1,\ 2,\ 3) \tag{5.4.2}$$

$$c_1A_{11}+c_2A_{12}+c_3A_{13}=\begin{vmatrix} c_1 & c_2 & c_3 \\ a_{21} & a_{22} & a_{23} \\ a_{31} & a_{32} & a_{33} \end{vmatrix},$$

$$c_1A_{13}+c_2A_{23}+c_3A_{33}=\begin{vmatrix} a_{11} & a_{12} & c_1 \\ a_{21} & a_{22} & c_2 \\ a_{31} & a_{32} & c_3 \end{vmatrix}$$

일반적으로,

$$c_1A_{i1}+c_2A_{i2}+c_3A_{i3} \qquad (i=1,\ 2,\ 3) \tag{5.4.3}$$

은 $|A|$의 제 i행의 원소 a_{i1}, a_{i2}, a_{i3} 대신에 각각 c_1, c_2, c_3를 대입하여 얻은 행렬식의 값과 같다. 마찬가지로,

$$c_1A_{1j}+c_2A_{2j}+c_3A_{3j} \qquad (j=1,\ 2,\ 3) \tag{5.4.4}$$

은 $|A|$의 제 j행의 원소 a_{1j}, a_{2j}, a_{3j} 대신에 각각 c_1, c_2, c_3를 대입하여 얻은 행렬식의 값과 같다. 특히 예를 들어,

$$a_{21}A_{11}+a_{22}A_{12}+a_{23}A_{13}=\begin{vmatrix} a_{21} & a_{22} & a_{23} \\ a_{21} & a_{22} & a_{23} \\ a_{31} & a_{32} & a_{33} \end{vmatrix},$$

$$a_{11}A_{13}+a_{21}A_{23}+a_{31}A_{33}=\begin{vmatrix} a_{11} & a_{12} & a_{11} \\ a_{21} & a_{22} & a_{21} \\ a_{31} & a_{32} & a_{31} \end{vmatrix}$$

이고, 이들 행렬식의 두 행 또는 두 열이 서로 같으므로 이 값은 0이다 (제5장 3절의 성질 (4)). 즉,

$$a_{21}A_{11}+a_{22}A_{12}+a_{23}A_{13}=0, \qquad a_{11}A_{13}+a_{21}A_{23}+a_{31}A_{33}=0$$

위의 예와 (5.4.2)로부터 다음이 성립함을 알 수 있다.

$$a_{k1}A_{i1}+a_{k2}A_{i2}+a_{k3}A_{i3}=\begin{cases}|A| & (k=i)\\ 0 & (k\neq i)\end{cases} \tag{5.4.5}$$

$$a_{1k}A_{1j}+a_{2k}A_{2j}+a_{3k}A_{3j}=\begin{cases}|A| & (k=j)\\ 0 & (k\neq j)\end{cases} \tag{5.4.6}$$

다시 말하면, 한 행(또는 열)의 각 원소와 다른 행(또는 열)의 원소의 여인수와의 곱을 모두 더한 값은 0이다. 행렬 A의 각 원소 대신에 그 원소의 여인수를 대입하여 얻은 행렬 $[A_{ij}]$를 A의 **餘因數行列**(cofactor matrix)이라 한다. 또, 여인수행렬의 전치행렬

$$[A_{ij}]^T=\begin{bmatrix}A_{11} & A_{21} & A_{31}\\ A_{12} & A_{22} & A_{32}\\ A_{13} & A_{23} & A_{33}\end{bmatrix} \tag{5.4.7}$$

를 A의 **隨伴行列**(adjoint matrix)이라 하고, 이를 adj A로 나타낸다. 즉,

$$\text{adj } A=\begin{bmatrix}A_{11} & A_{21} & A_{31}\\ A_{12} & A_{22} & A_{32}\\ A_{13} & A_{23} & A_{33}\end{bmatrix}$$

실제로, 등식 (5.4.5) 및 (5.4.6)은 다음이 성립함을 말해 주고 있다.

$$A(\text{adj } A)=(\text{adj } A)A=\begin{vmatrix}|A| & 0 & 0\\ 0 & |A| & 0\\ 0 & 0 & |A|\end{vmatrix}=|A|I \tag{5.4.8}$$

이제, 위의 결과를 이용하여 三次행렬 A가 正則행렬이기 위한 필요충분조건을 구해 보자.

먼저 A가 正則행렬이라고 가정하자. 이 때, A의 逆行列 A^{-1}가 존재하고 $AA^{-1}=A^{-1}A=I$가 성립한다. 따라서 $|A||A^{-1}|=|A^{-1}A|=|I|=1$ 이고, 특히 $|A|\neq 0$ 이다.

역으로, $|A| \neq 0$ 이라 가정하자. 이 때,

$$B = \frac{1}{|A|} \text{adj } A$$

이라 놓으면 (5.4.8)에 의하여 $AB = BA = I$가 성립함을 알 수 있다. 따라서 A는 正則행렬이고, 또 $A^{-1} = B = \frac{1}{|A|} \text{adj } A$ 이다.

이로써 다음 定理가 증명된 셈이다.

[定理 5.4.1]

三次행렬 A가 정칙행렬이기 위한 필요충분조건은 $|A| \neq 0$ 인 것이다. 또, $|A| \neq 0$ 일 때

$$A^{-1} = \frac{1}{|A|} \text{adj } A = \frac{1}{|A|} \begin{bmatrix} A_{11} & A_{21} & A_{31} \\ A_{12} & A_{22} & A_{32} \\ A_{13} & A_{23} & A_{33} \end{bmatrix}$$

예 1 다음 행렬의 역행렬을 구해 보자.

$$A = \begin{bmatrix} 1 & 2 & 3 \\ 4 & 5 & 6 \\ 7 & 8 & 10 \end{bmatrix}$$

먼저,

$$\begin{aligned} &A_{11} = 2, \qquad A_{21} = 4, \qquad A_{31} = -3 \\ &A_{12} = 2, \qquad A_{22} = -11, \qquad A_{32} = 5 \\ &A_{13} = -3, \qquad A_{23} = 6, \qquad A_{33} = -3 \\ &|A| = 1 \cdot 2 + 2 \cdot 2 + 3(-3) = -3 \neq 0 \end{aligned}$$

따라서 A는 正則행렬이고 그 역행렬 A^{-1}는 다음과 같다.

$$A^{-1} = \frac{1}{|A|} \text{adj } A = \frac{1}{|A|} \begin{bmatrix} A_{11} & A_{21} & A_{31} \\ A_{12} & A_{22} & A_{32} \\ A_{13} & A_{23} & A_{33} \end{bmatrix}$$

$$= -\frac{1}{3} \begin{bmatrix} 2 & 4 & -3 \\ 2 & -11 & 6 \\ -3 & 6 & -3 \end{bmatrix} = \begin{bmatrix} \frac{-2}{3} & \frac{-4}{3} & 1 \\ \frac{-2}{3} & \frac{11}{3} & -2 \\ 1 & -2 & 1 \end{bmatrix}$$

이제까지는 三次행렬에 대하여 논하였으나, 실제로 이상의 논법은 일반 n次행렬에 대해서도 그대로 적용된다.

실제로, 행렬

$$A=\begin{bmatrix} a_{11} & a_{12} & \cdots & a_{1n} \\ a_{21} & a_{22} & \cdots & a_{2n} \\ \cdots & \cdots & \cdots & \cdots \\ a_{n1} & a_{n2} & \cdots & a_{nn} \end{bmatrix} \tag{5.4.9}$$

에서 a_{ij}의 여인수를 A_{ij}라 하면, 임의의 $c_1, c_2, \cdots, c_n$에 대하여 다음 두 등식이 성립한다.

$$c_1A_{i1}+c_2A_{i2}+\cdots+c_nA_{in}=\begin{vmatrix} a_{11} & a_{12} & \cdots & a_{1n} \\ a_{21} & a_{22} & \cdots & a_{2n} \\ \cdots & \cdots & \cdots & \cdots \\ c_1 & c_2 & \cdots & c_n \\ \cdots & \cdots & \cdots & \cdots \\ a_{n1} & a_{n2} & \cdots & a_{nn} \end{vmatrix} \quad (\text{제 } i \text{ 행}) \tag{5.4.10}$$

$$c_1A_{1j}+c_2A_{2j}+\cdots+c_nA_{nj}=\begin{vmatrix} a_{11} & a_{12} & c_1 & a_{1n} \\ a_{21} & a_{22} & c_2 & a_{2n} \\ \vdots & \vdots & \vdots & \vdots \\ a_{n1} & a_{n2} & c_n & c_{nn} \end{vmatrix} \quad (\text{제 } j \text{ 열}) \tag{5.4.11}$$

또한, 다음이 성립한다.

$$a_{k1}A_{i1}+a_{k2}A_{i2}+\cdots+a_{kn}A_{in}=\begin{cases} |A| & (k=i) \\ 0 & (k\neq i) \end{cases} \tag{5.4.12}$$

$$a_{1k}A_{1j}+a_{2k}A_{2j}+\cdots+a_{nk}A_{nj}=\begin{cases} |A| & (k=j) \\ 0 & (k\neq j) \end{cases} \tag{5.4.13}$$

여기서 행렬 $[A_{ij}]$를 A의 **餘因數行列**이라 하며, 이 여인수행렬의 전치행렬 $[A_{ij}]^T$를 A의 **隨伴行列**이라 하고 이를 adj A로 나타낸다. 즉,

$$\text{adj } A=[A_{ij}]^T=\begin{bmatrix} A_{11} & A_{21} & \cdots & A_{n1} \\ A_{12} & A_{22} & \cdots & A_{n2} \\ \cdots & \cdots & \cdots & \cdots \\ A_{1n} & A_{2n} & \cdots & A_{nn} \end{bmatrix} \tag{5.4.14}$$

이제 [定理 5.4.1]이 다음과 같이 확정됨을 쉽게 알 수 있다.

[定理 5.4.2]

n次행렬 A가 정칙행렬이기 위한 필요충분조건은 $|A|\neq 0$인 것이다.
또, $|A|\neq 0$일 때

$$A^{-1}=\frac{1}{|A|}\text{adj } A=\frac{1}{|A|}\begin{bmatrix} A_{11} & A_{21} & \cdots & A_{n1} \\ A_{12} & A_{22} & \cdots & A_{n2} \\ \cdots & \cdots & \cdots & \cdots \\ A_{1n} & A_{2n} & \cdots & A_{nn} \end{bmatrix} \tag{5.4.15}$$

예 2 다음 행렬을 생각해 보자.

$$A=\begin{bmatrix} a_{11} & a_{12} \\ a_{21} & a_{22} \end{bmatrix}$$

행렬 A에 대하여 다음이 성립한다.

$$A_{11}=M_{11}=a_{22}, \qquad A_{12}=-M_{12}=-a_{21}$$

$$A_{21}=-M_{21}=-a_{12}, \qquad A_{22}=M_{22}=a_{11}$$

$$\text{adj } A=\begin{bmatrix} A_{11} & A_{12} \\ A_{21} & A_{22} \end{bmatrix}=\begin{bmatrix} a_{22} & -a_{12} \\ -a_{21} & a_{11} \end{bmatrix}$$

따라서 $|A|=a_{11}a_{22}-a_{12}a_{21}\neq 0$일 때, A는 정칙행렬이고 그 역행렬 A^{-1}는 다음과 같다.

$$A^{-1}=\frac{1}{|A|}\text{adj } A=\begin{bmatrix} \dfrac{a_{22}}{|A|} & \dfrac{-a_{12}}{|A|} \\ \dfrac{-a_{21}}{|A|} & \dfrac{a_{11}}{|A|} \end{bmatrix}$$

이 결과는 [定理 5.1.2]의 결론과 일치한다.

練習問題 5.4

[1] 다음 행렬의 역행렬을 구하여라.

(a) $A=\begin{bmatrix} 3 & 8 \\ 0 & 1 \end{bmatrix}$ (b) $B=\begin{bmatrix} 1 & 0 \\ 0 & 2 \end{bmatrix}$

(c) $C=\begin{bmatrix} 7 & 7 \\ 3 & -1 \end{bmatrix}$ (d) $D=\begin{bmatrix} 2 & 7 \\ 1 & 4 \end{bmatrix}$

[2] 다음 행렬의 역행렬을 구하여라.

(a) $A=\begin{bmatrix} 3 & -1 & 2 \\ 1 & 0 & 3 \\ 4 & 0 & 2 \end{bmatrix}$ (b) $B=\begin{bmatrix} 4 & -2 & 1 \\ 7 & 3 & 3 \\ 2 & 0 & 1 \end{bmatrix}$

(c) $C=\begin{bmatrix} 1 & 0 & 0 \\ 0 & 0 & 1 \\ 0 & 1 & 0 \end{bmatrix}$ (d) $D=\begin{bmatrix} 1 & 1 & \frac{1}{3} \\ 1 & \frac{1}{2} & 0 \\ 1 & 0 & 0 \end{bmatrix}$

[3] 행렬 $A=\begin{bmatrix} -1 & 3 & 0 \\ 0 & 2 & 1 \\ 1 & 0 & 4 \end{bmatrix}$에 대하여 다음을 확인하여라.

$$|A|=-5, \qquad A^{-1}=\frac{1}{5}\begin{bmatrix} -8 & 12 & -3 \\ -1 & 4 & -1 \\ 2 & -3 & 2 \end{bmatrix}$$

[4] 다음 행렬의 역행렬을 구하여라.

$$A=\begin{bmatrix} 0 & 0 & 1 & 1 \\ 0 & 0 & 1 & 0 \\ 1 & 1 & 0 & 0 \\ 1 & 0 & 0 & 0 \end{bmatrix}$$

[5] 다음 행렬이 정칙행렬이 되도록 t의 값을 정하여라.

$$A=\begin{bmatrix} 1 & t & 0 \\ 0 & 1 & -1 \\ t & 0 & 1 \end{bmatrix}$$

또, 이 때 A의 역행렬을 구하여라.

[6] 다음 행렬의 역행렬을 구하여라.

(a) $\begin{bmatrix} 1 & -1 \\ -1 & 2 \end{bmatrix}$ (b) $\begin{bmatrix} 1 & -1 & 0 \\ -1 & 2 & -1 \\ 0 & -1 & 2 \end{bmatrix}$ (c) $\begin{bmatrix} 1 & -1 & 0 & 0 \\ -1 & 2 & -1 & 0 \\ 0 & -1 & 2 & -1 \\ 0 & 0 & -1 & 2 \end{bmatrix}$

5.5 Cramer의 公式

미지수가 n개이고 방정식의 개수가 n개인 연립일차방정식

$$\begin{cases} a_{11}x_1 + a_{12}x_2 + \cdots + a_{1n}x_n = b_1 \\ a_{21}x_1 + a_{22}x_2 + \cdots + a_{2n}x_n = b_2 \\ \cdots\cdots\cdots\cdots\cdots\cdots\cdots\cdots \\ a_{n1}x_1 + a_{n2}x_2 + \cdots + a_{nn}x_n = b_n \end{cases} \tag{5.5.1}$$

을 생각해 보자.

이 연립방정식의 係數행렬을 A라 하고

$$X = \begin{bmatrix} x_1 \\ x_2 \\ \vdots \\ x_n \end{bmatrix}, \qquad B = \begin{bmatrix} b_1 \\ b_2 \\ \vdots \\ b_n \end{bmatrix}$$

이라 놓으면, (5.5.1)은 다음과 같이 나타낼 수 있다(제4장 4절 참조).

$$AX = B \tag{5.5.2}$$

이제, A^{-1}가 존재하는 경우(즉, $|A| \neq 0$인 경우)의 연립방정식 (5.5.1)의 해법에 대하여 논하기로 한다.

역행렬 A^{-1}가 존재한다고 가정하면, $X = A^{-1}B$이고 따라서 [定理 5.4.2]에 의하여 다음 등식이 성립한다.

$$X = \frac{1}{|A|}(\text{adj } A)B$$

즉,

$$\begin{bmatrix} x_1 \\ x_2 \\ \vdots \\ x_n \end{bmatrix} = \frac{1}{|A|} \begin{bmatrix} A_{11} & A_{21} & \cdots & A_{n1} \\ A_{12} & A_{22} & \cdots & A_{n2} \\ \cdots & \cdots & \cdots & \cdots \\ A_{1n} & A_{2n} & \cdots & A_{nn} \end{bmatrix} \begin{bmatrix} b_1 \\ b_2 \\ \vdots \\ b_n \end{bmatrix}$$

따라서

$$x_j = \frac{1}{|A|}(b_1A_{1j} + b_2A_{2j} + \cdots + b_nA_{nj}) \quad (j=1, 2, \cdots, n) \qquad (5.5.3)$$

위의 (5.5.3)과 (5.4.11)에 의하여 다음 정리를 얻게 된다.

[定理 5.5.1] Cramer의 公式

연립일차방정식

$$\begin{aligned} a_{11}x_1 + a_{12}x_2 + \cdots + a_{1n}x_n &= b_1 \\ a_{21}x_1 + a_{22}x_2 + \cdots + a_{2n}x_n &= b_2 \\ \cdots\cdots\cdots\cdots\cdots\cdots & \\ a_{n1}x_1 + a_{n2}x_2 + \cdots + a_{nn}x_n &= b_n \end{aligned}$$

의 係數행렬을 A라 하자. 이 때, $|A| \neq 0$이면 이 연립일차방정식은 단 하나의 解를 갖고 그 解는 다음과 같다.

$$x_j = \frac{1}{|A|}\begin{vmatrix} a_{11} & a_{12} & \cdots & \boxed{b_1} & \cdots & a_{1n} \\ a_{21} & a_{22} & \cdots & b_2 & \cdots & a_{2n} \\ \vdots & \vdots & & \vdots & & \vdots \\ a_{n1} & a_{n2} & \cdots & b_n & \cdots & a_{nn} \end{vmatrix} \quad (j=1, 2, \cdots, n) \qquad (5.5.4)$$

↑
(제 j 열)

예 1 연립일차방정식

$$\begin{cases} a_{11}x_1 + a_{12}x_2 = b_1 \\ a_{21}x_1 + a_{22}x_2 = b_2 \end{cases}$$

에서,

$$\begin{vmatrix} a_{11} & a_{12} \\ a_{21} & a_{22} \end{vmatrix} = a_{11}a_{22} - a_{12}a_{21} \neq 0$$

일 때, 이 연립일차방정식의 해는 다음과 같다.

$$x_1 = \frac{\begin{vmatrix} b_1 & a_{12} \\ b_2 & a_{22} \end{vmatrix}}{\begin{vmatrix} a_{11} & a_{12} \\ a_{21} & a_{22} \end{vmatrix}}, \quad x_2 = \frac{\begin{vmatrix} a_{11} & b_1 \\ a_{21} & b_2 \end{vmatrix}}{\begin{vmatrix} a_{11} & a_{12} \\ a_{21} & a_{22} \end{vmatrix}}$$

예 2 다음 연립일차방정식의 해를 구해 보자.

$$\begin{cases} 7x_1 - x_2 - x_3 = 0 \\ 10x_1 - 2x_2 + x_3 = 8 \\ 6x_1 + 3x_2 - 2x_3 = 7 \end{cases}$$

먼저,

$$|A| = \begin{vmatrix} 7 & -1 & -1 \\ 10 & -2 & 1 \\ 6 & 3 & -2 \end{vmatrix} = -61 \neq 0$$

이므로, Cramer의 공식에 의하여

$$x_1 = \frac{\begin{vmatrix} b_1 & a_{12} & a_{13} \\ b_2 & a_{22} & a_{23} \\ b_3 & a_{32} & a_{33} \end{vmatrix}}{|A|} = \frac{\begin{vmatrix} 0 & -1 & -1 \\ 8 & -2 & 1 \\ 7 & 3 & -2 \end{vmatrix}}{-61} = \frac{-61}{-61} = 1$$

$$x_2 = \frac{\begin{vmatrix} a_{11} & b_1 & a_{13} \\ a_{21} & b_2 & a_{23} \\ a_{31} & b_3 & a_{33} \end{vmatrix}}{|A|} = \frac{\begin{vmatrix} 7 & 0 & -1 \\ 10 & 8 & 1 \\ 6 & 7 & -2 \end{vmatrix}}{-61} = \frac{-183}{-61} = 3$$

$$x_3 = \frac{\begin{vmatrix} a_{11} & a_{12} & b_1 \\ a_{21} & a_{22} & b_2 \\ a_{31} & a_{32} & b_3 \end{vmatrix}}{|A|} = \frac{\begin{vmatrix} 7 & -1 & 0 \\ 10 & -2 & 8 \\ 6 & 3 & 7 \end{vmatrix}}{-61} = \frac{-244}{-61} = 4$$

따라서 주이진 연립일차방정식의 해는 다음과 같다.

$$x_1 = 1, \qquad x_2 = 3, \qquad x_3 = 4$$

다음 연립일차방정식과 같이, 상수항이 모두 0인 연립일차방정식을 **同次聯立一次方程式**(system of homogeneous linear equations)이라 한다.

$$\begin{cases} a_{11}x_1 + a_{12}x_2 + \cdots + a_{1n}x_n = 0 \\ a_{21}x_1 + a_{22}x_2 + \cdots + a_{2n}x_n = 0 \\ \cdots\cdots\cdots\cdots\cdots\cdots\cdots\cdots\cdots\cdots \\ a_{n1}x_1 + a_{n2}x_2 + \cdots + a_{nn}x_n = 0 \end{cases} \qquad (5.5.5)$$

분명히 $x_1 = x_2 = \cdots = x_n = 0$은 동차연립일차방정식 (5.5.5)의 한 해이다. 이 해를 (5.5.5)의 **自明한 解**(trivial solution)라 한다.

위의 연립일차방정식에서 $|A| \neq 0$ 이면, Cramer 공식 및 제5장 3절의 (3a)에 의하여 위의 연립방정식의 解는 자명한 解뿐이다. 따라서 다음 定理를 얻는다.

[定理 5.5.2]

동차일차연립방정식

$$\begin{cases} a_{11}x_1 + a_{12}x_2 + \cdots + a_{1n}x_n = 0 \\ a_{21}x_1 + a_{22}x_2 + \cdots + a_{2n}x_n = 0 \\ \cdots\cdots\cdots\cdots\cdots\cdots\cdots\cdots\cdots\cdots \\ a_{n1}x_1 + a_{n2}x_2 + \cdots + a_{nn}x_n = 0 \end{cases}$$

이 自明한 解 이외에 또 다른 解

$x_1 = c_1,\ x_2 = c_2,\ \cdots,\ x_n = c_n$ ($c_1, c_2, \cdots, c_n$ 중 적어도 하나는 0이 아님)

을 갖는다면 $|A| = 0$ 이다.

예 3 다음 동차연립일차방정식을 생각해 보자.

$$\begin{cases} (k-1)x \quad\quad + ky = 0 \\ \quad\quad kx + (k-1)y = 0 \end{cases}$$

먼저 係數행렬의 행렬식은 다음과 같다.

$$\begin{vmatrix} k-1 & k \\ k & k-1 \end{vmatrix} = (k-1)^2 - k^2 = 1-2k$$

따라서 $1-2k \neq 0$, 즉 $k \neq \frac{1}{2}$ 인 경우에 주어진 연립일차방정식의 해는 다음과 같다.

$$x = \frac{\begin{vmatrix} 0 & k \\ 0 & k-1 \end{vmatrix}}{1-2k} = 0, \qquad y = \frac{\begin{vmatrix} k-1 & 0 \\ k & 0 \end{vmatrix}}{1-2k} = 0$$

한편, $1-2k=0$, 즉 $k=\frac{1}{2}$ 이면 주어진 두 일차방정식은

$$-\frac{1}{2}x + \frac{1}{2}y = 0, \qquad \frac{1}{2}x - \frac{1}{2}y = 0$$

으로 되어 모두 $x-y=0$ 과 같게 된다.

따라서 이 연립방정식의 解는 $x=y=0$ 이외에도 $x=y=1$, $x=y=2$, $\cdots$ 등 무수히 많이 있다.

[定理 5.5.2]는 기하문제를 푸는 데 이용된다. 한 예로서 서로 다른 두 점 $P(a_1, a_2)$, $Q(b_1, b_2)$를 지나는 직선의 방정식을 구해 보자. 이 직선 위의 임의의 점을 (x, y)라 하고 직선의 방정식을

$$Ax+By+C=0$$

이라 하면,

$$\begin{cases} Ax+By+C\cdot 1=0 \\ Aa_1+Ba_2+C\cdot 1=0 \\ Ab_1+Bb_2+C\cdot 1=0 \end{cases}$$

그런데 A, B, C 중 적어도 하나는 0이 아니므로, [定理 5.5.2]에 의하여

$$\begin{vmatrix} x & y & 1 \\ a_1 & a_2 & 1 \\ b_1 & b_2 & 1 \end{vmatrix}=0 \tag{5.5.6}$$

이 등식은 x, y에 관한 일차식이고, $(x, y)=(a_1, a_2)$와 $(x, y)=(b_1, b_2)$는 이 등식을 만족시킨다.

따라서 (5.5.6)은 구하는 직선의 방정식이다.

練習問題 5.5

[1] 다음 연립방정식을 풀어라.

(a) $\begin{cases} 2x_1+x_2=24 \\ 3x_1-2x_2=8 \end{cases}$ (b) $\begin{cases} 5x_1-2x_2=15 \\ 4x_1+x_2=12 \end{cases}$

[2] 다음 연립방정식을 풀어라.

(a) $\begin{cases} 2x_1-x_2=2 \\ 3x_2+2x_3=16 \\ 5x_1+3x_3=21 \end{cases}$ (b) $\begin{cases} -x+y+z=a \\ x-y+z=b \\ x+y-z=c \end{cases}$

[3] 다음 연립방정식이 自明한 解 이외의 解를 갖도록 a를 정하여라.

$$\begin{cases} ax_1+x_2+x_3=0 \\ -x_1+ax_2+x_3=0 \\ x_1+x_2-2x_3=0 \end{cases}$$

5. 6 Gauss-Jordan의 消去法*

앞에서는 미지수의 개수와 방정식의 개수가 같은 연립일차방정식에 대해 논하였다. 이 절에서는 보다 일반적인 연립일차방정식에 대하여 논한다.

아래 표와 같이, 연립일차방정식에 대하여 그 계수 및 상수항들로 이루어진 행렬이 대응된다.

연립일차방정식	행 렬
(1) $\begin{cases} 2x_1+\ \ x_2=8 & \cdots\cdots ① \\ x_1+3x_2=9 & \cdots\cdots ② \end{cases}$	$A=\left[\begin{array}{cc:c} 2 & 1 & 8 \\ 1 & 3 & 9 \end{array}\right]$
①과 ②를 서로 바꾼다.	제 1 행과 제 2 행을 서로 바꾼다.
$\begin{cases} x_1+3x_2=9 & \cdots\cdots ①' \\ 2x_1+\ \ x_2=8 & \cdots\cdots ②' \end{cases}$	$\left[\begin{array}{cc:c} 1 & 3 & 9 \\ 2 & 1 & 8 \end{array}\right]$
②′−①′×2	제 2 행에 제 1 행의 −2 배를 더한다.
$\begin{cases} x_1+3x_2=\ \ 9 & \cdots\cdots ①'' \\ \ \ -5x_2=-10 & \cdots\cdots ②'' \end{cases}$	$\left[\begin{array}{cc:c} 1 & 3 & 9 \\ 0 & -5 & -10 \end{array}\right]$
②″$\times\left(-\dfrac{1}{5}\right)$	제 2 행을 $-\dfrac{1}{5}$배를 한다.
$\begin{cases} x_1+3x_2=9 & \cdots\cdots ①''' \\ \ \ \ \ x_2=2 & \cdots\cdots ②''' \end{cases}$	$\left[\begin{array}{cc:c} 1 & 3 & 9 \\ 0 & 1 & 2 \end{array}\right]$
①‴−②‴×3	제 1 행에 제 2 행의 −3 배를 더한다.
(2) $\begin{cases} x_1\ \ \ \ \ \ =3 \\ \ \ \ \ x_2=2 \end{cases}$	$B=\left[\begin{array}{cc:c} 1 & 0 & 3 \\ 0 & 1 & 2 \end{array}\right]$

앞에서, 연립일차방정식 (1)의 해 (2)를 구한다는 것은 행렬 A에 다음과 같은 세 유형의 계산과정을 반복해 행렬 B를 얻는 것과 같은 뜻이다.

i) 행렬의 두 行을 서로 바꾼다.

ii) 행렬의 한 行에 0이 아닌 상수를 곱한다.

iii) 행렬의 한 行에 다른 行의 상수배를 더한다.

위의 i), ii), iii)을 행렬의 **基本行變形**(elementary row operation)이라 하고, 위의 예와 같이 행렬의 기본행변형을 반복하여 연립일차방정식의 해를 구하는 방법을 **Gauss-Jordan의 消去法**(elimination)이라 한다.

일반적으로, 연립일차방정식의 해는 존재하지 않을 수 있고, 해가 존재하는 경우에 그 해가 단 하나뿐일 수도 있고 무한히 많을 수도 있다. 다음 연립일차방정식의 해를 구해 보자.

$$\begin{cases} x_1+3x_2-2x_3 = 4 \cdots\cdots ① \\ 3x_1+x_2+2x_3 = 4 \cdots\cdots ② \\ 2x_1+8x_2-5x_3 = 15 \cdots\cdots ③ \end{cases} \tag{5.6.1}$$

$$\begin{cases} x_1+3x_2-2x_3 = 4 \cdots\cdots ①' & ① \\ -8x_2+8x_3 = -8 \cdots\cdots ②' & ②-①\times 3 \\ 2x_2-x_3 = 7 \cdots\cdots ③' & ③-①\times 2 \end{cases}$$

$$\begin{cases} x_1+3x_2-2x_3 = 4 \cdots\cdots ①'' & ①' \\ x_2-x_3 = 1 \cdots\cdots ②'' & ②'\times\left(-\frac{1}{8}\right) \\ 2x_2-x_3 = 7 \cdots\cdots ③'' & ③' \end{cases}$$

$$\begin{cases} x_1+x_3 = 1 \cdots\cdots ①''' & ①''-②''\times 3 \\ x_2-x_3 = 1 \cdots\cdots ②''' & ②'' \\ x_3 = 5 \cdots\cdots ③''' & ③''-②''\times 2 \end{cases}$$

$$\begin{cases} x_1 = -4 & ①'''-③''' \\ x_2 = 6 & ②'''+③''' \\ x_3 = 5 & ③''' \end{cases}$$

따라서 연립일차방정식 (5.6.1)의 解는 다음과 같다.

$$\begin{cases} x_1 = -4 \\ x_2 = 6 \\ x_3 = 5 \end{cases} \quad \text{즉,} \quad \begin{bmatrix} x_1 \\ x_2 \\ x_3 \end{bmatrix} = \begin{bmatrix} -4 \\ 6 \\ 5 \end{bmatrix} \tag{5.6.2}$$

위의 계산과정을 行列로 나타내면 다음과 같이 된다. 여기서 왼편에 있는 R_1, R_1', R_1'', …은 제 1 행을, R_2, R_2', R_2'', …은 제 2 행을 의미한다.

$$\left[\begin{array}{ccc|c} 1 & 3 & -2 & 4 \\ 3 & 1 & 2 & 4 \\ 2 & 8 & -5 & 15 \end{array}\right] \quad \begin{matrix} R_1 \\ R_2 \\ R_3 \end{matrix}$$

$$\longrightarrow \left[\begin{array}{ccc|c} 1 & 3 & -2 & 4 \\ 0 & -8 & 8 & -8 \\ 0 & 2 & -1 & 7 \end{array}\right] \quad \begin{matrix} R_1'=R_1 \\ R_2'=R_2-3R_1 \\ R_3'=R_3-2R_1 \end{matrix}$$

$$\longrightarrow \left[\begin{array}{ccc:c} 1 & 3 & -2 & 4 \\ 0 & 1 & -1 & 1 \\ 0 & 2 & -1 & 7 \end{array}\right] \qquad \begin{array}{l} R_1''=R_1' \\ R_2''=-\dfrac{1}{8}R_2' \\ R_3''=R_3' \end{array}$$

$$\longrightarrow \left[\begin{array}{ccc:c} 1 & 0 & 1 & 1 \\ 0 & 1 & -1 & 1 \\ 0 & 0 & 1 & 5 \end{array}\right] \qquad \begin{array}{l} R_1'''=R_1''-3R_2'' \\ R_2'''=R_2'' \\ R_3'''=R_3''-2R_2'' \end{array}$$

$$\longrightarrow \left[\begin{array}{ccc:c} 1 & 0 & 0 & -4 \\ 0 & 1 & 0 & 6 \\ 0 & 0 & 1 & 5 \end{array}\right] \qquad \begin{array}{l} R_1^{(4)}=R_1'''-R_3''' \\ R_2^{(4)}=R_2'''+R_3''' \\ R_3^{(4)}=R_3''' \end{array}$$

다음 연립일차방정식을 생각해 보자.

$$\begin{cases} 2x_1-4x_2+\ \ x_3=1 \\ 3x_1-7x_2+2x_3=4 \end{cases} \tag{5.6.3}$$

이 연립방정식의 解를 구하기 위하여 다음 절차를 밟았다고 하자.

$$\left[\begin{array}{ccc:c} 2 & -4 & 1 & 1 \\ 3 & -7 & 2 & 4 \end{array}\right] \qquad \begin{array}{l} R_1 \\ R_2 \end{array}$$

$$\longrightarrow \left[\begin{array}{ccc:c} 1 & -2 & \frac{1}{2} & \frac{1}{2} \\ 3 & -7 & 2 & 4 \end{array}\right] \qquad \begin{array}{l} R_1'=\dfrac{1}{2}R_1 \\ R_2'=R_2 \end{array}$$

$$\longrightarrow \left[\begin{array}{ccc:c} 1 & -2 & \frac{1}{2} & \frac{1}{2} \\ 0 & -1 & \frac{1}{2} & \frac{5}{2} \end{array}\right] \qquad \begin{array}{l} R_1''=R_1' \\ R_2''=R_2'-3R_1' \end{array}$$

$$\longrightarrow \left[\begin{array}{ccc:c} 1 & -2 & \frac{1}{2} & \frac{1}{2} \\ 0 & 1 & -\frac{1}{2} & -\frac{5}{2} \end{array}\right] \qquad \begin{array}{l} R_1'''=R_1'' \\ R_2'''=-R_2'' \end{array}$$

$$\longrightarrow \left[\begin{array}{ccc:c} 1 & 0 & -\frac{1}{2} & -\frac{9}{2} \\ 0 & 1 & -\frac{1}{2} & -\frac{5}{2} \end{array}\right] \qquad \begin{array}{l} R_1^{(4)}=R_1'''+2R_2''' \\ R_2^{(4)}=-R_2''' \end{array}$$

이제, 마지막 단계를 연립방정식으로 나타내면 다음을 얻는다.

$$\begin{cases} x_1 \qquad -\dfrac{1}{2}x_3 = -\dfrac{9}{2} \\ \qquad x_2 - \dfrac{1}{2}x_3 = -\dfrac{5}{2} \end{cases}$$

따라서 연립방정식 (5.6.3)은 다음 연립방정식과 同値이다.

$$\begin{cases} x_1 = -\dfrac{9}{2} + \dfrac{1}{2}x_3 \\ x_2 = -\dfrac{5}{2} + \dfrac{1}{2}x_3 \end{cases} \tag{5.6.4}$$

그러므로 어떠한 실수를 x_3의 값으로 택하더라도 이에 대응하는 x_1 및 x_2의 값을 (5.6.4)로부터 얻어내면, 이들 x_1, x_2, x_3의 값은 원래의 연립방정식 (5.6.3)을 만족시킨다. 예를 들어, 위의 식에 $x_3=0$을 대입하면 주어진 연립일차방정식의 解 $\left(-\dfrac{9}{2}, -\dfrac{5}{2}, 0\right)$을 얻는다. 또, 위의 식에 $x_3=1$을 대입하면 解 $(-4, -2, 1)$을 얻는다.

이제, 媒介變數(parameter) t를 이용하여 $x_3=t$라 놓으면 주어진 연립일차방정식의 解 전체는 다음과 같이 표시된다.

$$\begin{cases} x_1 = -\dfrac{9}{2} + \dfrac{1}{2}t \\ x_2 = -\dfrac{5}{2} + \dfrac{1}{2}t \qquad (t\text{는 실수}) \\ x_3 = \qquad\quad t \end{cases}$$

즉,

$$\begin{bmatrix} x_1 \\ x_2 \\ x_3 \end{bmatrix} = \begin{bmatrix} -\dfrac{9}{2} \\ -\dfrac{5}{2} \\ 0 \end{bmatrix} + t\begin{bmatrix} \dfrac{1}{2} \\ \dfrac{1}{2} \\ 1 \end{bmatrix} \qquad (t\text{는 실수}) \tag{5.6.5}$$

여기서 x_3를 $x_3 = at + b$ (a, b는 실수, $a \neq 0$)로 놓을 수도 있다. 예를 들어, $x=2t+1$이라 놓으면, 연립방정식의 해 전체는 다음과 같이 표시된다.

$$\begin{cases} x_1 = -4 + \ t \\ x_2 = -2 + \ t \qquad (t\text{는 실수}) \\ x_3 = \ \ 1 + 2t \end{cases}$$

즉,

$$\begin{bmatrix} x_1 \\ x_2 \\ x_3 \end{bmatrix} = \begin{bmatrix} -4 \\ -2 \\ 1 \end{bmatrix} + t \begin{bmatrix} 1 \\ 1 \\ 2 \end{bmatrix} \qquad (t\text{는 실수}) \tag{5.6.6}$$

다음 연립방정식의 解를 구해 보자.

$$\begin{cases} x_1 + x_2 - x_3 + x_4 = 2 \\ 2x_1 - x_2 + x_3 - x_4 = 1 \\ x_1 + 4x_2 - 4x_3 + 4x_4 = 5 \end{cases} \tag{5.6.7}$$

$$\left[\begin{array}{cccc:c} 1 & 1 & -1 & 1 & 2 \\ 2 & -1 & 1 & -1 & 1 \\ 1 & 4 & -4 & 4 & 5 \end{array}\right] \quad \begin{array}{l} R_1 \\ R_2 \\ R_3 \end{array}$$

$$\longrightarrow \left[\begin{array}{cccc:c} 1 & 1 & -1 & 1 & 2 \\ 0 & -3 & 3 & -3 & -3 \\ 0 & 3 & -3 & 3 & 3 \end{array}\right] \quad \begin{array}{l} R_1' = R_1 \\ R_2' = R_2 - 2R_1 \\ R_3' = R_3 - R_1 \end{array}$$

$$\longrightarrow \left[\begin{array}{cccc:c} 1 & 1 & -1 & 1 & 2 \\ 0 & 1 & -1 & 1 & 1 \\ 0 & 3 & -3 & 3 & 3 \end{array}\right] \quad \begin{array}{l} R_1'' = R_1' \\ R_2'' - \dfrac{1}{3}R_2' \\ R_3'' = R_3' \end{array}$$

$$\longrightarrow \left[\begin{array}{cccc:c} 1 & 0 & 0 & 0 & 1 \\ 0 & 1 & -1 & 1 & 1 \\ 0 & 0 & 0 & 0 & 0 \end{array}\right] \quad \begin{array}{l} R_1''' = R_1'' - R_2'' \\ R_2''' = R_2'' \\ R_3''' = R_3'' - 3R_2'' \end{array}$$

위의 계산에 의하여, 주어진 연립방정식 (5.6.7)은 다음 연립방정식과 同値이다.

$$\begin{cases} x_1 = 1 \\ x_2 - x_3 + x_4 = 1 \end{cases}$$

즉,

$$\begin{cases} x_1 = 1 \\ x_2 = 1 + x_3 - x_4 \end{cases} \tag{5.6.8}$$

위의 (5.6.8)에서 x_3와 x_4는 임의의 값을 택할 수 있고, 이에 따라 x_2의 값이 결정된다. 그러나 x_1은 반드시 1이어야 한다.

이제, 두 매개변수 t와 s를 도입하여 $x_3=t$, $x_4=s$라 놓으면, 연립방정식 (5.6.7)의 解 전체는 다음과 같이 표시된다.

$$\begin{cases} x_1=1 \\ x_2=1+t-s \\ x_3=\quad t \\ x_4=\quad\quad s \end{cases} \qquad (t, s\text{는 실수})$$

$$\text{즉,}\quad \begin{bmatrix} x_1 \\ x_2 \\ x_3 \\ x_4 \end{bmatrix} = \begin{bmatrix} 1 \\ 1 \\ 0 \\ 0 \end{bmatrix} + t\begin{bmatrix} 0 \\ 1 \\ 1 \\ 0 \end{bmatrix} + s\begin{bmatrix} 0 \\ -1 \\ 0 \\ 1 \end{bmatrix} \qquad (t, s\text{는 실수}) \qquad (5.6.9)$$

앞에서 본 바와 같이, 연립일차방정식을 Gauss-Jordan의 消去法으로 풀 경우에 맨 마지막 단계의 행렬은 다음과 같은 꼴이어야 한다.

i) 각 행에서 최초로 0이 아닌 원소는 1이다.

ii) 각 행에 대하여, i)에서 말한 원소 1의 왼편에 나타난 0의 개수를 비교하면 제 $i+1$행에 있는 것이 제 i행에 있는 것보다 더 많다.

iii) 앞의 i)에서 말한 원소 1을 포함하는 열을 생각하면, 이 열의 모든 원소는 이 1을 제외하고 모두 0이다.

이러한 꼴의 행렬을 **旣約사다리꼴**(reduced echelon form)**行列**이라 한다.

練習問題 5.6

[1] 다음 연립일차방정식의 해는 존재하지 않음을 보여라.

$$\begin{cases} 3x_1+2x_2-\ x_3=-2 \\ \ x_1-\ x_2+2x_3=\ \ 3 \\ 4x_1+\ x_2+\ x_3=\ \ 0 \end{cases}$$

[2] 다음 연립일차방정식은 단 하나의 해를 가진다. 이 해를 구하여라.

$$\begin{cases} 3x_1+2x_2-\ x_3=-2 \\ \ x_1+\ x_2+\ x_3=\ \ 0 \\ -x_1+\ x_2+2x_3=\ \ 3 \\ 3x_1+4x_2+2x_3=\ \ 1 \end{cases}$$

[3] 다음 연립일차방정식의 해를 구하여라.

$$\begin{cases} 2x_1+3x_2+\ \ x_3=1 \\ 3x_1-\ \ x_2+2x_3=5 \end{cases}$$

[4] 다음 연립일차방정식의 해를 구하여라.

$$\begin{cases} x_1+\ \ x_2\ \ +x_3=0 \\ 3x_1+2x_2-4x_3=0 \\ 2x_1-\ \ x_2+\ \ x_3=0 \end{cases}$$

[5] 다음 연립일차방정식의 해가 존재하도록 상수 k의 값을 정하여라.

$$\begin{cases} x_1-2x_2+\ \ x_3-\ \ x_4=-1 \\ 2x_1-4x_2+3x_3-3x_4=\ \ 4 \\ -x_1+2x_2+\ \ x_3-\ \ x_4=\ \ k \end{cases}$$

5. 7 巨視經濟모델

제3장 4절에서 본 화폐시장을 포함한 일반적인 **巨視經濟모델**을 다시 정리해 보면 다음과 같다.

1) 行動方程式

$$C=c(Y-T)$$
$$T=tY$$
$$G=G_0$$
$$I=b+gr$$
$$M_D=d+eY+fr$$
$$M^S=M_0$$

2) 均衡條件

$$Y=C+I+G$$
$$M^D=M^S$$

3) 파라미터制約

$$0<c,\ t<1$$
$$g<0<b$$
$$f<0<d,\ e$$

이 모델은 여섯 개의 線型行動方程式을 가지고 있는데, 이들 방정식이 갖는 파라미터의 부호는 모두 경제이론에 의해 주어진 것이다. 이 모델은 또 균형조건을 나타내는 두 개의 均衡方程式을 가지고 있다. 이 모델의 내생변수는 C, Y, I, T, G, M^D, M^S 그리고 r의 여덟 개이며, 정부지출 G_0와 통화량 M_0는 외생변수이다.

제3장에서는 이 모델의 해를 지루한 대입방법에 의해서 구했다. 그러나 이제 제4장과 제5장에서 배운 행렬과 행렬식을 이용하면 이와 같은 線型巨視모델의 해는 매우 간단하게 구해진다.

이를 보기 위하여, 우선 두 시장의 行動方程式들을 각 시장의 균형조건에 대입하고 내생변수들을 왼쪽에, 외생변수들을 오른쪽에 모으면, 이 거시경제모델은 *IS*곡선과 *LM*곡선을 나타내는 다음과 같은 두 개의 방정식으로 요약된다.

$$\begin{aligned} &\{1-c(1-t)\}Y-gr=b+G_0 \\ &eY+fr=M_0-d \end{aligned} \tag{5.7.1}$$

이제, 이 두 개의 방정식을 행렬을 이용하여 표시하면,

$$\begin{bmatrix} 1-c(1-t) & -g \\ e & f \end{bmatrix} \begin{bmatrix} Y \\ r \end{bmatrix} = \begin{bmatrix} b+G_0 \\ M_0-d \end{bmatrix} \tag{5.7.2}$$

와 같이 간단히 나타낼 수 있다. 또, (5.7.2)를 더 간단히 나타내면,

$$Ay=z \tag{5.7.3}$$

와 같이 표시할 수 있는데, 여기서 A는 파라미터의 행렬이고, y와 z는 각각 내생변수와 외생변수의 列벡터를 나타낸다. 따라서 A가 정칙행렬이라 하면, 이 모델의 해는

$$y=A^{-1}z \tag{5.7.4}$$

에 의해 주어진다. 그러나 (5.7.2)에서 보는 바와 같은 비교적 간단한 線型모델에서는 A^{-1}과 같은 역행렬을 구하는 것보다 직접 Cramer의 공식을 이용하여 푸는 것이 더욱 편리하다.

이제, $|A|=\varDelta$라 표시하고 $\varDelta_Y$를 A의 첫째 열을 z로 대체한 행렬식이라 하고, 또 $\varDelta_r$를 A의 둘째 열을 z로 대체한 행렬식이라고 하면, Cramer의 공식에 따라

$$Y=\frac{\Delta_Y}{\Delta}, \qquad r=\frac{\Delta_r}{\Delta}$$

이 되는데, 식 (5.7.1)로부터 Δ와 Δ_Y 및 Δ_r의 값을 구해 보면,

$$\Delta=\{1-c(1-t)\}f+eg$$

$$\Delta_Y=\begin{vmatrix} b+G_0 & -g \\ M_0-d & f \end{vmatrix}=(b+G_0)f+(M_0-d)g$$

$$\Delta_r=\begin{vmatrix} 1-c(1-t) & b+G_0 \\ e & M_0-d \end{vmatrix}=\{1-c(1-t)\}(M_0-d)-e(b+G_0)$$

가 된다. 따라서

$$Y=\frac{b+G_0}{1-c(1-t)+eg/f}+\frac{(M_0-d)g/f}{1-c(1-t)+eg/f} \tag{5.7.5}$$

$$r=\frac{\{1-c(1-t)\}(M_0-d)}{f\{1-c(1-t)\}+eg}-\frac{e(b+G_0)}{f\{1-c(1-t)\}+eg} \tag{5.7.6}$$

가 되어, 제3장 4절에서 구한 해와 같다는 것을 알 수 있다.

앞에서는 거시모델을 *IS*곡선과 *LM*곡선의 두 방정식으로 요약하여 이를 행렬과 방정식으로 나타내고 Y와 r에 대한 해를 구했는데, 이 때 다른 내생변수의 값은 이들 Y와 r의 값을 다시 각 行動方程式에 대입하여 구하지 않으면 안 된다. 그러나 처음부터 이 거시모델을 행렬로 나타내면 모든 내생변수의 값을 동시에 구할 수가 있다. 이를 보기 위하여 모델을 구성하는 여덟 개의 방정식에서 내생변수는 모두 왼쪽에, 그리고 외생변수는 모두 오른쪽으로 모으고, 행렬을 이용하여 나타내면,

$$\begin{bmatrix} -c & 1 & c & 0 & 0 & 0 & 0 & 0 \\ -t & 0 & 1 & 0 & 0 & 0 & 0 & 0 \\ 0 & 0 & 0 & 1 & 0 & 0 & 0 & 0 \\ 0 & 0 & 0 & 0 & 1 & -g & 0 & 0 \\ -e & 0 & 0 & 0 & 0 & -f & 1 & 0 \\ 0 & 0 & 0 & 0 & 0 & 0 & 0 & 1 \\ 1 & -1 & 0 & -1 & -1 & 0 & 0 & 0 \\ 0 & 0 & 0 & 0 & 0 & 0 & 1 & -1 \end{bmatrix}\begin{bmatrix} Y \\ C \\ T \\ G \\ I \\ r \\ M^D \\ M^S \end{bmatrix}=\begin{bmatrix} 0 \\ 0 \\ G_0 \\ b \\ d \\ M_0 \\ 0 \\ 0 \end{bmatrix} \tag{5.7.7}$$

가 된다. 다시, 파라미터의 행렬을 A, 그리고 내생변수와 외생변수의 列벡터를 각각 y와 z라고 하면, (5.7.7)은

$$Ay = z \tag{5.7.8}$$

가 되고, 따라서 A가 정칙행렬이라 하면,

$$y = A^{-1}z \tag{5.7.9}$$

로 그 해를 구할 수 있다. 위의 식에서는 (5.7.8)이 構造方程式을 나타내고 (5.7.9)가 誘導型方程式을 나타낸다는 것은 이미 설명한 바 있다.

練習問題 5.7

[1] 다음과 같은 단순한 거시경제모델을 행렬을 이용하여 나타내고, 그 해를 역행렬을 사용하여 구하여라($c+d<1$).

(a) $Y = C + I$　　(b) $C = a + cY$

(c) $I = b + dY$

[2] 다음과 같은 수요·공급모델을 행렬을 이용하여 나타내고, 그 해를 역행렬을 사용하여 구하여라.

(a) $q^D = a + bP$　　(b) $q^S = c + dP$

(c) $q^D = q^S$

[3] 식 (5.7.2)의 해를 역행렬을 사용하여 구한 후, 이를 (5.7.5)와 (5.7.6)과 비교하여라.

[4] 연습문제 3.4의 문제 [1]을 행렬을 이용하여 나타내고, Cramer의 공식 및 역행렬을 이용하여 그 해를 구하여라.

5.8 投入-產出分析

행렬 및 행렬식을 이용하는 대표적인 경제분석의 방법으로 **投入-產出分析** (input-output analysis)이 있다. 이 방법은 레온티프(W. W. Leontief)에 의해 발전된 것으로, 산업간의 연관관계에 초점을 맞추어 경제의 흐름을 분석하는 일종의 一般均衡理論이다.

투입-산출분석은 우선 경제를 몇 개의 산업으로 구분하는 것으로부터 출발한다. 예를 들어, 한 경제는 농업부문, 제조업부문 및 서비스업부문

〈표 5-1〉

투입 \ 산출	산업간수요			최종수요	총산출물
	농업	제조업	서비스업		
농업	4	10	0	6	20
제조업	5	10	5	10	30
서비스업	0	6	2	2	10
노동	11	4	3		
총투입물	20	30	10		60

으로 구분할 수 있다. 이 때, 각 산업의 產出物(output)은 그 산업 및 다른 산업의 投入物(input)로 쓰이기 위해 판매되거나, 또는 최종수요자에게 판매된다. 예를 들어, 제조업부문의 산출물은 농업부문의 투입물(비료 등)로서 판매되기도 하고, 제조업부문 자체의 투입물(원자재 등)로서 판매되기도 하고, 서비스업부문의 투입물(화장지 등)로서 판매될 뿐만 아니라, 소비나 투자 또는 정부지출 등의 **最終需要**(final demand)를 위해 판매된다. 이 때, 판매되지 않은 在庫는 투자로 처리된다.

이와 같이 모든 산업은 각 산업으로부터 투입물을 구입하여 산출물을 생산하고, 이를 각 산업의 투입물 및 최종생산물로 판매하고 있다. 이 때, 각 산업의 산출물 가운데 최종수요자에 판매되지 않고 다른 산업(그 산업을 포함하여)에 판매되는 것을 흔히 **中間投入物**(intermediate input)이라 부른다. 한편, 각 산업의 투입물 가운데에는 노동과 같이 그 산업 또는 다른 산업의 산출물이 아닌 투입물이 필요한데, 이를 흔히 **基礎投入物**(primary inputs)이라 부른다.

이제, 이상에서 설명한 산업간의 연관관계를 〈표 5-1〉을 통해 좀더 구체적으로 살펴보기로 하자. 〈표 5-1〉에서 산출물의 단위를 화폐단위(monetary value)로 나타내기로 할 때, 각 행은 산출물의 배분을 나타내고 있고, 각 열은 투입물의 원천을 보여주고 있다. 예를 들어, 제2행은 제조업부문의 총산출물 30단위 가운데 5단위는 농업부문의 투입물로, 10단위는 제조업부문 자체의 투입물로, 5단위는 서비스업부문의 투입물로 판매되고, 나머지 10단위는 최종수요에 판매된다는 것을 보여주고 있다. 따라서 제조업부문의 총산출물 30단위 가운데 산업간의 중간수요에 배분되는 것은 20단위이고, 최종수요에 배분되는 것은 10단위가 됨을 알 수 있다. 마찬

〈표 5-2〉

투입 \ 산출	농 업	제 조 업	서 비 스 업
농 업	$\frac{1}{5}$	$\frac{1}{3}$	0
제 조 업	$\frac{1}{4}$	$\frac{1}{3}$	$\frac{1}{2}$
서 비 스 업	0	$\frac{1}{5}$	$\frac{1}{5}$
노 동	$\frac{11}{20}$	$\frac{2}{15}$	$\frac{3}{10}$

가지로 〈표 5-1〉의 제1행과 3행은 각각 농업부문과 서비스업부문의 산출물이 어떻게 배분되는가를 보여주고 있다.

한편, 〈표 5-1〉의 각 열은 각 산업의 생산과정에 어떤 투입물이 얼마씩 사용되었는가를 나타내 주고 있다. 예를 들어, 제2열은 제조업부문의 총산출물 30단위는 농업부문의 산출물 10단위, 제조업부문 자체의 산출물 10단위, 서비스업부문의 산출물 6단위 등 중간투입물 26단위와 기초투입물인 노동 4단위를 투입하여 생산된 것임을 보여주고 있다. 마찬가지로, 제1열과 제3열은 농업부분과 서비스업부문의 투입물이 어떻게 구성되는가를 보여준다. 이 때, 유의할 것은 〈표 5-1〉에서 각 행의 합과 기초투입물을 포함한 각 열의 합은 서로 일치한다는 사실이다. 왜냐하면 각 부문의 산출물의 가치는 그 산출물을 생산하는 과정에서 사용한 투입물의 가치와 일치하기 때문이다.

여기서 이제 〈표 5-1〉 각 열을 각 부문의 총산출물로 각각 나눠 줌으로써 〈표 5-2〉와 같이 각 부문의 산출물 한 단위를 생산하기 위해 투입물이 각각 얼마씩 필요한가를 구해 볼 수 있다. 예를 들어, 제조업부문의 산출물 한 단위를 생산하기 위해서는 〈표 5-2〉의 제2열에서 보는 바와 같이 농업부문의 산출물 $\frac{1}{3}$단위, 제조업 자체의 산출물 $\frac{1}{3}$단위, 서비스업부문의 산출물 $\frac{1}{5}$단위, 그리고 기초투입물인 노동 $\frac{2}{15}$단위가 필요하다. 이 때, $\frac{1}{3}$, $\frac{1}{3}$, $\frac{1}{5}$, $\frac{2}{15}$를 **投入係數**(input coefficient)라 부른다. 마찬가지로, 〈표 5-2〉의 제1열과 제3열은 각각 농업 및 서비스업부문의 산출물 한 단위를 생산하기 위해 필요한 각 투입물의 크기, 즉 농업 및 서비스업에 대한 투입계수를 보여주고 있다.

〈표 5-2〉에서 기초투입물의 투입계수를 나타내는 마지막 행을 제외한 3×3 행렬은 흔히 **投入係數行列**(input coefficient matrix)이라 한다. 물론, 산업이 n부문으로 구성되는 경우의 투입계수행렬은 $n\times n$ 행렬이 된다.

이제 지금까지 설명한 내용을 수학적 기호를 이용하여 나타낼 수 있다. 먼저 X_i를 i산업의 총산출물, 그리고 d_i를 i산업의 산출물에 대한 최종수요라 하면 〈표 5-2〉에 의해 다음 관계가 성립한다.

$$\begin{aligned} \frac{1}{5}X_1+\frac{1}{3}X_2+0X_3+d_1&=X_1 \\ \frac{1}{4}X_1+\frac{1}{3}X_2+\frac{1}{2}X_3+d_2&=X_2 \\ 0X_1+\frac{1}{5}X_2+\frac{1}{5}X_3+d_3&=X_3 \end{aligned} \tag{5.8.1}$$

여기서, 이제 (5.8.1)은 다음과 같이 행렬의 합과 곱을 이용하여 나타낼 수 있다.

$$\begin{bmatrix} \frac{1}{5} & \frac{1}{3} & 0 \\ \frac{1}{4} & \frac{1}{3} & \frac{1}{2} \\ 0 & \frac{1}{5} & \frac{1}{5} \end{bmatrix} \begin{bmatrix} X_1 \\ X_2 \\ X_3 \end{bmatrix} + \begin{bmatrix} d_1 \\ d_2 \\ d_3 \end{bmatrix} = \begin{bmatrix} X_1 \\ X_2 \\ X_3 \end{bmatrix} \tag{5.8.2}$$

한편, 다음과 같이 투입계수행렬을 A, 그리고 산출물과 최종수요의 열벡터를 각각 X와 d로 나타내면,

$$A=\begin{bmatrix} \frac{1}{5} & \frac{1}{3} & 0 \\ \frac{1}{4} & \frac{1}{3} & \frac{1}{2} \\ 0 & \frac{1}{5} & \frac{1}{5} \end{bmatrix}, \quad X=\begin{bmatrix} X_1 \\ X_2 \\ X_3 \end{bmatrix}, \quad d=\begin{bmatrix} d_1 \\ d_2 \\ d_3 \end{bmatrix}$$

이며, 따라서 이제 (5.8.2)는 아래와 같이 간단한 식으로 쓸 수 있다.

$$AX+d=X \tag{5.8.3}$$

식 (5.8.3)을 이용하면, 투입계수행렬 A와 최종수요벡터 d가 알려져 있을 때, 각 산업의 산출량벡터 X를 구할 수 있다. 즉, (5.8.3)을 다시 쓰면,

$$AX+d=IX$$

가 되므로, 다음이 성립한다.

$$(I-A)X=d$$

따라서 $(I-A)$가 정칙행렬이라 하면, $(I-A)$의 역행렬이 존재하므로 최종수요 d를 만족시킬 수 있는 산출량벡터 $\bar{X}$는 다음과 같이 구할 수 있다.

$$\bar{X}=(I-A)^{-1}d \tag{5.8.4}$$

이제 이러한 과정을 〈표 5-2〉의 예에 적용하여 $\bar{X}$를 구해 보자. 먼저

$$I-A=\begin{bmatrix} 1 & 0 & 0 \\ 0 & 1 & 0 \\ 0 & 0 & 1 \end{bmatrix} - \begin{bmatrix} \frac{1}{5} & \frac{1}{3} & 0 \\ \frac{1}{4} & \frac{1}{3} & \frac{1}{2} \\ 0 & \frac{1}{5} & \frac{1}{5} \end{bmatrix}$$

$$=\begin{bmatrix} \frac{4}{5} & -\frac{1}{3} & 0 \\ -\frac{1}{4} & \frac{2}{3} & -\frac{1}{2} \\ 0 & -\frac{1}{5} & \frac{4}{5} \end{bmatrix}$$

이므로 $|I-A|\neq 0$가 되어, $(I-A)$는 정칙행렬이다. 따라서 $(I-A)$는 역행렬 $(I-A)^{-1}$를 갖는다. 실제로, $(I-A)^{-1}$를 구해 보면,

$$(I-A)^{-1}=\frac{25}{7}\begin{bmatrix} \frac{13}{30} & \frac{4}{15} & \frac{1}{6} \\ \frac{1}{5} & \frac{16}{25} & \frac{2}{5} \\ \frac{1}{20} & \frac{4}{25} & \frac{9}{20} \end{bmatrix}$$

가 되므로,

$$\begin{bmatrix} X_1 \\ X_2 \\ X_3 \end{bmatrix}=(I-A)^{-1}d=\frac{25}{7}\begin{bmatrix} \frac{13}{30} & \frac{4}{15} & \frac{1}{6} \\ \frac{1}{5} & \frac{16}{25} & \frac{2}{5} \\ \frac{1}{20} & \frac{4}{25} & \frac{9}{20} \end{bmatrix}\begin{bmatrix} d_1 \\ d_2 \\ d_3 \end{bmatrix} \tag{5.8.5}$$

〈표 5-3〉

투 입	산 출				
	1	2	3	…	n
1	a_{11}	a_{12}	a_{13}	…	a_{1n}
2	a_{21}	a_{22}	a_{23}	…	a_{2n}
3	a_{31}	a_{32}	a_{33}	…	a_{3n}
⋮	⋮	⋮	⋮	⋮	⋮
n	a_{n1}	a_{n2}	a_{n3}	…	a_{nn}

가 된다. 따라서 만약 최종수요벡터가

$$\begin{bmatrix} d_1 \\ d_2 \\ d_3 \end{bmatrix} = \begin{bmatrix} 12 \\ 20 \\ 4 \end{bmatrix}$$

로 주어지면, (5.8.5)에 의해 이 최종수요를 충족시킬 수 있는 각 산업의 산출량은 다음과 같이 구할 수 있다.

$$\begin{bmatrix} X_1 \\ X_2 \\ X_3 \end{bmatrix} = \begin{bmatrix} 40 \\ 60 \\ 20 \end{bmatrix}$$

이와 같이, 投入-產出分析을 이용하면 투입계수행렬과 최종수요벡터가 주어질 때, 각 산업이 생산해야 하는 산출물의 수준을 구할 수가 있다. 물론, 이 분석은 n개의 산업이 존재하는 일반적 경우에 있어서도 가능하다.

먼저, 투입계수행렬이 〈표 5-3〉과 같이 주어져 있다고 하고, 최종수요벡터와 산출량벡터를 각각 다음과 같이 나타내기로 하자.

$$d = \begin{bmatrix} d_1 \\ d_2 \\ \vdots \\ d_3 \end{bmatrix}, \quad X = \begin{bmatrix} X_1 \\ X_2 \\ \vdots \\ X_3 \end{bmatrix}$$

그런데 〈표 5-3〉의 투입계수행렬에는 기초투입물의 투입계수가 포함되어 있지 않기 때문에,

$$\sum_{i=1}^{n} a_{ij} < 1 \quad (j = 1, 2, \cdots, n)$$

가 성립한다. 따라서 j번째 산업의 산출물을 1단위 생산하기 위해 필요한 기초투입물의 크기는 $1-\sum_{i=1}^{n} a_{ij}$이 된다.

이 때, 제1산업의 산출물 1단위는 〈표 5-3〉의 투입계수행렬의 제1행에 나타난 투입계수에 따라 n개의 산업의 투입물에서 배분되고 나머지는 최종수요에 배분되므로

$$x_1 = a_{11}x_1 + a_{12}x_2 + \cdots + a_{1n}x_n + d_1$$

또는,

$$(1-a_{11})x_1 - a_{12}x_2 - \cdots - a_{1n}x_n = d_1$$

이 성립한다. 그리고 이와 같은 관계는 모든 산업부문에 대해 성립하므로 다음이 성립한다.

$$\begin{cases} x_1 = a_{11}x_1 + a_{12}x_2 + \cdots + a_{1n}x_n + d_1 \\ x_2 = a_{21}x_1 + a_{22}x_2 + \cdots + a_{2n}x_n + d_2 \\ \cdots\cdots\cdots\cdots\cdots\cdots\cdots\cdots\cdots\cdots \\ x_n = a_{n1}x_1 + a_{n2}x_2 + \cdots + a_{nn}x_n + d_n \end{cases} \tag{5.8.6}$$

또는,

$$\begin{cases} (1-a_{11})x_1 - a_{12}x_2 - \cdots - a_{1n}x_n = d_1 \\ -a_{21}x_1 + (1-a_{22})x_2 - \cdots - a_{2n}x_n = d_2 \\ \cdots\cdots\cdots\cdots\cdots\cdots\cdots\cdots\cdots\cdots \\ -a_{n1}x_1 - a_{n2}x_2 - \cdots + (1-a_{nn})x_n = d_n \end{cases}$$

따라서 투입계수행렬을 $A=[a_{ij}]$라 하면 (5.8.6)으로부터

$$X = AX + d \tag{5.8.7}$$

을 얻을 수 있고, 다음이 성립한다.

$$(I-A)X = d \tag{5.8.8}$$

이 때, (5.8.8)에서 $(I-A)$를 **技術行列**(technology matrix)이라 부른다. 이 기술행렬 $(I-A)$가 정칙행렬이면, d를 만족시키는 산출량벡터 $\bar{X}$는 다음과 같이 구할 수 있다.

$$\bar{X} = (I-A)^{-1}d \tag{5.8.9}$$

지금까지 설명한 投入-產出分析은 여러 나라에서 경제계획을 수립하

는 데 있어서 광범위하게 이용되고 있다. 그러나 투입-산출분석의 가장 큰 문제점은 생산요소의 代替可能性이 배제되고 있다는 점이다. 즉, 현실에 있어 생산요소의 투입비율이 고정되어 있는 부문은 매우 한정되어 있을 뿐만 아니라, 장기적으로 투입비율은 변화하는 것이 일반적이다. 따라서 投入-産出表를 이용하고 있는 국가에서는 몇 년마다 투입-산출표를 다시 작성하고 있다.

練習問題 5.8

[1] 투입산출표가 다음과 같이 주어져 있다고 하자. 투입계수행렬을 구하고, 최종수요가 $d_1=3$, $d_2=6$, $d_3=3$ 일 때 각 부문의 산출량을 구하여라.

투입 \ 산출	I	II	III
I	1	4	2
II	4	2	2
III	2	2	2

[2] 투입계수행렬 A와 최종수요벡터가 다음과 같이 주어져 있다고 하자.

$$A=\begin{bmatrix} \frac{1}{2} & 0 & \frac{1}{3} \\ \frac{1}{5} & \frac{1}{2} & \frac{1}{5} \\ 0 & \frac{1}{4} & \frac{1}{5} \end{bmatrix}, \quad d=\begin{bmatrix} 10 \\ 8 \\ 4 \end{bmatrix}$$

(a) 각 산업의 생산함수를 구하여라.

(b) 각 부문의 산출량을 구하여라.

(c) 국민총생산(GNP)을 구하여라.

(d) Cramer의 공식에 의해 각 부문의 산출량을 구하여라.

[3] 투입계수행렬 $A=[a_{ij}]$에서 $a_{ij}\geq 1$인 원소가 존재할 때, i부문의 생산활동은 어떻게 되는가? 또, $a_{ij}<1$이라는 조건의 경제적 의미는 무엇인가?

5.9 多國間 巨視모델

이 절에서는 여러 나라가 서로 무역을 하고 있는 경우 한 나라의 경제상태의 변화가 다른 나라의 경제에 영향을 미치는 **多國間 巨視모델**에 대해 알아보자. 먼저 설명을 단순화하기 위해 정부부문과 화폐시장이 없는 제3장 2절의 線形모델에 해외부문만을 도입하기로 한다. 여기서 환율은 고정되어 있다고 가정하자.

이와 같은 경우 3개국 거시경제의 균형조건은 각각 다음과 같은 3개의 방정식으로 나타낼 수 있다.

$$Y_1 = C_1 + I_1 + X_1 - M_1 \tag{5.9.1}$$

$$Y_2 = C_2 + I_2 + X_2 - M_2 \tag{5.9.2}$$

$$Y_3 = C_3 + I_3 + X_3 - M_3 \tag{5.9.3}$$

이 때, $X_i(i=1, 2, 3)$는 i국의 수출을 나타내며, $M_i(i=1, 2, 3)$는 i국의 수입을 나타낸다.

한편, 각국의 소비함수는 다음과 같이 나타낼 수 있다.

$$C_1 = a_1 + c_1 Y_1 \tag{5.9.4}$$

$$C_2 = a_2 + c_2 Y_2 \tag{5.9.5}$$

$$C_3 = a_3 + c_3 Y_3 \tag{5.9.6}$$

여기서 c_i는 한계소비성향으로서 $0 < c_i < 1$의 값을 가지며, a_i는 독립소비를 나타낸다. 또, 각국의 수입함수는 다음과 같이 나타낼 수 있다.

$$M_1 = m_1 Y_1 \tag{5.9.7}$$

$$M_2 = m_2 Y_2 \tag{5.9.8}$$

$$M_3 = m_3 Y_3 \tag{5.9.9}$$

여기서 $0 < m_i < 1$는 한계수입성향으로 소득이 한 단위 증가했을 때 수입이 얼마만큼 증가하는가를 나타낸다. 즉,

$$m_i = \frac{\Delta M_i}{\Delta Y_i} \tag{5.9.10}$$

이제, m_{ij}를 i국의 j국 상품에 대한 한계수입성향이라 하면, 위의 수입함수는 다음과 같이 쓸 수 있다.

$$M_1 = m_{12} Y_1 + m_{13} Y_1 \tag{5.9.11}$$

$$M_2 = m_{21} Y_2 + m_{23} Y_2 \tag{5.9.12}$$

$$M_3 = m_{31} Y_3 + m_{32} Y_3 \tag{5.9.13}$$

그런데 식 (5.9.7), (5.9.8), (5.9.9)와 식 (5.9.11), (5.9.12), (5.9.13)으로부터 $m_1 = m_{12} + m_{13}$, $m_2 = m_{21} + m_{23}$, $m_3 = m_{31} + m_{32}$ 임을 알 수 있다. 다시 말하면, 제1국의 수입 M_1은 제2국으로부터의 수입인 $m_{12} Y_1$과 제3국으로부터의 수입인 $m_{13} Y_1$의 합이다. 마찬가지로, 제2국의 수입 M_2는 제1국으로부터의 수입과 제3국으로부터의 수입의 합이고, 또 제3국의 수입 M_3는 제1국으로부터의 수입과 제2국으로부터의 수입의 합과 같다.

다음으로 수출을 보자. 먼저 제1국의 수출은 제2국의 제1국으로부터의 수입인 $m_{21} Y_2$와 제3국의 제1국으로부터의 수입인 $m_{31} Y_3$의 합이다. 즉,

$$X_1 = m_{21} Y_2 + m_{31} Y_3 \tag{5.9.14}$$

마찬가지로, 제2국과 제3국의 수출은 다음과 같다.

$$X_2 = m_{12} Y_1 + m_{32} Y_3 \tag{5.9.15}$$

$$X_3 = m_{13} Y_1 + m_{23} Y_2 \tag{5.9.16}$$

이제, 지금까지 살펴본 소비, 수입 및 수출을 식 (5.9.1), (5.9.2), (5.9.3)의 균형조건에 각각 대입하면 다음 식을 얻는다.

$$\begin{aligned} Y_1 &= a_1 + c_1 Y_1 + I_1 + m_{21} Y_2 + m_{31} Y_3 - m_{12} Y_1 - m_{13} Y_1 \\ Y_2 &= a_2 + c_2 Y_2 + I_2 + m_{12} Y_1 + m_{32} Y_3 - m_{21} Y_2 - m_{23} Y_2 \\ Y_3 &= a_3 + c_3 Y_3 + I_3 + m_{13} Y_1 + m_{23} Y_2 - m_{31} Y_3 - m_{32} Y_3 \end{aligned} \tag{5.9.17}$$

그리고 식 (5.9.17)을 정리하면 다음을 얻을 수 있다.

$$\begin{aligned} Y_1 &= (c_1 - m_{12} - m_{13}) Y_1 + m_{21} Y_2 + m_{31} Y_3 + a_1 + I_1 \\ Y_2 &= m_{12} Y_1 + (c_2 - m_{21} - m_{23}) Y_2 + m_{32} Y_3 + a_2 + I_2 \\ Y_3 &= m_{13} Y_1 + m_{23} Y_2 + (c_3 - m_{31} - m_{32}) Y_3 + a_3 + I_3 \end{aligned} \tag{5.9.18}$$

이제 식 (5.9.18)을 행렬로 나타내면 다음과 같다.

$$\begin{bmatrix} Y_1 \\ Y_2 \\ Y_3 \end{bmatrix} = \begin{bmatrix} (c_1 - m_{12} - m_{13}) & m_{21} & m_{31} \\ m_{12} & (c_2 - m_{21} - m_{23}) & m_{32} \\ m_{13} & m_{23} & (c_3 - m_{31} - m_{32}) \end{bmatrix} \begin{bmatrix} Y_1 \\ Y_2 \\ Y_3 \end{bmatrix} + \begin{bmatrix} a_1 + I_1 \\ a_2 + I_2 \\ a_3 + I_3 \end{bmatrix} \tag{5.9.19}$$

이 때,

$$Y=\begin{bmatrix} Y_1 \\ Y_2 \\ Y_3 \end{bmatrix},\ B=\begin{bmatrix} (c_1-m_{12}-m_{13}) & m_{21} & m_{31} \\ m_{12} & (c_2-m_{21}-m_{23}) & m_{32} \\ m_{13} & m_{23} & (c_3-m_{31}-m_{32}) \end{bmatrix},\ e=\begin{bmatrix} a_1+I_1 \\ a_2+I_2 \\ a_3+I_3 \end{bmatrix}$$

라 하면, 식 (5.9.19)는 다음과 같이 간단하게 쓸 수 있다.

$$Y=B\cdot Y+e \tag{5.9.20}$$

여기서 파라미터의 행렬 B가 정칙행렬이면, 즉 $|B|\neq 0$ 이면, B는 역행렬 B^{-1}을 갖게 되므로 각국의 균형국민소득의 행렬 Y는 다음과 같이 얻어진다.

$$I\cdot Y=B\cdot Y+e$$
$$(I-B)\cdot Y=e$$

따라서

$$Y=(I-B)^{-1}\cdot e \tag{5.9.21}$$

이상에서 알 수 있는 바와 같이 다국간에 교역이 이루어지고 있는 경우에는 한 나라의 소득은 다른 나라의 경제활동에 따라 영향을 받는다. 예를 들어, 제1국의 독립투자가 ΔI_1 만큼 증가하면 일차적으로 승수를 통해 제1국의 소득이 증가한다. 이와 같이 제1국의 소득이 증가하면 제1국의 수입, 즉 제1국에 대한 제2국 및 제3국의 수출이 증가하여 제2국 및 제3국의 소득이 증가하게 된다.

이제, 이와 같은 상호작용을 식 (5.9.18)을 통해 알아볼 수 있다. 먼저 제1국의 독립투자가 ΔI_1 만큼 증가했을 때 각국의 소득이 ΔY_1, ΔY_2, ΔY_3 증가하면 식 (5.9.18)에 의해 다음이 성립한다.

$$\Delta Y_1=(c_1-m_{12}-m_{13})\Delta Y_1+m_{21}\Delta Y_2+m_{31}\Delta Y_3+\Delta I_1$$
$$\Delta Y_2=m_{12}\Delta Y_1+(c_2-m_{21}-m_{23})\Delta Y_2+m_{32}\Delta Y_3$$
$$\Delta Y_3=m_{13}\Delta Y_1+m_{23}\Delta Y_2+(c_3-m_{31}-m_{32})\Delta Y_3$$

따라서

$$\Delta Y=\begin{bmatrix} \Delta Y_1 \\ \Delta Y_2 \\ \Delta Y_3 \end{bmatrix},\quad \Delta e_1=\begin{bmatrix} \Delta I_1 \\ 0 \\ 0 \end{bmatrix}$$

라 하면 다음 식이 성립한다.

$$\Delta Y = B\Delta Y = \Delta e_1$$

그러므로 제1국의 독립투자가 ΔI_1 만큼 증가할 때 각국의 소득이 변화하는 승수는 다음 식에 의해 구해진다.

$$(I-B)\Delta Y = \Delta e_1$$

즉,

$$\Delta Y = (I-B)^{-1}\Delta e_1 \tag{5.9.22}$$

식 (5.9.22)에서 볼 수 있는 바와 같이 제1국의 독립투자가 ΔI_1 증가했을 때의 승수는 파라미터의 행렬 B에 의해 결정되며, B에는 제1국의 파라미터뿐만 아니라 제2국 및 3국의 파라미터까지 포함되어 있다.

예 1 각국의 한계소비성향, 한계수입성향 및 독립지출이

$$a_1=500,\quad c_1=4/5,\quad m_{12}=1/4,\quad m_{13}=1/5,\quad I_1=1394$$
$$a_2=345,\quad c_2=3/4,\quad m_{21}=1/10,\quad m_{23}=1/5,\quad I_2=602$$
$$a_3=820,\quad c_3=2/3,\quad m_{31}=1/6,\quad m_{32}=1/10,\quad I_3=2021$$

로 주어져 있을 때, 각국의 균형소득을 구해 보자.

$$I-B=\begin{bmatrix}1&0&0\\0&1&0\\0&0&1\end{bmatrix}-\begin{bmatrix}\frac{7}{20}&\frac{1}{10}&\frac{1}{6}\\ \frac{1}{4}&\frac{9}{20}&\frac{1}{10}\\ \frac{1}{5}&\frac{1}{5}&\frac{2}{5}\end{bmatrix}=\begin{bmatrix}\frac{13}{20}&-\frac{1}{10}&-\frac{1}{6}\\ -\frac{1}{4}&\frac{11}{20}&-\frac{1}{10}\\ -\frac{1}{5}&-\frac{1}{5}&\frac{3}{5}\end{bmatrix}$$

이 되므로, 그 역행렬을 구하여 다음과 같이 균형소득을 얻을 수 있다.

$$\begin{bmatrix}Y_1\\Y_2\\Y_3\end{bmatrix}=(I-B)^{-1}e=5/947\begin{bmatrix}372&112&122\\204&428&128\\192&180&399\end{bmatrix}\begin{bmatrix}1894\\947\\2841\end{bmatrix}=\begin{bmatrix}6110\\6110\\8805\end{bmatrix}$$

그리고 균형소득을 각국의 수입 및 수출함수에 대입하여 수입 및 수출을 구해 보면 다음과 같다.

$$\bar{M}=2749.5 \qquad \bar{X}_1=2078.5$$
$$\bar{M}=1833 \qquad \bar{X}_1=2408$$
$$\bar{M}=2348 \qquad \bar{X}_1=2444$$

또, 제1국의 독립투자가 $\Delta I_1=947$ 만큼 증가했을 때 각국의 균형소득이 얼마나 변화하는가를 보면 다음과 같다.

$$\begin{bmatrix}\Delta Y_1\\ \Delta Y_2\\ \Delta Y_3\end{bmatrix}=(I-B)^{-1}\Delta e_1=5/947\begin{bmatrix}372 & 112 & 122\\ 204 & 428 & 128\\ 192 & 180 & 399\end{bmatrix}\begin{bmatrix}947\\ 0\\ 0\end{bmatrix}=\begin{bmatrix}1860\\ 1020\\ 960\end{bmatrix}$$

이와 같이 한 나라의 독립투자의 변화는 다른 나라의 균형소득까지 변화시키게 되는 것이다.

練習問題 5.9

[1] 다음과 같이 2개국의 거시모델이 주어져 있다고 하자.

$Y_1=C_1+I_1+X_1-M_1$ $\quad$ $Y_2=C_2+I_2+X_2-M_2$

$C_1=4/5\,Y_1$ $\quad$ $C_2=3/4\,Y_2$

$M_1=1/5\,Y_1$ $\quad$ $M_2=1/8\,Y_2$

(a) $I_1=80$, $I_2=120$ 일 때, 각국의 균형국민소득을 구하여라.

(b) $I_1=120$, $I_2=400$ 으로 변할 때, 각국의 균형국민소득은 각각 얼마만큼 증가하는가?

[2] 2개국의 교환모델이 다음과 같이 주어져 있다고 하자.

$Y_1=C_1+I_1+X_1-M_1$ $\quad$ $Y_2=C_2+I_2+X_2-M_2$

$C_1=c_1Y_1\ (0<c_1<1)$ $\quad$ $C_2=c_2Y_2\ (0<c_2<1)$

$M_1=m_1Y_1\ (0<m_1<1)$ $\quad$ $M_2=m_2Y_2\ (0<m_2<1)$

$X_1=M_2$ $\quad$ $X_2=M_1$

(a) 파라미터행렬 B를 구하여라.

(b) 균형국민소득 Y_1, Y_2를 구하여라.

(c) Y_1과 Y_2는 모두 양의 값을 갖는가?

[3] n국간 거시모델에서 파라미터행렬 B를 도출하여 보아라.

제 6 장

微 分 法

제 6 장 微分法

이 章에서는 一變數함수의 微分法에 대하여 논하기로 한다(제 2 장 10절 참조). 앞으로 특별한 경우가 아닌 한, 함수

$$f: A \longrightarrow B \quad A \subset \mathbf{R},\ B \subset \mathbf{R}$$

를 定義域과 値域을 명시하지 않고 간단히 함수 $f(x)$로 나타내기로 한다.

6. 1 函數의 極限과 連續性

1. 函數의 極限

함수 $f(x)$가 $x=a$의 근방에서 정의되고 있고(단, a는 제외해도 좋음), 또 x가 a의 좌우로부터 a에 접근해 감에 따라 $f(x)$의 값이 어떤 일정한 값 L에 한없이 접근하는 경우에, 이 사실을

$$\lim_{x \to a} f(x) = L$$

이라 쓰고, L을 $x=a$에서의 $f(x)$의 **極限값**(limit)이라고 한다.

[그림 6-1]의 (a)에서 x가 좌우로부터 1에 접근할 때 함수 $f(x)$의 값은 2에 접근하므로 $\lim_{x \to 1} f(x) = \lim_{x \to 1} 2x = 2$이다. 또, [그림 6-1]의 (b)에서도 x가 좌우로부터 1에 접근할 때, $f(x)$의 값은 2에 접근하므로 $\lim_{x \to 1} f(x) = 2$이다. 그러나 $f(1)=1 \neq 2$이다.

한편, [그림 6-2]의 (a)에서는 x가 오른쪽에서 1에 접근할 때 $f(x)$의 값은 1에 접근하지만, x가 왼쪽에서 1에 접근할 때 $f(x)$의 값은 -1에 접근한다. 따라서 이 함수는 $x=1$에서 극한값을 갖지 않는다.

또한, [그림 6-2]의 (b)에서 x가 1에 접근할 때, $f(x)$의 값은 한없이 커지거나 한없이 작아지므로 이 함수도 $x=1$에서 극한값을 갖지 않는다.

[그림 6-1]

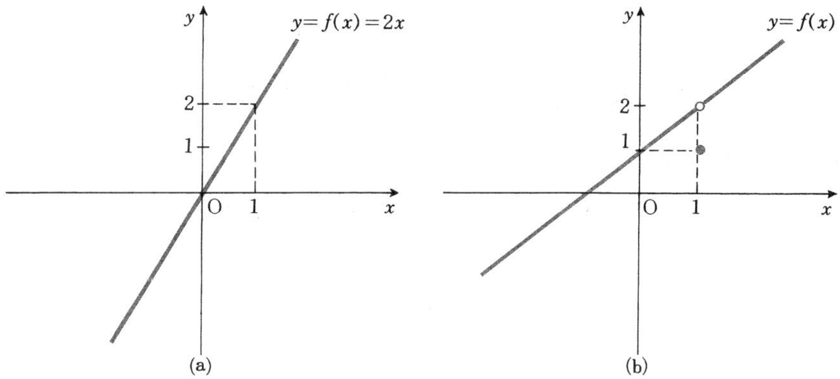

[그림 6-2]

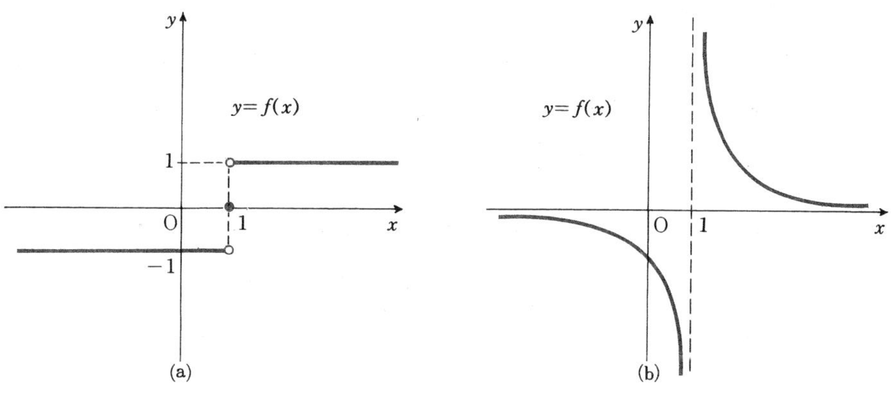

실제로 함수의 극한값을 계산할 때에는 다음 정리를 이용한다.

[定理 6.1.1] 極限의 基本性質

(1) 임의의 상수 c에 대하여, $\lim_{x \to a} c = c$

(2) 모든 양의 유리수 r에 대하여, $\lim_{x \to a} x^r = a^r$

(3) $\lim_{x \to a} f(x) = L, \quad \lim_{x \to a} g(x) = M$일 때,

(a) $\lim_{x \to a} cf(x) = c \lim_{x \to a} f(x) = cL$ (c는 상수)

(b) $\lim_{x \to a} [f(x) \pm g(x)] = \lim_{x \to a} f(x) \pm \lim_{x \to a} g(x) = L \pm M$

(c) $\lim_{x \to a} f(x)g(x) = [\lim_{x \to a} f(x)][\lim_{x \to a} g(x)] = LM$

$\lim_{x \to a} [f(x)]^n = [\lim_{x \to a} f(x)]^n = L^n$

(d) $\lim_{x \to a} \dfrac{f(x)}{g(x)} = \dfrac{\lim_{x \to a} f(x)}{\lim_{x \to a} g(x)} = \dfrac{L}{M}$ (단, $M \neq 0$ 인 경우)

(4) 다항함수 $f(x) = a_0x^n + a_1x^{n-1} + \cdots + a_n$ 에 대하여

$$\lim_{x \to a} f(x) = a_0a^n + a_1a^{n-1} + \cdots + a_n = f(a)$$

예 1 $\lim_{x \to 4} (3x-6) = \lim_{x \to 4} 3x - \lim_{x \to 4} 6 = 12 - 6 = 6$

$\lim_{x \to 3} \dfrac{3x^2+1}{x+1} = \dfrac{27+1}{3+1} = \dfrac{28}{4} = 7$

예 2 $\lim_{x \to 3} \dfrac{2x^2-5x-6}{2x-6}$ 의 값을 구해 보자.

분자와 분모는 다항함수이고 $x=3$ 일 때의 값은 모두 0 이다. 그러므로 $x-3$ 은 분자와 분모의 공통인수이고 $x \neq 3$ 일 때,

$$\frac{2x^2-5x-3}{2x-6} = \frac{(2x+1)(x-3)}{2(x-3)} = \frac{2x+1}{2}$$

한편, x 가 3 에 접근한다는 것은 $x \neq 3$ 임을 뜻하므로,

$$\lim_{x \to 3} \frac{2x^2-5x-6}{2x-6} = \lim_{x \to 3} \frac{2x+1}{2} = \frac{7}{2}$$

---

2. 函數의 連續性

함수 $f(x)$에 대하여 $\lim_{x \to a} f(x) = f(a)$가 성립할 때, 함수 $f(x)$는 $x=a$ 에서 **連續**(continuous)이라고 한다. 즉, 다음의 세 조건이 성립할 때, $f(x)$는 $x=a$에서 연속이다.

(1) $f(a)$가 정의되어 있다.

(2) $\lim_{x \to a} f(x) = L$ 이 존재한다.

(3) $L = f(a)$

함수 $f(x)$가 어떤 구간의 모든 점에서 연속일 때, 함수 $f(x)$는 그 구

간에서 연속인 함수라 한다. 또, $f(x)$가 $x=a$에서 연속이 아닌 경우, $f(x)$는 $x=a$에서 **不連續**(discontinuous)이라 한다. [그림 6-1]에서 (a)의 함수 $f(x)$는 $x=1$에서 연속이지만 (b)의 $f(x)$는 $x=1$에서 불연속이다.

앞의 정의에 의하여 다음 정리가 성립한다.

[定理 6.1.2]

(1) 두 함수 $f(x)$와 $g(x)$가 $x=a$에서 연속일 때, 함수

$$f(x)+g(x),\ f(x)-g(x),\quad f(x)\cdot g(x),\ cf(x)$$

는 $x=a$에서 연속이다.

또, $g(a)\neq 0$이면 $\dfrac{f(x)}{g(x)}$도 $x=a$에서 연속이다.

(2) 다항함수 $f(x)=a_0x^n+a_1x^{n-1}+\cdots+a_n$은 모든 점에서 연속이다.

(3) 유리함수

$$f(x)=\frac{P(x)}{Q(x)}\qquad (P(x),\ Q(x)\text{는 다항식})$$

는 분모 $Q(x)$를 0으로 하지 않는 모든 x에서 연속이다.

(4) 제곱근함수 $f(x)=\sqrt{x}$, $x\geq 0$는 연속함수이다.

예 3 유리함수 $f(x)=\dfrac{4x^2}{x^2+1}$에서, 모든 실수 x에 대하여 $x^2+1\neq 0$이므로 $f(x)$는 모든 x에서 연속이다.

그러나 $g(x)=\dfrac{(x^2-4)(x+2)}{x^2-4}$는 $x=2$와 $x=-2$에서 불연속이다.

두 함수 f, g의 合成함수 $f\circ g$에 대하여 다음 정리가 성립한다. 이 정리의 증명은 생략하기로 한다(제 2 장 9 절 참조).

[定理 6.1.3]

$\lim\limits_{x\to a} g(x)=b$이고 또 함수 $f(u)$가 $u=b$에서 연속일 때,

$$\lim_{x\to a} f(g(x))=f(\lim_{x\to a} g(x))=f(b)$$

특히, 함수 $g(x)$가 $x=a$에서 연속이고 함수 $f(u)$가 $u=g(a)$에서 연속이면, 합성함수 $(f\circ g)(x)=f(g(x))$는 $x=a$에서 연속이다.

예 4 함수 $g(x)=x^2+5$ 는 모든 점 x 에서 연속이고, 또한 제곱근函數 $f(u)=\sqrt{u}$ 는 모든 $u \geq 0$ 에서 연속이다. 따라서 합성함수

$$(f \circ g)(x)=f(g(x))=f(x^2+5)=\sqrt{x^2+5}$$

는 모든 점 x 에서 연속이다.

練習問題 6.1

[1] 함수 $f(x)=\dfrac{3x+5}{x+2}$ 에 대하여 다음 각 경우의 $\lim_{x \to a} f(x)$를 구하여라.

(a) $a=0$ (b) $a=5$ (c) $a=-1$

[2] 다음의 극한값을 구하여라.

(a) $\lim_{x \to 7} \dfrac{x-3}{x^2-3}$ (b) $\lim_{h \to 0} \dfrac{2h}{h}$

(c) $\lim_{\Delta x \to 0} \dfrac{(4+\Delta x)^2-4^2}{\Delta x}$ (d) $\lim_{t \to 0} (2t+3)(t^2-3)$

[3] $f(x)=\dfrac{x^2-x-12}{x-4}$ 일 때,

(a) $x=4$ 에서의 극한값을 구하여라.

(b) 이 함수는 $x=4$ 에서 연속인가? 그 이유를 말하여라.

[4] $f(v)=\dfrac{v+2}{v^2+2}$ 일 때,

(a) $\lim_{v \to a} f(v)$를 구하여라.

(b) $f(v)$는 $v=a$ 에서 연속인가?

[5] 다음과 같이 정의된 함수는 어떤 점에서 불연속인가?

(a) $f(x)=\dfrac{x^2-4}{x-2}$ (b) $f(x)=|x|$

(c) $f(x)=\sqrt{x+11}$ (d) $f(x)=\dfrac{1}{x}$

6. 2 微分係數와 導函數

1. 微分可能性

변수 x가 한 값 a에서 $a+h$까지 변했을 때, 이 h를 $x=a$에서의 x의 **增分**(increment)이라 한다. 일반적으로 x의 증분은 양일 수도 음일 수도 있으며, 이를 Δx로 나타낸다.

함수 $y=f(x)$에서 x의 값이 a에서 $a+\Delta x$까지 변할 때, y의 값은 $f(a)$에서 $f(a+\Delta x)$까지 변한다. 이 때, $f(a+\Delta x)-f(a)$를 $f(x)$ 또는 y의 **增分**이라 하고, 이를

$$\Delta f \quad \text{또는} \quad \Delta y$$

로 나타낸다. 즉,

$$\Delta f=\Delta y=f(a+\Delta x)-f(a) \tag{6.2.1}$$

또, Δf를 Δx로 나눈 몫

$$\frac{\Delta f}{\Delta x}=\frac{\Delta y}{\Delta x}=\frac{f(a+\Delta x)-f(a)}{\Delta x} \tag{6.2.2}$$

를 x가 a에서 $a+\Delta x$로 변할 때의 $f(x)$ 또는 y의 **平均變化率**이라 한다.

식 (6.2.2)에서 Δx가 0에 접근할 때의 극한값, 즉

$$\lim_{\Delta x\to 0}\frac{\Delta f}{\Delta x}=\lim_{\Delta x\to 0}\frac{\Delta y}{\Delta x}=\lim_{\Delta x\to 0}\frac{f(a+\Delta x)-f(a)}{\Delta x} \tag{6.2.3}$$

이 존재하면, 이 값을 $x=a$에서의 **瞬間變化率**이라 하고, $f'(a)$로 나타낸다. 즉,

$$f'(a)=\lim_{\Delta x\to 0}\frac{f(a+\Delta x)-f(a)}{\Delta x}$$

이 $f'(a)$를 $x=a$에서의 함수 $f(x)$의 **微分係數**(differential coefficient) 또는 **微分몫**이라고도 한다.

또, $f'(a)$가 존재할 때, $f(x)$는 $x=a$에서 **微分可能하다**(differentiable)고 한다. 그리고 함수 $f(x)$가 어떤 구간의 모든 점에서 미분가능한 경우에, $f(x)$는 그 구간에서 **미분가능한 함수**라 한다.

예 1 $y=f(x)=3x^2-4$, $a=1$ 일 때,

$$\frac{\Delta f}{\Delta x}=\frac{\Delta y}{\Delta x}=\frac{f(1+\Delta x)-f(1)}{\Delta x}$$

$$=\frac{3(1+\Delta x)^2-4-(3-4)}{\Delta x}$$

$$=\frac{6\Delta x+3(\Delta x)^2}{\Delta x}=6+3\Delta x$$

$$\lim_{\Delta x\to 0}\frac{\Delta f}{\Delta x}=\lim_{\Delta x\to 0}\frac{\Delta y}{\Delta x}=\lim_{\Delta x\to 0}(6+3\Delta x)=6$$

따라서 함수 $f(x)$는 $x=1$ 에서 미분가능하고, $f'(1)=6$ 이다.

[定理 6.2.1]

함수 $f(x)$가 $x=a$ 에서 미분가능하면, $f(x)$는 $x=a$ 에서 연속이다.

위의 정리를 증명하여 보자, 먼저 등식

$$f(a+\Delta x)=\frac{f(a+\Delta x)-f(a)}{\Delta x}\cdot\Delta x+f(a)$$

에서 $\Delta x\to 0$ 일 때의 극한값을 구하면, 가정에 의하여 $f'(a)$가 존재하므로

$$\lim_{\Delta x\to 0}f(a+\Delta x)=f'(a)\cdot 0+f(a)=f(a)$$

따라서 $\lim_{x\to a}f(x)=f(a)$ 이므로 $f(x)$는 $x=a$ 에서 연속이다.

[그림 6-3]

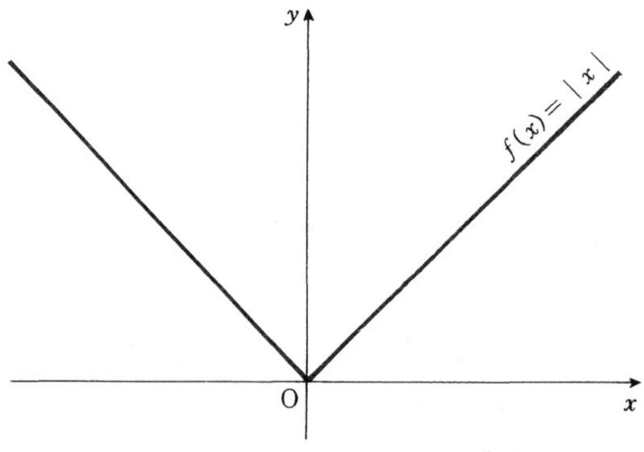

그러나 함수 $f(x)$가 $x=a$에서 연속이라 하더라도 미분가능하지 않을 수 있음에 주의해야 한다. 예를 들어, $f(x)=|x|$는 $x=0$에서 연속이지만, $f'(0)$는 존재하지 않는다([그림 6-3] 참조).

2. 導函數

함수 $f(x)$가 어떤 구간에서 미분가능한 경우, 이 구간의 각 점 x에 그 점에서의 미분계수 $f'(x)$를 대응시키는 함수를 $f(x)$의 **導函數**(derivative)라 하고, 이 함수를 $f'(x)$로 나타낸다.

특히, 함수 $f(x)$가 $y=f(x)$로 주어졌을 때, 그 도함수를

$$y', \ f'(x), \ \frac{d}{dx}f(x), \ \frac{dy}{dx}$$

등과 같은 기호로 나타낸다. 다시 말하면,

$$y'=f'(x)=\frac{dy}{dx}=\lim_{\Delta x\to 0}\frac{\Delta y}{\Delta x}=\lim_{\Delta x\to 0}\frac{f(x+\Delta x)-f(x)}{\Delta x} \tag{6.2.4}$$

함수 $f(x)$의 도함수 $f'(x)$를 구하는 것을 $f(x)$를 x로 **微分한다**(differentiate)고 하고, 이 계산법을 **微分法**(differentiation)이라 한다.

도함수 $f'(x)$를 알고 있을 때, $x=a$에서의 미분계수 $f'(a)$는 $f'(x)$에 $x=a$를 대입하여 구한다. 따라서 $x=a$에서의 미분계수는 다음과 같다.

$$f'(a), \quad y'(a), \quad \left.\frac{dy}{dx}\right|_{x=a}$$

예 2 함수 $y=f(x)=3x^2-4$에서

$$\Delta y=f(x+\Delta x)-f(x)=3(x+\Delta x)^2-4-(3x^2-4)$$
$$=6x(\Delta x)+3(\Delta x)^2$$

$$\frac{\Delta y}{\Delta x}=6x+3\Delta x$$

따라서

$$\frac{dy}{dx}=f'(x)=\lim_{\Delta x\to 0}\frac{\Delta y}{\Delta x}=\lim_{\Delta x\to 0}(6x+3\Delta x)=6x$$

그러므로 $x=1$에서의 미분계수는 $f'(1)=6\cdot 1=6$이다.

예 3 $y=f(x)=\frac{1}{x}$ 일 때,

$$\Delta y=f(x+\Delta x)-f(x)=\frac{1}{x+\Delta x}-\frac{1}{x}=\frac{-\Delta x}{x(x+\Delta x)}$$

$$\frac{\Delta y}{\Delta x}=\frac{-1}{x(x+\Delta x)}$$

따라서

$$\frac{dy}{dx}=\lim_{\Delta x\to 0}\frac{\Delta y}{\Delta x}=\lim_{\Delta x\to 0}\frac{-1}{x(x+\Delta x)}=-\frac{1}{x^2}$$

특히, $f'(1)=-1$ 이다.

예 4 $y=f(x)=\sqrt{x}$ 일 때,

$$\begin{aligned}\Delta y&=f(x+\Delta x)-f(x)\\&=\sqrt{x+\Delta x}-\sqrt{x}\\&=\frac{(\sqrt{x+\Delta x}-\sqrt{x})(\sqrt{x+\Delta x}+\sqrt{x})}{\sqrt{x+\Delta x}+\sqrt{x}}\\&=\frac{\Delta x}{\sqrt{x+\Delta x}+\sqrt{x}}\end{aligned}$$

$$\frac{\Delta y}{\Delta x}=\frac{1}{\sqrt{x+\Delta x}+\sqrt{x}}$$

따라서

$$\frac{dy}{dx}=\lim_{\Delta x\to 0}\frac{\Delta y}{\Delta x}=\lim_{\Delta x\to 0}\frac{1}{\sqrt{x+\Delta x}+\sqrt{x}}=\frac{1}{2\sqrt{x}}$$

3. 微分係數와 接線의 기울기

두 점 P, Q를 곡선 $y=f(x)$ 위의 점이라 할 때, 점 P를 고정시키고 Q를 이 곡선을 따라 P에 접근시키면, 직선 PQ는 일정한 직선 PT에 접근하게 된다. 이 때, 이 직선 PT를 곡선 $y=f(x)$의 점 P에서의 **接線**(tangent)이라 부르고, P를 **接點**이라고 부른다.

이제 접선과 미분계수 사이의 관계를 알아보기로 하자.

아래의 [그림 6-4]에서, 曲線 $y=f(x)$ 위의 점 P의 x좌표를 a, 점 Q의 x좌표를 $a+\Delta x$라 하고, P를 지나 x축에 평행한 직선과 Q를 지나 y축에 평행한 직선이 서로 만나는 점을 R라 하면,

[그림 6-4]

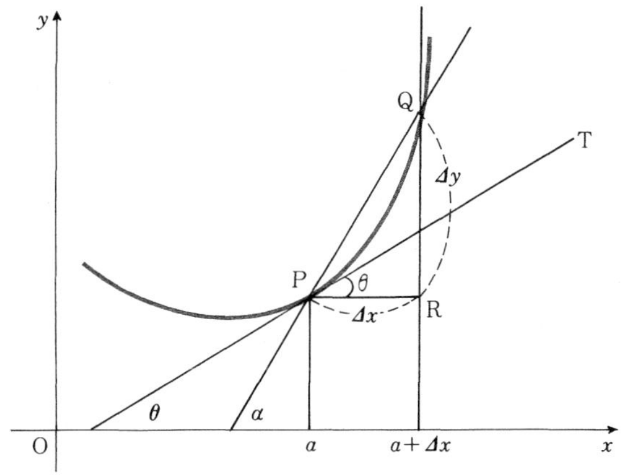

$$\frac{\overline{RQ}}{\overline{PR}} = \frac{f(a+\Delta x)-f(a)}{\Delta x} = \frac{\Delta y}{\Delta x} = \tan\alpha$$

따라서

$$f'(a) = \lim_{\Delta x \to 0} \frac{\Delta y}{\Delta x} = \lim_{\Delta x \to 0} \tan\alpha = \tan\theta \qquad (6.2.5)$$

즉, $f'(a)$는 곡선 $y=f(x)$ 위의 점 $P(a, f(a))$에서의 접선의 기울기를 나타낸다. 또 점 P에서의 접선의 방정식은 다음과 같다.

$$y-f(a) = f'(a)(x-a) \qquad (6.2.6)$$

[그림 6-5]

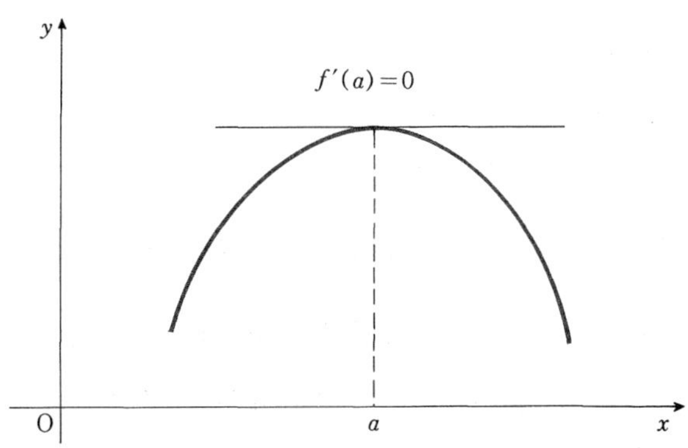

특히, $f'(a)=0$ 이면 (6.2.5)에 의하여 $\theta=0$ 이므로 P에서의 접선은 x축에 평행하다([그림 6-5] 참조).

곡선의 각 점에서의 접선의 기울기를 흔히 그 점에서의 곡선의 기울기(slope of a curve)라 부른다.

예 5 $y=f(x)=x^2$ 의 도함수는 $f'(x)=2x$ 이다. 따라서
점 P$(-3, 9)$에서의 접선의 방정식은 $y-9=-6(x+3)$ 이다.
점 P$(0, 0)$에서의 접선의 방정식은 $y=0$ 이다.
점 P$(3, 9)$에서의 접선의 방정식은 $y-9=6(x-3)$ 이다.

[그림 6-6]

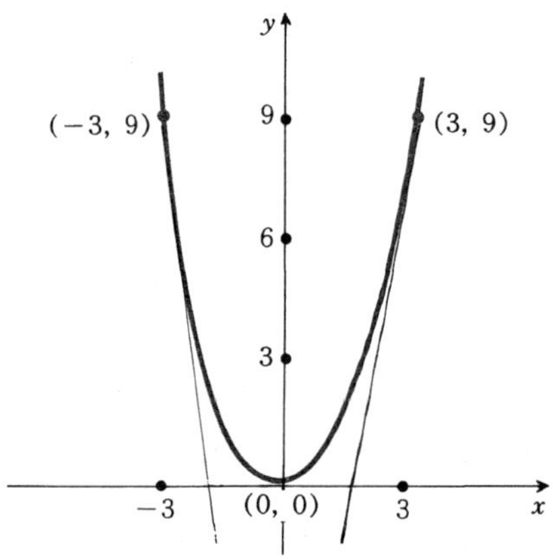

練習問題 6.2

[1] $y=f(x)=3x^2+7$ 일 때,

(a) 도함수 $f'(x)$를 구하여라.

(b) $f'(3)$과 $f'(4)$를 구하여라.

[2] $f(t)=\dfrac{1}{t}$ 일 때, $t=1$ 에서의 순간변화율을 구하여라.

[3] $y=x^2$ 에서 x가 a에서 b까지 변할 때의 평균변화율을 구하여라.

[4] $y=x^2+x+3$ 일 때, $x=2$ 에서의 미분계수를 구하여라.

[5] 곡선 $y=x^2$ 위의 한 점 P$(1, 1)$에서의 접선의 방정식을 구하여라.

6.3 微分法

1. 微分公式

다항함수의 도함수를 구할 때에는 다음 定理를 이용한다.

[定理 6.3.1]

(1) 상수함수 $y=f(x)=c$ 의 도함수는 0 이다. 즉,

$$\frac{dy}{dx}=0, \text{ 또는 } \frac{dc}{dx}=0, \text{ 또는 } f'(x)=0$$

(2) 함수 $y=f(x)=x^n$ 의 도함수는 $f'(x)=nx^{n-1}$ 이다. 즉,

$$\frac{dx^n}{dx}=nx^{n-1}, \text{ 또는 } f'(x)=nx^{n-1}$$

공식

$$\frac{dx^n}{dx}=nx^{n-1}$$

은 n이 자연수인 경우뿐만 아니라 어떠한 실수인 경우에도 항상 성립한다 (제 6 장 2 절의 예 3, 예 4 및 제11장 4 절의 예 3 참조).

여기서는 n이 자연수의 경우에 대해서만 증명하기로 한다. 먼저, 인수분해의 공식

$$a^n-b^n=(a-b)(a^{n-1}+a^{n-2}b+\cdots+ab^{n-2}+b^{n-1})$$

을 이용하면, $f(x)=x^n$ 일 때

$$\begin{aligned}\Delta y&=f(x+\Delta x)-f(x)=(x+\Delta x)^n-x^n\\&=\Delta x\{(x+\Delta x)^{n-1}+(x+\Delta x)^{n-2}x+\cdots+(x+\Delta x)x^{n-2}+x^{n-1}\}\end{aligned}$$

따라서

$$\begin{aligned}f'(x)&=\lim_{\Delta x\to 0}\frac{\Delta y}{\Delta x}\\&=\lim_{\Delta x\to 0}(x+\Delta x)^{n-1}+\lim_{\Delta x\to 0}(x+\Delta x)^{n-2}x+\cdots+\lim_{\Delta x\to 0}x^{n-1}\\&=x^{n-1}+x^{n-2}x+\cdots+x^{n-1}\ (n\text{ 개의 항})\\&=nx^{n-1}\end{aligned}$$

예 1 (1) $y=x^3$ 일 때, $y'=\dfrac{dy}{dx}=3x^{3-1}=3x^2$

(2) $\dfrac{d}{dx}\left(\dfrac{1}{x^3}\right)=\dfrac{d}{dx}(x^{-3})=-3x^{-4}=-\dfrac{3}{x^4}$

(3) $\dfrac{d}{dx}\sqrt{x}=\dfrac{d}{dx}x^{1/2}=\dfrac{1}{2}x^{-1/2}=\dfrac{1}{2\sqrt{x}}$

(4) $\dfrac{d}{dx}(x\sqrt{x})=\dfrac{d}{dx}x^{3/2}=\dfrac{3}{2}x^{1/2}=\dfrac{3}{2}\sqrt{x}$

도함수의 정의와 극한의 기본성질([定理 6.1.1])을 이용하면 다음 정리를 증명할 수 있다.

[定理 6.3.2] 微分公式

(1) $\dfrac{d}{dx}(cf(x))=c\dfrac{df(x)}{dx}=cf'(x)$

(2) $\dfrac{d}{dx}(f(x)\pm g(x))=\dfrac{df(x)}{dx}\pm\dfrac{dg(x)}{dx}=f'(x)\pm g'(x)$

(3) $\dfrac{d}{dx}(f(x)g(x))=g(x)\dfrac{df(x)}{dx}+f(x)\dfrac{dg(x)}{dx}$

$=f'(x)g(x)+f(x)g'(x)$

(4) $\dfrac{d}{dx}\left(\dfrac{f(x)}{g(x)}\right)=\dfrac{f'(x)g(x)-f(x)g'(x)}{[g(x)]^2}\qquad (g(x)\neq 0)$

예 2 다항함수 $f(x)=a_0x^n+a_1x^{n-1}+\cdots+a_{n-1}x+a_n$ 을 x로 미분하면,

$$f'(x)=na_0x^{n-1}+(n-1)a_1x^{n-2}+\cdots+a_{n-1}$$

$y=2x^3+13x^2-x+4$ 이면, $y'=6x^2+26x-1$

$y=ax^2+bx+c$ 이면, $\dfrac{dy}{dx}=y'=2ax+b$

예 3 $y=(2x+3)(3x^2)$ 일 때,

$$\frac{dy}{dx}=(2x+3)(6x)+(3x^2)(2)=18x^2+18x$$

예 4 $y=\dfrac{3x^2}{1+2x}$ 일 때,

$$y'=\frac{dy}{dx}=\frac{6x(1+2x)-3x^2(2)}{(1+2x)^2}=\frac{6x(1+x)}{(1+2x)^2}$$

예 5 (1) $\frac{d}{dx}\left(\frac{2x-3}{x+1}\right)=\frac{2(x+1)-(2x-3)(1)}{(x+1)^2}=\frac{5}{(x+1)^2}$

(2) $\frac{d}{dx}\left(\frac{5x}{x^2+1}\right)=\frac{5(x^2+1)-5x(2x)}{(x^2+1)^2}=\frac{5(1-x^2)}{(x^2+1)^2}$

(3) $\frac{d}{dx}\left(\frac{ax^2+b}{cx}\right)=\frac{2ax(cx)-(ax^2+b)(c)}{(cx)^2}=\frac{ax^2-b}{cx^2}$

[定理 6.3.2]의 (3)을 이용하여 다음과 같은 定理를 얻는다.

[定理 6.3.3]

$$\frac{d}{dx}[f(x)g(x)h(x)]=f'(x)g(x)h(x)+f(x)g'(x)h(x)+f(x)g(x)h'(x)$$

같은 방법으로, n개의 함수의 곱에 대하여 생각하면 위와 비슷한 공식을 얻을 수 있다.

예 6 $y=x(x^2-1)(x^3-x^2+1)$일 때,

$$\frac{dy}{dx}=(x^2-1)(x^3-x^2+1)+x(2x)(x^3-x^2+1)+x(x^2-1)(3x^2-2x)$$

---

2. 合成函數의 微分法

두 함수 $f(x)$, $g(x)$의 합성함수 $(f\circ g)(x)$의 微分法을 생각해 보자.

[定理 6.3.4] 連鎖法則(chain rule)

두 함수 f와 g가 $y=f(u)$, $u=g(x)$로 정의되고 이 두 함수가 모두 미분가능할 때, 합성함수

$$y=(f\circ g)(x)=f(g(x))$$

는 미분가능하고, 그 도함수는 다음과 같다.

$$\frac{df(g(x))}{dx}=\frac{df(u)}{du}\frac{dg(x)}{dx}$$

즉,

$$\frac{dy}{dx}=\frac{dy}{du}\frac{du}{dx} \quad \text{또는} \quad \frac{dy}{dx}=f'(u)g'(x)$$

이 법칙은 다음과 같이 직관적으로 설명할 수 있다. 변수 x의 증분 Δx에 대하여 $u=g(x)$의 증분 Δu가 결정되고, 또 증분 Δu에 대하여 $y=f(u)$의 증분 Δy가 결정된다. 한편

$$\frac{\Delta y}{\Delta x}=\frac{\Delta y}{\Delta u}\frac{\Delta u}{\Delta x}$$

이므로, $\Delta x \to 0$일 때의 극한값을 생각하여 정리를 얻는다.

예 7 $y=f(u)=\dfrac{u}{u+1}$, $u=g(x)=3x^2$일 때,

$$y=\frac{3x^2}{3x^2+1}$$

한편,

$$\frac{dy}{du}=\frac{1}{(u+1)^2}, \qquad \frac{du}{dx}=6x$$

따라서 연쇄법칙에 의하여,

$$\frac{dy}{dx}=\frac{1}{(u+1)^2}6x=\frac{6x}{(3x^2+1)^2}$$

[定理 6.3.1]에 의하여

$$y=f(u)=u^n \text{ 이면} \qquad \frac{dy}{du}=nu^{n-1}$$

이므로 연쇄법칙에 의하여 다음 定理를 얻는다.

[定理 6.3.5]

$$\frac{d}{dx}u^n=nu^{n-1}\frac{du}{dx}$$

$$\frac{d}{dx}[g(x)]^n=n[g(x)]^{n-1}g'(x)$$

예 8 $y=(x^3+3x^2-2)^{17}$일 때,

$$\frac{dy}{dx}=17(x^3+3x^2-2)^{16}(3x^2+6x)$$

예 9 $y=(1+x^2)^{\frac{1}{3}}$ 일 때,

$$\frac{dy}{dx}=\frac{1}{3}(1+x^2)^{-\frac{2}{3}}\frac{d}{dx}(1+x^2)$$
$$=\frac{1}{3}(1+x^2)^{-\frac{2}{3}}(2x)=\frac{2}{3}x(1+x^2)^{-\frac{2}{3}}$$

예 10 $y=\left(\frac{x-1}{x+1}\right)^2$ 일 때, $u=\frac{x-1}{x+1}$ 이라 놓으면 $y=u^2$ 이므로,

$$\frac{dy}{dx}=2u\frac{du}{dx}=2\frac{x-1}{x+1}\ \frac{d}{dx}\left(\frac{x-1}{x+1}\right)$$

한편, 미분공식([定理 6.3.2]의 (4))에 의하여

$$\frac{d}{dx}\left(\frac{x-1}{x+1}\right)=\frac{(x+1)\frac{d}{dx}(x-1)-(x-1)\frac{d}{dx}(x+1)}{(x+1)^2}$$

$$=\frac{(x+1)-(x-1)}{(x+1)^2}=\frac{2}{(x+1)^2}$$

따라서

$$\frac{dy}{dx}=\frac{4(x-1)}{(x+1)^3}$$

練習問題 6.3

[1] 다음을 구하여라.

(a) $\frac{d}{dx}(-x^{-4})$ (b) $\frac{d}{dx}2x^{1/3}$

(c) $\frac{d}{dw}9w^4$ (d) $\frac{d}{dv}v^5$

[2] 다음을 미분하여라.

(a) $f(x)=(9x^2-2)(3x+1)$ (b) $f(x)=(3x+11)(6x^2-x)$

(c) $f(x)=x^2(4x+6)$ (d) $f(x)=(ax+b)(cx^2)$

(e) $f(x)=(2-3x)(1+x)(x+2)$ (f) $f(x)=(x^2+3)x^{-1}$

[3] 다음을 미분하여라.

(a) $y=\frac{(x^2+3)}{x}$ (b) $y=\frac{(x+7)}{x}$

(c) $y=\frac{4x}{(x+5)}$ (d) $y=\frac{(ax+b)}{(cx+d)}$

[4] 다음을 미분하여라.

(a) $y=(3x^2-7)^3$ (b) $y=(8x^3-5)^6$

(c) $y=(ax+b)^4$ (d) $y=(16x+3)^{-2}$

[5] 다음 함수의 도함수를 구하여라.

(a) $y=(x-1)^3(x+1)^5$ (b) $y=x(x+1)(x+2)$

(c) $y=\left(1+\frac{1}{x}\right)^{-2}$ (d) $y=\frac{(x+2)^3}{2x+1}$

6.4 高階導函數

함수 $f(x)$가 미분가능하면, 그 도함수 $f'(x)$도 또한 함수이다. 이 도함수 $f'(x)$가 미분가능할 때, $f'(x)$의 도함수를 $f(x)$의 **第二階導函數**(second derivative)라 하고 $f''(x)$로 나타낸다. 다시 $f''(x)$가 미분가능할 때, $f''(x)$의 도함수를 $f(x)$의 **第三階導函數**(third derivative)라 하고, 이를 $f'''(x)$로 나타낸다.

이와 같이 순차적으로 第四階導函數, …, 第n階導函數(n-th derivative)를 생각할 수 있으며, 이를 각각

$$f^{(4)}(x),\ \cdots,\ f^{(n)}(x)$$

로 나타낸다. 그리고 第二階導函數 이상의 도함수를 통틀어 **高階導函數**라 하고, 고계도함수에 대하여 $f'(x)$를 $f(x)$의 **第一階導函數**라 한다.

함수가 $y=f(x)$로 주어졌을 때 이 함수의 고계도함수를 각각

$$\frac{d^2f(x)}{dx^2},\quad \frac{d^3f(x)}{dx^3},\quad \frac{d^4f(x)}{dx^4},\ \cdots,\ \frac{d^nf(x)}{dx^n}$$

또는

$$y'',\quad y''',\quad y^{(4)},\quad \cdots,\quad y^{(n)}$$

또는

$$\frac{d^2y}{dx^2},\ \frac{d^3y}{dx^3},\ \frac{d^4y}{dx^4},\ \cdots,\ \frac{d^ny}{dx^n}$$

등으로 나타낸다.

특히, $x=a$ 일 때의 제 n 계 도함수의 값을 $x=a$ 에서의 **第 n 階微分係數**라 하고,

$$f^{(n)}(a),\ y^{(n)}(a),\quad \left.\frac{d^ny}{dx^n}\right|_{x=a}$$

와 같이 나타낸다.

예 1 $f(x)=x^2-5x+2$ 일 때,

$$f'(x)=2x-5$$
$$f''(x)=2$$
$$f'''(x)=0$$
$$f^{(4)}(x)=f^{(5)}(x)=\cdots=0$$

예 2 $f(x)=4x^4-x^3+17x^2+3x-1$ 일 때,

$$f'(x)=16x^3-3x^2+34x+3$$
$$f''(x)=48x^2-6x+34$$
$$f'''(x)=96x-6$$
$$f^{(4)}(x)=96$$
$$f^{(5)}(x)=f^{(6)}(x)=\cdots=0$$

또, $x=2$ 일 때 $f'''(x)$, $f^{(4)}(x)$, $f^{(5)}(x)$ 의 값은 다음과 같다.

$$f'''(2)=96\cdot2-6=186$$
$$f^{(4)}(2)=96$$
$$f^{(5)}(2)=0$$

예 3 $y=\dfrac{x}{1+x}=x(1+x)^{-1}$ 일 때,

$$y'=\frac{dy}{dx}=\frac{1+x-x}{(1+x)^2}=\frac{1}{(1+x)^2}=(1+x)^{-2},$$

$$y''=\frac{d^2y}{dx^2}=-2(1+x)^{-3},$$

$$y'''=\frac{d^3y}{dx^3}=6(1+x)^{-4}$$

또, $x=2$ 일 때 第二階導函數의 값은 다음과 같다.

$$y''(2)=\left.\frac{d^2y}{dx^2}\right|_{x=3}=-2(3)^{-3}=\frac{-2}{27}$$

練習問題 6.4

[1] 다음 함수의 제이계 도함수를 구하여라.

(a) $f(x)=(x-1)(x+1)$ (b) $f(x)=\dfrac{2x}{1-x}$

(c) $g(x)=4x^4-3x-18$ (d) $g(x)=x^5(1+x)^6$

[2] 다음 함수의 제삼계 도함수를 구하여라.

(a) $y=x^3-2x^2-3x+5$ (b) $y=ax^2+bx+c$

(c) $y=x+\dfrac{1}{x}$ (d) $y=\dfrac{1}{1+x^2}$

6.5 逆函數와 逆函數의 微分法

함수 $f: A \longrightarrow B$가 1 對 1 對應일 때, B의 각 원소 y에 대하여 $f(x)=y$인 A의 원소 x가 단 하나 존재한다. 따라서 이 경우 각 원소 $y \in B$에 $f(x)=y$인 $x \in A$를 대응시켜 주는 대응규칙은 B에서 A 위로의 1 대 1 대응이다. 이와 같이 정의한 함수를 $f: A \longrightarrow B$의 **逆函數**(inverse function)라 하고, 이를 f^{-1}로 나타낸다. 즉, 함수 $f: A \longrightarrow B$가 1 대 1 대응일 때, f의 역함수 $f^{-1}: B \longrightarrow A$는 對應規則

$$x=f^{-1}(y) \iff y=f(x) \tag{6.5.1}$$

에 의하여 정의된 함수이다([그림 6-7] 참조).

[그림 6-7]

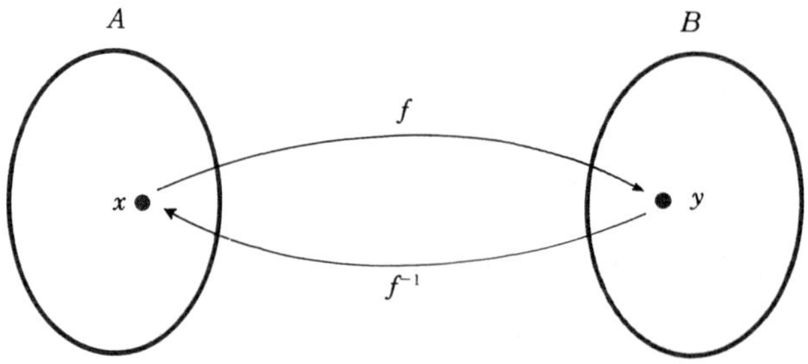

[定理 6.5.1]

함수 $f: A \longrightarrow B$ 의 역함수 $f^{-1}: B \longrightarrow A$ 가 존재할 때,

$$(f^{-1} \circ f)(x) = f^{-1}(f(x)) = f^{-1}(y) = x, \ x \in A$$

$$(f \circ f^{-1})(y) = f(f^{-1}(y)) = f(x) = y, \ y \in B$$

즉,

$$f^{-1} \circ f = 1_A, \qquad f \circ f^{-1} = 1_B$$

이제, 역함수 f^{-1} 의 독립변수를 x 로 나타내고 종속변수를 y 로 나타내기 위하여, (6.5.1)의 x, y 를 서로 바꾸어 놓으면 다음과 같이 된다.

함수 $f: A \longrightarrow B$ 가 1 對 1對應일 때, f 의 역함수 $f^{-1}: B \longrightarrow A$ 는 다음과 같은 對應規則에 의하여 정의된다.

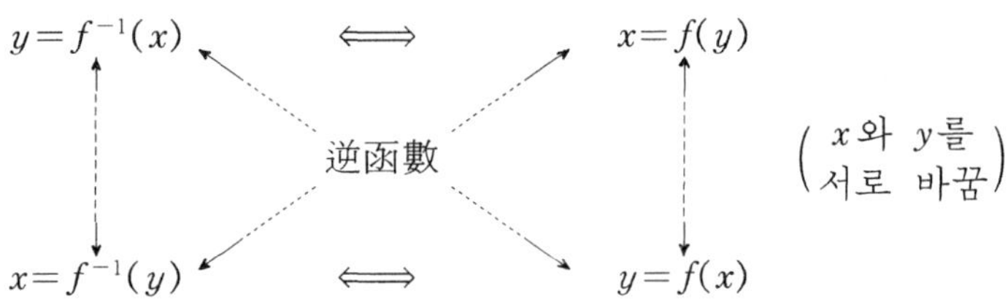

[그림 6-8]에서, 점 P(a, b)와 점 Q(b, a)는 직선 $y=x$에 관하여 대칭이다. 따라서 방정식 $y=f(x)$를 만족시키는 점 (x, y)와 방정식 $x=f(y)$를 만족시키는 점 (y, x)는 직선 $y=x$에 관하여 서로 대칭이다. 즉, 방정식

[그림 6-8]

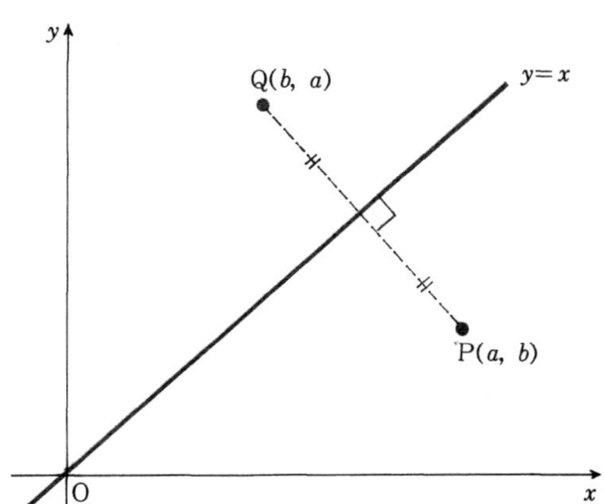

[그림 6-9]

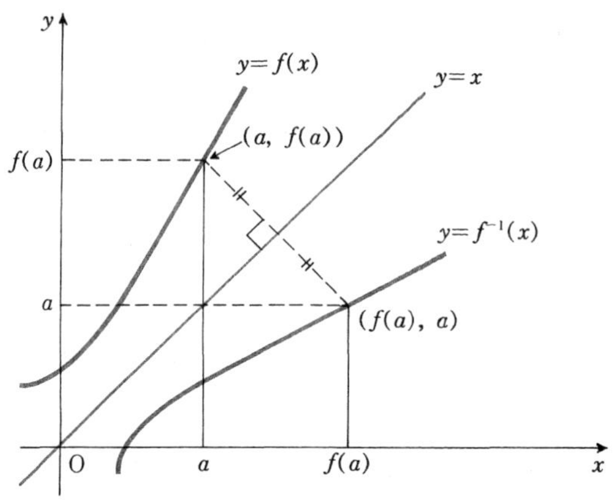

$x=f(y)$의 그래프와 방정식 $y=f(x)$의 그래프는 직선 $y=x$에 관하여 대칭이다. 따라서 $y=f(x)$의 그래프와 그 역함수 $y=f^{-1}(x)$의 그래프는 직선 $y=x$에 관하여 대칭이다([그림 6-9] 참조).

예 1 함수

$$f : \mathbf{R} \longrightarrow \mathbf{R}, \quad y=f(x)=2x+1$$

은 1 대 1대응이다. 이 함수의 역함수 $f^{-1} : \mathbf{R} \longrightarrow \mathbf{R}$는 대응규칙

$$y=f^{-1}(x) \iff x=f(y), \quad y \in \mathbf{R}$$

에 의하여 정의된다. 한편,

$$x=f(y)=2y+1 \iff y=\frac{1}{2}(x-1)=\frac{1}{2}x-\frac{1}{2}$$

따라서 역함수 $f^{-1} : \mathbf{R} \longrightarrow \mathbf{R}$는 다음과 같이 정의된다.

$$y=f^{-1}(x)=\frac{1}{2}x-\frac{1}{2}$$

함수 $f : A \longrightarrow B$에서,

$$x_1 < x_2 \Longrightarrow f(x_1) < f(x_2)$$

가 성립할 때, f를 **增加函數**(increasing function)라 한다. 반대로

$$x_1 < x_2 \Longrightarrow f(x_1) > f(x_2)$$

가 성립할 때, f를 **減少函數**(decreasing function)라 한다.

[그림 6-10]

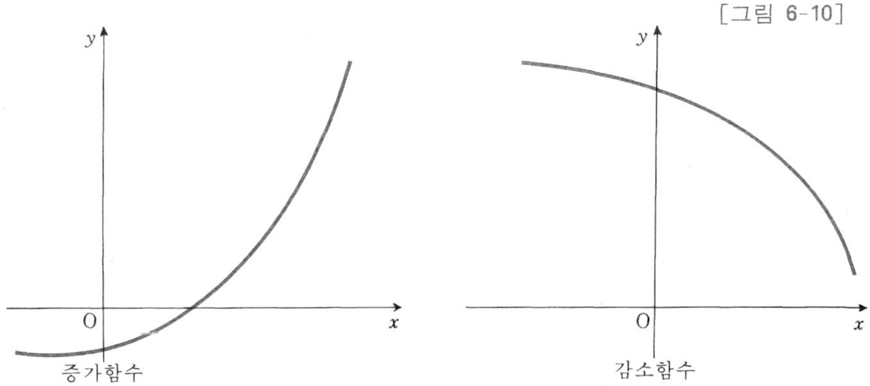

정의역과 치역이 각각 A, B인 함수 $f: A \longrightarrow B$가 증가함수이거나 감소함수이면, 이 함수는 1對1對應이고 따라서 이 함수의 역함수 f^{-1}: $B \longrightarrow A$가 존재한다.

예 2 $A=[0, \infty)$라 할 때, 함수

$$f: A \longrightarrow A, \quad f(x)=x^2, \ x \in A$$

는 A에서 A 위로의 증가함수이고, 따라서 1대1대응이다. 한편,

$$y=f^{-1}(x) \iff x=f(y), \quad y \in A$$

$$x=f(y)=y^2, \ y \geq 0 \iff y=\pm\sqrt{x}, \ y \geq 0 \iff y=\sqrt{x}$$

따라서 역함수 $f^{-1}: A \longrightarrow A$는 $y=\sqrt{x}$와 같이 정의된다([그림 6-11] 참조).

[그림 6-11]

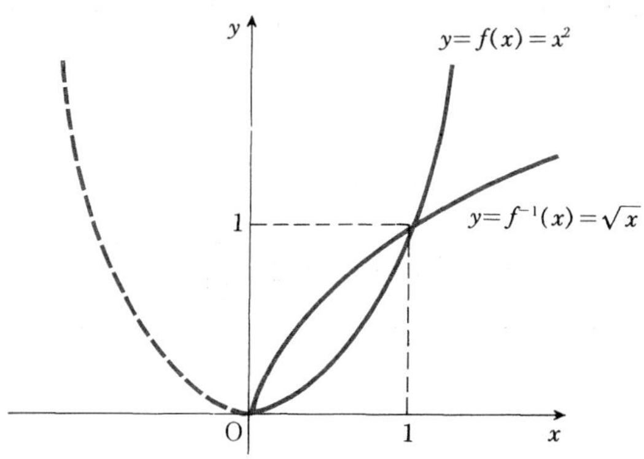

함수 f가 구간 $[a, b]$에서 연속인 증가함수(또는 감소함수)이면, f의 역함수 f^{-1}는 존재하고 f^{-1}는 구간 $[f(a), f(b)]$에서(또는 $[f(b), f(a)]$에서) 연속이다. 더욱이 다음 定理가 성립한다.

[定理 6.5.2]

함수 f가 구간 $[a, b]$에서 연속이고 또 증가(감소)한다고 하자. 그리고 함수 f가 한 점 $x \in (a, b)$에서 미분가능하고 $f'(x) \neq 0$이라 할 때, $x = f^{-1}(y)$, 즉 $y = f(x)$라 하면,

$$f^{-1}(y) = \frac{df^{-1}(y)}{dy} = \frac{1}{\dfrac{df(x)}{dx}} = \frac{1}{f'(x)}$$

즉,

$$\frac{dx}{dy} = \frac{1}{\dfrac{dy}{dx}}$$

예 3 함수 $y = f(x) = x^5$의 역함수를 $x = g(y)$라고 할 때, $y = 32$에서의 $g'(y)$값을 구해 보자.

함수 $y = f(x)$는 증가함수이며 $f'(x) = 5x^4$이다.

한편,

$$y = 32 \iff 32 = x^5 \iff x = 2,$$

$$f'(2) = 5 \cdot 2^4 = 80$$

이므로

$$g'(32) = \frac{1}{f'(2)} = \frac{1}{80}$$

실제로 역함수를 구하여 미분하면, 다음 결과를 얻는다.

$$x = g(y) = y^{\frac{1}{5}},$$

$$\frac{dx}{dy} = g'(y) = \frac{1}{5} y^{-\frac{4}{5}}$$

$$g'(32) = \frac{1}{5}(32)^{-\frac{4}{5}} = \frac{1}{5} \cdot \frac{1}{2^4} = \frac{1}{20}$$

練習問題 6.5

[1] 다음 함수의 정의역과 치역을 구하여라.
또, 이 함수의 역함수를 구하여라.

(a) $y=f(x)=-x+4$

(b) $y=f(x)=3x-5$

[2] 다음 함수의 정의역과 치역을 구하여라.
또, 이 함수의 역함수를 구하여라.

(a) $y=f(x)=\sqrt{x+2}$

(b) $y=f(x)=\sqrt{x}$

[3] 다음 함수의 정의역과 치역을 구하여라.
또, 이 함수의 역함수를 구하여라.

(a) $y=f(x)=(x-2)^2,\ x\geq 2$

(b) $y=x^3,\quad x\geq 0$

(c) $y=x^4,\quad x\geq 0$

6.6 需要函數와 價格彈力度

1. 需要函數

소비자의 한 재화에 대한 **需要函數**(demand function)는 일반적으로 그 재화의 가격, 다른 재화들의 가격, 소비자의 소득, 그리고 소비자의 선호와 취미 등의 함수로 나타난다. 그러나 흔히 다른 재화들의 가격, 소비자의 소득, 그리고 소비자의 선호와 취미 등이 일정하다고 보면, 수요함수는 다음과 같은 一變數函數로 나타낼 수 있다.

$$q=f(p) \tag{6.6.1}$$

위에서,

$q=$어느 재화의 수요량
$p=$그 재화의 가격

식 (6.6.1)은 한 재화의 수요에 영향을 주는 다른 요소들이 모두 일정하다면(ceteris paribus), 어느 재화에 대한 소비자의 수요량은 그 재화의 가격만의 함수라는 것을 나타내 주고 있다. 일반적으로, 소비자들은 어느 재화의 가격이 오르면 그 재화를 덜 사게 되고, 반대로 가격이 내리면 그 재화를 더 사게 되는데, 이를 **需要의 法則**(law of demand)이라고 부른다. 수요의 법칙을 수요함수의 도함수를 써서 표시하면 다음과 같다.

$$\lim_{\Delta p \to 0} \frac{f(p+\Delta p)-f(p)}{\Delta p} = \frac{dq}{dp} = f'(p) < 0$$

수요함수를 도표로 그릴 때, 경제학에서는 전통적으로 좌표평면의 종축에 가격을, 그리고 횡축에 수요량을 나타내고 있다. 그러므로 수요함수 $q=f(p)$가 단조감소함수이면,

$$p=g(q) \tag{6.6.2}$$

와 같이 역함수를 이용하여 p를 q의 함수로 나타낼 수 있다. 따라서 수요함수 $q=f(p)$가 단조감소함수이면, 역함수의 미분법에 의하여 (6.6.2)로부터

$$g'(q) = \frac{1}{f'(p)} \tag{6.6.3}$$

을 얻는다. 이로부터 수요의 법칙에 따라 $f'(p)<0$ 이면, 또한 $g'(q)<0$ 임을 알 수 있다.

예 1 단조감소함수인 수요함수 $q=a+bp(a>0,\ b<0)$에서 p를 q로 나타내면,

$$p=-\frac{a}{b}+\frac{1}{b}q$$

가 된다. 이 두 수요함수로부터

$$\frac{dq}{dp}=b, \quad \frac{dp}{dq}=\frac{1}{b}$$

을 얻는다. 따라서 [定理 6.5.3]에서와 같이 다음 관계가 성립한다.

$$\frac{dq}{dp}=\frac{1}{\frac{dp}{dq}}$$

---

2. 需要의 價格彈力度

수요함수가 주어졌을 때, 가격변화율에 대한 수요량의 변화율의 비율을 가리켜 **需要의 價格彈力度**(price elasticity of demand)라 한다. 즉, 어느 재화의 가격변화 Δp가 주어지고 이에 따른 수요량의 변화를 Δq라 하면, 수요의 가격탄력도는 다음과 같이 정의된다.

$$\eta = \frac{\Delta q / q}{\Delta p / p} = \frac{\Delta q}{\Delta p} \frac{p}{q} \tag{6.6.4}$$

수요의 법칙에 따라 Δp와 Δq는 반대 방향으로 움직이기 때문에 η는 항상 陰의 값을 갖는다. 이 때, $|\eta|>1$ 이면 **彈力的**(elastic), $|\eta|<1$ 이면 **非彈力的**(inelastic), $|\eta|=1$ 이면 **單位彈力的**(unitary elastic)이라 한다.

수요함수가 $q=ap+b(a<0,\ b>0)$와 같이 일차함수로 나타나는 경우에는 언제나 $\Delta q/\Delta p=a$로 일정하다. 따라서 수요의 가격탄력도는

$$\eta = a\frac{p}{q} \tag{6.6.5}$$

가 된다. 이 때, 수요곡선상의 한 점$(p,\ q)$에서의 가격탄력도는 유일하게(unique) 결정되며, 또 모든 $(p,\ q)$에 대하여 각기 다른 가격탄력도가 존재하게 된다.

[그림 6-12]에서 보는 바와 같이 수요곡선 $p=-\frac{b}{a}+\frac{1}{a}q$를 이등분하는 점 A의 좌표는 $(p,\ q)=\left(-\frac{b}{2a},\ \frac{b}{2}\right)$이다. 따라서 점 A에서의 가격탄력

[그림 6-12]

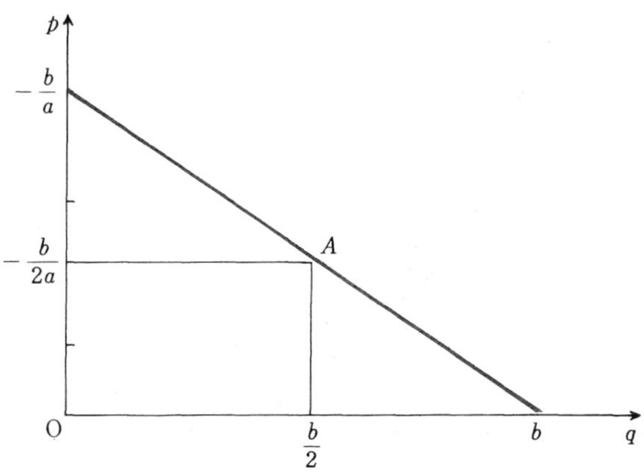

도는 식 (6.6.5)에 의하여

$$\eta = a\frac{-b/2a}{b/2} = -1$$

이므로, 수요곡선의 중간점에서는 수요의 가격탄력도가 단위탄력적임을 알 수 있다. 또 점 A의 윗부분에서는 $p > -\frac{b}{2a}$, $q < \frac{b}{2}$이므로 $|\eta| > 1$이 되고, 점 A의 아랫부분에서는 반대로 $p < -\frac{b}{2a}$, $q > \frac{b}{2}$이므로 $|\eta| < 1$이 된다.

앞에서 본 바와 같이, 수요곡선이 線型인 경우에는 수요곡선상의 모든 점에 대하여 가격탄력도가 유일하게 결정된다. 그러나 수요곡선이 非線型(nonlinear)인 경우에는 가격탄력도는 수요곡선상의 모든 점에 대하여 유일하게 결정되지 않는다. 왜냐하면, 非線型 수요곡선에 있어서는 $\frac{\Delta q}{\Delta p}$가 Δp의 크기와 방향에 따라 일정하지 않기 때문이다.

非線型 수요곡선의 대표적인 것 가운데 하나인 直角雙曲線(rectangular hyperbola)을 예로 들어 설명하여 보자. 수요함수가

$$p \cdot q = a \tag{6.6.6}$$

와 같은 모양을 갖고 있으면, 이 수요곡선은 [그림 6-13]에서 보는 바와 같은 직각쌍곡선의 모양을 갖는다. 이 때, a는 소비자가 이 재화의 구매에 지출하려고 하는 소득을 나타낸다. 예를 들어, $a=1200$이라 하고 $(p, q)=(30, 40)$을 중심으로 한 수요곡선상의 다섯 점에 대한 수요함수표를 구해보면 〈표 6-1〉과 같다.

[그림 6-13]

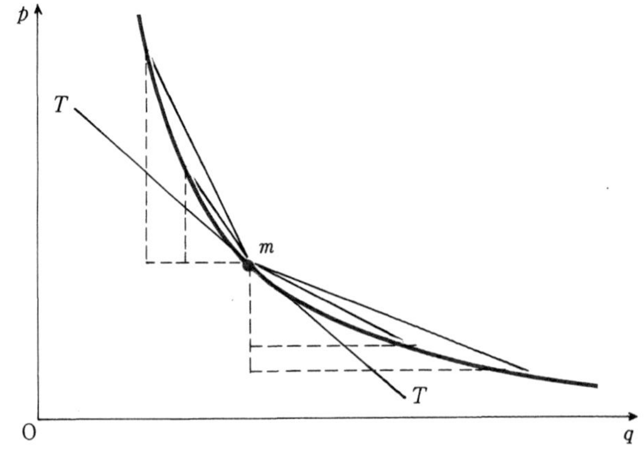

〈표 6-1〉

p	q	pq
20	60	1200
25	48	1200
30	40	1200
32	37.5	1200
50	24	1200

또 〈표 6-1〉로부터 식 (6.6.4)에서 정의한 대로 가격탄력도를 구해 보면 〈표 6-2〉를 얻는다.

〈표 6-2〉

Δp	Δq	$\frac{\Delta q}{\Delta p}$	$\frac{p}{q}$	η
−10	+20	−2.00	0.75	−1.5000
− 5	+ 8	−1.60	0.75	−1.2000
+ 2	− 2.5	−1.25	0.75	−0.9375
+20	−16	−0.80	0.75	−0.6000

〈표 6-2〉에서 보는 바와 같이 수요곡선상의 한 점 $(p, q)=(30, 40)$에서의 가격탄력도는 Δp의 크기와 방향에 따라 크게 달라지고 있다. 이는 [그림 6-12]에서 보는 바와 같이, 수요곡선이 非線型일 때에는 수요곡선상의 한 점(30, 40)에서 수요곡선상의 다른 점을 이은 직선들의 기울기 $\Delta q/\Delta p$가 모두 다르기 때문이다. 따라서 식 (6.6.4)에서 정의한 가격탄력도는 非線型 수요곡선에 대해서 적합하지 못한 것이라고 말할 수 있다.

그런데 [그림 6-12]에서 보면, 점 m에서 Δp가 점점 작아지면 작아질수록 $\Delta q/\Delta p$는 점 m에서의 수요곡선의 접선인 TT와 동일해진다는 것을 알 수 있다. 따라서 Δp가 충분히 작아지면, 점 m에서의 가격탄력도가 유일하게 결정될 수 있다. 이를 수학적으로 나타내면,

$$\eta=\lim_{\Delta p\to 0}\frac{\Delta q}{\Delta p}\frac{p}{q}=\frac{dq}{dp}\frac{p}{q} \tag{6.6.7}$$

가 된다. 위에서 dq/dp는 물론 수요함수의 도함수이다.

수요함수 $p\cdot q=a$는 $q=a\cdot p^{-1}$으로 다시 쓸 수 있고, 이 때

$$\frac{dq}{dp} = -\frac{a}{p^2}$$

가 된다. 따라서 식 (6.6.7)에 따라 가격탄력도를 구해 보면 다음과 같다.

$$\eta = \frac{dq}{dp}\frac{p}{q} = -\frac{a}{p^2}\frac{p}{ap^{-1}} = -1$$

이로부터 직각쌍곡선인 수요곡선의 가격탄력도는 수요곡선 위의 모든 점에 있어서 단위탄력적임을 알 수 있다.

흔히 식 (6.6.4)와 같이 정의되는 가격탄력도를 **弧彈力度**(arc elasticity)라 하고, 식 (6.6.7)과 같이 정의되는 가격탄력도를 **點彈力度**(point elasticity)라고 부른다. 수요곡선이 선형인 경우에 이 두 탄력도는 동일하다.

예 2 수요함수가 $q = ap^{\beta}$일 때, 수요의 가격탄력도를 구하여 보자. 우선 q를 p에 관하여 미분하면,

$$\frac{dq}{dp} = a\beta p^{\beta-1}$$

을 얻는다. 이를 식 (6.6.7)에 대입하면,

$$\eta = a\beta p^{\beta-1}\frac{p}{q} = a\beta p^{\beta-1}\frac{p}{ap^{\beta}} = \beta$$

임을 알 수 있다. 따라서 수요함수가 $q = ap^{-4}$일 때는 수요의 가격탄력도는 항상 -4가 된다.

예 3 수요함수가 $q = 5 - 2\sqrt{p}$ 일 때, 수요의 가격탄력도는 다음과 같다.

$$\eta = \frac{dq}{dp}\frac{p}{q} = -\frac{1}{\sqrt{p}}\frac{p}{5-2\sqrt{p}} = -\frac{\sqrt{p}}{5-2\sqrt{p}}$$

따라서 $p = 0.81$ 일 때에는

$$\eta = -\frac{0.9}{5-2(0.9)} = -\frac{0.9}{3.2} \fallingdotseq -0.28$$

이고, 이 때의 q는 3.2이다. 한편, $p = 1$ 일 때에는

$$\eta = -\frac{1}{5-2} = -\frac{1}{3} \fallingdotseq -0.33$$

이고, 이 때의 q는 3이다.

앞에서 본 바와 같이 수요함수가 線型인 경우에는 수요의 가격탄력도는 수요곡선상의 점의 이동에 따라 변한다. 그러나 위의 두 예에서 보는

바와 같이 수요함수가 非線型인 경우에는 수요곡선상의 모든 점에서 수요의 가격탄력도는 일정한 경우도 있고, 그렇지 않은 경우도 있다.

練習問題 6.6

[1] 다음 수요함수의 가격탄력도를 구하여라.

(a) $q=10p^{-0.75}$ (b) $q=20+10p^{-0.25}$

(c) $q=20-2p^2$ (d) $q=20-2\sqrt{p}$

[2] 수요함수가 $q=a+p^{\alpha}$로 주어졌다고 하자.

(a) 수요의 가격탄력도를 구하여라.

(b) 이 수요함수가 수요의 법칙을 따르기 위해서 파라미터 α는 어떤 제약을 받아야 하겠는가?

[3] 다음 수요함수의 가격탄력도를 $p=3$, $q=5$일 때 각각 구하여라.

(a) $q=75-5p$ (b) $q=42-6p$

(c) $8q+2p=56$ (d) $pq=15$

[4] 수요함수가 $q=k/p^n$로 주어지고 k와 n이 상수라고 할 때, 가격탄력도를 구하여라.

6.7 生產函數와 몇 가지 限界槪念

1. 生產函數

기업이 생산과정에 투입하는 생산요소를 가리켜 **投入物**(input)이라 하고, 그 결과로서 생산된 재화나 용역을 **產出物**(output)이라 한다. 이와 같은 투입물과 산출물간에 존재하는 함수관계를 가리켜서 **生產函數**(production function)라고 부른다. 산출물을 q, 투입물을 x_1과 x_2라 할 때, 생산함수는 일반적으로 다음과 같이 쓴다.

$$q=g(x_1, x_2)$$

투입물 가운데 일정한 생산기간 동안에 고정되어 있는 투입물을 **固定**

投入物(fixed input)이라고 하고, 생산기간 동안에 변화시킬 수 있는 투입물을 **可變投入物**(variable input)이라고 한다. 예를 들어, 일정한 토지에 노동을 투입하여 쌀을 생산한다고 하면, 토지는 고정투입물, 노동은 가변투입물, 그리고 쌀은 산출물이다. 고정투입물이 존재하는 기간을 **短期**(short-run)라 부르고, 모든 투입물이 가변적인 경우를 **長期**(long-run)라고 한다. 장기의 생산이론에 대해서는 다음 장에서 다루기로 하고, 이 절에서는 가변투입물이 하나만 존재하는 단기의 생산이론을 보기로 하자.

2. 限界生產物

산출물을 q, 유일한 가변투입물인 노동을 l이라고 하면, 단기의 생산함수는

$$q = g(l)$$

이라 쓸 수 있는데, 이를 도시한 것이 [그림 6-14]에서 보는 **總生產物曲線**(total product curve)이다.

생산함수가 주어졌을 때, 산출량을 가변투입물인 노동의 고용량으로 나누면 노동의 **平均生產物**(average product) AP_l을 얻는다. 즉,

$$AP_l = \frac{q}{l} = \frac{g(l)}{l}$$

한편, 가변투입물인 노동의 **限界生產物**(marginal product) MP_l은 다음과 같이 주어진다.

[그림 6-14]

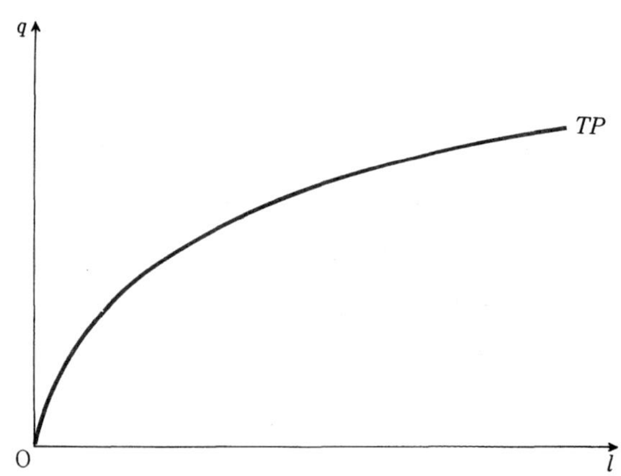

$$MP_l = \lim_{\Delta l \to 0} \frac{g(l+\Delta l) - g(l)}{\Delta l} = \frac{dq}{dl} = g'(l)$$

따라서 한계생산물은 총생산물곡선의 기울기와 같다. 가변투입물의 고용량이 증가하면 한계생산물은 궁극적으로 체감하는데, 이를 흔히 **收穫遞減의 法則**(law of diminishing returns)이라 한다. 수확체감의 법칙을 제이계 도함수를 써서 나타내면 다음과 같다.

$$\frac{d^2q}{dl^2} = g''(l) < 0$$

예 1 생산함수가 $q=4l^{3/4}$으로 주어지면, 평균생산물과 한계생산물은

$$AP = \frac{q}{l} = 4l^{-\frac{1}{4}}$$

$$MP = \frac{dq}{dl} = 3l^{-\frac{1}{4}} > 0$$

로, 항상 陽의 값을 갖는다. 한편,

$$\frac{d^2q}{dl^2} = -\frac{3}{4}l^{-\frac{5}{4}} < 0$$

이므로, 이 생산함수에는 항상 수확체감의 법칙이 작용하고 있음을 알 수 있다.

---

3. 限界費用

고정투입물이 존재하는 단기에 있어서 기업이 지출하는 비용에는 **固定費用**(fixed cost)과 **可變費用**(variable cost)이 있다. 고정비용이란 고정투입물의 고용에 지출하는 비용을 말하는데, 이는 산출물의 수준과 관계없이 일정하다. 한편, 가변비용이란 가변투입물의 고용에 지출하는 비용으로서 산출량의 수준에 따라 변화하는 비용을 말한다. 고정비용과 가변비용을 합하면 **總費用**(total cost)이 된다.

총비용을 c, 고정비용을 k, 그리고 가변비용함수를 $v=f(q)$라 하면, 기업의 총비용함수는

$$c = k + v, \qquad c = k + f(q)$$

로 나타낼 수 있다. **平均費用**(average cost) AC는 총비용을 산출량으로 나눈 것이고, **限界費用**(marginal cost) MC는 총비용을 산출량으로 미분함으로써 구해진다. 즉,

$$AC=\frac{c}{q}=\frac{k}{q}+\frac{f(q)}{q}$$

$$MC=\frac{dc}{dq}=\frac{dv}{dq}=f'(q)$$

위에서 보는 바와 같이 한계비용은 한계가변비용 dv/dq와 같고, 또 고정비용과는 아무 관계가 없다.

예 2 총비용함수가 $c=160+5q-3q^2+2q^3$으로 주어지면, 평균비용과 한계비용함수는 다음과 같다.

$$AC=\frac{c}{q}=\frac{160}{q}+5-3q+2q^2$$

$$MC=\frac{dc}{dq}=5-6q+6q^2$$

---

4. 限界生產物과 限界費用

앞에서는 산출물의 한계비용을 구하기 위하여 총비용을 산출량의 함수로 보았지만, 총비용은 기업이 투입물을 고용하기 위하여 비용을 지출하기 때문에 또한 투입물의 함수로 나타낼 수가 있다. 기업의 유일한 가변투입물이 노동이라 하면, 단기생산함수는

$$q=g(l)$$

이 된다. 생산요소시장이 완전경쟁적이라고 하면 기업이 지불해야 하는 노동의 가격인 임금은 고용량에 관계없이 일정하다. 따라서 임금을 w라 하면 기업의 총가변비용 v는 다음과 같다.

$$v=wl$$

이와 같이, 노동시장이 완전경쟁적이면 기업의 노동에 대한 한계비용은 $dv/dl=w$로 일정한데, 이를 **限界要素費用**(marginal factor cost)이라 부른다. 그러나 일반적으로 기업의 한계비용이라고 하면 산출물에 대한 한계비용 dv/dq를 가리키는데, dv/dq는 다음과 같이 연쇄법칙을 이용하여 구할

수 있다.

$$\frac{dv}{dq}=\frac{dv}{dl}\frac{dl}{dq} \tag{6.7.1}$$

한편, 생산함수 $q=g(l)$로부터

$$\frac{dq}{dl}=g'(l) \tag{6.7.2}$$

을 구할 수가 있는데, 생산함수가 단조증가함수이면

$$\frac{dl}{dq}=\frac{1}{g'(l)} \tag{6.7.3}$$

의 관계가 성립한다. 따라서 (6.7.1)에 대입하면 $dv/dl=w$ 이므로

$$\frac{dc}{dq}=\frac{dv}{dq}=\frac{w}{g'(l)} \tag{6.7.4}$$

이 된다. 여기서 $g'(l)$은 다름 아닌 노동의 한계생산물 MP_l 이므로, 한계비용 MC는 다음과 같이 나타낼 수 있다.

$$MC=\frac{w}{MP_l}$$

5. 限界收入

기업은 산출물을 생산할 때 생산요소를 고용하기 위하여 비용을 지출하지만, 산출물을 판매하게 되면 수입을 얻게 된다. 기업의 **總收入**(total revenue)을 R라 하면, R는 산출물의 가격 p와 판매량 q를 곱한 것과 같다. 즉,

$$R=p\cdot q$$

그런데 윗식의 두 변수인 가격과 판매량은 $p=f(q)$라는 함수관계에 있기 때문에

$$R=q\cdot f(q)$$

가 되어 기업의 총수입은 판매량 q만의 함수가 된다.

이제 R를 q로 나누면 **平均收入**(average revenue) AR, 그리고 R를 q에 관하여 미분하면 **限界收入**(marginal revenue) MR가 각각 다음과 같이 구해진다.

$$AR = \frac{R}{q} = \frac{q \cdot f(q)}{q} = f(q)$$

$$MR = \frac{dR}{dq} = q \cdot f'(q) + f(q) \tag{6.7.5}$$

한편, $f(q) = p$ 이므로, AR와 MR는 또

$$AR = p$$
$$MR = q \cdot f'(q) + p$$

로 쓸 수 있다. 따라서 기업의 평균수입은 산출물의 가격과 같다. 한편 수요의 법칙에 따라 $f'(q) < 0$ 이고 $q > 0$ 이므로, 한계수입은 가격보다 작다. 그러나 완전경쟁기업과 같이 기업이 직면하는 수요곡선이 수평이 되는 경우에는 $f'(q) = 0$ 이므로 $p = MR$가 된다. 다시 말하면, 완전경쟁기업의 경우에는 평균수입과 한계수입은 일치한다.

수요곡선이 직선 $p = a + bq$인 경우의 한계수입곡선은 역시 직선이고, 그 기울기는 수요곡선의 기울기의 두 배가 된다. 이를 증명해 보면 다음과 같다.

$$R = p \cdot q = q(a + bq) = aq + bq^2$$

에서 한계수입은

$$MR = \frac{dR}{dq}$$
$$= a + 2bq$$

[그림 6-15]

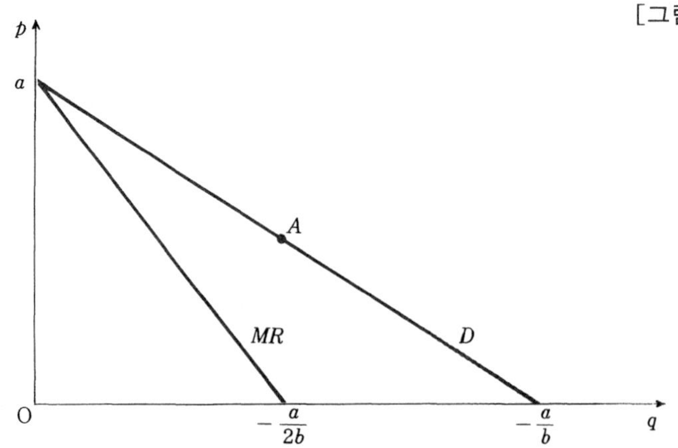

가 된다. 따라서 한계수입곡선은 수요곡선과 같이 점 a에서 출발하고, 그 기울기는 수요곡선의 기울기 b의 두 배이다. 이 관계가 [그림 6-15]에 나타나 있다.

[그림 6-15]에서 보면 수요곡선의 중간점인 점 A에서는 한계수입은 0이 되고, 점 A의 윗부분에서 한계수입은 陽이며, 점 A의 아랫부분에서의 한계수입은 陰이 된다. 그런데 앞 절에서 본 바와 같이 점 A에서의 가격탄력도는 $|\eta|=1$이고, 점 A보다 윗부분에서는 $|\eta|>1$, 그리고 점 A의 아랫부분에서는 $|\eta|<1$이었다.

이와 같이, 한계수입과 가격탄력도는 매우 밀접한 관계를 가지고 있는데, 이 관계를 정리해 보면 다음과 같다. 즉, 식 (6.7.5)에서

$$MR=q\frac{dp}{dq}+p$$

이고, 또 (6.6.7)에서

$$\eta=\frac{dq}{dp}\frac{p}{q}$$

이므로, MR와 η 사이에는 다음 관계가 성립하고 있음을 알 수 있다.

$$MR=p\left(1-\frac{1}{|\eta|}\right) \tag{6.7.6}$$

6. 限界收入生產物

앞에서는 기업의 총수입을 $R=q\cdot f(q)$와 같이 산출량의 함수로 보았다. 그러나 생산함수가 $q=g(l)$이라면 기업의 총수입은 다음과 같이 노동의 고용량 l의 함수로 나타낼 수가 있다.

$$R=g(l)\cdot f(g(l)) \tag{6.7.7}$$

위에서 $f(g(l))$은 산출물의 가격이 투입량의 함수라는 것을 보여주고 있는 합성함수이다. 즉, $f(q)$는 가격 p가 산출량 q의 함수라는 것을 나타내고, $g(l)$은 산출량 q는 생산요소의 투입량 l의 함수라는 것을 보여주고 있다. 윗식에서 R를 q로 미분하기 위해서는 두 함수의 곱의 미분법과 합성함수의 미분법을 응용하면 된다. 우선 연쇄법칙을 이용하여 $p=f(g(l))$을 l로 미분하여 보면,

$$\frac{dp}{dl}=\frac{df(g(l))}{dl}$$
$$=\frac{dp}{dq}\frac{dq}{dl}$$
$$=f'(q)g'(l) \tag{6.7.8}$$

이 된다.

다음에 두 함수의 곱의 미분공식을 이용하면,

$$\frac{dR}{dl}=g(l)\frac{d}{dl}f(g(l))+g'(l)f(g(l)) \tag{6.7.9}$$

이 된다. 식 (6.7.8)을 (6.7.9)에 대입하면,

$$\frac{dR}{dl}=g(l)f'(q)g'(l)+g'(l)f(g(l))$$
$$=g'(l)[g(l)f'(q)+f(g(l))] \tag{6.7.10}$$

이 된다. 윗식은 매우 복잡하게 보이지만 각 항의 경제학적 의미를 따져보면 매우 간단한 관계로 요약할 수 있다. 우선, $g'(l)$은 노동의 한계생산물인 MP_l이고, $g(l)=q$이며, $f'(q)=dp/dq$이고, $f(g(l))=p$이다. 따라서 이제 dR/dl를 MRP라고 하면,

$$MRP=MP_l(q\cdot f'(q)+p) \tag{6.7.11}$$

가 된다.

한편, (6.7.5)에서 본 바와 같이 (6.7.11)의 괄호 안의 항은 $dR/dq=MR$와 같으므로,

$$MRP=MP_l\cdot MR$$

따라서 MRP는 한계생산물과 한계수입의 곱과 같다는 것을 알 수 있다. 경제학에서 이 MRP를 **限界收入生産物**(marginal revenue product)이라 부르는데, 이는 생산요소를 한 단위 더 증가시킬 때 기업의 총수입이 얼마나 증가하는가를 나타내 준다.

완전경쟁기업의 경우에는 $p=MR$이므로 $MRP=MP_l\cdot p$가 된다. 이와 같은 한계생산물과 가격의 곱을 특히 **限界生産物價値**(value of marginal product)라 부르고 VMP라고 쓴다. 따라서 완전경쟁기업의 경우에는 $MRP=VMP$의 관계가 성립한다. 그러나 독점기업의 경우에는 $p>MR$이므로 $VMP>MRP$가 된다.

練習問題 6.7

[1] 총비용함수가 다음과 같이 주어졌다고 하자.

$$C=5000+1000q-500q^2+\frac{2}{3}q^3$$

(a) 한계비용함수를 구하여라.

(b) 한계비용곡선의 기울기는 어떻게 나타나겠는가?

(c) 평균비용함수를 구하여라.

(d) 어느 산출량 수준에서 한계비용과 평균비용이 일치하겠는가?

[2] 독점기업의 수요곡선이 $D=100-2p$로 주어졌다고 하자.

(a) 한계수입함수를 구하여라.

(b) 평균수입곡선과 한계수입곡선을 그려라.

[3] 단기생산함수가 다음과 같이 주어졌다고 하자.

$$q=al^3+bl^2+cl+d$$

(a) 한계생산물함수를 구하여라.

(b) 평균생산물함수를 구하여라.

[4] 독점기업의 수요함수와 생산함수가 각각 $p=a+bq$와 $q=cl+dl^2$으로 주어졌을 때, 한계수입생산물함수가 다음과 같음을 보여라.

$$\frac{dR}{dl}=ac+2(ad+bc^2)l+6bcdl^2+4bd^2l^3$$

[5] 생산함수가 $q=101+(0.1)l^2-(0.0005)l^3$이고, 임금이 $w=10$으로 일정하다고 하자. $l=100$일 때의 한계비용을 구하여라.

제 7 장

偏微分法

제 7 장 偏微分法

이 장에서는 다변수함수의 偏微分法에 대해 논하기로 한다. 一變數함수에 대해 도함수를 생각할 수 있듯이, 다변수함수에 대하여는 偏導函數를 정의할 수 있다(多變數函數에 대해서는 제2장 12절을 참조).

7.1 多變數函數의 極限과 連續性

二變數함수

$$z=f(x, y)$$

가 점 (a, b) 근방에서 정의되어 있고(단, $f(a, b)$는 정의되어 있지 않아도 좋음), 또 (x, y)가 (a, b)에 충분히 가까이 접근할 때 그 진로에 관계없이 $f(x, y)$의 값이 일정한 값 L에 접근하는 경우에 이 사실을

$$\lim_{(x, y)\to(a, b)} f(x, y)=L$$

이라 쓰고, L을 $(x, y)=(a, b)$에서의 함수 $f(x, y)$의 **極限값**이라 한다.

[그림 7-1]

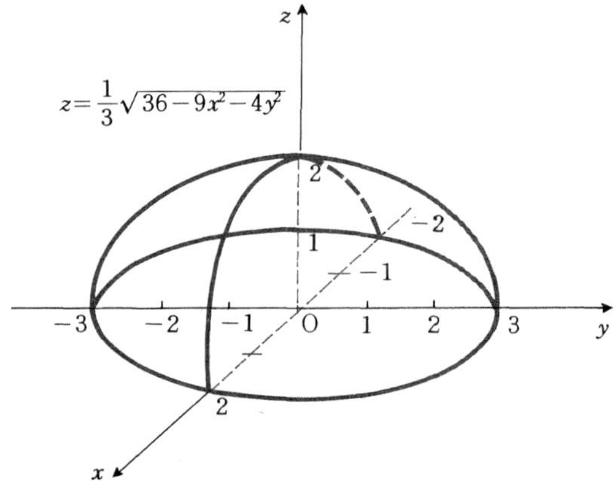

특히, $f(a, b)$의 값이 정의되어 있고 또

$$\lim_{(x, y)\to(a, b)} f(x, y)=f(a, b)$$

가 성립할 때, 함수 $f(x, y)$는 $(x, y)=(a, b)$에서 **連續**이라 한다.

예 1 함수

$$f(x, y)=\frac{1}{3}\sqrt{36-9x^2-4y^2}$$

의 그래프는 楕圓面의 상반부를 나타낸다([그림 7-1] 참조).
이 함수의 정의역은

$$\{(x, y)\in\mathbf{R}^2 | 36-9x^2-4y^2\geq 0\}$$

이고, 치역은 $\{z\in\mathbf{R} | 0\leq z\leq 2\}$이다. [그림 7-1]에서 이 함수는 정의역의 모든 점에서 연속이다.

다변수함수의 연속성에 관해서는 일변수함수에 대한 모든 정리가 그대로 성립한다.

7. 2 偏導函數

1. 偏導函數의 定義

二變數함수 $z=f(x, y)$에서, y의 값을 고정시키면 이 함수는 한 변수 x만의 함수가 된다. 따라서 이 함수를 x에 관하여 미분할 수 있다. 지금 y를 고정시키고 x의 증분을 Δx라 할 때,

$$\lim_{\Delta x\to 0}\frac{f(x+\Delta x, y)-f(x, y)}{\Delta x} \tag{7.2.1}$$

가 존재하는 경우에 이를 $f_x(x, y)$로 나타낸다. 마찬가지로, x의 값을 고정시키면 $z=f(x, y)$는 한 변수 y만의 함수가 되므로 y에 관하여 미분할 수 있다. 주어진 함수에서 x를 고정시키고 y의 증분을 Δy라 할 때,

$$\lim_{\Delta y\to 0}\frac{f(x, y+\Delta y)-f(x, y)}{\Delta y} \tag{7.2.2}$$

가 존재하는 경우에 이를 $f_y(x, y)$로 나타낸다.

여기서 $f_x(x, y)$와 $f_y(x, y)$는 모두 x, y에 관한 함수이다. 이 $f_x(x, y)$를 함수 $x=f(x, y)$의 x에 관한 **偏導函數**(partial derivative)라 하고, 이를

$$f_x(x, y),\quad f_x,\quad \frac{\partial f(x, y)}{\partial x},\quad \frac{\partial f}{\partial x},\quad \frac{\partial z}{\partial x}$$

등으로 나타낸다. 마찬가지로, $f_y(x, y)$를 $z=f(x, y)$의 y에 관한 偏導函數라 하고, 이를 다음과 같이 나타낸다.

$$f_y(x, y),\quad f_y,\quad \frac{\partial f(x, y)}{\partial y},\quad \frac{\partial f}{\partial y},\quad \frac{\partial z}{\partial y}$$

한 점 (a, b)에서의 $f_x(x, y)$, $f_y(x, y)$의 값 $f_x(a, b)$, $f_y(a, b)$를 각각 점 (a, b)에서의 $f(x, y)$의 x와 y에 관한 **偏微分係數**라 한다. 그리고 $f_x(x, y)$, $f_y(x, y)$를 구하는 것을 각각 "**x에 관하여 偏微分한다,**" "**y에 관하여 偏微分한다**"고 말한다.

함수 $z=f(x, y)$가 있을 때, y를 상수로 보고 이를 x에 관하여 미분하면 x에 관한 편도함수 $f_x(x, y)$를 얻고, 또 x를 상수로 보고 y에 관하여 미분하면 y에 관한 편도함수 $f_y(x, y)$를 얻는다. 따라서 편미분할 때에는 [定理 6.3.2]를 적용할 수 있다.

예 1 $z=f(x, y)=xy^2+x^3$일 때,

$$\frac{\partial z}{\partial x}=f_x=y^2+3x^2,\quad \frac{\partial z}{\partial y}=f_y=2xy$$

예 2 함수 $z=f(x, y)=(x+4)(3x+2y)$를 편미분하면,

$$f_x=1(3x+2y)+(x+4)3=2(3x+y+6)$$
$$f_y=0(3x+2y)+(x+4)2=2(x+4)$$

따라서 점 $(x, y)=(2, 1)$에서의 편미분계수는 다음과 같다.

$$f_x(2, 1)=2\cdot 13=26,\quad f_y(2, 1)=2\cdot 6=12$$

예 3 $y=\dfrac{3u-2v}{u^2+3v}$를 미분공식([定理 6.3.2]의 (4))을 이용하여 편미분하면,

$$\frac{\partial y}{\partial u}=\frac{3(u^2+3v)-2u(3u-2v)}{(u^2+3v)^2}=\frac{-3u^2+4uv+9v}{(u^2+3v)^2}$$
$$\frac{\partial y}{\partial v}=\frac{-2(u^2+3v)-3u(3u-2v)}{(u^2+3v)^2}=\frac{-u(2u+9)}{(u^2+3v)^2}$$

일반적으로, 다변수함수

$$u=f(x, y, x, \cdots, w)$$

의 각 변수에 관한 편도함수도 같은 방법으로 정의할 수 있다. 즉,

$$\frac{\partial u}{\partial x}=\frac{\partial f}{\partial x}=f_x=\lim_{\Delta x\to 0}\frac{f(x+\Delta x, y, z, \cdots, w)-f(x, y, z, \cdots, w)}{\Delta x}$$

$$\frac{\partial u}{\partial y}=\frac{\partial f}{\partial y}=f_y=\lim_{\Delta y\to 0}\frac{f(x, y+\Delta y, z, \cdots, w)-f(x, y, z, \cdots, w)}{\Delta y}$$

$$\vdots \qquad \vdots \qquad \vdots \qquad \vdots$$

$$\frac{\partial u}{\partial w}=\frac{\partial f}{\partial w}=f_w=\lim_{\Delta w\to 0}\frac{f(x, y, z, \cdots, w+\Delta w)-f(x, y, z, \cdots, w)}{\Delta w}$$

이변수함수일 때와 마찬가지로, 다변수함수를 예를 들어 x에 관하여 편미분하려면 x 이외의 변수를 상수를 보고 x에 관하여 미분하면 된다.

예 4 $u = F(x, y, z) = x^2+xy+yz^2$ 일 때,

$$\frac{\partial u}{\partial x}=F_x=\frac{\partial F}{\partial x}=2x+y$$

$$\frac{\partial u}{\partial y}=F_y=\frac{\partial F}{\partial y}=x+z^2$$

$$\frac{\partial u}{\partial z}=F_z=\frac{\partial F}{\partial z}=2yz$$

또, 점 $(x, y, z)=(6, -1, 2)$에서의 편미분계수는 다음과 같다.

$$F_x(6, -1, 2)=2\cdot 6-1=11$$

$$F_y(6, -1, 2)=6+2^2=10$$

$$F_z(6, -1, 2)=2\cdot(-1)\cdot 2=-4$$

---

2. 偏微分係數의 幾何學的 意味

함수 $z=f(x, y)$의 그래프가 [그림 7-2]와 같은 曲面이라 하자. 앞 절에서 본 바와 같이, $z=f(x, b)$의 그래프는 곡면 $z=f(x, y)$를 평면 $y=b$로 절단하여 얻은 곡선 APB이다. 그러므로 점 P에서의 곡선 APB에 대한 접선의 기울기는 이 점에서의 x에 관한 $z=f(x, b)$의 미분계수이다. 그런데 점 P의 좌표는 $(a, b, f(a, b))$이므로 다음 사실을 얻는다.

$f_x(a, b)$ = 점 P에서의 곡선 APB에 대한 접선의 기울기

마찬가지로, 다음이 성립한다.

$f_y(a, b)$ = 점 P에서의 곡선 CPD에 대한 접선의 기울기

[그림 7-2]

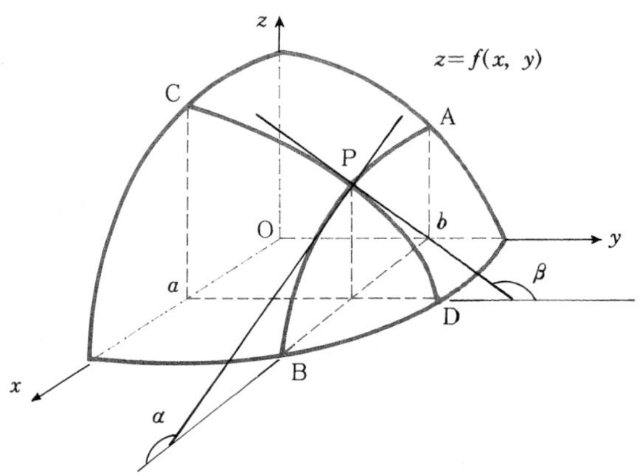

練習問題 7.2

[1] 다음 함수의 편도함수를 구하여라.

(a) $f(x, y)=x^2+5xy-y^3$ (b) $f(x, y)=(x^2-7y)(x-2)$

(c) $f(x, y)=\dfrac{2x-3y}{x+y}$ (d) $f(x, y)=\dfrac{x^2-1}{xy}$

[2] 다음 함수의 편도함수를 구하여라.

(a) $z=(2x+3)(y-2)$ (b) $z=6x+16xy^2-9y^3$

(c) $z=\dfrac{2x+3}{y-2}$ (d) $z=\dfrac{x-y}{x+y}$

[3] 함수 $u=xy+yz+zx$의 편도함수를 구하여라.

[4] $F(x, y)=2x^2y^3-x^3y^5$일 때, $F_x(1,1)$과 $F_y(-1,0)$을 구하여라.

[5] $F(x, y, z)=3x^2y-xyz+y^2z^2$일 때,

$$F_x(1, 1, 1),\quad F_y(1, 1, 1),\quad F_z(1, 1, 1)$$

을 구하여라.

7.3 第二階偏導函數

함수 $z=f(x, y)$의 편도함수

$$\frac{\partial z}{\partial x}=f_x=f_x(x, y), \qquad \frac{\partial z}{\partial y}=f_y=f_y(x, y) \tag{7.3.1}$$

는 모두 x, y의 함수이므로, 이 두 함수를 다시 x 또는 y에 관하여 편미분할 수 있다. 함수 f_x를 x에 관하여 편미분한 것을

$$\frac{\partial^2 z}{\partial x^2}=\frac{\partial z}{\partial x}\left(\frac{\partial z}{\partial x}\right), \quad f_{xx}, \quad f_{xx}(x, y) \tag{7.3.2}$$

등으로 나타내고, 또 f_x를 y에 관하여 편미분한 것을

$$\frac{\partial^2 z}{\partial y \partial x}=\frac{\partial z}{\partial y}\left(\frac{\partial z}{\partial x}\right), \quad f_{xy}, \quad f_{xy}(x, y) \tag{7.3.3}$$

등으로 나타낸다.

마찬가지로, 함수 f_y를 x 또는 y에 관하여 편미분한 것을 각각

$$\frac{\partial^2 z}{\partial x \partial y}=\frac{\partial z}{\partial x}\left(\frac{\partial z}{\partial y}\right), \quad f_{yx}, \quad f_{yx}(x, y)$$

$$\frac{\partial^2 z}{\partial y^2}=\frac{\partial z}{\partial y}\left(\frac{\partial z}{\partial y}\right), \quad f_{yy}, \quad f_{yy}(x, y) \tag{7.3.4}$$

로 나타낸다.

또, (7.3.2)~(7.3.4)의 함수를 함수 $f(x, y)$의 **第二階偏導函數**(second partial derivative)라 하고, 이에 대하여 f_x, f_y를 $f(x, y)$의 **第一階偏導函數**(first partial derivative)라 부른다.

예를 들면, $z=f(x, y)=x^3+5x^2y-y^2$일 때

$$\frac{\partial z}{\partial x}=f_x=3x^2+10xy$$

$$\frac{\partial z}{\partial y}=f_y=5x^2-2y$$

이고, 이를 다시 편미분하면 다음과 같은 네 개의 第二階편도함수를 얻는다.

$$f_{xx}=6x+10y, \qquad f_{xy}=10x, \qquad f_{yx}=10x, \qquad f_{yy}=-2$$

위의 예에서 $f_{xy}=10x=f_{yx}$가 성립한다. 일반적으로, 함수 $z=f(x, y)$를 x에 관하여 편미분한 다음에 다시 y에 관하여 편미분하여 얻은 f_{xy}와, 반대로 먼저 $f(x, y)$를 y에 관하여 편미분한 다음에 다시 x에 관하여 편미분하여 얻은 f_{yx}와는 서로 같지 않다.

그러나 다음 定理가 성립함을 증명할 수 있다.

[定理 7.3.1]

二變數함수 $f(x, y)$에 대하여 f_x, f_y가 연속함수이고, f_{xy}, f_{yx}도 연속함수라고 하자. 이 때,

$$f_{xy}=f_{yx}$$

앞으로 이 책에서는 $f_{xy}=f_{yx}$가 성립하는 함수들만 다루기로 하겠다. 따라서 편미분하는 순서를 바꾸어도 좋은 함수에 대해서만 논하게 되겠다.

위와 같은 방법으로, 다변수함수의 제이계편도함수도 정의할 수 있다. 예를 들어, 三變數함수

$$u=f(x, y, z)$$

의 제일계편도함수

$$\frac{\partial u}{\partial x}=f_x, \quad \frac{\partial u}{\partial y}=f_y, \quad \frac{\partial u}{\partial z}=f_z$$

를 x, y 또는 z에 관하여 편미분하면 다음과 같은 9개의 제이계편도함수를 얻는다.

$$\begin{aligned}
&\frac{\partial^2 u}{\partial x^2}=f_{xx}, \qquad \frac{\partial^2 u}{\partial y\partial x}=f_{xy}, \qquad \frac{\partial^2 u}{\partial z\partial x}=f_{xz} \\
&\frac{\partial^2 u}{\partial x\partial y}=f_{yx}, \qquad \frac{\partial^2 u}{\partial y^2}=f_{yy}, \qquad \frac{\partial^2 u}{\partial z\partial y}=f_{yz} \\
&\frac{\partial^2 u}{\partial x\partial z}=f_{zx}, \qquad \frac{\partial^2 u}{\partial y\partial z}=f_{zy}, \qquad \frac{\partial^2 u}{\partial z^2}=f_{zz}
\end{aligned} \tag{7.3.5}$$

이 경우에도 편미분하는 순서에 관계없는 함수만 다루기로 한다. 즉,

$$f_{xy}=f_{yx}, \qquad f_{xz}=f_{zx}, \qquad f_{yz}=f_{zy}$$

가 성립한다고 가정한다.

예 1 $u=f(x, y, z)=x^2y+z^2$ 일 때,

$$f_x=2xy, \quad f_y=x^2, \quad f_z=2z$$

이므로,

$$f_{xx}=2y, \quad f_{xy}=2x=f_{yx}, \quad f_{xz}=0=f_{zx}$$
$$f_{yy}=0, \quad f_{yz}=0=f_{zy}, \quad f_{zz}=2$$

따라서 $x=1$, $y=2$, $z=3$ 일 때의 f_{xx}, f_{xy}, f_{xz}, f_{yy} 의 값은 다음과 같다.

$$f_{xx}(1, 2, 3)=2\cdot 2=4$$
$$f_{xy}(1, 2, 3)=2\cdot 1=2$$
$$f_{xz}(1, 2, 3)=0$$
$$f_{yy}(1, 2, 3)=0$$

練習問題 7.3

[1] 다음 함수의 제이계편도함수를 구하여라.

(a) $z=(2x+3)(y-2)$　　(b) $z=6x+16xy^2-9y^3$

(c) $z=\dfrac{2x+3}{y-2}$　　(d) $z=\dfrac{x-y}{x+y}$

[2] 다음 함수의 제이계편도함수를 구하여라.

(a) $f(x, y)=x^3+y^3-3xy$　　(b) $z=x^2y+xy^2$

(c) $f(x, y)=\dfrac{x}{x^2+y^2}$　　(d) $f(x, y)=\dfrac{x-y}{x+y}$

[3] 다음 함수의 제이계편도함수를 구하여라.

(a) $u=x^3y+3x^2z^3+y^2z$　　(b) $u=x^2+y^2+z^2$

[4] 다음 함수에 대하여 $f_{xy}=f_{yx}$ 가 성립함을 확인하여라.

(a) $f(x, y)=2x^2y^3-x^3y^5$　　(b) $f(x, y)=(x^3+y^2)^5$

[5] 다음 함수가 Laplace 방정식 $f_{xx}+f_{yy}=0$ 을 만족시킴을 보여라.

(a) $f(x, y)=x^3y-xy^3$　　(b) $f(x, y)=x^3-3xy^2$

7.4 微分과 全微分

1. 微 分

一變數함수 $y=f(x)$가 주어졌을 때, 도함수의 정의에 의하여

$$\lim_{\Delta x\to 0}\frac{\Delta y}{\Delta x}=\lim_{\Delta x\to 0}\frac{f(x+\Delta x)-f(x)}{\Delta x}=f'(x) \tag{7.4.1}$$

이므로

$$\frac{\Delta y}{\Delta x}=f'(x)+\varepsilon \tag{7.4.2}$$

이라 놓으면, Δx가 0에 한없이 접근하면 ε도 0에 한없이 접근한다.

위의 식으로부터

$$\Delta y=f'(x)\Delta x+\varepsilon\Delta x$$

를 얻게 되고, 여기서 Δx가 충분히 작은 수이면 ε도 충분히 작은 수가 되고 $\varepsilon\Delta x$는 더욱더 작은 수가 된다. 따라서 $f'(x)\Delta x$는 y의 증분 Δy의 근사값으로 사용할 수 있다. 이를 y 또는 **微分**(differential)이라 하고 dy 또는 $df(x)$로 나타낸다. 즉,

$$dy=df(x)=f'(x)\Delta x \tag{7.4.3}$$

특히, $f(x)=x$일 때에는 $f'(x)=1$이므로, 정의에 의하여 $dx=\Delta x$이다. 즉, 독립변수 x의 미분 dx는 x의 증분과 같다.

따라서 다음 사실이 성립한다.

[定理 7.4.1]

$y=f(x)$일 때,

$$dy=df(x)=f'(x)dx$$

$$dx=\Delta x,\quad \Delta y\fallingdotseq dy$$

위의 定理에서 보는 바와 같이, $f'(x)$는 미분 dx의 계수인 동시에 미분 dy를 미분 dx로 나눈 몫이기도 하다. 이러한 의미에서, 어떤 일정한 값 x에 대한 $f'(x)$를 x에서의 $f(x)$의 미분계수 또는 **미분몫**이라 부르는 것이다.

예 1 $y=f(x)=x^2$ 일 때, $f'(x)=2x$ 이므로 $dy=2xdx$ 이다.
그리고 변수 x가 4에서 4.1로 변하였다면,

(a) x의 증분 Δx는 $\Delta x=4.1-4=0.1$ 이다.

(b) y의 증분 Δy는

$$\Delta y=f(4.1)-f(4)=16.81-16=0.81$$

(c) x의 미분 dx는 $dx=\Delta x=0.1$ 이다.

(d) y의 미분 dy는 $dy=2.4dx=0.8$ 이다.

예 2 $y=3x^2+7x+5$ 일 때,

$$\frac{dy}{dx}=6x+7, \quad dy=(6x+7)dx$$

앞에서 정의한 미분을 기하학적으로 설명하여 보자. [그림 7-3]에서 곡선 $y=f(x)$ 위의 두 점 $P(x, y)$와 $Q(x+\Delta x, y+\Delta y)$를 잡고, 점 P에서의 곡선에 대한 접선을 PT라 하면, $|PR|=\Delta x=dx$, $|RQ|=\Delta y$이다. 또 직선의 기울기는 $f'(x)$이므로,

$$dy=f'(x)dx=\frac{|RT|}{|PR|}dx=|RT|$$

이다. 즉, Δy가 곡선의 y좌표의 증분인 데 비하여 dy는 dx에 대응하는 접선의 y좌표의 증분이다. 따라서 Δx가 0에 접근하면 dy와 Δy의 차도 또한 0에 접근하게 된다.

[그림 7-3]

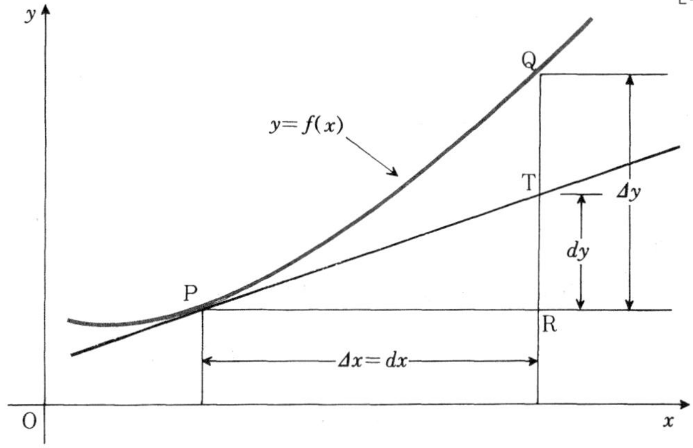

2. 全 微 分

미분의 개념은 다변수함수에 대해서도 생각할 수 있다.

함수 $z=f(x, y)$에서 x와 y의 증분을 각각 Δx, Δy라 할 때,

$$\Delta z=f(x+\Delta x, y+\Delta y)-f(x, y) \tag{7.4.4}$$

를 점 (x, y)에서의 Δx, Δy에 대응하는 z 또는 $f(x, y)$의 **增分**이라 한다.

위의 식의 우변에서 $f(x, y+\Delta y)$를 빼고 더하면 다음을 얻는다.

$$\Delta z=[f(x+\Delta x, y+\Delta y)-f(x, y+\Delta y)]+[f(x, y+\Delta y)-f(x, y)]$$

여기서, 첫째 괄호 안에서 x는 변하고 y의 값은 고정되어 있고, 둘째 괄호 안에서 y는 변하고 x의 값은 고정되어 있다. 한편, 다음이 성립한다.

$$\frac{f(x+\Delta x,\ y+\Delta y)-f(x,\ y+\Delta y)}{\Delta x}=f_x(x, y)+\varepsilon_1$$

$$\frac{f(x, y+\Delta y)-f(x, y)}{\Delta y}=f_y(x, y)+\varepsilon_2$$

따라서 Δx와 Δy가 0에 접근할 때 ε_1과 ε_2는 0에 접근한다.

이제 (7.4.5)와 (7.4.6)을 종합하면, 아래와 같이 된다.

$$\Delta z=f_x(x, y)\Delta x+f_y(x, y)\Delta y+\varepsilon_1\Delta x+\varepsilon_2\Delta y$$

이 식에서 Δx와 Δy가 충분히 작은 수이면 ε_1과 ε_2도 작은 수가 되고, 따라서 $\varepsilon_1\Delta x$와 $\varepsilon_2\Delta y$는 더욱더 작은 수가 되므로, 증분 Δz의 근사값으로서 $f_x(x, y)\Delta x+f_y(x, y)\Delta y$를 사용할 수 있다. 이 식을 z 또는 $f(x, y)$의 **全微分** (total differential)이라 하고 dx 또는 df 또는 $df(x, y)$로 나타낸다. 즉,

$$dx=df=df(x, y)=f_x(x, y)\Delta x+f_y(x, y)\Delta y \tag{7.4.5}$$

특히, (7.4.5)로부터 $f(x, y)=x$이면 $dx=\Delta x$이고, 또 $f(x, y)=y$이면 $dy=\Delta y$이다. 따라서 다음 결과를 얻게 된다.

[定理 7.4.2]

$z=f(x, y)$일 때,

$$dz=df(x, y)=f_x(x, y)dx+f_y(x, y)dy$$

$$=\frac{\partial z}{\partial x}dx+\frac{\partial z}{\partial y}dy=f_x dx+f_y dy$$

$$\Delta z\fallingdotseq dz,\quad dx=\Delta x,\quad dy=\Delta y$$

예 3 $z=2x+5xy+y$ 일 때,

$$dx=\frac{\partial z}{\partial x}dx+\frac{\partial z}{\partial y}dy$$
$$=(2+5y)dx+(5x+1)dy$$

예 4 $z=f(x,\ y)=2x^2+y^2$ 일 때, x가 1에서 1.2로 변하고 y가 2에서 1.9로 변하였다면,

$$\Delta z=f(1.2,\ 1.9)-f(1,\ 2)$$
$$=2(1.2)^2+(1.9)^2-(2+4)=0.49$$

한편, 이 함수의 全微分은

$$dz=\frac{\partial z}{\partial x}dx+\frac{\partial z}{\partial y}dy=4xdx+2ydy$$

이고, 이 식에

$$x=1,\ y=2,\ dx=\Delta x=0.2,\ dy=\Delta y=-0.1$$

을 대입하면,

$$dz=4\cdot 1(0.2)+2\cdot 2(-1.1)=0.4$$

二變數함수인 경우와 마찬가지로, 다변수함수

$$u=f(x,\ y,\ \cdots,\ w)$$

에 대하여, 각 변수의 증분 $\Delta x,\ \Delta y,\ \cdots,\ \Delta w$에 대응하는 u의 증분을 Δu라고 하면,

$$\Delta u=f(x+\Delta x,\ y+\Delta y,\ \cdots,\ w+\Delta w)-f(x,\ y,\ \cdots,\ w)$$

이고, 이 함수의 全微分 $du=df=df(x,\ y,\ \cdots,\ w)$에 대하여 다음이 성립한다.

[定理 7.4.3]

$u=f(x,\ y,\ \cdots,\ w)$일 때,

$$du=df=df(x,\ y,\ \cdots,\ w)$$
$$=\frac{\partial u}{\partial x}dx+\frac{\partial u}{\partial y}dy+\cdots+\frac{\partial u}{\partial w}dw$$
$$=f_x dx+f_y dy+\cdots+f_w dw$$
$$\Delta u\fallingdotseq du,\quad dx=\Delta x,\quad dy=\Delta y,\ \cdots,\ dw=\Delta w$$

예 5 $u=xy^2z^3$ 일 때,

$$du=\frac{\partial u}{\partial x}dx+\frac{\partial u}{\partial y}dy+\frac{\partial u}{\partial z}=y^2z^3dx+2xyz^3dy+3xy^2z^2dz$$

微分 및 全微分에 대해서는 다음 定理가 성립한다.

[定理 7.4.4]

u, v, w가 함수일 때,

(1) $d(cu^n)=cnu^{n-1}du$

(2) $d(u\pm v)=du\pm dv,\quad d(u\pm v\pm w)=du\pm dv\pm dw$

(3) $d(uv)=vdu+udv,\quad d(uvw)=vwdu+uwdv+uvdw$

(4) $d\left(\frac{u}{v}\right)=\frac{1}{v^2}(vdu-udv)$

예 6 $z=5x^2+3y$ 일 때,

$$dz=d(5x^2)+d(3y)=10xdx+3dy$$

예 7 $z=3x^2+xy^2$ 일 때,

$$\begin{aligned}dz&=d(3x^2)+d(xy^2)=6xdx+xd(y^2)+y^2dx\\&=6xdx+2xydy+y^2dx=(6x+y^2)dx+2xydy\end{aligned}$$

예 8 $z=\frac{x+y}{2x^2}$ 일 때,

$$\begin{aligned}dz&=\frac{1}{4x^4}[2x^2d(x+y)-(x+y)d(2x^2)]\\&=\frac{1}{4x^4}[2x^2(dx+dy)-(x+y)4xdx]\\&=\frac{1}{4x^4}[-2x(x+2y)dx+2x^2dy]\\&=\frac{-(x+2y)}{2x^3}dx+\frac{1}{2x^2}dy\end{aligned}$$

예 9 $u=3x(2y-1)(z+5)$ 일 때,

$$\begin{aligned}du&=(2y-1)(z+5)d(3x)+3x(z+5)d(2y-1)+3x(2y-1)d(z+5)\\&=3(2y-1)(z+5)dx+6x(z+5)dy+3x(2y-1)dz\end{aligned}$$

3. 高階全微分

함수 $z=f(x, y)$의 全微分 dz는 다음과 같다.

$$dz=df=f_x dx+f_y dy=\frac{\partial z}{\partial x}dx+\frac{\partial z}{\partial y}dy$$

이제 편도함수 f_x와 f_y의 전미분을 생각하면, f_x와 f_y는 또한 각각 x와 y의 함수이므로 [定理 7.4.2]에 의하여

$$df_x=\frac{\partial}{\partial x}(f_x)dx+\frac{\partial}{\partial y}(f_x)dy=f_{xx}dx+f_{xy}dy$$

$$df_y=\frac{\partial}{\partial x}(f_y)dx+\frac{\partial}{\partial y}(f_y)dy=f_{yx}dx+f_{yy}dy$$

따라서 全微分 dz의 전미분 $d(dz)$는 dx와 dy를 상수로 보고 다음과 같이 구할 수 있다.

$$\begin{aligned} d(dz)&=d(df)=d(f_x dx+f_y dy)=(df_x)dx+(df_y)dy \\ &=(f_{xx}dx+f_{xy}dy)dx+(f_{yx}dx+f_{yy}dy)dy \end{aligned} \qquad (7.4.6)$$

이제, (7.4.6)에서

$$d(dz)=d^2z, \quad d(df)=d^2f, \quad (dx)^2=dx^2, \quad (dy)^2=dy^2$$

이라고 쓰면, $f_{yx}=f_{xy}$이 성립하는 경우에 d^2z는 다음과 같다.

$$d^2z=d^2f=d^2f(x, y)=f_{xx}dx^2+2f_{xy}dxdy+f_{yy}dy^2 \qquad (7.4.7)$$

이를 함수 $u=f(x, y)$의 **第二階全微分**(second-order total differential)이라 하고, dz를 **第一階全微分**(first-order total differential)이라 한다.

예 10 함수 $z=f(x, y)=x^3+5xy-y^3$의 전미분 dz와 제이계전미분 d^2z를 구하여 보자.

$$dz=(3x^2+5y)dx+(5x-3y^2)dy$$

$$f_{xx}=6x, \quad f_{xy}=f_{yx}=5, \quad f_{yy}=-6y$$

이므로,

$$d^2z=d^2f=6xdx^2+10dxdy-6ydy^2$$

따라서 점 (1, 2)에서의 d^2z의 값은 다음과 같다.

$$d^2z=d^2f(1,\ 2)=6dx^2+10dxdy-12dy^2$$

다변수함수의 제이계전미분도 같은 방법으로 정의할 수 있다.

함수 $u=f(x, y, \cdots, w)$의 전미분 du는

$$du=df=f_x dx+f_y dy+\cdots+f_w dw$$

이고, du의 전미분 $d(du)$, 즉 제이계전미분 d^2u는 다음과 같다.

$$\begin{aligned} d^2u=d^2f=d^2f(x, y, \cdots, w) \\ =f_{xx}dx^2+f_{xy}dxdy+\cdots+f_{xw}dxdw \\ +f_{yx}dydx+f_{yy}dy^2+\cdots+f_{yw}dydw \\ \cdots\cdots\cdots\cdots\cdots\cdots\cdots\cdots\cdots \\ +f_{wx}dwdx+f_{wy}dwdy+\cdots+f_{ww}dw^2 \end{aligned} \tag{7.4.8}$$

예 11 $u=f(x, y, z)=x^2y+z^2$일 때,

$$du=f_x dx+f_y dy+f_z dz=2xydx+x^2dy+2zdz$$

$$\begin{aligned} d^2u&=f_{xx}dx^2+f_{yy}dy^2+f_{zz}dz^2+2f_{xy}dxdy+2f_{xz}dxdz+2f_{yz}dydz \\ &=2ydx^2+4xdxdy+2dz^2 \end{aligned}$$

練習問題 7.4

[1] $y=2x^2-4x+9$일 때,

(a) 미분 dy를 구하여라.

(b) x가 2에서 2.05로 변하였을 때, dy의 값은 얼마인가?

(c) 증분 Δy를 구하고, dy를 Δy의 근사값으로 택했을 때의 오차를 구하여라.

[2] 다음 함수의 미분 dy를 구하여라.

(a) $y=-x^2(x^2+3)$　　(b) $y=\dfrac{x}{x^2+1}$

[3] $z=3x^2+xy+2y^3$일 때, dz를 구하여라.

[4] 함수 $U=2x+5xy+y$에서 x가 3에서 3.001로 변하고 y가 5에서 5.003으로 변했을 때, ΔU와 dU를 비교하여라.

[5] $u=x^2+y^2+z^2$의 전미분 du와 제이계전미분 d^2u를 구하여라.

7.5 合成函數의 偏微分法

함수 $z=f(x, y)$에서, 변수 x와 y가 모두 한 변수 t의 함수이면, z는 t의 함수가 되므로 z의 t에 관한 도함수 $\dfrac{dz}{dt}$를 구할 수 있다.

예 1 $z=f(x, y)=x^3+y^3$ 이고 $x=t^2+t,\ y=t+1$ 일 때,

$$z=(t^2+t)^3+(t+1)^3$$

따라서

$$\frac{dz}{dt}=3(t^2+t)^2(2t+1)+3(t+1)^2$$

그러나 앞의 예와 같이 대입하여 도함수를 구하는 방법은 복잡한 계산을 거쳐야 할 때가 많을 뿐만 아니라, 경우에 따라서는 이 방법으로는 불가능할 때도 있다. 실제로, 다음 定理가 성립한다.

[定理 7.5.1]

함수 $z=z(x, y)$에서 $x=g(t),\quad y=h(t)$일 때,

$$\frac{dz}{dt}=\frac{\partial z}{\partial x}\frac{dx}{dt}+\frac{\partial z}{\partial y}\frac{dy}{dt}=f_x\frac{dx}{dt}+f_y\frac{dy}{dt}$$

이 定理를 증명하기 위하여 z의 전미분 dz를 구하면,

$$dz=\frac{\partial z}{\partial x}dx+\frac{\partial z}{\partial y}dy$$

이므로, 이 등식의 양변을 미분 dt로 나누어 다음 식을 얻는다.

$$\frac{dz}{dt}=\frac{\partial z}{\partial x}\frac{dx}{dt}+\frac{\partial z}{\partial y}\frac{dy}{dt}$$

여기서 $\dfrac{dz}{dt}$를 z의 t에 관한 **全導函數**(total derivative)라 한다.

예 2 $z=f(x, y)=x^3+y^3$에서 $x=t^2+t,\quad y=t+1$ 일 때,

$$\frac{\partial z}{\partial x}=3x^2,\quad \frac{\partial z}{\partial y}=3y^2,\quad \frac{dx}{dt}=2t+1,\quad \frac{dy}{dt}=1$$

$$\frac{dz}{dt}=3x^2(2t+1)+3y^2\cdot 1=3(t^2+t)^2(2t+1)+3(t+1)^2$$

앞의 [定理 7.5.1]에서, $x=t$이면 $dx=dt$이므로 다음 定理가 성립한다.

[定理 7.5.2]

함수 $z=f(x, y)$에서 $y=h(x)$일 때,

$$\frac{dz}{dx}=\frac{\partial z}{\partial x}+\frac{\partial z}{\partial y}\frac{dy}{dx}$$
$$=f_x+f_y\frac{dy}{dx}$$

예 3 $z=f(x, y)=3x-y^2$에서, $y=2x^2+x+4$일 때,

$$f_x=3,\quad f_y=-2y,\quad \frac{dy}{dx}=4x+1$$

이므로,

$$\frac{dy}{dx}=f_x+f_y\frac{dy}{dx}$$
$$=3+(-2y)(4x+1)$$
$$=3-2(2x^2+x+4)(4x+1)$$

二變數함수의 경우와 마찬가지로, 多變數함수에 대해서도 다음 定理가 성립한다.

[定理 7.5.3]

(1) 함수 $u=f(x, y, \cdots, w)$에서,
변수 $x, y, \cdots, w$가 모두 t의 함수이면

$$\frac{du}{dt}=\frac{\partial u}{\partial x}\frac{dx}{dt}+\frac{\partial u}{\partial y}\frac{dy}{dt}+\cdots+\frac{\partial u}{\partial w}\frac{dw}{dt}$$
$$=f_x\frac{dx}{dt}+f_y\frac{dy}{dt}+\cdots+f_w\frac{dw}{dt}$$

(2) 함수 $u=f(x, y, z, \cdots, w)$에서,
변수 $y, z, \cdots, w$가 모두 x의 함수이면

$$\frac{du}{dx}=\frac{\partial u}{\partial x}+\frac{\partial u}{\partial y}\frac{dy}{dx}+\cdots+\frac{\partial u}{\partial w}\frac{dw}{dx}$$
$$=f_x+f_y\frac{dy}{dx}+\cdots+f_w\frac{dw}{dx}$$

예 4 $u=f(x, y, z)=x^2+y^2+z^2$에서 $x=t^2$, $y=t+1$, $z=2t$일 때,

$$f_x=2x, \quad f_y=2y, \quad f_z=2z, \quad \frac{dx}{dt}=2t, \quad \frac{dy}{dt}=1, \quad \frac{dz}{dt}=2$$

이므로,

$$\begin{aligned}\frac{du}{dt}&=f_x\frac{dx}{dt}+f_y\frac{dy}{dt}+f_z\frac{dz}{dt}\\&=2x\cdot 2t+2y\cdot 1+2z\cdot 2\\&=4t^3+2(t+1)+8t\end{aligned}$$

예 5 $u=\Delta(x, y, z)=x^2+y^2+z^2$에서 $y=g(x)$, $z=h(x)$일 때,

$$\frac{du}{dx}=\frac{\partial u}{\partial x}+\frac{\partial u}{\partial y}\frac{dy}{dx}+\frac{\partial u}{\partial z}\frac{dz}{dx}$$

$$\frac{du}{dx}=2x+2y\frac{dy}{dx}+2x\frac{dz}{dx}$$

二變數함수 $z=f(x, y)$에서 x, y가 두 변수 u, v의 함수일 때, 즉

$$z=f(x, y), \quad x=g(u, v), \quad y=h(u, v)$$

일 때, z는 u와 v의 함수이다. 따라서 z를 u와 v에 관하여 편미분할 수 있다. 먼저 z를 u에 관하여 편미분하기 위하여 v를 상수로 보고 x, y 및 z를 u만의 함수로 생각하면, [定理 7.5.1]에 의하여 다음을 얻는다.

$$\frac{\partial z}{\partial u}=\frac{\partial z}{\partial x}\frac{\partial x}{\partial u}+\frac{\partial z}{\partial y}\frac{\partial y}{\partial u}$$

여기서 $\frac{\partial z}{\partial u}$, $\frac{\partial x}{\partial u}$, $\frac{\partial y}{\partial u}$는 v를 상수로 보고 z를 u에 관하여 편미분하였음을 뜻한다. 마찬가지로, z를 v에 관하여 편미분하면 다음을 얻는다.

$$\frac{\partial z}{\partial v}=\frac{\partial z}{\partial x}\frac{\partial x}{\partial v}+\frac{\partial z}{\partial y}\frac{\partial y}{\partial v}$$

[定理 7.5.4]

함수 $z=f(x, y)$에서 $x=g(u, v)$, $y=h(u, v)$일 때,

$$\frac{\partial z}{\partial u}=\frac{\partial z}{\partial x}\frac{\partial x}{\partial u}+\frac{\partial z}{\partial y}\frac{\partial y}{\partial u}$$

$$\frac{\partial z}{\partial v}=\frac{\partial z}{\partial x}\frac{\partial x}{\partial v}+\frac{\partial z}{\partial y}\frac{\partial y}{\partial v}$$

예 6 $z=f(x, y)$에서 $x=5u^2+3v$, $y=u-4v^3$일 때,

$$\frac{\partial x}{\partial u}=10u, \quad \frac{\partial x}{\partial v}=3, \quad \frac{\partial y}{\partial u}=1, \quad \frac{\partial y}{\partial v}=-12v^2$$

이므로,

$$\frac{\partial z}{\partial u}=f_x\cdot 10u+f_y\cdot 1, \quad \frac{\partial z}{\partial v}=f_x\cdot 3+f_y\cdot(-12v^2)$$

이제, 지금까지의 설명으로부터 다음과 같은 定理가 성립함을 알 수 있다.

[定理 7.5.5]

함수 $z=f(x, y, u, v)$에서 $x=g(u, v)$, $y=h(u, v)$일 때,

$$\frac{\partial z}{\partial u}=\frac{\partial z}{\partial x}\frac{\partial x}{\partial u}+\frac{\partial z}{\partial y}\frac{\partial y}{\partial u}$$

$$\frac{\partial z}{\partial v}=\frac{\partial z}{\partial x}\frac{\partial x}{\partial v}+\frac{\partial z}{\partial y}\frac{\partial y}{\partial v}$$

예 7 $z=f(x, y, u, v)$에서 $x=5u^2+3v$, $y=u-4v^3$일 때,

$$\frac{\partial x}{\partial u}=10u, \quad \frac{\partial x}{\partial v}=3, \quad \frac{\partial y}{\partial u}=1, \quad \frac{\partial y}{\partial v}=-12v^2$$

이므로,

$$\frac{\partial z}{\partial u}=\frac{\partial z}{\partial x}\frac{\partial x}{\partial u}+\frac{\partial z}{\partial y}\frac{\partial y}{\partial u}+\frac{\partial z}{\partial u}=\frac{\partial z}{\partial x}10u+\frac{\partial z}{\partial y}+\frac{\partial z}{\partial u}$$

$$\frac{\partial z}{\partial v}=\frac{\partial z}{\partial x}\frac{\partial x}{\partial v}+\frac{\partial z}{\partial y}\frac{\partial y}{\partial v}+\frac{\partial z}{\partial v}=\frac{\partial z}{\partial x}3+\frac{\partial z}{\partial y}(-12v^2)+\frac{\partial z}{\partial v}$$

練習問題 7.5

[1] 다음 함수의 전도함수 $\frac{dz}{dx}$를 구하여라.

(a) $z=2x+xy-y^2$, $y=3x^2$

(b) $z=5x^2-3xy+2y^2$, $y=\frac{1}{x}$

(c) $z=(x+y)(x-2y)$, $y=2-7x$

[2] 다음 함수의 전도함수 $\dfrac{dz}{dt}$를 구하여라.

(a) $z=x^2-8xy-y^3,\ x=3t,\ y=1-t$

(b) $z=3u+v^2,\ u=2t^2,\ v=t+1$

(c) $z=4u^2+v^2+w^2,\ u=2t^2,\ v=t+2,\ w=3t$

[3] 함수 $w=2x^2-3xy+4y^2$에서 $x=u-v,\ y=u+v$일 때, $\dfrac{\partial w}{\partial u}$와 $\dfrac{\partial w}{\partial v}$를 각각 u, v의 함수로 나타내어라.

7.6 陰函數의 微分法

두 변수 x와 y에 관한 방정식 $F(x, y)=0$은 적당한 조건 아래에서 x와 y 사이의 함수관계를 정의해 줄 때가 있다.

예 1 방정식 $F(x, y)=x^2+y^2-9=0$은 원점을 중심으로 하고 반지름이 3인 원을 나타내고, y를 x에 관하여 풀어 쓰면 $y=\pm\sqrt{9-x^2}$을 얻는다. 따라서 주어진 방정식은 두 함수

$$y=\sqrt{9-x^2}, \qquad y=-\sqrt{9-x^2}$$

을 정의해 준다. 첫째 함수의 그래프는 x축 위의 半圓이고, 둘째 함수의 그래프는 x축 아래의 半圓이다([그림 7-4] 참조).

[그림 7-4]

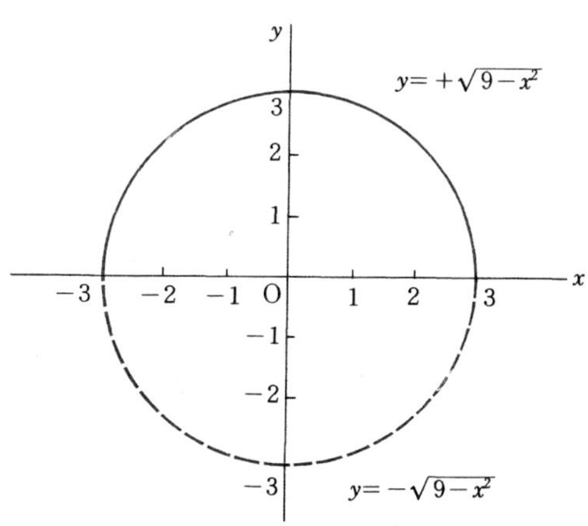

위의 예와 같이, 방정식 $F(x, y)=0$ 이 함수 $y=f(x)$를 정의해 줄 때 흔히 y를 x의 **陰函數**라 한다.

방정식 $F(x, y)=0$에 의하여 함수 $y=f(x)$가 정의될 때, y의 x에 관한 도함수 $\dfrac{dy}{dx}$를 구해 보자.

방정식 $F(x, y)=0$의 양변을 x에 관하여 미분하면, [定理 7.5.1]에 의하여 다음이 성립한다.

$$F_x+F_y\frac{dy}{dx}=0, \quad \text{즉} \quad \frac{dy}{dx}=-\frac{F_x}{F_y}$$

[定理 7.6.1]

방정식 $F(x, y)=0$에 의하여 함수 $y=f(x)$가 정의될 때,

$$\frac{dy}{dx}=-\frac{F_x}{F_y} \quad (\text{단, } F_y\neq 0 \text{인 경우})$$

예 2 $F(x, y)=x^2+y^2-9=0$일 때,

$$F_x=\frac{\partial F}{\partial x}=2x, \quad F_y=\frac{\partial F}{\partial y}=2y$$

따라서

$$\frac{dy}{dx}=-\frac{F_x}{F_y}=-\frac{x}{y}$$

마찬가지로, 세 변수 x, y, z에 관한 방정식

$$F(x, y, z)=0$$

이 x와 y에 관한 함수 $z=f(x, y)$를 정의해 줄 때, z를 x와 y의 陰函數라 한다. 이 때, z의 x와 y에 관한 편미분 $\dfrac{\partial z}{\partial x}$와 $\dfrac{\partial z}{\partial y}$를 구해 보자.

변수 y를 상수로 보면 방정식 $F(x, y)=0$은 x와 z만의 방정식으로 되고, 따라서 z는 x만의 함수로 되므로 [定理 7.6.1]에 의하여

$$\frac{\partial z}{\partial x}=-\frac{F_x}{F_z}$$

을 얻는다. 같은 방법으로, x를 상수로 보고 $\dfrac{\partial z}{\partial y}$를 구하면 다음과 같다.

$$\frac{\partial z}{\partial y}=-\frac{F_y}{F_z}$$

따라서 다음 定理가 성립한다.

[定理 7.6.2]

방정식 $F(x, y, z)=0$ 에 의하여 함수 $z=f(x, y)$가 정의될 때,

$$\frac{\partial z}{\partial x}=-\frac{F_x}{F_z}$$

$$\frac{\partial z}{\partial y}=-\frac{F_y}{F_z}$$

예 3 $x^2+\dfrac{y^2}{2}+\dfrac{z^2}{4}=1$ 일 때, $\dfrac{\partial z}{\partial x}$ 와 $\dfrac{\partial z}{\partial y}$ 를 구해 보자.

이제,

$$F(x, y, z)=x^2+\frac{y^2}{2}+\frac{z^2}{4}-1=0$$

으로 놓으면,

$$F_x=2x, \quad F_y=y, \quad F_z=\frac{z}{2}$$

따라서

$$\frac{\partial z}{\partial x}=-\frac{2x}{z/2}=-\frac{4x}{z}$$

$$\frac{\partial z}{\partial y}=-\frac{y}{z/2}=-\frac{2y}{z}$$

練習問題 7.6

[1] 다음 방정식으로부터 $\dfrac{dy}{dx}$ 를 구하여라.

(a) $x^3-2x^2y+3xy^2-22=0$

(b) $2x^2+4xy-y^4+67=0$

(c) $5x^2+5xy+y^2=4$

(d) $xy+y^2x=8$

[2] $x^2+3xy+2yz+y^2+z^2-11=0$ 일 때, $\dfrac{\partial z}{\partial x}$ 와 $\dfrac{\partial z}{\partial y}$ 를 구하여라.

[3] 방정식 $F(x, y, z)=0$ 에 의하여 각 변수가 다른 두 변수의 함수로 정의된다고 할 때, $\dfrac{\partial z}{\partial x}\dfrac{\partial x}{\partial y}\dfrac{\partial y}{\partial z}$ 의 값을 구하여라.

7. 7 Jacobi 行列式*

두 二變數함수

$$u=f(x, y), \quad v=g(x, y) \tag{7.7.1}$$

가 주어졌을 때, 이들의 편도함수들로 이루어진 2×2 행렬

$$J=J(x, y)=\begin{bmatrix} \dfrac{\partial f}{\partial x} & \dfrac{\partial f}{\partial y} \\ \dfrac{\partial g}{\partial x} & \dfrac{\partial g}{\partial y} \end{bmatrix} \tag{7.7.2}$$

를 (7.7.1)의 **Jacobi 行列**이라 한다. 또, 이 行列의 行列式 $|J|$를 (7.7.1)의 **Jacobi 行列式**(Jacobian) 또는 **函數行列式**이라 하고, 이것을 $\dfrac{\partial(f, g)}{\partial(x, y)}$로 나타내기도 한다. 즉,

$$|J|=|J(x, y)|=\frac{\partial(f, g)}{\partial(x, y)}=\begin{vmatrix} \dfrac{\partial f}{\partial x} & \dfrac{\partial f}{\partial y} \\ \dfrac{\partial g}{\partial x} & \dfrac{\partial g}{\partial y} \end{vmatrix}=\begin{vmatrix} f_x & f_y \\ g_x & g_y \end{vmatrix} \tag{7.7.3}$$

예 1 두 함수 $u=x^2-y^2$, $v=2xy$의 Jacobi 행렬식은 다음과 같다.

$$|J|=\frac{\partial(u, v)}{\partial(x, y)}=\begin{vmatrix} \dfrac{\partial u}{\partial x} & \dfrac{\partial u}{\partial y} \\ \dfrac{\partial v}{\partial x} & \dfrac{\partial v}{\partial y} \end{vmatrix}=\begin{vmatrix} 2x & -2y \\ 2y & 2x \end{vmatrix}=4(x^2+y^2)$$

일반적으로, n개의 n 변수함수

$$\begin{aligned} &f(x, y, z, \cdots, w) \\ &g(x, y, z, \cdots, w) \\ &\cdots\cdots\cdots\cdots\cdots\cdots \\ &h(x, y, z, \cdots, w) \end{aligned} \tag{7.7.4}$$

가 주어졌을 때, n^2개의 편도함수로 이루어진 $n\times n$ 行列

$$J = J(x, y, z, \cdots, w) = \begin{bmatrix} \dfrac{\partial f}{\partial x} & \dfrac{\partial f}{\partial y} & \cdots & \dfrac{\partial f}{\partial w} \\ \dfrac{\partial g}{\partial x} & \dfrac{\partial g}{\partial y} & \cdots & \dfrac{\partial g}{\partial w} \\ \cdots\cdots & \cdots\cdots & \cdots\cdots & \cdots\cdots \\ \dfrac{\partial h}{\partial x} & \dfrac{\partial h}{\partial y} & \cdots & \dfrac{\partial h}{\partial w} \end{bmatrix} \tag{7.7.5}$$

를 (7.7.4)의 **Jacobi 行列**이라 하고, 이 행렬의 행렬식 $|J|$를 (7.7.4)의 **Jacobi 行列式** 또는 **函數行列式**이라 한다. 또, $|J|$를 $\dfrac{\partial(f, g, \cdots, h)}{\partial(x, y, \cdots, w)}$로 나타내기도 한다.

다음에는 두 방정식

$$F(x, y, z) = 0, \quad G(x, y, z) = 0 \tag{7.7.6}$$

에 의하여 y와 z가 x의 함수로 정의되는 경우를 생각해 보자.

이와 같은 경우에 [定理 7.5.3]에 의하여 다음이 성립한다.

$$\begin{cases} F_x + F_y \dfrac{dy}{dx} + F_z \dfrac{dz}{dx} = 0 \\ G_x + G_y \dfrac{dy}{dx} + G_z \dfrac{dz}{dx} = 0 \end{cases} \quad \text{즉,} \quad \begin{cases} F_y \dfrac{dy}{dx} + F_z \dfrac{dz}{dx} = -F_x \\ G_y \dfrac{dy}{dx} + G_z \dfrac{dz}{dx} = -G_x \end{cases}$$

따라서 위의 연립방정식에 Cramer의 공식을 적용하여 $\dfrac{dy}{dx}$와 $\dfrac{dz}{dx}$를 구할 수 있다. 위의 결과를 종합하면 다음 定理와 같이 된다.

[定理 7.7.1]

연립방정식

$$\begin{cases} F(x, y, z) = 0 \\ G(x, y, z) = 0 \end{cases}$$

에 의하여 y와 z가 x의 함수로 정의될 때,

$$|J| = \frac{\partial(F, G)}{\partial(y, z)} = \begin{vmatrix} F_y & F_z \\ G_y & G_z \end{vmatrix} \neq 0$$

인 경우에

$$\frac{dy}{dx} = -\frac{1}{|J|}\begin{vmatrix} F_x & F_z \\ G_x & G_z \end{vmatrix}, \quad \frac{dz}{dx} = -\frac{1}{|J|}\begin{vmatrix} F_y & F_x \\ G_y & G_x \end{vmatrix}$$

예 2 연립방정식

$$\begin{cases} F(x, y, z) = x^2 + y^2 + z^2 - 9 = 0 \\ G(x, y, z) = x + y + z = 0 \end{cases}$$

에 의하여 y와 z가 x의 함수로 정의될 때, $\dfrac{dy}{dx}$와 $\dfrac{dz}{dx}$를 구해 보자.
먼저,

$$\begin{cases} x + y\dfrac{dy}{dx} + z\dfrac{dz}{dx} = 0 \\ 1 + \dfrac{dy}{dx} + \dfrac{dz}{dx} = 0 \end{cases}$$

즉,

$$\begin{cases} y\dfrac{dy}{dx} + z\dfrac{dz}{dx} = -x \\ \dfrac{dy}{dx} + \dfrac{dz}{dx} = -1 \end{cases}$$

따라서

$$\begin{vmatrix} y & z \\ 1 & 1 \end{vmatrix} \neq 0, \text{ 즉 } y \neq z$$

인 경우에

$$\frac{dy}{dx} = \frac{z-x}{y-z}, \qquad \frac{dz}{dx} = \frac{x-y}{y-z}$$

다음에, 연립방정식

$$\begin{cases} F(x, y, u, v) = 0 \\ G(x, y, u, v) = 0 \end{cases}$$

에 의하여 u와 v가 x, y에 관한 二變數함수로 정의될 경우를 생각해 보자. 편도함수 $\dfrac{\partial u}{\partial x}$와 $\dfrac{\partial v}{\partial x}$를 구하기 위하여 y를 상수로 보고 위의 두 방정식을 x에 관하여 편미분하면 다음이 성립한다([定理 7.5.3]의 (2) 참조).

$$\begin{cases} F_x + F_u\dfrac{\partial u}{\partial x} + F_v\dfrac{\partial v}{\partial x} = 0 \\ G_x + G_u\dfrac{\partial u}{\partial x} + G_v\dfrac{\partial v}{\partial x} = 0 \end{cases}$$

이 연립방정식에 Cramer의 공식을 적용하여 $\dfrac{\partial u}{\partial x}$, $\dfrac{\partial v}{\partial x}$를 구할 수 있다. 마찬가지 방법으로 $\dfrac{\partial u}{\partial y}$, $\dfrac{\partial v}{\partial y}$를 구할 수 있다.

실제로, 다음 定理가 성립한다.

[定理 7.7.2]

연립방정식

$$\begin{cases} F(x, y, u, v)=0 \\ G(x, y, u, v)=0 \end{cases}$$

에 의하여 u와 v가 x, y에 관한 二變數함수로 정의될 때,

$$|J|=\frac{\partial(F, G)}{\partial(u, v)}=\begin{vmatrix} F_u & F_v \\ G_u & G_v \end{vmatrix} \neq 0$$

인 경우에

$$\frac{\partial u}{\partial x}=-\frac{1}{|J|}\begin{vmatrix} F_x & F_v \\ G_x & G_v \end{vmatrix}, \qquad \frac{\partial v}{\partial x}=-\frac{1}{|J|}\begin{vmatrix} F_u & F_x \\ G_u & G_x \end{vmatrix}$$

$$\frac{\partial u}{\partial y}=-\frac{1}{|J|}\begin{vmatrix} F_y & F_v \\ G_y & G_v \end{vmatrix}, \qquad \frac{\partial v}{\partial y}=-\frac{1}{|J|}\begin{vmatrix} F_u & F_y \\ G_u & G_y \end{vmatrix}$$

練習問題 7.7

[1] 다음 두 함수의 Jacobi 행렬식을 구하여라.

$$f(x, y)=x^2-3xy+y^2$$
$$g(x, y)=2x^2-y$$

[2] 다음 세 함수의 Jacobi 행렬식 $\dfrac{\partial(f, g, h)}{\partial(x, y, z)}$를 구하여라.

$$u=f(x, y, z)=2x$$
$$v=g(x, y, z)=3y^3$$
$$w=h(x, y, z)=z$$

[3] $x^2+y^2+z^2-1=0$, $2x^2-3xy+y^2=0$ 일 때, $\dfrac{dy}{dx}$와 $\dfrac{dz}{dx}$를 구하여라.

[4] $x^2+y^2+z^2=a^2$, $lx+my+nz=b$ 일 때, $\dfrac{dy}{dx}$와 $\dfrac{dz}{dx}$를 구하여라.

7. 8 同次函數와 Euler의 定理

二變數함수 $f(x, y)$가 임의의 0이 아닌 실수 k에 대하여 항상

$$f(kx, ky)=k^r f(x, y)$$

를 만족시킬 때, $f(x, y)$를 r次의 **同次函數**(homogeneous function)라 한다.

예 1 $f(x, y)=2xy^2+3x^2y$일 때, 임의의 0이 아닌 실수 k에 대하여

$$\begin{aligned} f(kx, ky) &= 2(kx)(ky)^2+3(kx)^2(ky) \\ &= k^3(2xy^2+3x^2y)=k^3 f(x, y) \end{aligned}$$

따라서 $f(x, y)$는 三次의 동차함수이다.

예 2 $f(x, y)=\dfrac{x^2-y^2}{x^2+y^2}$일 때,

$$\begin{aligned} f(kx, ky) &= \frac{(kx)^2-(ky)^2}{(kx)^2+(ky)^2}=\frac{k^2(x^2-y^2)}{k^2(x^2+y^2)} \\ &= \frac{x^2-y^2}{x^2+y^2}=k^0 f(x, y) \end{aligned}$$

따라서 $f(x, y)$는 0次의 동차함수이다.

예 3 $f(x, y)=\dfrac{x^2}{y}+\dfrac{2y^2}{x}$일 때, 임의의 0이 아닌 실수 k에 대하여

$$\begin{aligned} f(kx, ky) &= \frac{(kx)^2}{(ky)}+\frac{2(ky)^2}{(kx)} \\ &= k\left(\frac{x^2}{y}+\frac{2y^2}{x}\right)=kf(x, y) \end{aligned}$$

따라서 $\Delta(x, y)$는 一次의 동차함수이다.

[定理 7.8.1]

$z=f(x, y)$가 一次의 동차함수일 때, 다음이 성립한다.

(1) 편도함수 $\dfrac{\partial z}{\partial x}=f_x$와 $\dfrac{\partial z}{\partial y}=f_y$는 $\dfrac{y}{x}$에 관한 함수이다.

(2) (Euler의 定理) $z=x\dfrac{\partial z}{\partial x}+y\dfrac{\partial z}{\partial y}=xf_x+yf_y$

(3) $f_{xx}=-\dfrac{y}{x}f_{yx}$, $f_{yy}=-\dfrac{x}{y}f_{xy}$

앞의 성질을 차례로 증명해 보자. 먼저, $z=f(x, y)$는 一次의 동차함수이므로, 모든 0이 아닌 실수 k에 대하여 다음 등식이 성립한다.

$$f(kx, ky)=kf(x, y)=kz$$

이 등식의 각 변에 $k=\frac{1}{x}$을 대입하면,

$$f\left(1, \frac{y}{x}\right)=\frac{1}{x}f(x, y)=\frac{z}{x}$$

여기서 1은 상수이므로 $f\left(1, \frac{y}{x}\right)$는 $\frac{y}{x}$의 함수이다. 이를 $\phi\left(\frac{y}{x}\right)$로 나타내고 양변에 x를 곱해 주면, 다음과 같이 된다.

$$x\phi\left(\frac{y}{x}\right)=z \tag{7.8.1}$$

성질 (1)을 증명하기 위하여, (7.8.1)의 양변을 x에 관해 편미분하면,

$$\begin{aligned}\frac{\partial z}{\partial x}&=\frac{\partial}{\partial x}\left\{x\phi\left(\frac{y}{x}\right)\right\}=\phi\left(\frac{y}{x}\right)+x\frac{\partial}{\partial x}\phi\left(\frac{y}{x}\right) && \text{〔곱의 공식〕}\\&=\phi\left(\frac{y}{x}\right)+x\phi'\left(\frac{y}{x}\right)\frac{\partial}{\partial x}\left(\frac{y}{x}\right) && \text{〔연쇄법칙〕}\\&=\phi\left(\frac{y}{x}\right)+x\phi'\left(\frac{y}{x}\right)\frac{-y}{x^2}=\phi\left(\frac{y}{x}\right)-\frac{y}{x}\phi'\left(\frac{y}{x}\right) && (7.8.2)\end{aligned}$$

마찬가지로, (7.8.1)의 양변을 y에 관하여 편미분하면,

$$\begin{aligned}\frac{\partial z}{\partial y}&=\frac{\partial}{\partial y}\left\{x\phi\left(\frac{y}{x}\right)\right\}=x\frac{\partial}{\partial y}\phi\left(\frac{y}{x}\right)\\&=x\phi'\left(\frac{y}{x}\right)\frac{\partial}{\partial y}\left(\frac{y}{x}\right)=x\phi'\left(\frac{y}{x}\right)\frac{1}{x} && \text{〔연쇄법칙〕}\\&=\phi'\left(\frac{y}{x}\right) && (7.8.3)\end{aligned}$$

따라서 $\frac{\partial z}{\partial x}$와 $\frac{\partial z}{\partial y}$는 분명히 $\frac{y}{x}$의 함수이다.

다음에 성질 (2)를 증명해 보자. 식 (7.8.2)에 x를 곱하고 (7.8.3)에 y를 곱한 다음에 합하면,

$$x\frac{\partial z}{\partial x}+y\frac{\partial z}{\partial y}=x\phi\left(\frac{y}{x}\right)-y\phi'\left(\frac{y}{x}\right)+y\phi'\left(\frac{y}{x}\right)=x\phi\left(\frac{y}{x}\right)$$

따라서 (7.8.1)에 의하여

$$x\frac{\partial z}{\partial x}+y\frac{\partial z}{\partial y}=z, \qquad \text{즉} \quad f(x, y)=xf_x+yf_y \tag{7.8.4}$$

마지막으로, 성질 (3)을 증명하기 위하여 (7.8.4)의 양변을 x 및 y에 관하여 편미분하면,

$$f_x = f_x + xf_{xx} + yf_{yx}, \qquad f_y = xf_{xy} + f_y + yf_{yy}$$

$$\text{즉,}\quad xf_{xx} + yf_{yx} = 0, \qquad xf_{xy} + yf_{yy} = 0$$

그러므로

$$f_{xx} = -\frac{y}{x}f_{yx}, \quad f_{yy} = -\frac{x}{y}f_{xy}$$

따라서 성질 (3)이 성립한다.

임의의 r次의 동차함수에 대해서도 위와 같은 성질이 성립한다. 실제로, $z=f(x,\ y)$가 r次의 동차함수이면 다음이 성립한다.

$$xf_x + yf_y = rz = rf(x,\ y) \tag{7.8.5}$$

예 4 $z=f(x,\ y)=ax^{\alpha}y^{\beta}$일 때

$$f(kx,\ ky) = a(kx)^{\alpha}(ky)^{\beta} = k^{\alpha+\beta}(ax^{\alpha}y^{\beta}) = k^{\alpha+\beta}f(x,\ y)$$

따라서 이 함수는 $(\alpha+\beta)$次의 동차함수이다. 한편,

$$f_x = \alpha ax^{\alpha-1}y^{\beta}, \quad f_y = \beta ax^{\alpha}y^{\beta-1}$$

이므로

$$xf_x + yf_y = (\alpha+\beta)f(x,\ y) = (\alpha+\beta)z$$

이제까지 二變數함수에 대하여 얻은 결과는 다변수함수인 경우에도 확장할 수 있다.

함수 $u=f(x, y, \cdots, w)$가 임의의 0이 아닌 실수 k에 대하여

$$f(kx, ky, \cdots, kw) = k^r f(x,\ y,\ \cdots,\ w) = k^r u$$

를 만족시킬 때, $f(x, y, \cdots, w)$를 변수 $x, y, \cdots, w$에 관한 r차의 **同次函數**라 한다. 이 때, 다음 定理가 성립한다.

[定理 7.8.2] Euler의 定理

함수 $u=f(x, y, \cdots, w)$가 변수 $x, y, \cdots, w$에 관한 r次의 동차함수일 때, 다음이 성립한다.

$$ru = xf_x + yf_y + \cdots + wf_w$$

예 5 $u=f(x, y, z)=2x^2+3yz-z^2$ 일 때,

$$\begin{aligned} f(kx, ky, kz) &= 2(kx)^2+3(ky)(kz)-(kz)^2 \\ &= k^2(2x^2+3yz-z^2) \\ &= k^2 f(x, y, z) \end{aligned}$$

이므로, u는 x, y, z에 관한 二次의 동차함수이다.

한편, 다음 등식은 [定理 7.8.2]가 성립함을 보여준다.

$$\begin{aligned} xf_x+yf_y+zf_z &= x(4x)+y(3z)+z(3y-2z) \\ &= 2(2x^2+3yz-z^2) \\ &= 2f(x, y, z) \end{aligned}$$

練習問題 7.8

[1] 다음 함수는 동차함수인가?
그렇다면 이 함수는 몇 차의 동차함수인가?

(a) $f(x, y)=xy$

(b) $f(x, y)=(x^2-y^2)^2$

(c) $f(x, y)=x^3-xy+y^3$

(d) $f(x, y)=\dfrac{1}{x}+\dfrac{4}{y}$

(e) $f(x, y, z)=\dfrac{xy^2}{z}+2xz$

(f) $f(x, y, z)=x^4-5yz^3$

[2] 문제 1의 동차함수에 대하여, Euler定理가 성립함을 확인하여라.

7.9 生産의 理論

1. 生産函數와 限界生産物

제6장 7절에서는 고정투입물이 존재하는 단기의 생산이론을 살펴본 바 있다.

이제, 이 절에서는 모든 투입물이 가변인 장기의 생산이론을 설명해 보기로 하자.

설명을 간단히 하기 위하여 기업이 x_1과 x_2의 두 투입물만을 고용하여 산출물 q를 생산한다고 하면, 생산함수는

$$q=f(x_1,\ x_2) \tag{7.9.1}$$

와 같은 이변수함수가 되고, 그 편도함수인

$$\frac{\partial q}{\partial x_1},\quad \frac{\partial q}{\partial x_2}$$

는 각각 x_1과 x_2의 한계생산물(marginal product)을 나타낸다.

경제학에서 가장 흔히 사용하는 생산함수로는 다음과 같은 **코브-더글러스**(Cobb-Douglas) 생산함수가 있다.

$$q=Ax_1{}^{\alpha}x_2{}^{1-\alpha}\quad(0\leq\alpha\leq1) \tag{7.9.2}$$

위에서 q는 산출량을, 그리고 x_1과 x_2는 각각 생산요소를 나타낸다. 한편, A와 α는 상수인 파라미터이다. 코브-더글러스 생산함수에 있어서 생산요소 x_1과 x_2의 한계생산물을 구해 보면 다음과 같다.

$$f_1=\frac{\partial q}{\partial x_1}=\alpha Ax_1{}^{\alpha-1}x_2{}^{1-\alpha}=\alpha A\left(\frac{x_2}{x_1}\right)^{1-\alpha}$$

$$f_2=\frac{\partial q}{\partial x_2}=(1-\alpha)Ax_1{}^{\alpha}x_2{}^{-\alpha}=(1-\alpha)A\left(\frac{x_2}{x_1}\right)^{-\alpha} \tag{7.9.3}$$

이와 같이, 코브-더글러스 생산함수에 있어서 한계생산물은 투입물의 비율 x_2/x_1에만 의존한다. 한편, x와 y의 평균생산물도

$$\frac{q}{x_1}=A\left(\frac{x_2}{x_1}\right)^{1-\alpha}$$

$$\frac{q}{x_2}=A\left(\frac{x_2}{x_1}\right)^{-\alpha} \tag{7.9.4}$$

가 되어, 역시 투입량의 비율 x_2/x_1의 함수임을 알 수 있다.

식 (7.9.3)과 (7.9.4)로부터 코브-더글러스 생산함수에 있어서는 다음 관계가 성립하고 있음을 알 수 있다.

$$MP_1=\alpha AP_1$$

$$MP_2=(1-\alpha)AP_2$$

또, 코브-더글러스 생산함수에 있어서는 투입물의 양이 증가할수록 평균생산물과 한계생산물은 감소한다. 왜냐하면 $(\alpha-1)<0$ 이므로,

$$\frac{\partial}{\partial x_1}\left(\frac{q}{x_1}\right)=(\alpha-1)Ax_1^{\alpha-2}x_2^{(1-\alpha)}<0$$

$$\frac{\partial^2 q}{\partial x_1^2}=\alpha(\alpha-1)Ax_1^{\alpha-2}x_2^{(1-\alpha)}<0$$

가 되기 때문이다. x_2의 경우에도 마찬가지임을 보일 수 있다.

코브-더글러스 생산함수는 一次의 同次函數이다. 이를 보기 위하여, (7.9.2)에서 투입량을 각각 t배 하면,

$$\begin{aligned} A(tx_1)^{\alpha}(tx_2)^{1-\alpha} &= At^{\alpha}x_1^{\alpha}t^{1-\alpha}x_2^{1-\alpha} \\ &= At^{\alpha+1-\alpha}x_1^{\alpha}x_2^{1-\alpha} \\ &= t(Ax_1^{\alpha}x_2^{1-\alpha}) = tq \end{aligned}$$

가 되어 산출량도 역시 t배로 된다. 이와 같이 코브-더글러스 생산함수는 일차동차이므로 앞에서 본 바와 같이 한계생산물과 평균생산물은 두 생산요소의 비율 x_2/x_1의 함수로 나타나고, 이들은 모두 영차동차의 함수가 된다.

예 1 경제학에서는 코브-더글러스 생산함수 이외에도 다음과 같은 *CES* (constant elasticity of substitution) 생산함수를 많이 응용하고 있다.

$$q=A[\alpha x_1^{-\rho}+(1-\alpha)x_2^{-\rho}]^{-1/\rho}$$

위에서 $A>0$, $0<\alpha<1$, 그리고 ρ는 모두 파라미터인 상수이다.

이 *CES* 생산함수도 다음에 보는 바와 같이 일차의 동차함수이다.

$$A[\alpha(tx_1)^{-\rho}+(1-\alpha)(tx_2)^{-\rho}]^{-1/\rho}=tA[\alpha x_1^{-\rho}+(1-\alpha)x_2^{-\rho}]^{-1/\rho}$$

이제, *CES* 생산함수의 큰 괄호 안의 항을 m이라 놓으면,

$$q=A\cdot m^{-1/\rho}$$

가 되고, x_1의 한계생산물은 다음과 같이 연쇄법칙을 이용하여 구할 수 있다.

$$f_1=\frac{\partial q}{\partial x_1}=\frac{\partial q}{\partial m}\frac{\partial m}{\partial x_1}$$

그런데

$$\frac{\partial q}{\partial m}=A\left(-\frac{1}{\rho}\right)m^{(-1/\rho)-1}$$

$$\frac{\partial m}{\partial x_1} = -\alpha\rho x_1^{-\rho-1}$$

이므로, 이를 정리하면 다음과 같이 x_1의 한계생산물을 얻는다.

$$\frac{\partial q}{\partial x_1} = \frac{\alpha}{A^\rho}\left(\frac{q}{x_1}\right)^{\rho+1}$$

마찬가지 방법으로, x_2의 한계생산물을 다음과 같이 얻을 수 있다.

$$\frac{\partial q}{\partial x_2} = \frac{1-\alpha}{A^\rho}\left(\frac{q}{x_2}\right)^{\rho+1}$$

2. 等量曲線과 技術的 限界代替率

생산함수 $q=f(x_1, x_2)$에서 산출량이 q_0로 일정할 때, $q_0=f(x_1, x_2)$로 나타나는 방정식의 곡선을 **等量曲線**(isoquant)이라 부른다. 등량곡선은 일정한 산출량 q_0를 생산할 수 있는 x_1과 x_2의 모든 배합을 나타내 준다.

등량곡선은 각 산출량에 대하여 하나씩 존재하는데, [그림 7-5]에는 가상적인 세 개의 등량곡선이 그려져 있다. 등량곡선이 원점에서 멀리 떨어져 있으면 있을수록 그 등량곡선이 나타내는 산출량은 더 크다. 따라서 [그림 7-5]에서는 $q_3 > q_2 > q_1$이 된다.

등량곡선 위의 각 점에서의 접선의 기울기는 동일한 산출량을 생산하면서 한 생산요소를 다른 생산요소로 대체할 수 있는 율(rate)을 나타내 준다. 이 기울기의 절대값을 **技術的 限界代替率**(marginal rate of technical

[그림 7-5]

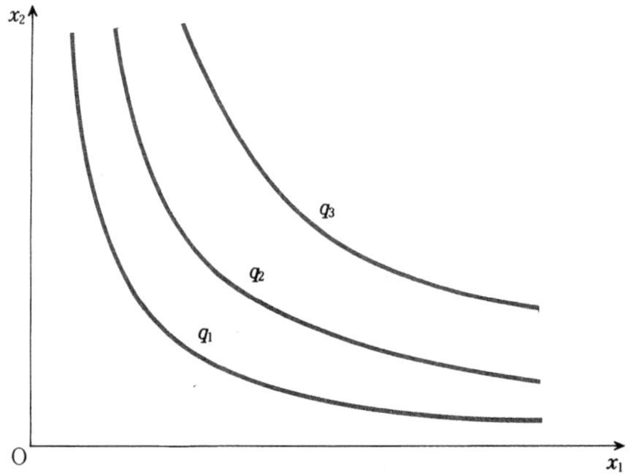

substitution)이라 부르고, 간략하게 $MRTS$라 쓴다. 즉,

$$MRTS = -\frac{dx_2}{dx_1} \tag{7.9.5}$$

한편, 생산함수 $q=f(x_1, x_2)$의 전미분은

$$dq = f_1 dx_1 + f_2 dx_2 \tag{7.9.6}$$

가 되는데, 여기서 f_1과 f_2는 각각 x_1과 x_2의 한계생산물을 나타낸다. 그런데 동일한 등량곡선 위에서 $dq=0$이므로 (7.9.6)은

$$0 = f_1 dx_1 + f_2 dx_2$$

가 된다. 따라서 기술적 한계대체율은 다음과 같이 나타낼 수 있다.

$$MRTS = -\frac{dx_2}{dx_1} = \frac{f_1}{f_2} \tag{7.9.7}$$

이와 같이, 기술적 한계대체율은 두 생산요소의 한계생산물의 비율과 같다. 이제, dx_2/dx_1를 다시 x_1에 대하여 미분하여 보면,

$$\frac{d^2x_2}{dx_1^2} = \frac{d}{dx_1}\left(-\frac{f_1}{f_2}\right) = -\frac{1}{(f_2)^2}\left(f_2\frac{df_1}{dx_1} - f_1\frac{df_2}{dx_1}\right) \tag{7.9.8}$$

가 된다.

그런데 일반적으로 f_1과 f_2는 또한 각각 x_1과 x_2의 함수이므로,

$$\frac{df_1}{dx_1} = \frac{\partial f_1}{\partial x_1}\frac{dx_1}{dx_1} + \frac{\partial f_1}{\partial x_2}\frac{dx_2}{dx_1} = f_{11} + f_{12}\left(-\frac{f_1}{f_2}\right)$$

$$\frac{df_2}{dx_1} = \frac{\partial f_2}{\partial x_1}\frac{dx_1}{dx_1} + \frac{\partial f_2}{\partial x_2}\frac{dx_2}{dx_1} = f_{21} + f_{22}\left(-\frac{f_1}{f_2}\right) \tag{7.9.9}$$

와 같이 전도함수가 구해진다.

이제, (7.9.9)를 (7.9.8)에 대입하여 풀면, $f_{12}=f_{21}$이므로

$$\frac{d^2x_2}{dx_1^2} = -\frac{1}{(f_2)^3}(f_{11}f_2^2 - 2f_{12}f_1f_2 + f_{22}f_1^2) \tag{7.9.10}$$

이 된다.

생산의 이론에서는 (7.9.10)이 양의 값을 갖는다고 가정한다. 따라서 한 등량곡선 위에서 x_1이 증가함에 따라 한계대체율이 감소하고, 등량곡선은 [그림 7-5]에서와 같이 원점을 향하여 볼록한 모양을 갖게 된다.

예 2 기술적 한계대체율을 S라 하면, 코브-더글러스 생산함수에 있어

$$S=\frac{f_1}{f_2}=\frac{\alpha A x_1^{\alpha-1}x_2^{1-\alpha}}{(1-\alpha)Ax_1^{\alpha}x_2^{-\alpha}}=\frac{\alpha}{1-\alpha}\left(\frac{x_2}{x_1}\right)$$

가 된다. 한편, CES 생산함수에 있어서는

$$S=\frac{f_1}{f_2}=\frac{\dfrac{\alpha}{A^{\rho}}\left(\dfrac{q}{x_1}\right)^{\rho+1}}{\dfrac{(1-\alpha)}{A^{\rho}}\left(\dfrac{q}{x_2}\right)^{\rho+1}}=\frac{\alpha}{1-\alpha}\left(\frac{x_2}{x_1}\right)^{\rho+1}$$

이 된다. 두 경우 모두 $\partial S/\partial x_1<0$ 임을 알 수 있다.

3. 等費線과 要素의 最適配合

생산요소 x_1과 x_2를 고용하여 산출물을 생산하는 기업의 총비용함수는

$$C=r_1x_1+r_2x_2+b$$

로 나타낼 수 있다. 위에서 r_1과 r_2는 각각 생산요소 x_1과 x_2의 가격이고, b는 고정비용을 나타낸다. **等費線**(isocost line)이란 총비용이 일정하게 주어졌을 때, 기업이 구매할 수 있는 두 생산요소의 배합을 나타내 주는 직선을 말한다. 예를 들어, 총비용이 C^0으로 주어지면,

$$C^0=r_1x_1+r_2x_2+b \tag{7.9.11}$$

로부터 등비선의 방정식

$$x_2=\frac{C^0-b}{r_2}-\frac{r_1}{r_2}x_1 \tag{7.9.12}$$

가 구해진다. [그림 7-6]에서 보는 바와 같이 등비선의 기울기의 절대값은 생산요소의 가격비 r_1/r_2과 같다.

기업의 생산의 기술적 조건을 나타내는 등량곡선과 생산의 비용조건을 나타내는 등비선이 주어지면, 일정한 총비용으로 극대의 생산물을 생산할 수 있는 두 생산요소의 배합비율이 정해지는데, 이를 **要素의 最適配合**(optimal input combination)이라 한다.

[그림 7-6]에서 보는 바와 같이 요소의 최적배합은 등비선과 등량곡선이 접하는 점에서 이루어진다. 등비선의 기울기는 r_1/r_2이고, 등량곡선의 기울기는 f_1/f_2이므로 요소의 최적배합점에서는 다음 관계가 성립한다. 여기서 기울기는 절대값을 말한다.

[그림 7-6]

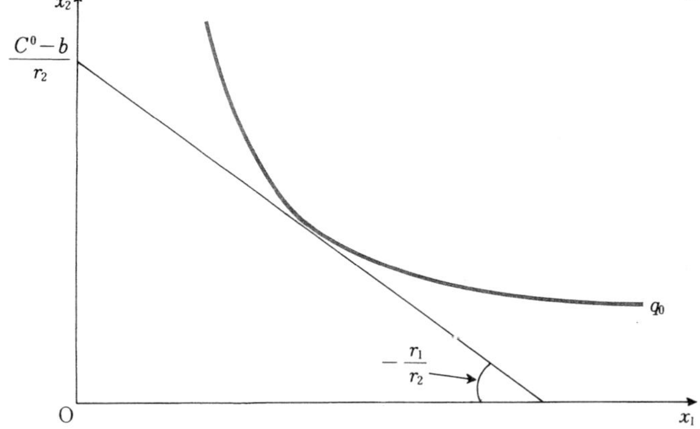

$$MRTS=\frac{r_1}{r_2}=\frac{f_1}{f_2}$$

4. 要素의 代替彈力度

생산함수의 가장 기본적인 성질은 투입물간의 **代替**(substitution)가 가능하다는 점이다. 이 투입물간의 대체의 정도를 측정하는 것이 代替彈力度이다. 한 등량곡선을 따라 하향으로 이동하면 요소배합비율(x_2/x_1)이 감소한다. 한편, 동일한 등량곡선상에서 요소배합비율이 감소하면 기술적 한계대체율($MRTS$)도 감소한다. 이 때, 기술적 한계대체율의 변화율에 대한 요소배합비율의 변화율은 **要素의 代替彈力度**(elasticity of substitution)라 부른다.

요소의 배합비율을 k라 하고 기술적 한계대체율을 S라 하면, 요소의 대체탄력도 σ는 다음과 같이 정의된다.

$$\sigma=\frac{dk/k}{dS/S}=\frac{dk}{dS}\frac{S}{k} \tag{7.9.13}$$

예 3 코브-더글러스 생산함수에 있어서는 예 2에서 본 바와 같이

$$S=\frac{\alpha}{1-\alpha}\left(\frac{x_2}{x_1}\right)$$
$$=\frac{\alpha}{1-\alpha}k$$

가 된다. 따라서

$$\frac{dS}{dk}=\frac{\alpha}{1-\alpha}$$

이다. 이 값의 역수를 (7.9.13)에 대입하면 코브-더글러스 생산함수의 대체탄력도는

$$\sigma=\frac{dk}{dS}\frac{S}{k}=\left(\frac{1-\alpha}{\alpha}\right)\left(\frac{\alpha}{1-\alpha}\right)k\left(\frac{1}{k}\right)=1$$

이 됨을 알 수 있다. 이와 같이, 코브-더글러스 생산함수는 그 대체탄력도가 항상 1이 되는 특수한 생산함수이다.

예 4 CES 생산함수의 경우에는 역시 예 2에서 본 바와 같이

$$S=\frac{\alpha}{1-\alpha}\left(\frac{x_2}{x_1}\right)^{\rho+1}=\frac{\alpha}{1-\alpha}k^{\rho+1}$$

이다. 따라서

$$\frac{dS}{dk}=(\rho+1)\left(\frac{\alpha}{1-\alpha}\right)k^{\rho}$$

이 된다. 이 값의 역수를 (7.9.13)에 대입하여 보면,

$$\sigma=\frac{dk}{dS}\frac{S}{k}=\left(\frac{1}{\rho+1}\frac{1-\alpha}{\alpha}\frac{1}{k^{\rho}}\right)\left(\frac{\alpha}{1-\alpha}\right)k^{\rho+1}\frac{1}{k}=\frac{1}{\rho+1}$$

위에서 ρ가 상수이기 때문에, CES 생산함수의 대체탄력도 σ도 일정한 상수가 된다. 이와 같이 대체탄력도가 일정하다고 하여 이 생산함수를 CES 생산함수라 부르고 있다.

---

5. Euler定理와 產出物의 配分

보다 일반적인 코브-더글러스 생산함수는 다음과 같이 쓸 수 있다.

$$q=Ax_1^{\alpha}x_2^{\beta}\quad(0<\alpha,\ \beta<1)$$

이제, 이와 같은 기술조건 아래서 생산하는 기업이 두 요소 x_1과 x_2에 대한 보수로 각각 그 한계생산물을 지급할 때, 두 생산요소 사이에 산출물의 분배가 어떻게 이루어지는가를 알아보자.

우선 x_1의 분배분을 y_1이라 하면, 이는 x_1의 고용량에 x_1의 한계생산물을 곱한 것과 같다. 즉,

$$y_1=\frac{\partial q}{\partial x_1}x_1=A\alpha x_1^{\alpha-1}x_2^{\beta}x_1=A\alpha x_1^{\alpha}x_2^{\beta}=\alpha q \tag{7.9.14}$$

가 된다. 따라서 $y_1/q=\alpha$가 되어 항상 산출물의 x_1에 대한 배분비율은 생산함수의 파라미터 α와 동일하게 된다. 마찬가지로, x_2의 분배분을 y_2라고 하면,

$$y_2=\frac{\partial q}{\partial x_2}x_2=A\beta x_1{}^{\alpha}x_2{}^{\beta-1}x_2=A\beta x_1{}^{\alpha}x_2{}^{\beta}=\beta q \tag{7.9.15}$$

가 된다. 따라서 $y_2/q=\beta$로 x_2의 분배비율도 β로 일정하다.

두 요소에 분배된 소득의 합을 y라 하면, (7.9.14)와 (7.9.15)로부터

$$y=y_1+y_2=\alpha q+\beta q=(\alpha+\beta)q$$

가 된다. 따라서 만약 $\alpha+\beta=1$이면 $y=q$가 되고, 따라서 산출량 q는 생산에 참여한 두 생산요소에 모두 완전히 분배된다. 그리고 $\alpha+\beta=1$일 때에는 코브-더글러스 생산함수는 일차의 동차함수가 되고, 이 때

$$q=\frac{\partial q}{\partial x_1}x_1+\frac{\partial q}{\partial x_2}x_2 \tag{7.9.16}$$

가 되어 **Euler 定理**가 성립하고 있음을 알 수 있다.

그러나 만약 $\alpha+\beta<1$이면, $y<q$가 되어 각 생산요소가 그 한계생산물을 소득으로 분배받아도 剩餘(surplus)가 남게 된다. 한편, $\alpha+\beta>1$이면, $y>q$가 되어 각 생산요소는 그 한계생산물을 소득으로 분배받을 수가 없게 된다.

練習問題 7.9

[1] 생산함수가 다음과 같이 주어질 때, $x_1=1$, $x_2=1$에서의 한계생산물을 구하여라.

(a) $q=4x_1x_2-x_1^2-3x_2$ (b) $q=25-\dfrac{1}{x_1}-\dfrac{1}{x_2}$

[2] 다음 생산함수들은 각각 몇 次의 동차함수인지 설명하여라.

(a) $q=3x_1^3+5x_1x_2^2+x_2^3$

(b) $q=\dfrac{14}{x_1}-\dfrac{20}{x_2}$

(c) $q=25x_1^6-x_1^2x_2^4$

[3] 생산함수가 다음과 같이 주어졌다고 하자.

$$q = A(x_1^{\alpha} + x_2^{\alpha}) \qquad (\alpha > 1)$$

(a) 이 생산함수의 기술적 한계대체율을 나타내어라.

(b) 이 생산함수의 기술적 한계대체율이 체감하고 있음을 보여라.

(c) 이 생산함수에 있어 요소의 대체탄력도를 구하여라.

7. 10 乘數의 理論

1. 誘導型方程式과 乘數

제3장에서 설명한 여러 가지 승수는 수학적으로 말하면 微分商(differential quotient), 즉 두 미분(differential)의 비율과 같다. 이를 가계와 기업만이 존재하는 가장 간단한 거시경제모델을 예로 들어 설명하여 보자.

식 (3.2.14)에서 본 바와 같이 단순한 거시경제의 균형소득은

$$Y = \frac{a}{1-c} + \frac{I}{1-c} \tag{7.10.1}$$

로 결정된다. 이 때, 소득에 대한 투자승수는 a를 상수로 보고 Y를 I에 관하여 미분함으로써 구해진다. 즉,

$$\frac{dY}{dI} = \frac{1}{1-c} \tag{7.10.2}$$

한편, 전미분의 방법을 이용하여 투자승수를 다음과 같이 구할 수도 있다. 즉, (7.10.1)로부터

$$dY = \frac{da}{1-c} + \frac{dI}{1-c}$$

를 얻는다. 이 때, $da=0$이라 하고, 양변을 dI로 나누면,

$$\frac{dY}{dI} = \frac{1}{1-c} \tag{7.10.3}$$

로 투자승수가 구해진다. 그런데 (7.10.3)에서의 투자승수는 dY와 dI라는 두 미분의 비율로 나타낸 것이고, (7.10.2)에서의 투자승수 dY/dI는 미분상으로 나타낸 것이다.

앞에서는 소득 Y에 대한 승수만을 설명했는데, 승수란 소득뿐만 아니라 거시경제모델의 다른 모든 내생변수에 대해서도 정의할 수 있다. 예를 들어, 간단한 거시경제모델에 있어서 소비는 (3.2.15)에서 본 바와 같이

$$C=\frac{a}{1-c}+\frac{c}{1-c}I \tag{7.10.4}$$

로 결정된다. 따라서 소비에 대한 투자승수는 C를 I에 관하여 미분함으로써 구해진다. 즉,

$$\frac{dC}{dI}=\frac{c}{1-c} \tag{7.10.5}$$

또는 (7.10.4)로부터 전미분을 구한 다음에, $da=0$로 놓고 양변을 dI로 나누면 두 미분의 비율로서 소비에 대한 승수 (7.10.5)를 얻는다.

제3장 2절에서 설명한 바와 같이, (7.10.1)과 (7.10.4)는 간단한 거시경제모델의 誘導型方程式들이다. 따라서 승수란 유도형방정식을 외생변수에 관하여 미분하거나 또는 유도형방정식으로부터 전미분을 구한 다음에 외생변수의 미분으로 양변을 나눔으로써 구할 수 있다는 것을 알 수 있다.

2. 均衡豫算乘數

정부의 경제활동이 존재하고 조세가 定額稅(lump-sum tax)인 거시경제모델의 균형소득은 제3장 3절에서 본 바와 같이,

$$Y=\frac{a-cT+I+G}{1-c} \tag{7.10.6}$$

로 결정된다. 이 때, 투자, 정부지출 및 조세에 대한 승수는 각각

$$\frac{dY}{dI}=\frac{dY}{dG}=\frac{1}{1-c}$$

$$\frac{dY}{dT}=\frac{-c}{1-c}$$

와 같다.

제3장에서 이미 설명한 바와 같이 정액세만이 존재하는 경우에는

$$\frac{dY}{dG}+\frac{dY}{dT}=\frac{1}{1-c}+\frac{-c}{1-c}=1 \tag{7.10.7}$$

이 되어 균형예산승수가 1 이 된다는 것을 알 수 있다. 한편, (7.10.6)으로부터 전미분을 구하면,

$$(1-c)dY = da - cdT + dI + dG \tag{7.10.8}$$

를 얻는다. 이 때, 만약 $da = dT = dG = 0$ 이면

$$(1-c)dY = dI$$

가 되고, 이를 정리하면 두 미분의 비율로서의 투자승수를 얻을 수 있다. 즉,

$$\frac{dY}{dI} = \frac{1}{1-c}$$

그런데 (7.10.8)에서 $da = dI = 0$ 이고, $dT = dG$ 이면,

$$\begin{aligned}(1-c)dY &= -cdT + dG \\ &= -cdG + dG \\ &= (1-c)dG\end{aligned}$$

따라서 $dY = dG$ 가 되어 역시 균형예산승수는 1 이라는 것을 알 수가 있다.

조세가 소득에 비례할 때, 거시경제모델의 균형소득은 역시 제3장 3절에서 본 바와 같이 다음과 같이 결정된다.

$$Y = \frac{a+I+G}{1-c(1-t)} \tag{7.10.9}$$

위에서 I를 상수로 보고 Y를 G에 관하여 미분하면,

$$\frac{dY}{dG} = \frac{1}{1-c(1-t)} \tag{7.10.10}$$

로 정부지출승수가 구해진다. 한편, I와 G를 상수로 보고 Y를 t에 관하여 미분하면,

$$\frac{dY}{dt} = \frac{-(a+I+G)c}{\{1-c(1-t)\}^2} = \frac{-cY}{1-c(1-t)} \tag{7.10.11}$$

로 **租稅率乘數**(tax rate multiplier)가 구해진다.

그런데 조세가 비례소득세인 경우에는 균형예산승수는 정액세의 경우와 같이 (7.10.10)과 (7.10.11)을 단순히 더함으로써 얻어지지는 않는다. 왜냐하면, 균형예산(balanced budget)이란 $dG = dT$ 임을 말하기 때문에, 균형

예산승수를 구하기 위해서는 먼저 조세율 t가 변화할 때 조세 T가 어떻게 변화하는지를 알아야 하기 때문이다. 이를 보기 위하여 조세함수 $T=tY$로부터 먼저

$$dT=t(dY)+Y(dt) \tag{7.10.12}$$

를 얻는다. 다음에 균형예산조건인 $dG=dT$를 (7.10.12)에 대입하면,

$$dG=t(dY)+Y(dt)$$

가 되고, 따라서

$$dt=\frac{dG-t(dY)}{Y} \tag{7.10.13}$$

식 (7.10.13)은 정부지출이 dG만큼 변화할 때, $dT=dG$가 되도록 하기 위해서 조세율이 얼마나 변화해야 하는지를 보여주고 있다. 한편, (7.10.9)로부터

$$\{1-c(1-t)\}dY=dG-cY(dt)$$

을 얻는다. 이제, (7.10.13)으로부터 구한 dt를 윗식에 대입하면,

$$dY=dG$$

가 되어 비례소득세의 경우에도 균형예산승수는 역시 1이 된다.

3. 非線型巨視모델과 乘數

제3장과 제5장 7절, 그리고 이 절에서는 모든 방정식이 線型인 거시모델만을 보아 왔다. 그러나 이제 미분법과 편미분법을 배웠으므로 거시모델을 반드시 線型으로만 다룰 필요는 없다. 화폐시장을 포함한 일반적인 거시경제모델을 非線型으로 나타내면 아래 표의 오른쪽과 같은데, 비교를 위하여 線型모델도 왼쪽에 같이 표시되어 있다.

여기서 보는 바와 같이 非線型모델은 線型모델의 단순한 연장(extension)에 지나지 않는다. 그러나 非線型모델에 대하여 다음 사실을 유의해야 한다. 즉, 非線型모델의 편도함수에 대한 부호의 제약은 線型모델의 파라미터에 대한 부호의 제약과 동일하지만, 그 값은 線型모델의 경우와 같이 항상 동일한 것이 아니고 경제의 상황에 따라 변화한다.

線型모델	非線型모델
(1) 行動方程式	
$C=C(Y-T)$	$C=C(Y-T)$
$T=tY$	$T=T(Y)$
$G=G_0$	$G=G_0$
$I=b+gr$	$I=I(r)$
$M^D=d+eY+fr$	$M^D=L(Y, r)$
$M^S=M_0$	$M^D=M_0$
(2) 均衡條件	
$Y=C+I+G$	$Y=C+I+G$
$M^D=M^S$	$M^D=M^S$
(3) 符號에 대한 制約	
$0<c, t<1$	$0<C_{Y-T}, T_Y<1$
$g<0<b$	$I_r<0$
$f<0<d, e$	$L_r<0<L_Y$

그런데 非線型모델과 線型모델의 가장 큰 차이는 非線型모델에 있어서는 線型모델과 같은 誘導型方程式이 존재하지 않는다는 것이다. 따라서 승수를 유도형방정식으로부터 직접 구할 수는 없다. 다시 말하면, 승수는 두 미분의 비율로서만 정의된다. 이를 보기 위해 非線型모델의 행동방정식을 각 균형조건에 대입하면,

$$Y=C\{Y-T(Y)\}+I(r)+G_0 \tag{7.10.14}$$

$$L(Y, r)=M_0 \tag{7.10.15}$$

의 두 방정식이 구해진다. 이 두 방정식으로부터 전미분을 구하고, 내생변수를 왼쪽에 그리고 외생변수를 오른쪽에 모으면,

$$dY-C_{Y-T}(1-T_Y)dY-I_rdr=dG_0 \tag{7.10.16}$$

$$L_YdY+L_rdr=dM_0 \tag{7.10.17}$$

을 얻는다. 한편, 이를 행렬로 나타내면 다음과 같다.

$$\begin{bmatrix} 1-C_{Y-T}(1-T_Y) & -I_r \\ L_Y & L_r \end{bmatrix}\begin{bmatrix} dY \\ dr \end{bmatrix}=\begin{bmatrix} dG_0 \\ dM_0 \end{bmatrix} \tag{7.10.18}$$

여기서

$$A=\begin{bmatrix} 1-C_{Y-T}(1-T_Y) & -I_r \\ L_Y & L_r \end{bmatrix}, \quad dy=\begin{bmatrix} dY \\ dr \end{bmatrix}, \quad dz=\begin{bmatrix} dG_0 \\ dM_0 \end{bmatrix}$$

라 하고, Cramer의 공식을 이용하여 (7.10.18)을 풀어 보자.

먼저, $|A|=\Delta$라 하고, Δ_Y를 A의 첫째 열을 dz로 대체한 행렬식이고, Δ_r을 A의 둘째 열을 dz로 대체한 행렬식이라고 하면, Cramer의 공식에 의해

$$dY=\frac{\Delta_Y}{\Delta} \qquad dr=\frac{\Delta_r}{\Delta}$$

이 된다. 그런데 (7.10.18)로부터

$$\Delta=\begin{vmatrix} 1-C_{Y-T}(1-T_Y) & -I_r \\ L_Y & L_r \end{vmatrix}=\{1-C_{Y-T}(1-T_Y)\}L_r+L_YI_r$$

$$\Delta_Y=\begin{vmatrix} dG_0 & -I_r \\ dM_0 & L_r \end{vmatrix}=L_rdG_0+I_rdM_0$$

$$\Delta_r=\begin{vmatrix} 1-C_{Y-T}(1-T_Y) & dG_0 \\ L_Y & dM_0 \end{vmatrix}=\{1-C_{Y-T}(1-T_Y)\}dM_0-L_YdG_0$$

가 구해진다. 따라서 $dY=\Delta_Y/\Delta$는

$$dY=\frac{L_r}{\{1-C_{Y-T}(1-T_Y)\}L_r+L_YI_r}dG_0 + \frac{I_r}{\{1-C_{Y-T}(1-T_Y)\}L_r+L_YI_r}dM_0$$

로 구해진다. 이 때, 만일 정부지출 G 이외의 파라미터들은 변하지 않는다고 하면 $dM_0=0$가 되고, 따라서

$$dY=\frac{1}{1-C_{Y-T}(1-T_Y)+(L_YI_r)/L_r}dG_0$$

를 얻을 수 있다. 이제, 윗식의 양변을 dG_0로 나누면,

$$\frac{dY}{dG_0}=\frac{1}{1-C_{Y-T}(1-T_Y)+(L_YI_r)/L_r} \tag{7.10.19}$$

와 같이 정부지출승수를 구할 수 있다.

한편, 만약 통화량 이외의 모든 파라미터의 값이 변하지 않는다고 하면, $dG_0=0$가 되므로

$$dY=\frac{I_r/L_r}{1-C_{Y-T}(1-T_Y)+(L_YI_r)/L_r}dM_0$$

를 얻을 수 있고, 윗식의 양변을 dM_0로 나누면,

$$\frac{dY}{dM_0}=\frac{I_r/L_r}{1-C_{Y-T}(1-T_Y)+(L_YI_r)/L_r} \tag{7.10.20}$$

과 같이 통화량승수를 구할 수 있다. 그리고 마찬가지 방법으로 다른 외생변수에 대한 승수를 얻을 수 있다.

그런데 非線型 거시경제모델의 두 방정식 (7.10.14)와 (7.10.15)는 각각 제3장 4절에서 설명한 *IS*곡선과 *LM*곡선의 방정식이다. 그러므로 (7.10.16)과 (7.10.17)로부터 이 두 곡선의 기울기를 구할 수 있다. 먼저 (7.10.16)에서 $dG_0=0$ 으로 놓으면,

$$dY\{1-C_{Y-T}(1-T_Y)\}=I_rdr$$

이 되고, 따라서

$$\left(\frac{dr}{dY}\right)_{IS}=\frac{1-C_{Y-T}(1-T_Y)}{I_r} \tag{7.10.21}$$

가 된다. 그런데 $0<C_{Y-T}$, $T_Y<1$ 이고 $I_r<0$ 이므로 *IS*곡선의 기울기는 陰이 된다는 것을 알 수 있다. 또, (7.10.17)에서 $dM_0=0$ 으로 놓으면

$$L_YdY=-L_rdr$$

이 되고, 따라서

$$\left(\frac{dr}{dY}\right)_{LM}=-\frac{L_Y}{L_r} \tag{7.10.22}$$

가 되며, $L_Y>0$ 이고 $L_r<0$ 이므로 *LM*곡선의 기울기는 陽이 된다.

4. 巨視經濟政策의 相對的 效率性

지금까지 설명한 非線型모델의 승수로부터 거시경제정책인 **財政政策**(fiscal policy)과 **金融政策**(monetary policy)의 상대적 효율성에 대하여 생각해 볼 수 있다. 이를 위해서, 우선 팽창적인 재정정책 또는 금융정책을 시행하는 경우 *IS*곡선 또는 *LM*곡선이 어떻게 이동하는가를 살펴볼 필요가 있다.

먼저, 정부지출의 재원을 公債를 발행하여 마련한다고 하면, 통화량은 일정하고 정부지출만이 증가하므로 *IS*곡선은 [그림 7-7]에서 보는 바와 같이 IS_0 에 IS_1 으로 이동한다. 이 때, 만약 이자율이 r_0 에서 불변이라면, [그림 7-7]에서 보는 바와 같이 소득은 Y_2 로 증가할 것이다. 그러나 소득이 증가하면, 소득의 증가함수인 화폐수요 또한 증가하므로 이자율이 상승한

[그림 7-7]

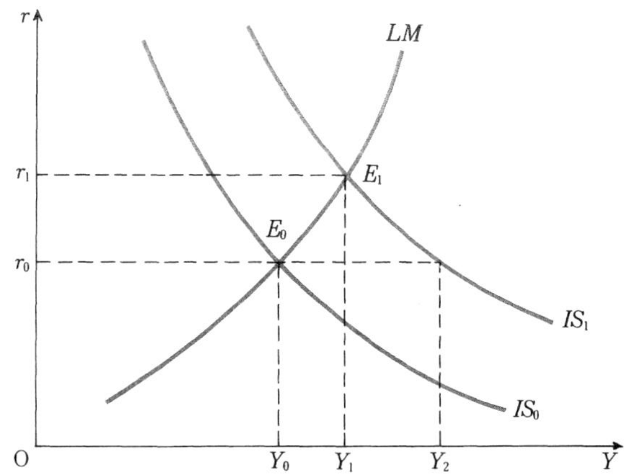

다. 이와 같이, 이자율이 상승하면 이자율의 감소함수인 투자가 감소하게 되므로, 소득은 Y_2에서 Y_1으로 다시 감소하게 되어 새로운 균형은 E_1에서 이루어진다.

이와 같이, 화폐부문이 도입된 거시경제모델에서 정부지출이 증가하면 이자율이 상승하게 되어 투자가 감소하는 현상을 **밀어내기效果**(crowding out effect)라 하는데, 이는 지금까지 살펴본 승수이론으로부터 쉽게 알아볼 수 있다.

먼저 화폐부문을 도입하지 않은 경우 (7.10.14)에서 투자는 이자율의 함수가 아니라 외생적으로 주어지는 것으로 나타나므로, (7.10.14)를 전미분하면,

$$dY = C_{Y-T}(1-T_Y)dY + dI + dG_0$$

이 된다. 따라서 $dI=0$라 하면,

$$dY = C_{Y-T}(1-T_Y)dY + dG_0$$

가 되므로, 정부지출승수는 다음과 같이 구할 수 있다.

$$\frac{dY}{dG_0} = \frac{1}{1-C_{Y-T}(1-T_Y)} \qquad (7.10.23)$$

그런데 화폐부문을 도입한 경우의 정부지출승수는 (7.10.19)에서

$$\frac{dY}{dG_0} = \frac{1}{1-C_{Y-T}(1-T_Y)+(L_Y I_r)/L_r} \qquad (7.10.19)$$

[그림 7-8]

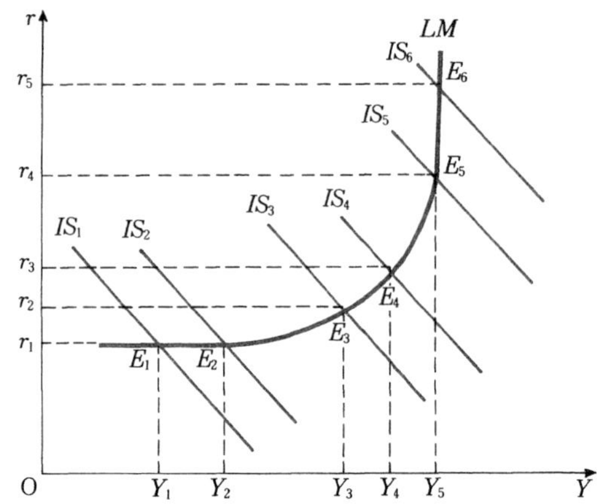

가 됨을 보았다. 따라서 (7.10.23)과 (7.10.19)를 비교할 때, 화폐부문을 도입하여 투자가 이자율의 함수가 되는 경우의 정부지출승수는 분모의 $(L_Y I_r)/L_r$항 때문에 화폐부문을 도입하지 않은 경우의 승수보다 작아짐을 알 수 있다. 즉, (7.10.19)의 분모에서 $(L_Y I_r)/L_r$항의 크기가 밀어내기효과의 크기를 결정하는 것이다.

이 때, 주목할 것은 밀어내기효과의 크기를 결정하는 항 $(L_Y I_r)/L_r$에서 $-L_Y/L_r$은 *LM*곡선의 기울기라는 것이다. 따라서 (7.10.19)의 정부지출승수는 *LM*곡선의 기울기와 역의 관계가 있음을 알 수 있다. 다시 말하면, *LM*곡선의 기울기가 작으면 작을수록 $-L_Y/L_r \to 0$이 되어 (7.10.19)의 분모에서 $(L_Y I_r)/L_r$의 값은 0에 접근하므로, 승수는 점차 커지게 되어 (7.10.23)의 화폐부문이 존재하지 않는 경우의 승수로 접근하게 된다. 그리고 *LM*곡선의 기울기가 점차로 커지게 되는 경우, $-L_Y/L_r \to \infty$가 되어 (7.10.19)의 분모가 ∞로 접근하게 되므로, 정부지출승수는 점차 작아져서 결국은 0가 된다.

이와 같은 정부지출승수의 크기와 *LM*곡선의 기울기와의 관계는 [그림 7-8]에서 쉽게 볼 수 있다. 즉, [그림 7-8]에서 경제가 처음 E_1에 있을 때, 정부지출을 ΔG만큼 증가시키면 IS_1은 IS_2로 이동하고 소득은 $Y_2 - Y_1$만큼 증가한다. 그리고 경제가 E_3에 있다면 ΔG만큼의 정부지출의 증가에 따라 $Y_4 - Y_3$만큼의 소득이 증가하며, 경제가 E_5에 있을 때에는 정부지출이 증가한다 해도 소득은 증가하지 않고 이자율만 r_4에서 r_5로 상승하게

[그림 7-9]

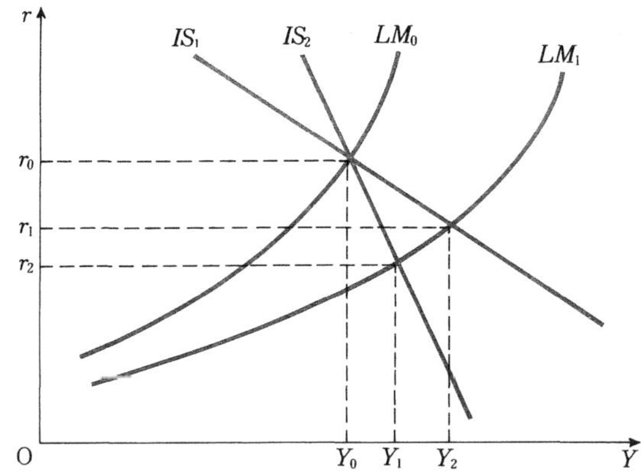

된다. 따라서 *LM*곡선의 기울기가 크면 클수록 재정정책의 효과는 작아진다는 것을 알 수 있다.

이제 마찬가지 방법으로 금융정책의 효율성은 *IS*곡선의 기울기에 의해 결정된다는 것을 보일 수 있다. 먼저 통화량이 ΔM만큼 증가하면 [그림 7-9]에서 LM_0는 LM_1으로 이동한다. 따라서 만약 *IS*곡선이 IS_1이라면 이자율은 r_1으로 하락하고 소득은 Y_2로 증가한다. 그러나 만약 *IS*곡선이 IS_2라 하면 이자율은 r_2로 하락하고 소득은 Y_1으로 증가하게 되나, $r_2 < r_1$, $Y_1 < Y_2$가 되므로 *IS*곡선의 기울기의 절대값이 작으면 작을수록 금융정책의 효과는 크게 나타나고, 따라서 (7.10.20)의 통화량승수

$$\frac{dY}{dM_0} = \frac{I_r/L_r}{1 - C_{Y-T}(1-T_Y) + (L_Y I_r)/L_r}$$

또한 커지게 된다. 그런데 *IS*곡선의 기울기의 절대값이 작다는 것은 *IS*곡선의 기울기를 나타내는 (7.10.21)에서 I_r의 절대값이 크다는 것을 의미하고, 만일 $I_r \to \infty$이면 (7.10.21)에서 *IS*곡선의 기울기는 0가 되며, 그 때의 *IS*곡선은 수평으로 나타난다. 그리고 이 때 (7.10.20)의 통화량승수는 최대가 되며, 그 값은

$$\lim_{I_r \to \infty}\left(\frac{dY}{dM_0}\right) = \frac{1}{L_Y}$$

이 된다. 또, 만일 *IS*곡선이 수직으로 나타나는 경우 (7.10.21)에서 $I_r = 0$가 됨을 알 수 있고, 만일 $I_r \to 0$이면 (7.10.20)에서

$$\lim_{Ir\to 0}\left(\frac{dY}{dM_0}\right)=0$$

가 됨을 알 수 있다.

練習問題 7.10

[1] 다음과 같은 성질을 갖는 거시경제모델을 방정식으로 나타내어라.

(a) 소비는 소득의 함수이다.

(b) 투자는 이자율의 함수이다.

(c) 기타의 지출은 모두 외생적으로 결정된다.

(d) 화폐에 대한 수요는 오직 소득에만 의존한다.

(e) 통화량은 외생적으로 결정되고 일정하다.

[2] 거시경제모델이 다음과 같이 주어져 있다.

$$C=0.8(Y-T)$$
$$T=0.25Y$$
$$I=400-20r$$
$$G=500$$
$$M^D=0.25Y-30r$$
$$M^S=350$$

(a) IS곡선의 정의를 내리고, IS곡선의 방정식을 구하여라.

(b) LM곡선의 정의를 내리고, LM곡선의 방정식을 구하여라.

(c) 균형소득과 균형이자율을 구하여라.

(d) 투자승수, 정부지출승수, 조세율승수 및 통화량승수를 각각 구하여라.

(e) 위의 모델을 통해 화폐시장이 도입된 경우에도 균형예산승수가 1이 되는가를 설명하여 보아라.

[3] 본문의 線型 및 非線型 거시경제모델에서 IS곡선과 LM곡선의 기울기를 결정하는 요인과 IS곡선과 LM곡선을 이동시키는 요인을 각각 구분하고, 그 값이 각각 변할 때 IS곡선과 LM곡선에 어떤 영향을 미치게 되는지를 설명하여 보아라.

제 8 장

一變數函數의 極大와 極小

8.1 函數의 極大값과 極小값
8.2 平均値定理
8.3 極値判定法
8.4 曲線의 오목·볼록과 볼록函數
8.5 函數의 Taylor 展開式*
8.6 平均量과 限界量
8.7 消費者均衡 I
8.8 企業의 均衡 I
8.9 租稅收入의 極大化

제 8 장　一變數函數의 極大와 極小

경제학이나 경영학에서 다루는 많은 문제들은 극대 및 극소와 관계가 있다. 예를 들어, 소비자는 효용을 극대화하거나 지출을 극소화하고자 하며, 기업은 이윤을 극대화하거나 비용을 극소화하려고 한다.

이 장에서는 제6장에서 배운 미분법을 이용하여 일변수함수의 극대와 극소에 대해 알아보기로 하자.

8.1　函數의 極大값과 極小값

함수 $f(x)$가 한 점 c를 포함하는 구간에서 정의되어 있다고 하자. 이 구간의 모든 x에 대하여

$$f(x) \leq f(c)$$

가 성립할 때, $f(c)$를 이 구간에서의 $f(x)$의 **最大값**(absolute maximum value)이라 한다. 또, 이와 반대로 이 구간의 모든 x에 대하여

$$f(c) \leq f(x)$$

가 성립할 때, $f(c)$를 이 구간에서의 $f(x)$의 **最小값**(absolute minimum value)이라 한다.

예를 들어, 함수 $f(x)=x^3$는 폐구간 $[0, 1]$에서 최대값 $f(1)=1$과 최소값 $f(0)=0$을 갖는다.

그러나 이 함수는 구간 $[0, 1)$에서 최대값은 갖지 않으나 최소값 $f(0)=0$을 갖는다. 또, 이 함수는 구간 $(0, 1]$에서 최대값 $f(1)=1$을 갖지만 최소값을 갖지 않는다.

다음 정리는 어떤 함수가 최대값과 최소값을 가질 조건을 보여주고 있다.

[그림 8-1]

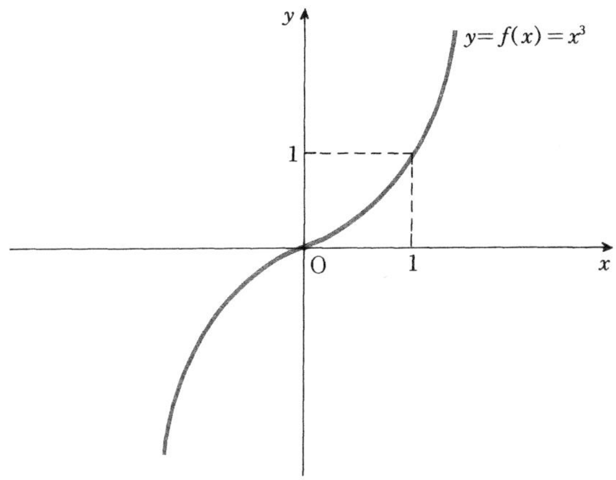

[定理 8.1.1]

함수 $f(x)$가 폐구간 $[a, b]$에서 연속이면, 이 함수는 $[a, b]$에서 최대값과 최소값을 갖는다.

이 定理에서 폐구간이라는 조건이 없으면, 이 定理는 성립하지 않는다. 예를 들면, 함수

$$f(x)=\frac{1}{x}$$

은 구간 $(0, 1)$에서 연속이지만, 이 구간에서 최대값도 최소값도 갖지 않는다([그림 8-2] 참조).

[그림 8-2]

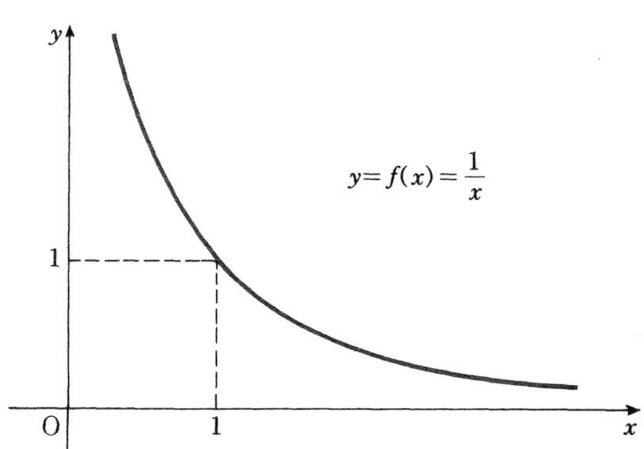

[그림 8-3]

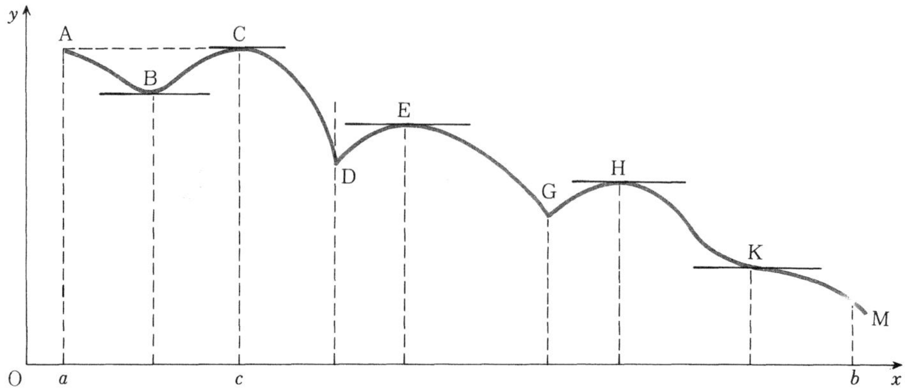

일반적으로, 연속함수의 그래프는 끊기지 않고 갑작스럽게 뛰지도 않는다. 이제, 폐구간 $[a, b]$에서 연속인 함수 $f(x)$의 그래프가 [그림 8-3]과 같다고 하자. 분명히, 점 A와 점 C는 이 곡선에서 가장 높은 점이고, 점 M은 가장 낮은 점이다. 따라서 점 A 또는 점 C의 y좌표, 즉 $f(a)$ 또는 $f(c)$는 폐구간 $[a, b]$에서의 $f(x)$의 극대값이고, 또 점 M의 y좌표, 즉 $f(b)$는 이 구간에서의 $f(x)$의 최소값이다.

한편, 점 C, E, H들은 이들 각각에 아주 가까운 곡선 위의 모든 점들보다 높은 점이다. 이와 같은 점들의 y좌표를 함수 $f(x)$의 **極大값**이라 한다. 마찬가지로, B, D, G는 이들 각각에 아주 가까운 곡선 위의 모든 점들보다 낮은 점이다. 이러한 점들의 y좌표를 함수 $f(x)$의 **極小값**이라 한다. 이제 극대값과 극소값을 좀더 정확히 정의하기로 한다.

함수 $f(x)$가 어떤 구간에서 정의되어 있고, 또 c가 이 구간 안의 한 점이라 하자.

충분히 작은 양수 $\delta>0$에 대하여

$$c-\delta<x<c+\delta \Longrightarrow f(x)\leq f(c)$$

가 성립할 때, 이 함수는 $x=c$에서 **極大값**(relative maximum value) $f(c)$를 갖는다고 말하고, 점 $(c, f(c))$를 **極大點**이라 한다([그림 8-4] 참조).

또, 충분히 작은 양수 $\delta>0$에 대하여

$$c-\delta<x<c+\delta \Longrightarrow f(c)\leq f(x)$$

[그림 8-4]

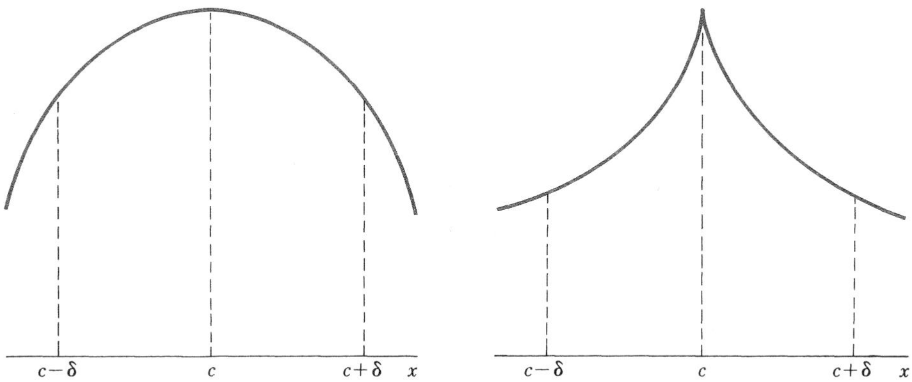

[그림 8-5]

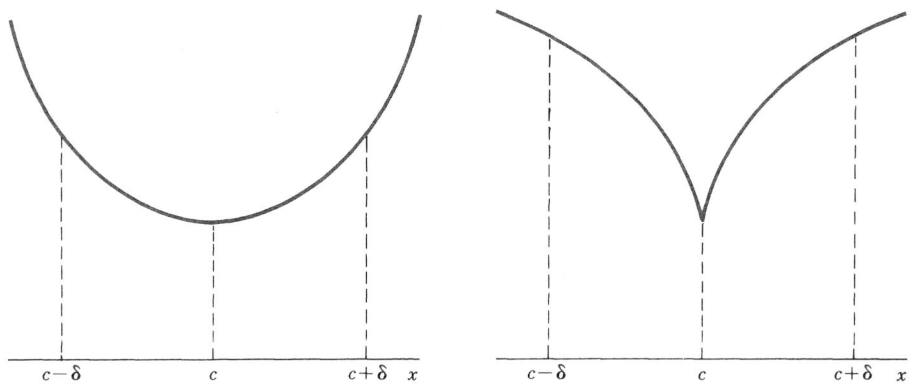

가 성립할 때, 이 함수는 $x=c$에서 **極小값**(relative minimum value) $f(c)$를 갖는다고 말하고 점 $(c,\ f(c))$를 **極小點**이라 한다([그림 8-5] 참조). 또한, 極大값과 極小값을 통틀어 **極値**(extremum value)라 하고, 極大點과 極小點을 통틀어 **極値點**이라 한다.

[그림 8-6]에서, 점 C는 극대점이고 점 D는 극소점이다. 또 이들 점에서의 곡선에 대한 접선의 기울기는 0이다. 즉, $f'(c)=0,\ f'(d)=0$이다. [그림 8-6]에서 점 E는 극대점이지만, $f'(e)$는 존재하지 않는다. 이 사실로부터 다음 定理가 성립함을 알 수 있다.

[그림 8-6]

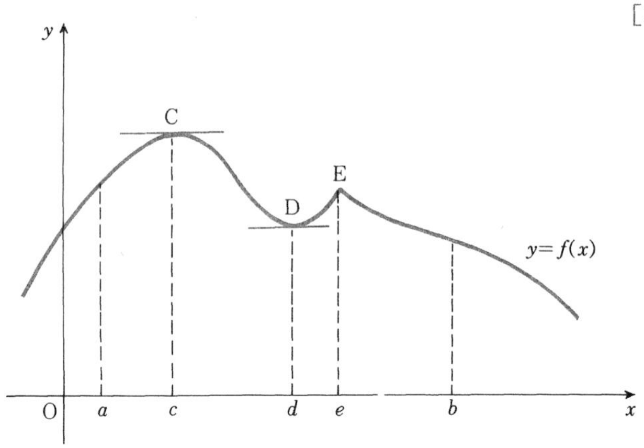

[定理 8.1.2]

함수 $f(x)$가 개구간 (a, b)에서 연속이고, 이 구간 안의 점 c에서 $f(x)$가 극대값 또는 극소값을 갖는다면, $f'(c)=0$ 이거나 또는 $f'(c)$의 값이 존재하지 않는다.

일반적으로, 함수 $f(x)$의 정의역에 속하는 점 c에서 $f'(c)=0$ 이거나 또는 $f'(c)$가 존재하지 않을 때, c를 함수 $f(x)$의 **臨界값**(critical value)이라 하고, 점 $(c, f(c))$를 **臨界點**(critical point)이라 한다.

예 1 $f(x)=x^3-3x+1$ 일 때, $f'(x)=3x^2-3$ 이다.
한편, 방정식

$$f'(x)=3x^2-3=0$$

의 근은 $x=1$, $x=-1$ 이므로, $f(x)$의 임계값은 $x=1$, $x=-1$ 이고 임계점은 $(1, -1)$, $(-1, 3)$이다.

일반적으로, 극대값과 최대값은 서로 일치하지 않는다. 어떤 구간에서의 함수 $f(x)$의 최대값을 구하려면, 먼저 극대값을 모두 구한 다음에 구간의 양 끝점에서의 함수값과 이들 극대값을 비교하여 가장 큰 값을 택하면 된다. 최소값도 마찬가지 방법으로 구한다.

[그림 8-7]

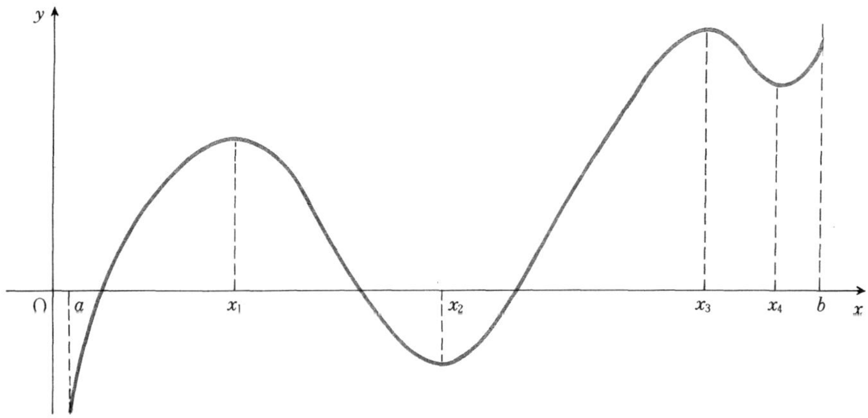

예를 들면, [그림 8-7]에서 함수 $f(x)$의 폐구간 $[a, b]$에서의 극대값은 x_1, x_3에서의 함수값 $f(x_1)$, $f(x_3)$이다. 따라서 최대값은 $f(x_3)$가 된다. 또, 이 함수의 극소값은 x_2, x_4에서의 함수값 $f(x_2)$, $f(x_4)$이지만, 이 함수의 최소값은 $f(a)$이다.

8. 2 平均値定理

이 절에서는 微積分學에서 가장 기본적인 정리인 Rolle의 定理와 平均値定理를 공부하기로 한다.

[定理 8.2.1] Rolle의 定理

함수 $f(x)$가 폐구간 $[a, b]$에서 연속이고, 개구간 (a, b)에서 미분가능하다고 하자. 이 때, $f(a)=f(b)$이면 $f'(z)=0$으로 되는 점 z가 구간 (a, b) 안에 적어도 하나 존재한다.

위의 定理에서, 함수 $f(x)$가 폐구간 $[a, b]$에서 연속이고 $f(a)=f(b)$이라 할지라도 개구간 (a, b)에서 $f(x)$가 미분가능하지 않으면, [그림 8-9]에서 보는 바와 같이, Rolle의 定理는 성립하지 않는다.

다음에 증명할 **平均値定理**는 사실 Rolle의 定理의 확장이다.

[그림 8-8]

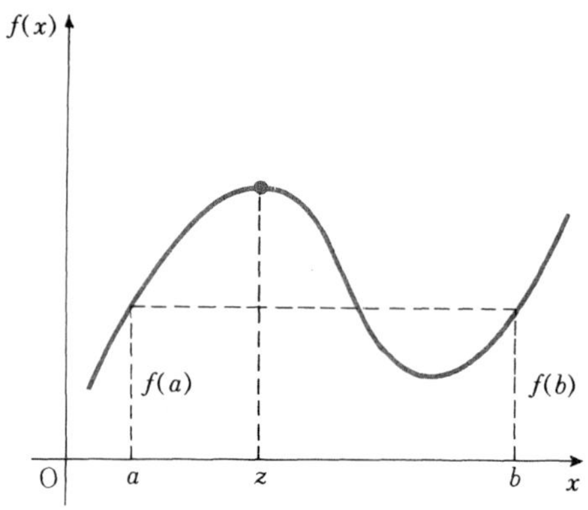

[그림 8-9]

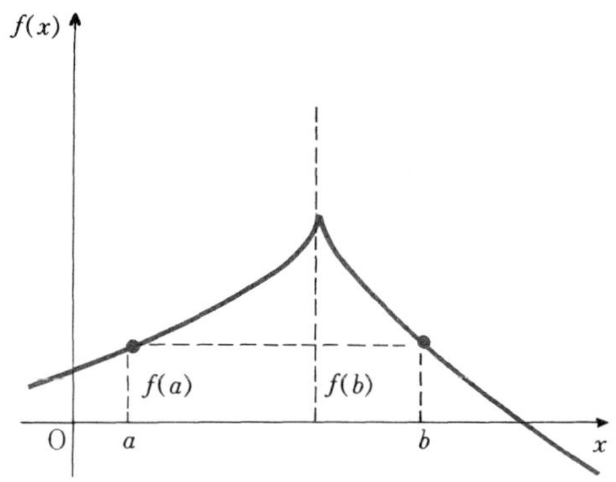

[定理 8.2.2] 平均値定理

함수 $f(x)$가 폐구간 $[a,\ b]$에서 연속이고, 개구간 $(a,\ b)$에서 미분가능하다고 하자. 이 때,

$$\frac{f(b)-f(a)}{b-a}=f'(z)$$

을 만족시키는 점 z가 구간 $(a,\ b)$ 안에 적어도 하나 존재한다.

먼저, 이 定理의 기하학적 의미를 생각해 보자. 함수 $f(x)$가 이 定理의 조건을 만족시키면, 곡선 $y=f(x)$ 위의 두 점 $\mathrm{A}(a,\ f(a))$, $\mathrm{B}(b,\ f(b))$를 지나는 직선 AB와 평행한 곡선 $y=f(x)$의 접선을 구간 $(a,\ b)$ 안에서 생각할 수 있음을 말해 주고 있다([그림 8-10] 참조).

[그림 8-10]

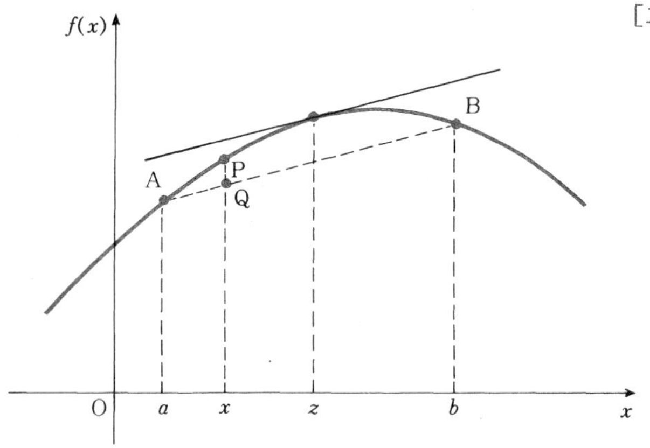

이제, 平均値定理를 간단히 증명하기로 한다. 곡선 $y=f(x)$ 위의 두 점 $A(a, f(a))$, $B(b, f(b))$를 지나는 직선의 방정식은 다음과 같다.

$$y=\frac{f(b)-f(a)}{b-a}(x-a)+f(a)$$

이제,

$$g(x)=f(x)-\left[\frac{f(b)-f(a)}{b-a}\right](x-a)-f(a)$$

이라고 놓으면, $g(x)$는 [그림 8-10]에서 선분 PQ의 길이를 뜻한다.

분명히, 함수 $g(x)$는 구간 $[a, b]$에서 연속이고, (a, b)에서 미분가능하다. 또한 $g(a)=0=g(b)$이 성립하므로, Rolle의 定理에 의하여

$$0=g'(z)=f'(z)-\frac{f(b)-f(a)}{b-a}, \quad 즉 \quad \frac{f(b)-f(a)}{b-a}=f'(z)$$

을 만족시키는 점 z가 구간 (a, b) 안에 적어도 하나 존재한다.

위의 平均値定理에 의하여 다음 따름定理가 성립한다.

[따름定理 8.2.3]

함수 $f(x)$가 폐구간 $[a, b]$에서 연속이고, 개구간 (a, b)에서 미분가능하다고 하자. 이 때, 개구간 (a, b)의 모든 x에 대하여 $f'(x)=0$이면, 함수 $f(x)$는 $[a, b]$에서 상수함수이다.

8. 3 極值判定法

경제학에서 다루는 함수는 미분가능한 함수이므로 앞으로 이 책에서 다루는 함수 $f(x)$는 구간 $[0, \infty)$에서 미분가능하고, 또 $f'(x)$, $f''(x)$, …도 모두 이 구간에서 연속인 함수라고 가정하기로 한다. 따라서 이 책에서 다루는 함수의 그래프는 [그림 8-7]과 같이 미끈한(smooth) 곡선이다.

위와 같은 가정 아래에서 [定理 8.1.2]를 다시 쓰면 다음과 같이 된다.

> **[定理 8.3.1] 極值일 必要條件 : 一次條件**
>
> 미분가능한 함수 $f(x)$가 $x=c$에서 극대값 또는 극소값을 갖는다면, $f'(c)=0$ 이다.

위의 定理를 흔히 極值判定에 관한 一次條件이라고 한다. 위의 定理에 의하면, 미분가능한 함수 $f(x)$가 $x=c$에서 극치를 갖는다면 $x=c$는 이 함수의 임계값이다. 그러나 일반적으로 함수 $f(x)$가 임계값에서 반드시 극치를 갖는 것은 아니다. 예를 들면, 함수 $f(x)=x^3$의 임계값은 $x=0$이지만, $f(0)$은 극대값도 아니고 극소값도 아니다.

이제, 어떠한 임계값에 대하여 함수 $f(x)$가 극치를 갖는지를 알아보기로 하는데, 이에 앞서 함수의 증가와 감소에 대하여 설명해 보기로 한다.

1. 第一階導函數에 의한 極值判定法

함수 $f(x)$가 어떤 구간 I에서 정의되어 있고, I의 임의의 두 점 x_1, x_2에 대하여

$$x_1 < x_2 \Longrightarrow f(x_1) < f(x_2)$$

가 성립할 때, $f(x)$는 구간 I에서 **增加한다**(increasing)고 한다. 또, 구간 I의 임의의 두 점 x_1, x_2에 대하여

$$x_1 < x_2 \Longrightarrow f(x_1) > f(x_2)$$

가 성립할 때 $f(x)$는 I에서 **減少한다**(decreasing)고 한다.

[그림 8-11]

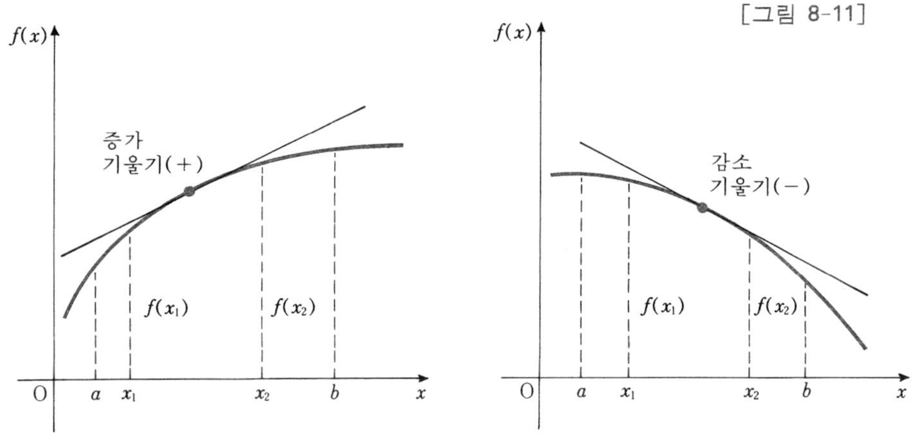

다음 定理를 이용하면 함수 $f(x)$가 폐구간 $[a, b]$에서 증가하는 함수인지 또는 감소하는 함수인지를 판정할 수 있다([그림 8-11] 참조).

[定理 8.3.2] 函數의 增減

함수 $f(x)$가 폐구간 $[a, b]$에서 연속이고, 또 개구간 (a, b)에서 미분가능하다고 하자. 이 때,

(1) 모든 $x \in (a, b)$에 대하여 $f'(x) > 0$ 이면, 이 함수는 폐구간 $[a, b]$에서 증가한다.

(2) 모든 $x \in (a, b)$에 대하여 $f'(x) < 0$ 이면, 이 함수는 폐구간 $[a, b]$에서 감소한다.

위의 [定理 8.3.2]의 (1)만을 간단히 증명하여 보자. 구간 $[a, b]$의 임의의 두 점 x_1, x_2를 택하여 $x_1 < x_2$라 하면, 平均値定理에 의하여

$$\frac{f(x_2) - f(x_1)}{x_2 - x_1} = f'(x)$$

인 z가 구간 (x_1, x_2) 안에 적어도 하나 존재한다. 그런데 조건에 의하여 $f'(z) > 0$ 이고, 또 $x_2 - x_1 > 0$ 이므로

$$f(x_2) - f(x_1) > 0, \quad 즉 \quad f(x_1) < f(x_2)$$

가 성립한다. 따라서 함수 $f(x)$는 $[a, b]$에서 증가한다.

[그림 8-12]

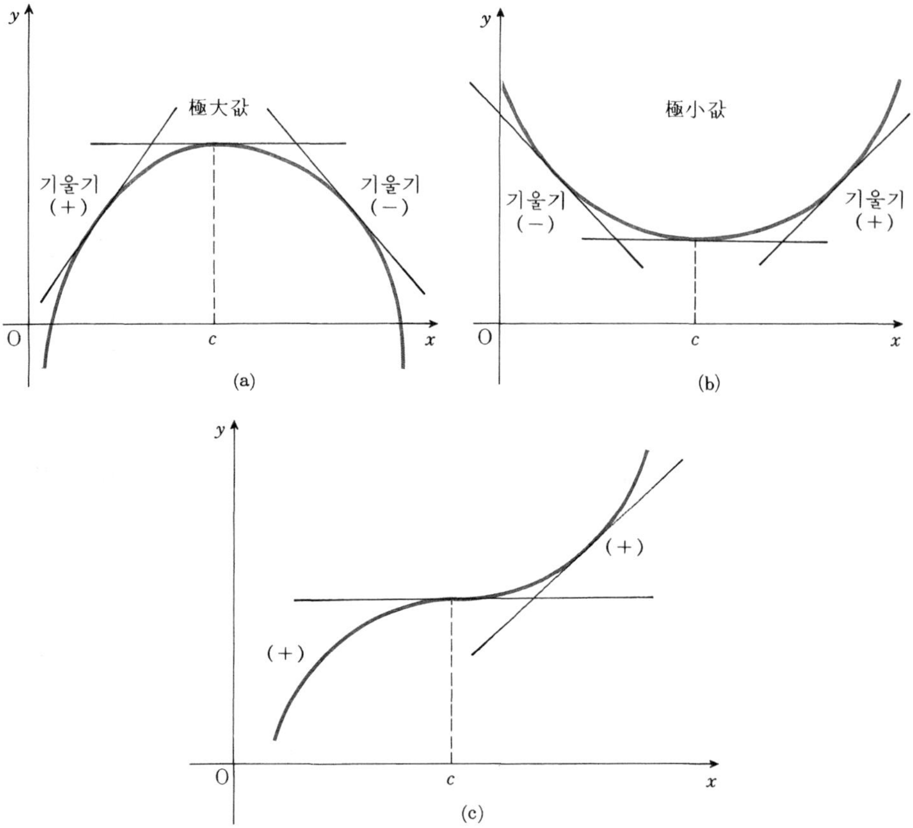

위의 定理에 의하여, 미분가능한 함수 $f(x)$가 있을 때, 이 함수의 임계값 $x=c$의 좌우에서 도함수 $f'(x)$의 부호가 어떻게 변하는지를 조사함으로써 이 함수의 극치를 판정할 수 있다.

실제로, 다음 定理가 이용된다([그림 8-12] 참조).

[定理 8.3.3] 第一階導函數에 의한 極値判定法

미분가능한 함수 $f(x)$가 임계값 $x=c$를 갖는다고 하자(즉, $f'(c)=0$).

(1) x의 값이 증가하면서 c를 지날 때, $f'(x)$의 부호가 $+$에서 $-$로 변하면, $f(c)$는 극대값이다.

(2) x의 값이 증가하면서 c를 지날 때, $f'(x)$의 부호가 $-$에서 $+$로 변하면, $f(c)$는 극소값이다.

(3) x의 값이 증가하면서 c를 지날 때, $f'(x)$의 부호가 변하지 않는다면, $f(c)$는 극치가 아니다.

예 1 함수

$$y = f(x) = x^3 - 12x^2 + 36x + 8$$

에서 x에 관하여 미분하면,

$$f'(x) = 3x^2 - 24x + 36 = 3(x-2)(x-6)$$

	$x<2$	$2<x<6$	$6<x$
$x-2$	$-$	$+$	$+$
$x-6$	$-$	$-$	$+$
$f'(x)$	$+$	$-$	$+$
$f(x)$	증가	감소	증가

이제, $f'(x)=0$으로 놓아 임계값을 구하면 $x=2$ 또는 $x=6$이다. 위의 표와 판정법에 의하여 $f(2)=40$은 극대값이고, $f(6)=8$은 극소값이다.

[그림 8-13]은 이 함수의 그래프이다.

[그림 8-13]

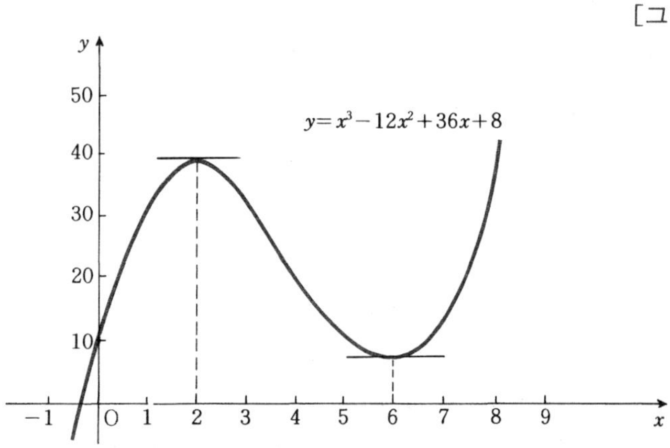

2. 第二階導函數에 의한 極值判定法

[定理 8.3.2]에 의하면 함수 $f(x)$의 증감은 그 도함수 $f'(x)$의 부호에 따라 정해진다. 따라서 $f'(x)$의 증감은 $f'(x)$를 다시 한번 미분한 $f''(x)$의 값의 부호에 의하여 정해진다. 따라서 도함수만을 이용하여 극치를 판정하는 방법 이외에 다음 定理를 이용하여 극치를 판정할 수 있다.

[定理 8.3.4] 第二階導函數에 의한 極值判定法 : 二次條件

미분가능한 함수 $f'(x)$에서, $f(c)=0$ 인 경우에

(1) $f''(c)<0$ 이면, $f(c)$는 극대값이다.

(2) $f''(c)>0$ 이면, $f(c)$는 극소값이다.

(3) $f''(c)=0$ 이면, $f(c)$는 극치가 될 수도 있고 그렇지 않을 수도 있다.

예 2 예 1에서 임계값을 구하면 $x=2$ 또는 $x=6$ 이다. 그런데

$f''(2)=-12<0$ 이므로, $f(2)=40$은 극대값이고,

$f''(6)=8$은 극소값이다.

예 3 함수 $f(x)=ax^2+bx+c \ (a\neq 0)$에서

$$f'(x)=2ax+b, \quad f''(x)=2a$$

임계값을 $f'(x)=0$로 놓으면 $x=-\dfrac{b}{2a}$이다.

그런데 $f''\left(-\dfrac{b}{2a}\right)=2a$는 a와 같은 부호를 가진다. 따라서

$a>0$ 이면, $f\left(-\dfrac{b}{2a}\right)=-\dfrac{b^2-4ac}{4a}$는 극소값이고,

$a<0$ 이면, $f\left(-\dfrac{b}{2a}\right)=-\dfrac{b^2-4ac}{4a}$는 극대값이다.

예 4 두 함수 $f(x)=x^3$과 $g(x)=x^4$을 생각해 보자.

$$f'(x)=3x^2, \quad f''(x)=6x$$

$$g'(x)=4x^3, \quad g''(x)=12x^2$$

이므로 $f'(0)=f''(0)=0$, $g'(0)=g''(0)=0$ 이다.

그러나 [그림 8-15]에서 보는 바와 같이 $f(0)$은 함수 $f(x)=x^3$의 극치가 아니다. 한편, 함수 $g(x)=x^4$는 극대값 $g(0)=0$을 갖는다.

[그림 8-14]

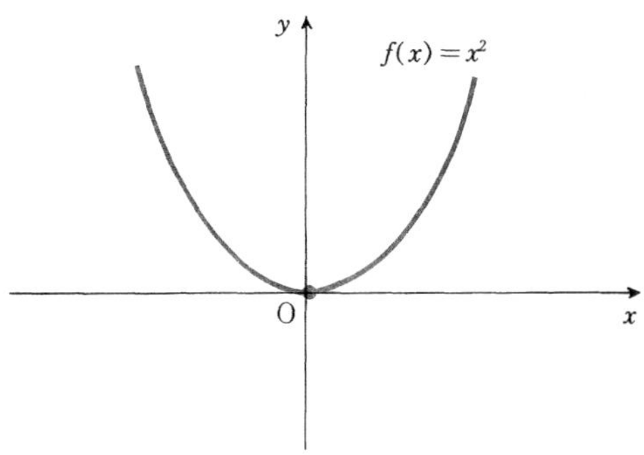

[그림 8-15]

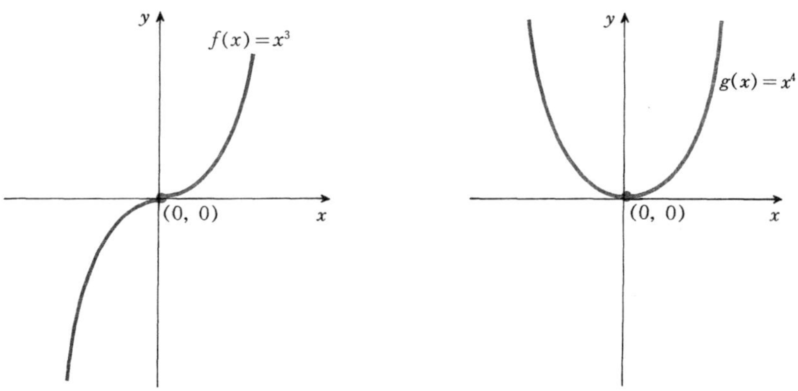

앞의 예 4에서와 같이, 함수 $f(x)$에서 $f'(c)=0$이고, 동시에 $f''(c)=0$인 경우에는 $f''(c)$는 극치일 수도 있고 아닐 수도 있다. 이와 같은 경우에도 적용할 수 있는 일반적인 判定法을 증명 없이 써 보면 다음과 같다.

[定理 8.3.5] 高階導函數에 의한 極値判定法

미분가능한 함수 $f(x)$에 대하여

$$f'(c)=f''(c)=\cdots=f^{(n-1)}(c)=0 \text{ 이고, } f^{(n)}(c)\neq 0 \text{ 일 때,}$$

(1) n이 짝수이고 $f^{(n)}(c)<0$이면, $f(c)$는 극대값이다.

(2) n이 짝수이고 $f^{(n)}(c)>0$이면, $f(c)$는 극소값이다.

(3) n이 홀수이면, $f(c)$는 극대값도 극소값도 아니다.

예 5 두 함수

$$f(x)=x^3, \qquad g(x)=x^4$$

에 대하여

$$f'(0)=f''(0)=0, \qquad f'''(0)=6$$
$$g'(0)=g''(0)=g'''(0)=0, \quad g^{(4)}=24>0$$

이므로, 判定法에 의하여 $f(0)=0$은 함수 $f(x)=x^3$의 극치가 아니고, $g(0)=0$은 함수 $g(x)=x^4$의 극소값이다.

예 6 함수 $f(x)=x^5-10x^4+20x^3$의 극치를 구해 보자.

$$f'(x)=5x^4-40x^3+60x^2=5x^2(x-2)(x-6)$$
$$f''(x)=20x^3-120x^2+120x$$
$$f'''(x)=60x^2-240x+120$$

이제, $f'(x)=0$로 놓아 임계값을 구하면, $x=0,\ 2,\ 6$이다.

그런데

$$f'(x)=f''(0),\ f'''(0)=120\neq 0$$

이므로 $f(0)=0$은 극치가 아니다. 한편,

$f'(2)=0,\ f''(2)=-180<0$ 이므로, $f(2)=32$는 극대값이고,

$f'(6)=0,\ f''(6)=720>0$ 이므로, $f(6)=-864$는 극소값이다.

練習問題 8.3

[1] 다음 함수의 임계값을 구하여라.

(a) $f(x)=-x^2+4x+7$

(b) $f(x)=2x^2+x$

(c) $f(x)=x^3-3x+5$

(d) $f(x)=-x^3+\dfrac{9}{2}x^2-6x+6$

[2] 함수 $f(x)=x+\dfrac{1}{x}$의 극대값과 극소값을 구하여라.
이 때, 극소값이 극대값보다 큰가? 만일 그렇다면 모순인가?

[3] 다음 함수에서 증가하는 구간과 감소하는 구간을 구하여라.

(a) $f(x)=x^2-6x+7$ (b) $f(x)=x^3+3x^2+3x$

[4] 함수 $f(x)=2x^3+3x^2-12x-4$ 에 대하여 다음 물음에 답하여라.

(a) 이 함수의 극대값은 $f(-2)=16$ 이고, 극소값은 $f(1)=-11$ 임을 보여라.

(b) 구간 $[-3, 3]$에서의 이 함수의 극대값과 극소값을 구하여라.

[5] 다음 함수의 극치를 第二階도함수를 이용하여 구하여라.

(a) $f(x)=-x^2+4x+9$ (b) $f(x)=x^3-3x^2+2$

(c) $f(x)=\dfrac{2x}{1-x}$ (d) $f(x)=2x^3+x^2+1$

[6] 다음 함수의 극치를 구하여라.

(a) $f(x)=-x^5$ (b) $f(x)=(x-2)^4$

(c) $f(x)=x^4-2x^2+10$ (d) $f(x)=(x-7)^4$

8.4 曲線의 오목·볼록과 볼록函數

함수 $y=f(x)$가 주어졌을 때, 이 함수의 그래프를 통하여 x값에 대응하는 y값의 변화상태를 한 눈에 파악할 수 있다. 함수 $f(x)$의 그래프를 그리려면, 이 함수의 임계값, 극대값, 극소값, 그리고 곡선 $y=f(x)$의 오목·볼록을 알아야 한다.

1. 曲線의 오목·볼록

미분가능한 함수 $f(x)$에 대하여, 곡선 $y=f(x)$ 위의 한 점 $\mathrm{P}(c, f(c))$에서의 이 곡선의 접선을 l이라 하자. 점 P의 적당한 근방에서, 곡선 $y=f(x)$가 접선 l의 위쪽에 놓여 있을 때, 이 곡선은 점 P에서 "**아래로 볼록하다**(convex downward)," 또는 "**위로 오목하다**(concave upward)"고 한다. 반대로, 점 P의 적당한 근방에서 이 곡선이 접선 l의 아래쪽에 놓여 있을 때, 이 곡선은 점 P에서 "**위로 볼록하다**(convex upward)," 또는 "**아래로 오목하다**(concave downward)"고 한다. 또, 이 곡선이 점 P를 경계로 하여 오목·볼록이 바뀔 때, 점 P를 곡선 $y=f(x)$의 **變曲點**(inflection point)이라 한다([그림 8-16] 참조).

[그림 8-16]

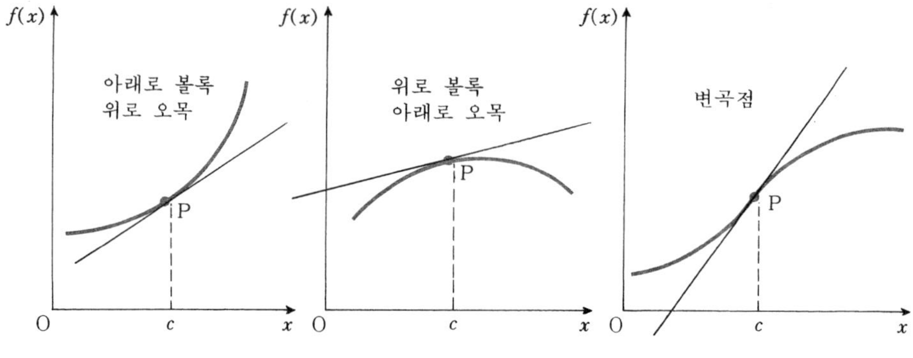

(a) (b) (c)

곡선 $y=f(x)$의 오목·볼록을 판정할 때에는 다음 定理를 이용한다.

[定理 8.4.1] 曲線의 오목·볼록

곡선 $y=f(x)$에서

(1) $f''(c)>0$ 이면, 이 곡선은 점 $(c,\ f(c))$에서 아래로 볼록하다.

(2) $f''(c)<0$ 이면, 이 곡선은 점 $(c,\ f(c))$에서 위로 볼록하다.

(3) $f''(c)=0$ 이면서 x가 a 구방을 지날 때 $f''(x)$의 부호가 변하면, 점 $(c,\ f(c))$는 이 곡선의 변곡점이다.

예 1 곡선 $y=f(x)=\dfrac{1}{3}x^3-2x^2+3x+2$ 에 대하여 생각해 보자.

$$f'(x)=x^2-4x+3,$$
$$f''(x)=2x-4$$

이므로, $f''(x)=0$을 풀면 $x=2$ 이다. 따라서 $x>2$ 이면 $f''(x)>0$ 이고, $x<2$ 이면, $f''(x)<0$ 이다. 그러므로 이 곡선은 $x<2$ 에서 위로 볼록하고 $x>2$ 에서 아래로 볼록하다.

또, 점 $(2,\ f(2))$는 이 곡선의 변곡점이다([그림 8-17] 참조).

[定理 8.4.1]에 의하여 점 $(c,\ f(c))$가 곡선 $y=f(x)$의 변곡점이면 $f''(c)=0$ 이다. 그러나 $f''(c)=0$ 이라 하더라도 $(c,\ f(c))$가 곡선 $y=f(x)$의 변곡점이라고 결론지을 수 없다. 예를 들면,

[그림 8-17]

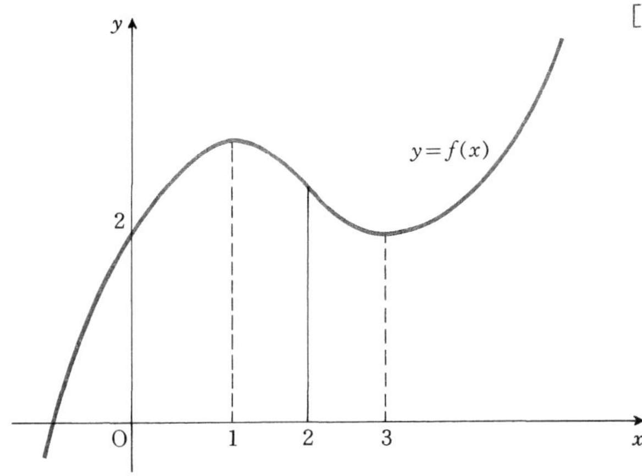

$$f(x)=x^4$$

일 때, $f''(0)=0$ 이지만 점 $(0,\ 0)$은 곡선 $y=x^4$의 변곡점이 아니고 실제로 이 점은 극소점이다.

이제, [定理 8.3.5]를 좀더 상세히 쓰면 다음과 같다.

[定理 8.4.2] 高階導函數에 의한 極値 및 變曲點 判定法

미분가능한 함수 $f(x)$에 대하여

$$f'(c)=f''(c)=\cdots=f^{(n-1)}(c)=0, \qquad f(c)\neq 0$$

일 때,

(1) n이 짝수이고 $f^{(n)}(c)<0$ 이면, $f(c)$는 극대값이다.

(2) n이 짝수이고 $f^{(n)}(c)>0$ 이면, $f(c)$는 극소값이다.

(3) n이 홀수이면, 점 $(c,\ f(c))$는 곡선 $y=f(x)$의 변곡점이다.

2. 볼록函數와 오목函數

함수 $f(x)$가 적당한 구간에서 미분가능하고 곡선 $y=f(x)$가 이 구간의 모든 점에서 아래로 볼록할 때, 함수 $f(x)$를 **볼록函數**(convex function)라 한다. 또, 이 곡선이 구간의 모든 점에서 위로 볼록(즉, 아래로 오목)할 때, 이 함수를 **오목函數**(concave function)라 한다. 다음 定理는 정의로부터 쉽게 얻을 수 있다.

[그림 8-18]

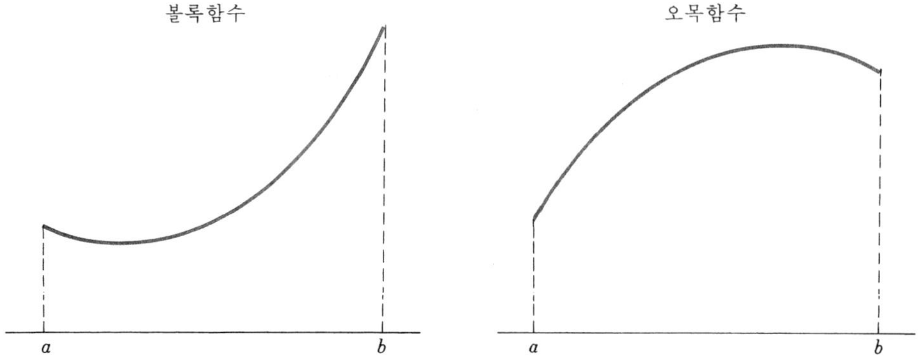

[定理 8.4.3]

함수 $f(x)$가 개구간 (a, b)에서 미분가능한 함수라 하자. 이 때,

(1) $f(x)$가 볼록함수이면, 구간 (a, b)의 임의의 두 점 x_1, x_2에 대하여

$$f(x_2) \geq f(x_1) + f'(x_1)(x_2 - x_1)$$

(2) $f(x)$가 오목함수이면, 구간 (a, b)의 임의의 두 점 x_1, x_2에 대하여

$$f(x_2) \leq f(x_1) + f'(x_1)(x_2 - x_1)$$

이제, [定理 8.4.3]의 (1)만을 증명하여 보자. 점 $(x_1, f(x_1))$에서의 곡선 $y=f(x)$의 접선의 방정식은 다음과 같다.

[그림 8-19]

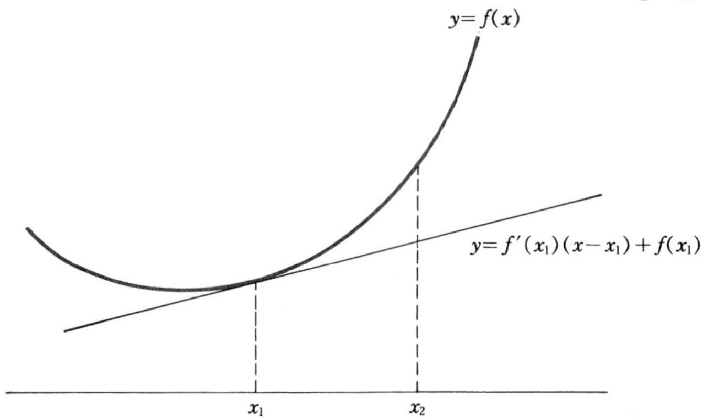

$$y=f'(x_1)(x-x_1)+f(x_1)$$

그런데 정의에 의하여 $f(x)$가 볼록함수이면 곡선 $y=f(x)$는 이 접선의 위쪽에 있으므로, 특히 $x=x_2$일 때의 값을 비교하면

$$f(x_2)\geq f(x_1)+f'(x_1)(x_2-x_1)$$

이 성립함을 알 수 있다.

볼록함수와 오목함수를 다른 각도에서 고찰할 수도 있다. 이를 위하여 먼저 선분의 내분점에 대하여 생각해 보자.

좌표직선 위에 서로 다른 두 점 $P_1(x_1)$, $P_2(x_2)$가 있을 때, 선분 P_1P_2 위의 한 점을 $P(x)$라 하면

$$x=\lambda x_1+(1-\lambda)x_2, \quad 0\leq\lambda\leq 1 \tag{8.4.1}$$

인 λ가 존재한다([그림 8-20 (a)] 참조).

마찬가지로, 좌표평면 위의 서로 다른 두 점 $P_1(x_1, y_1)$, $P_2(x_2, y_2)$가 있을 때, 선분 P_1P_2 위의 임의의 점을 $P(x, y)$라 하면

$$\begin{cases} x=\lambda x_1+(1-\lambda)x_2 \\ y=\lambda y_1+(1-\lambda)y_2 \end{cases} \qquad 0\leq\lambda\leq 1 \tag{8.4.2}$$

인 λ가 존재한다.

예를 들면, (8.4.2)에서 $\lambda=0$이면 점 P는 P_2와 일치하고, $\lambda=\frac{1}{2}$이면 P는 선분 P_1P_2의 중점을 나타내며, $\lambda=1$이면 점 P는 P_1과 일치한다.

[그림 8-20]

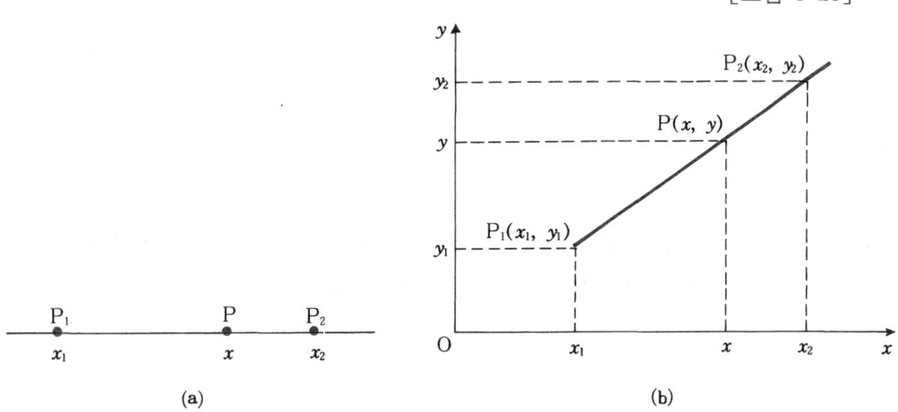

[그림 8-21]

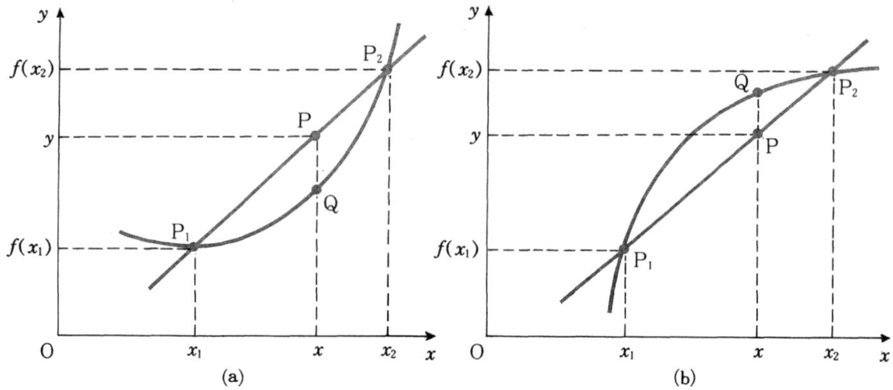

이제, $f(x)$를 어떤 구간에서 미분가능한 함수라 하고 이 구간 안의 두 점을 x_1, x_2라 하자. 곡선 $y=f(x)$ 위의 두 점 $P_1(x_1, f(x_1))$, $P_2(x_2, f(x_2))$를 생각하여, x_1과 x_2 사이에서 곡선 $y=f(x)$가 선분 P_1P_2의 아래쪽(위쪽)에 놓여 있을 때 $f(x)$는 볼록한(오목한) 함수이다([그림 8-21] 참조).

따라서 $f(x)$가 볼록함수이면, [그림 8-21 (a)]에서 보는 바와 같이, x_1과 x_2 사이의 임의의 x에 대하여 곡선 위의 점 $Q(x, f(x))$는 이에 대응하는 선분 P_1P_2 위의 점 $P(x, y)$보다 아래쪽에 있다. 즉, $f(x)\leq y$ 이다.

마찬가지로, $f(x)$가 오목함수이면, [그림 8-21 (b)]에서 보는 바와 같이 $f(x)\geq y$ 이다.

그러므로 (8.4.2)에 의하여 다음 定理를 얻는다.

[定理 8.4.4]

함수 $f(x)$가 어떤 구간에서 볼록한 함수이면, 이 구간 안의 임의의 두 점 x_1, x_2와 $0\leq\lambda\leq 1$인 임의의 λ에 대하여 다음과 같은 부등식이 성립한다.

$$f(\lambda x_1+(1-\lambda)x_2)\leq\lambda f(x_1)+(1-\lambda)f(x_2)$$

또, $f(x)$가 어떤 구간에서 오목한 함수이면, 이 구간 안의 임의의 두 점 x_1, x_2와 $0\leq\lambda\leq 1$인 임의의 λ에 대하여 다음과 같은 부등식이 성립한다.

$$f(\lambda x_1+(1-\lambda)x_2)\geq\lambda f(x_1)+(1-\lambda)f(x_2)$$

練習問題 8.4

다음 곡선의 오목·볼록을 조사하고 변곡점을 구하여라. 또, 이 곡선을 좌표평면 위에 그려 보아라.

[1] $y=5x^2-4x+13$

[2] $y=x^3-3x^2+2x$

[3] $y=x^4-18x^2+1$

[4] $y=x+\dfrac{1}{x}$

[5] $y=\dfrac{1}{x^2+1}$

8.5 函數의 Taylor 展開式*

다항식에 의하여 정의된 함수를 다항함수라 한다. 특히, n차다항식

$$f(x)=a_0+a_1x+a_2x^2+\cdots+a_nx^n,\quad a_n\neq 0 \tag{8.5.1}$$

으로 정의되는 함수를 n次函數라고 한다. 다항함수 $f(x)$의 정의역은 실수 전체의 집합 $\mathbf{R}$이고 이 함수는 $\mathbf{R}$에서 연속이다. 그리고 $f'(x)$, $f''(x)$, $\cdots$, $f^{(n)}(x)$도 모두 연속인 함수이다.

다항함수

$$f(x)-2+4x+3x^2$$

는

$$f(x)=9+10(x-1)+3(x-1)^2$$

과 같이, $(x-1)$에 관한 내림次 순으로 전개할 수 있다. 실제로

$$\begin{aligned}9+10(x-1)+3(x-1)^2&=9+10x-10+3(x^2-2x+1)\\&=9+10x-10+3x^2-6x+3\\&=2+4x+3x^2\end{aligned}$$

이제, n次함수 $f(x)$가

$$f(x)=b_0+b_1(x-c)+b_2(x-c)^2+\cdots+b_n(x-c)^n \tag{8.5.2}$$

와 같이 전개되었다고 하자.

이 때, 양변을 x에 관하여 거듭 미분하면 다음 등식을 얻는다.

$$f'(x)=b_1+2b_2(x-c)+3b_3(x-c)^2+\cdots+nb_n(x-c)^{n-1}$$
$$f''(x)=2b_2+6b_3(x-c)+\cdots+n(n-1)b_n(x-c)^{n-2}$$
$$\cdots\cdots\cdots\cdots\cdots\cdots\cdots\cdots\cdots\cdots\cdots\cdots\cdots\cdots$$
$$f^{(n-1)}(x)=(n-1)(n-2)\cdots2\cdot1b_{n-1}+n(n-1)(n-2)\cdots2\cdot1b_n(x-c)$$
$$f^{(n)}(x)=n(n-1)(n-2)\cdots2\cdot1b_n \tag{8.5.3}$$

따라서 (8.5.2)와 (8.5.3)의 양변에 $x=c$를 대입하여 비교하면 다음 등식이 성립함을 알 수 있다.

$$f(c)=b_0=0!b_0$$
$$f'(c)=b_1=1!b_1$$
$$f''(c)=2b_2=2!b_2$$
$$\vdots$$
$$f^{(n-1)}(c)=(n-1)(n-2)\cdots2\cdot1b_{n-1}=(n-1)!b_{n-1}$$
$$f^{(n)}(c)=n(n-1)(n-2)\cdots2\cdot1b_n=n!b_n \tag{8.5.4}$$

그러므로

$$b_0=f(c),\ b_1=\frac{f'(c)}{1!},\ b_2=\frac{f''(c)}{2!},\ \cdots,\ b_n=\frac{f^{(n)}(c)}{n!} \tag{8.5.5}$$

따라서 n次의 다항식 $f(x)$는 다음과 같이 쓸 수 있다.

$$f(x)=f(c)+\frac{f'(c)}{1!}(x-c)+\frac{f''(c)}{2!}(x-c)^2+\cdots+\frac{f^{(n)}(c)}{n!}(x-c)^n \tag{8.5.6}$$

이 등식의 우변을 다항함수 $f(x)$의 $x=c$에서의 **Taylor 級數**(Taylor series)라 하고, 또 (8.5.6)을 $f(x)$의 $x=c$에서의 **Taylor 展開式**(Taylor's expansion)이라 한다.

특히, $c=0$인 경우 (8.5.6)은 다음과 같이 된다.

$$f(x)=f(0)+\frac{f'(0)}{1!}x+\frac{f''(0)}{2!}x^2+\cdots+\frac{f^{(n)}(0)}{n!}x^n \tag{8.5.7}$$

이 등식의 우변을 특히 다항함수 $f(x)$의 **Maclaurin 級數**(Maclaurin series)라 하고, 또 (8.5.7)을 특히 $f(x)$의 **Maclaurin 展開式**이라 한다.

위에서 얻은 결과를 종합하면 다음 정리를 얻는다.

[定理 8.5.1] 多項函數의 Taylor 展開式

n次함수 $f(x)$의 $x=c$에서의 Taylor 전개식은 다음과 같다.

$$f(x)=f(c)+\frac{f'(c)}{1!}(x-c)+\frac{f''(c)}{2!}(x-c)^2+\cdots+\frac{f^{(n)}(c)}{n!}(x-c)^n$$

또, $f(x)$의 Maclaurin 의 전개식은 다음과 같다.

$$f(x)=f(0)+\frac{f'(0)}{1!}x+\frac{f''(0)}{2!}x^2+\cdots+\frac{f^{(n)}(0)}{n!}x^n$$

예 1 $f(x)=2+4x+3x^2$ 일 때,

$$f'(x)=4+6x,\quad f''(x)=6$$

따라서

$$f(0)=2,\quad f'(0)=4,\quad f''(0)=6$$

$$f(0)=2,\quad \frac{f'(0)}{1!}=4,\quad \frac{f''(0)}{2!}=3$$

그러므로

$$f(x)=f(0)+\frac{f'(0)}{1!}x+\frac{f''(0)}{2!}x^2$$

예 2 $f(x)=2+4x+3x^2$ 일 때,

$$f'(x)=4+6x,\quad f''(x)=6$$

따라서

$$f(1)=9,\quad f'(1)=10,\quad f''(1)=6$$

$$f(1)=9,\quad \frac{f'(1)}{1!}=10,\quad \frac{f''(1)}{2!}=3$$

그러므로

$$f(x)=9+10(x-1)+3(x-1)^2$$

지금까지는 이해를 돕기 위해 다항함수의 경우를 예로 들어 설명했다. 그러나 일반적인 함수 $\phi(x)$의 Taylor 전개식을 얻으려 하는 목적은 $\phi(x)$를 이해하기 쉬운 다항함수로 근사시켜 보자는 것이다. 따라서 Taylor 展開式이 보다 큰 의미를 갖는 것은 일반적인 함수 $\phi(x)$의 경우라 할 수 있다.

한편, 일반적인 함수의 경우에는 앞에서 본 다항함수의 경우와는 달리 그 高階도함수가 n階 이후에도 무한히 계속해서 그 고계도함수가 0이 아닐 수 있다. 따라서 일반적인 함수의 Taylor 전개식은 [定理 8.5.1]에서와는 다르게 나타난다.

여기서도 함수 $\phi(x)$는 적당한 구간에서 미분가능할 뿐만 아니라

$$\phi'(x),\ \phi''(x),\ \cdots,\ \phi^{(n)}(x),\ \cdots$$

도 모두 미분가능한 함수라고 가정한다.

다음 定理의 증명은 생략한다.

[定理 8.5.2] Taylor의 定理

함수 $\phi(x)$의 $x=c$에서의 Taylor 展開式은 다음과 같다.

$$\phi(x)=\left[\frac{\phi(c)}{0!}+\frac{\phi'(c)}{1!}(x-c)+\frac{\phi''(c)}{2!}(x-c)^2+\cdots+\frac{\phi^{(n)}(c)}{n!}(x-c)^n\right]$$
$$+R_n(x)$$

여기서

$$P_n(x)=\frac{\phi(c)}{0!}+\frac{\phi'(c)}{1!}(x-c)+\cdots+\frac{\phi^{(n)}(c)}{n!}(x-c)^n$$

이라 놓으면,

$$\phi(x)=P_n(x)+R_n(x)$$

위의 定理를 흔히 **Taylor의 公式**이라 하고, $R_n(x)$를 Taylor 공식의 **剩餘**(remainder)라 한다.

[定理 8.5.2]에서 $P_n(x)$는 함수 $\phi(x)$에 대한 **近似多項函數**(polynomial approximation)를 나타내며, $R_n(x)$는 近似函數의 **誤差**(error)를 나타낸다.

예를 들어, $n=1$이면

$$\phi(x)=[\phi(c)+\phi'(c)(x-x_0)]+R_1(x)=P_1(x)+R_1(x)$$

이므로, $P_1(x)$는 $\phi(x)$에 대한 一次近似函數이다.

그리고 $n=2$이면

$$\phi(x)=\left[\phi(c)+\phi'(c)(x-c)+\frac{\phi''(c)}{2!}(x-c)^2\right]+R_2(x)$$
$$=P_2(x)+R_2(x)$$

이므로, $P_2(x)$는 $\phi(x)$에 대한 二次近似函數(quadratic approximation)이다.

[定理 8.5.2]에서, 특히 $\phi(x)$가 n次함수인 경우에는 $R_n=0$으로 되고, $P_n(x)$는 $\phi(x)$와 일치하게 된다. 또, n차함수 $\phi(x)$를

$$\phi(x)=P_r(x)+R_r(x), \quad r<n$$

으로 전개할 때의 잉여 $R_r(x)$는 0이 아니다.

예 3 함수

$$\phi(x)=\frac{1}{1+x}$$

은 $x\neq-1$인 모든 x에 대하여 미분가능하다.

이제, $\phi(x)$를 거듭 미분하면,

$$\phi'(x)=-(1+x)^{-2}$$
$$\phi''(x)=2(1-x)^{-3}$$
$$\phi'''(x)=-6(1+x)^{-4}$$
$$\phi^{(4)}(x)=24(1+x)^{-5}$$

이들 각 함수는

$$|x-1|<1, \text{ 즉 } 0<x<2$$

인 모든 x에 대하여 미분가능하다. 또,

$$\phi(1)=\frac{1}{1+1}=\frac{1}{2}$$

$$\phi'(1)=-(2)^{-2}=-\frac{1}{4}$$

$$\phi''(1)=2(2)^{-3}=\frac{1}{4}$$

$$\phi'''(1)=-6(2)^{-4}=-\frac{3}{8}$$

$$\phi^{(4)}(1)=24(2)^{-3}=\frac{3}{4}$$

따라서 $\phi(x)$의 $x=1$에서의 Taylor 전개식은 다음과 같다.

$$\phi(x)=\frac{1}{2}-\frac{1}{4}(x-1)+\frac{1}{8}(x-1)^2-\frac{1}{16}(x-1)^3+\frac{1}{32}(x-1)^4+R_4(x)$$

즉,

$$\frac{1}{1+x}=\frac{1}{2}-\frac{1}{4}(x-1)+\frac{1}{8}(x-1)^2-\frac{1}{16}(x-1)^3+\frac{1}{32}(x-1)^4+R_4(x)$$

(단, $0<x<2$)

예 4 함수 $\phi(x)=\dfrac{1}{1+x}$ 을 다시 생각하여 보자.

$$\phi(x)=\frac{1}{1+x}=(1+x)^{-1}$$
$$\phi'(x)=-(1+x)^{-2}$$
$$\phi''(x)=2(1+x)^{-3}$$
$$\phi'''(x)=-6(1+x)^{-4}$$
$$\phi^{(4)}(x)=24(1+x)^{-5}$$

이들 함수는 $x\neq-1$ 에서 미분가능하므로 $|x|<1$, 즉 $-1<x<1$ 인 모든 x에 대하여 미분가능하다. 또,

$$\phi(0)=1$$
$$\phi'(0)=-1$$
$$\phi''(0)=2$$
$$\phi'''(0)=-6$$
$$\phi^{(4)}(0)=24$$

따라서

$$\phi(x)=\phi(0)+\frac{\phi'(0)}{1!}x+\frac{\phi''(0)}{2!}x^2+\frac{\phi'''(0)}{3!}x^3+\frac{\phi^{(4)}(0)}{4!}x^4+R_4(x)$$

즉,

$$\frac{1}{1-x}=1-x+x^2-x^3+x^4+R_4(x) \qquad (\text{단, } -1<x<1)$$

이제 [定理 8.5.2]에서 잉여 $R_n(x)$에 대하여 생각해 보자. 平均值定理([定理 8.2.2])에 의하면,

$$\frac{\phi(x)-\phi(c)}{x-c}=\phi'(z), \quad \text{즉} \quad \phi(x)=\phi(c)+\phi'(z)(x-c) \qquad (8.5.8)$$

인 z가 x와 c 사이에 적어도 하나 존재한다.

한편, Taylor 의 公式에서 $n=0$ 인 경우를 생각하면,

$$\phi(x)=\phi(c)+R_0(x)$$

이므로, 다음을 얻는다.

$$R_0(x)=\phi'(z)(x-c) \qquad (8.5.9)$$

일반적으로, 다음이 성립한다.

$$\phi(x)=\phi(c)+\frac{\phi'(c)}{1!}(x-c)+\frac{\phi''(c)}{2!}(x-c)^2$$
$$+\cdots+\frac{\phi^n(c)}{n!}(x-c)^n+R_n(x)$$

여기서

$$R_n(x)=\frac{\phi^{(n+1)}(z)}{(n+1)!}(x-c)^{n+1} \quad (\text{단, } z\text{는 } x\text{와 } c \text{ 사이의 적당한 수}) \tag{8.5.10}$$

위의 (8.5.10)을 **Lagrange의 剩餘式**이라 한다.

練習問題 8.5

[1] 다음 함수를 Maclaurin 급수로 전개하여라. 또, $x=2$에서 Taylor 전개식을 구하여라(단, $n=4$).

(a) $f(x)=\dfrac{1}{1-x}$ (b) $f(x)=\dfrac{1-x}{1+x}$

[2] 다항함수 $f(x)=a_0+a_1x+a_2x^2+\cdots+a_nx^n(a_n\neq 0)$을 점 c에 관하여 n次의 Taylor 급수로 전개한 식은 $f(x)$와 같아짐을 보여라. 그러나 r次($r<n$)의 Taylor 급수로 전개하면 잉여는 0이 아님을 보여라.

8.6 平均量과 限界量

경제학에서는 제6장 7절에서 본 바와 같이 평균생산물(AP)과 한계생산물(MP), 평균비용(AC)과 한계비용(MC), 그리고 평균수입(AR)과 한계수입(MR) 등의 여러 가지 **平均量**과 **限界量**의 개념을 사용하고 있다. 그런데 평균량의 극대점 또는 극소점에서 평균량과 한계량은 일치한다. 이 절에서는 이와 같은 평균량과 한계량 사이의 관계를 수학적으로 증명하여 보기로 한다.

1. 平均生產物과 限界生產物

산출물 q가 유일한 가변투입물인 노동 l의 함수라 하면, 생산함수는 다음과 같이 쓸 수 있다.

$$q=g(l)$$

이 생산함수로부터 노동의 평균생산물(AP)과 한계생산물(MP)은 제6장 7절에서 본 바와 같이 다음과 같이 구할 수 있다.

$$AP=\frac{q}{l}=\frac{g(l)}{l}$$

$$MP=\frac{dq}{dl}=g'(l)$$

이제, 평균생산물이 극대가 되기 위한 일차조건을 구해 보면 다음과 같다.

$$\frac{d}{dl}\left(\frac{q}{l}\right)=\frac{l\cdot g'(l)-g(l)}{l^2}=0 \tag{8.6.1}$$

윗식으로부터

$$l\cdot g'(l)-g(l)=0$$

또는,

$$\frac{g(l)}{l}=g'(l)$$

따라서 평균생산물이 극대가 될 때, 평균생산물과 한계생산물은 동일하다는 것을 알 수가 있다. 그리고

$$\frac{d}{dl}\left(\frac{g}{l}\right)>0 \text{ 이면, } \frac{g(l)}{l}<g'(l)$$

$$\frac{d}{dl}\left(\frac{g}{l}\right)<0 \text{ 이면, } \frac{g(l)}{l}>g'(l)$$

의 관계가 성립하므로, 평균생산물이 상승할 때는 한계생산물이 평균생산물보다 크고, 반대로 평균생산물이 하락할 때에는 평균생산물이 한계생산물보다 크다는 것을 알 수 있다.

한편, 평균생산물이 극대가 되기 위한 이차조건은 다음과 같다.

$$\frac{d^2}{dl^2}\left(\frac{q}{l}\right)=\frac{l^3g''(l)-2l(lg'(l)-g(l))}{l^4}<0$$

이를 정리하면 다음을 얻는다.

$$g''(l)<\frac{2}{l}\left[g'(l)-\frac{g(l)}{l}\right]$$

[그림 8-22]

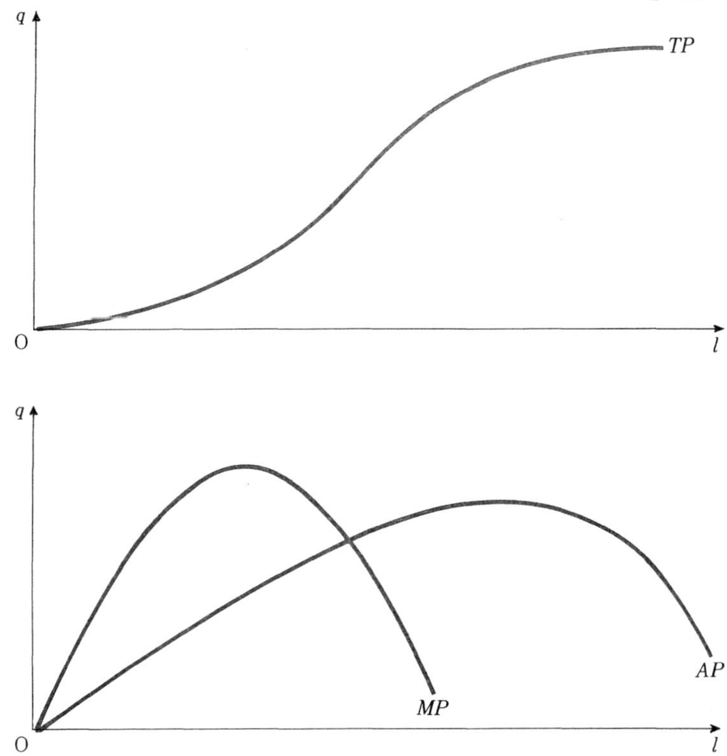

그런데 평균생산물이 극대가 되기 위한 일차조건에서 $g'(l)-\frac{g(l)}{l}$을 얻었으므로, 윗식은 다음과 같은 간단한 형태로 나타낼 수 있다.

$$g''(l)<0$$

이로부터 평균생산물이 극대가 되기 위한 이차조건은 평균생산물의 극대점에서 한계생산물이 감소하고 있어야 한다는 것을 알 수 있다.

마지막으로, 총생산물 q가 극대가 되기 위한 일차 및 이차조건이

$$\frac{dq}{dl}=g'(l)=0, \quad \frac{d^2q}{dl^2}=g''(l)<0$$

이므로, 총생산물의 극대점에서는 한계생산물의 값이 0이며, 이 때 한계생산물의 변화율은 감소하고 있어야 한다.

이상에서 본 총생산물, 평균생산물, 한계생산물간의 관계를 도표로 나타내면 [그림 8-22]와 같다. 그러나 모든 생산함수가 [그림 8-22]와 같은

[그림 8-23]

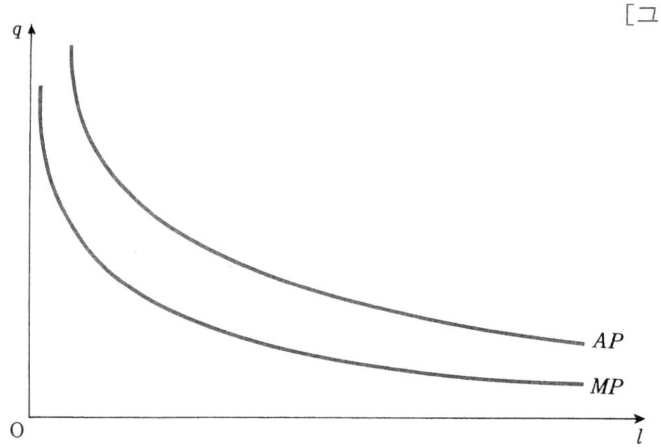

모양의 생산물곡선을 갖는 것은 아니다. 예를 들어, 제 7 장 9 절에서 본 코브-더글러스 생산함수의 경우에는 [그림 8-23]에서 보는 바와 같이, 평균생산물과 한계생산물이 처음부터 계속 감소하기 때문에 한계생산물은 항상 평균생산물보다 작고, 또 두 생산물이 일치하는 경우는 없다.

예 1 생산함수가 $q=300l^2-10l^3$으로 주어졌다면 노동(l)의 평균생산물과 한계생산물은 다음과 같다.

$$AP=\frac{q}{l}=300l-10l^2$$

$$MP=\frac{dq}{dl}=600l-30l^2$$

따라서 평균생산물의 극대점은 다음과 같이 구할 수 있다.

$$\frac{d}{dl}\left(\frac{q}{l}\right)=300-20l=0$$

그러므로 $l=15$일 때 평균생산물은 극대가 된다. 그런데 여기서

$$\frac{d^2q}{dl^2}=600-60l$$

이 되고 $l=15$일 때,

$$\frac{d^2q}{dl^2}=-300<0$$

이 되므로, 평균생산물이 극대가 되기 위한 이차조건이 충족되고 있다. 마찬가지로, 한계생산물의 극대점은

$$\frac{d}{dl}\left(\frac{dq}{dl}\right)=\frac{d^2q}{dl^2}=600-60l$$

이므로, $l=10$일 때 달성된다. 이로부터 한계생산물이 평균생산물보다 먼저 극대점에 도달한다는 것을 알 수가 있다.

---

2. 平均費用과 限界費用

제6장 7절에서 본 바와 같이 평균비용(AC)은 평균생산물, 그리고 한계비용(MC)은 한계생산물의 역수로 나타낼 수 있다. 따라서 평균비용과 한계비용은 각각 평균생산물 그리고 한계생산물의 정반대의 관계를 갖게 된다. 다시 말하면, 평균비용의 극소점에서 평균비용과 한계비용은 일치하며, 평균비용이 하락할 때에는 한계비용이 평균비용보다 낮고, 반대로 평균비용이 상승할 때에는 한계비용이 평균비용보다 높다. 그리고 평균비용이 극소가 되는 점에서 한계비용은 증가상태에 있어야 한다.

예 2 총비용함수가 다음과 같이 이차함수로 주어졌다고 하자.

$$C=ax^2+bx+c \quad (a,\ b,\ c>0)$$

따라서 평균비용(AC)과 한계비용(MC)은 다음과 같이 구해진다.

$$AC=\frac{C}{x}=ax+b+\frac{c}{x}$$

$$MC=\frac{dC}{dx}=2ax+b$$

이와 같이 총비용함수가 [그림 8-24]에서 보는 바와 같이 이차함수이면 총비용곡선은 포물선, 평균비용곡선은 쌍곡선, 그리고 한계비용곡선은 직선이 된다.

한편, 평균비용이 극치를 가질 일차조건은 다음과 같다.

$$\frac{d}{dx}\left(\frac{C}{x}\right)=a-\frac{c}{x^2}=0$$

따라서

$$x=-\sqrt{\frac{c}{a}}, \quad \text{또는} \quad x=\sqrt{\frac{c}{a}}$$

일 때, 평균비용은 극대 또는 극소가 된다. 그런데

$$\frac{d^2}{dx^2}\left(\frac{C}{x}\right)=\frac{-2cx}{x^4}=\frac{2c}{x^3}>0$$

이므로, $x=\sqrt{\dfrac{c}{a}}$일 때 평균비용이 극소가 된다. 그리고 이 때,

$$AC=ax+b+\frac{c}{x}=a\sqrt{\frac{c}{a}}+b+c\sqrt{\frac{a}{c}}=2\sqrt{ac}+b$$

$$MC=2ax+b=2a\sqrt{\frac{c}{a}}+b=2\sqrt{ac}+b$$

가 되어 평균비용과 한계비용이 일치한다.

앞의 예에서 본 바와 같이, 총비용함수가 이차함수이면 한계비용곡선은 직선이 되고, 흔히 경제원론에서 보는 바와 같이 U자형의 모양을 갖지

[그림 8-24]

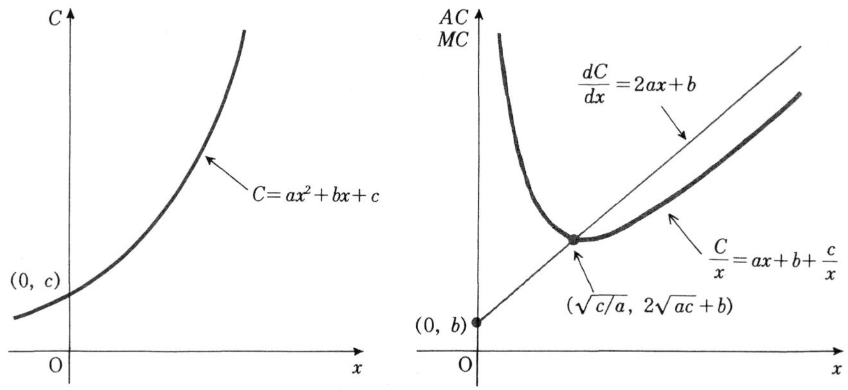

[그림 8-25]

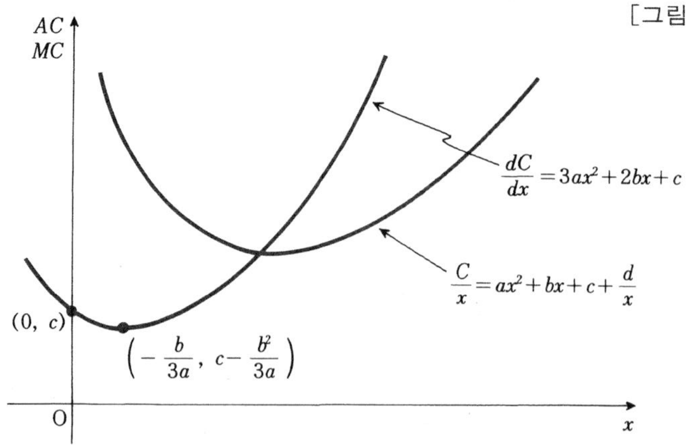

않는다. 그러나 총비용함수가 다음과 같은 삼차함수로 주어지면,

$$C=ax^3+bx^2+cx+d \quad (a>0,\ b<0,\ c>0,\ d>0,\ b^2<3ac)$$

평균비용과 한계비용이

$$AC=\frac{C}{x}=ax^2+bx+c+\frac{d}{x}$$

$$MC=\frac{dC}{dx}=3ax^2+2bx+c$$

가 되어, [그림 8-25]에서 보는 바와 같이 평균비용곡선과 한계비용곡선이 모두 U자형의 모양을 갖게 된다.

3. 平均收入과 限界收入

기업의 총수입(R)은 가격(p)을 판매량(q)으로 곱한 것과 같다. 따라서 총수입함수는 다음과 같다.

$$R=p\cdot q$$

위에서, 판매량 q는 수요함수에 따라 가격 p의 단조감소함수이다. 따라서 수요함수를 역함수로 다음과 같이 표시할 수가 있다.

$$p=g(q), \quad g'<0$$

역시 제6장 7절에서 본 바와 같이 평균수입(AR)과 한계수입(MR)은 다음과 같이 구해진다.

$$AR=\frac{R}{q}=\frac{p\cdot q}{q}=p$$

$$MR=\frac{dR}{dq}=p+q\frac{dp}{dq}$$

평균수입의 극대점에서 평균수입과 한계수입이 동일하다는 것은 앞에서 본 평균생산물과 한계생산물의 경우에서와 마찬가지 방법으로 쉽게 증명할 수 있다. 한편, 총수입 R가 극대가 되기 위해서는 $MR=0$이어야 한다. 즉,

$$MR=p+q\frac{dp}{dq}=0$$

이므로, 총수입의 극대점에서는

$$\frac{dp}{dq} = -\frac{p}{q} \tag{8.6.2}$$

의 관계가 성립함을 알 수 있다. 그런데 수요의 가격탄력도 η는

$$\eta = \frac{dq}{dp}\frac{p}{q} \tag{8.6.3}$$

로 정의되기 때문에, (8.6.2)를 (8.6.3)에 대입하면,

$$\eta = -\frac{q}{p}\frac{p}{q} = -1$$

이 되어 수요의 가격탄력도가 단위탄력적인 점에서 총수입의 극대화가 이루어진다는 것을 알 수 있다.

예 3 수요함수가 $p=(12-q^{\frac{1}{2}})$ $(0 \leq q \leq 12)$로 주어졌다고 하면, 독점기업의 총수입함수는 다음과 같다.

$$R = q(12-q)^{\frac{1}{2}}$$

따라서 총수입은

$$\begin{aligned}\frac{dR}{dq} &= (12-q)^{\frac{1}{2}} - \frac{1}{2}q(12-q)^{-\frac{1}{2}} \\ &= (12-q)^{-\frac{1}{2}}\left(12-q-\frac{1}{2}q\right) \\ &= \frac{3(8-q)}{2(12-q)^{\frac{1}{2}}} = 0\end{aligned}$$

일 때, 즉 $q=8$이고 $q \fallingdotseq 12$일 때 극치를 갖는다. 그런데

$$\begin{aligned}\frac{d^2R}{dq^2} &= \frac{3}{2}\left[\frac{-(12-q)^{\frac{1}{2}}-(8-q)\left(-\frac{1}{2}\right)(12-q)^{-\frac{1}{2}}}{12-q}\right] \\ &= \frac{3}{2}\left[\frac{(12-q)^{-\frac{1}{2}}\left\{-12+q+\frac{1}{2}(8-q)\right\}}{12-q}\right] \\ &= \frac{3}{4}\left[\frac{q-16}{(12-q)^{\frac{3}{2}}}\right]\end{aligned}$$

의 값이 $q=8$에서 음이 되므로, $q=8$일 때 총수입이 극대가 됨을 알 수 있다. [그림 8-26]에 이 관계가 도시되어 있다.

[그림 8-26]

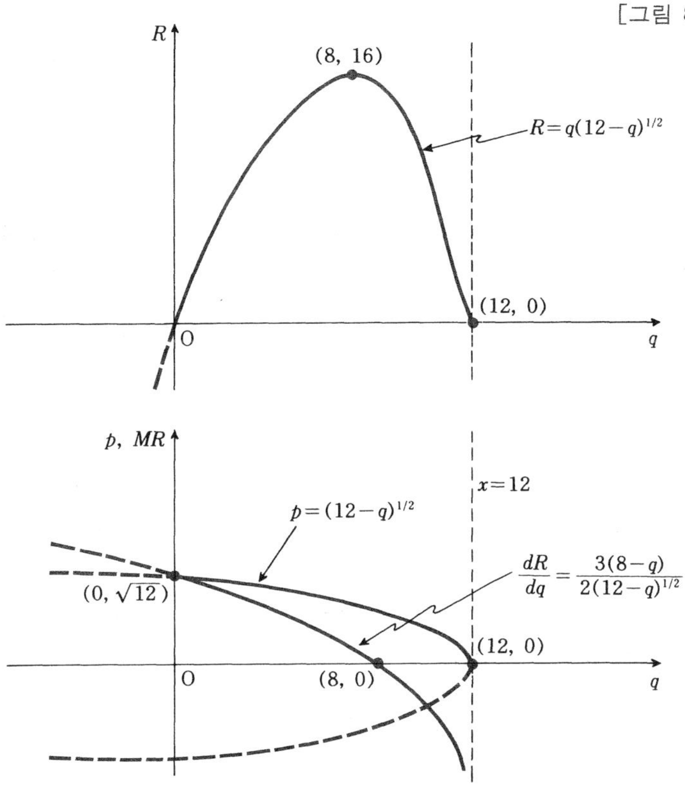

練習問題 8.6

[1] 생산함수가 $q=al-bl^2$ $(a>0,\ b>0)$으로 주어졌다고 하자.

(a) 총생산물이 극대가 되는 노동의 고용량을 구하여라.

(b) 평균생산물이 극대가 되는 노동의 고용량을 구하여라.

[2] 평균비용의 극소점에서 평균비용과 한계비용이 일치함을 설명하여라.

[3] 총비용함수가 $C=aq^b+c$ $(a>0,\ b>1,\ c>0)$로 주어졌을 때, 평균비용의 극소점을 구하여라.

[4] 총수입함수가 $R=24q-3q^2$으로 주어졌다고 하자.

(a) 총수입이 극대가 되는 산출량을 구하여라.

(b) 평균수입이 극대가 되는 산출량을 구하여라.

8.7 消費者均衡 I

1. 效用函數

소비자는 재화를 소비하여 滿足(satisfaction)을 얻기 때문에 재화를 수요한다. 재화를 소비할 때 소비자가 얻는 만족을 흔히 **效用**(utility)이라 부르는데, 효용이 測定可能(measurable)하다고 하면 **效用函數**(utility function)는 다음과 같이 쓸 수 있다.

$$U = f(q_1, q_2) \tag{8.7.1}$$

위에서, q_1과 q_2는 두 재화의 소비량이고, U는 **總效用**(total utility)을 나타낸다. 여기서 효용함수 $f(q_1, q_2)$는 연속함수이고, 제일계 및 제이계편도함수도 역시 q_1과 q_2의 연속함수라고 가정하기로 하자.

이 때, 두 재화 q_1과 q_2의 **限界效用**(marginal utility)은 U를 편미분함으로써 다음과 같이 구해진다.

$$MU_1 = \frac{\partial U}{\partial q_1} = \frac{\partial f}{\partial q_1} = f_1$$

$$MU_2 = \frac{\partial U}{\partial q_2} = \frac{\partial f}{\partial q_2} = f_2 \tag{8.7.2}$$

2. 無差別曲線과 限界代替率

효용수준이 U_0로 일정하게 주어져 있을 때의 효용함수는 다음과 같다.

$$U_0 = f(q_1, q_2) \tag{8.7.3}$$

그런데 효용함수가 연속함수이기 때문에 동일한 효용 U_0를 가져다 주는 q_1과 q_2의 배합은 무수히 많다. 식 (8.7.3)의 곡선을 q_1과 q_2를 축으로 하는 좌표평면에 나타낸 것을 **無差別曲線**(indifference curve)이라 부른다. 무차별곡선은 모든 효용수준에 대하여 하나씩 존재하며, 무차별곡선이 원점으로부터 멀리 떨어져 있을수록 높은 효용수준을 나타낸다.

무차별곡선이 원점에서 멀리 떨어져 있을수록 높은 효용수준을 나타낸다는 성질로부터 무차별곡선은 서로 교차하지 않는다는 사실을 알 수

[그림 8-27]

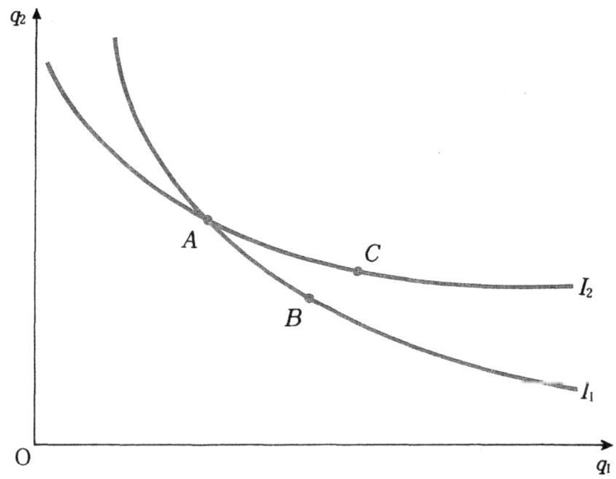

있다. 만약 무차별곡선이 [그림 8-27]에서처럼 서로 교차한다고 하면, 다음과 같은 모순이 일어나게 된다. 즉, 점 A와 B는 같은 무차별곡선 위에 있으므로 그 효용수준은 서로 같다. 그리고 또 점 A와 C 또한 같은 무차별곡선 위에 있으므로 그 효용수준은 서로 같다. 따라서 점 B와 C의 효용수준은 점 A의 효용수준과 같으므로, 점 B와 C의 효용수준은 서로 같아야 한다. 그런데 점 C는 B보다 원점에서 먼 무차별곡선 위에 있으므로 점 C는 B의 효용수준보다 더 커야 한다. 그러나 이것은 모순인 것이다. 따라서 무차별곡선은 서로 교차할 수 없다.

무차별곡선 위의 각 점에서의 접선의 기울기는 동일한 효용수준을 유지하면서 한 재화를 다른 재화로 대체할 수 있는 율(rate)을 나타내 준다. 이 기울기의 절대값을 **限界代替率**(marginal rate of substitution)이라 부르며, MRS라고 쓴다. 즉,

$$MRS = -\frac{dq_2}{dq_1} \tag{8.7.4}$$

한편, 효용함수 (8.7.3)을 전미분하면 다음을 얻는다.

$$dU_0 = f_1 dq_1 + f_2 dq_2 \tag{8.7.5}$$

그런데 동일한 무차별곡선 위에서는 $dU_0 = 0$ 이므로, 이 때 (8.7.5)는

$$0 = f_1 dq_1 + f_2 dq_2$$

가 된다. 이를 정리하면 다음을 얻는다.

$$-\frac{dq_2}{dq_1}=\frac{f_1}{f_2}=\frac{MU_1}{MU_2} \tag{8.7.6}$$

식 (8.7.4)와 (8.7.6)으로부터 한계대체율과 한계효용 사이에는 다음과 같은 관계가 성립함을 알 수 있다. 즉,

$$MRS=\frac{f_1}{f_2}=\frac{MU_1}{MU_2} \tag{8.7.7}$$

다시 말하면, 한계대체율은 두 한계효용의 비율과 같다. 이제, dq_2/dq_1을 다시 q_1에 미분하면 다음을 얻는다.

$$\frac{d^2q_2}{dq_1^2}=\frac{d}{dq_1}\left(-\frac{f_1}{f_2}\right)=-\frac{1}{(f_2^2)}\left(f_2\frac{df_1}{dq_1}-f_1\frac{df_2}{dq_1}\right)$$

한편, 일반적으로 $f_1=g_1(q_1, q_2)$, $f_2=g_2(q_1, q_2)$이므로,

$$\frac{df_1}{dq_1}=\frac{\partial f_1}{\partial q_1}\frac{dq_1}{dq_1}+\frac{\partial f_1}{\partial q_2}\frac{dq_2}{dq_1}=f_{11}+f_{12}\left(-\frac{f_1}{f_2}\right)$$

$$\frac{df_2}{dq_1}=\frac{\partial f_2}{\partial q_1}\frac{dq_1}{dq_1}+\frac{\partial f_2}{\partial q_2}\frac{dq_2}{dq_1}=f_{21}+f_{22}\left(-\frac{f_1}{f_2}\right)$$

가 된다. 그런데 $f_{12}=f_{21}$이므로,

$$\frac{d^2q_2}{dq_1^2}=-\frac{1}{(f_2)^3}(f_{11}f_2^2-2f_{12}f_1f_2+f_{22}f_1^2) \tag{8.7.8}$$

이 된다. 경제학에서는 보통 (8.7.8)이 양의 부호를 갖는다고 가정하고 있다. 다시 말하면, 한계대체율은 체감한다고 본다. 따라서 무차별곡선은 [그림 8-27]에서와 같이 원점을 향하여 볼록한 모양을 갖게 된다.

3. 消費者均衡

소비자의 효용함수가 $U=f(q_1, q_2)$로 주어진다면, 합리적인 소비자(rational consumer)는 효용을 극대화하는 q_1과 q_2의 배합을 선택할 것이다. 그러므로 소비자의 수요행동은 일종의 극대문제가 된다. 소비자가 효용을 극대화시킬 때, 그 소비자는 균형상태에 있다고 말한다. 그런데 소비자의 소득은 언제나 한정되어 있으므로 원하는 만큼의 재화를 모두 살 수는 없다. 이와 같은 소비자의 소득제약조건은 다음과 같이 쓸 수 있다.

$$y_0=p_1q_1+p_2q_2 \tag{8.7.9}$$

[그림 8-28]

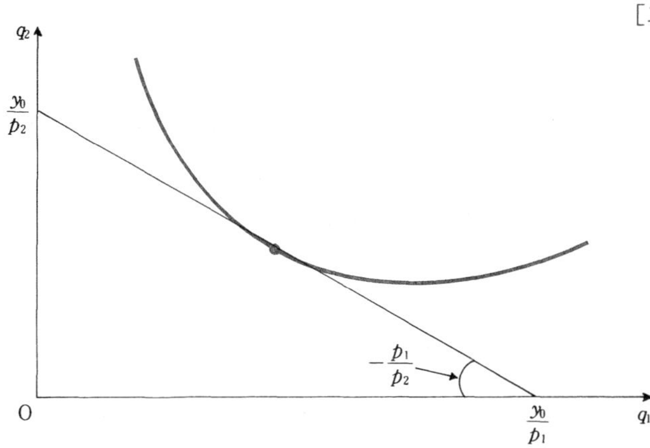

위에서, y_0는 소비자의 소득을 말하고, p_1과 p_2는 두 재화의 가격을 나타낸다. 이제, (8.7.9)를 q_2에 관하여 정리하면 다음 식을 얻는다.

$$q_2=\frac{y_0}{p_2}-\frac{p_1}{p_2}q_1 \tag{8.7.10}$$

식 (8.7.10)을 흔히 **豫算線**(budget line)이라 부르는데, [그림 8-28]이 이를 보여주고 있다. **消費者均衡**(consumer equilibrium)은 소득제약조건 (8.7.9)를 만족시키면서 총효용 (8.7.1)을 극대화시킬 때 달성된다. 그런데 y_0, p_1, p_2가 모두 일정하게 주어져 있다고 하면, q_2는 다음과 같이 q_1만의 함수로 고쳐 쓸 수 있다.

$$q_2=\frac{y_0-p_1q_1}{p_2} \tag{8.7.11}$$

이를 (8.7.1)에 대입하면,

$$U=f\left(q_1,\ \frac{y_0-p_1q_1}{p_2}\right) \tag{8.7.12}$$

이 된다. 그런데 (8.7.11)을 통하여 소득제약조건은 항상 만족되고 있으므로, 이제 소비자는 (8.7.12)를 극대화하면 효용을 극대화시킬 수 있다. 따라서 우선 (8.7.12)를 q_1에 관하여 미분하고 0으로 놓으면,

$$\frac{dU}{dq_1}=f_1+f_2\left(-\frac{p_1}{p_2}\right)=0 \tag{8.7.13}$$

를 얻는다. 이제, (8.7.13)을 정리하면 다음을 얻는다.

$$\frac{f_1}{f_2}=\frac{p_1}{p_2} \qquad \text{또는} \qquad \frac{f_1}{p_1}=\frac{f_2}{p_2} \tag{8.7.14}$$

이와 같이, 소비자의 효용을 극대화하기 위한 일차조건은 두 재화의 한계효용의 비율이 가격비와 같고, 또 각 재화에 지출한 마지막 단위의 화폐가 가져다 주는 한계효용이 동일해야 한다는 것임을 알 수 있다.

다음에 효용함수의 제이계편도함수를 각각 f_{11}, f_{22}, $f_{12}=f_{21}$으로 나타내면, 효용극대화의 이차조건은

$$\frac{d^2U}{dq_1^2}=f_{11}+2f_{12}\left(-\frac{p_1}{p_2}\right)+f_{22}\left(-\frac{p_1}{p_2}\right)^2<0 \tag{8.7.15}$$

이 된다. 이제, 일차조건에서 구한 $f_1/f_2=p_1/p_2$을 (8.7.15)에 대입한 다음 $f_2^2>0$을 곱하면, 다음 식을 얻는다.

$$f_{11}f_2^2-2f_{12}f_1f_2+f_{22}f_1^2<0 \tag{8.7.16}$$

그런데 (8.7.8)에서 설명한 바와 같이

$$\frac{d^2q_2}{dq_1^2}=-\frac{1}{f_2^3}\left(f_{11}f_2^2-2f_{12}f_1f_2+f_{22}f_1^2\right)>0 \tag{8.7.17}$$

이고, 또 $f_2>0$ 이므로, (8.7.16)의 부등식은 항상 성립한다는 것을 알 수가 있다. 이와 같이, 소비자효용극대화의 이차조건은 $\dfrac{d^2q_2}{dq_1^2}>0$과 같다. 다시 말하면, 한계대체율이 균형점에서 감소해야 한다.

예 1 소비자의 효용함수가 $U=q_1q_2$이고, $p_1=2$원, $p_2=5$원, 그리고 소득이 100원이라고 하자. 따라서 소득제약조건은

$$100=2q_1-5q_2$$

가 된다. 이제, q_2를 q_1의 함수로 나타내면 다음과 같다.

$$q_2=20-\frac{2q_1}{5}$$

이를 효용함수에 대입하면,

$$U=20q_1-\frac{2q_1^2}{5}$$

을 얻고, 따라서

$$\frac{dU}{dq_1}=20-\frac{4q_1}{5}=0$$

이라 놓고 풀면, $q_1=25$를 얻는다. 이를 소득제약조건에 대입하면

$q_2=10$ 을 얻는다. 이 때, 또

$$\frac{d^2U}{dq_1^2}=-\frac{4}{5}<0$$

로 효용극대화의 이차조건도 만족됨을 알 수 있다.

[그림 8-29]

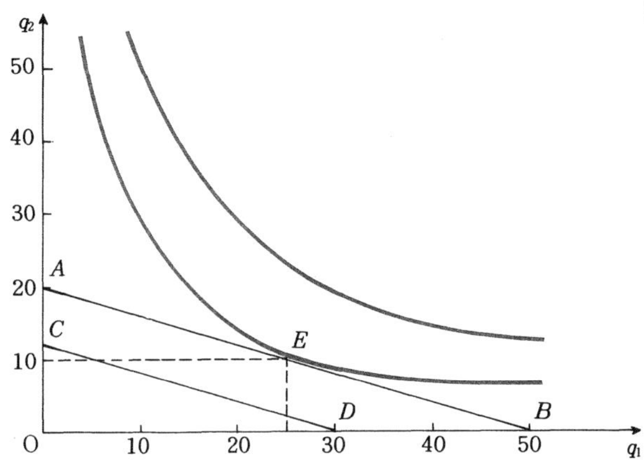

練習問題 8.7

[1] 효용함수가 다음과 같이 주어질 때, q_1과 q_2의 한계효용을 구하여라.

(a) $U=q_1^3q_2$ (b) $U=q_1q_2+q_1^2$

[2] 효용함수가 다음과 같이 주어져 있을 때 한계대체율을 구하고, 또 한계대체율이 체감하고 있는가를 검토하여라.

(a) $U=q_1q_2$ (b) $U=100\sqrt{q_1q_2}$

(c) $U=q_1^rq_2$ (d) $U=q_1^2+q_2^2$

(e) $U=q_1+q_2+2q_1q_2$ (f) $U=q_1q_2-0.01(q_1^2+q_2^2)$

[3] 예 1에서와 같이 효용함수가 $U=q_1q_2$이고, $p_1=2$원, $p_2=5$원이라고 하자.

(a) $y=200$원일 때, 소비자균형을 구하여라.

(b) $y=200$원, $p_2=5$원으로 동일하지만, $p_1=4$원일 때, 소비자균형을 구하여라.

(c) (a)와 (b)로부터 수요의 법칙이 성립하고 있는지 말하여라.

[4] 소득제약조건이 $2q_1+q_2=90$ 으로 주어져 있다고 하자.
(a) 효용함수가 $U=q_1^2q_2$ 인 때의 소비자균형을 구하여라.
(b) 효용함수가 $U=q_1\sqrt{q_2}$ 인 때의 소비자균형을 구하여라.
(c) 효용함수가 $U=(q_1^2q_2)^\alpha$ $(\alpha>0)$ 인 때의 소비자균형을 구하여라.
(d) 위의 (a), (b), (c)의 결과로부터 어떤 결론을 얻을 수 있겠는가?

8. 8 企業의 均衡 I

소비자의 목표가 효용극대화에 있는 것처럼, 기업의 궁극적인 목표는 **利潤極大化**(profit maximization)에 있다. 기업이 이윤을 극대화할 때, 그 기업은 균형상태에 있다고 말한다. 이 절에서는 이제 이와 같은 **企業의 均衡**을 수학적으로 다루어 보자.

이윤 π는 총수입 R로부터 총비용 C를 뺀 것이다. 따라서 총수입과 총비용을 산출량 q의 함수로 나타내면, π는

$$\pi=R(q)-C(q) \tag{8.8.1}$$

가 된다. 이제, 이윤을 극대화하는 산출량을 구하기 위해서는 우선 π를 q로 미분하여 0으로 놓아야 한다.

$$\frac{d\pi}{dq}=\frac{dR}{dq}-\frac{dC}{dq}=0 \tag{8.8.2}$$

따라서

$$\frac{dR}{dq}=\frac{dC}{dq},\ MR=MC \tag{8.8.3}$$

가 이윤극대화의 일차조건이 된다.

그런데 완전경쟁기업의 경우에는 $R=p\cdot q$이고 p가 일정하기 때문에,

$$MR=\frac{dR}{dq}=p \tag{8.8.4}$$

가 되어 $p=MC$일 때 이윤극대화의 일차조건이 만족된다. 그러나 독점기업은 $p=g(q)$의 수요함수에 직면하기 때문에, 한계수입은 제6장 7절에서

본 바와 같이

$$MR = p + q\frac{dp}{dq} \tag{8.8.5}$$

가 되어 가격보다 작고, 따라서 독점기업에 있어서는 $MR = MC$가 이윤극대화의 일차조건이 된다.

한편, 이윤극대화의 이차조건은 다음과 같다.

$$\frac{d^2\pi}{dq^2} = \frac{d^2R}{dq^2} - \frac{d^2C}{dq^2} < 0 \tag{8.8.6}$$

따라서

$$\frac{d(MR)}{dq} < \frac{d(MC)}{dq} \tag{8.8.7}$$

가 된다. 그런데 완전경쟁기업의 경우에는

$$\frac{d^2R}{dq^2} = \frac{dp}{dq} = 0$$

이기 때문에,

$$\frac{d(MC)}{dq} > 0 \tag{8.8.8}$$

가 이윤극대화의 이차조건이 되는데, 이는 균형점에서 한계비용곡선이 우상향하고 있어야 한다는 것을 말한다.

독점기업의 경우에는 균형점에서 한계비용곡선의 기울기가 한계수입곡선의 기울기보다 크기만 하면 이윤극대화의 이차조건이 만족되므로, 반드시 한계비용곡선이 우상향할 필요는 없다. [그림 8-30]에서 (a)~(c)는 모두 이윤극대화의 일차조건을 만족시키고 있다. 그러나 이윤극대화의 이차조건은 (a)와 (b)에서만 만족되고, (c)에서는 한계수입곡선의 기울기가 한계비용곡선의 기울기보다 크기 때문에 이차조건을 만족시키지 못하고 있다.

예 1 독점기업이 직면하는 수요함수와 비용함수가 다음과 같다고 하자.

$$p = 100 - 4q, \quad C = 50 + 20q$$

이로부터 독점기업의 총수입과 이윤은 다음과 같다.

$$R = pq = 100q - 4q^2$$

$$\pi = (100q - 4q^2) - (50 + 20q)$$

[그림 8-30]

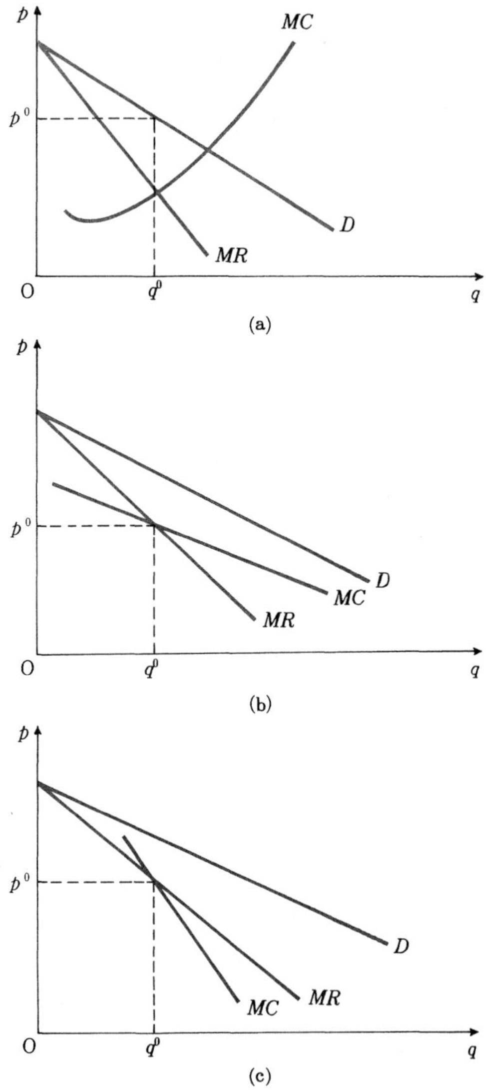

이제, π를 q에 관하여 미분하고 0으로 놓으면,

$$\frac{d\pi}{dq}=100-8q-20=0$$

가 되고, 따라서 $q=10$이 된다. 이 $q=10$을 수요함수에 대입하면, $p=60$을 얻는다. 이와 같이 $q=10$, $p=60$일 때, $\pi=350$이 된다. 한편,

$$\frac{d^2\pi}{dq^2}=-8<0$$

이므로, 독점기업의 이윤극대화의 이차조건도 만족되고 있음을 알 수 있다. 만약 독점기업이 완전경쟁기업과 같이 $p=MC$에서 산출량을 결정한다면,

$$p=MC=\frac{dC}{dq}=20$$

으로 $p=20$이고, 따라서 수요함수로부터 $q=20$이 되어 독점의 경우보다 산출량이 증가한다는 것을 알 수 있다. 그러나 이 때에는 $\pi=-50$으로 50의 손실을 보게 된다.

練習問題 8.8

[1] 수요함수와 비용함수가 다음과 같이 주어졌다고 하자.

$$p=a-bq$$
$$C=k+cq+dq^2$$

(a) 이윤이 극대가 되는 독점기업의 p와 q를 구하여라.

(b) 파라미터 d는 어떤 제약을 갖게 되는가?

[2] 한계비용이 0일 때, 독점기업은 수요의 가격탄력도가 1인 점에서 이윤을 극대화함을 보여라.

8.9 租稅收入의 極大化

정부의 경제활동은 歲入과 歲出로 나누어 생각할 수 있다. 먼저, 세출이란 정부지출을 통하여 공공재를 공급하고 고용기회를 확대하는 것을 말하며, 세입이란 조세수입 등을 통하여 세출의 재원을 마련하고 경기변동을 조절하는 것을 말한다. 이 절에서는 정부의 세입의 하나인 조세수입의 극대화에 대하여 알아보기로 한다.

1. 獨占의 경우

독점기업으로부터의 조세수입을 극대화하기 위해서는 정부는 두 가지 점을 고려해야 한다. 먼저, 정부는 세율 t를 얼마로 할 것인가를 결정해야 하고, 다음으로 조세를 부과한 후의 산출량이 얼마가 될 것인가를 고려해야만 한다. 다시 말하면, 物品稅(excise tax)의 경우 산출량을 q, 조세수입을 T라 하면,

$$T=t\cdot q \tag{8.9.1}$$

이 성립한다. 그런데 (8.9.1)과 같이 조세를 부과하면 독점기업의 한계비용이 증가하게 되므로 산출량이 감소한다. 따라서 조세수입을 극대화하기 위해서 정부는 세율 t와 조세를 부과한 후의 독점기업의 산출량 q를 동시에 고려해야만 하는 것이다.

이를 보기 위해 먼저 수요함수가

$$p=\alpha-\beta q \ (\alpha,\ \beta>0) \tag{8.9.2}$$

와 같이 선형으로 주어져 있다고 하면, 이윤을 극대화하는 독점기업의 총수입은

$$R=R(q)=\alpha q-\beta q^2 \tag{8.9.3}$$

이 된다. 그리고 독점기업의 비용함수가

$$C=C(q)=aq^2+bq+c \tag{8.9.4}$$

와 같이 주어져 있다고 하면, 조세를 부과한 후의 독점기업의 비용함수는 다음과 같다.

$$\begin{aligned} C_t&=C+T\\ &=aq^2+bq+c+tq\\ &=aq^2+(b+t)q+c \end{aligned} \tag{8.9.5}$$

따라서 이 때의 이윤은

$$\begin{aligned} \pi&=R-C_t\\ &=\alpha q-\beta q^2-[aq^2+(b+t)q+c]\\ &=-(\beta+a)q^2+(\alpha-b-t)q-c \end{aligned} \tag{8.9.6}$$

가 된다. 이제, (8.9.6)을 q에 대하여 미분함으로써 이윤을 극대화하는 산

출량은 다음과 같이 구할 수 있다.

$$\frac{d\pi}{dq}=-2(\beta+a)q+(\alpha-b-t)=0$$

따라서

$$\bar{q}=\frac{\alpha-b-t}{2(\beta+a)} \tag{8.9.7}$$

를 얻을 수 있다. 그런데 (8.9.7)에 대해 주의할 것은 $\bar{q}$는 독점기업이 조세지출을 고려한 경우의 이윤극대 산출량이라는 것이다.

다음에 이윤극대화의 이차조건을 구해 보면,

$$\frac{d^2\pi}{dq^2}=-2(\beta+\alpha)<0$$

이 되므로, (8.9.7)의 산출량은 이윤극대화의 산출량임을 확인할 수 있다. 여기서 이제 (8.9.7)의 $\bar{q}$를 조세수입함수 (8.9.1)에 대입하면,

$$T=t\cdot\bar{q}=\frac{t(\alpha-b-t)}{2(\beta+a)}=\frac{(\alpha-b)t-t^2}{2(\beta+a)} \tag{8.9.8}$$

을 얻을 수 있다. 식 (8.9.8)은 조세수입은 세율 t만의 함수임을 보여주고 있다. 따라서 (8.9.8)로부터 조세수입을 극대화하는 세율 $\bar{t}$를 다음과 같이 구할 수 있다. 먼저 (8.9.8)을 t에 대해 미분하면,

$$\frac{dT}{dt}=\frac{(\alpha-b)-2t}{2(\beta+a)}=0$$

을 얻을 수 있고, 따라서

$$\bar{t}=\frac{\alpha-b}{2} \tag{8.9.9}$$

를 구할 수 있다. 그리고 조세수입 극대화의 이차조건을 구해 보면,

$$\frac{d^2T}{dt^2}=\frac{-2}{2(\beta+a)}=-\frac{1}{(\beta+a)}<0$$

이 되므로, (8.9.9)는 $\bar{t}$는 조세수입을 극대화하는 세율임을 알 수 있다.

2. 完全競爭의 경우

물품세가 존재하는 경우의 수요·공급모델의 균형은 제3장 1절에서 설명

한 바 있다. 이제, 완전경쟁시장에서의 조세수입의 극대화를 알아보기 위해 제3장 1절의 모델을 다시 쓰면, 다음과 같다.

$$q^D = a + bp \quad (b < 0) \tag{3.1.1}$$

$$q^S = c + dp^* \quad (d > 0) \tag{3.1.7}$$

$$q^D = q^S \tag{3.1.3}$$

$$p^* = p - t \tag{3.1.8}$$

이 때, p^*는 기업이 산출물 한 단위를 판매할 때 실제로 얻게 되는 수입을 나타내는 내생변수이다.

이제 조세수입을 극대화하는 세율을 구하기 위해서는 앞에서 본 독점의 경우와 마찬가지로 먼저 조세를 부과한 후의 균형산출량 $\bar{q}$를 구해야 한다. 이를 위해 제3장 1절에서와 같이 (3.1.8)을 (3.1.7)에 대입한 다음 (3.1.1)과 (3.1.7)을 균형조건인 (3.1.3)에 대입하면 다음과 같이 균형가격과 균형산출량을 구할 수 있다.

$$\bar{p} = \frac{a-c}{d-b} + \frac{d}{d-b}t \tag{3.1.10}$$

$$\bar{q} = \frac{ad-bc}{d-b} + \frac{db}{d-b}t \tag{3.1.11}$$

이제, 조세율 t만의 함수가 되는 조세함수를 구하기 위해 (3.1.11)을 (8.9.1)에 대입하면 다음을 얻을 수 있다.

$$T = t \cdot \bar{q} = t\,\frac{[ad - bc + dbt]}{d-b}$$

또는,

$$T = \frac{(ad-bc)t + bdt^2}{d-b} \tag{8.9.10}$$

따라서 (8.9.10)을 세율 t에 대하여 미분하여 0으로 놓으면,

$$\frac{dT}{dt} = \frac{(ad-bc) + 2bdt}{d-b} = 0$$

가 되고, 이로부터 조세수입을 극대화하는 세율 $\bar{t}$를 다음과 같이 얻을 수 있다.

$$\bar{t} = \frac{bc-ad}{2bd} \tag{8.9.11}$$

그리고 (8.9.10)으로부터 조세수입 극대화의 이차조건은

$$\frac{d^2T}{dt^2}=\frac{2bd}{d-b}<0$$

가 되는데, $d>0$ 이고 $b<0$ 이므로, 세율 $\bar{t}$는 조세수입함수 (8.9.10)을 극대화하는 세율임을 알 수 있다.

練習問題 8.9

[1] 독점기업의 수입함수와 비용함수가 다음과 같이 주어져 있다고 하자.

$$R(q)=40q-4q^2$$
$$C(q)=2q^2+4q+10$$

(a) 정부의 조세수입을 극대화하는 세율을 구하여라.

(b) 조세 후의 극대이윤을 구하여라.

(c) 조세 후 이윤이 극대가 되는 가격을 구하여라.

[2] 독점기업의 수요함수와 비용함수가 다음과 같이 주어져 있다고 하자.

$$p=30-3q$$
$$C(q)=q^2+2q+2$$

(a) 평균수입, 한계수입, 조세를 부과하기 전과 후의 한계비용을 구하고, 이를 도시하여라.

(b) 조세 전의 극대이윤을 구하여라.

(c) 정부의 조세수입의 극대값을 구하여라.

(d) 조세 후의 극대이윤을 구하여라.

(e) 조세 후 이윤이 극대가 되는 가격을 구하여라.

[3] 완전경쟁의 경우 수요와 공급함수가 다음과 같이 주어져 있다고 하자.

$$q^D=18-2p$$
$$q^S=-2+2p$$

(a) 정부의 조세수입을 극대화하는 세율을 구하여라.

(b) 조세 전과 조세 후의 균형가격과 균형수량을 각각 구하여라.

(c) 조세 전과 조세 후의 수요곡선과 공급곡선을 각각 도시하여라.

제 9 장

多變數函數의 極大와 極小

제 9 장 多變數函數의 極大와 極小

이 장에서는 多變數함수의 극대값 또는 극소값을 구하는 문제를 논하기로 한다. 이 문제를 논하기 위해서는 먼저 二次型式 및 Hesse 行列式에 대한 이해가 필요하다.

9.1 二次型式

1. 二次型式의 定義

세 변수 x_1, x_2, x_3에 관한 이차식

$$q(x_1, x_2, x_3) = a_{11}x_1^2 + a_{22}x_2^2 + a_{33}x_3^2 + 2a_{12}x_1x_2 + 2a_{13}x_1x_3 + 2a_{23}x_2x_3 \quad (9.1.1)$$

를 x_1, x_2, x_3에 관한 **二次型式**(quadratic form)이라 한다.

이제, $a_{21} = a_{12}$, $a_{31} = a_{13}$, $a_{32} = a_{23}$라 놓으면, 3×3 행렬

$$A = \begin{bmatrix} a_{11} & a_{12} & a_{13} \\ a_{21} & a_{22} & a_{23} \\ a_{31} & a_{32} & a_{33} \end{bmatrix}$$

는 대칭행렬이고, 또 행렬의 곱셈 정의에 의하여 다음이 성립한다.

$$\begin{aligned} [x_1, x_2, x_3]A\begin{bmatrix} x_1 \\ x_2 \\ x_3 \end{bmatrix} &= a_{11}x_1^2 + a_{12}x_1x_2 + a_{13}x_1x_3 + a_{21}x_2x_1 + a_{22}x_2^2 \\ &\quad + a_{23}x_2x_3 + a_{31}x_3x_1 + a_{32}x_3x_2 + a_{33}x_3^2 \\ &= q(x_1, x_2, x_3) \end{aligned} \quad (9.1.2)$$

따라서 이차형식 (9.1.1)은 대칭행렬 A를 이용하여 나타낼 수 있다.

일반적으로, n개의 변수 $x_1, x_2, \cdots, x_n$에 대하여 대칭행렬 $A = [a_{ij}]_{n \times n}$로 정의된 二次型式, 즉

$$q = q(x_1, x_2, \cdots, x_n) = [x_1 \ x_2 \ \cdots \ x_n] A \begin{bmatrix} x_1 \\ x_2 \\ \vdots \\ x_n \end{bmatrix} \tag{9.1.3}$$

$$\begin{aligned} &= a_{11}x_1^2 + a_{12}x_1x_2 + \cdots + a_{1n}x_1x_n \\ &\quad + a_{21}x_2x_1 + a_{22}x_2^2 + \cdots + a_{2n}x_2x_n \qquad (a_{ji} = a_{ij}) \\ &\quad \cdots\cdots\cdots\cdots\cdots\cdots\cdots\cdots \\ &\quad + a_{n1}x_nx_1 + a_{n2}x_nx_2 + \cdots + a_{nn}x_n^2 \end{aligned}$$

을 $x_1, x_2, \cdots, x_n$에 관한 **二次型式**이라 하고, 대칭행렬 A를 이 二次型式의 行列이라 한다. 여기서

$$X = \begin{bmatrix} x_1 \\ x_2 \\ \vdots \\ x_n \end{bmatrix}, \quad X^T = [x_1 \ x_2 \ \cdots \ x_n]$$

이라 놓으면, 이차형식 (9.1.3)은

$$q = X^T A X \tag{9.1.4}$$

으로 나타내어진다.

예 1 다음은 x_1, x_2에 관한 이차형식이다.

$$q = q(x_1, \ x_2) = 5x_1^2 + 3x_1x_2 + 2x_2^2 = [x_1 \ x_2] \begin{bmatrix} 5 & \frac{3}{2} \\ \frac{3}{2} & 2 \end{bmatrix} \begin{bmatrix} x_1 \\ x_2 \end{bmatrix}$$

예 2 대칭행렬

$$A = \begin{bmatrix} 1 & -1 & 0 \\ -1 & 6 & -2 \\ 0 & -2 & 3 \end{bmatrix}$$

에 의하여 정의되는 x_1, x_2, x_3에 관한 이차형식은 다음과 같다.

$$q = q(x_1, x_2, x_3) = [x_1 \ x_2 \ x_3] A \begin{bmatrix} x_1 \\ x_2 \\ x_3 \end{bmatrix} = x_1^2 + 6x_2^2 + 3x_3^2 - 2x_1x_2 - 4x_2x_3$$

---

2. 定符號型式

변수 x_1, x_2, $\cdots$, x_n에 관한 이차형식

$$\begin{aligned} q &= q(x_1, x_2, \cdots, x_n) \\ &= [x_1 \ x_2 \ \cdots \ x_n] A \begin{bmatrix} x_1 \\ x_2 \\ \vdots \\ x_n \end{bmatrix} \\ &= X^T A X \end{aligned} \tag{9.1.5}$$

가 있을 때, x_1, x_2, $\cdots$, x_n에 실수값을 대입하게 되면 $q(x_1, x_2, \cdots, x_n)$도 실수값을 갖는다. 특히, $x_1 = x_2 = \cdots = x_n = 0$일 때, $q(x_1, x_2, \cdots, x_n)$의 값은 0이다. 즉, $q(0, 0, \cdots, 0) = 0$이다.

변수 x_1, x_2, $\cdots$, x_n이 동시에 0인 경우를 제외하고는 모든 실수값 x_1, x_2, $\cdots$, x_n에 대하여 항상 $q(x_1, x_2, \cdots, x_n) > 0$이 성립할 때, 이차형식 q를 **陽의 定符號型式**(positive definite form)이라 한다.

또, 이와 반대로 $x_1 = x_2 = \cdots = x_n = 0$인 경우를 제외하고는 모든 실수값 x_1, x_2, $\cdots$, x_n에 대하여 항상 $q(x_1, x_2, \cdots, x_n) < 0$이 성립할 때, 이 이차형식을 **陰의 定符號型式**(negative definite form)이라 한다.

그리고 양 또는 음의 定符號型式을 통틀어 **定符號型式**(definite form)이라 부른다.

예를 들어, 二次型式

$$\begin{aligned} q(x_1, \ x_2) &= 29x_1^2 + 24x_1x_2 + 5x_2^2 \\ &= [x_1 \ x_2] \begin{bmatrix} 29 & 12 \\ 12 & 5 \end{bmatrix} \begin{bmatrix} x_1 \\ x_2 \end{bmatrix} \end{aligned}$$

은

$$q(x_1, \ x_2) = (5x_1 + x_2)^2 + (2x_1 + x_2)^2$$

으로 고쳐 쓸 수 있으므로, 이 이차형식은 양의 정부호형식이다.

어떤 이차형식이 양의 정부호인지, 음의 정부호인지 또는 정부호형식이 아닌지를 판정하는 문제는 중요하다. 실제로, 이 判定法은 多變數함수의 극대, 극소를 논할 때 이용된다.

두 변수 x_1, x_2에 관한 이차형식에 대하여 고찰해 보자.

$$q=q(x_1,x_2)=a_{11}x_1^2+2a_{12}x_1x_2+a_{22}x_2^2=[x_1\ \ x_2]A\begin{bmatrix}x_1\\x_2\end{bmatrix} \qquad (9.1.6)$$

$$A=\begin{bmatrix}a_{11} & a_{12}\\a_{21} & a_{22}\end{bmatrix},\quad |A|=\begin{vmatrix}a_{11} & a_{12}\\a_{21} & a_{22}\end{vmatrix}=a_{11}a_{22}-a_{12}^2 \quad (a_{12}=a_{21})$$

먼저 $a_{11}=0$ 이면, 모든 실수값 x_1에 대하여 $q(x_1,\ 0)=0$ 이므로, 이 이차형식이 정부호형식이기 위하여서는 반드시 $a_{11}\neq 0$ 이어야 한다.

이제 $a_{11}\neq 0$ 이라 가정하고 $q(x_1,x_2)$를 완전제곱꼴로 고쳐 쓰면 다음과 같이 된다.

$$q=a_{11}\left(x+\frac{a_{12}}{a_{11}}x_2\right)^2+\frac{|A|}{a_{11}}x_2^2 \qquad (9.1.7)$$

따라서 $q(x_1,\ x_2)$가 양의 정부호형식이기 위한 필요충분조건은

$$a_{11}>0,\quad |A|>0$$

인 것이고, 또 이 이차형식이 음의 정부호형식이기 위한 필요충분조건은

$$a_{11}<0,\quad |A|>0$$

인 것이다.

다음에 $|A|<0$ 인 경우에 대하여 생각해 보자.

먼저 $a_{11}\neq 0$ 이면, (9.1.7)에 의하여

$$q(0,\ 1)=a_{11},\quad q\left(\frac{a_{12}}{a_{11}},\ -1\right)=\frac{|A|}{a_{11}}$$

이고, 이 두 값의 부호는 서로 다르다. 한편, $a_{22}\neq 0$ 이면

$$q(x_1,x_2)=a_{22}\left(x_2+\frac{a_{12}}{a_{22}}x_1\right)^2+\frac{|A|}{a_{22}}x_1^2$$

로 고쳐 쓸 수 있다. 따라서 $a_{22}\neq 0$ 이면

$$q(0,\ 1)=a_{22},\quad q\left(-1,\ \frac{a_{12}}{a_{22}}\right)=\frac{|A|}{a_{22}}$$

이고, 이 두 값의 부호는 서로 다르다.

끝으로, $a_{11}=a_{22}=0$ (이 때, $|A|=-a_{12}a_{21}=-a_{12}^2<0$)이면

$$q(x_1,x_2)=2a_{12}x_1x_2,\quad a_{12}\neq 0$$

이므로, 이 경우에도 $q(x_1,x_2)$는 $x_1,\ x_2$의 값에 따라 그 부호가 변한다.

이상의 결과를 요약하면 다음 定理를 얻는다.

[定理 9.1.1]

이차형식

$$q=q(x_1, x_2)=a_{11}x_1^2+2a_{12}x_1x_2+a_{22}x_2^2=[x_1 \ \ x_2]\,A\begin{bmatrix} x_1 \\ x_2 \end{bmatrix}$$

$$A=\begin{bmatrix} a_{11} & a_{12} \\ a_{21} & a_{22} \end{bmatrix}, \qquad a_{12}=a_{21}$$

에 대하여 다음이 성립한다.

(1) q는 양의 정부호형식 $\Longleftrightarrow a_{11}>0,\ |A|>0$

(2) q는 음의 정부호형식 $\Longleftrightarrow a_{11}<0,\ |A|>0$

(3) $|A|<0$ 이면, q는 x_1과 x_2의 값에 따라 그 부호가 변한다.

예 3 이차형식

$$q=q(x_1,\ x_2)=5x_1^2+3x_1x_2+2x_2^2=[x_1 \ \ x_2]\begin{bmatrix} 5 & \frac{3}{2} \\ \frac{3}{2} & 2 \end{bmatrix}\begin{bmatrix} x_1 \\ x_2 \end{bmatrix}$$

에서,

$$a_{11}=5>0, \quad |A|=\begin{vmatrix} 5 & \frac{3}{2} \\ \frac{3}{2} & 2 \end{vmatrix}=\frac{31}{4}>0$$

따라서 이 이차형식은 양의 정부호형식이다.

예 4 이차형식

$$q(x_1,\ x_2)=2x_1^2+2x_1x_2-x_2^2=[x_1 \ \ x_2]\begin{bmatrix} 2 & 1 \\ 1 & -1 \end{bmatrix}\begin{bmatrix} x_1 \\ x_2 \end{bmatrix}$$

에서,

$$|A|=\begin{vmatrix} 2 & 1 \\ 1 & -1 \end{vmatrix}=-2-1=-3<0$$

따라서 이 이차형식은 정부호형식이 아니며, x_1과 x_2의 값에 따라 그 부호가 변한다.

이제, 다음과 같은 세 변수 x_1, x_2, x_3에 관한 이차형식에 대하여 생각해 보자.

$$\begin{aligned} q = q(x_1,\ x_2,\ x_3) &= a_{11}x_1^2 + a_{22}x_2^2 + a_{33}x_3^2 + 2a_{12}x_1x_2 + 2a_{13}x_1x_3 + 2a_{23}x_2x_3 \\ &= [x_1\ \ x_2\ \ x_3]\,A\begin{bmatrix} x_1 \\ x_2 \\ x_3 \end{bmatrix} \end{aligned} \tag{9.1.8}$$

$$A = \begin{bmatrix} a_{11} & a_{12} & a_{13} \\ a_{21} & a_{22} & a_{23} \\ a_{31} & a_{32} & a_{33} \end{bmatrix} \qquad (a_{ij} = a_{ji})$$

먼저 $a_{11}=0$ 이면, 모든 x_1의 값에 대하여 $q(x_1, 0, 0)=0$ 이다. 따라서 이차형식 $q(x_1, x_2, x_3)$가 정부호형식이기 위해서는 반드시 $a_{11} \neq 0$ 이어야 한다.

이제, $a_{11} \neq 0$ 이라 가정하고,

$$|A_1| = a_{11}, \quad |A_2| = \begin{vmatrix} a_{11} & a_{12} \\ a_{21} & a_{22} \end{vmatrix}, \quad |A_3| = |A|$$

라 놓으면, 다음 등식이 성립한다.

$$\begin{aligned} q(x_1,\ x_2,\ x_3) &= |A_1|\left(x_1 + \frac{a_{12}}{a_{11}}x_2 + \frac{a_{12}}{a_{11}}x_3\right)^2 \\ &\quad + \frac{|A_2|}{|A_1|}\left(x_2 + \frac{a_{11}a_{23} - a_{12}a_{13}}{|A_2|}x_3\right)^2 + \frac{|A_3|}{|A_2|}x_3^2 \end{aligned}$$

따라서 이차형식 $q(x_1,\ x_2,\ x_3)$이 양[또는 음]의 정부호형식이기 위한 필요충분조건은

$$|A_1|, \quad \frac{|A_2|}{|A_1|}, \quad \frac{|A_3|}{|A_2|}$$

가 동시에 양[또는 음]인 것이다. 다시 말하면, 이 이차형식이 양의 정부호형식이기 위한 필요충분조건은

$$|A_1| = a_{11} > 0, \quad |A_2| = \begin{vmatrix} a_{11} & a_{12} \\ a_{21} & a_{22} \end{vmatrix} > 0, \quad |A_3| = |A| > 0 \tag{9.1.9}$$

인 것이고, 음의 정부호형식이기 위한 필요충분조건은

$$|A_1| < 0, \quad |A_2| > 0, \quad |A_3| < 0 \tag{9.1.10}$$

인 것이다.

예 5 다음 이차형식 q는 양의 정부호형식이다.

$$q = x_1^2 + 6x_2^2 + 3x_3^2 - 2x_1x_2 - 4x_2x_3 = [x_1 \ x_2 \ x_3]\begin{bmatrix} 1 & -1 & 0 \\ -1 & 6 & -2 \\ 0 & -2 & 3 \end{bmatrix}\begin{bmatrix} x_1 \\ x_2 \\ x_3 \end{bmatrix},$$

$$A = \begin{bmatrix} 1 & -1 & 0 \\ -1 & 6 & -2 \\ 0 & -2 & 3 \end{bmatrix}$$

실제로,

$$|A_1| = 1 > 0, \quad |A_2| = \begin{vmatrix} 1 & -1 \\ -1 & 6 \end{vmatrix} = 5 > 0, \quad |A_3| = 11 > 0$$

예 6 다음과 같은 이차형식 q를 생각해 보자.

$$q = 2x_1^2 + 3x_2^2 - x_3^2 + 6x_1x_2 - 8x_1x_3 - 2x_2x_3 = [x_1 \ x_2 \ x_3] A \begin{bmatrix} x_1 \\ x_2 \\ x_3 \end{bmatrix}$$

$$A = \begin{bmatrix} 2 & 3 & -4 \\ 3 & 3 & -1 \\ -4 & -1 & -1 \end{bmatrix}$$

여기서

$$|A_1| = 2 > 0, \quad |A_2| = \begin{vmatrix} 2 & 3 \\ 3 & 3 \end{vmatrix} = -3 < 0, \quad |A_3| = -23 < 0$$

따라서 q는 정부호형식이 아니다.

다음과 같은 이차형식에 대해서도 위의 논법은 그대로 성립한다.

$$q = q(x_1, x_2, x_n) = [x_1 \ x_2 \ \cdots \ x_n] A \begin{bmatrix} x_1 \\ x_2 \\ \vdots \\ x_n \end{bmatrix} = X^T A X \tag{9.1.11}$$

$$A = \begin{bmatrix} a_{11} & a_{12} & a_{13} & \cdots & a_{1n} \\ a_{21} & a_{22} & a_{23} & \cdots & a_{2n} \\ a_{31} & a_{32} & a_{33} & \cdots & a_{3n} \\ \cdots & \cdots & \cdots & \cdots & \cdots \\ a_{n1} & a_{n2} & a_{n3} & \cdots & a_{nn} \end{bmatrix} \quad (a_{ij} = a_{ji}) \tag{9.1.12}$$

앞의 대칭행렬 A에서 제1행, …, 제r행 및 제1열, …, 제r열을 택하여 만든 소행렬식

$$|A_r| = \begin{vmatrix} a_{11} & a_{12} & \cdots & a_{1r} \\ a_{21} & a_{22} & \cdots & a_{2r} \\ \cdots & \cdots & \cdots & \cdots \\ a_{r1} & a_{r2} & \cdots & a_{rr} \end{vmatrix} \tag{9.1.13}$$

을 A의 r次의 **主小行列式**(leading principal minor of order r)이라 한다. 즉,

$$|A_1| = a_{11}, \ |A_2| = \begin{vmatrix} a_{11} & a_{12} \\ a_{21} & a_{22} \end{vmatrix}, \ |A_3| = \begin{vmatrix} a_{11} & a_{12} & a_{13} \\ a_{21} & a_{22} & a_{23} \\ a_{31} & a_{32} & a_{33} \end{vmatrix}, \ \cdots, \ |A_n| = |A|$$

다음 定理의 증명은 생략하기로 한다.

[定理 9.1.2]

이차형식 $q = q(x_1, x_2, \cdots, x_n) = X^TAX$에 대하여,

(1) q가 양의 정부호형식이기 위한 필요충분조건은 행렬 A의 主소행렬식이 모두 양인 것이다. 즉,

$$|A_1| > 0, \ |A_2| > 0, \ |A_3| > 0, \ \cdots, \ |A_n| > 0$$

(2) q가 음의 정부호형식이기 위한 필요충분조건은 행렬 A의 主소행렬식의 부호가 $-$, $+$, $-$, …와 같이 교대로 변하는 것이다. 즉,

$$|A_1| < 0, \ |A_2| > 0, \ |A_3| < 0, \ \cdots$$

練習問題 9.1

[1] 다음 행렬의 곱을 이차형식으로 나타내어라.

(a) $[x \ y]\begin{bmatrix} 5 & 2 \\ 2 & 3 \end{bmatrix}\begin{bmatrix} x \\ y \end{bmatrix}$ (b) $[u \ v]\begin{bmatrix} 4 & 2 \\ 2 & -3 \end{bmatrix}\begin{bmatrix} u \\ v \end{bmatrix}$

[2] 다음 이차형식을 대칭행렬을 써서 나타내어라.

(a) $q = 3x_1^2 - 4x_1x_2 + 7x_2^2$ (b) $q = 10x_1x_2 - x_1^2 - 31x_2^2$

(c) $q = 3x_1^2 - 2x_1x_2 + 4x_1x_3 + 5x_2^2 + 4x_3^2 - 2x_2x_3$

[3] 문제 2의 각 이차형식이 정부호형식인지 아닌지를 판정하여라.

9. 2 定符號型式과 固有根*

이차형식

$$q(x_1, x_2, \cdots, x_n) = X^T A X$$

이 정부호형식인지 아닌지를 판정할 때, 대칭행렬 A의 固有根을 이용할 수도 있다.

임의의 $n \times n$行列 $A = [a_{ij}]$에 대하여, x에 관한 n차방정식

$$|xI - A| = \begin{vmatrix} x - a_{11} & a_{12} \cdots & -a_{1n} \\ -a_{21} & x - a_{22} \cdots & -a_{2n} \\ \cdots & \cdots & \cdots \\ -a_{n1} & -a_{n2} \cdots & x - a_{nn} \end{vmatrix} = 0 \qquad (9.2.1)$$

을 행렬 A의 **固有方程式**(characteristic equation)이라 하고, 이 방정식의 근을 A의 **固有根**(characteristic root) 또는 **固有値**(characteristic value, eigenvalue)라 한다(여기서 I는 $n \times n$恒等行列).

固有方程式 (9.2.1)은 x에 관한 n次방정식이므로 많아야 n개의 實根을 갖는다. 따라서 n次행렬의 고유근 중에서 실수인 것의 개수는 n개 이하이다. 이 절에서는 실수인 고유근만을 생각하기로 한다.

예 1 행렬 $A = \begin{vmatrix} 2 & 1 \\ 1 & 2 \end{vmatrix}$의 고유방정식은 다음과 같다.

$$|xI - A| = \begin{vmatrix} x-2 & -1 \\ -1 & x-2 \end{vmatrix} = (x-2)^2 - 1 = (x-1)(x-3) = 0$$

따라서 A의 고유근은 $x=1$과 $x=3$이다.

예 2 행렬 $A = \begin{vmatrix} 1 & -1 \\ 1 & 1 \end{vmatrix}$의 고유방정식은

$$|xI - A| = \begin{vmatrix} x-1 & 1 \\ -1 & x-1 \end{vmatrix} = (x-1)^2 + 1 = 0$$

한편, 모든 실수 x에 대하여 $(x-1)^2 + 1 > 0$이므로 이 방정식은 실근을 가지지 않는다.

예 3 다음 두 행렬의 고유근을 구해 보자.

$$A=\begin{bmatrix} 2 & 1 & 0 \\ 1 & 2 & 0 \\ 0 & 0 & 5 \end{bmatrix}, \quad B=\begin{bmatrix} -1 & 0 & 0 \\ 0 & -2 & -2 \\ 0 & -2 & -3 \end{bmatrix}$$

먼저 A의 고유방정식은 다음과 같다.

$$|xI-A|=\begin{vmatrix} x-2 & -1 & 0 \\ -1 & x-2 & 0 \\ 0 & 0 & x-5 \end{vmatrix}=(x-5)\{(x-2)^2-1\}=0$$

즉, $$(x-5)(x-1)(x-3)=0$$

따라서 A의 고유근은 1, 3, 5 이다.

또, B의 고유방정식은 다음과 같다.

$$|xI-B|=\begin{vmatrix} x+1 & 0 & 0 \\ 0 & x+2 & 2 \\ 0 & 2 & x+3 \end{vmatrix}=(x+1)\{(x+2)(x+3)-4\}=0$$

즉, $$(x+1)(x^2+5x+2)=0$$

따라서 B의 고유근은 -1, $\dfrac{-5+\sqrt{17}}{2}$, $\dfrac{-5-\sqrt{17}}{2}$ 이다.

다음 定理의 증명은 이 책의 수준에 벗어나므로 생략하기로 하겠다.

[定理 9.2.1]

실수를 원소로 갖는 대칭행렬의 고유근은 모두 실수이다.

[定理 9.2.2]

이차형식

$$q=q(x_1,\ x_2,\ \cdots,\ x_n)=X^TAX$$

에 대하여

(1) q가 양의 정부호형식이기 위한 필요충분조건은 대칭행렬 A의 고유근이 모두 양수인 것이다.

(2) q가 음의 정부호형식이기 위한 필요충분조건은 대칭행렬 A의 고유근이 모두 음수인 것이다.

예 4 이차형식

$$q(x_1,\ x_2)=2x_1^2+2x_1x_2+2x_2^2$$
$$=[x_1\ \ x_2]\begin{bmatrix}2 & 1\\ 1 & 2\end{bmatrix}\begin{bmatrix}x_1\\ x_2\end{bmatrix}$$

에서, 행렬 $A=\begin{bmatrix}2 & 1\\ 1 & 2\end{bmatrix}$의 고유근은 1, 3 이다(예 1 참조).

따라서 이 이차형식은 양의 정부호형식이다. 한편,

$$a_{11}=2>0, \qquad |A|=\begin{vmatrix}2 & 1\\ 1 & 2\end{vmatrix}=3>0$$

이므로, [定理 9.1.1]에 의해서도 같은 결론을 얻는다.

예 5 다음 두 이차형식을 생각해 보자.

$$q_1=2x_1^2+2x_2^2+5x_3^2+2x_1x_2,$$
$$=[x_1\ \ x_2\ \ x_3]\begin{bmatrix}2 & 1 & 0\\ 1 & 2 & 0\\ 0 & 0 & 5\end{bmatrix}\begin{bmatrix}x_1\\ x_2\\ x_3\end{bmatrix}$$
$$q_2=-x_1^2-2x_2^2-3x_3^2-4x_2x_3$$
$$=[x_1\ \ x_2\ \ x_3]\begin{bmatrix}-1 & 0 & 0\\ 0 & -2 & -2\\ 0 & -2 & -3\end{bmatrix}\begin{bmatrix}x_1\\ x_2\\ x_3\end{bmatrix}$$

이 이차형식의 행렬을 각각 A, B라 하면, 예 3에 의하여 A, B의 고유근은 각각 다음과 같다.

$$1,\ 2,\ 3; \qquad -1,\ \frac{-5+\sqrt{17}}{2},\ \frac{-5-\sqrt{17}}{2}$$

따라서 q_1은 양의 정부호형식이고 q_2는 음의 정부호형식이다.

練習問題 9.2

[1] 다음 행렬의 고유근을 구하여라.

(a) $A=\begin{bmatrix}4 & 2\\ 2 & 3\end{bmatrix}$ (b) $B=\begin{bmatrix}-2 & 2\\ 2 & -4\end{bmatrix}$ (c) $C=\begin{bmatrix}5 & 3\\ 3 & 0\end{bmatrix}$

[2] 다음 행렬의 固有根을 구하여라.

(a) $A=\begin{bmatrix} 2 & 0 & 1 \\ 1 & 2 & 0 \\ 0 & 0 & 3 \end{bmatrix}$　　(b) $B=\begin{bmatrix} 1 & 0 & 0 \\ \frac{1}{4} & \frac{1}{2} & \frac{1}{4} \\ \frac{1}{18} & \frac{8}{18} & \frac{9}{18} \end{bmatrix}$

[3] 이차형식 $q=5x_1^2+2x_1x_2+5x_2^2$은 양의 정부호형식임을 보여라.

[4] 이차형식 $q=x_1^2+2x_1x_2+x_1x_3+4x_2x_3-x_2^2+x_3^2$은 정부호형식이 아님을 보여라.

9.3 Hesse 行列式

이변수함수

$$z=f(x, y) \tag{9.3.1}$$

의 第二階편도함수들로 이루어진 2×2 행렬

$$\begin{aligned} H=H(x, y)&=\begin{bmatrix} f_{xx}(x, y) & f_{xy}(x, y) \\ f_{yx}(x, y) & f_{yy}(x, y) \end{bmatrix} \\ &=\begin{bmatrix} f_{xx} & f_{xy} \\ f_{yx} & f_{yy} \end{bmatrix} \end{aligned} \tag{9.3.2}$$

를 이 함수의 **Hesse 行列**이라 한다. 이 책에서는 $f_{xy}=f_{yx}$가 성립한다고 가정하므로, 모든 二變數함수의 Hesse 행렬은 대칭행렬이다.

Hesse 행렬 H의 행렬식 $|H|$를 $z=f(x, y)$의 **Hesse 行列式**(Hessian)이라 한다. 즉,

$$|H|=|H(x, y)|=\begin{vmatrix} f_{xx} & f_{xy} \\ f_{yx} & f_{yy} \end{vmatrix}=f_{xx}f_{yy}-f_{xy}^2 \tag{9.3.3}$$

특히, $(x, y)=(a, b)$일 때의 Hesse 행렬식의 값은 다음과 같다.

$$\begin{aligned} |H(a, b)|&=\begin{vmatrix} f_{xx}(a, b) & f_{xy}(a, b) \\ f_{yx}(a, b) & f_{yy}(a, b) \end{vmatrix} \\ &=f_{xx}(a, b)f_{yy}(a, b)-f_{xy}(a, b)^2 \end{aligned}$$

예 1 $f(x, y)=8x^3+2xy-3x^2+y^2+1$ 일 때,

$$f_x=24x^2+2y-6x, \quad f_y=2x+2y$$

$$f_{xx}=48x-6, \quad f_{xy}=2=f_{yx}, \quad f_{yy}=2$$

따라서

$$|H|=|H(x, y)|=\begin{vmatrix} 48x-6 & 2 \\ 2 & 2 \end{vmatrix}=16(6x-1)$$

특히,

$$|H|=|H(0, 0)|=16(6\cdot 0-1)=-16$$

$$|H|=\left|H\left(\frac{1}{3}, -\frac{1}{3}\right)\right|=16\left(6\cdot\frac{1}{3}-1\right)=16$$

Hesse 행렬과 Hesse 행렬식은 n 변수함수에 대해서도 생각할 수 있다. 이제, n 개의 변수 $x_1, x_2, \cdots, x_n$ 의 함수

$$f(x_1, x_2, \cdots, x_n)$$

이 있을 때, 이 함수의 x_i에 관한 편도함수를 $f_i(x_1, x_2, \cdots, x_n)$ 또는 f_i로 나타내자. 또, 이 함수의 x_i, x_j에 관한 第二階편도함수를 $f_{ij}(x_1, x_2, \cdots, x_n)$ 또는 f_{ij}로 나타내기도 한다. 즉,

$$f_i=f_i(x_1, x_2, \cdots, x_n)=\frac{\partial f}{\partial x_i}=\frac{\partial u}{\partial x_i} \qquad (i=1, 2, \cdots, n) \tag{9.3.4}$$

$$f_{ij}=f_{ij}(x_1, x_2, \cdots, x_n)=\frac{\partial^2 f}{\partial x_j \partial x_i}=\frac{\partial^2 u}{\partial x_j \partial x_i} \qquad (i, j=1, 2, \cdots, n) \tag{9.3.5}$$

이미 제 7 장 3 절에서 약속한 바와 같이, 이 책에서는 편미분하는 순서에 관계없는 함수들만을 다루므로

$$f_{ij}=f_{ji} \qquad (i, j=1, 2, \cdots, n)$$

가 성립한다. 이들 n^2 개의 第二階편도함수들로 만든 $n\times n$ 행렬

$$H=H(x_1, x_2, \cdots, x_n)=\begin{bmatrix} f_{11} & f_{12} & \cdots & f_{1n} \\ f_{21} & f_{22} & \cdots & f_{2n} \\ \cdots & \cdots & \cdots & \cdots \\ f_{n1} & f_{n2} & \cdots & f_{nn} \end{bmatrix} \tag{9.3.6}$$

을 함수 $u=f(x_1, x_2, \cdots, x_n)$의 **Hesse行列**이라 하고, 이 행렬의 행렬식 $|H|$를 이 함수의 **Hesse行列式**이라 한다. 즉,

$$|H|=|H(x_1, x_2, \cdots, x_n)|=\begin{vmatrix} f_{11} & f_{12} & \cdots & f_{1n} \\ f_{21} & f_{22} & \cdots & f_{2n} \\ \cdots & \cdots & \cdots & \cdots \\ f_{n1} & f_{n2} & \cdots & f_{nn} \end{vmatrix} \tag{9.3.7}$$

예 2 $z=f(x_1, x_2, x_3)=-x_1^3+3x_1x_3+2x_2-x_2^2-3x_3^2$ 일 때,

$$f_1=-3x_1+3x_3, \quad f_2=2-2x_2, \quad f_3=3x_1-6x_3$$
$$f_{11}=-6x_1, \quad f_{12}=0=f_{21}, \quad f_{13}=3=f_{31}$$
$$f_{22}=-2, \quad f_{23}=0=f_{32}, \quad f_{33}=-6$$

따라서

$$|H|=|H(x_1, x_2, x_3)|=\begin{vmatrix} -6x_1 & 0 & 3 \\ 0 & -2 & 0 \\ 3 & 0 & -6 \end{vmatrix}=-72x_1+18$$

특히, $(x_1, x_2, x_3)=\left(\frac{1}{2}, 1, \frac{1}{4}\right)$일 때 $|H|$의 값은 다음과 같다.

$$\left|H\left(\frac{1}{2}, 1, \frac{1}{4}\right)\right|=(-72)\cdot\frac{1}{2}+18=-18$$

練習問題 9.3

다음 함수의 Hesse 행렬식을 구하여라.

[1] $f(x, y)=x^2+xy+2y^2+3$

[2] $f(x, y)=-x^2+xy-y^2+2x+y$

[3] $f(x_1, x_2)=3x_1^2-2x_1+3x_2^2-2x_2+6$

[4] $f(x_1, x_2, x_3)=x_1^2-3x_1x_2+3x_2^2+4x_2x_3+6x_3^2$

[5] $f(x_1, x_2, x_3)=5-(x_1^2+x_2^2+x_3^2)$

[6] $f(x_1, x_2, x_3)=x_1^2+x_1x_3-x_2+x_2^2+x_2x_3+3x_3^2$

9.4 二變數函數의 極値判定法

二變數함수 $z=f(x, y)$에서, 점 (a, b) 근방의 모든 (x, y)에 대하여

$$f(x, y) \le f(a, b)$$

가 성립할 때, $f(a, b)$를 이 함수의 **極大값**이라 한다. 이와는 반대로, 점 (a, b) 근방의 모든 (x, y)에 대하여

$$f(a, b) \le f(x, y)$$

가 성립할 때, $f(a, b)$를 이 함수의 **極小값**이라 한다. 또한, 함수의 極大값과 極小값을 통틀어 이 함수의 **極値**라 한다.

함수 $z=f(x, y)=1-x^2-(y-1)^2$의 그래프는 [그림 9-1]과 같은 楕圓抛物線이다. 이 함수는 점 $(0, 1)$에서 극대값 $f(0, 1)=1$을 갖는다.

[그림 9-1]

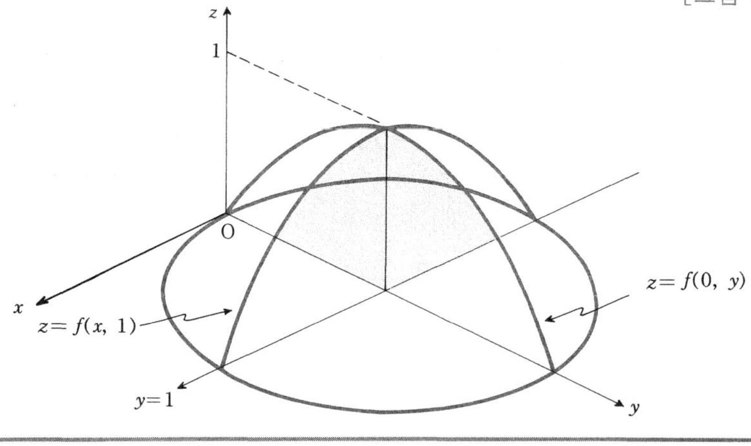

1. 極値일 必要條件(一次條件)

함수 $z=f(x, y)$가 점 $(x, y)=(a, b)$에서 극치를 갖는다고 하자. 이 때, x만의 함수 $f(x, b)$는 $x=a$에서 극치를 가지므로 $f_x(a, b)=0$이어야 한다(제8장 3절의 [定理 8.3.1]). 마찬가지로, y만의 함수 $f(a, y)$는 $y=b$에서 극치를 가지므로 $f_y(a, b)=0$이어야 한다. 따라서 다음 定理가 성립한다.

[定理 9.4.1]

함수 $z=f(x, y)$가 $(x, y)=(a, b)$에서 극대값 또는 극소값 $f(a, b)$를 갖는다면, $x=a$, $y=b$는 다음 연립방정식의 해이다.

$$\begin{cases} f_x(x, y)=0 \\ f_y(x, y)=0 \end{cases}$$

예 1 $z=f(x, y)=x^2+y^2+2x-4x$일 때, 연립방정식

$$f_x=2x+2=0, \qquad f_y=2y-4=0$$

를 풀면, $x=-1$, $y=2$이다. 따라서 이 함수가 극대값 또는 극소값을 갖는다면 이는 $(x, y)=(-1, 2)$일 때뿐이고, 극대값 또는 극소값은 $f(-1, 2)=-5$이다. 실제로,

$$f(x, y)=(x+1)^2+(y-2)^2-5 \geq -5$$

이므로 -5는 극소값(최소값)이다.

함수 $z=f(x, y)$에 대하여, 연립방정식

$$\begin{cases} f_x(x, y)=0 \\ f_y(x, y)=0 \end{cases}$$

의 해 $(x, y)=(a, b)$를 이 함수의 **臨界點**(critical point)이라 한다.

일반적으로, [定理 9.4.1]의 역은 성립하지 않는다. 다시 말해서, 점 (a, b)가 함수 $z=f(x, y)$의 임계점이라 하더라도, $f(a, b)$가 반드시 극치인 것은 아니다.

예를 들면, 함수 $z=f(x, y)=y^2-x^2$에 대하여, 연립방정식

$$\begin{cases} f_x=-2x=0 \\ f_y=2y=0 \end{cases}$$

의 해는 $(x, y)=(0, 0)$이고, 따라서 $(0, 0)$은 이 함수의 임계점이다. 그러나 [그림 9-2]에서 보는 바와 같이, $f(0, 0)=0$은 극대값도 아니고 극소값도 아니다. 다음 [그림 9-2]에 나타나 있는 점 C와 같이, 곡면 $z=f(x, y)$ 위의 한 점 $C(a, b, f(a, b))$ 근방에서 곡면이 말안장과 같은 모양을 하고 있을 때, 이 점 C를 **鞍裝點**(saddle point)이라 한다.

[그림 9-2]

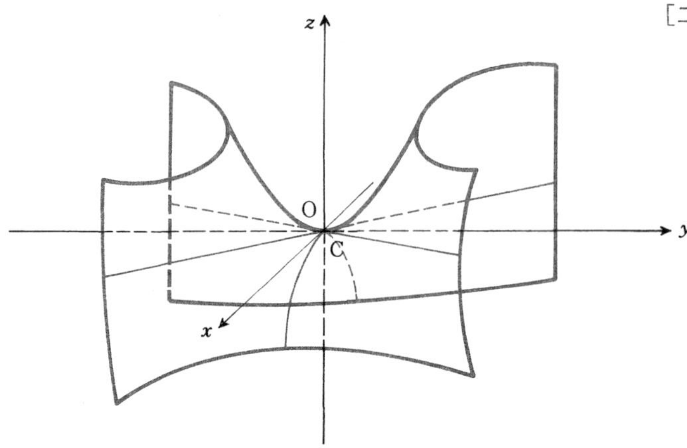

2. 極値일 充分條件(二次條件)

함수 $z=f(x, y)$에 대하여 $f(a, b)$가 극치일 충분조건을 구하여 보자. 함수 $z=f(x, y)$의 全微分 및 第二階전미분은 (7.4.10), (7.4.13)에 의하여

$$dz=df(x, y)=f_x(x, y)dx+f_y(x, y)dy \tag{9.4.1}$$

$$\begin{aligned} d^2z&=d^2f(x, y)\\ &=f_{xx}(x, y)dx^2+2f_{xy}(x, y)dxdy+f_{yy}(x, y)dy^2 \quad (\text{단, } f_{xy}=f_{yx}) \end{aligned} \tag{9.4.2}$$

이제, 점 (a, b)를 함수 $z=f(x, y)$의 임계점이라 하자. 이 때,

$$f_x(a, b)=0, \; f_y(a, b)=0$$

이므로, 점 (a, b)에서의 全微分 값은 $df(a, b)=0$이다. 한편, 이 점에서의 第二階전미분값은 다음과 같다.

$$\begin{aligned} d^2f(a, b)&=f_{xx}(a, b)dx^2+2f_{xy}(a, b)dxdy+f_{yy}(a, b)dy^2\\ &=[dx \;\; dy]\begin{bmatrix} f_{xx}(a, b) & f_{xy}(a, b)\\ f_{yx}(a, b) & f_{yy}(a, b)\end{bmatrix}\begin{bmatrix} dx\\ dy\end{bmatrix}\\ &=[dx \;\; dy]H(a, b)\begin{bmatrix} dx\\ dy\end{bmatrix} \end{aligned} \tag{9.4.3}$$

따라서 $d^2f(a, b)$는 두 변수 dx, dy에 관한 이차형식이고 이 이차형식의 행렬은 Hesse 행렬 $H(a, b)$이다(제 9 장 1 절, 제 9 장 3 절 참조).

먼저, dx, dy가 동시에 0인 경우를 제외하고는 항상

$$d^2f(a, b)<0 \qquad [d^2f(a, b)>0]$$

이 성립한다면, $(x, y)=(a+dx, b+dy)$에서의 전미분의 값

$$dz=df(x, y)=f_x(x, y)dx+f_y(x, y)dy$$

는 dx, dy가 동시에 0인 경우를 제외하고는 항상 0보다 작다(크다). 한편 $df(a, b)=0$이고 전미분 dz는 z의 증분 Δz의 근사값이므로, 이 때 $f(a, b)$는 함수 $z=f(x, y)$의 극대값(극소값)이다.

마찬가지로, dx와 dy의 값에 따라 $d^2f(a, b)$의 값의 부호가 변한다면 점 $(a, b, f(a, b))$가 鞍裝點임을 증명할 수 있다.

이제, 위의 사실과 (9.4.3)을 제9장 1절의 용어로 바꾸어 말한다면 다음과 같이 된다([定理 9.1.1] 참조).

[定理 9.4.2]

함수 $z=f(x, y)$에 대하여 $df(a, b)=0$일 때, 이차형식 $d^2f(a, b)$의 음의 정부호형식이면 $f(a, b)$는 극대값이고, 양의 정부호형식이면 $f(a, b)$는 극소값이다.

또, 이차형식 $d^2f(a, b)$의 값이 dx, dy의 값에 따라 부호가 변하면 점 $(a, b, f(a, b))$는 鞍裝點이다.

[定理 9.4.3] 二變數函數의 極値判定法

二變數함수 $z=f(x, y)$에서,

$$|H|=|H(x, y)|=\begin{vmatrix} f_{xx} & f_{xy} \\ f_{yx} & f_{yy} \end{vmatrix}=f_{xx}f_{yy}-f_{xy}^2 \qquad (f_{yx}=f_{xy})$$

를 이 함수의 Hesse 행렬식이라 하자.

이제, $x=a$, $y=b$가 연립방정식

$$\begin{cases} f_x(x, y)=0 \\ f_y(x, y)=0 \end{cases}$$

의 해일 때,

(1) $(x, y)=(a, b)$에서 $f_{xx}<0$, $|H|>0$이면, $f(a, b)$는 극대값이다.

(2) $(x, y)=(a, b)$에서 $f_{xx}>0$, $|H|>0$이면, $f(a, b)$는 극소값이다.

(3) $(x, y)=(a, b)$에서 $|H|<0$이면, 점 $(a, b, f(a, b))$는 鞍裝點이다.

예 2 $f(x, y)=8x^3+2xy-3x^2+y^2+1$ 일 때, 제 9 장 3 절의 예 1에 의하여 다음이 성립한다.

$$f_x=24x^2+2y-6x, \quad f_y=2x+2y$$

$$f_{xx}=48x-6, \quad f_{xy}=2, \quad f_{yy}=2$$

$$|H(x, y)|=\begin{vmatrix} 48x-6 & 2 \\ 2 & 2 \end{vmatrix}=16(6x-1)$$

연립방정식

$$\begin{cases} f_x=24x^2+2y-6x=0 \\ f_y=2x+2y=0 \end{cases}$$

을 풀면,

$$x=y=0; \qquad x=\frac{1}{3}, \ y=-\frac{1}{3}$$

을 얻는다. 따라서 임계점은 $(0, 0)$, $\left(\frac{1}{3}, -\frac{1}{3}\right)$이다.

먼저, $(x, y)=(0, 0)$일 때

$$|H(0, 0)|=-16<0, \quad f(0, 0)=1$$

이므로, $(0, 0, 1)$은 鞍裝點이다.

다음에, $(x, y)=\left(\frac{1}{3}, -\frac{1}{3}\right)$일 때

$$f_{xx}\left(\frac{1}{3}, \frac{1}{3}\right)=10>0, \quad \left|H\left(\frac{1}{3}, \frac{1}{3}\right)\right|=16>0$$

이므로, 이 함수는 $(x, y)=\left(\frac{1}{3}, -\frac{1}{3}\right)$에서 극소값

$$f\left(\frac{1}{3}, -\frac{1}{3}\right)=\frac{23}{27}$$

을 갖는다.

예 3 $f(x, y)=x^2+y^2+x^2y+4$ 일 때, 다음이 성립한다.

$$f_x=2x+2xy, \quad f_y=2y+x^2$$

$$f_{xx}=2+2y, \quad f_{yy}=2, \quad f_{xy}=2x$$

$$|H|=|H(x, y)|=\begin{vmatrix} 2+2y & 2x \\ 2x & 2 \end{vmatrix}=4(-x^2+y+1)$$

임계점을 구하기 위하여 다음 연립방정식을 풀어보자.

$$\begin{cases} 2x+2xy=0 \\ 2y+x^2=0 \end{cases}$$

먼저 y를 소거하면 $2x-x^3=0$ 이 되므로 $x=0$, $x=\pm\sqrt{2}$를 얻는다. 이 값을 둘째 식에 대입하면 $y=0$ 및 $y=-1$을 얻는다. 따라서 임계점은 다음과 같다.

$$(0, 0), \quad (\sqrt{2}, -1), \quad (-\sqrt{2}, -1)$$

먼저, $(x, y)=(0, 0)$일 때

$$f_{xx}=2>0, \quad |H|=4>0$$

이므로, $f=(0, 0)=4$ 는 極小값이다.

그러나 $(x, y)=(\pm\sqrt{2}, -1)$일 때,

$$|H|=-8<0, \quad f(\pm\sqrt{2}, -1)=5$$

이므로, 두 점 $(\sqrt{2}, -1, 5)$, $(-\sqrt{2}, -1, 5)$는 모두 鞍裝點이다.

예 4 $f(x, y)=x^2+y^4$ 일 때,

$$f_x=2x, \quad f_y=4y^3$$

$$f_{xx}=2, \quad f_{xy}=0=f_{xy}, \quad f_{yy}=12y^2$$

$$|H|=|H(x, y)|=\begin{vmatrix} 2 & 0 \\ 0 & 12y^2 \end{vmatrix}=24y^2$$

연립방정식

$$\begin{cases} 2x=0 \\ 4y^3=0 \end{cases}$$

을 풀면 $x=y=0$ 이므로, 임계점은 $(0, 0)$이다.

그런데 $(x, y)=(0, 0)$일 때 $|H|=0$ 이므로, 極值판정법을 이용할 수가 없다.

한편, 모든 실수 x, y에 대하여 항상 $f(x, y)=x^2+y^4\geq 0$ 이므로, $f(0, 0)=0$는 극소값임을 알 수 있다.

練習問題 9.4

연습문제 9.3 의 결과를 이용하여, 다음 함수의 극치를 구하여라.

[1] $f(x, y)=x^2+xy+2y^2+3$

[2] $f(x, y)=-x^2+xy-y^2+2x+y$

[3] $f(x_1, x_2)=3x_1^2-2x_1+3x_2^2-2x_2+6$

9. 5 多變數函數의 極値判定法*

제 9 장 4 절의 이론은 多變數함수에 대해서도 성립한다.

이제, 함수 $u=f(x_1, x_2, \cdots, x_n)$의 한 점 $(a_1, a_2, \cdots, a_n)$ 근방의 모든 점 $(x_1, x_2, \cdots, x_n)$에 대하여

$$f(x_1, x_2, \cdots, x_n) \leq f(a_1, a_2, \cdots, a_n)$$

이 성립할 때, $f(a_1, a_2, \cdots, a_n)$을 이 함수의 **極大값**이라 한다. 또, 이와 반대로, 점 $(a_1, a_2, \cdots, a_n)$ 근방의 모든 점 $(x_1, x_2, \cdots, x_n)$에 대하여

$$f(a_1, a_2, \cdots, a_n) \leq f(x_1, x_2, \cdots, x_n)$$

이 성립할 때, $f(a_1, a_2, \cdots, a_n)$을 함수의 **極小값**이라 한다. 그리고 함수의 극대값과 극소값을 통틀어 **極値**라 한다.

함수 $u=f(x_1, x_2, \cdots, x_n)$에 대하여, 제 9 장 3 절에서와 같이

$$f_i=f_i(x_1, x_2, \cdots, x_n)=\frac{\partial f}{\partial x_i}$$

$$f_{ij}=f_{ij}(x_1, x_2, \cdots, x_n)=\frac{\partial^2 f}{\partial x_j \partial x_i}$$

$$f_{ij}=f_{ji} \qquad (i, j=1, 2, \cdots, n) \tag{9.5.1}$$

이라 하자.

이제 [定理 9.4.1]은 다음과 같이 확장된다.

[定理 9.5.1]

함수 $u=f(x_1, x_2, \cdots, x_n)$이 $(x_1, x_2, \cdots, x_n)=(a_1, a_2, \cdots, a_n)$에서 극대값 또는 극소값 $f(a_1, a_2, \cdots, a_n)$을 갖는다면,

$$x_1=a_1, \; x_2=a_2, \; \cdots, \; x_n=a_n$$

은 다음 연립방정식의 해이다.

$$\begin{cases} f_1(x_1, x_2, \cdots, x_n)=0 \\ f_2(x_1, x_2, \cdots, x_n)=0 \\ \cdots\cdots\cdots\cdots\cdots\cdots\cdots\cdots \\ f_n(x_1, x_2, \cdots, x_n)=0 \end{cases}$$

함수 $u=f(x_1, x_2, \cdots, x_n)$에 대하여, 연립방정식

$$\begin{cases} f_1(x_1, x_2, \cdots, x_n)=0 \\ f_2(x_1, x_2, \cdots, x_n)=0 \\ \cdots\cdots\cdots\cdots\cdots\cdots \\ f_n(x_1, x_2, \cdots, x_n)=0 \end{cases}$$

의 해 $(a_1, a_2, \cdots, a_n)$을 이 함수의 **臨界點**이라 한다. [定理 9.5.1]은 함수 $u=f(x_1, x_2, \cdots, x_n)$이 $(a_1, a_2, \cdots, a_n)$에서 극치를 갖는다면 $(a_1, a_2, \cdots, a_n)$은 이 함수의 임계점이어야 함을 말해 주고 있다.

함수 $u=f(x_1, x_2, \cdots, x_n)$의 전미분 및 第二階전미분은 다음과 같다.

$$du=df(x_1, x_2, \cdots, x_n)=f_1dx_1+f_2dx_2+\cdots+f_ndx_n \tag{9.5.2}$$

$$\begin{aligned} d^2u=d^2f(x_1, x_2, \cdots, x_n)&=f_{11}dx_1^2+f_{12}dx_1dx_2+\cdots+f_{1n}dx_1dx_n \\ &\quad+f_{21}dx_2dx_1+f_{22}dx_2^2+\cdots+f_{2n}dx_2dx_n \\ &\quad+f_{n1}dx_ndx_1+f_{n2}dx_ndx_2+\cdots+f_{nn}dx_n^2 \\ &=[dx_1\ \ dx_2 \cdots dx_n]H\begin{bmatrix} dx_1 \\ dx_2 \\ \vdots \\ dx_n \end{bmatrix} \end{aligned} \tag{9.5.3}$$

여기서

$$H=H(x_1, x_2, \cdots, x_n)=\begin{bmatrix} f_{11} & f_{12} & \cdots & f_{1n} \\ f_{21} & f_{22} & \cdots & f_{2n} \\ \cdots & \cdots & \cdots & \cdots \\ f_{n1} & f_{n2} & \cdots & f_{nn} \end{bmatrix} \qquad (f_{ij}=f_{ji})$$

이제, 점 $(a_1, a_2, \cdots, a_n)$을 함수 $u=f(x_1, x_2, \cdots, x_n)$의 임계점이라 하자. 이 때, 제 9 장 4 절에서와 마찬가지로 다음이 성립한다.

[定理 9.5.2]

함수 $u=f(x_1, x_2, \cdots, x_n)$에 대하여 $df(a_1, a_2, \cdots, a_n)=0$일 때, 二次型式 $d^2f(a_1, a_2, \cdots, a_n)$이

음의 정부호형식이면 $f(a_1, a_2, \cdots, a_n)$은 극대값이고,

양의 정부호형식이면 $f(a_1, a_2, \cdots, a_n)$은 극소값이다.

따라서 정부호형식에 관한 判定法([定理 9.1.2])에 의하여 다음 定理가 성립한다.

[定理 9.5.3] 多變數函數의 極値判定法

함수 $u=f(x_1, x_2, \cdots, x_n)$에서

$$|H|=|H(x_1, x_2, \cdots, x_n)|=\begin{vmatrix} f_{11} & f_{12} & \cdots & f_{1n} \\ f_{21} & f_{22} & \cdots & f_{2n} \\ \cdots & \cdots & \cdots & \cdots \\ f_{n1} & f_{n2} & \cdots & f_{nn} \end{vmatrix}$$

을 이 함수의 Hesse 행렬식이라 하고,

$$|H_1|, \ |H_2|, \ \cdots, \ |H_n|$$

을 $|H|$의 主小行列式이라 하자. 즉,

$$|H_1|=f_{11}, \ |H_2|=\begin{vmatrix} f_{11} & f_{12} \\ f_{21} & f_{22} \end{vmatrix}, \ |H_3|=\begin{vmatrix} f_{11} & f_{12} & f_{13} \\ f_{21} & f_{22} & f_{23} \\ f_{31} & f_{32} & f_{33} \end{vmatrix}, \ \cdots, \ |H_n|=|H|$$

이 때, $x_1=a_1$, $x_2=a_2$, $\cdots$, $x_n=a_n$이 연립방정식

$$\begin{cases} f_1(x_1, x_2, \cdots, x_n)=0 \\ f_2(x_1, x_2, \cdots, x_n)=0 \\ \cdots\cdots\cdots\cdots\cdots\cdots \\ f_n(x_1, x_2, \cdots, x_n)=0 \end{cases}$$

의 해일 때,

(1) 점 $(a_1, a_2, \cdots, a_n)$에서의 主행렬식 값이

$$|H_1|<0, \ |H_2|>0, \ |H_3|<0, \ \cdots$$

와 같이 부호가 $-$, $+$, $-$, $+$, $\cdots$로 변하면, $f(a_1, a_2, \cdots, a_n)$은 함수 $u=f(x_1, x_2, \cdots, x_n)$의 극대값이다.

(2) 점 $(a_1, a_2, \cdots, a_n)$에서의 주행렬식 값이

$$|H_1|>0, \ |H_2|>0, \ \cdots, \ |H_n|>0$$

와 같이 모두 양이면, $f(a_1, a_2, \cdots, a_n)$는 함수 $u=f(x_1, x_2, \cdots, x_n)$의 극소값이다.

위의 定理는 [定理 9.4.3]을 확장한 것이다. 다음 몇 가지 예를 통하여 이 定理의 내용을 명확히 이해하기 바란다.

예 1 $u=f(x_1, x_2, x_3)=2x_1^2+x_1x_2+4x_2^2+x_1x_3+x_3^2+2$ 일 때,

$$f_1=4x_1+x_2+x_3, \quad f_2=x_1+8x_2, \quad f_3=x_1+2x_3$$

$$f_{11}=4, \quad f_{12}=1=f_{21}, \quad f_{13}=1=f_{31}$$

$$f_{22}=8, \quad f_{23}=0=f_{32}, \quad f_{33}=2$$

$$|H|=\begin{vmatrix} 4 & 1 & 1 \\ 1 & 8 & 0 \\ 1 & 0 & 2 \end{vmatrix}=54$$

이제, 연립방정식

$$\begin{cases} f_1=4x_1+\ x_2+\ x_3=0 \\ f_2=\ x_1+8x_2 \qquad =0 \\ f_3=\ x_1 \qquad +2x_3=0 \end{cases}$$

의 해를 구하면 $x_1=x_2=x_3=0$ 이고, 이 때의 함수값은 $f(0, 0, 0)=2$ 이다. 점 $(0, 0, 0)$에서의 Hesse 행렬의 主소행렬식의 값을 구하면,

$$|H_1|=4, \quad |H_2|=\begin{vmatrix} 4 & 1 \\ 1 & 8 \end{vmatrix}=31, \quad |H_3|=|H|=54$$

따라서 판정법에 의하여 $f(0, 0, 0)=2$는 극소값이다.

예 2 $z=f(x_1, x_2, x_3)=-x_1^3+3x_1x_3+2x_2-x_2^2-3x_3^2$ 일 때, 제 9 장 3 절의 예 2에 의하여 다음이 성립한다.

$$f_1=-3x_1^2+3x_3, \quad f_2=2-2x_2, \quad f_3=3x_1-6x_3$$

$$f_{11}=-6x_1, \quad f_{12}=0=f_{21}, \quad f_{13}=3=f_{31}$$

$$f_{22}=-2, \quad f_{23}=0=f_{32}, \quad f_{33}=-6$$

$$|H|=\begin{vmatrix} -6x_1 & 0 & 3 \\ 0 & -2 & 0 \\ 3 & 0 & -6 \end{vmatrix}=-72x_1+18$$

연립방정식

$$\begin{cases} f_1=-3x_1^2 \qquad +3x_3=0 \\ f_2=\ 2 \quad -2x_2 \qquad =0 \\ f_3=\ 3x_1 \qquad -6x_3=0 \end{cases}$$

의 해는

$$x_1=0, \ x_2=1, \ x_3=0; \qquad x_1=\frac{1}{2}, \ x_2=1, \ x_3=\frac{1}{4}$$

이므로, 이 함수의 임계점은 (0, 1, 0), $\left(\frac{1}{2},\ 0,\ \frac{1}{4}\right)$이다.

점 (0, 1, 0)에서 $|H_1| = -6x_1 = 0$ 이므로, $f(0,\ 1,\ 0) = 1$ 이 극치인지를 판정할 수 없다. 그러나 점 $\left(\frac{1}{2},\ 1,\ \frac{1}{4}\right)$에서는

$$|H_1| = -3,\quad |H_2| = \begin{vmatrix} -3 & 0 \\ 0 & -2 \end{vmatrix} = 6,\quad |H_3| = |H| = -18$$

이므로, $f\left(\frac{1}{2},\ 1,\ \frac{1}{4}\right) = \frac{17}{16}$은 극대값이다.

이차형식이 定符號型式인지를 판정하기 위하여 고유근을 이용한 判定法([定理 9.2.2])을 사용할 수도 있다. 실제로, 다음과 같은 定理가 성립한다.

[定理 9.5.4]

함수 $u = f(x_1,\ x_2,\ \cdots,\ x_n)$에서, $x_1 = a_1,\ x_2 = a_2,\ \cdots,\ x_n = a_n$ 이 연립방정식

$$\begin{cases} f_1(x_1,\ x_2,\ \cdots,\ x_n) = 0 \\ f_2(x_1,\ x_2,\ \cdots,\ x_n) = 0 \\ \cdots\cdots\cdots\cdots\cdots\cdots \\ f_n(x_1,\ x_2,\ \cdots,\ x_n) = 0 \end{cases}$$

의 해일 때,

(1) 점 $(a_1,\ a_2,\ \cdots,\ a_n)$에서의 Hesse 행렬 H가 모두 음인 고유근을 가지면, $f(a_1,\ a_2,\ \cdots,\ a_n)$은 극대값이다.

(2) 점 $(a_1,\ a_2,\ \cdots,\ a_n)$에서의 Hesse 행렬 H가 모두 양인 고유근을 가지면, $f(a_1,\ a_2,\ \cdots,\ a_n)$은 극소값이다.

예 3 $z = f(x_1,\ x_2,\ x_3) = -x_1^2 + 3x_1x_3 + 2x_2 - x_2^2 - 3x_3^2$ 일 때, 예 2에 의하여

$$H = \begin{bmatrix} -6x_1 & 0 & 3 \\ 0 & -2 & 0 \\ 3 & 0 & -6 \end{bmatrix}$$

이고, 임계점은 (0, 1, 0), $\left(\frac{1}{2},\ 1,\ \frac{1}{4}\right)$이다.

먼저, 점 (0, 1, 0)에서의 Hesse 행렬의 고유방정식은 다음과 같다.

$$|xI-H|=\begin{vmatrix} x & 0 & -3 \\ 0 & x+2 & 0 \\ -3 & 0 & x+6 \end{vmatrix}$$

$$=x(x+2)(x+6)-9(x+2)=0$$

즉,

$$(x+2)(x^2+6x-9)=0$$

따라서 고유근은

$$-2,\ -3+3\sqrt{2},\ -3-3\sqrt{2}$$

이다. 그런데

$$-2<0,\ -3+3\sqrt{2}>0,\ -3-3\sqrt{2}<0$$

이므로 $f(0, 1, 0)=1$ 이 극치인지를 판정할 수 없다.

다음에, 점 $\left(\frac{1}{2}, 1, \frac{1}{4}\right)$에서의 Hesse 행렬의 고유방정식은 다음과 같다.

$$|xI-H|=\begin{vmatrix} x+3 & 0 & -3 \\ 0 & x+2 & 0 \\ -3 & 0 & x+6 \end{vmatrix}$$

$$=(x+3)(x+2)(x+6)-9(x+2)=0$$

즉,

$$(x+2)(x^2+9x+9)=0$$

따라서 고유근은 $x=-2,\ \dfrac{9\pm\sqrt{45}}{2}$ 이다.

그러므로 $f\left(\frac{1}{2}, 1, \frac{1}{4}\right)=\frac{17}{16}$은 극대값이다.

練習問題 9.5

연습문제 9.3의 결과를 이용하여, 다음 함수의 극치를 구하여라.

[1] $f(x_1, x_2, x_3)=x_1^2-3x_1x_2+3x_2^2+4x_2x_3+6x_3^2$

[2] $f(x_1, x_2, x_3)=5-(x_1^2+x_2^2+x_3^2)$

[3] $f(x_1, x_2, x_3)=x_1^2+x_1x_3-x_2+x_2^2+x_2x_3+3x_3^2$

9.6 企業의 均衡 Ⅱ

제8장 8절에서 기업의 균형을 다룬 바 있다. 거기서 우리는 기업의 총수입을 $R(q)$, 그리고 총비용을 $C(q)$로 나타내어 모두 산출량 q의 함수로 보았다. 그러나 산출물을 생산하기 위해서 기업은 노동, 자본 등의 여러 가지의 생산요소, 즉 투입물(input)을 고용하지 않으면 안 된다. 제6장 7절에서 설명한 생산함수는 이와 같은 산출물과 투입물의 관계를 나타내 준다.

기업이 고용하는 두 생산요소를 x_1과 x_2라 하면, 일반적인 생산함수는 다음과 같이 쓴다.

$$q = f(x_1, x_2)$$

이와 같은 생산함수를 도입하게 되면, 기업의 총수입과 총비용은 모두 x_1과 x_2의 함수가 된다. 따라서 기업은 이윤을 극대화시키는 생산요소의 고용량을 결정하여야 한다.

이 절에서는 완전경쟁기업과 독점기업이 각각 이윤을 극대화시키는 생산요소의 고용량을 어떻게 결정하여 균형을 이루게 되는지를 보기로 하자. 이 때, 기업이 고용하고 있는 생산요소의 가격은 일정하게 주어졌다고 하자. 다시 말하면, 생산요소시장은 완전경쟁시장이라고 가정하기로 하자.

1. 完全競爭企業의 均衡

완전경쟁기업의 경우에는 산출물의 가격 p가 일정하므로, 총수입 R는 다음과 같이 나타낼 수 있다.

$$R = p \cdot q = p \cdot f(x_1, x_2) \tag{9.6.1}$$

다음에, r_1과 r_2가 각각 생산요소 x_1과 x_2의 가격, 그리고 b가 고정비용을 나타낸다고 하면, 완전경쟁기업의 총비용함수는 다음과 같다.

$$C = r_1 x_1 + r_2 x_2 + b \tag{9.6.2}$$

식 (9.6.1)과 (9.6.2)로부터 이제 완전경쟁기업의 이윤 π는 다음과 같이 나타낼 수 있다.

$$\pi = p \cdot f(x_1,\ x_2) - r_1 x_1 - r_2 x_2 - b \tag{9.6.3}$$

따라서 p, r_1, r_2, b가 주어지면 완전경쟁기업의 이윤 π는 두 생산요소의 고용량 x_1과 x_2만의 함수가 된다는 것을 알 수 있다.

이제, 이윤극대화의 일차조건을 구하기 위하여, x_1과 x_2에 대한 π의 편도함수를 구하여 0으로 놓으면,

$$\begin{aligned} \frac{\partial \pi}{\partial x_1} &= pf_1 - r_1 = 0 \\ \frac{\partial \pi}{\partial x_2} &= pf_2 - r_2 = 0 \end{aligned} \tag{9.6.4}$$

위에서 f_1과 f_2는 각각 생산요소 x_1과 x_2의 한계생산물(marginal product)이다.

식 (9.6.4)로부터 이윤극대화의 일차조건은 다음과 같음을 알 수 있다.

$$\begin{aligned} pf_1 &= r_1 \\ pf_2 &= r_2 \end{aligned} \tag{9.6.5}$$

윗식은 이윤극대화를 위해서는 각 생산요소의 한계생산물에다 산출물의 가격을 곱한 것이 각 생산요소의 가격과 동일해야 한다는 것을 말해 주고 있다.

제6장 7절에서 말한 바와 같이 생산요소의 한계생산물과 산출물의 가격을 곱한 것을 한계생산물가치(value of marginal product; *VMP*)라고 부른다. 따라서 이윤을 극대화하기 위해서 완전경쟁기업은

$$\begin{aligned} VMP_1 &= r_1 \\ VMP_2 &= r_2 \end{aligned}$$

가 될 때까지 두 생산요소를 고용해야 한다는 것을 알 수 있다. 한편, 식 (9.6.5)는 다음과 같이 바꾸어 쓸 수 있다.

$$\frac{r_1}{f_1} = \frac{r_2}{f_2} = p \tag{9.6.6}$$

그런데 $r_1/f_1 = r_2/f_2 = MC$이고, 또 완전경쟁기업에 대해서는 $p = MR$이므로, (9.6.6)은 이윤극대화점에서의 $MC = MR$이어야 한다는 것을 말해 주고 있다. 따라서 제8장 8절에서 본 이윤극대화의 일차조건 $MR = MC$와 여기에서 본 이윤극대화의 일차조건 $VMP_1 = r_1$, $VMP_2 = r_2$는 결국 동일한 조건이

라는 것을 알 수 있다.

마지막으로, 식 (9.6.6)은 또 다음과 같이 고쳐 쓸 수 있다.

$$\frac{f_1}{f_2}=\frac{r_1}{r_2} \tag{9.6.7}$$

그런데 이미 제7장 7절에서 본 바와 같이

$$MRTS=\frac{f_1}{f_2}$$

이므로, 이윤극대점에서는 다음 관계가 성립한다.

$$MRTS=\frac{r_1}{r_2}$$

다시 말하면, 이윤극대점에서는 기술적 한계대체율이 생산요소의 가격비 r_1/r_2과 동일해야 한다. 한편, 등비선의 기울기도 r_1/r_2이므로 이윤극대화는 항상 등량곡선과 등비선이 접하는 점에서 이루어져야 한다.

완전경쟁기업의 이윤극대화의 이차조건은 (9.6.3)의 Hesse 행렬식의 소행렬식이 음의 부호로 시작하여 그 부호를 바꾸어 나가는 것이다. 즉,

$$\frac{\partial^2\pi}{\partial x_1^2}=pf_{11}<0 \tag{9.6.8}$$

$$\begin{vmatrix} \dfrac{\partial^2\pi}{\partial x_1^2} & \dfrac{\partial^2\pi}{\partial x_1\partial x_2} \\ \dfrac{\partial^2\pi}{\partial x_2\partial x_1} & \dfrac{\partial^2\pi}{\partial x_2^2} \end{vmatrix}=p^2\begin{vmatrix} f_{11} & f_{12} \\ f_{21} & f_{22} \end{vmatrix}>0 \tag{9.6.9}$$

그런데 (9.6.8)과 (9.6.9)로부터 또,

$$\frac{\partial^2\pi}{\partial x_2^2}=pf_{22}<0 \tag{9.6.10}$$

이어야 함을 알 수 있다. 식 (9.6.8)과 (9.6.10)은 이윤극대점에서 기업이 x_1 또는 x_2의 고용량을 증가시키면 이윤이 감소한다는 것을 의미한다. 그리고 $p>0$이므로 $f_{11}<0$, $f_{22}<0$이어야 하는데, 이는 이윤극대점에서 두 생산요소의 한계생산물이 감소해야 한다는 것을 말해 준다.

한편, (9.6.8)~(9.6.9)는 또 생산함수가 균형점의 부근에서 오목함수(strictly concave function)이어야 한다는 것을 말해 주는데, 이를 설명하기 위해서는 보다 高級數學의 지식이 필요하다.

예 1 어느 기업의 생산함수가 다음과 같이 주어졌다고 하자.

$$q = \frac{65 - 2(x_1 - 5)^2 - 4(x_2 - 4)^2}{16}$$

산출물의 가격이 $p = 32$, 생산요소 x_1과 x_2의 가격이 각각 $p_1 = 8$, $p_2 = 4$로 주어졌다고 하고, 위의 생산함수로 생산하는 기업의 균형을 구해 보자. 우선, 이 기업의 이윤은 다음과 같다.

$$\pi = 32q - 8x_1 - 4x_2 = 130 - 4(x_1 - 5)^2 - 8(x_2 - 4)^2 - 8x_1 - 4x_2$$

따라서 이윤극대화의 일차조건은 다음과 같다.

$$\frac{\partial \pi}{\partial x_1} = -8(x_1 - 5) - 8 = -8x_1 + 32 = 0$$

$$\frac{\partial \pi}{\partial x_2} = -16(x_2 - 4) - 4 = -16x_2 + 60 = 0$$

위로부터, $x_1 = 4$, $x_2 = \frac{15}{4}$임을 알 수 있다. 한편,

$$\frac{\partial^2 \pi}{\partial {x_1}^2} = -8 < 0$$

$$\frac{\partial^2 \pi}{\partial {x_2}^2} = -16 < 0$$

$$\frac{\partial^2 \pi}{\partial x_1 \partial x_2} = 0$$

가 되고, 따라서

$$\begin{vmatrix} -8 & 0 \\ 0 & -16 \end{vmatrix} = 128 > 0$$

이므로, $x_1 = 4$, $x_2 = 15/4$에서 이윤극대화의 이차조건도 만족되고 있다.

2. 生產要素에 대한 需要曲線: 比較靜學

기업의 균형점에서 한 생산요소의 가격이 변화하면, 기업은 이윤극대화의 일차조건을 만족시키기 위하여 생산요소의 고용량을 변경시킨다. 이를 보기 위하여, 우선 식 (9.6.4)를 전미분하면 다음을 얻는다.

$$\begin{aligned} pf_{11}dx_1 + pf_{12}dx_2 &= -f_1dp + dr_1 \\ pf_{21}dx_1 + pf_{22}dx_2 &= -f_2dp + dr_2 \end{aligned} \tag{9.6.11}$$

Cramer 의 공식에 의하여, (9.6.11)을 dx_1 과 dx_2 에 관하여 풀면

$$dx_1 = \frac{p}{|H|}[f_{22}dr_1 - f_{12}dr_2 + (f_{12}f_2 - f_{22}f_1)dp]$$

$$dx_2 = \frac{p}{|H|}[-f_{21}dr_1 + f_{11}dr_2 + (f_{21}f_1 - f_{11}f_2)dp] \qquad (9.6.12)$$

가 되는데, 여기서

$$|H| = p^2(f_{11}f_{22} - f_{12}^2) > 0$$

를 나타낸다.

이제, $dr_2 = dp = 0$ 라 하고 (9.6.12)의 양변을 dr_1 으로 나누면,

$$\frac{\partial x_1}{\partial r_1} = \frac{pf_{22}}{|H|} < 0 \qquad (9.6.13)$$

을 얻는다. 그런데 $p>0$ 이고 (9.6.10)에 의해 $f_{22}<0$ 이므로, $\partial x_1/\partial r_1$ 은 언제나 陰의 값을 갖는다. 다시 말하면, 생산요소에 대한 수요곡선은 항상 우하향의 모양을 갖고 있다.

한편, $dr_1 = dp = 0$ 라 하고 (9.6.12)의 양변을 dr_2 로 나누면,

$$\frac{\partial x_1}{\partial r_2} = -\frac{pf_{12}}{|H|} \qquad (9.6.14)$$

를 얻는다. 식 (9.6.14)의 부호는 f_{12} 와 반대의 부호를 갖게 되는데, 경제학에서 다루는 대부분의 생산요소는 $f_{12}>0$ 이라 생각되기 때문에, $\partial x_1/\partial r_2 < 0$ 이라고 생각할 수 있다. 다시 말하면, 한 생산요소의 가격상승은 다른 생산요소의 고용량의 감소를 가져온다고 본다.

예 2 기업의 생산요소에 대한 수요곡선은 이윤극대화의 일차조건으로부터 도출된다. 코브-더글러스 생산함수 $q = Ax_1^{\alpha}x_2^{\beta}(\alpha, \beta > 0,\ \alpha + \beta < 1)$ 를 예로 들어 이를 설명하여 보면 다음과 같다. 먼저

$$\pi = pAx_1^{\alpha}x_2^{\beta} - r_1x_1 - r_2x_2$$

에서, π 의 x_1 과 x_2 에 대한 편도함수를 0 으로 놓으면 다음을 얻는다.

$$\frac{\partial \pi}{\partial x_1} = p\alpha Ax_1^{\alpha-1}x_2^{\beta} - r_1 = 0$$

$$\frac{\partial \pi}{\partial x_2} = p\beta Ax_1^{\alpha}x_2^{\beta-1} - r_2 = 0$$

위의 방정식을 각각 x_1과 x_2로 풀고 $\gamma=1-\alpha-\beta$로 놓으면, 다음과 같은 두 생산요소에 대한 수요함수를 얻을 수 있다.

$$x_1=\left(\frac{\alpha}{r_1}\right)^{(1-\beta)/\gamma}\left(\frac{\beta}{r_2}\right)^{\beta/\gamma}(Ap)^{1/\gamma}$$

$$x_2=\left(\frac{\alpha}{r_1}\right)^{\alpha/\gamma}\left(\frac{\beta}{r_2}\right)^{(1-\alpha)/\gamma}(Ap)^{1/\gamma}$$

이와 같이, 각 생산요소에 대한 수요는 r_1과 r_2 그리고 p의 함수로 나타나는데, r_1과 r_2가 증가하면 감소하고, p가 증가하면 증가한다.

---

3. 完全競爭企業의 供給函數

앞의 예 2에서 보는 바와 같이 완전경쟁기업의 요소수요함수는 산출물의 가격 p와 요소의 가격 r_1과 r_2의 함수로 나타낼 수 있다. 다시 말하면, (9.6.4)로 나타나는 완전경쟁기업의 이윤극대화의 일차조건을 풀면, x_1 및 x_2는 p, r_1 및 r_2의 함수가 된다.

이제, (9.6.4)를 만족하는 x_1, x_2를 각각 x_1^*, x_2^*라 하면, 요소수요함수는 다음과 같이 쓸 수 있다.

$$\begin{aligned} x_1&=x_1^*(r_1,\ r_2,\ p)\\ x_2&=x_2^*(r_1,\ r_2,\ p) \end{aligned} \tag{9.6.15}$$

따라서 완전경쟁기업의 공급함수는 이윤극대화의 일차조건인 (9.6.4)로부터 구한 요소수요함수 (9.6.15)를 생산함수 $q=f(x_1,\ x_2)$에 대입함으로써,

$$\begin{aligned} q^*&=f[x_1^*(r_1,\ r_2,\ p),\ x_2^*(r_1,\ r_2,\ p)]\\ &=q^*(r_1,\ r_2,\ p) \end{aligned} \tag{9.6.16}$$

와 같이 구할 수 있다. 물론 이 때, q^*는 기업의 이윤을 극대화하는 산출량이다.

보통의 공급함수는 공급량을 산출물의 가격만의 함수로 나타낸다. 그러나 위에서 본 바와 같이 요소가격의 변화는 이윤극대 산출량을 변화시키므로, 보다 일반적인 공급함수는 (9.6.16)에서와 같이 생산요소의 가격이 또한 독립변수로 포함되어야 한다. 그러면 산출물의 가격 p가 변화하면 이윤극대 산출량은 어떻게 변화하겠는가? 이 물음에 대한 해답을 얻기

위해, 연쇄법칙을 사용하여 (9.6.16)을 p에 대해 미분하면 다음을 얻을 수 있다.

$$\frac{\partial q^*}{\partial p}=\frac{\partial f}{\partial x_1^*}\frac{\partial x_1^*}{\partial p}+\frac{\partial f}{\partial x_2^*}\frac{\partial x_2^*}{\partial p}$$

또는,

$$\frac{\partial q^*}{\partial p}=f_1\frac{\partial x_1^*}{\partial p}+f_2\frac{\partial x_2^*}{\partial p} \tag{9.6.17}$$

그런데 요소수요함수 (9.6.15)는 이윤극대화의 일차조건 (9.6.4)를 만족하므로 (9.6.4)는 다음과 같이 다시 쓸 수 있다.

$$\begin{aligned} &pf_1[x_1^*(r_1,\ r_2,\ p),\ x_2^*(r_1,\ r_2,\ p)]-r_1=0 \\ &pf_2[x_1^*(r_1,\ r_2,\ p),\ x_2^*(r_1,\ r_2,\ p)]-r_2=0 \end{aligned} \tag{9.6.18}$$

이제, (9.6.18)을 p에 대해 편미분하면,

$$\begin{aligned} pf_{11}\frac{\partial x_1^*}{\partial p}+pf_{12}\frac{\partial x_2^*}{\partial p}&=-f_1 \\ pf_{21}\frac{\partial x_1^*}{\partial p}+pf_{22}\frac{\partial x_2^*}{\partial p}&=-f_2 \end{aligned} \tag{9.6.19}$$

를 얻을 수 있다. 그리고 (9.6.19)를 행렬을 써서 정리하면,

$$p\begin{bmatrix} f_{11} & f_{12} \\ f_{21} & f_{22} \end{bmatrix}\begin{bmatrix} \dfrac{\partial x_1^*}{\partial p} \\ \dfrac{\partial x_2^*}{\partial p} \end{bmatrix}=\begin{bmatrix} -f_1 \\ -f_2 \end{bmatrix} \tag{9.6.20}$$

을 얻는다.

따라서 이제 H를 Hesse 행렬이라 하고, (9.6.20)을 Cramer의 공식을 이용하여 $\frac{\partial x_1^*}{\partial p}$와 $\frac{\partial x_2^*}{\partial p}$에 관하여 풀면,

$$\begin{aligned} \frac{\partial x_1^*}{\partial p}&=\frac{-f_1f_{22}+f_2f_{12}}{p|H|} \\ \frac{\partial x_2^*}{\partial p}&=\frac{-f_2f_{11}+f_1f_{12}}{p|H|} \end{aligned} \tag{9.6.21}$$

을 얻을 수 있다. 다음에 (9.6.21)을 (9.6.17)에 대입하면 다음을 얻는다.

$$\frac{\partial q^*}{\partial p}=\frac{-f_1^2f_{22}+2f_{12}f_1f_2-f_2^2f_{11}}{p|H|} \tag{9.6.22}$$

그런데 (9.6.21)의 분모에서 $|H|$는 이윤극대화의 이차조건(9.6.9)으로부터 陽임을 알 수 있다. 그리고 제7장 9절에서 본 바와 같이 생산함수의 기술적 한계대체율이 체감한다고 가정하면, (9.6.21)의 분자 또한 陽의 값을 갖는다. 따라서 (9.6.17)에서 다음이 성립함을 알 수가 있다.

$$\frac{\partial q^*}{\partial p} > 0 \tag{9.6.23}$$

즉, 이윤극대화의 이차조건이 충족되고 생산함수의 기술적 한계대체율이 체감하면 완전경쟁기업의 공급곡선은 우상향의 기울기를 갖는다.

예 3 생산함수가 $q=3x_1^{\frac{1}{3}}x_2^{\frac{1}{3}}$로 주어져 있다고 하면, 기업의 이윤은

$$\pi=3px_1^{\frac{1}{3}}x_2^{\frac{1}{3}}-r_1x_1-r_2x_2$$

가 되고, 따라서 이윤극대화의 일차조건은 다음과 같다.

$$\frac{\partial \pi}{\partial x_1}=px_1^{-\frac{2}{3}}x_2^{\frac{1}{3}}-r_1=0$$

$$\frac{\partial \pi}{\partial x_2}=px_1^{\frac{1}{3}}x_2^{-\frac{2}{3}}-r_2=0$$

이 된다. 위의 일차조건을 x_1, x_2에 관하여 풀면, 다음과 같이 요소수요함수를 얻는다.

$$x_1^*(r_1,\ r_2,\ p)=p^3r_1^{-2}r_2^{-1}$$

$$x_2^*(r_1,\ r_2,\ p)=p^3r_1^{-1}r_2^{-2}$$

다음에, 요소수요함수를 생산함수에 대입하면 공급함수를 다음과 같이 얻을 수 있다.

$$q^*=(p,\ r_1,\ r_2)=3p^2r_1^{-1}r_2^{-1}$$

그리고

$$\frac{\partial q^*}{\partial p}=6pr_1^{-1}r_2^{-1}>0$$

이므로, 이 기업의 공급곡선은 우상향의 기울기를 갖는다.

이상에서 설명한 완전경쟁기업의 공급함수는 산출물의 가격 p 및 요소의 가격 r_1, r_2에 대하여 零次동차함수이다. 즉, 산출물의 가격 p와 요소의 가격 r_1, r_2가 동시에 λ배로 변화할 때, 완전경쟁기업의 공급량은 변함이 없다.

이를 알아보기 위해 산출물의 가격 p 및 요소의 가격 r_1, r_2가 동시에 λ배로 변화했다고 하면, 완전경쟁기업의 이윤은

$$\pi=\lambda pf(x_1,\ x_2)-\lambda r_1x_1-\lambda r_2x_2 \tag{9.6.24}$$

가 된다. 따라서 이윤극대화의 일차조건은

$$\begin{aligned}\frac{\partial\pi}{\partial x_1}&=\lambda pf_1(x_1,\ x_2)-\lambda r_1=0\\ \frac{\partial\pi}{\partial x_2}&=\lambda pf_2(x_1,\ x_2)-\lambda r_2=0\end{aligned} \tag{9.6.25}$$

가 된다. 따라서 산출물의 가격 및 요소의 가격이 동시에 λ배로 변화한 후의 이윤극대화의 일차조건은 이들 가격의 변화하기 이전의 이윤극대화의 일차조건인 (9.6.4)와 같음을 알 수 있다.

그런데 앞에서 설명한 바와 같이 생산요소에 대한 수요함수는 이윤극대화의 이차조건 x_1과 x_2에 관하여 풀어서 구한다. 따라서 서로 같은 식인 (9.6.4)와 (9.6.25)를 풀어서 구한 요소수요량은 서로 같을 수밖에 없다. 즉,

$$\begin{aligned}x_1^*(r_1,\ r_2,\ p)&=x_1^*(\lambda r_1,\ \lambda r_2,\ \lambda p)\\ x_2^*(r_1,\ r_2,\ p)&=x_2^*(\lambda r_1,\ \lambda r_2,\ \lambda p)\end{aligned} \tag{9.6.26}$$

이 성립하며, 이로부터 요소수요함수는 산출물의 가격 p와 요소의 가격 r_1 및 r_2에 대하여 零次동차함수임을 알 수 있다. 그리고 (9.6.26)을 생산함수에 대입하여 공급함수를 구해 보면,

$$\begin{aligned}q^*(\lambda r_1,\ \lambda r_2,\ \lambda p)&=f[x_1^*(\lambda r_1,\ \lambda r_2,\ \lambda p),\ x_2^*(\lambda r_1,\ \lambda r_2,\ \lambda p)]\\ &=f[x_1^*(r_1,\ r_2,\ p),\ x_2^*(r_1,\ r_2,\ p)]\\ &=q^*(r_1,\ r_2,\ p)\end{aligned}$$

가 되므로,

$$q^*(r_1,\ r_2,\ p)=q^*(\lambda r_1,\ \lambda r_2,\ \lambda p) \tag{9.6.27}$$

다시 말하면, 완전경쟁기업의 공급함수는 산출물의 가격 p와 요소의 가격 r_1, r_2에 대하여 零次동차함수가 된다.

예 4 예 3에서와 같이 생산함수가 $y=3x_1^{\frac{1}{3}}x_2^{\frac{1}{3}}$로 주어졌다고 하면, 요소수요함수 및 공급함수는

$$x_1^*(r_1,\ r_2,\ p) = p^3 r_1^{-2} r_2^{-1}$$
$$x_2^*(r_1,\ r_2,\ p) = p^3 r_1^{-1} r_2^{-2}$$
$$q^*(r_1,\ r_2,\ p) = 3p^2 r_1^{-1} r_2^{-1}$$

와 같이 구할 수 있다. 따라서

$$\begin{aligned} x_1^*(\lambda r_1,\ \lambda r_2,\ \lambda p) &= (\lambda p)^3 (\lambda r_1)^{-2} (\lambda r_2)^{-1} \\ &= p^3 r_1^{-2} r_2^{-1} \\ &= x_1^*(r_1,\ r_2,\ p) \end{aligned}$$

$$\begin{aligned} x_2^*(\lambda r_1,\ \lambda r_2,\ \lambda p) &= (\lambda p)^3 (\lambda r_1)^{-1} (\lambda r_2)^{-2} \\ &= p^3 r_1^{-1} r_2^{-2} \\ &= x_2^*(r_1,\ r_2,\ p) \end{aligned}$$

$$\begin{aligned} q^*(\lambda r_1,\ \lambda r_2,\ \lambda p) &= (\lambda p)^2 (\lambda r_1)^{-1} (\lambda r_2)^{-1} \\ &= p^2 r_1^{-1} r_2^{-1} \\ &= q^*(r_1,\ r_2,\ p) \end{aligned}$$

이 성립하므로, 요소수요함수 및 공급함수는 零次동차함수임을 알 수 있다.

예 5 단기적으로 기업의 고정비용은 기업의 의사결정에 전혀 영향을 미치지 않는데 이는 다음과 같이 보일 수 있다. 먼저 기업의 고정비용이 $\bar{c}$만큼 존재한다면 이윤은

$$\pi = pf(x_1,\ x_2) - r_1 x_1 - r_2 x_2 - \bar{c}$$

가 된다. 따라서 이윤극대화의 일차조건은

$$\frac{\partial \pi}{\partial x_1} = pf_1(x_1,\ x_2) - r_1 = 0$$
$$\frac{\partial \pi}{\partial x_2} = pf_2(x_1,\ x_2) - r_2 = 0$$

가 되어, 고정비용이 존재하지 않는 경우의 이윤극대화의 일차조건인 (9.6.14)와 같아진다. 따라서 고정비용이 존재한다 해도 기업의 요소수요함수와 공급함수는 고정비용이 존재하지 않는 경우와 같다.

한편, 이윤에 대해 일정률의 조세를 부과한다 해도 역시 기업의 의사결정에는 아무런 변화가 없다. 이를 보기 위해 이윤에 대해 세율 t의 조세를 부과한 후의 기업의 순이윤을 구해 보면 다음과 같다.

$$(1-t)\pi=(1-t)[pf(x_1, x_2)-r_1x_1-r_2x_2]$$

따라서 이 경우의 이윤극대화의 일차조건은 다음과 같이 되는 것을 알 수 있다.

$$\frac{\partial[(1-t)\pi]}{\partial x_1}=(1-t)[pf_1(x_1, x_2)-r_1]=0$$

$$\frac{\partial[(1-t)\pi]}{\partial x_2}=(1-t)[pf_2(x_1, x_2)-r_2]=0$$

윗식의 양변을 $(1-t)$로 나누어 정리하면 다음 관계를 얻는다.

$$pf_1(x_1, x_2)-r_1=0$$

$$pf_2(x_1, x_2)-r_2=0$$

즉, 이윤에 대해 세율 t의 조세가 부과된 뒤에도 이윤극대화의 일차조건은 조세가 부과되기 이전과 같음을 알 수 있다. 그러므로 이윤에 대해 일정률의 조세를 부과한다 해도 요소수요함수나 공급함수는 변함이 없고, 이윤에 대한 과세가 기업의 의사결정에 영향을 미치지 않음을 알 수 있다.

---

4. 獨占企業의 均衡

독점기업의 이윤 π도 완전경쟁기업과 마찬가지로 다음과 같이 나타낼 수 있다.

$$\pi=p\cdot q(x_1, x_2)-r_1x_1-r_2x_2-b \tag{9.6.28}$$

그러나 독점기업의 경우에는 산출물의 가격 p가 일정하지 않고 산출량의 수준에 따라 변화한다. 즉, 수요함수를 역함수로 표시하면 가격과 산출량 사이에는 다음과 같은 함수관계가 있다.

$$p=g(q),\quad g'<0 \tag{9.6.29}$$

이제, 독점기업의 이윤극대화의 일차조건을 구하기 위하여 π를 x_1과 x_2로 편미분하여 0으로 놓으면 다음을 얻는다.

$$\frac{\partial\pi}{\partial x_1}=p\frac{\partial q}{\partial x_1}+q\frac{\partial p}{\partial x_1}-r_1=0$$

$$\frac{\partial\pi}{\partial x_2}=p\frac{\partial q}{\partial x_2}+q\frac{\partial p}{\partial x_2}-r_2=0 \tag{9.6.30}$$

그런데 (9.6.29)와 생산함수 $q=f(x_1, x_2)$로부터

$$\frac{\partial p}{\partial x_1}=\frac{\partial p}{\partial q}\frac{\partial q}{\partial x_1}$$

$$\frac{\partial p}{\partial x_2}=\frac{\partial p}{\partial q}\frac{\partial q}{\partial x_2}$$

가 되기 때문에, 이를 (9.6.30)에 대입하면, 독점기업의 이윤극대화의 일차조건은 다음과 같이 된다.

$$\frac{\partial q}{\partial x_1}\left(p+q\frac{\partial p}{\partial q}\right)=r_1$$

$$\frac{\partial q}{\partial x_2}\left(p+q\frac{\partial p}{\partial q}\right)=r_2 \tag{9.6.31}$$

위의 두 식에서 괄호 안에 있는 항은 제6장 7절에서 본 바와 같이 독점기업의 한계수입(MR)을 나타낸다. 또, $\partial q/\partial x_1$와 $\partial q/\partial x_2$는 각각 x_1과 x_2의 한계생산물(MP)이기 때문에, (9.6.31)의 우변은 각각 생산요소의 한계생산물과 한계수입의 곱을 나타내는데, 이를 **限界收入生產物**(marginal revenue product; MRP)이라 부른다. 따라서 독점기업의 이윤극대점에서는 모든 생산요소의 한계수입생산물이 생산요소의 가격과 같아야 한다는 것을 알 수 있다.

독점기업의 총수입을 산출량의 함수로만 나타내면, 이윤극대화의 일차조건은 다음과 같이 간단하게 구할 수도 있다.

$$\pi=R(q)-r_1x_1-r_2x_2-b \tag{9.6.32}$$

$$\frac{\partial \pi}{\partial x_1}=\frac{\partial R}{\partial q}\frac{\partial q}{\partial x_1}-r_1=0$$

$$\frac{\partial \pi}{\partial x_2}=\frac{\partial R}{\partial q}\frac{\partial q}{\partial x_2}-r_2=0 \tag{9.6.33}$$

한편, $\partial R/\partial q$는 독점기업의 한계수입을 나타내므로 (9.6.33)과 (9.6.31)은 그 의미가 동일하다.

독점기업의 이윤극대화의 이차조건은 완전경쟁기업의 경우와 마찬가지로 다음과 같다.

$$\pi_{11}<0,\ \pi_{22}<0,\ \begin{vmatrix}\pi_{11} & \pi_{12}\\ \pi_{21} & \pi_{22}\end{vmatrix}>0 \tag{9.6.34}$$

예 6 생산함수 $q=4\sqrt{x_1x_2}$를 가지고 생산하는 독점기업이 직면하는 수요함수가 $p=34-2q$라 하고, $r_1=4$, $r_2=4$일 때, 독점기업의 균형을 구하여 보자. 우선,

$$\pi=p\cdot q-r_1x_1-r_2x_2$$

에서

$$\begin{aligned}\pi&=(34-2q)q-4x_1-4x_2\\&=34q-2q^2-4x_1-4x_2\\&=34(4\sqrt{x_1x_2})-2(4\sqrt{x_1x_2})^2-4x_1-4x_2\\&=136\sqrt{x_1x_2}-32x_1x_2-4x_1-4x_2\end{aligned}$$

가 된다. 따라서 이 기업의 이윤극대화의 일차조건은 다음과 같다.

$$\frac{\partial\pi}{\partial x_1}=68\frac{x_2}{\sqrt{x_1x_2}}-32x_2-4=0$$

$$\frac{\partial\pi}{\partial x_2}=68\frac{x_1}{\sqrt{x_1x_2}}-32x_1-4=0$$

위로부터 $x_1=2$, $x_2=2$임을 알 수 있다. 한편,

$$\pi_{11}=\frac{\partial^2\pi}{\partial x_1^2}=68\left(-\frac{1}{2}\right)x_1^{-\frac{3}{2}}x_2^{\frac{1}{2}}$$

$$\pi_{22}=\frac{\partial^2\pi}{\partial x_2^2}=68\left(-\frac{1}{2}\right)x_1^{\frac{1}{2}}x_2^{-\frac{3}{2}}$$

$$\pi_{12}=\frac{\partial^2\pi}{\partial x_1\partial x_2}=68\left(\frac{1}{2}\right)x_1^{-\frac{1}{2}}x_2^{\frac{1}{2}}-32$$

가 되어, $x_1=2$, $x_2=2$에서

$$\pi_{11}<0,\ \pi_{22}<0,\quad \begin{vmatrix}\pi_{11} & \pi_{12}\\ \pi_{21} & \pi_{22}\end{vmatrix}>0$$

가 성립하므로, 이윤극대화의 이차조건도 만족됨을 알 수 있다.

5. 價格差別 獨占企業

만약 독점기업이 두 지역에서 **價格差別**(price discrimination)을 행하고 있다면, 독점기업의 이윤은 두 시장에서의 총수입의 합계로부터 총비용을 뺀 것과 같다. 즉,

$$\pi=R_1(q_1)+R_2(q_2)-C(q_1+q_2) \tag{9.6.35}$$

앞에서 q_1과 q_2는 두 시장에서의 판매량, $R_1(q_1)$과 $R_2(q_2)$는 두 시장에서의 총수입함수, 그리고 $C(q_1+q_2)$는 총비용함수를 나타낸다.

가격차별 독점기업의 이윤극대화의 일차조건은 π를 각각 q_1과 q_2에 관하여 미분하고 0으로 놓아 다음과 같이 구해진다.

$$\frac{\partial\pi}{\partial q_1}=R_1'(q_1)-C'(q_1+q_2)=0$$

$$\frac{\partial\pi}{\partial q_2}=R_2'(q_2)-C'(q_1+q_2)=0 \qquad (9.6.36)$$

또는,

$$R_1'(q_1)=R_2'(q_2)=C'(q_1+q_2) \qquad (9.6.37)$$

다시 말하면, 각 시장에서의 한계수입이 동일해야 하고, 또 이 한계수입이 한계비용과 일치하여야 한다.

그러나 두 시장에서 한계수입이 동일하다는 것은 두 시장에서 독점기업이 책정하는 가격이 동일하다는 것은 아니다. 두 시장에서의 산출물의 가격을 p_1과 p_2, 그리고 수요의 가격탄력도를 e_1과 e_2라 하면, 제6장 7절에서 본 바와 같이 한계수입과 가격, 그리고 수요의 가격탄력도 사이에는

$$MR=p\left(1-\frac{1}{e}\right)$$

의 관계가 성립하므로, 두 시장에서 다음 관계가 성립해야 한다.

$$p_1\left(1-\frac{1}{e_1}\right)=p_2\left(1-\frac{1}{e_2}\right)$$

따라서

$$\frac{p_1}{p_2}=\frac{1-(1/e_2)}{1-(1/e_1)}$$

그러므로 가격탄력도가 높은 시장의 가격이 다른 시장의 가격보다 낮다.

가격차별 독점기업의 이윤극대화의 이차조건은 (9.6.35)의 Hesse 행렬식

$$\begin{vmatrix} R_1''-C'' & -C'' \\ -C'' & R_2''-C'' \end{vmatrix}$$

의 主小行列式이 음의 부호로부터 시작하여 그 부호를 바꾸어 나가야 한

다는 것이다. 즉,

$$R_1'' - C'' < 0$$
$$(R_1'' - C'')(R_2'' - C'') - (C'')^2 > 0 \qquad (9.6.38)$$

위의 두 부등식으로부터 또

$$R_2'' - C'' < 0 \qquad (9.6.39)$$

이어야 함을 알 수 있는데, (9.6.38)과 (9.6.39)는 각 시장에서 모두 한계비용곡선의 기울기가 한계수입곡선의 기울기보다 커야 한다는 것을 말해주고 있다.

예 7 독점기업이 다음과 같은 조건에서 생산하고 있다고 하자.

$$p_1 = 80 - 5q_1 \qquad R_1 = 80q_1 - 5q_1^2$$
$$p_2 = 180 - 20q_2 \qquad R_2 = 180q_2 - 20q_2^2$$
$$C = 50 + 20(q_1 + q_2)$$

각 시장의 한계수입을 구하여 한계비용과 일치시키면 다음을 얻는다.

$$80 - 10q_1 = 20 \qquad 180 - 40q_2 = 20$$

이로부터 q_1과 q_2를 구하여 수요함수, 이윤함수 그리고 수요의 가격탄력도의 공식에 대입하면

$$q_1 = 6 \qquad p_1 = 50 \qquad e_1 = 1.67$$
$$q_2 = 4 \qquad p_2 = 100 \qquad e_2 = 1.25$$
$$\pi = 450$$

을 얻을 수 있다. 한편,

$$-10 < 0, \quad \begin{vmatrix} -10 & 0 \\ 0 & -40 \end{vmatrix} = 400 > 0$$

이므로 이윤극대화의 이차조건도 만족됨을 알 수 있다.

---

6. 쿠르노의 複占均衡

複占(duopoly)을 포함한 寡占(oligopoly)에 대해서는 아직까지 일반이론이 존재하지 않는다. 여기서는 복점균형에 대한 고전적 접근방법의 하나인 쿠르노 **複占均衡**(Cournot duopoly equilibrium)에 대해서만 알아보기로 한다.

먼저, 두 기업이 동질적인 재화를 공급하고 있다고 하고, 그 재화에 대한 시장수요곡선이

$$p = p(y_1 + y_2) \tag{9.6.40}$$

와 같이 주어져 있다고 하자. 이 때, y_1, y_2는 각각 제1기업과 제2기업의 공급량이다. 여기서 (9.6.40)의 의미는 시장가격은 두 기업이 공급하는 量의 합의 함수라는 것이다.

이제, 제1기업은 제2기업의 공급량이 $\bar{q}_2$로 고정되어 있다는 예상 아래에서 행동하며, 제2기업 역시 제1기업의 공급량이 $\bar{q}_1$으로 고정되어 있다는 예상 아래 행동한다고 가정하면, 두 기업의 이윤은 각각

$$\begin{aligned} \pi_1 &= p(q_1 + \bar{q}_2)q_1 - c_1(q_1) \\ \pi_2 &= p(\bar{q}_1 + q_2)q_2 - c_2(q_2) \end{aligned} \tag{9.6.41}$$

이 된다. 이 때, $c_1(q_1)$과 $c_2(q_2)$는 각 기업의 총비용함수이다.

따라서 각 기업은 상대방 기업의 공급량이 일정할 것이라는 예상 아래 (9.6.41)의 이윤을 각각 극대화하고자 할 것이며, 이윤극대화의 일차조건은 다음과 같이 얻을 수 있다.

$$\frac{\partial \pi_1}{\partial q_1} = p'(q_1 + \bar{q}_2)q_1 + p(q_1 + \bar{q}_2) - c_1'(q_1) = 0$$

$$\frac{\partial \pi_2}{\partial q_2} = p'(\bar{q}_1 + q_2)q_2 + p(\bar{q}_1 + q_2) - c_2'(q_2) = 0$$

그리고 이를 정리하면,

$$\begin{aligned} p(q_1 + \bar{q}_2) &= c_1'(q_1) - p'(q_1 + \bar{q}_2)q_1 \\ p(\bar{q}_1 + q_2) &= c_2'(q_2) - p'(\bar{q}_1 + q_2)q_2 \end{aligned} \tag{9.6.42}$$

을 얻는다. 그런데 (9.6.42)의 첫번째 식을 만족하는 q_1을 q_1^*, 두 번째 식을 만족하는 q_2를 q_2^*라 하면, q_1^*, q_2^*는 (9.6.42)를 만족하므로

$$\begin{aligned} p(q_1^* + \bar{q}_2) &= c_1'(q_1^*) - p'(q_1^* + \bar{q}_2)q_1^* \\ p(\bar{q}_1 + q_2^*) &= c_2'(q_2^*) - p'(\bar{q}_1 + q_2^*)q_2^* \end{aligned} \tag{9.6.43}$$

이 성립한다.

이제, (9.6.43)의 첫번째 식에서 q_1^*는 $\bar{q}_2$의 함수로, 두 번째 식에서 q_2^*는 $\bar{q}_1$의 함수로 나타낼 수 있으므로,

$$q_1^* = q_1^*(\bar{q}_2)$$
$$q_2^* = q_2^*(\bar{q}_1) \qquad (9.6.44)$$

와 같이 쓸 수 있다. 이 때, (9.6.44)를 **反應函數**(reaction function)라 부른다. 그러나 실제로 제2기업이 제1기업이 예상한 대로 $\bar{q}_2$로 고정된 공급량을 공급할 가능성은 지극히 적으며, 반대로 제1기업이 제2기업이 예상한 대로 $\bar{q}_1$로 고정된 공급량을 공급할 가능성 또한 지극히 적다. 따라서 제1기업의 공급량은 $\bar{q}_1$와 다르며, 제2기업의 공급량 또한 $\bar{q}_2$와 다를 수 있다.

그런데 이와 같은 경우에는 (9.6.41)에서 $\bar{q}_1$와 $\bar{q}_2$가 다르게 되므로, (9.6.41)을 극대화하는 일차조건으로부터 얻은 (9.6.44)의 q_1^*, q_2^*의 값 또한 변하게 된다. 따라서 (9.6.44)는 한 기업이 예상한 상대방의 기업의 공급량이 변화할 때 그 기업의 이윤을 극대화하는 공급량은 어떻게 변하는가를 보여주는 것이다. 그렇다면 위의 경우에 어떤 조건이 만족될 때 두 기업은 균형에 이르게 될 것인가? 이에 대한 해답은 매우 간단하다. 즉, 제1기업이 예상한 제2기업의 공급량과 제2기업의 실제 공급량이 일치한다면 제1기업의 공급량은 (9.6.44)의 반응함수에 따라 변하지 않게 될 것이다. 그리고 마찬가지로 제2기업이 예상한 제1기업의 공급량과 제1기업의 실제 공급량이 일치한다면 제2기업의 공급량은 변하지 않게 될 것이다. 따라서 쿠르노모델의 균형조건은

$$\bar{q}_1 = q_1^*$$
$$\bar{q}_2 = q_2^* \qquad (9.6.45)$$

이 된다. 그러므로 이제 (9.6.45)의 균형조건을 (9.6.43)에 대입하면 다음과 같은 연립방정식을 얻는다.

$$p(q_1^* + q_2^*) = c_1'(q_1^*) - p'(q_1^* + q_2^*)q_1^*$$
$$p(q_1^* + q_2^*) = c_2'(q_2^*) - p'(q_1^* + q_2^*)q_2^* \qquad (9.6.46)$$

그런데 (9.6.46)의 연립방정식은 두 개의 방정식과 두 개의 未知數 q_1^*, q_2^*를 가지므로 그 해를 구할 수 있다.

예 8 두 기업의 비용함수와 시장수요곡선이 다음과 같이 주어졌다고 하자.

$$c_1 = 3q_1$$
$$c_2 = 2q_2$$
$$p = 100 - (q_1 + q_2)$$

그러므로 각 기업의 이윤은 다음과 같다.

$$\pi_1 = (100 - q_1 - \bar{q}_2)q_1 - 3q_1$$
$$\pi_2 = (100 - \bar{q}_1 - q_2)q_2 - 2q_2$$

이제, 두 기업의 이윤극대화의 일차조건을 구하면 다음과 같다.

$$\frac{\partial \pi_1}{\partial q_1} = (100 - 2q_1 - \bar{q}_2) - 3$$
$$= 97 - 2q_1 - \bar{q}_2 = 0$$
$$\frac{\partial \pi_2}{\partial q_2} = (100 - \bar{q}_1 - 2q_2) - 2$$
$$= 98 - \bar{q}_1 - 2q_2 = 0$$

따라서 각 기업의 반응함수는 다음과 같이 구해진다.

$$2q_1^* + \bar{q}_2 = 97$$
$$\bar{q}_1 + 2q_2^* = 98$$

위의 반응함수에 균형조건 $\bar{q}_1 = q_1^*$, $\bar{q}_2 = q_2^*$를 대입하면,

$$2q_1^* + q_2^* = 97$$
$$2q_1^* + 2q_2^* = 98$$

이 되므로, 이를 풀면 각 기업의 균형공급량은 $q_1^* = 32$, $q_2^* = 33$임을 알 수가 있다. 이와 같은 쿠르노 모델의 반응함수를 통한 균형은 [그림 9-3]과 같이 나타낼 수 있다.

[그림 9-3]

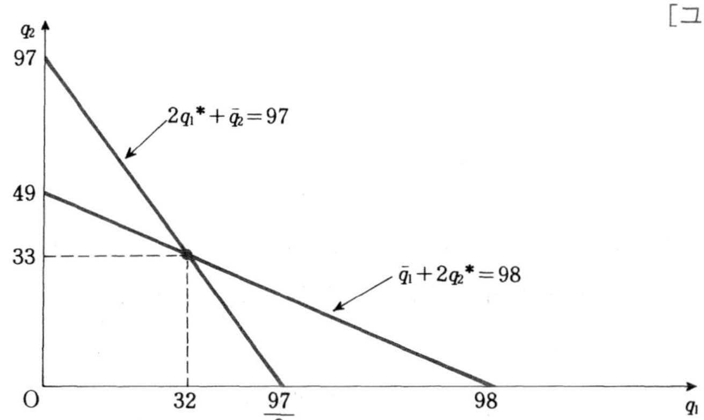

練習問題 9.6

[1] 완전경쟁기업의 생산함수가 다음과 같이 주어지고, $r_1=2$, $r_2=1$, 그리고 $p=5$라 하자.

$$q=20-x_1^2+10x_1-2x_2^2+5x_2$$

(a) 이윤을 극대화시키는 x_1과 x_2를 구하여라.

(b) 극대이윤은 얼마인가 구하여라.

[2] 완전경쟁기업의 생산함수가 다음과 같이 주어져 있다고 하자.

$$q=4x_1^{\frac{1}{4}}x_2^{\frac{1}{4}}$$

(a) 기술적 한계대체율이 체감함을 보여라.

(b) 요소수요함수와 공급함수를 구하여라.

(c) 요소수요함수와 공급함수가 零次동차함수임을 보여라.

[3] 독점기업이 두 개의 산출물 q_1과 q_2를 생산한다 하고, 그 수요함수가 각각 다음과 같다고 하자.

$$p_1=36-3q_1$$
$$p_2=40-5q_2$$

두 산출물의 結合費用函數(joint-cost function)가 $C=q_1^2+2q_1q_2+3q_2^2$와 같을 때, 이 독점기업의 균형을 구하여라.

[4] 독점기업이 두 개의 공장을 운영하고 있고, 각 공장에서 생산되는 산출량은 q_1과 q_2라 하자. 이 기업의 수요함수와 두 공장에서의 총비용함수가 다음과 같을 때, 이 독점기업의 균형을 설명하여 보아라.

$$p=a-b(q_1+q_2)$$
$$C_1=\alpha_1q_1+\beta_1q_1^2$$
$$C_2=\alpha_2q_2+\beta_2q_2^2$$

[5] A가 광고비라 하고, 독점기업의 수요함수와 총비용함수가 다음과 같을 때, 이 독점기업의 이윤극대가 되는 A 및 p와 q의 값을 구하여라.

$$p=100-3q+4\sqrt{A}$$
$$C=4q^2+10q+A$$

[6] 두 복점기업의 비용함수가 각각 $c_1(q_1)=0$, $c_2(q_2)=0$ 이고, 시장수요곡선이 다음과 같을 때, 쿠르노 모델의 균형을 구하여라.

$$p=a-b(q_1+q_2)$$

9.7 利潤函數

앞 절에서 완전경쟁기업의 균형과 요소수요함수를 구해 보았다. 그런데 (9.6.5)와 같이 구한 완전경쟁기업의 요소수요함수들 (9.6.3)에 대입하면, r_1, r_2 및 p에 관한 함수

$$\begin{aligned}\pi&=\pi^*(r_1,\ r_2,\ p)\\&=p\cdot q(x_1^*,\ x_2^*)-r_1x_1^*-x_2r_2^*-b\end{aligned}\qquad(9.7.1)$$

을 얻는데, 이를 **利潤函數**(profit function)라고 부른다. 즉, 이윤함수는 p, r_1, r_2가 변화할 때, 이윤이 어떻게 변화하느냐를 보여준다.

이윤함수는 이윤극대화의 결과로써 구해지는 것으로서 요소수요함수 및 공급함수와 밀접한 관계가 있다. 즉, 완전경쟁기업의 이윤함수가 주어지면, 요소수요함수와 공급함수를 구할 수가 있다. 다시 말하면, 다음의 관계가 성립한다.

$$q^*(r_1,\ r_2,\ p)=\frac{\partial\pi^*(r_1,\ r_2,\ p)}{\partial p}\qquad(9.7.2)$$

$$x_i^*(r_1,\ r_2,\ p)=-\frac{\partial\pi^*(r_1,\ r_2,\ p)}{\partial r_i}\quad(i=1,\ 2)\qquad(9.7.3)$$

즉, 완전경쟁기업의 공급함수는 이윤함수의 p에 대한 도함수이며, 요소수요함수는 이윤함수의 그 요소가격에 대한 도함수와 같다. 이제, 이를 증명해 보면 다음과 같다.

먼저, (9.7.1)의 이윤함수를 산출물의 가격 p에 대해 편미분하면 다음 식을 얻을 수 있다.

$$\begin{aligned}\frac{\partial\pi}{\partial p}&=q(x_1^*,\ x_2^*)+p\frac{\partial q}{\partial x_1^*}\ \frac{\partial x_1^*}{\partial p}+p\frac{\partial q}{\partial x_2^*}\ \frac{\partial x_2^*}{\partial p}-r_1\frac{\partial x_1^*}{\partial p}-r_2\frac{\partial x_2^*}{\partial p}\\&=q(x_1^*,\ x_2^*)+\left(p\frac{\partial q}{\partial x_1^*}-r_1\right)\frac{\partial x_1^*}{\partial p}+\left(p\frac{\partial q}{\partial x_2^*}-r_2\right)\frac{\partial x_2^*}{\partial p}\end{aligned}\qquad(9.7.4)$$

마찬가지로, (9.7.1)을 생산요소의 가격 r_1 및 r_2에 대해 편미분하면 다음 식을 얻는다.

$$\frac{\partial \pi}{\partial r_1} = -x_1^* + \left(p\frac{\partial q}{\partial x_1^*} - r_1\right)\frac{\partial x_1^*}{\partial r_1} \tag{9.7.5}$$

$$\frac{\partial \pi}{\partial r_2} = -x_2^* + \left(p\frac{\partial q}{\partial x_2^*} - r_2\right)\frac{\partial x_2^*}{\partial r_2} \tag{9.7.6}$$

그런데 이윤극대화의 일차조건으로부터

$$p\frac{\partial q}{\partial x_1^*} = r_1, \quad p\frac{\partial q}{\partial x_2^*} = r_2$$

가 성립하므로, 이를 (9.7.4), (9.7.5) 및 (9.7.6)에 대입하면 다음 식이 성립한다.

$$\frac{\partial \pi}{\partial p} = q(x_1^*,\ x_2^*) = q^*(r_1,\ r_2,\ p) \tag{9.7.7}$$

$$\frac{\partial \pi}{\partial r_1} = -x_1^*(r_1,\ r_2,\ p) \tag{9.7.8}$$

$$\frac{\partial \pi}{\partial r_2} = -x_2^*(r_1,\ r_2,\ p) \tag{9.7.9}$$

따라서 (9.7.2)와 (9.7.3)의 관계가 성립함을 알 수 있다.

예 1 앞 절의 예 3에서 본 바와 같이 생산함수가 $q=3x_1^{\frac{1}{3}}x_2^{\frac{1}{3}}$로 주어지면, 요소수요함수와 공급함수는

$$x_1^*(r_1,\ r_2,\ p) = p^3 r_1^{-2} r_2^{-1}$$

$$x_2^*(r_1,\ r_2,\ p) = p^3 r_1^{-1} r_2^{-2}$$

$$q^*(r_1,\ r_2,\ p) = 3p^2 r_1^{-1} r_2^{-1}$$

이 된다. 따라서 요소수요함수를

$$\pi = 3px_1^{\frac{1}{3}}x_2^{\frac{1}{3}} - r_1x_1 - r_2x_2$$

에 대입하면, 이윤함수를 다음과 같이 얻을 수 있다.

$$\pi^*(r_1,\ r_2,\ p) = p^3 r_1^{-1} r_2^{-1}$$

그리고 위의 이윤함수로부터 반대로 요소수요함수와 공급함수를 구해 보면, 다음 관계가 성립함을 알 수가 있다.

$$q^*(r_1,\ r_2,\ p) = \frac{\partial \pi^*}{\partial p} = 3p^2 r_1^{-1} r_2^{-1}$$

$$x_1^*(r_1,\ r_2,\ p) = -\frac{\partial \pi^*}{\partial r_1}$$
$$= -(-p^3 r_1^{-2} r_2^{-1})$$
$$= p^3 r_1^{-2} r_2^{-1}$$
$$x_2^*(r_1,\ r_2,\ p) = -\frac{\partial \pi^*}{\partial r_2}$$
$$= -(-p^3 r_1^{-1} r_2^{-2})$$
$$= p^3 r_1^{-1} r_2^{-2}$$

練習問題 9.7

[1] 생산함수가 다음과 같이 주어져 있다고 하자.

$$q = 5x_1^{\frac{1}{5}} x_2^{\frac{1}{5}} x_3^{\frac{1}{5}} x_4^{\frac{1}{5}}$$

(a) 요소수요함수를 구하여라.

(b) 공급함수를 구하여라.

(c) 이윤함수를 구하여라.

[2] 이윤함수가 다음과 같이 주어져 있다고 하자.

$$\pi^*(r_1,\ r_2,\ r_3,\ r_4,\ r_5,\ p) = p^6 r_1^{-1} r_2^{-1} r_3^{-1} r_4^{-1} r_5^{-1}$$

(a) 요소수요함수를 구하여라.

(b) 공급함수를 구하여라.

제 10 장

制約條件 아래에서의 極大와 極小

제 10 장 制約條件 아래에서의 極大와 極小

앞의 두 장에서는 독립변수가 어떤 제약도 받지 않는 경우의 극대와 극소를 설명하였다. 그러나 경제행위에 있어서는 특정한 목적함수를 극대화, 극소화하는 데 어떤 제약이 따르는 경우가 많다. 예를 들어, 소비자는 소비행위를 하는 데 있어서 주어진 소득 범위 안에서 지출을 결정하여야 하며, 기업은 주어진 생산함수와 수요조건 안에서 이윤을 극대화할 수밖에 없다.

이 장에서는 이와 같은 制約條件 아래에서의 極大·極小 문제를 설명하고, 그 응용의 예를 살펴보기로 한다.

10.1 制約條件 아래에서의 極値: Lagrange 乘數法

二變數함수

$$z=f(x, y) \tag{10.1.1}$$

의 두 변수 x, y가 조건식

$$g(x, y)=0 \tag{10.1.2}$$

에 의하여 제약을 받으면서 변할 때, 함수 $z=f(x, y)$가 갖는 극대값 또는 극소값에 대하여 설명하여 보자.

여기서 조건식 (10.1.2)를 **制約條件**(constraint) 또는 **副次的 條件**(side condition)이라고 한다. 이제, 다음과 같은 예를 들어 생각해 보자.

함수

$$z=f(x, y)=1-(x^2+y^2)$$

는 분명히 $(x, y)=(0, 0)$에서 極大값(最大값) $f(0, 0)=1$을 갖는다.

다음에, 이 함수의 두 변수 x, y가 제약조건

$$x+y-1=0$$

[그림 10-1]

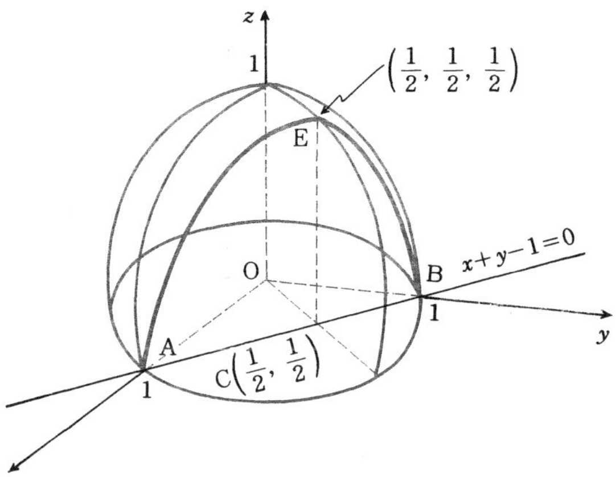

을 만족시키면서 변하는 경우 $z=f(x, y)$의 극치를 구해 보자. 제약조건에 의하여 $y=-x+1$ 이고, 따라서 이를 $z=f(x, y)$에 대입하면 z는 x만의 함수로 된다. 실제로,

$$\begin{aligned} z &= 1-x^2-y^2=1-x^2-(-x+1)^2 \\ &= -2x^2+2x=-2\left(x-\frac{1}{2}\right)^2+\frac{1}{2} \end{aligned}$$

따라서 z는 $x=\frac{1}{2}$일 때, 극대값(최대값) $\frac{1}{2}$을 갖는다.

다시 말하면, 함수

$$z=f(x, y)=1-(x^2+y^2)$$

는 두 변수 x, y가 $x+y=1$ 이라는 제약을 받으면서 변하는 경우에 이 함수는 $(x, y)=\left(\frac{1}{2}, \frac{1}{2}\right)$에서 극대값 $f\left(\frac{1}{2}, \frac{1}{2}\right)=\frac{1}{2}$을 갖는다([그림 10-1] 참조). [그림 10-1]에서, 제약조건은 xy평면 위의 직선으로 나타난다. 이 때, (x, y)가 제약조건을 만족시키면서 직선 AB 사이를 움직이면서, 점 (x, y, z)는 곡선 AEB를 따라 움직인다. 따라서 제약조건 아래에서의 $z=f(x, y)$의 극대값은 제약조건을 나타내는 직선 $x+y-1=0$ 위의 점 $C\left(\frac{1}{2}, \frac{1}{2}\right)$에 대응하는 점 $E\left(\frac{1}{2}, \frac{1}{2}, \frac{1}{2}\right)$의 z좌표이다.

여기서 함수 $z=f(x, y)=1-x^2-y^2$ 이 극대값을 갖는 것은 $z=f(x, y)$의 等高線(level curve)을 이용하여 다음과 같이 생각해 볼 수도 있다.

[그림 10-2]

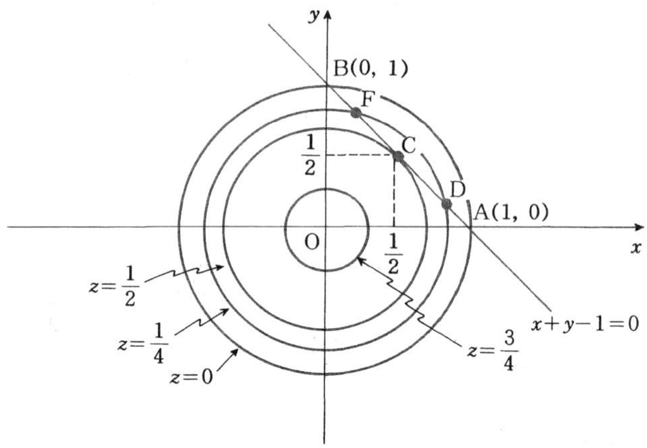

[그림 10-1]에서 xy평면으로부터 같은 높이에 있는 점(즉, z의 값이 같은 점)들의 집합을 xy평면에 나타낸 것이 등고선이다([그림 10-2] 참조). 그리고 [그림 10-1]에서 알 수 있는 바와 같이, [그림 10-2]의 등고선은 원점에 가까운 등고선일수록 이에 대한 z의 값이 크다. 즉, $z=0$를 나타내는 등고선보다 $z=\frac{1}{2}$을 나타내는 등고선이 원점에 가깝다. [그림 10-2]에서 제약조건 $x+y-1=0$를 따라 A에서 B까지 갈 때, 등고선에 대한 z의 값이 어떻게 변하는가를 보면 다음과 같다. 먼저 점 A를 지나는 등고선에 대한 z의 값은 0이고, 점 D를 지나는 등고선에 대한 z의 값은 $\frac{1}{4}$이며, 점 C를 지나는 등고선에 대한 z의 값은 $\frac{1}{2}$이다. 그리고 점 F를 지나는 등고선에 대한 z의 값은 $\frac{1}{4}$이고, 점 B를 지나는 등고선에 대한 z의 값은 0이다.

이와 같이 제약조건을 따라 점 A에서 점 B로 이동함에 따라 제약조건을 나타내는 직선과 만나는 등고선에 대한 z의 값은 점점 커져서, 점 C에서 $z=\frac{1}{2}$로 가장 커지고, 점 C를 지나면 제약조건을 나타내는 직선과 만나는 등고선에 대한 z의 값은 오히려 작아짐을 알 수 있다. 따라서 $z=f(x, y)$은 점 C에서 $\frac{1}{2}$로 극대(최대)로 됨을 알 수 있다.

1. 極値이기 위한 必要條件(一次條件)

등고선을 이용한 직관적인 설명은 일반적인 경우에도 가능하다.

[그림 10-3]

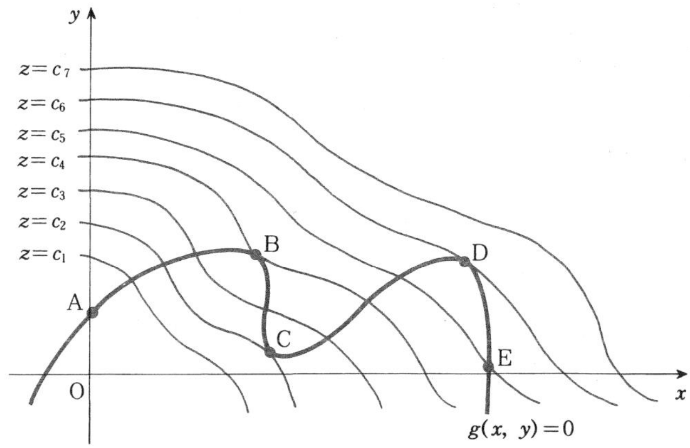

함수

$$z=f(x, y) \tag{10.1.1}$$

의 두 변수 x, y가 제약조건

$$g(x, y)=0 \tag{10.1.2}$$

를 만족시키면서 변할 때, $z=k$에 대한 (10.1.1)의 등고선과 (10.1.2)의 제약조건이 xy평면에 [그림 10-3]과 같이 나타난다고 하자. 그리고 이 그림에서 $c_1<c_2<c_3<\cdots<c_7$이라고 가정하자.

이와 같은 경우에 제약조건을 따라 A로부터 E까지 갈 때, 등고선에 대한 z의 값이 어떻게 변하는가를 보면 다음과 같다. 먼저, 제약조건을 따라 A에서 B까지 가는 동안에 등고선에 대한 z의 값은 $c_1<c_2<c_3<c_4$로 증가하나, B로부터 C까지는 등고선에 대한 z의 값은 감소한다. 그리고 다시 C를 지나 D까지는 등고선에 대한 z의 값은 증가하나, 점 D를 지나면 등고선에 대한 z의 값은 감소한다. 다시 말하면, 점 A에서 B까지는 $z=f(x, y)$의 값이 증가하나, 점 B를 지나면 다시 z의 값은 감소하므로 B에서 바로 제약조건 $g(x, y)=0$ 아래에서의 $z=f(x, y)$는 극대가 되며, 이 때의 극대값은 점 B를 지나는 등고선에 대한 z의 값 c_4이다. 또 B에서 C까지는 $z=f(x, y)$의 값은 감소하고 점 C를 지나면 z의 값은 다시 증가하므로 점 C에서 극소가 되며, 이 때의 극소값은 점 C를 지나는 등고선에 대한 z의 값 c_2이다. 마찬가지로, 점 D에서 극대값 c_6를 가짐을 알 수 있다.

그런데 [그림 10-3]으로부터 알 수 있는 바와 같이 $z=f(x, y)$의 등고선과 제약조건 $g(x, y)=0$이 나타내는 곡선이 접하는 점에서 등고선에 대한 z의 값은 $z=f(x, y)$의 극대값 또는 극소값이다. 따라서 점 (a, b)에서 $z=f(x, y)$가 극치를 갖는다고 가정하고 그 때의 극치(즉, 등고선에 대한 z의 값)를 c라 하면, 등고선

$$f(x, y)=c$$

와 제약조건 $g(x, y)=0$이 나타내는 곡선은 점 (a, b)에서 접해야 한다. 즉, $f(x, y)=c$와 곡선 $g(x, y)=0$의 점 (a, b)에서의 접선은 서로 일치해야 한다. 한편, 각 곡선에서의 접선의 방정식은

$$(x-a)f_x(a, b)+(y-b)f_y(a, b)=0$$
$$(x-a)g_x(a, b)+(y-b)g_y(a, b)=0$$

이므로, 위의 두 방정식의 계수는 서로 비례해야 한다. 다시 말하면,

$$f_x(a, b)+\lambda g_x(a, b)=0$$
$$f_y(a, b)+\lambda g_y(a, b)=0$$

을 만족시키는 λ가 존재해야만 한다. 이 때, 점 (a, b)는 곡선 $g(x, y)=0$ 위의 점이므로,

$$g(a, b)=0$$

이다. 따라서 세 개의 미지수 a, b, λ를 위의 세 방정식으로부터 구할 수 있다.

이제, 지금까지의 설명한 내용을 수학적으로 정리하면 다음과 같다.

함수 $z=f(x, y)$의 두 변수가 x, y가 제약조건 $g(x, y)=0$을 만족시키면서 변할 때, $z=f(x, y)$가 $(x, y)=(a, b)$에서 조치를 갖는다고 가정하자. 제약조건에 의하여 y가 x의 함수로 정의된다면, $z=f(x, y)$는 x만의 함수라고 생각할 수 있다. 따라서 [定理 9.4.1]에 의하여 $(x, y)=(a, b)$일 때의 $\dfrac{dz}{dx}$의 값은 0이어야 한다. 즉, $(x, y)=(a, b)$일 때의 전미분 dz의 값은 0이어야 한다. 다시 말하면, 다음 등식이 성립한다.

$$dz=df(x, y)=f_x(a, b)dx+f_y(a, b)dy=0 \qquad (10.1.3)$$

한편, $g(x, y)=0$의 양변의 전미분을 생각하면,

$$dg=g_x(x, y)dx+g_y(x, y)dy=0$$

이므로, 특히 다음 등식이 성립한다.

$$g_x(a, b)dx + g_y(a, b)dy = 0 \tag{10.1.4}$$

위의 두 등식 (10.1.3)과 (10.1.4)에 의하여, 다음을 만족시키는 실수 λ가 존재한다.

$$\begin{cases} f_x(a, b) = -\lambda g_x(a, b) \\ f_y(a, b) = -\lambda g_y(a, b) \end{cases}$$

즉,

$$\begin{cases} f_x(a, b) + \lambda g_x(a, b) = 0 \\ f_y(a, b) + \lambda g_y(a, b) = 0 \end{cases} \tag{10.1.5}$$

물론 $(x, y) = (a, b)$는 제약조건식 $g(x, y) = 0$을 만족시켜야 하므로, 다음 等式도 성립한다.

$$g(a, b) = 0 \tag{10.1.6}$$

앞에서 얻은 결과를 요약하기 위해서, 새로운 변수 λ를 도입하여 세 변수 λ, x, y의 함수 $F(\lambda, x, y)$를 다음과 같이 정의한다.

$$F(\lambda, x, y) = f(x, y) + \lambda g(x, y) \tag{10.1.7}$$

이 함수를 **Lagrange 函數**라 하고 또 λ를 **乘數**(multiplier)라 한다. Lagrange 함수 $F(\lambda, x, y)$에 대하여 다음이 성립한다.

$$F_\lambda = F_\lambda(\lambda, x, y) = \frac{\partial F}{\partial \lambda} = g(x, y)$$

$$F_x = F_x(\lambda, x, y) = \frac{\partial F}{\partial x} = f_x(x, y) + \lambda g_x(x, y)$$

$$F_y = F_y(\lambda, x, y) = \frac{\partial F}{\partial y} = f_y(x, y) + \lambda g_y(x, y) \tag{10.1.8}$$

이제, (10.1.5), (10.1.6), (10.1.8)에 의하여 다음 定理를 얻는다.

[定理 10.1.1]

함수 $z = f(x, y)$의 두 변수 x, y가 제약조건 $g(x, y) = 0$ 아래에서 변한다고 할 때,

$$F(\lambda, x, y) = f(x, y) + \lambda g(x, y)$$

라 하자.

이 때, 함수 $z=f(x, y)$가 $(x, y)=(a, b)$에서 극치 $f(a, b)$를 갖는다면, $x=a$, $y=b$는 다음 연립방정식의 해이다.

$$\begin{cases} F_\lambda = g(x, y) = 0 \\ F_x = f_x(x, y) + \lambda g_x(x, y) = 0 \\ F_y = f_y(x, y) + \lambda g_y(x, y) = 0 \end{cases}$$

위의 연립방정식을 만족시키는 점 $(x, y)=(a, b)$를 **臨界點**이라 하고, [定理 10.1.1]에서와 같이 Lagrange함수를 이용하여 臨界點을 구하는 것을 **Lagrange乘數法**(Lagrange multiplier method) 또는 **Lagrange의 未定係數法**이라 한다.

예 1 앞의 예를 다시 검토하여 보자.

$$f(x, y) = 1 - (x^2 + y^2)$$
$$g(x, y) = x + y - 1 = 0$$

이제,

$$\begin{aligned} F(\lambda, x, y) &= f(x, y) + \lambda g(x, y) \\ &= 1 - (x^2 + y^2) + \lambda(x + y - 1) \end{aligned}$$

이라 놓고, 다음 연립방정식을 푼다.

$$\begin{cases} F_\lambda = x + y - 1 = 0 \\ F_x = -2x + \lambda = 0 \\ F_y = -2y + \lambda = 0 \end{cases}$$

먼저, 제 2 식과 제 3 식에 의하여 $x=y=\frac{\lambda}{2}$이고, 이를 제 1 식에 대입하면 $\lambda=1$ 이다. 따라서 $x=y=\frac{1}{2}$, $\lambda=1$. 그러므로 주어진 함수가 제약조건 아래에서 극치를 갖는다면 이 극치는 $(x, y)=\left(\frac{1}{2}, \frac{1}{2}\right)$일 때 얻게 되고 그 값은 $f\left(\frac{1}{2}, \frac{1}{2}\right)=\frac{1}{2}$이다.

실제로, 본문의 예에 의하여 $f\left(\frac{1}{2}, \frac{1}{2}\right)=\frac{1}{2}$은 극대값이다.

---

2. 極値이기 위한 充分條件(二次條件)

다음에는 점 $(x, y)=(a, b)$가 임계점일 때, 즉 $x=a$, $y=b$가 연립방정식을 만족시킬 때 $f(a, b)$가 極値일 충분조건을 구해 보자.

$$\begin{cases} F_\lambda = g(x, y) = 0 \\ F_x = f_x(x, y) + \lambda g_x(x, y) = 0 \\ F_y = f_y(x, y) + \lambda g_y(x, y) = 0 \end{cases} \tag{10.1.9}$$

제약조건 $g(x, y)=0$ 의 양변의 전미분을 생각하면,

$$g_x\,dx + g_y\,dy = 0$$

이고, 특히

$$g_x(a, b)\,dx + g_y(a, b)\,dy = 0 \tag{10.1.10}$$

또한, $x=a$, $y=b$가 연립방정식 (10.1.9)를 만족시키므로

$$\begin{aligned} &g(a, b) = 0 \\ &f_x(a, b) = -\lambda g_x(a, b) \\ &f_y(a, b) = -\lambda g_y(a, b) \end{aligned} \tag{10.1.11}$$

따라서 $(x, y)=(a, b)$에서의 $z=f(x, y)$의 전미분의 값은 0 이다. 즉,

$$\begin{aligned} dz = df(a, b) &= f_x(a, b)\,dx + f_y(a, b)\,dy \\ &= -\lambda\{g_x(a, b)\,dx + g_y(a, b)\,dy\} = 0 \end{aligned} \tag{10.1.12}$$

이제, $z=f(x, y)$의 第二階전미분 $d^2z = d^2f(x, y)$를 구해 보자.

등식 $g_x\,dx + g_y\,dy = 0$ 에 의하여($g_y \neq 0$ 임을 가정한다)

$$dy = -\frac{g_x}{g_y}dx$$

라 쓸 수 있으므로, dy는 dx의 함수로 생각할 수 있다. 이 때, d^2z는 다음과 같다.

$$\begin{aligned} d^2z = d(dz) &= d(f_x\,dx + f_y\,dy) \\ &= (df_x)\,dx + (df_y)\,dy + f_y\,d(dy) \\ &= (f_{xx}\,dx + f_{xy}\,dy)\,dx + (f_{yx}\,dx + f_{yy}\,dy)\,dy + f_y\,d^2y \\ &= f_{xx}\,dx^2 + 2f_{xy}\,dxdy + f_{yy}\,dy^2 + f_y d^2y \end{aligned} \tag{10.1.13}$$

마찬가지로, $g(x, y)=0$ 의 양변의 第二階전미분을 구하면,

$$(d^2g=)\,g_{xx}\,dx^2 + 2g_{xy}\,dxdy + g_{yy}\,dy^2 + g_y\,d^2y = 0$$

이다. 이제, 위의 식에서 d^2y를 구한 다음에 이를 (10.1.13)에 대입하면,

$$d^2z = d^2f(x, y) = \left(f_{xx} - \frac{f_y}{g_y}g_{xx}\right)dx^2 + 2\left(f_{xy} - \frac{f_y}{g_y}g_{xy}\right)dxdy + \left(f_{yy} - \frac{f_y}{g_y}g_{yy}\right)dy^2$$

그런데 (10.1.11)에 의하여

$$-\frac{f_y(a, b)}{g_y(a, b)}=\lambda$$

이므로, $(x, y)=(a, b)$에서의 $d^2f(a, b)$의 값은 다음과 같다.

$$\begin{aligned} d^2f(a, b)=&\{f_{xx}(a, b)+\lambda g_{xx}(a, b)\}dx^2 \\ &+\{f_{xy}(a, b)+\lambda g_{xy}(a, b)\}dxdy \\ &+\{f_{yy}(a, b)+\lambda g_{yy}(a, b)\}dy^2 \end{aligned} \tag{10.1.14}$$

그러므로 (10.1.12)의 결과와 [定理 9.4.2]에 의하여 변수 dx, dy에 관한 이차형식 (10.1.14)가 음의 정부호형식이면 $f(a, b)$는 극대값이고, 양의 정부호형식이면 $f(a, b)$는 극소값이다.

한편, (10.1.10)으로부터 dy를 구하여 (10.1.14)에 대입하면 다음과 같이 된다.

$$\begin{aligned} d^2f(a, b)=&\{[f_{xx}(a, b)+\lambda g_{xx}(a, b)]g_y(a, b)^2 \\ &-2[f_{xy}(a, b)+\lambda g_{xy}(a, b)]g_x(a, b)g_y(a, b) \\ &+[f_{yy}(a, b)+\lambda g_{yy}(a, b)]g_x(a, b)^2\}\left(\frac{dx}{g_y(a, b)}\right)^2 \end{aligned} \tag{10.1.15}$$

이상의 결과를 간단히 요약하기 위하여 Lagrange 함수

$$F(\lambda, x, y)=f(x, y)+\lambda g(x, y)$$

의 Hesse 행렬식을 생각해 보자(제9장 3절 참조). 먼저, 다음이 성립함은 분명하다.

$$\begin{aligned} &F_{\lambda\lambda}=0,\ F_{\lambda x}=g_x=F_{x\lambda},\ F_{\lambda y}=g_y=F_{y\lambda} \\ &F_{xx}=F_{xx}(\lambda, x, y)=f_{xx}+\lambda g_{xx} \\ &F_{xy}=F_{xy}(\lambda, x, y)=f_{xy}+\lambda g_{xy} \\ &F_{yx}=F_{yx}(\lambda, x, y)=f_{yx}+\lambda g_{yx}=F_{xy} \\ &F_{yy}=F_{yy}(\lambda, x, y)=f_{yy}+\lambda g_{yy} \end{aligned} \tag{10.1.16}$$

따라서 $F(\lambda, x, y)$의 Hesse 행렬식을 $|\bar{H}|$라 하면,

$$|\bar{H}|=|\bar{H}(\lambda, x, y)|=\begin{vmatrix} F_{\lambda\lambda} & F_{\lambda x} & F_{\lambda y} \\ F_{x\lambda} & F_{xx} & F_{xy} \\ F_{y\lambda} & F_{yx} & F_{yy} \end{vmatrix}$$

즉,
$$|\bar{H}(\lambda, a, b)| = \begin{vmatrix} 0 & g_x & g_y \\ g_x & F_{xx} & F_{xy} \\ g_y & F_{yx} & F_{yy} \end{vmatrix}$$
$$= -(F_{xx}g_y^2 - 2F_{xy}g_x g_y + F_{yy}g_x^2)$$

또한, (10.1.15)는 다음과 같이 표시된다.

$$d^2f(a, b) = \{F_{xx}(\lambda, a, b)g_y(a, b)^2 - 2F_{xy}(\lambda, a, b)g_x(a, b)g_y(a, b) + F_{yy}(\lambda, a, b)g_x(a, b)^2\}\left(\frac{dx}{g_y(a, b)}\right)^2$$
$$= -|\bar{H}(\lambda, a, b)|\left(\frac{dx}{g_y(a, b)}\right)^2 \tag{10.1.17}$$

앞의 결론과 (10.1.17)에 의하여 다음 사실이 성립한다.

함수 $z=f(x, y)$에 대하여 $x=a$, $y=b$이 (10.1.9)를 만족시킬 때, $|\bar{H}(\lambda, a, b)|<0$ 이면, $d^2f(a, b)$는 음의 정부호형식이고, 따라서 이 때 $f(a, b)$는 극대값이다.

한편, $|\bar{H}(\lambda, a, b)|<0$ 이면 $d^2f(a, b)$는 양의 정부호형식이고, 따라서 이 때 $f(a, b)$는 극소값이다. 이로써 다음 定理가 증명된 셈이다.

[定理 10.1.2]

함수 $z=f(x, y)$의 두 변수 x, y가 제약조건 $g(x, y)=0$ 아래에서 변한다고 할 때, Lagrange함수

$$F(\lambda, x, y) = f(x, y) + \lambda g(x, y)$$

의 Hesse행렬식을 $|\bar{H}|$라고 하자. 즉,

$$|\bar{H}| = |\bar{H}(\lambda, x, y)| = \begin{vmatrix} 0 & g_x & g_y \\ g_x & F_{xx} & F_{xy} \\ g_y & F_{yx} & F_{yy} \end{vmatrix}$$

이제, $x=a$, $y=b$ 및 λ가 연립방정식

$$\begin{cases} F_\lambda = g(x, y) = 0 \\ F_x = f_x + \lambda g_x = 0 \\ F_y = f_y + \lambda g_y = 0 \end{cases}$$

을 만족시킬 때,

(1) $x=a$, $y=b$ 및 λ에 대한 $|\bar{H}|$의 값이 양이면, $f(a, b)$는 극대값이다.

(2) $x=a$, $y=b$ 및 λ에 대한 $|\bar{H}|$의 값이 음이면, $f(a, b)$는 극소값이다.

Lagrange 함수의 Hesse 행렬식 $|\bar{H}|$를 흔히 **테두른 Hesse 行列式**(bordered Hessian)이라고도 부른다. 일반적으로, 행렬식의 성질에 의하여 다음이 성립한다.

$$|\bar{H}| = \begin{vmatrix} 0 & g_x & g_y \\ g_x & F_{xx} & F_{xy} \\ g_y & F_{yx} & F_{yy} \end{vmatrix} = \begin{vmatrix} F_{xx} & F_{xy} & g_x \\ F_{yx} & F_{yy} & g_y \\ g_x & g_y & 0 \end{vmatrix}$$

예 2 앞의 예 1에 의하면,

$$F(\lambda, x, y) = f(x, y) + \lambda g(x, y)$$
$$= 1 - (x^2 + y^2) + \lambda(x + y - 1)$$

에 대하여, 연립방정식

$$\begin{cases} F_\lambda = x + y - 1 = 0 \\ F_x = -2x + \lambda = 0 \\ F_y = -2y + \lambda = 0 \end{cases}$$

의 해는 $x = y = \frac{1}{2}$, $\lambda = 1$ 이다. 한편,

$$g_x = 1 = g_y, \quad F_{xx} = -2, \quad F_{xy} = 0 = F_{yx}, \quad F_{yy} = -2$$

이므로,

$$|\bar{H}| = \begin{vmatrix} 0 & 1 & 1 \\ 1 & -2 & 0 \\ 1 & 0 & -2 \end{vmatrix} = 2 + 2 = 4 > 0$$

따라서 $f\left(\frac{1}{2}, \frac{1}{2}\right) = \frac{1}{2}$은 극대값이다.

예 3 함수 $z = f(x, y) = xy$가 제약조건

$$g(x, y) = x + y - 6 = 0$$

아래에서 갖는 극치를 구해 보자.

Lagrange 함수는 다음과 같다.

$$F(\lambda, x, y) = xy + \lambda(x + y - 6)$$

이제, 연립방정식

$$\begin{cases} F_\lambda = x + y - 6 = 0 \\ F_x = y + \lambda = 0 \\ F_y = x + y = 0 \end{cases} \qquad \text{즉,} \quad \begin{cases} \quad\ \ x + y = 6 \\ \lambda \quad\ + y = 0 \\ \lambda + x \quad\ = 0 \end{cases}$$

을 Cramer 의 공식 또는 적당한 방법으로 풀면,

$$\lambda=-3,\ x=3,\ y=3$$

한편, $g_x=1=g_y$, $F_{xx}=0=F_{yy}$, $F_{xy}=1=F_{yx}$ 이므로,

$$|\bar{H}|=\begin{vmatrix} 0 & 1 & 1 \\ 1 & 0 & 1 \\ 1 & 1 & 0 \end{vmatrix}=2>0$$

따라서 $z=f(3,\ 3)=9$ 는 극대값이다.

예 4 함수 $z=f(x,\ y)=x^2+y^2$ 이 제약조건 $g(x,\ y)=x+4y+2$ 아래에서 갖는 극치를 구하여 보자.

$$F(\lambda,\ x,\ y)=x^2+y^2+\lambda(x+4y-2)$$

이제, 연립방정식

$$\begin{cases} F_\lambda=x+4y-2=0 \\ F_x=2x+\lambda=0 \\ F_y=2y-4\lambda=0 \end{cases} \quad 즉, \quad \begin{cases} x+4y=6 \\ \lambda+2x \quad =0 \\ 4\lambda \quad +2y=0 \end{cases}$$

을 Cramer 공식을 이용하여 풀면,

$$\lambda=-\frac{4}{17},\ x=\frac{2}{17},\ y=\frac{8}{17}$$

그런데 $g_x=1$, $g_y=4$, $F_{xx}=2=F_{yy}$, $F_{xy}=0$ 이므로

$$|\bar{H}|=\begin{vmatrix} 0 & 1 & 4 \\ 1 & 2 & 0 \\ 4 & 0 & 2 \end{vmatrix}=-34<0$$

따라서 $f\left(\frac{2}{17},\ \frac{8}{17}\right)=\frac{4}{17}$ 는 극소값이다.

다음에는 제약조건식 $g(x,\ y)=0$ 이

$$g(x,\ y)=cx+dy+e=0 \tag{10.1.18}$$

와 같이 x, y에 관한 일차식으로 나타날 경우를 생각해 보자.

이 경우에,

$$g_x=c,\quad g_y=d,\quad g_{xx}=g_{xy}=g_{yx}=g_{yy}=0$$

이므로, 다음이 성립한다.

$$F_{xx}=f_{xx}+\lambda g_{xx}=f_{xx},\quad F_{xy}=f_{xy}+\lambda g_{xy}=f_{xy}$$
$$F_{yx}=f_{yx}+\lambda g_{yx}=f_{yx},\quad F_{yy}=f_{yy}+\lambda g_{yy}=f_{yy}$$

그러므로 제약조건식이

$$g(x, y) = cx + dy + e = 0$$

인 경우에 Lagrange 함수의 Hesse 행렬식 $|\bar{H}|$는 다음과 같이 된다.

$$|\bar{H}| = \begin{vmatrix} 0 & g_x & g_y \\ g_x & F_{xx} & F_{xy} \\ g_y & F_{yx} & F_{yy} \end{vmatrix} = \begin{vmatrix} 0 & g_x & g_y \\ g_x & f_{xx} & f_{xy} \\ g_y & f_{yx} & f_{yy} \end{vmatrix} \qquad (10.1.19)$$

練習問題 10.1

[1] 다음 함수의 극대값 또는 극소값을 구하여라.

(a) $z = f(x, y) = xy, \quad g(x, y) = x + 2y - 2 = 0$

(b) $z = f(x, y) = x(y + 2), \quad x + y = 1$

(c) $z = x - 3y - xy, \quad x + y = 6$

[2] 다음 함수의 극대값 또는 극소값을 구하여라.

(a) $z = x^2 - xy + \frac{3}{2}y^2, \quad x + 2y = 3$

(b) $z = -2x^2 + xy + 3y^2 - 400, \quad 36 = x + 3y$

(c) $z = \frac{3}{2}x^2 - 2xy + \frac{1}{2}y^2 + 144, \quad 2x + 2y = 96$

(d) $z = 2x^2 + 2xy - 3y^2 - 11, \quad 3x + 5y = 9$

10. 2 Lagrange 乘數法의 一般化*

1. 多變數函數

제10장 1 절의 이론은 다변수함수에 대해서도 성립한다. 이 절에서는 다변수함수에 대한 Lagrange 乘數法을 증명 없이 설명하기로 한다.

함수

$$u=f(x_1, x_2, \cdots, x_n) \tag{10.2.1}$$

의 변수 $x_1, x_2, \cdots, x_n$이 제약조건

$$g(x_1, x_2, \cdots, x_n)=0 \tag{10.2.2}$$

아래에서 변할 때, $u=f(x_1, x_2, \cdots, x_n)$가 갖는 극대값 또는 극소값을 구하는 문제를 생각해 보자.

새로운 변수 λ를 도입하여, **Lagrange함수**

$$F(\lambda, x_1, x_2, \cdots, x_n)=f(x_1, x_2, \cdots, x_n)+\lambda g(x_1, x_2, \cdots, x_n) \tag{10.2.3}$$

을 정의하고,

$$f_i=\frac{\partial f}{\partial x_i}, \qquad g_i=\frac{\partial g}{\partial x_i}, \qquad F_i=\frac{\partial F}{\partial x_i}$$

$$f_{ij}=\frac{\partial^2 f}{\partial x_j \partial x_i}, \quad g_{ij}=\frac{\partial^2 g}{\partial x_j \partial x_i}, \quad F_{ij}=\frac{\partial^2 F}{\partial x_j \partial x_i}$$

라고 놓자. 이 때, $F(\lambda, x_1, x_2, \cdots, x_n)$의 **Hesse行列式** $|\bar{H}|$는 다음과 같은 $(n+1)$次 행렬식이다. 이것을 흔히 테두른 Hesse行列式이라고도 부른다.

$$|\bar{H}|=\begin{vmatrix} 0 & g_1 & g_2 & g_3 & \cdots & g_n \\ g_1 & F_{11} & F_{12} & F_{13} & \cdots & F_{1n} \\ g_2 & F_{21} & F_{22} & F_{23} & \cdots & F_{2n} \\ g_3 & F_{31} & F_{32} & F_{33} & \cdots & F_{3n} \\ \cdots & \cdots & \cdots & \cdots & \cdots & \cdots \\ g_n & F_{n1} & F_{n2} & F_{n3} & \cdots\cdots & F_{nn} \end{vmatrix} \tag{10.2.4}$$

각 $r=2, 3, \cdots, n$에 대하여 $|\bar{H}|$의 $(r+1)$次의 主소행렬식을 $|\bar{H}_r|$로 나타내면 다음과 같이 된다(위의 행렬식에서 점선 참조).

$$|\bar{H}_2|=\begin{vmatrix} 0 & g_1 & g_2 \\ g_1 & F_{11} & F_{12} \\ g_2 & F_{21} & F_{22} \end{vmatrix}, \quad |\bar{H}_3|=\begin{vmatrix} 0 & g_1 & g_2 & g_3 \\ g_1 & F_{11} & F_{12} & F_{13} \\ g_2 & F_{21} & F_{22} & F_{23} \\ g_3 & F_{31} & F_{32} & F_{33} \end{vmatrix},$$

$$\cdots\cdots\cdots, \ |\bar{H}_n|=|\bar{H}| \tag{10.2.5}$$

이제, 지금까지 배운 결과를 일반화하면 다음 定理를 얻는다.

[定理 10.2.1]

다변수함수 $u=f(x_1, x_2, \cdots, x_n)$과 제약조건 $g(x_1, x_2, \cdots, x_n)=0$에 대한 Lagrange 함수를

$$F(\lambda, x_1, x_2, \cdots, x_n)=f(x_1, x_2, \cdots, x_n)+\lambda g(x_1, x_2, \cdots, x_n)$$

이라 하자. 그리고 점 $(a_1, a_2, \cdots, a_n)$에서 함수 $u=f(x_1, x_2, \cdots, x_n)$이 극치 $f(a_1, a_2, \cdots, a_n)$을 갖는다면, $x_1=a_1$, $x_2=a_2$, $\cdots$, $x_n=a_n$은 연립방정식

$$\begin{cases} F_\lambda=g(x_1, x_2, \cdots, x_n)=0 \\ F_1=f_1+\lambda g_1=0 \\ F_2=f_2+\lambda g_2=0 \\ \cdots\cdots\cdots\cdots\cdots\cdots \\ F_n=f_n+\lambda g_n=0 \end{cases}$$

을 만족시켜야 한다.

역으로 $x_1=a_1$, $x_2=a_2$, $\cdots$, $x_n=a_n$ 및 λ가 위의 식을 만족시킬 때,

(1) $x_1=a_1$, $x_2=a_2$, $\cdots$, $x_n=a_n$ 및 λ에 대한 $|\bar{H}_r|$의 값이

$$|\bar{H}_2|>0,\ |\bar{H}_3|<0,\ |\bar{H}_4|>0,\ \cdots$$

와 같이 교대로 부호가 변하면 $f(a_1, a_2, \cdots, a_n)$은 극대값이다.

(2) $x_1=a_1$, $x_2=a_2$, $\cdots$, $x_n=a_n$ 및 λ에 대한 $|\bar{H}_r|$의 값이

$$|\bar{H}_2|<0,\ |\bar{H}_3|<0,\ \cdots,\ |\bar{H}_n|<0$$

과 같이 모두 음이면 $f(a_1, a_2, \cdots, a_n)$은 극소값이다.

예 1 함수 $f(x_1, x_2, x_3)=x_1x_2x_3$가 제약조건

$$g(x_1, x_2, x_3)=2x_1x_3+4x_1x_2+3x_2x_3-288=0$$

아래에서 갖는 극대값 또는 극소값을 구해 보자.

Lagrange 함수는 다음과 같다.

$$F(\lambda, x_1, x_2, x_3)=x_1x_2x_3+\lambda(2x_1x_3+4x_1x_2+3x_2x_3-288)$$

먼저, 연립방정식

$$\begin{cases} F_\lambda=2x_1x_3+4x_1x_2+3x_2x_3-288=0 \\ F_1=x_2x_3+2\lambda x_3+4\lambda x_2=0 \\ F_2=x_1x_3+4\lambda x_1+3\lambda x_3=0 \\ F_3=x_1x_2+2\lambda x_1+3\lambda x_2=0 \end{cases}$$

을 풀면, $\lambda=-1$, $x_1=6$, $x_2=4$, $x_3=8$이다. 한편,

$$g_1 = 2x_3 + 4x_2, \quad g_2 = 4x_1 + 3x_3, \quad g_3 = 2x_1 + 3x_2$$
$$F_{11} = F_{22} = F_{33} = 0, \quad F_{12} = x_3 + 4\lambda = F_{21}$$
$$F_{13} = x_2 + 2\lambda = F_{31}, \quad F_{23} = x_1 + 3\lambda = F_{32}$$

따라서 $\lambda = -1$, $x_1 = 6$, $x_2 = 4$, $x_3 = 8$ 일 때,

$$|\bar{H}_2| = \begin{vmatrix} 0 & 32 & 48 \\ 32 & 0 & 4 \\ 48 & 4 & 0 \end{vmatrix} > 0, \quad |\bar{H}_3| = |\bar{H}| = \begin{vmatrix} 0 & 32 & 48 & 24 \\ 32 & 0 & 4 & 2 \\ 48 & 4 & 0 & 3 \\ 24 & 2 & 3 & 0 \end{vmatrix} < 0$$

그러므로 $f(x_1, x_2, x_3) = x_1x_2x_3$ 는 극대값 $f(6, 4, 8) = 192$ 를 갖는다.

---

2. 制約條件式이 둘 이상인 경우

제약조건이 둘 이상인 경우에도 조건식의 개수만큼 새로운 변수를 도입하여 Lagrange 乘數法을 적용할 수 있다. 예를 들어, 함수

$$u = f(x_1, x_2, \cdots, x_n), \quad n \geq 3 \tag{10.2.6}$$

이 두 제약조건식

$$g(x_1, x_2, \cdots, x_n) = 0, \quad h(x_1, x_2, \cdots, x_n) = 0 \tag{10.2.7}$$

아래에서 갖는 극대값 또는 극소값을 구해 보자. 먼저, 새로운 변수 λ와 μ를 도입하여 Lagrange 함수

$$F = f(x_1, x_2, \cdots, x_n) + \lambda g(x_1, x_2, \cdots, x_n) + \mu h(x_1, x_2, \cdots, x_n) \tag{10.2.8}$$

을 정의하고, 이에 대한 $(n+2)$次의 行列式 $|\bar{H}|$를 다음과 같이 정의하자. 실제로, $|\bar{H}|$는 F의 Hesse 행렬식이다.

$$|\bar{H}| = \begin{vmatrix} 0 & 0 & g_1 & g_2 & g_3 & \cdots\cdots & g_n \\ 0 & 0 & h_1 & h_2 & h_3 & \cdots\cdots & h_n \\ g_1 & h_1 & F_{11} & F_{12} & F_{13} & \cdots\cdots & F_{1n} \\ g_2 & h_2 & F_{21} & F_{22} & F_{23} & \cdots\cdots & F_{2n} \\ g_3 & h_3 & F_{31} & F_{32} & F_{33} & \cdots\cdots & F_{3n} \\ \cdots & \cdots & \cdots & \cdots & \cdots & \cdots & \cdots \\ g_n & h_n & F_{n1} & F_{n2} & F_{n3} & \cdots\cdots & F_{nn} \end{vmatrix} \tag{10.2.9}$$

각 $r=3, 4, \cdots, n$에 대하여 $|\bar{H}|$의 $(r+2)$次의 主小行列式을 $|\bar{H}_r|$로 나타내면, 다음과 같은 행렬식을 얻는다((10.2.9)의 點線 참조).

$$|\bar{H}_3|, \ |\bar{H}_4|, \ \cdots, \ |\bar{H}_n|=|\bar{H}| \qquad (10.2.10)$$

[定理 10.2.2]

함수 $u=f(x_1, x_2, \cdots, x_n)$, $n\geq 3$과 두 제약조건

$$g(x_1, x_2, \cdots, x_n)=0, \ h(x_1, x_2, \cdots, x_n)=0$$

에 대한 Lagrange 함수를

$$F=f(x_1, x_2, \cdots, x_n)+\lambda g(x_1, x_2, \cdots, x_n)+\mu h(x_1, x_2, \cdots, x_n)$$

이라 하자. 점 $(x_1, x_2, \cdots, x_n)=(a_1, a_2, \cdots, a_n)$에서 $u=f(x_1, x_2, \cdots, x_n)$이 극치 $f(a_1, a_2, \cdots, a_n)$을 갖는다면, $x_1=a_1$, $x_2=a_2$, $\cdots$, $x_n=a_n$은 다음 연립방정식을 만족시킨다.

$$\begin{cases} F_\lambda=g(x_1, x_2, \cdots, x_n)=0 \\ F_\mu=h(x_1, x_2, \cdots, x_n)=0 \\ F_1=f_1+\lambda g_1+\mu h_1=0 \\ \cdots\cdots\cdots\cdots\cdots\cdots \\ F_n=f_n+\lambda g_n+\mu h_n=0 \end{cases}$$

역으로, $x_1=a_1$, $x_2=a_2$, $\cdots$, $x_n=a_n$와 λ 및 μ가 위의 연립방정식을 만족시킬 때,

(1) $x_1=a_1$, $x_2=a_2$, $\cdots$, $x_n=a_n$ 및 λ, μ에 대한 $|\bar{H}_r|$의 값이

$$|\bar{H}_3|<0, \ |\bar{H}_4|>0, \ |\bar{H}_5|<0, \ \cdots$$

과 같이 교대로 부호가 변하면 $f(a_1, a_2, \cdots, a_n)$은 극대값이다.

(2) $x_1=a_1$, $x_2=a_2$, $\cdots$, $x_n=a_n$ 및 λ, μ에 대한 $|\bar{H}_r|$의 값이

$$|\bar{H}_3|>0, \ |\bar{H}_4|>0, \ \cdots, \ |\bar{H}_n|>0$$

과 같이 모두 양이면 $f(a_1, a_2, \cdots, a_n)$은 극소값이다.

練習問題 10.2

다음 함수의 극치를 구하여라.

[1] $u=f(x_1, x_2, x_3)=x_1+2x_2+3x_3-x_1x_2-x_2x_3$, $\quad x_1+x_2+2x_3=10$

[2] $u=f(x, y, z)=x^2+2xy-xz^2$, $\quad 2x+y+z^2=24$

10.3 産出量極大化와 費用極小化

기업의 목표는 제8장 8절 및 제9장 6절에서 본 바와 같이 이윤극대화(profit maximization)에 있다. 그런데 이윤을 극대화하는 과정에서 기업은 산출량의 수준을 마음대로 조정할 수 있으며, 따라서 총비용도 변화한다. 그러므로 이윤극대화는 제약조건이 없는 경우의 극대문제이다.

그러나 기업은 경우에 따라 기업이 사용할 수 있는 총비용이 일정하게 주어지거나, 또는 기업이 생산해야 하는 산출량이 일정하게 주어지는 상황에 직면하기도 한다. 합리적인 기업가는 기업이 지출할 수 있는 총비용이 일정하다면 그로부터 산출량을 극소화하려고 할 것이고, 또 생산해야 할 산출량이 일정하다면 이를 생산하는 데 드는 생산비를 극소화하려고 할 것이다. 이와 같이 일정한 총비용으로 산출량을 극대화(output maximization)하는 문제나, 일정한 산출량을 생산하기 위하여 비용을 극소화(cost minimization)하는 문제는 제약조건하의 극대와 극소문제이다.

1. 産出量極大化

기업이 지출할 수 있는 총비용(total outlay)이 C^0으로 주어진다면, 기업이 직면하는 제약조건은 다음과 같이 된다.

$$C^0 - r_1x_1 - r_2x_2 - b = 0 \tag{10.3.1}$$

위에서 x_1과 x_2는 두 생산요소의 고용량, r_1과 r_2는 이들의 가격, 그리고 b는 고정비용을 나타낸다.

총비용이 일정하게 주어져 있기 때문에 기업의 목표는 이 총비용으로 최대의 산출량을 생산하는 데 있다. 따라서 생산함수가 $q=f(x_1, x_2)$이라면, Lagrange 함수는 다음과 같다.

$$V=f(x_1, x_2)+\lambda(C^0 - r_1x_1 - r_2x_2 - b) \tag{10.3.2}$$

윗식에서 x_1, x_2, λ에 관한 편미분을 구하여 이를 0으로 놓으면,

$$\frac{\partial V}{\partial x_1}=f_1-\lambda r_1=0$$

$$\frac{\partial V}{\partial x_2}=f_2-\lambda r_2=0$$
$$\frac{\partial V}{\partial \lambda}=C^0-r_1x_1-r_2x_2-b=0 \tag{10.3.3}$$

이제, 연립방정식 (10.3.3)의 처음 두 식을 정리하면, 다음과 같은 산출량 극대화의 일차조건을 얻는다.

$$\frac{f_1}{f_2}=\frac{r_1}{r_2},\quad \text{또는}\quad \lambda=\frac{f_1}{r_1}=\frac{f_2}{r_2} \tag{10.3.4}$$

이는 두 생산요소의 한계생산물의 비율이 두 생산요소의 가격비와 같아야 하고, 또 각 생산요소에 지출한 마지막 단위의 화폐가 가져다 주는 한계생산물이 동일해야 한다는 것을 말해 준다.

한편, 제7장 9절에서 살펴본 바와 같이 기술적 한계대체율은 $MRTS=f_1/f_2$이 되므로 산출량극대화의 일차조건은 다음과 같이 나타낼 수도 있다.

$$MRTS=\frac{f_1}{f_2}=\frac{r_1}{r_2} \tag{10.3.5}$$

즉, 산출량극대점에서 기술적 한계대체율이 생산요소의 가격비와 같아야 한다. 그런데 등비선의 기울기는 r_1/r_2이므로, 산출량극대화는 등량곡선과 등비선이 접하는 점에서 이루어진다는 것을 알 수 있다.

다음에, 산출량극대화의 이차조건은 테두른 Hesse 행렬식의 값이 陽일 때 만족된다. 즉,

$$\begin{vmatrix} f_{11} & f_{12} & -r_1 \\ f_{21} & f_{22} & -r_2 \\ -r_1 & -r_2 & 0 \end{vmatrix}>0 \tag{10.3.6}$$

위의 행렬식을 산출량극대화의 일차조건 (10.3.3)을 이용하여 풀면,

$$f_{11}f_2^2-2f_{12}f_1f_2+f_{22}f_1^2<0 \tag{10.3.7}$$

을 얻는다. 이 이차조건은 역시 제7장 9절에서 본 바와 같이 산출량극대점에서 등량곡선이 원점을 향하여 볼록해야 한다는 것과 같다. 다시 말하면, 기술적 한계대체율이 균형점에서 체감해야 한다.

예 1 생산함수가 $f(x_1, x_2)=x_1^{\frac{1}{2}}x_2^{\frac{1}{3}}$로 주어져 있을 때, 기업이 지출할 수 있는 총비용이 100원이며, 생산요소의 가격이 각각 1원씩이라면, 산출량을 극대화하려는 이 기업의 제약조건은 $100-x_1-x_2=0$가 된다. 따라서 이 때의 Lagrange 함수는

$$V=x_1^{\frac{1}{2}}x_2^{\frac{1}{3}}+\lambda(100-x_1-x_2)$$

그러므로 산출량극대화의 일차조건은 다음과 같다.

$$\frac{\partial V}{\partial x_1}=\frac{1}{2}x_1^{-\frac{1}{2}}x_2^{\frac{1}{3}}-\lambda=0$$

$$\frac{\partial V}{\partial x_2}=\frac{1}{3}x_1^{\frac{1}{2}}x_2^{-\frac{2}{3}}-\lambda=0$$

$$\frac{\partial V}{\partial \lambda}=100-x_1-x_2=0$$

여기서 위의 처음 두 식에서 λ를 우변으로 이항하여 첫째 식을 둘째 식으로 나누면,

$$x_1^{-1}x_2=\frac{2}{3}, \quad \text{즉} \quad x_2=\frac{2}{3}x_1$$

을 얻는다. 그리고 이 식을 일차조건의 셋째 식에 대입하면

$$x_1=60, \ x_2=40$$

을 얻을 수 있으며, 이 값을 생산함수에 대입하면 다음과 같이 극대산출량이 구해진다.

$$q=f(60, \ 40)=\sqrt{60}\sqrt[3]{40}$$

---

2. 費用極小化

앞에서는 기업이 일정한 총비용으로 산출량을 극대화하는 문제를 보았는데, 이제는 반대로 일정한 산출량을 생산하는 총비용을 극소화하는 문제를 다루어 보자. 기업이 생산하려고 하는 일정한 산출량을 q^0라 하면, 이 때 Lagrange 함수는

$$Z=r_1x_1+r_2x_2+b+\lambda[q^0-f(x_1, \ x_2)] \qquad (10.3.8)$$

가 된다. 따라서 비용극소화의 일차조건은 다음과 같다.

$$\frac{\partial Z}{\partial x_1}=r_1-\lambda f_1=0$$

$$\frac{\partial Z}{\partial x_2} = r_2 - \lambda f_2 = 0$$

$$\frac{\partial Z}{\partial \lambda} = q^0 - f(x_1, x_2) = 0 \tag{10.3.9}$$

연립방정식 (10.3.9)의 처음 두 식을 정리하면 다음을 얻는다.

$$\frac{f_1}{f_2} = \frac{r_1}{r_2}, \quad \text{또는} \quad \frac{1}{\lambda} = \frac{f_1}{r_1} = \frac{f_2}{r_2} \tag{10.3.10}$$

윗식은 산출량극대화의 일차조건 (10.3.4)와 동일하고, 또한 그 경제적 의미도 동일하다.

비용극소화의 이차조건은 테두른 Hesse 행렬식의 값이 陰이어야 한다는 것이다. 즉,

$$\begin{vmatrix} -\lambda f_{11} & -\lambda f_{12} & -f_1 \\ -\lambda f_{21} & -\lambda f_{22} & -f_2 \\ -f_1 & -f_2 & 0 \end{vmatrix} < 0 \tag{10.3.11}$$

이 부등식을 풀기 위하여 (10.3.9)로부터 구한 $f_1 = r_1/\lambda$과 $f_2 = r_2/\lambda$를 대입하면, 행렬식의 성질에 의하여 다음을 얻는다.

$$\begin{vmatrix} -\lambda f_{11} & -\lambda f_{12} & -\frac{r_1}{\lambda} \\ -\lambda f_{21} & -\lambda f_{22} & -\frac{r_2}{\lambda} \\ -\frac{r_1}{\lambda} & -\frac{r_2}{\lambda} & 0 \end{vmatrix} = \lambda^2 \begin{vmatrix} f_{11} & f_{12} & -\frac{r_1}{\lambda} \\ f_{21} & f_{22} & -\frac{r_2}{\lambda} \\ \frac{r_1}{\lambda^2} & \frac{r_2}{\lambda^2} & 0 \end{vmatrix}$$

$$= -\frac{1}{\lambda} \begin{vmatrix} f_{11} & f_{12} & -r_1 \\ f_{21} & f_{22} & -r_2 \\ -r_1 & -r_2 & 0 \end{vmatrix} < 0$$

그런데 $\lambda > 0$ 이므로,

$$\begin{vmatrix} f_{11} & f_{12} & -r_1 \\ f_{21} & f_{22} & -r_2 \\ -r_1 & -r_2 & 0 \end{vmatrix} > 0 \tag{10.3.12}$$

이 되어, 결국 (10.3.6)과 같은 부등식을 얻는다. 그러므로 비용극소화의 이차조건도 역시 산출량극대화의 이차조건과 같음을 알 수 있다.

이제, 비용극소화의 일차조건 (10.3.9)를 x_1, x_2 및 λ에 관하여 풀면, x_1, x_2 및 λ는 다음과 같이 r_1, r_2 및 q^0의 함수로 나타낼 수 있다.

$$x_1 = x_1^*(r_1, r_2, q^0) \tag{10.3.13}$$

$$x_2 = x_2^*(r_1, r_2, q^0) \tag{10.3.14}$$

$$\lambda = \lambda^*(r_1, r_2, q^0) \tag{10.3.15}$$

이 때, (10.3.13)과 (10.3.14)를 **條件附 要素需要函數**(conditional factor demand function)라 한다. 즉, (10.3.13)과 (10.3.14)는 산출량이 q^0로 주어져 있을 때의 요소에 대한 수요함수인 것이다. 그리고 조건부 요소수요함수를 $C = r_1x_1 + r_2x_2$에 대입하면, **費用函數**(cost function)를 얻을 수 있다. 다시 말하면, 비용함수는 다음과 같이 쓸 수 있다.

$$C = r_1x_1^*(r_1, r_2, q^0) + r_2x_2^*(r_1, r_2, q^0) \tag{10.3.16}$$

예 2 생산함수가 $q = x_1^{\frac{1}{2}}x_2^{\frac{1}{2}}$로 주어져 있을 때, 산출량 q^0를 생산하는 비용극소화의 문제를 생각해 보자. 이 때의 Lagrange 함수는

$$V = r_1x_1 + r_2x_2 + \lambda(q^0 - x_1^{\frac{1}{2}}x_2^{\frac{1}{2}})$$

이고, 비용극소화의 일차조건은 다음과 같다.

$$\frac{\partial V}{\partial x_1} = r_1 - \frac{1}{2}\lambda x_1^{-\frac{1}{2}}x_2^{\frac{1}{2}} = 0$$

$$\frac{\partial V}{\partial x_2} = r_2 - \frac{1}{2}\lambda x_1^{\frac{1}{2}}x_2^{-\frac{1}{2}} = 0$$

$$\frac{\partial V}{\partial \lambda} = q^0 - x_1^{\frac{1}{2}}x_2^{\frac{1}{2}} = 0$$

위의 처음 두 식을 정리하면, 다음 식을 얻는다.

$$\frac{r_1}{r_2} = \frac{x_2}{x_1}, \quad 즉 \quad x_2 = \frac{r_1}{r_2}x_1$$

이를 일차조건에 대입하여 정리하면, x_1에 대한 조건부 요소수요함수를 다음과 같이 얻을 수 있다.

$$x_1^*(r_1, r_2, q^0) = q^0 r_1^{-\frac{1}{2}} r_2^{\frac{1}{2}}$$

마찬가지 방법으로, x_2에 대한 조건부 요소수요함수를 다음과 같이 구할 수 있다.

$$x_2^*(r_1, r_2, q^0) = q^0 r_1^{\frac{1}{2}} r_2^{-\frac{1}{2}}$$

이와 같이 구한 조건부 요소수요함수를 (10.3.16)에 대입하면, 비

용함수를 다음과 같이 구할 수 있다.

$$c(r_1, r_2, q^0) = r_1 x_1{}^*(r_1, r_2, q^0) + r_2 x_2{}^*(r_1, r_2, q^0)$$
$$= r_1(q^0 r_1{}^{-\frac{1}{2}} r_2{}^{\frac{1}{2}}) + r_2(q^0 r_1{}^{\frac{1}{2}} r_2{}^{-\frac{1}{2}}) = 2q^0 r_1{}^{\frac{1}{2}} r_2{}^{\frac{1}{2}}$$

---

3. 費用函數와 條件附 要素需要函數

앞에서 본 바와 같이 조건부 요소수요함수는 산출량이 일정하게 주어져 있을 때, 그 생산량을 생산하는 최소비용을 구하는 과정에서 얻어진다. 그리고 이 조건부 요소수요함수로부터 비용함수를 얻을 수 있다. 따라서 비용함수와 조건부 요소수요함수 사이에는 매우 밀접한 관계가 있음을 알 수 있다.

그러나 이 관계를 알아보기 전에, 먼저 비용함수의 성질 하나를 설명해 보기로 한다. 즉, 비용함수는 요소가격 r_1, r_2에 대하여 일차의 동차함수이다. 다시 말하면,

$$c(tr_1, tr_2, q^0) = tc(r_1, r_2, q^0) \tag{10.3.17}$$

이 성립한다. 이를 보기 위해, 모든 요소가격이 t배로 변화했다고 가정하면, (10.3.8)의 Lagrange 함수는

$$V = tr_1 x_1 + tr_2 x_2 + \lambda(q^0 - f(x_1, x_2)) \tag{10.3.18}$$

와 같이 고쳐 쓸 수 있다. 따라서 비용극소화의 일차조건은

$$\frac{\partial V}{\partial x_1} = tr_1 - \lambda f_1 = 0 \tag{10.3.19}$$

$$\frac{\partial V}{\partial x_2} = tr_2 - \lambda f_2 = 0 \tag{10.3.20}$$

$$\frac{\partial V}{\partial \lambda} = q^0 - f(x_1, x_2) = 0 \tag{10.3.21}$$

이 된다. 그런데 (10.3.19)와 (10.3.20)으로부터 다음을 얻는다.

$$\frac{f_1}{f_2} = \frac{r_1}{r_2} \tag{10.3.22}$$

윗식은 요소가격이 r_1, r_2일 때의 비용극소화의 일차조건인 (10.3.10)과 같다. 따라서 요소가격이 t배로 변화해도 비용극소화의 일차조건은 변화하지 않는다는 것을 알 수 있다. 그러므로 다음 관계가 성립한다.

$$x_i^*(tr_1, tr_2, q^0) = x_i^*(r_1, r_2, q^0) \qquad (i=1, 2) \qquad (10.3.23)$$

다시 말하면, 조건부 요소수요함수는 零次의 동차함수이다. 따라서 다음과 같이 (10.3.17)이 성립한다.

$$\begin{aligned} c(tr_1, tr_2, q^0) &= tr_1x_1^*(tr_1, tr_2, q^0) + tr_2x_2^*(tr_1, tr_2, q^0) \\ &= tr_1x_1^*(r_1, r_2, q^0) + tr_2x_2^*(r_1, r_2, q^0) \\ &= t\{r_1x_1^*(r_1, r_2, q^0) + r_2x_2^*(r_1, r_2, q^0)\} \\ &= tc(r_1, r_2, q^0) \end{aligned}$$

시금까시 비용함수의 일차동차성을 증명하는 과정에서 본 바와 같이 비용함수와 조건부 요소수요함수는 밀접한 관계가 있다. 실제로, 비용함수가 주어졌을 때, 조건부 요소수요함수는 다음과 같이 구할 수 있다.

$$x_i^*(r_1, r_2, q^0) = \frac{\partial c(r_1, r_2, q^0)}{\partial r_i} \qquad (i=1, 2) \qquad (10.3.24)$$

즉, 조건부 요소수요함수는 비용함수의 i번째 요소가격에 대한 편도함수와 같은데, 이를 **쉐퍼드의 렘마**(Shephard's lemma)라고 부른다. 쉐퍼드의 렘마는 다음과 같이 증명할 수 있다.

먼저, 비용함수 $c(r_1, r_2, q^0) = r_1x_1^*(r_1, r_2, q^0) + r_2x_2^*(r_1, r_2, q^0)$를 요소의 가격 r_1, r_2에 대해 편미분하면 다음 식을 얻는다.

$$\frac{\partial c}{\partial r_1} = x_1^*(r_1, r_2, q^0) + r_1\frac{\partial x_1^*}{\partial r_1} + r_2\frac{\partial x_2^*}{\partial r_1} \qquad (10.3.25)$$

$$\frac{\partial c}{\partial r_2} = x_2^*(r_1, r_2, q^0) + r_1\frac{\partial x_1^*}{\partial r_2} + r_2\frac{\partial x_2^*}{\partial r_2} \qquad (10.3.26)$$

그리고 생산함수 $q^0 = f\{x_1^*(r_1, r_2, q^0),\ x_2^*(r_1, r_2, q^0)\}$를 다시 r_1, r_2에 대해 편미분하면 다음과 같은 식을 얻을 수 있다.

$$f_1\frac{\partial x_1^*}{\partial r_1} + f_2\frac{\partial x_2^*}{\partial r_1} = 0 \qquad (10.3.27)$$

$$f_1\frac{\partial x_1^*}{\partial r_2} + f_2\frac{\partial x_2^*}{\partial r_2} = 0 \qquad (10.3.28)$$

그런데 비용극소화의 일차조건으로부터

$$f_1 = r_1/\lambda, \quad f_2 = r_2/\lambda$$

을 얻을 수 있으므로, 이를 (10.3.27)과 (10.3.28)에 대입하여 정리하면 다음과 같다.

$$r_1 \frac{\partial x_1^*}{\partial r_1} + r_2 \frac{\partial x_2^*}{\partial r_1} = 0 \tag{10.3.29}$$

$$r_1 \frac{\partial x_1^*}{\partial r_2} + r_2 \frac{\partial x_2^*}{\partial r_2} = 0 \tag{10.3.30}$$

이제, (10.3.29)와 (10.3.30)을 (10.3.25)와 (10.3.26)에 대입하게 되면 (10.3.24)의 쉐퍼드의 렘마를 얻을 수 있다.

예 3 비용함수가 $c(r_1, r_2, q^0) = 2q^0 r_1^{\frac{1}{2}} r_2^{\frac{1}{2}}$로 주어진 경우의 조건부 요소수요함수는 다음과 같이 구해진다.

$$x_1^*(r_1, r_2, q^0) = \frac{\partial c}{\partial r_1} = q^0 r_1^{-\frac{1}{2}} r_2^{\frac{1}{2}}$$

$$x_2^*(r_1, r_2, q^0) = \frac{\partial c}{\partial r_2} = q^0 r_1^{\frac{1}{2}} r_2^{-\frac{1}{2}}$$

그리고 조건부 요소수요함수가 위와 같이 주어지면, 두 식에서 r_1과 r_2를 소거함으로써 생산함수를 구할 수 있다. 위의 첫번째 식에서(편의상 *는 제거하기로 한다) 양변에 -1을 곱하면, 다음 식을 얻을 수 있다.

$$x_1^{-1} = (q^0)^{-1} r_1^{\frac{1}{2}} r_2^{-\frac{1}{2}}, \quad \text{즉} \quad x_1^{-1} q^0 = r_1^{\frac{1}{2}} r_2^{-\frac{1}{2}}$$

이제, 이 식을 두 번째 식에 대입하면, 다음과 같은 생산함수를 얻을 수 있다.

$$x_2 = q^0 x_1^{-1} q^0, \quad \text{즉} \quad q^0 = x_1^{\frac{1}{2}} x_2^{\frac{1}{2}}$$

練習問題 10.3

[1] 생산함수가 $q=100x_1^{\frac{1}{2}} x_2^{\frac{1}{2}}$로 주어졌다고 하자.

(a) 일정한 산출량인 q^0를 최소의 비용으로 생산하는 투입물의 비율을 투입물의 가격비의 함수로 나타내어라.

(b) 비용극소점에서의 x_1과 x_2의 고용량을 (a)로부터 구하여라.

(c) 비용함수를 구하여라.

[2] 비용함수가 $c(r_1, r_2, y) = qr_1^{a} r_2^{1-a}$로 주어져 있다고 하자.

(a) 조건부 요소수요함수를 구하여라.

(b) 생산함수를 구하여라.

[3] 생산함수가 문제 1과 동일하게 주어졌다고 하자.

(a) 일정한 총비용 C^0으로 극대의 산출량을 생산할 때, 고용되는 투입물의 비율을 투입물의 가격비의 함수로 나타내어라.

(b) 산출량극대점에서의 x_1과 x_2의 고용량을 (a)로부터 구하여라.

10.4 消費者均衡 Ⅱ

1. 消費者均衡과 需要函數

제8장 7절에서는 소비자균형을 대입방법에 의해 풀었다. 그러나 소비자균형은 Lagrange승수법에 의해서 구하는 것이 훨씬 용이하다. 이제 효용함수가

$$U=f(q_1, q_2)$$

라 하고, 소득제약조건이

$$y_0=p_1q_1+p_2q_2$$

라 하면, 효용극대화를 위한 Lagrange함수는 다음과 같다.

$$V=f(q_1, q_2)+\lambda(y_0-p_1q_1-p_2q_2) \tag{10.4.1}$$

윗식에서 q_1과 q_2가 소득제약조건을 만족시키면 $V=U$가 된다.

이제, Lagrange승수법에 따라 효용극대화의 일차조건을 구해 보면 다음과 같다.

$$\frac{\partial V}{\partial q_1}=f_1-\lambda p_1=0$$

$$\frac{\partial V}{\partial q_2}=f_2-\lambda p_2=0$$

$$\frac{\partial V}{\partial \lambda}=y_0-p_1q_1-p_2q_2=0 \tag{10.4.2}$$

윗식을 정리하면, 다음을 얻는다.

$$\lambda=\frac{f_1}{p_1}=\frac{f_2}{p_2} \tag{10.4.3}$$

한편, 효용극대화의 이차조건은 테두른 Hesse행렬식의 값이 陽이어야 한다는 것이다. 즉,

$$|\bar{H}|=\begin{vmatrix} f_{11} & f_{12} & -p_1 \\ f_{21} & f_{22} & -p_2 \\ -p_1 & -p_2 & 0 \end{vmatrix}>0 \qquad (10.4.4)$$

위의 행렬식을 전개한 후, 식 (10.4.3)으로부터 이미 구한

$$p_1=f_1/\lambda, \quad p_2=f_2/\lambda$$

를 대입한 다음 양변에 $\lambda^2>0$을 곱하면, 효용극대화의 이차조건은 다음과 같이 정리할 수 있다.

$$f_{11}f_2^2-2f_{12}f_1f_2+f_{22}f_1^2<0 \qquad (10.4.5)$$

이와 같은 효용극대화의 일차조건과 이차조건이 충족된다고 할 때, 일차조건인 (10.4.2)를 q_1과 q_2에 관하여 풀면 다음과 같은 수요함수를 얻을 수 있다. 즉,

$$q_1=q_1^*(p_1,\ p_2,\ y) \qquad (10.4.6)$$

$$q_2=q_2^*(p_1,\ p_2,\ y) \qquad (10.4.7)$$

이 수요함수가 보통 말하는 일반적인 수요함수인데, 이를 흔히 **마샬의 需要函數**(Marshallian demand function)라고 부른다.

그리고 (10.4.6), (10.4.7)과 같이 도출된 수요함수를 효용함수에 대입하여 얻은 식을 **間接效用函數**(indirect utility function)라고 한다. 즉, 간접효용함수는

$$U^*(p_1,\ p_2,\ y)=U(q_1^*(p_1,\ p_2,\ y),\ q_2^*(p_1,\ p_2,\ y)) \qquad (10.4.8)$$

와 같이 쓸 수 있다.

예 1 소비자의 수요함수는 효용극대화의 일차조건으로부터 도출할 수 있다. 효용함수는 $U=q_1q_2$라 하면, Lagrange 함수

$$V=q_1q_2+\lambda(y_0-p_1q_1-p_2q_2)$$

에서, 효용극대화의 일차조건은 다음과 같이 구해진다.

$$\frac{\partial V}{\partial q_1}=q_2-p_1\lambda=0$$

$$\frac{\partial V}{\partial q_2}=q_2-p_2\lambda=0$$

$$\frac{\partial V}{\partial \lambda} = y_0 - p_1q_1 - p_2q_2 = 0$$

윗식들을 q_1과 q_2에 대하여 풀면, 다음과 같은 수요함수를 얻는다.

$$q_1^* = \frac{y_0}{2p_1}, \quad q_2^* = \frac{y_0}{2p_2}$$

예를 들어, $y_0 = 100$, $p_1 = 2$원, $p_2 = 5$원이면, 위로부터 $q_1^* = 25$와 $q_2^* = 10$을 얻을 수 있다. 그리고 간접효용함수는 다음과 같다.

$$U^*(p_1, p_2, y) = q_1^*q_2^* = \frac{y_0^2}{4p_1p_2}$$

수요함수는 소득과 재화의 가격에 대하여 零次의 동차함수이다. 따라서 소득과 재화의 가격이 모두 동일한 비율로 증감하면, 수요량은 변화하지 않는다. 이를 증명하기 위하여, y_0, p_1, p_2가 모두 k배로 증가하였다고 가정하자. 그러면 소득제약조건은

$$ky_0 - kp_1q_1 - kp_2q_2 = 0$$

가 된다. 따라서 새로운 Lagrange 함수는

$$V = f(q_1, q_2) + \lambda(ky_0 - kp_1q_1 - kp_2q_2)$$

가 되고, 효용극대화의 일차조건은 다음과 같다.

$$f_1 - \lambda kp_1 = 0$$
$$f_2 - \lambda kp_2 = 0$$
$$ky_0 - kp_1q_1 - kp_2q_2 = 0$$

그런데 위의 마지막 식은 $k(y_0 - p_1q_1 - p_2q_2) = 0$로 쓸 수 있고, $k \neq 0$이므로

$$y_0 - p_1q_1 - p_2q_2 = 0$$

이 된다. 또, 나머지 두 식에서 두 번째 항들을 이항한 후에 첫번째 식을 두 번째 식으로 나누어 k를 소거하면,

$$\frac{f_1}{f_2} = \frac{p_1}{p_2}$$

이 된다.

따라서 효용극대화의 일차조건은 소득과 재화의 가격이 변화하지 않았을 때와 동일함을 알 수 있다. 마찬가지로, 효용극대화의 이차조건도 변

화하지 않는다는 것을 보일 수가 있다. 따라서 소비자의 수요함수는 소득과 가격에 대해 零次의 동차함수이다.

2. 支出極小化와 補償需要函數

소비자균형의 문제는 소비지출의 극소화를 통해서도 생각할 수 있다. 먼저, 일정하게 주어진 효용수준 u^0를 달성하고자 할 때 지출을 극소화하는 문제는, 효용수준이 $u^0=f(q_1, q_2)$로 일정하게 주어진 제약조건 아래에서 소비지출 $E=p_1q_1+p_2q_2$를 극소화하는 것과 같다. 따라서 이 때의 Lagrange함수는 다음과 같다.

$$E=p_1q_1+p_2q_2+\mu[u^0-f(q_1, q_2)] \tag{10.4.9}$$

그러므로 이와 같은 지출극소화의 일차조건은 다음과 같이 구할 수 있다.

$$\frac{\partial E}{\partial q_1}=p_1-\mu f_1=0 \tag{10.4.10}$$

$$\frac{\partial E}{\partial q_2}=p_2-\mu f_2=0 \tag{10.4.11}$$

$$\frac{\partial E}{\partial \lambda}=u^0-f(q_1, q_2)=0 \tag{10.4.12}$$

따라서 지출극소화의 일차조건은 다음과 같이 정리할 수 있다.

$$\mu=\frac{p_1}{f_1}=\frac{p_2}{f_2} \tag{10.4.13}$$

또는,

$$\frac{1}{\mu}=\frac{f_1}{p_1}=\frac{f_2}{p_2} \tag{10.4.14}$$

한편, 지출극소화의 이차조건은 테두른 Hesse행렬식의 값이 陰이어야 한다는 것이다. 즉,

$$|\bar{H}|=\begin{vmatrix} -\mu f_{11} & -\mu f_{12} & -f_1 \\ -\mu f_{21} & -\mu f_{22} & -f_2 \\ -f_1 & -f_2 & 0 \end{vmatrix}<0 \tag{10.4.15}$$

이 행렬식을 전개한 후, (10.4.14)에서 p_1, p_2, f_1, $f_2>0$이므로 $\mu>0$라고 보고 양변을 μ로 나누면, 지출극소화의 이차조건은 다음과 같이 정리된다.

$$f_{11}f_2^2-2f_{12}f_1f_2+f_{22}f_1^2<0$$

다시 말하면, 지출극소화점에서 한계대체율이 체감해야 한다.

이와 같이 지출극소화의 일차조건과 이차조건이 충족된다고 할 때, 일차조건인 (10.4.10), (10.4.11), (10.4.12)를 q_1과 q_2에 관해 풀면, 다음과 같은 일종의 수요함수를 얻을 수 있다.

$$q_1=q_1^*(p_1,\ p_2,\ u^0) \tag{10.4.16}$$

$$q_2=q_2^*(p_1,\ p_2,\ u^0) \tag{10.4.17}$$

이와 같은 수요함수를 **補償需要函數**(compensated demand function), 또는 **힉스의 需要函數**(Hicksian demand function)라고 한다. 이 수요함수의 특징은 어느 재화의 가격이 변화했을 때, 효용수준을 종전과 동일하게 유지한다면 각 재화의 수요량이 어떻게 변화하는가를 보여주는 데 있다. 그리고 (10.4.16)과 (10.4.17)과 같이 구한 수요함수를 지출을 나타내는 식 $E=p_1q_1+p_2q_2$에 대입하여 얻은 식을 **支出函數**(expenditure function)라고 부른다. 즉, 지출함수는 다음과 같이 쓸 수 있다.

$$E^*(p_1,\ p_2,\ u^0)=p_1q_1^*(p_1,\ p_2,\ u^0)+p_2q_2^*(p_1,\ p_2,\ u^0) \tag{10.4.18}$$

예 3 효용함수가 $u=q_1q_2$와 같이 주어져 있을 때, u^0의 효용을 달성하는 데 있어, 지출극소화를 위한 Lagrange 함수는

$$E=p_1q_1+p_2q_2+\lambda(u^0-q_1q_2)$$

와 같다. 따라서 지출극소화의 일차조건은 다음과 같이 구할 수 있다.

$$\frac{\partial E}{\partial q_1}=p_1-\lambda q_2=0$$

$$\frac{\partial E}{\partial q_2}=p_2-\lambda q_1=0$$

$$\frac{\partial E}{\partial \lambda}=u^0-q_1q_2=0$$

윗식들을 q_1, q_2에 관하여 풀면 다음과 같은 힉스의 수요함수를 구할 수 있다.

$$q_1^*(p_1,\ p_2,\ u^0)=\sqrt{u^0p_2/p_1}$$

$$q_2^*(p_1,\ p_2,\ u^0)=\sqrt{u^0p_1/p_2}$$

따라서 효용수준 u^0와 재화의 가격이 주어지면 수요량을 구할 수 있다. 예를 들어, $u^0=500$이고, $p_1=1$, $p_2=5$이면, 위로부터 $q_1=50$, $q_2=10$임을 알 수 있다. 그리고 위의 힉스의 수요함수를 이용하여 지출함수를 구해 보면,

$$E^*(p_1, p_2, u^0)=p_1\sqrt{u^0p_2/p_1}+p_2\sqrt{u^0p_1/p_2}$$
$$=2\sqrt{u^0p_1p_2}$$

가 된다. 위의 예와 같이 $u=500$, $p_1=1$, $p_2=5$인 경우, 소비지출의 극소값은 $E(1, 5, 500)=100$이 된다.

이제, 앞에서 效用極大化의 원리로부터 구한 일반적인 需要函數, 즉 마샬의 需要函數와 힉스의 需要函數의 관계를 생각해 보자. 먼저, 기호의 혼동을 피하기 위해 마샬의 需要函數를

$$q_i=q_i^M(p_1, p_2, y) \qquad (i=1, 2) \tag{10.4.19}$$

로 나타내기로 하고, 힉스需要函數를,

$$q_i=q_i^H(p_1, p_2, u^0) \qquad (i=1, 2) \tag{10.4.20}$$

로 나타내기로 하자.

그런데 效用極大化의 一次條件 (10.4.3)과 支出極小化의 一次條件 (10.4.13)을 보면, 두 경우 모두

$$\frac{f_1}{p_1}=\frac{f_2}{p_2}$$

[그림 10-4]

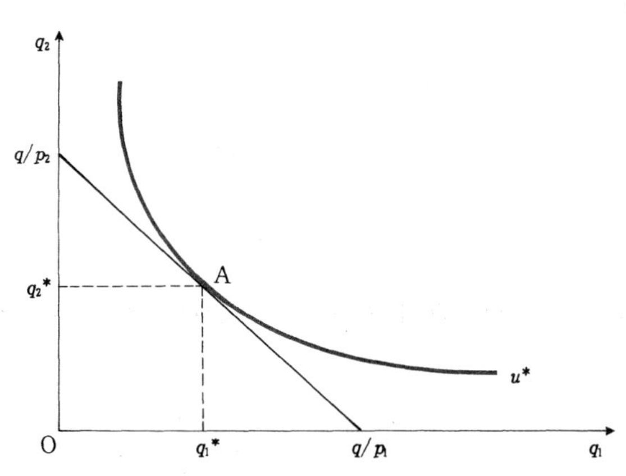

임을 알 수 있다. 이는 效用極大化의 경우나 支出極小化의 경우나간에 모두 豫算線과 無差別曲線이 접해야 한다는 사실을 말해 준다.

[그림 10-4]에서 q_1과 q_2의 價格이 일정하게 주어지고 所得이 y로 주어져 있을 때의 極大效用은 u^*이며, 이 때의 均衡點이 A라고 하자. 따라서 이 경우의 q_1, q_2에 대한 마샬의 需要量은 각각 q_1^*, q_2^*가 된다. 그런데 만약 $u^*=u^0$라 하고 支出極小化에 따른 힉스需要量을 각각 구해 보면 역시 q_1^*, q_2^*가 된다. 그리고 이 때의 均衡點은 역시 A點이 된다.

한편, 效用極大化의 二次條件인 (10.4.4)와 支出極小化의 二次條件인 (10.4.15)는 모두 無差別曲線이 원점에 대해 볼록해야 한다는 것을 의미한다.

3. 代替效果와 所得效果: Slutsky 方程式

소비자의 균형점에서 한 재화의 가격이 하락하면, 소비자는 다음과 같은 두 가지 이유로 가격이 하락한 재화를 더 많이 구매하게 된다. 첫째, 한 재화의 가격 하락은 소비자의 구매력, 다시 말하면 실질소득의 증가를 가져오기 때문에 소비자는 그 재화를 더 구매하게 된다. 둘째, 한 재화의 가격이 하락하면 가격이 하락하지 않은 다른 재화에 비하여 가격이 하락한 재화가 상대적으로 더 저렴해졌으므로 소비자는 가격이 하락한 재화를 더 사게 된다. 흔히 전자를 **所得效果**(income effect), 후자를 **代替效果**(substitution effect)라 하고, 이 두 효과의 합을 **全體效果**(total effect) 또는 **價格效果**(price effect)라 부른다.

그러면 이제 소비자의 소득 y와 다른 재화의 가격 p_2가 일정할 때, p_1의 변화가 q_1에 주는 전체효과를 대체효과와 소득효과로 어떻게 분리할 수 있는지 보기로 하자. 먼저, 소득효과를 알아보기 위하여 소비자균형의 일차조건인 (10.4.2)로부터 구한 마샬의 수요함수 (10.4.19)를 (10.4.2)에 대입하면 다음과 같은 항등식을 얻을 수 있다.

$$
\begin{aligned}
&f_1(q_1{}^M(p_1, p_2, y),\ q_2{}^M(p_1, p_2, y)) - \lambda^* p_1 = 0 \\
&f_2(q_1{}^M(p_1, p_2, y),\ q_2{}^M(p_1, p_2, y)) - \lambda^* p_2 = 0 \\
&y - p_1 q_1{}^M(p_1, p_2, y) - p_2 q_2{}^M(p_1, p_2, y) = 0
\end{aligned} \tag{10.4.21}
$$

이 때, λ^*는 균형점에서의 Lagrange 승수로서 p_1, p_2 및 y의 함수이다.

이제, p_1과 p_2가 일정할 때 소득 y가 증가하면 소비자의 균형이 어떻게 변화하는가를 보기 위해, (10.4.21)을 소득 y에 대해 편미분하면 다음 식을 얻는다.

$$\begin{aligned} f_{11}\frac{\partial q_1{}^M}{\partial y}+f_{12}\frac{\partial q_2{}^M}{\partial y}-p_1\frac{\partial \lambda^*}{\partial y}&=0\\ f_{21}\frac{\partial q_1{}^M}{\partial y}+f_{22}\frac{\partial q_2{}^M}{\partial y}-p_2\frac{\partial \lambda^*}{\partial y}&=0\\ 1-p_1\frac{\partial q_1{}^M}{\partial y}-p_2\frac{\partial q_2{}^M}{\partial y}&=0 \end{aligned} \tag{10.4.22}$$

그리고 (10.4.22)를 행렬의 형태로 표시하면 다음과 같다.

$$\begin{bmatrix} f_{11} & f_{12} & -p_1\\ f_{21} & f_{22} & -p_2\\ -p_1 & -p_2 & 0 \end{bmatrix}\begin{bmatrix} \dfrac{\partial q_1{}^M}{\partial y}\\ \dfrac{\partial q_2{}^M}{\partial y}\\ \dfrac{\partial \lambda^*}{\partial y} \end{bmatrix}=\begin{bmatrix} 0\\ 0\\ -1 \end{bmatrix} \tag{10.4.23}$$

그런데 윗식의 좌변에서 첫번째 행렬은 Lagrange 함수 (10.4.1)의 第二階편미분을 모아 놓은 테두른 Hesse 행렬임을 알 수 있다. 여기서 테두른 Hesse 행렬식을 앞에서와 같이 $|\bar{H}|$라 하고, 테두른 Hesse 행렬의 i행 j열의 원소에 대한 여인수(cofactor)를 D_{ij}라 하면, Cramer 의 공식에 의하여 다음을 얻을 수 있다.

$$\frac{\partial q_1{}^M}{\partial y}=\frac{\begin{vmatrix} 0 & f_{12} & -p_1\\ 0 & f_{22} & -p_2\\ -1 & -p_2 & 0 \end{vmatrix}}{|\bar{H}|}=\frac{-D_{31}}{|\bar{H}|} \tag{10.4.24}$$

$$\frac{\partial q_2{}^M}{\partial y}=\frac{\begin{vmatrix} f_{11} & 0 & -p_1\\ f_{21} & 0 & -p_2\\ -p_1 & -1 & 0 \end{vmatrix}}{|\bar{H}|}=\frac{-D_{32}}{|\bar{H}|} \tag{10.4.25}$$

$$\frac{\partial \lambda^*}{\partial y}=\frac{\begin{vmatrix} f_{11} & f_{12} & 0\\ f_{21} & f_{22} & 0\\ -p_1 & -p_2 & -1 \end{vmatrix}}{|\bar{H}|}=\frac{-D_{33}}{|\bar{H}|} \tag{10.4.26}$$

여기서 윗식의 부호들은 확정적으로 말할 수 없다. 왜냐하면, 분모는 효용극대화의 이차조건인 (10.4.4)에서 본 바와 같이 모두 陽의 값을 갖는다. 그러나 분자인 $-D_{31}$, $-D_{32}$, $-D_{33}$ 등은

$$-D_{31}=p_2f_{12}-p_1f_{22}$$
$$-D_{32}=-p_2f_{11}+p_1f_{21}$$
$$-D_{33}=-f_{11}f_{22}+f_{12}^2$$

와 같이 구해지나, 그 부호는 알 수 없다. 흔히 식 (10.4.24)나 (10.4.25)의 부호가 陽인 재화를 **上級財**(superior goods)로 부르고, 반대로 그 부호가 陰인 재화를 **劣等財**(inferior goods)라 부른다.

그런데 두 재화만이 존재하는 경우에는 q_1과 q_2가 동시에 열등재일 수는 없다. 왜냐하면, (10.4.22)의 세 번째 식을 다시 쓰면 다음과 같은 식이 되는데, p_1과 p_2가 모두 陽이므로

$$p_1\frac{\partial q_1{}^M}{\partial y}+p_2\frac{\partial q_2{}^M}{\partial y}=1$$

$\partial q_1{}^M/\partial y$과 $\partial q_2{}^M/\partial y$이 동시에 陰이 될 수 없기 때문이다. 다시 말하면, 소득이 증가할 때 두 재화의 수요량이 모두 감소할 수 없다.

지금까지 소득효과에 대해 알아보았다. 이제, 힉스의 수요함수를 이용하여 대체효과에 대해 알아보기로 하자. 일반적으로, 대체효과는 효용수준 u^0에서 소비자균형이 이루어져 있다가, p_1이 변화한 후에 u^0의 효용에서 다시 소비자균형이 이루어지도록 **所得補償**(income compensation)이 이루어질 때 q_1의 수요량은 어떻게 변화하는가 하는 것으로 측정한다. 이와 같은 대체효과를 알아보려면, 지출극소화의 일차조건인 (10.4.10)~(10.4.12)로부터 구한 힉스의 수요함수 (10.4.20)을 (10.4.10)~(10.4.12)에 대입하여 다음의 항등식을 얻는다.

$$\begin{aligned}&p_1-\mu^*f_1(q_1{}^H(p_1,\ p_2,\ u^0),\ q_2{}^H(p_1,\ p_2,\ u^0))=0\\&p_2-\mu^*f_2(q_1{}^H(p_1,\ p_2,\ u^0),\ q_2{}^H(p_1,\ p_2,\ u^0))=0\\&u^0-f(q_1{}^H(p_1,\ p_2,\ u^0),\ q_2{}^H(p_1,\ p_2,\ u^0))=0\end{aligned}\qquad(10.4.27)$$

이 때, μ^*는 지출극소화점에서의 μ의 값으로서 p_1, p_2 및 u^0의 함수이다.

이제, (10.4.27)에서 p_1만 변화한다고 하고, (10.4.27)을 p_1에 대하여 편미분하면 다음 식을 얻을 수 있다.

$$1-\mu^* f_{11}\frac{\partial q_1{}^H}{\partial p_1}-\mu^* f_{12}\frac{\partial q_2{}^H}{\partial p_1}-f_1\frac{\partial \mu^*}{\partial p_1}=0$$

$$-\mu^* f_{21}\frac{\partial q_1{}^H}{\partial p_1}-\mu^* f_{22}\frac{\partial q_2{}^H}{\partial p_1}-f_2\frac{\partial \mu^*}{\partial p_1}=0$$

$$-f_1\frac{\partial q_1{}^H}{\partial p_1}-f_2\frac{\partial q_2{}^H}{\partial p_1}=0 \qquad (10.4.28)$$

윗식을 행렬을 이용하여 나타내면 다음과 같다.

$$\begin{bmatrix} -\mu^* f_{11} & -\mu^* f_{12} & -f_1 \\ -\mu^* f_{21} & -\mu^* f_{22} & -f_2 \\ -f_1 & -f_2 & 0 \end{bmatrix} \begin{bmatrix} \dfrac{\partial q_1{}^H}{\partial p_1} \\ \dfrac{\partial q_2{}^H}{\partial p_1} \\ \dfrac{\partial \mu^*}{\partial p_1} \end{bmatrix} = \begin{bmatrix} -1 \\ 0 \\ 0 \end{bmatrix} \qquad (10.4.29)$$

그런데 여기서

$$\Delta=\begin{vmatrix} -\mu^* f_{11} & -\mu^* f_{12} & -f_1 \\ -\mu^* f_{21} & -\mu^* f_{22} & -f_2 \\ -f_1 & -f_2 & 0 \end{vmatrix} \qquad (10.4.30)$$

라 놓으면, 식 (10.4.14)에서

$$f_1=\frac{p_1}{\mu^*}, \quad f_2=\frac{p_2}{\mu^*}$$

이므로, Δ는 다음과 같이 쓸 수 있다.

$$\Delta=\begin{vmatrix} -\mu^* f_{11} & -\mu^* f_{12} & -\dfrac{p_1}{\mu^*} \\ -\mu^* f_{21} & -\mu^* f_{22} & -\dfrac{p_2}{\mu^*} \\ -\dfrac{p_1}{\mu^*} & -\dfrac{p_2}{\mu^*} & 0 \end{vmatrix}$$

그리고 위 행렬식에서 제3행과 제3열에 μ^*를 곱하고 첫째 행과 둘째 행을 $-\mu^*$로 나눈다 해도 Δ의 값은 변함이 없고, 따라서 Δ는 다음과 같이 쓸 수 있다.

$$\Delta=\begin{vmatrix} f_{11} & f_{12} & \dfrac{p_1}{\mu^*} \\ f_{21} & f_{22} & \dfrac{p_2}{\mu^*} \\ -p_1 & -p_2 & 0 \end{vmatrix}$$

이제, 마지막으로 위 행렬식의 제3열에 $-\mu^*$를 곱하면, Δ는 다음과 같이 쓸 수 있다.

$$\Delta=\left(-\frac{1}{\mu^*}\right)\begin{vmatrix} f_{11} & f_{12} & -p_1 \\ f_{21} & f_{22} & -p_2 \\ -p_1 & -p_2 & 0 \end{vmatrix}$$

그런데 (10.4.3)과 (10.4.14)에서

$$\lambda^*=\frac{1}{\mu^*} \tag{10.4.31}$$

의 관계가 성립하므로, Δ는 다시 다음과 같이 고쳐 쓸 수 있다.

$$\Delta=(-\lambda^*)\begin{vmatrix} f_{11} & f_{12} & -p_1 \\ f_{21} & f_{22} & -p_2 \\ -p_1 & -p_2 & 0 \end{vmatrix} \tag{10.4.32}$$

한편, (10.4.32)의 우변의 행렬식은 테두른 Hesse 행렬식이므로,

$$\Delta=(-\lambda^*)|\bar{H}| \tag{10.4.33}$$

와 같이 쓸 수 있다.

이제, (10.4.29)에서 대체효과를 생각해 볼 수 있다. 먼저, Δ의 i행 j열의 원소에 대한 여인수를 Δ_{ij}라 하면 Cramer의 공식에 따라 다음을 얻을 수 있다.

$$\frac{\partial q_1{}^H}{\partial p_1}=\frac{-\Delta_{11}}{\Delta} \tag{10.4.34}$$

$$\frac{\partial q_2{}^H}{\partial p_1}=\frac{-\Delta_{12}}{\Delta} \tag{10.4.35}$$

그리고 p_2에 대해서도 마찬가지 방법으로 다음을 얻을 수 있다.

$$\frac{\partial q_1{}^H}{\partial p_2}=\frac{-\Delta_{21}}{\Delta}=\frac{q_2{}^H}{\partial p_1} \tag{10.4.36}$$

$$\frac{\partial q_2{}^H}{\partial p_2}=\frac{-\Delta_{22}}{\Delta} \tag{10.4.37}$$

한편, 테두른 Hesse 행렬식 (10.4.4)에서 $D_{11}=-p_2^2$, $D_{12}=D_{21}=p_1p_2$, $D_{22}=-p_1^2$이고, 또 (10.4.30)에서 $\Delta_{11}=-f_2^2$, $\Delta_{12}=\Delta_{21}=f_1f_2$, $\Delta_{22}=-f_1^2$이 된다. 마지막으로, (10.4.3)에서 $f_1=\lambda^*p_1$, $f_2=\lambda^*p_2$이므로 다음이 성립함을 알 수 있다.

$$\Delta_{11}=-f_2^2=-(\lambda^*)^2p_2^2=(\lambda^*)^2D_{11}$$
$$\Delta_{12}=\Delta_{21}=f_1f_2=(\lambda^*)^2p_1p_2=(\lambda^*)^2D_{12}$$
$$\Delta_{22}=-f_1^2=-(\lambda^*)^2p_1^2=(\lambda^*)^2D_{22}$$

그러므로 이제 (10.4.24)부터 (10.4.27)까지의 식으로 나타나는 대체효과는 다음과 같이 나타낼 수 있다.

$$\frac{\partial q_1{}^H}{\partial p_1}=\frac{-\Delta_{11}}{\Delta}=\frac{-(\lambda^*)^2D_{11}}{(-\lambda^*)|\bar{H}|}=\frac{\lambda^*D_{11}}{|\bar{H}|}<0 \tag{10.4.38}$$

$$\frac{\partial q_1{}^H}{\partial p_2}=\frac{\partial q_2{}^H}{\partial p_1}=\frac{-\Delta_{12}}{\Delta}=\frac{-(\lambda^*)^2D_{12}}{(-\lambda^*)|\bar{H}|}=\frac{\lambda^*D_{12}}{|\bar{H}|}>0 \tag{10.4.39}$$

$$\frac{\partial q_2{}^H}{\partial p_2}=\frac{-\Delta_{22}}{\Delta}=\frac{-(\lambda^*)^2D_{22}}{(-\lambda^*)|\bar{H}|}=\frac{\lambda^*D_{22}}{|\bar{H}|}<0 \tag{10.4.40}$$

식 (10.4.38)과 (10.4.40)에서 보는 바와 같이 한 재화의 가격이 상승하면 동일한 효용수준을 유지하기 위해서는(동일한 무차별곡선상에서) 그 재화의 수요량은 감소한다. 다시 말하면, 대체효과는 항상 陰이다.

지금까지 소득효과와 대체효과를 설명하였으므로, 이제 마지막으로 전체효과를 알아보자. 이를 위해 (10.4.21)에서 p_1만이 변화하고 p_2 및 y는 불변이라고 가정하고, p_1에 대해 편미분하면 다음을 얻을 수 있다.

$$f_{11}\frac{\partial q_1{}^M}{\partial p_1}+f_{12}\frac{\partial q_2{}^M}{\partial p_1}-p_1\frac{\partial \lambda^*}{\partial p_1}-\lambda^*=0$$
$$f_{21}\frac{\partial q_1{}^M}{\partial p_1}+f_{22}\frac{\partial q_2{}^M}{\partial p_1}-p_2\frac{\partial \lambda^*}{\partial p_1}=0$$
$$-p_1\frac{\partial q_1{}^M}{\partial p_1}-p_2\frac{\partial q_2{}^M}{\partial p_1}-q_1{}^M=0 \tag{10.4.41}$$

그리고 윗식을 행렬을 사용하여 나타내면 다음과 같다.

$$\begin{bmatrix} f_{11} & f_{12} & -p_1 \\ f_{21} & f_{22} & -p_2 \\ -p_1 & -p_2 & 0 \end{bmatrix} \begin{bmatrix} \dfrac{\partial q_1{}^M}{\partial p_1} \\ \dfrac{\partial q_2{}^M}{\partial p_1} \\ \dfrac{\partial \lambda^*}{\partial p_1} \end{bmatrix} = \begin{bmatrix} \lambda^* \\ 0 \\ q_1{}^M \end{bmatrix} \tag{10.4.42}$$

그런데 (10.4.42)의 좌변의 첫번째 행렬은 테두른 Hesse 행렬이므로 Cramer의 공식을 이용하면 다음을 얻는다.

$$\frac{\partial q_1{}^M}{\partial p_1} = \frac{\begin{vmatrix} \lambda^* & f_{12} & -p_1 \\ 0 & f_{22} & -p_2 \\ q_1{}^M & -p_2 & 0 \end{vmatrix}}{|\bar{H}|} = \frac{\lambda^* D_{11}}{|\bar{H}|} + \frac{q_1{}^M D_{31}}{|\bar{H}|} \tag{10.4.43}$$

$$\frac{\partial q_2{}^M}{\partial p_1} = \frac{\begin{vmatrix} f_{11} & \lambda^* & -p_1 \\ f_{21} & 0 & -p_1 \\ -p_1 & q_1{}^M & 0 \end{vmatrix}}{|\bar{H}|} = \frac{\lambda^* D_{12}}{|\bar{H}|} + \frac{q_1{}^M D_{32}}{|\bar{H}|} \tag{10.4.44}$$

그런데 (10.4.43)과 (10.4.44)의 우변의 첫번째 항은 각각 (10.4.38)과 (10.4.39)에서 구한 대체효과를 나타내고 있음을 알 수가 있다. 그리고 두 번째 항은 각각 (10.4.24)와 (10.4.25)에서 구한 소득효과에 $-q_1{}^M$을 곱한 값임을 알 수 있다. 따라서 이제 (10.4.43)과 (10.4.44)는 다음과 같이 쓸 수 있다.

$$\frac{\partial q_1{}^M}{\partial p_1} = \frac{\partial q_1{}^H}{\partial p_1} - q_1{}^M \frac{\partial q_1{}^M}{\partial y} \tag{10.4.45}$$

$$\frac{\partial q_2{}^M}{\partial p_1} = \frac{\partial q_2{}^H}{\partial p_1} - q_1{}^M \frac{\partial q_2{}^M}{\partial y} \tag{10.4.46}$$

마찬가지로, p_1 및 y는 불변이라고 가정하고 p_2만 변화한다고 할 때, 지금까지의 과정과 똑같은 과정을 거쳐 다음 식을 얻을 수 있다.

$$\frac{\partial q_1{}^M}{\partial p_2} = \frac{\partial q_1{}^H}{\partial p_2} - q_2{}^M \frac{\partial q_1{}^M}{\partial y} \tag{10.4.47}$$

$$\frac{\partial q_2{}^M}{\partial p_2} = \frac{\partial q_2{}^H}{\partial p_2} - q_2{}^M \frac{\partial q_2{}^M}{\partial y} \tag{10.4.48}$$

식 (10.4.45)～(10.4.48)을 가리켜 처음으로 이 방정식을 유도해낸 러시아의 경제학자 Slutsky의 이름을 따라서 **Slutsky 方程式**이라 부른다.

Slutsky의 방정식은 한 재화의 가격변화에 따른 전체효과를 대체효과와 소득효과로 분리시킨다. 예를 들어, 식 (10.4.45)의 우변의 첫째 항이 대체효과를, 그리고 둘째 항이 소득효과를 나타내고 있다. 여기서 대체효과 $\partial q_1{}^H/\partial p_1$는 항상 陰이지만, 소득효과 $\partial q_1{}^M/\partial y$은 陽일 수도(상급재) 있고, 陰일 수도(열등재) 있다. 따라서 상급재의 경우에는 p_1이 상승(하락)하면 항상 $q_1{}^M$은 감소(증가)한다. 그러나 열등재의 경우에는 p_1이 상승 또는 하락하더라도 $q_1{}^M$은 감소할 수도 있고 증가할 수도 있다. 특히 열등재 가운데 p_1이 하락(상승)할 때, $q_1{}^M$이 감소(증가)하는 재화를 **기펜財**(Giffen's goods)라 부른다.

예 4 효용함수가 $u=q_1q_2$로 주어졌을 때 Slutsky 방정식을 구해 보자. 먼저 마샬의 수요함수는 예 1에서 구한 바와 같이 다음과 같다.

$$q_1{}^M(p_1, p_2, y)=\frac{y}{2p_1}$$

$$q_2{}^M(p_1, p_2, y)=\frac{y}{2p_2}$$

다음으로, 힉스의 수요함수는 예 3에서 구한 바와 같이 다음과 같다.

$$q_1{}^H(p_1, p_2, u^0)=\sqrt{u^0p_2/p_1}$$
$$q_2{}^H(p_1, p_2, u^0)=\sqrt{u^0p_1/p_2}$$

그런데 Slutsky 방정식은 무차별곡선과 예산선이 만나는 곳에서 성립하는 관계이다. 따라서 $\partial q_i^M/\partial p_j$과 $\partial q_i^H/\partial p_j$는 같은 점에서 값을 구해야 한다. 즉, 다음의 관계가 성립해야 한다.

$$q_1{}^M=q_1{}^H, \quad q_2{}^M=q_2{}^H$$

따라서

$$\frac{y}{2p_1}=\sqrt{u^0p_2/p_1}$$

$$\frac{y}{2p_2}=\sqrt{u^0p_1/p_2}$$

이 되고, 이를 정리하면,

$$y=2\sqrt{u^0p_1p_2}, \quad \text{또는} \quad u^0=\frac{y^2}{4p_1p_2}$$

가 된다.

이제, Slutsky 의 방정식이 성립하는가를 살펴보기 위해 $\partial q_1^H/\partial p_1$ 와 $\partial q_1^M/\partial p_1$, 그리고 $\partial q_1^M/\partial y$를 구해 보면 다음과 같다.

$$\frac{\partial q_1^M}{\partial p_1}=-\frac{y}{2p_1^2},\quad \frac{\partial q_1^M}{\partial y}=\frac{1}{2p_1}$$

그리고

$$\begin{aligned}\frac{\partial q_1^H}{\partial p_1}&=-\frac{1}{2}p_2^{\frac{1}{2}}p_1^{-\frac{3}{2}}(u^0)^{\frac{1}{2}}\\&=\left(-\frac{1}{2}p_2^{\frac{1}{2}}p_1^{-\frac{3}{2}}\right)\left(\frac{y}{2}p_1^{-\frac{1}{2}}p_2^{-\frac{1}{2}}\right)\\&=-\frac{y}{4p_1^2}\end{aligned}$$

따라서

$$\begin{aligned}\frac{\partial q_1^H}{\partial p_1}-q_1^M\frac{\partial q_1^M}{\partial y}&=-\frac{y}{4p_1^2}-\frac{y}{2p_1}\frac{1}{2p_1}\\&=-\frac{y}{2p_1^2}=\frac{\partial q_1^M}{\partial p_1}\end{aligned}$$

이 되므로, Slutsky 의 방정식이 성립함을 알 수 있다.

예 1 에서 본 바와 같이, $y=100$, $p_1=2$ 원, $p_2=5$ 원일 때, 소비자의 효용을 극대화시키는 수요량은 $q_1^M=25$, $q_2^M=10$ 이다. 그리고 예 3 에서 본 바와 같이 $u^0=250$ 일 때, 지출을 극소화시키는 수요량은 $q_1^H=25$, $q_2^H=10$ 이고, 그 때의 총지출은 $E=100$ 이다. 이제, 이 값들을 Slutsky 방정식에 대입하여 보면,

$$\frac{\partial q_1}{\partial p_1}=-6.25-6.25=-12.5$$

따라서 다른 조건이 모두 일정할 때, p_1 이 1 원씩 증가하면 q_1 의 수요량은 -12.5 의 비율로 감소한다는 것을 알 수 있다. 그리고 이 때 대체효과는

$$\frac{\partial q_1^H}{\partial p_1}=-\frac{y}{4p_1^2}=-\frac{100}{16}=-6.25$$

가 되고, 소득효과는

$$-q_1^M\frac{\partial q_1^M}{\partial y}=-\frac{y}{4p_1^2}=-6.25$$

가 되므로 전체효과는 대체효과와 소득효과로 양분됨을 알 수 있다.

練習問題 10.4

[1] 효용함수가 $U=q_1^{1.5}q_2$ 이고 소득제약조건이 $3q_1+4q_2=100$ 일 때, 소비자균형을 구하여라.

[2] 효용함수가 $U=Aq_1^{\alpha}q_2^{\beta}$ 로 주어지거나 또는 $W=q_1^{\alpha/\beta}q_2$ 로 주어지거나간에 $A>0$, $\alpha>0$, $\beta>0$ 이면 소비자균형이 동일하게 결정됨을 보여라.

[3] 효용함수가 $U=2q_1q_2+q_2$ 일 때, 소비자 수요함수를 구하여라.

[4] 효용함수가 $U=q_1q_2$ 일 때와 $W=q_1^2q_2^2$ 일 때, q_1 과 q_2 에 대한 마샬의 수요함수를 각각 구하여라.

[5] 효용함수가 문제 2, 문제 4와 같이 주어졌을 때, 힉스의 수요함수를 각각 구하여라.

[6] 효용함수가 문제 2, 문제 4와 같이 주어졌을 때, 간접효용함수와 지출함수를 각각 구하여라.

10.5 公共財의 理論

시장기구가 자원의 효율적인 배분을 달성시키지 못하는 **市場失敗**(market failure)의 한 원인으로 **公共財**(public goods)가 있다. 공공재란 **私有財**(private goods)와는 달리 정부에 의해 무료로 제공되고 또 그 비용이 일반적으로 조세수입에 의해 충당되는 재화를 말한다. 국방, 경찰, 소방, 도로, 의무교육, 공원 등이 공공재의 대표적인 예이다.

공공재는 다음과 같은 두 가지의 기본적인 성질을 가지고 있다. 첫째로 소비에 있어서 排他原則이 적용되지 않는다. 사유재의 경우에는 가격을 지불한 사람만이 재화를 소비할 수 있고, 가격을 지불하지 않은 사람은 재화를 소비할 수 없다. 그러나 공공재의 경우에는, 예를 들어 국방과 같이 특정한 사람의 소비를 배제하는 것은 기술적으로 불가능하다. 혹은 일반도로(유료도로가 아닌)와 같이 기술적으로 가능하다 하더라도 실제로는 불가능하다.

두 번째로 공공재는 공동으로 소비된다. 사유재의 경우에는 한 소비자가 어느 재화를 소비하면 다른 소비자가 그 재화를 또 소비할 수 없다. 그러나 공공재의 경우에는 동일재화의 동일수량이 다수의 소비자에 의해 동시에 소비될 수 있다. 예를 들어, 사유재인 사과의 총량을 y, A에게 주는 수량을 y_1, B에게 주는 수량을 y_2라 하면, $y=y_1+y_2$의 관계가 성립하고, A에게 더 주면 B에게는 덜 주는 결과가 된다. 그러나 공원과 같은 공공재의 경우에는 총량 x를 A와 B 두 사람이 공통적으로 사용하므로, $x=x_1$, $x=x_2$의 관계가 성립한다. 이 절에서는 공공재의 균형에 대해 간단히 알아보기로 한다.

1. 社會厚生函數

경제정책은 규범적인 판단을 전제로 하고 있는데 이와 같은 규범적 판단의 기초를 이루는 것은 **社會厚生**(social welfare)이 어떻게 결정되는가에 대한 이론적 규명이다. 이 절에서는 개인주의적인 판단에 따라 사회후생은 그 사회의 구성원들 각자의 후생에 의거하여 결정된다는 버그슨(Abram Bergson)의 사회후생함수(social welfare function)를 가정하기로 한다. 따라서 사회후생함수는 다음과 같이 쓸 수 있다.

$$W=W(u_1, u_2, \cdots, u_n), \quad W_i>0 \qquad (10.5.1)$$

다시 말하면, 사회후생은 그 사회의 모든 구성원의 효용 u_1, u_2, $\cdots$, u_n의 함수이다. 그리고 다른 사람들의 효용이 일정할 때, 한 개인의 효용이 증가한다면 사회후생도 증가한다.

2. 公共財의 均衡

이제, 공공재의 경우 생산과 소비는 어떤 조건이 충족될 때 균형을 이루는지를 보기 위하여 2인의 소비자와 두 가지의 재화가 존재한다고 가정하기로 한다. 그리고 공공재의 양을 x, 제1소비자가 소비하는 사유재의 양을 y_1, 제2소비자가 소비하는 사유재의 양을 y_2라 하면 사유재의 총량은 $y=y_1+y_2$가 된다. 공공재의 소비는 제1소비자와 제2소비자가 모두 같은 양을 소비하게 되므로 제1소비자의 효용함수는 $u_1(x, y_1)$, $u_2(x, y_2)$와 같이 쓸 수 있다. 그러므로 사회후생함수는 다음과 같이 쓸 수 있다.

$$W=W(u_1(x, y_1), u_2(x, y_2)) \tag{10.5.2}$$

그리고 이 경제의 생산가능곡선(production possibility curve)는 음함수(implicit function)로 다음과 같이 나타낼 수 있다.

$$T(x, y)=0, \quad y=y_1+y_2 \tag{10.5.3}$$

이제, 공공재의 균형의 문제는 생산가능곡선 (10.5.3)의 제약조건 아래에서 사회후생함수 (10.5.2)를 극대화하는 것으로 볼 수 있다. 따라서 이 때의 Lagrange 함수는

$$V=W(u_1(x, y_1), u_2(x, y_2))-\lambda T(x, y) \tag{10.5.4}$$

와 같이 쓸 수 있으며, 물론 여기서 $y=y_1+y_2$이다. 식 (10.5.4)로부터 사회후생극대화의 일차조건은 다음과 같이 구할 수 있다.

$$\frac{\partial V}{\partial x}=\frac{\partial W}{\partial u_1}\cdot\frac{\partial u_1}{\partial x}+\frac{\partial W}{\partial u_2}\cdot\frac{\partial u_2}{\partial x}-\lambda\frac{\partial T}{\partial x}=0 \tag{10.5.5}$$

$$\frac{\partial V}{\partial y_1}=\frac{\partial W}{\partial u_1}\cdot\frac{\partial u_1}{\partial y_1}-\lambda\frac{\partial T}{\partial y}=0 \tag{10.5.6}$$

$$\frac{\partial V}{\partial y_2}=\frac{\partial W}{\partial u_2}\cdot\frac{\partial u_2}{\partial y_2}-\lambda\frac{\partial T}{\partial y}=0 \tag{10.5.7}$$

위의 식 (10.5.6)에서 $\frac{\partial W}{\partial u_1}$을 구하고, 식 (10.5.7)에서 $\frac{\partial W}{\partial u_2}$를 구하여 (10.5.5)에 대입한 다음 λ로 나누면

$$\frac{\dfrac{\partial u_1}{\partial x}}{\dfrac{\partial u_1}{\partial y_1}}\cdot\frac{\partial T}{\partial y}+\frac{\dfrac{\partial u_2}{\partial x}}{\dfrac{\partial u_2}{\partial y_2}}\cdot\frac{\partial T}{\partial y}=\frac{\partial T}{\partial x} \tag{10.5.8}$$

를 얻을 수 있다. 그리고 다시 윗식을 $\frac{\partial T}{\partial y}$로 양변을 나누면 다음 식을 얻을 수 있다.

$$\frac{\dfrac{\partial u_1}{\partial x}}{\dfrac{\partial u_1}{\partial y_1}}+\frac{\dfrac{\partial u_2}{\partial x}}{\dfrac{\partial u_2}{\partial y_2}}=\frac{\dfrac{\partial T}{\partial x}}{\dfrac{\partial T}{\partial y}} \tag{10.5.9}$$

그런데 (10.5.9)에서 좌변의 두 항은 각각 제1소비자와 제2소비자의 공공재인 x재와 사유재인 y재 사이의 한계대체율을 나타내며, 우변은 x재와 y재의 **限界變換率**(marginal rate of transformating)을 나타낸다. 따라서 i번째($i=1, 2$) 소비자의 한계대체율을 MRS_i라 하고, x재와 y재의 한계

변환율을 MRT라 하면 공공재가 존재하는 경우의 사회후생극대화의 일차조건인 (10.5.9)는 다음과 같이 쓸 수 있다.

$$MRS_1 + MRS_2 = MRT \tag{10.5.10}$$

그리고 이 경우 사회효용극대화의 이차조건은 (10.5.5)의 테두른 Hesse 행렬식이 陽이 되는 것이다.

練習問題 10.5

[1] 본문의 식 (10.5.10)의 경제적 의미를 설명하여 보아라.

[2] 본문의 식 (10.5.10)을 그림으로 나타내어 보아라.

제11장

超越函數

11. 1 指數函數와 로그函數

11. 2 自然指數函數와 自然로그函數

11. 3 로그函數와 指數函數의 微分法

11. 4 로그微分法

11. 5 成長率과 自然指數函數

11. 6 彈力度와 로그微分法

11. 7 最適時點의 選擇

11. 8 三角函數*

제 11 장 超越函數

이 장에서는 指數함수와 로그함수의 성질을 논하고 이들 함수의 微分法에 대하여 논한다. 그리고 삼각함수의 성질에 대하여 간단히 논한다.

11. 1 指數函數와 로그函數

임의의 상수 $a>0$, $a\neq 1$에 대하여, 함수

$$f: \mathbf{R} \longrightarrow (0, \infty), \quad f(x)=a^x \tag{11.1.1}$$

를 a를 **밑**(base)으로 가지는 **指數函數**(exponential function)라 한다.

지수함수 $f(x)=a^x$의 정의역은 실수 전체의 집합 $\mathbf{R}$이고, 이 함수의 치역은 $(0, \infty)=\{y\in\mathbf{R} \mid y>0\}$이다.

지수함수 $f(x)=a^x$는 연속함수이며, 다음 성질을 갖는다.

$$\begin{aligned} &f(0)=a^0=1 \\ &f(1)=a^1=a \\ &f(u+v)=a^{u+v}=a^u\cdot a^v=f(u)f(v) \\ &f(-x)=a^{-x}=\frac{1}{a^x}=\frac{1}{f(x)} \end{aligned} \tag{11.1.2}$$

[그림 11-1]

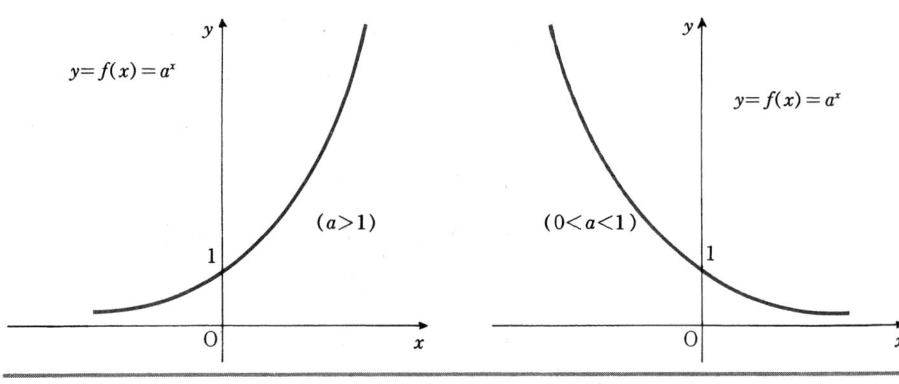

또한, $a>1$ 이면 $f(x)=a^x$는 증가함수이고, $0<a<1$ 이면 $f(x)=a^x$는 감소함수이다([그림 11-1] 참조). 따라서 지수함수

$$f:\mathbf{R}\longrightarrow(0,\ \infty),\quad f(x)=a^x$$

는 $\mathbf{R}$에서 $(0,\ \infty)$ 위로의 1 대 1 대응이므로, 이 함수는 역함수를 갖는다(제6장 5절의 [定理 6.5.2]). 이 지수함수의 역함수를 a를 밑으로 갖는 **로그函數**(logarithmic function)라 하고, 이를 $\log_a$로 나타낸다. 즉, 로그함수

$$\log_a:(0,\ \infty)\longrightarrow\mathbf{R}$$

는 대응규칙

$$y=\log_a x \Longleftrightarrow x=a^y \qquad (11.1.3)$$

에 의하여 정의된 함수이다(제6장 제5절의 [定理 6.8.2] 참조).

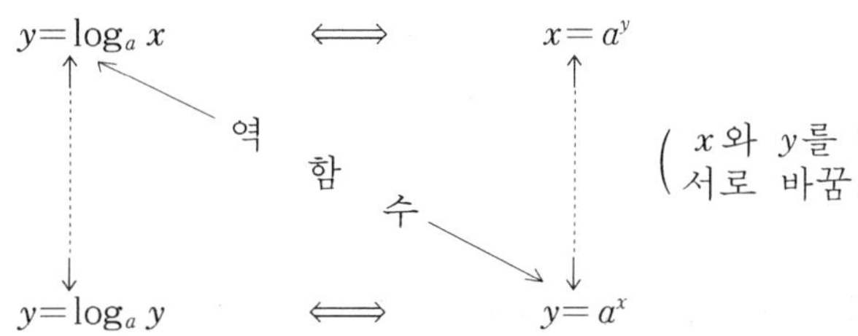

예 1 $16=4^2 \Longleftrightarrow 2=\log_4 16$

$2=4^{\frac{1}{2}} \Longleftrightarrow \dfrac{1}{2}=\log_4 2$

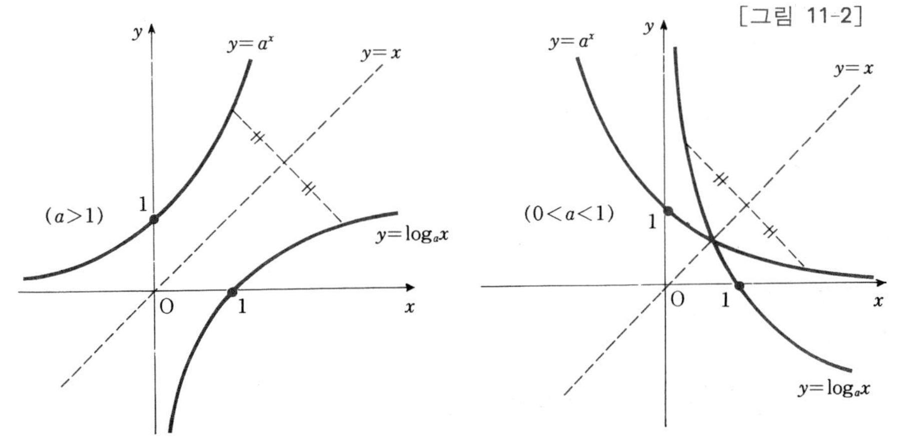

[그림 11-2]

로그함수 $y=\log_a x$의 정의역은 $(0, \infty)$이고 그 치역은 $\mathbf{R}$이며, 로그함수 $y=\log_a x$의 그래프와 지수함수 $y=a^x$의 그래프는 직선 $y=x$에 관하여 대칭이다. 로그함수 $y=a^x$는 연속함수이다. 또한, $a>1$이면 $y=\log_a x$는 증가함수이고, $0<a<1$ 이면 $y=\log_a x$는 감소함수이다([그림 11-2]).

위의 [그림 11-2]로부터, 다음 관계식이 성립함을 알 수 있다.

[定理 11.1.1] 로그함수의 성질

(1) $a>1$ 일 때,

$$0<x<1 \iff \log_a x<0$$
$$x=1 \iff \log_a x=0$$
$$x>1 \iff \log_a x>0$$

(2) $0<a<1$ 일 때,

$$0<x<1 \iff \log_a x>0$$
$$x=1 \iff \log_a x=0$$
$$x>1 \iff \log_a x<0$$

또한, 다음 等式이 성립한다([定理 6.5.1] 참조).

$$x=\log_a a^x \quad (x\in\mathbf{R}), \qquad x=a^{\log_a x} \quad (x>0) \tag{11.1.4}$$

이미 잘 알고 있는 로그법칙을 요약하면 다음과 같다.

[定理 11.1.2] 로그法則과 밑의 變換式

로그法則

(1) $\log_a uv=\log_a u+\log_a v \quad (u>0,\ v>0)$

(2) $\log_a \dfrac{1}{u}=-\log_a u \quad (u>0)$

(3) $\log_a \dfrac{u}{v}=\log_a u-\log_a v \quad (u>0,\ v>0)$

(4) $\log_a u^r=r\log_a u \quad (u>0)$

밑의 變換公式

(1) $\log_a u=(\log_a b)(\log_b u) \quad (u>0,\ 1\neq b>0)$

(2) $\log_b u=\dfrac{\log_a u}{\log_a b}, \qquad \log_a b=\dfrac{1}{\log_b a}$

예 2 $\log_a a^n = n\log_a a = n$

$\log_a \dfrac{1}{u^n} = -\log_a u^n = -n\log_a u$

$\log_{10} 0.001 = \log_{10} 10^{-3} = -3$

예 3 방정식 $bc^x = d(b,\ c,\ d > 0)$에서, 양변에 대하여 10을 밑으로 하는 로그를 택하면,

$$\log_{10} bc^x = \log_{10} d$$

따라서

$$\log_{10} b + x\log_{10} c = \log_{10} d$$

그러므로

$$x = \frac{\log_{10} d - \log_{10} b}{\log_{10} c}$$

練習問題 11.1

[1] 다음 값을 구하여라.

(a) $\log_{10} 0.0001$ (b) $\log_a a^{-4}$

(c) $\log_2 8$ (d) $\log_a \left(\dfrac{1}{a}\right)$

(e) $\log_5 3125$ (f) $\log_a a^5$

[2] 로그법칙을 이용하여 다음을 구하여라.

(a) $\log_{10} \dfrac{1}{100}$ (b) $\dfrac{1}{\log_{16} 2}$

(c) $(\log_4 6)(\log_6 64)$ (d) $\log_4 4^{20}$

[3] 다음 등식 중에서 옳은 것을 찾아라.

(a) $\log_a u - 2 = \log_a \dfrac{u}{a^2}$ (b) $\log_a u + \log_a v - \log_a w = \log_a \dfrac{uv}{w}$

(c) $3 + \log_a u = \log_a \dfrac{a^3}{u}$ (d) $\log_a 3 + \log_a 5 = \log_a 8$

11. 2 自然指數函數와 自然로그函數

1. e의 定義

도함수가 자기 자신과 같게 되는 지수함수를 정의해 주는 밑수 e를 정하려 한다. 다시 말하면,

$$\frac{x}{dx}e^{x}=e^{x}$$

을 만족시키는 실수 e를 정의하여 보자(제11장 3절 2항 참조).

임의의 m에 대하여,

$$f(m)=\left(1+\frac{1}{m}\right)^{m}$$

이라 할 때, m의 값이 커지면 이에 따라 $f(m)$의 값도 커진다. 예를 들어,

$$f(1)=\left(1+\frac{1}{1}\right)^{1}=2$$

$$f(2)=\left(1+\frac{1}{2}\right)^{2}=2.25$$

$$f(3)=\left(1+\frac{1}{3}\right)^{3}=2.37037\cdots$$

$$f(4)=\left(1+\frac{1}{4}\right)^{4}=2.44141\cdots$$

더욱이, m이 무한히 커지면 $f(m)$의 값은 어떤 실수에 충분히 가까워짐을 증명할 수 있는데, 이 $f(m)$의 값이 수렴하는(convergent) 극한값을 e로 나타낸다. 즉,

$$e=\lim_{m\to\infty}\left(1+\frac{1}{m}\right)^{m} \tag{11.2.1}$$

위의 정의역에서 $h=\dfrac{1}{m}$이라 놓으면, m이 무한히 커질 때 h는 0에 접근하므로 다음과 같이 쓸 수도 있다.

$$e=\lim_{h\to 0}(1+h)^{1/h} \tag{11.2.2}$$

실제로, e는 무리수이며, 그 값은 대략 다음과 같다.

$$e\fallingdotseq 2.718281828459045\cdots$$

2. 自然로그函數

다음에 e를 밑으로 갖는 지수함수와 로그함수를 생각해 보자.

무리수 e를 밑으로 갖는 지수함수

$$f: \mathbf{R} \longrightarrow (0, \infty), \quad f(x) = e^x$$

을 **自然指數函數**(natural exponential function)라 하고, e^x를 $\exp(x)$ 또는 $\exp x$로 나타내기도 한다. 즉,

$$\exp(x) = \exp x = e^x$$

자연지수함수의 역함수, 즉 e를 밑으로 갖는 로그함수

$$\log_e : (0, \infty) \longrightarrow \mathbf{R}$$

를 自然로그函數(natural logarithmic function)라 하고, $\log_e x$를 밑수 e를 생략하고 간단히 $\ln x$로 나타낸다. 즉,

$$\ln x = \log_e x \qquad (x>0)$$

자연로그함수

$$\ln : (0, \infty) \longrightarrow \mathbf{R}, \qquad f(x) = \ln x$$

의 정의역은 $(0, \infty)$이고 치역은 $\mathbf{R}$이며, 이 자연로그함수는 증가함수이다 ([그림 11-3] 참조).

[그림 11-3]

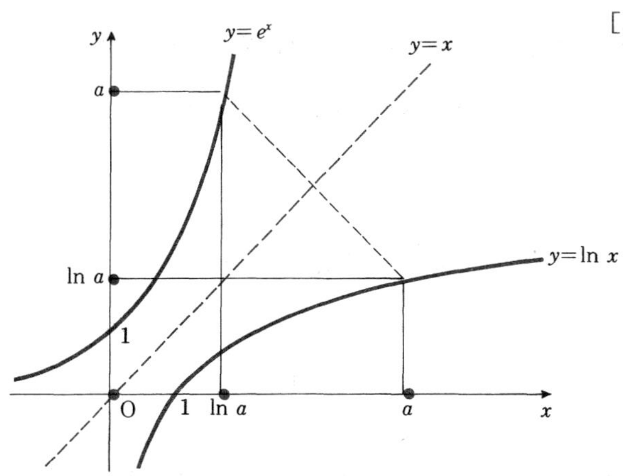

이제, (11.1.3), (11.1.4), [定理 11.1.1]의 내용을 다시 써 보면 다음과 같다.

—[定理 11.2.1] 자연로그함수의 성질

(1) $y=\ln x=\log_e x \iff x=e^y$

(2) $0<x<1 \iff \ln x<0$

$x=1 \iff \ln x=0$

$x>1 \iff \ln x>0$

(3) $x=\ln e^x, \quad x=e^{\ln x} \quad (x>0)$

3. 밑수 바꾸기

자연로그가 이론에 많이 쓰이는 데 반하여, 10을 밑으로 갖는 로그는 계산에 자주 쓰인다. 특히, 10을 밑으로 갖는 로그를 **常用로그**(common logarithm)라 한다.

밑의 변환공식([定理 11.1.2] 참조)에 의하여

$$\ln x=\log_e x=(\log_e 10)\cdot(\log_{10} x)$$

이고, 또

$$\ln 10=\log_e 10=2.3026$$

이므로, 자연로그와 상용로그 사이에는 다음 관계식이 성립한다.

$$\ln x=2.3026\log_{10} x \tag{11.2.3}$$

마찬가지로, 밑의 변환공식([定理 11.1.2] 참조)에 의하여

$$\log_a x=(\log_a e)(\log_e x)=(\log_a e)\ln x$$

이고, 또

$$\log_a e=\frac{1}{\log_e a}=\frac{1}{\ln a}$$

이므로, 다음 관계식이 성립한다.

$$\log_a x=\frac{\ln x}{\ln a} \tag{11.2.4}$$

한편, 자연로그함수의 성질([定理 11.2.1]의 (3) 참조)에 의하여

$$a^{cx}=e^{\ln a^{cx}}$$

이고, 또 로그법칙([定理 11.1.2] 참조)에 의하여 $\ln a^{cx}=cx\ln a$ 이므로, 다음 등식이 성립한다.

$$a^{cx}=e^{cx\ln a} \tag{11.2.5}$$

이제까지 얻은 결과를 종합하면 다음 定理를 얻는다.

[定理 11.2.2] 밑의 變換

(1) $\ln x=2.3026\log_{10} x$

(2) $\log_a x=\dfrac{\ln x}{\ln a}$

(3) $Aa^{cx}=Ae^{cx\ln a}$

예 1 [定理 11.2.2]에 의하여

$$\log_2 x=\frac{\ln x}{\ln 2}$$

이고, 또

$$\ln 2=2.3026\log_{10} 2=(2.3026)(0.3010)=0.6931$$

이므로,

$$\log_2 x=\frac{\ln x}{0.6931}$$

예 2 $y=7\log_{10} 3x$ 일 때, [定理 11.2.2]에 의하여

$$7\log_{10} 3x=\frac{7\ln 3x}{\ln 10}$$

이고, 또 $\log 10=2.3026$ 이므로,

$$y=7\log_{10} 3x=\frac{7\ln 3x}{2.3026}=3.0400\ln 3x$$

예 3 $y=2^x$ 일 때, [定理 11.2.2]에 의하여

$$2^x=e^{x\ln 2}$$

이고, 또

$$\ln 2=2.3026\log_{10} 2=(2.3026)(0.3010)=0.6931$$

이므로,

$$y=2^x=e^{0.6931x}$$

예 4 $y=3\cdot5^{2t}$일 때, [定理 11.2.2]에 의하여

$$3\cdot5^{2t}=3e^{2t\ln 5}$$

이고, 또

$$2\ln 5=2(2.3026)\log_{10}5=4.6052\log_{10}\frac{10}{2}$$
$$=4.6052(\log_{10}10-\log_{10}2)=4.6052(1-0.3010)$$
$$=3.2188$$

이므로,

$$y=3\cdot5^{2t}=3e^{3.2188t}$$

練習問題 11.2

[1] 다음 함수를 자연지수함수로 나타내어라.

(a) $y=8^{3t}$ (b) $y=2\cdot7^{2t}$

(c) $y=5\cdot5^{x}$ (d) $y=2\cdot15^{4x}$

[2] 다음 함수를 자연로그함수로 나타내어라.

(a) $y=\log_7 x$ (b) $\log_8 3x$

(c) $y=3\log_{15}9x$ (d) $y=2\log_{10}x$

[3] 다음 자연지수함수의 역함수를 구하여라.

(힌트: 양변에 자연로그를 택할 것)

(a) $y=ae^{bx}$ (b) $y=ae^{x+1}$

11.3 로그函數와 指數函數의 微分法

1. 로그函數의 微分法

자연로그함수 $y=\ln x$의 도함수를 구해 보자. 변수 x의 증분 Δx에 대응하는 y의 증분을 Δy라 하면, 로그법칙에 의하여

$$\frac{\Delta y}{\Delta x}=\frac{\ln(x+\Delta x)-\ln x}{\Delta x}=\frac{1}{\Delta x}\ln\left(\frac{x+\Delta x}{x}\right)=\frac{1}{\Delta x}\ln\left(1+\frac{\Delta x}{x}\right)$$

그런데 $h=\dfrac{\Delta x}{x}$ 라 놓으면, 로그법칙에 의하여

$$\frac{1}{\Delta x}\ln\left(1+\frac{\Delta x}{x}\right)=\frac{1}{x}\frac{1}{h}\ln(1+h)=\frac{1}{x}\ln(1+h)^{1/h}$$

또, Δx가 0에 접근하면 h도 0에 접근하므로, (11.2.2)에 의하여

$$\frac{dy}{dx}=\lim_{\Delta x\to 0}\frac{\Delta y}{\Delta x}=\frac{1}{x}\lim_{h\to 0}\ln(1+h)^{1/h}=\frac{1}{x}\ln e=\frac{1}{x}$$

즉, $$\frac{d\ln x}{dx}=\frac{1}{x}\qquad(x>0)\tag{11.3.1}$$

이 공식과 [定理 11.2.2] 및 미분의 연쇄법칙([定理 6.3.3])을 적용하면 다음 사실을 쉽게 증명할 수 있다.

[定理 11.3.1]

함수 $f(x)$의 도함수가 존재할 때,

(1) $y=\ln f(x)$ 이면, $\dfrac{dy}{dx}=\dfrac{f'(x)}{f(x)}$

(2) $y=\log_a f(x)=\dfrac{\ln f(x)}{\ln a}$ 이면, $\dfrac{dy}{dx}=\dfrac{1}{\ln a}\dfrac{f'(x)}{f(x)}$

특히, $\dfrac{d\ln x}{dx}=\dfrac{1}{x}$, $\dfrac{d}{dx}\log_a x=\dfrac{1}{\ln a}\dfrac{1}{x}$

예 1 $y=\ln bx$에서, $f(x)=bx$라 놓으면 $f'(x)=b$이므로,

$$\frac{d}{dx}\ln bx=\frac{b}{bx}=\frac{1}{x}$$

실제로, $\ln bx=\ln b+\ln x$이고, $\ln b$는 상수이므로,

$$\frac{d}{dx}\ln bx=\frac{d}{dx}\ln x=\frac{1}{x}$$

한편,

$$\frac{d}{dx}(b\ln x)=b\left(\frac{d}{dx}\ln x\right)=\frac{b}{x}$$

예 2 $y=x^3\ln x^2$ 일 때,

$$\frac{dy}{dx}=3x^2\ln x^2+x^3\left(\frac{d}{dx}\ln x^2\right)=3x^2\ln x^2+x^3\cdot\frac{2x}{x^2}$$

$$=3x^2(2\ln x)+2x^2=2x^2(1+3\ln x)$$

예 3 $y=\log_{10}(x^2+4)$일 때, $f(x)=x^2+4$라 놓으면, $f'(x)=2x$이므로, [定理 11.3.1] (2)에 의하여

$$\frac{dy}{dx}=\frac{1}{\ln 10}\frac{2x}{x^2+4}$$

예 4 $y=x\log_5\frac{x^2}{1+x}$일 때,

$$u=\log_5\frac{x^2}{1+x}$$

이라 놓으면

$$\frac{dy}{dx}=\frac{d}{dx}(xu)=u+x\frac{du}{dx}$$

그런데 로그법칙에 의하여

$$\begin{aligned}u&=\log_5\frac{x^2}{1+x}\\&=\log_5 x^2-\log_5(1+x)\end{aligned}$$

이므로,

$$\begin{aligned}\frac{du}{dx}&=\frac{1}{\ln 5}\frac{2x}{x^2}-\frac{1}{\ln 5}\frac{1}{1+x}\\&=\frac{1}{\ln 5}\frac{2(1+x)-x}{x(1+x)}=\frac{2+x}{x(1+x)\ln 5}\end{aligned}$$

그러므로

$$\frac{dy}{dx}=\log_5\frac{x^2}{1+x}+\frac{2+x}{x(1+x)\ln 5}$$

2. 指數函數의 微分法

다음에는 자연지수함수 $y=e^x$의 도함수를 구해 보자.

먼저, 정의식에 의하여

$$y=e^x \Longleftrightarrow x=\ln y$$

이고, 공식 (11.3.1)에 의하여

$$\frac{dx}{dy}=\frac{d(\ln y)}{dy}=\frac{1}{y}$$

따라서 역함수의 미분법([定理 6.5.3])에 의하여 다음이 성립한다.

$$\frac{de^x}{dx}=\frac{dy}{dx}=\frac{1}{dx/dy}=\frac{1}{1/y}=y=e^x$$

즉,

$$\frac{de^x}{dx}=e^x \tag{11.3.2}$$

이 공식과 [定理 11.2.2] 및 미분의 연쇄법칙에 의해 다음 定理를 얻는다.

[定理 11.3.2]

함수 $f(x)$의 도함수가 존재할 때,

(1) $y=e^{f(x)}$이면, $\dfrac{dy}{dx}=e^{f(x)}f'(x)$

(2) $y=a^{f(x)}=e^{f(x)\ln a}$이면, $\dfrac{dy}{dx}=a^{f(x)}f'(x)\ln a$

특히, $\dfrac{d}{dx}e^x=e^x$, $\dfrac{d}{dx}a^x=a^x\ln a$

예 5 $y=Ae^{rx}$에서 $f(x)=rx$라 놓으면 $f'(x)=r$이므로,

$$\frac{d}{dx}(Ae^{rx})=Are^{rx}$$

예 6 $y=2^{1-t}$에서, $f(t)=1-t$라 놓으면 $f'(t)=-1$이므로,

$$\frac{dy}{dt}=\quad 2^{1-t}\ln 2$$

예 7 $y=a^x$일 때,

$$y'=\frac{dy}{dx}=a^x\ln a$$

$$y''=\frac{d^2y}{dx^2}=(a^x\ln a)\ln a=a^x(\ln a)^2$$

예 8 $y=\log_a x$일 때,

$$y'=\frac{dy}{dx}=\frac{1}{x\ln a}$$

$$y''=\frac{d^2y}{dx^2}=\frac{1}{\ln a}\frac{d}{dx}\left(\frac{1}{x}\right)=\frac{1}{\ln a}\frac{-1}{x^2}=\frac{-1}{x^2\ln a}$$

練習問題 11.3

[1] 다음 함수의 도함수를 구하여라.

(a) $y=e^{2t+3}$ (b) $y=e^{1-5t}$

(c) $y=e^{t^2+1}$ (d) $y=3e^{2-t^2}$

(e) $y=e^{ax+bx+c}$ (f) $y=xe^x$

(g) $y=x^2e^{2x}$ (h) $y=axe^{bx+c}$

[2] 다음 함수의 도함수를 구하여라.

(a) $y=\ln 3t^5$ (b) $y=\ln at^c$

(c) $y=\ln(t+2)$ (d) $y=5\ln(t+1)^2$

(e) $y=\ln x-\ln(1+x)$ (f) $y=\ln[x(1-x)^8]$

(g) $y=\ln\left(\dfrac{2x}{1+x}\right)$ (h) $y=3x^4\ln x^2$

[3] 다음 함수를 미분하여라.

(a) $y=5^t$ (b) $y=\log_2(t+1)$

(c) $y=11^{2t+3}$ (d) $y=\log_7 5x^2$

(e) $y=\log_2(8x^2+3)$ (f) $y=x^2\log_3 x$

11.4 로그微分法

복잡한 함수의 도함수는 때때로 자연로그를 이용하여 미분하면 편리할 때가 많다. 이러한 미분법을 **로그微分法**(logarithmic differentiation)이라 한다.

예 1 $y=\dfrac{x^2}{(x+3)(2x+1)}$일 때, 양변의 자연로그를 택하면,

$$\ln y=\ln x^2-\ln(x+3)-\ln(2x+1)$$

양변에 로그함수의 미분법을 적용하면,

$$\frac{d}{dx}(\text{좌변})=\frac{1}{y}\frac{dy}{dx}$$

$$\frac{d}{dx}(\text{우변})=\frac{2x}{x^2}-\frac{1}{x+3}-\frac{2}{2x+1}$$

$$=\frac{7x+6}{x(x+3)(2x+1)}$$

따라서

$$\frac{dy}{dx}=\frac{7x+6}{x(x+3)(2x+1)}y$$
$$=\frac{x(7x+6)}{(x+3)^2(2x+1)^2}$$

예 2 $y=x^2e^{3x-4}$ 일 때, 양변의 자연로그를 택하면,

$$\ln y=2\ln x+\ln e^{3x-4}$$
$$=2\ln x+3x-4$$

따라서

$$\frac{1}{y}\frac{dy}{dx}=\frac{2}{x}+3$$

즉,

$$\frac{dy}{dx}=\left(\frac{2}{x}+3\right)x^2e^{3x-4}$$

예 3 $y=x^n$(n은 임의의 실수)일 때, 양변의 자연로그를 택하면

$$\ln y=n\ln x$$

을 얻고, 이를 x에 관하여 미분하면,

$$\frac{1}{y}\frac{dy}{dx}=\frac{n}{x}$$

따라서

$$\frac{dy}{dx}=\frac{n}{x}y=\frac{nx^n}{x}=nx^{n-1}$$

이로써 [定理 6.3.1]의 (2)가 완전히 증명된 셈이다.

예 4 $y=x^x$ 일 때,

$$\ln y=x\ln x$$

이를 x에 관하여 미분하면,

$$\frac{1}{y}\frac{dy}{dx}=\ln x+x\cdot\frac{1}{x}$$

따라서

$$\frac{dy}{dx}=y(1+\ln x)=x^x(1+\ln x)$$

練習問題 11.4

[1] 로그미분법을 써서 다음 함수의 도함수를 구하여라.

(a) $y=\dfrac{3x}{(x+2)(x+4)}$ (b) $y=(x^2+3)e^{x^2+1}$

[2] $y=\sqrt{(x^2+1)(x^2+4)}$ 일 때, $\dfrac{dy}{dx}$를 구하여라.

11.5 成長率과 自然指數函數

1. 複利計算問題

年利率 100%로 원금 1원을 은행에 예치하였다고 하자. 이자계산을 연간 1회의 복리로 해준다면, 연말의 元利金은 2원으로 된다. 이 원리금을 $V(1)$으로 나타내면,

$$V(1)=\text{원금}(1+\text{이율})=1\left(1+\frac{1}{1}\right)^1=2$$

한편, 이자를 반년마다 복리로 계산한다면, 처음 6개월 말에는 50%의 이자가 붙으므로 다음 6개월간에는 1.50원이 새로운 원금으로 되고, 이 금액의 50%가 이자로 된다. 따라서 이 때 연말 원리금 $V(2)$는

$$V(2)=\left(1+\frac{1}{2}\right)\left(1+\frac{1}{2}\right)=\left(1+\frac{1}{2}\right)^2$$

마찬가지 방법으로,

$$V(3)=\left(1+\frac{1}{3}\right)^3,\quad V(4)=\left(1+\frac{1}{4}\right)^4$$

을 얻는다.

일반적으로, 연이율 100%일 때, 연간 m회 복리계산을 한다면 연말의 원리금 $V(m)$은

$$V(m)=\left(1+\frac{1}{m}\right)^m \tag{11.5.1}$$

그러므로 연말 연속적으로 복리계산을 한다면, 즉 m이 무한히 커진다면 원리금은 연말에

$$\lim_{m\to\infty} V(m) = \lim_{m\to\infty}\left(1+\frac{1}{m}\right)^m = e(\text{원}) \qquad \text{〔(11.2.1)에 의하여〕}$$

으로 된다. 여기서 $e=2.71828$은 연이율 100%로 연속적 복리계산으로 1원을 예치했을 때에 얻은 연말 원리금이다. 그런데 이 문제에서 연이율 100%는 단지 명목상의 이율에 지나지 않는다. 왜냐하면, 1원이 1년 후에 $e=2.71828$원으로 실질적인 연이율은 172%로 되기 때문이다.

앞의 문제를 일반화하여, (1) 복리계산하는 연수를 t, (2) 원금을 A, (3) 명목상의 이율을 r라 놓아 다시 생각해 보기로 하자. 연간 m회 복리로 계산할 경우 각 회마다의 이율은 $\frac{r}{m}$이므로, t년 후의 원리금을 $V(m)$이라 하면 공식 (11.5.1)의 경우와 마찬가지 방법으로 다음 식을 얻는다.

$$V(m) = A\left(1+\frac{r}{m}\right)^{mt} \qquad (11.5.2)$$

윗식에서 $w=\frac{m}{r}$이라 놓으면,

$$V(m) = A\left[\left(1+\frac{r}{m}\right)^{m/r}\right]^{rt} = A\left[\left(1+\frac{1}{w}\right)^{w}\right]^{rt}$$

이 되고, m이 무한히 커질 때 이에 대응하여 w도 무한히 커지므로, 원리금 V는 e의 정의에 의하여

$$V = \lim_{m\to\infty} V(m) = Ae^{rt} \qquad (11.5.3)$$

임을 알 수 있다.

앞에서 말한 바와 같이, 같은 연이율이라도 연간 복리계산의 횟수에 따라 실질적인 이자율은 달라진다. 이 때, 이 실질적인 이자율을 **實效利子率**(effective rate of interest)이라고 부른다.

예를 들어, 100원의 원금을 연이율 10%로 2년 동안 예치한다고 할 때, 연간 1회의 복리로 계산하면

$$100(1+0.1)^2 = 121(\text{원})$$

이 되나, 연쇄적인 시간단위로 계산하면 다음과 같다.

$$\lim_{m\to\infty} 100\left(1+\frac{0.1}{m}\right)^{2m} = \lim_{m\to\infty} 100\left[\left(1+\frac{1}{10m}\right)^{10m}\right]^{\frac{1}{5}}$$

$$= 100e^{\frac{1}{5}} \fallingdotseq 122.14(\text{원})$$

이제, 실효이자율을 계산해 보기 위해 A원의 원금을 연이율 r로 t 년 동안 예치한다고 하고, 복리계산의 단위기간을 $\frac{1}{m}$년이라 하자. 이 때, r_e를 실효이자율(effective annual rate of interest)이라 하면, 다음 式이 성립한다.

$$A(1+r_e)^t = A\left(1+\frac{r}{m}\right)^{mt} \tag{11.5.4}$$

따라서 이 식의 양변을 A로 나눈 다음 t제곱근을 택하면 다음과 같이 실효이자율 r_e를 구할 수 있다. 즉,

$$1+r_e = \left(1+\frac{r}{m}\right)^m$$

$$r_e = \left(1+\frac{r}{m}\right)^m - 1 \tag{11.5.5}$$

또, 복리계산의 단위기간이 연속적일 때의 연간 실효이자율은 앞에서와 같은 방법으로 다음과 같이 구할 수 있다.

$$1+r_e = e^r$$

$$r_e = e^r - 1 \tag{11.5.6}$$

예 1 연이율이 10%일 때, 복리계산의 단위기간을 반년으로 하는 경우와 연속적으로 하는 경우의 실효이자율을 계산해 보면 다음과 같다. 먼저 반년인 경우는 $m=2$가 되므로, 식 (11.5.5)로부터 실효이자율은 다음과 같다.

$$r_e = \left(1+\frac{0.1}{2}\right)^2 - 1$$
$$= (1.05)^2 - 1 = 1.1025 - 1 = 0.1025$$

그리고 시간단위가 연속적인 경우에는,

$$r_e = e^r - 1$$
$$= e^{0.10} - 1 = 1.1052 - 1 = 0.1052$$

---

2. 割引과 現在價値

複利計算과 밀접하게 관련되어 있는 것이 **割引**(discounting)이라는 개념이

다. 복리계산에 있어서는, 현재 주어진 일정한 원금 A의 미래의 가치 V를 계산해 내는 것에 관심이 있다. 그러나 할인은 이와는 정반대로 지금부터 t기 이후에 이용가능한 금액인 V의 **現在價値**(present value) A는 얼마가 되는지를 알아보고자 하는 것이다.

앞에서 본 바와 같이 현재의 원금 A의 t기 후의 가치는 연이율 r, 연간 일회의 복리로 계산하면 다음과 같다.

$$V = A(1+r)^t \tag{11.5.7}$$

이와 같이 현재의 A원은 미래 t기 후에 V원과 같은 가치를 갖는다. 여기서 (11.5.7)의 양변을 $(1+r)^t$로 나누면 다음 식을 얻는다.

$$A = \frac{V}{(1+r)^t} = V(1+r)^{-t} \tag{11.5.8}$$

따라서 t기 후의 일정한 금액 V가 주어지면, V의 현재가치 A는 위의 식 (11.5.8)에 의해 쉽게 구할 수 있다.

예 2 5년 만기의 채권(bond)의 액면가(face value)가 1000원이라고 하고, 연이율이 9%라고 하면, 이 채권의 현재가치는 다음과 같이 계산된다.

$$\begin{aligned} A &= V(1+r)^{-t} \\ &= 1000(1+0.9)^{-5} \\ &\fallingdotseq 650.1 \end{aligned}$$

일반적으로, 투자에 대해서는 일정기간 동안 소득의 흐름이 발생한다. 이와 같은 소득의 흐름에 대한 현재가치는 각 기간에서의 소득의 현재가치의 합으로 나타낼 수 있다. 즉, 현재의 투자에 대해 다음 기부터 계속해서 t期 동안 일정한 V원의 소득이 발생한다고 하면 이 소득의 흐름의 현재가치 A는 다음과 같이 나타낼 수 있다.

$$A = \frac{V}{1+r} + \frac{V}{(1+r)^2} + \cdots + \frac{V}{(1+r)^t} \tag{11.5.9}$$

따라서 소득의 흐름의 현재가치는 등비급수의 합공식에 의해 다음과 같이 나타낼 수 있다.

$$A=\frac{\frac{V}{1+r}\left(1-\frac{V}{(1+r)^{t}}\right)}{1-\frac{1}{1+r}}$$

$$=V\left(\frac{1}{r}\right)\left(1-\frac{1}{(1+r)^{t}}\right) \qquad (11.5.10)$$

예 3 앞으로 8년 동안 매년 100원씩의 소득이 발생하며 연이율이 6%라 할 때, 이 소득의 흐름의 현재가치는 다음과 같이 구할 수 있다.

$$A=100\left(\frac{1}{0.06}\right)\left(1-\frac{1}{(1.06)^{8}}\right)$$

$$=100\left(\frac{1}{0.06}\right)(1-0.627)$$

$$=621.7(\text{원})$$

예 4 앞으로 10년 동안 매년 1000원의 소득을 가져다 주고 10년 후에는 殘存價値(scrap value)가 0 되는 기계를 구입하는 경우, 할인율이 2%라 할 때 이 기계에 대해 최대로 얼마를 지불하면 손실을 보지 않는가는 다음과 같이 구할 수 있다.

$$A=1000\left(\frac{1}{0.02}\right)\left(1-\frac{1}{(1.02)^{10}}\right)$$

$$=1000\left(\frac{1}{0.02}\right)(1-0.82)$$

$$=9000(\text{원})$$

위에서 연 1회의 복리계산으로 할인하는 경우만을 보았지만, 할인은 또 1년에 수회의 복리계산으로 행할 수도 있다. 연이율이 r일 때, 연 m회의 복리계산으로 t년 후에 받을 V원의 현재가치는

$$A(m)=\frac{V}{\left(1+\frac{r}{m}\right)^{mt}}=V\left(1+\frac{r}{m}\right)^{-mt}$$

이 된다. 따라서 m이 무한히 커지면 (11.5.3)에서와 마찬가지로,

$$A=\lim_{m\to\infty}A(m)=Ve^{-rt} \qquad (11.5.11)$$

이 된다는 것을 알 수 있다.

3. 成 長 率

변수 y가 시간 t의 연속함수일 때, $y=f(t)$라 놓으면, y의 일정시점에서의 **成長率**(rate of growth) r_y는

$$r_y=\frac{dy/dt}{y}=\frac{f'(t)}{f(t)} \tag{11.5.12}$$

로 정의된다. 그런데 [定理 11.3.1]에 의하여

$$\frac{d\ln y}{dt}=\frac{d\ln f(t)}{dt}=\frac{f'(t)}{f(t)}=r_y$$

이므로, 변수 y의 성장률은 y의 자연로그를 택한 다음에 이를 t로 미분함으로써 구할 수 있다.

예 5 $V=Ae^{rt}$에서 V의 성장률 r_V를 구해 보면 다음과 같다.

$$\ln V=\ln A+rt\ln e=\ln A+rt$$

$$r_V=\frac{d}{dt}\ln V=0+\frac{d}{dt}rt=r$$

변수 u와 v가 모두 시간 t의 함수일 때, $y=uv$의 성장률은 u의 성장률과 v의 성장률의 합과 같다. 실제로,

$$\ln y=\ln u+\ln v$$

따라서 y의 성장률 r_y는 (11.5.12)에 의하여

$$r_y=\frac{d}{dt}\ln y=\frac{d}{dt}\ln u+\frac{d}{dt}\ln v$$

그런데 윗식의 우변의 두 항은 (11.5.12)에 의하여 각각 u와 v의 성장률이므로

$$r_y=r_u+r_v \tag{11.5.13}$$

예 6 1인당 국민소득 y는 총국민생산 Y를 인구 P로 나눈 것과 같다. 따라서 총국민생산과 인구가 시간의 함수라 하고, 이들의 증가율이 주어지면 1인당 국민소득의 증가율을 구할 수 있다. 즉,

$$y=\frac{Y}{P}$$

에서 양변에 자연로그를 택하면,

$$\ln y = \ln Y - \ln P$$

가 되고, 따라서

$$r_y = \frac{d}{dt}\ln y = \frac{d}{dt}\ln Y - \frac{d}{dt}\ln P = r_Y - r_P$$

예를 들어, 연간 GNP 성장률은 10%이고, 인구증가율이 2.5%라면, 1인당 GNP의 성장률은 7.5%(=10%−2.5%)가 된다.

예 7 생산함수가 $q=f(k, l)$로 주어지고 생산요소 및 산출량이 시간의 함수라고 할 때, 생산요소 k, l 및 산출량 q의 성장률 사이의 관계를 다음과 같이 구해 볼 수 있다. 먼저, 생산함수를 시간 t에 대해 미분하면 다음 식을 얻는다.

$$\frac{dq}{dt} = \frac{\partial f}{\partial k}\frac{dk}{dt} + \frac{\partial f}{\partial l}\frac{dl}{dt}$$

그리고 이 식은 다시 다음과 같이 변형할 수 있다.

$$\frac{\frac{dq}{dt}}{q} = \frac{\frac{\partial f}{\partial k}}{q/k}\frac{\frac{dk}{dt}}{k} + \frac{\frac{\partial f}{\partial l}}{q/l}\frac{\frac{dl}{dt}}{l}$$

따라서 윗식은 다시 다음과 같이 쓸 수 있다.

$$r_q = \eta_k r_k + \eta_l r_l$$

이 때, η_k는 자본의 산출량탄력도(output elasticity)이고, η_l은 노동의 산출량탄력도이다.

---

4. 賃金과 生產性 및 物價

임금과 물가 및 생산성의 관계는 고용자와 피고용자 사이의 임금조정에서 항상 문제가 될 뿐만 아니라, 물가의 추이를 이해하는 데 있어서도 매우 중요하다. 따라서 성장률의 개념을 이용하여 임금, 물가 및 생산성의 관계를 살펴보면 다음과 같다.

우선, 노동에 대한 한계생산성함수, 즉 생산함수의 노동 L에 대한 편도함수를 $f(L)$이라 하고, 명목임금(nominal wage)을 W라 할 때, 노동시장이 완전경쟁시장이라 하면 노동시장의 균형조건은

$$W = P \cdot f(L) \tag{11.5.4}$$

이 된다. 즉, (11.5.14)는 노동의 한계생산가치(VMP)와 임금(W)이 일치할 때 노동시장이 균형을 이룬다는 것을 보여준다. 따라서 물가수준은

$$P=\frac{W}{f(L)} \tag{11.5.15}$$

와 같이 나타낼 수 있다. 그런데 만약 임금과 노동의 한계생산성이 같은 율로 증가한다면, (11.5.15)로부터 물가수준에는 아무런 변화가 없음을 알 수가 있다. 이제, (11.5.15)의 양변에 로그를 취하면,

$$\ln P=\ln W-\ln f(L) \tag{11.5.16}$$

를 얻을 수 있고, (11.5.16)을 시간 t에 관하여 미분하면,

$$\frac{dP/dt}{P}=\frac{\frac{dW}{dt}}{W}-\frac{\frac{df(L)}{dt}}{f(L)} \tag{11.5.17}$$

을 얻는다. 여기서 변수 X의 증가율을

$$\dot{X}=\frac{dX/dt}{X}$$

라고 정의하면, (11.5.17)은 다음과 같이 고쳐 쓸 수 있다.

$$\dot{P}=\dot{W}-[\dot{f(L)}] \tag{11.5.18}$$

즉, 물가상승률 $\dot{P}$는 임금상승률 $\dot{W}$에서 노동생산성의 증가율 $[\dot{f(L)}]$을 뺀 것과 같다.

이제, 실질임금(real wage)을 w라 하면

$$w=\frac{W}{P}$$

의 관계가 성립하므로, 윗식의 양변에 로그를 취하면

$$\ln w=\ln W-\ln P$$

가 되고, 이를 시간 t에 관하여 미분하면 다음을 얻을 수 있다.

$$\dot{w}=\dot{W}-\dot{P} \tag{11.5.19}$$

즉, 실질임금의 상승률은 명목임금 상승률에서 물가상승률을 뺀 것과 같다. 따라서 만약 명목임금의 상승률 $\dot{W}$가 생산성증가율과 같고 물가상승률 $\dot{P}$가 0이라 하면, (11.5.18)과 (11.5.19)로부터

$$\dot{w} = \dot{W} - \dot{P} = [\dot{f(L)}] \tag{11.5.20}$$

이 성립함을 알 수 있다. 다시 말하면, 임금인상이 인플레이션을 초래하지 않기 위해서는 실질임금의 상승률과 노동생산성의 증가율이 일치해야 하는 것이다.

예 9 코브-더글러스 생산함수 $y = AK^{\alpha}L^{1-\alpha}$로부터 노동의 한계생산물함수를 구하면 다음과 같다.

$$f(L) = \frac{\partial y}{\partial L} = (1-\alpha)\frac{AK^{\alpha}L^{1-\alpha}}{L} = (1-\alpha)\frac{y}{L}$$

그런데 $W = P \cdot f(L)$이므로, 다음 관계가 성립한다.

$$W = P(1-\alpha)\frac{y}{L}$$

$$P = \frac{W}{(1-\alpha)\frac{y}{L}}$$

이제, 윗식의 양변에 로그를 취하면 다음 식을 얻을 수 있다.

$$\ln P = \ln W - \ln\frac{y}{L} - \ln(1-\alpha)$$

$$\dot{P} = \dot{W} - \left(\dot{\frac{y}{L}}\right)$$

즉, 명목임금의 상승률과 평균노동생산성의 증가율이 같으면 물가상승률은 0이 된다.

일반적으로, 單位當 勞動費用(unit labor cost), 즉 산출물 한 단위당 임금으로 지출되는 비용은 다음과 같이 정의한다. 즉,

$$ULC = \frac{WL}{y} = \frac{W}{y/L} \tag{11.5.21}$$

이 때, y는 실질총산출량을 나타낸다. 이제, 식 (11.5.21)의 양변에 로그를 취하여 다음 식을 얻을 수 있다.

$$\ln ULC = \ln W - \ln\frac{y}{L} \tag{11.5.22}$$

$$(\dot{ULC}) = \dot{W} - \left(\dot{\frac{y}{L}}\right)$$

즉, 임금상승률과 평균노동생산성 증가율이 같으면 단위당 노동비용의 상승률은 0이 된다.

그런데 여기서 총산출량 중에서 노동이 차지하는 비율(labor share of total output)을 S_L이라고 하면, 다음이 성립한다.

$$S_L = \frac{WL}{Py} = \frac{w}{y/L} \tag{11.5.23}$$

$$\dot{S}_L = \dot{w} - \left(\dot{\frac{y}{L}}\right) \tag{11.5.24}$$

이로부터 실질임금의 상승률과 평균노동생산성의 증가율이 같으면, $\dot{S}_L=0$이 되어 총산출물 가운데 노동이 차지하는 비율이 변화하지 않음을 알 수가 있다. 이 때, 물론 총산출물 가운데 자본이 차지하는 비율(capital share of total output) $1-S_L$ 또한 변화하지 않는다.

예 10 이상과 같은 분석을 이용하여 인플레이션을 억제하기 위한 임금과 물가의 가이드 포스트(wage-price guideposts)라는 정책이 고안되었다. 이 정책에 따르면, 먼저 각 산업의 임금상승률은 경제 전체의 평균노동생산성의 증가율과 같게 한다는 것이다. 즉, 평균노동생산성의 경제 전체에 대한 평균치를 $\overline{(y/L)}$라 하고, 각 산업의 명목임금을 W_i라 하면,

$$\dot{W}_i = (y\dot{/}L)$$

이 성립하도록 한다는 것이다. 따라서 이 경우의 i번째 산업의 단위당 노동비용의 증가율은

$$\begin{aligned}(UL\dot{C}_i) &= \dot{W}_i - (y\dot{/}L)_i \\ &= (y\dot{/}L)_i - (y\dot{/}L)_i\end{aligned}$$

이 된다. 그러므로 만일 i번째 산업의 노동생산성 증가율이 평균치보다 크면, i번째 산업의 단위당 노동비용은 감소한다. 따라서 이러한 경우에는 i번째 산업의 산출물의 가격을 그 차이만큼 인하하도록 한다는 것이다. 그리고 i번째 산업의 노동생산성 증가율이 평균치보다 작으면, i번째 산업의 단위당 노동비용은 증가한다. 따라서 이 경우에는 i번째 산업의 산출물의 가격을 그 차이만큼 인상하도록 한다는 것이다.

練習問題 11.5

[1] 다음을 구하여라.

(a) 원금 1000원을 연리 6%로 3년 동안 연간, 반년간, 그리고 연속적으로 복리계산할 때의 원리금

(b) 원금 100원을 연리 5%로 6년 동안 연간 및 연속적으로 복리계산할 때의 원리금

[2] 다음 함수의 성장률을 구하여라.

(a) $y=e^{0.07t}$ (b) $y=3e^{0.07t}$

(c) $y=Ae^{0.2t}$ (d) $y=0.03e^{t}$

[3] 명목 GNP를 Y, 물가수준을 P라 하고, Y와 P가 모두 시간의 함수라고 할 때, 실질 GNP의 성장률을 구하여라.

[4] 연간의 복리계산을 할 때, 10년간에 원리금이 원금의 두 배가 되기 위해서는 이자율이 얼마이어야 하겠는가?

[5] 100원의 원금을 6%의 이자율로 반년간 및 연속적으로 복리계산할 때, 실효이자율을 구하여라.

[6] 10%의 이자율로 연간과 반년간 복리계산할 때, 4년 후에 받을 750원의 현재가치를 각각 구하여라.

[7] 4년간 매년 1000원의 수익이 기대될 때, 연간 4%의 복리로 할인한 현재가치는 얼마인가?

11.6 彈力度와 로그微分法

제6장 6절에서 본 바와 같이, 수요함수 $q=f(p)$에서 수요의 가격탄력도는

$$\eta=\frac{dq}{dp}\frac{p}{q}$$

로 정의된다는 것을 배웠다. 이 정의에 따라 수요함수

$$q=ap^{\beta} \tag{11.6.1}$$

의 가격탄력도는 β임을 본 바가 있다(여기서 a는 상수). 한편, (11.6.1)의

양변의 자연로그를 택하면,

$$\ln q = \ln a + \beta \ln p$$
$$d \ln q = \beta d \ln p$$

즉,

$$\frac{d \ln q}{d \ln p} = \beta \qquad (11.6.2)$$

가 된다. 따라서 수요함수에 로그미분법을 사용하면 가격탄력도는 매우 간단하게 구할 수 있게 된다.

이를 좀더 일반적으로 설명하면, 자연로그함수의 미분공식

$$\frac{d \ln y}{dy} = \frac{1}{y}$$

에 의하여 $\ln y$의 미분(differential)은 다음과 같다.

$$d \ln y = \frac{1}{y} dy \qquad (11.6.3)$$

마찬가지로, $\ln x$의 미분은

$$d \ln x = \frac{1}{x} dx \qquad (11.6.4)$$

한편, 함수 $y = f(x)$의 탄력도는 일반적으로

$$\eta = \frac{dy}{dx} \frac{x}{y} = \frac{dy}{d} \frac{x}{dx}$$

로 나타낼 수 있고, 따라서 (11.6.3)과 (11.6.4)로부터

$$\eta = \frac{d \ln y}{d \ln x} \qquad (11.6.5)$$

예 1 수요함수 $p \cdot q = a$의 양변에 로그를 택하면,

$$\ln q = -\ln p + \ln a$$

가 된다. 따라서

$$\eta = \frac{d \ln q}{d \ln p} = -1$$

로 직각쌍곡선으로 나타나는 수요함수의 가격탄력도는 항상 단위탄력적임을 알 수 있다.

로그미분법에 의한 탄력도의 정의 (11.6.5)를 이용하면 요소의 대체 탄력도는 다음과 같이 쓸 수 있다.

$$\sigma = \frac{d\ln(x_2/x_1)}{d\ln(f_1/f_2)} = \frac{(f_1/f_2)\,d(x_2/x_1)}{(x_2/x_1)\,d(f_1/f_2)} \tag{11.6.6}$$

위에서 f_1과 f_2는 각각 생산함수 $q=f(x_1, x_2)$의 편도함수로서 생산요소 x_1과 x_2의 한계생산물이므로 역시 x_1과 x_2의 함수이다. 그리고

$$d\left(\frac{x_2}{x_1}\right) = \frac{x_1dx_2 - x_2dx_1}{x_1^{\,2}}$$

$$d\left(\frac{f_1}{f_2}\right) = \frac{\partial(f_1/f_2)}{\partial x_1}dx_1 + \frac{\partial(f_1/f_2)}{\partial x_2}dx_2$$

이고, 또

$$dx_2 = -\left(\frac{f_1}{f_2}\right)dx_1$$

이므로, (11.6.6)은 이제 다음과 같이 된다.

$$\sigma = \frac{f_1(f_1x_1 + f_2x_2)}{f_2x_1x_2\left(f_1\dfrac{\partial(f_1/f_2)}{\partial x_2} - f_2\dfrac{\partial(f_1/f_2)}{\partial x_1}\right)}$$

윗식을 다시 정리하고, $D = 2f_{12}f_1f_2 - f_1^2f_{22} - f_2^2f_{11}$이라 놓으면, 요소의 대체탄력도는

$$\sigma = \frac{f_1f_2(f_1x_1 + f_2x_2)}{x_1x_2D} \tag{11.6.7}$$

로 나타낼 수 있다.

예 2 코브-더글러스 생산함수가 다음과 같이 주어졌다고 하자.

$$q = Ax_1^{\alpha}x_2^{\beta}$$

이 때, (11.6.7)로부터 코브-더글러스 생산함수의 대체탄력도가 1임을 다음과 같이 구할 수 있다.

$$\sigma = \frac{\alpha q}{x_1}\,\frac{\beta q}{x_2}\,\frac{(\alpha q + \beta q)}{x_1x_2}\,\frac{x_1^{\,2}x_2^{\,2}}{q^3\alpha\beta(\alpha+\beta)} = 1$$

練習問題 11.6

[1] 다음 수요함수의 가격탄력도를 구하여 보아라.

(a) $q=25/p^4$ (b) $q=(p-8)^2$ $(0 \leqq x \leqq 8)$

(c) $q=ae^{-kp}$

[2] 공식 (11.6.7)을 사용하여 *CES* 생산함수의 대체탄력도를 구하여라.

[3] 수요함수 $q=f(p)$에서 $(d\log_b q)/(d\log_b p)$ 또한 가격탄력도 η가 될 수 있음을 보여라.

11.7 最適時點의 選擇

성장률과 현재가치의 개념을 응용하는 예로서 **最適時點의 選擇**(optimal timing)이라는 문제가 있다. 예를 들어, 포도주 생산자가 일정한 양의 포도주를 저장하고 있다고 할 때, 포도주를 지금 판매하면 K원의 수입을 올릴 수 있지만 좀더 저장하여 t기에 판매하면 K원보다 많은 V원의 수입을 올릴 수 있다고 하자. 그리고 포도주의 저장비용은 0이지만, 포도주의 저장기간이 증가함에 따라 포도주의 가치는 다음 함수에 따라 증가한다고 가정하여 보자.

$$V=Ke^{\sqrt{t}} \tag{11.7.1}$$

이와 같은 경우에 언제 포도주를 판매하는 것이 포도주 생산자의 수입을 극대화할 것인가? 여기서 K와 V를 직접 비교할 수가 없기 때문에, V의 현재가치를 구해 K와 비교하지 않으면 안 된다. 이제, 시간이 연속적이고 이자율이 r라 하면, V의 현재가치는 A는 다음과 같다.

$$A(t)=Ve^{-rt}=Ke^{\sqrt{t}}e^{-rt}=Ke^{\sqrt{t}-rt} \tag{11.7.2}$$

따라서 포도주 생산자의 문제는 $A(t)$를 극대화하는 t를 구하는 것임을 알 수 있다. 이제, $A(t)$ 극대화의 일차조건을 구하기 위해 (11.7.2)의 양변에 자연로그를 취하면 다음과 같다.

$$\ln A(t)=\ln K+\ln e^{\sqrt{t}-rt}=\ln K+\sqrt{t}-rt \tag{11.7.3}$$

그리고 (11.7.3)을 시간에 대해 미분하면 다음을 얻는다.

$$\frac{1}{A}\frac{dA}{dt}=\frac{1}{2}t^{-\frac{1}{2}}-r$$

즉,

$$\frac{dA}{dt}=A\left(\frac{1}{2}t^{-\frac{1}{2}}-r\right) \tag{11.7.4}$$

그런데 $A\neq 0$ 이므로, $A(t)$ 극대화를 위한 일차조건은 다음과 같다.

$$\frac{1}{2}t^{-\frac{1}{2}}-r=0$$

마지막으로, 윗식을 정리하면 다음을 얻을 수 있다.

$$\bar{t}=\left(\frac{1}{2r}\right)^2=\frac{1}{4r^2} \tag{11.7.5}$$

예를 들어, 만약 $r=0.10$ 이라면 $\bar{t}=25$ 가 되므로, 포도주 생산자는 포도주를 25 년간 저장한 다음에 판매하는 것이 이윤을 극대화하는 방법이 된다. 그런데 (11.7.5)로부터 이자율, 즉 할인율이 높으면 높을수록 이윤을 극대화하는 포도주의 저장기간이 짧아지게 된다는 것을 알 수 있다.

여기서 이와 같은 이윤극대화의 일차조건의 의미를 음미해 보면 다음과 같은 사실을 알 수 있다. 먼저 V의 성장률은 다음과 같다.

$$\ln V=\ln K+\sqrt{t}$$

$$r=\frac{1}{2}t^{-\frac{1}{2}} \tag{11.7.6}$$

따라서 (11.7.5)의 일차조건은 (11.7.6)에서 구한 V의 성장률이 할인율 r와 일치해야 함을 나타낸다. 즉, V의 성장률은 t가 증가함에 따라 감소하게 되는데, V의 성장률이 점차 감소하여 포도주 저장의 기회비용인 할인율 r와 같아질 때, 이윤극대화의 이차조건은 어떻게 될 것인가? 이를 보기 위해 (11.7.4)를 다시 시간에 대해 미분하면 다음을 얻는다.

$$\begin{aligned}\frac{d^2A}{dt^2}&=\frac{d}{dt}A\left(\frac{1}{2}t^{-\frac{1}{2}}-r\right)\\&=A\frac{d}{dt}\left(\frac{1}{2}t^{-\frac{1}{2}}-r\right)+\left(\frac{1}{2}t^{-\frac{1}{2}}-r\right)\frac{dA}{dt}\end{aligned}$$

그런데 일차조건으로부터 $\frac{dA}{dt}=0$ 이므로

$$\frac{d^2A}{dt^2}=A\frac{d}{dt}\left(\frac{1}{2}t^{-\frac{1}{2}}-r\right)$$
$$=A\left(-\frac{1}{4}t^{-\frac{3}{2}}-r\right)$$
$$=-\frac{A}{4\sqrt{t^3}}-Ar \qquad (11.7.7)$$

윗식에서 $A>0$, $t>0$ 이므로, $\frac{d^2A}{dt^2}<0$ 임을 알 수 있고, 따라서 이차조건이 증명됨을 알 수 있다.

예 1 앞에서 본 포도주 저장의 경우와 같은 예의 하나로서 목재생산의 경우를 생각해 볼 수 있다. 목재의 가치는 시간이 경과함에 따라 증가하는데, t기 후의 목재의 가치가

$$V(t)=2^{\sqrt{t}}$$

로 나타난다고 하고, 목재를 기르는 데 비용이 전혀 들지 않는다고 할 때, 할인율이 r라 하면 목재를 벌목하여 판매할 최적시점은 어떻게 구해지겠는가?

포도주 저장의 예에서와 같이 V를 현재가치로 나타내면,

$$A(t)=V(t)e^{-rt}=2^{\sqrt{t}}e^{-rt}$$

가 되므로, 양변에 자연로그를 취하면 다음을 얻을 수 있다.

$$\ln A(t)=\ln 2^{\sqrt{t}}+\ln e^{-rt}=\sqrt{t}\ln 2-rt$$

따라서 A를 극대화하기 위한 일차조건을 구하면 다음과 같다.

$$\frac{d}{dt}(\ln A(t))=\frac{1}{2}t^{-\frac{1}{2}}\ln 2-r$$
$$\frac{1}{A}\frac{dA}{dt}=\frac{1}{2}t^{-\frac{1}{2}}\ln 2-r$$
$$\frac{dA}{dt}=A\left(\frac{1}{2}t^{-\frac{1}{2}}\ln 2-r\right)=0$$

그런데 $A>0$ 이므로,

$$\frac{1}{2}t^{-\frac{1}{2}}\ln 2-r=0$$

로부터 최적시점을 다음과 같이 구할 수 있다.

$$\bar{t}=\left(\frac{\ln 2}{2r}\right)^2$$

한편, A를 극대화하기 위한 이차조건을 구해 보면 다음과 같다.

$$\frac{d^2A}{dt^2}=\left(\frac{1}{2}t^{-\frac{1}{2}}\ln 2-r\right)\frac{dA}{dt}+A\frac{d}{dt}\left(\frac{1}{2}t^{-\frac{1}{2}}\ln 2-r\right)$$
$$=\left(\frac{1}{2}t^{-\frac{1}{2}}\ln 2-r\right)\frac{dA}{dt}-\frac{1}{4}At^{-\frac{3}{2}}\ln 2$$

이 때, 윗식의 첫번째 항에서 $\frac{1}{2}t^{-\frac{1}{2}}\ln 2-r$는 앞에서의 일차조건으로부터 0이 되므로, 위의 이차조건은 다음과 같이 쓸 수 있다.

$$\frac{d^2A}{dt}=-\frac{1}{4}At^{-\frac{3}{2}}\ln 2<0$$

따라서 앞에서 구한 $\bar{t}$는 최적시점이 됨을 알 수 있다. 그리고 이 때, 만일 $r=0.05$라고 하면 최적시점과 그 때 얻는 수입의 현재가치는 다음과 같이 구할 수 있다.

$$\bar{t}=\left(\frac{0.6931}{0.10}\right)^2=(6.931)^2=48(\text{년})$$
$$\bar{A}=2^{6.931}e^{-0.05\times 48}=(121.9)e^{-2.40}\fallingdotseq 110.59$$

練習問題 11.7

[1] 포도주의 가치가 $V=Ke^{2\sqrt{t}}$로 증가하는 경우, 포도주 판매의 최적시점을 구하여라.

[2] 최적시점을 선택하는 문제로서 다음을 보여라.

(a) 시간에 따라 성장하는 어떤 재화의 가치함수가 $V=f(t)$로 주어져 있고 할인율이 r라 할 때, V의 현재가치 A를 극대화하는 일차조건은 V의 성장률과 r가 일치하는 것이다.

(b) 이 경우 극대화의 이차조건은 V의 성장률이 감소하는 것이다.

11.8 三角函數*

1. 三角函數의 定義

角의 크기는 측도로서 度(degree)와 라디안(radian)이 쓰인다. 한 일반각의 꼭지점 O가 반지름 r인 원의 중심에 놓여 있다고 하자. 이 각의 두 변과

[그림 11-4]

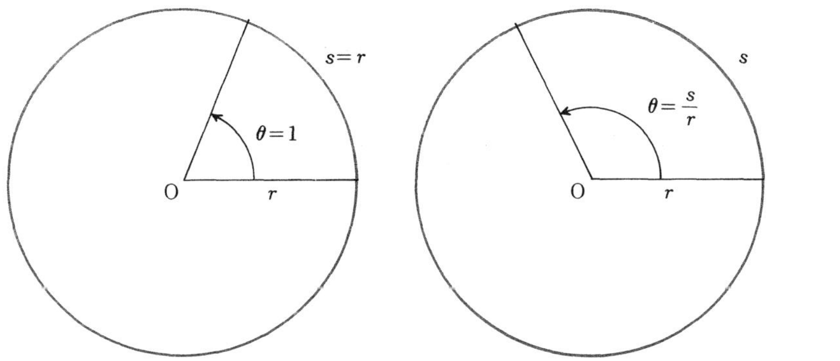

원에 의하여 생기는 호의 길이를 s라 할 때, $\theta=\frac{s}{r}$를 이 각의 라디안측도라 한다.

주어진 각의 크기를 도수로 나타낸 것이 d이고 라디안으로 나타낸 것이 θ일 때, d와 θ 사이에는 다음 관계식이 성립한다.

$$\frac{d}{180}=\frac{\theta}{\pi} \tag{11.8.1}$$

예를 들면,

$$90^\circ=\frac{\pi}{2},\quad 180^\circ=\pi,\quad 270^\circ=\frac{3\pi}{2},\quad 360^\circ=2\pi$$

반지름이 1인 원을 흔히 單位圓(unit circle)이라 한다. [그림 11-4]에서와 같이, X축과 Y축을 직교좌표축으로 갖는 좌표평면에서 X축을 始線으로 하고 각의 크기가 θ(라디안)인 일반각의 終線이 단위원과 점 P에서 만난다고 할 때, 점 P의 X좌표와 Y좌표를 각각

$$\cos\theta,\quad \sin\theta$$

라고 정의한다. 또,

$$\tan\theta=\frac{\sin\theta}{\cos\theta},\quad \cot\theta=\frac{\cos\theta}{\sin\theta}=\frac{1}{\tan\theta}$$

$$\sec\theta=\frac{1}{\cos\theta},\quad \operatorname{cosec}\theta=\frac{1}{\sin\theta} \tag{11.8.2}$$

이라고 정의한다.

[그림 11-5]

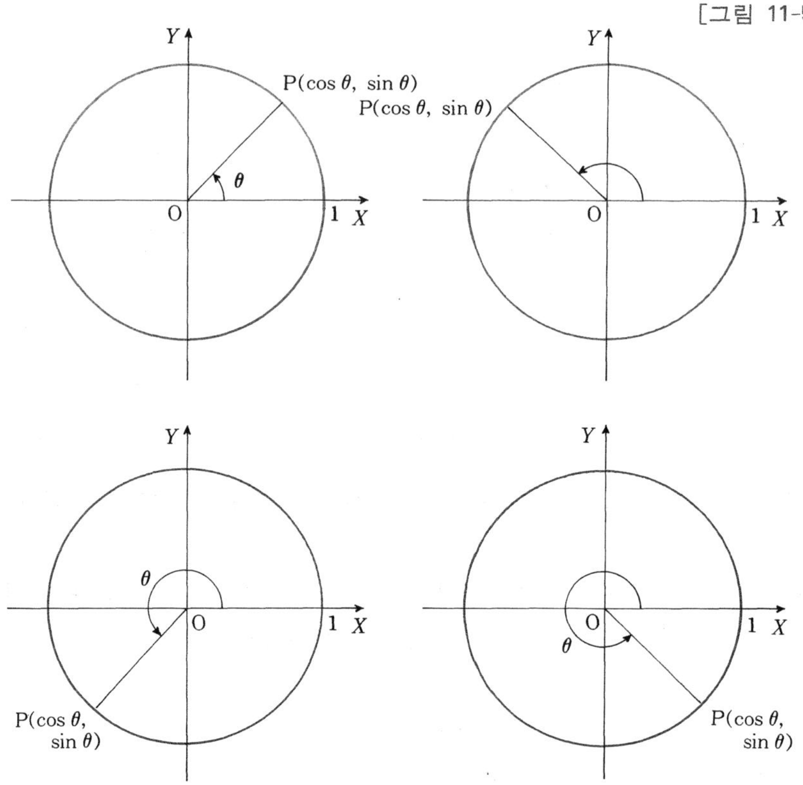

θ	0	$\frac{\pi}{6}$	$\frac{\pi}{4}$	$\frac{\pi}{3}$	$\frac{\pi}{2}$
$\sin\theta$	0	$\frac{1}{2}$	$\frac{\sqrt{2}}{2}$	$\frac{\sqrt{3}}{2}$	1
$\cos\theta$	1	$\frac{\sqrt{3}}{2}$	$\frac{\sqrt{2}}{2}$	$\frac{1}{2}$	0

이미 잘 알고 있는 바와 같이, 이들 사이에는 다음과 같은 항등식이 성립한다.

(Ⅰ)

$$\sin\left(\theta+\frac{\pi}{2}\right)=\cos\theta$$

$$\cos\left(\theta+\frac{\pi}{2}\right)=-\sin\theta$$

$$\tan\left(\theta+\frac{\pi}{2}\right)=-\cot\theta \qquad (11.8.3)$$

(Ⅱ)
$$\sin(-\theta) = -\sin\theta$$
$$\cos(-\theta) = \cos\theta$$
$$\cos^2\theta + \sin^2\theta = 1 \qquad (11.8.4)$$

(Ⅲ)
$$1 + \tan^2\theta = \sec^2\theta$$
$$\cot^2\theta + 1 = \mathrm{cosec}^2\theta \qquad (11.8.5)$$

여기서 $\cos^2\theta$는 $(\cos\theta)^2$을 의미한다.

실수 x에 대하여, 앞에서 생각한 바와 같이 크기가 x라디안인 일반각에 대한 값

$$\sin x, \quad \cos x, \quad \tan x$$
$$\cot x, \quad \sec x, \quad \mathrm{cosec}\, x$$

를 대응시키는 함수를 각각

사인(sine)함수, 코사인(cosine)함수,
탄젠트(tangent)함수, 코탄젠트(cotangent)함수,
시컨트(secant)함수, 코시컨트(cosecant)함수

라 하고, 이들을 통틀어 **三角函數**(trigonometric function)라 한다.

다음은 sine 함수, cosine 함수, tangent 함수, secant 함수의 정의역, 치역 및 그래프를 나타낸 것이다.

「그림 11-6」

sin: $\mathbf{R} \longrightarrow [-1, 1]$

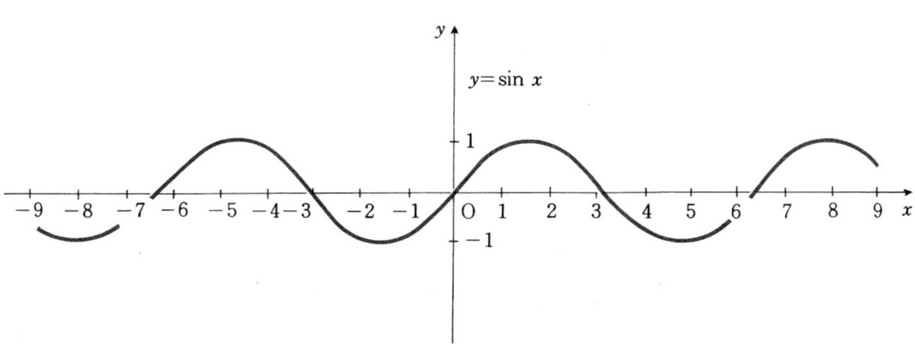

[그림 11-7]

cos: $\mathbf{R} \longrightarrow [-1, 1]$

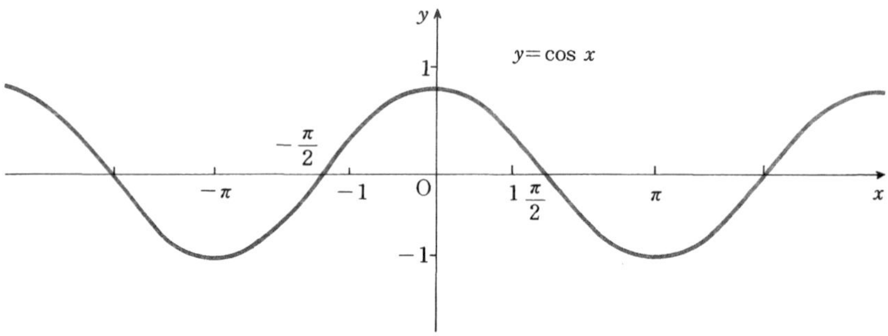

[그림 11-8]

tan: $A \longrightarrow \mathbf{R}$, $A=\{x \in \mathbf{R} \mid x=\frac{\pi}{2}n,\ n \in \mathbf{Z}\}$

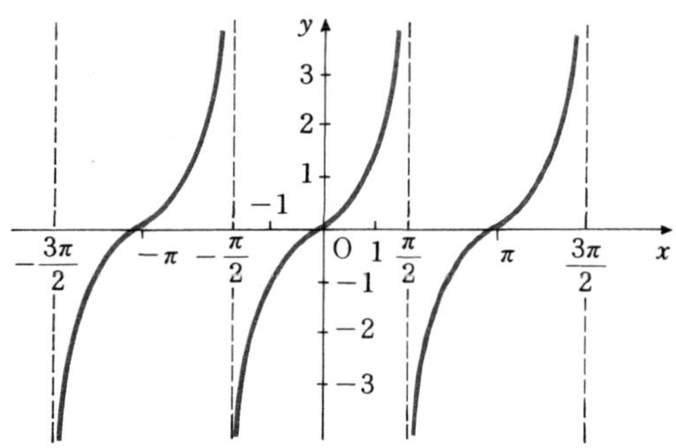

[그림 11-9]

sec: $A \longrightarrow \{y \in \mathbf{R} \mid |y| \geq 1\}$, $A=\{x \in \mathbf{R} \mid x \neq \frac{\pi}{2}n,\ n=\mathbf{Z}\}$

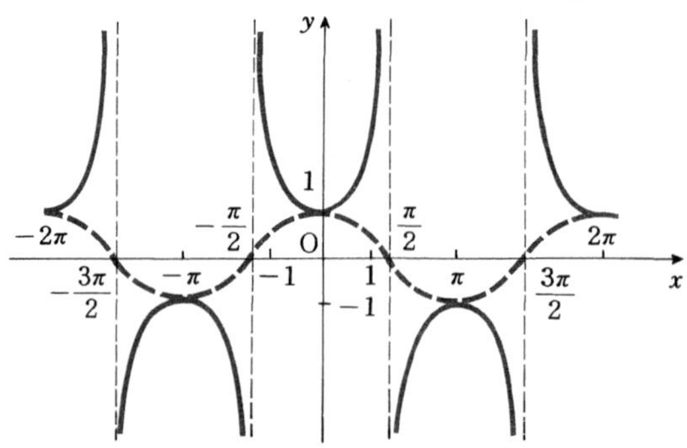

2. 三角函數에 관한 公式

삼각함수의 도함수를 구하기 위해서 다음의 극한 공식이 필요하다.

[定理 11.8.1]

(1) $\lim_{\theta \to 0} \frac{\sin\theta}{\theta} = 1$

(2) $\lim_{\theta \to 0} \frac{1-\cos\theta}{\theta} = 0$

위의 공식 (1)을 증명하기 위하여, [그림 11-10]과 같이 중심각의 크기가 $\theta\left(0<\theta<\frac{\pi}{2}\right)$인 부채꼴 OAB를 생각하자. 점 A에서 원에 그은 접선과 선분 OB의 연장과 만난 점을 T라 하면, 다음 부등식이 성립한다.

$$\triangle\text{OAB의 면적} < \text{부채꼴 OAB의 면적} < \triangle\text{OAT의 면적}$$

한편, $B(\cos\theta,\ \sin\theta)$이므로,

$$\triangle\text{OAB의 높이} = \sin\theta, \quad \text{선분 AT의 길이} = \tan\theta$$

따라서

$$\frac{1}{2}\cdot 1\cdot \sin\theta < \frac{1}{2}\cdot 1^2\cdot\theta < \frac{1}{2}\cdot 1\cdot\tan\theta$$

즉,

$$\sin\theta < \theta < \tan\theta$$

[그림 11-10]

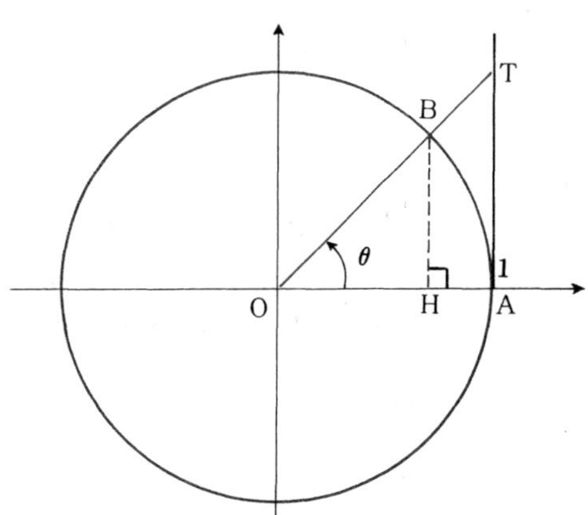

이 부등식의 각 변을 $\sin\theta$로 나눈 다음에 각 변의 역수를 택하면

$$1>\frac{\sin\theta}{\theta}>\cos\theta$$

분명히 $\lim_{\theta\to0^+}\cos\theta=\cos 0=1$ 이므로,

$$1=\lim_{\theta\to0^+}1\geq\lim_{\theta\to0^+}\frac{\sin\theta}{\theta}\geq\lim_{\theta\to0^+}\cos\theta=1$$

따라서

$$\lim_{\theta\to0^+}\frac{\sin\theta}{\theta}=1 \tag{11.8.6}$$

한편, $-\frac{\pi}{2}<\theta<0$ 인 경우에는 $\theta=-\theta'$라 놓으면 $0<\theta'<\frac{\pi}{2}$이고, 또한 $\sin(-\theta')=-\sin\theta'$이다. 따라서

$$\lim_{\theta\to0^-}\frac{\sin\theta}{\theta}=\lim_{\theta'\to0^+}\frac{\sin(-\theta')}{-\theta'}=\lim_{\theta\to0^+}\frac{\sin\theta'}{\theta'}=1 \tag{11.8.7}$$

그러므로 (11.8.6)과 (11.8.7)에 의하여,

$$\lim_{\theta\to0}\frac{\sin\theta}{\theta}=1$$

이므로 공식 (1)이 성립한다.

다음에 항등식 (11.8.5)에 의하여

$$\cos^2\theta+\sin^2\theta=1$$

이므로,

$$\frac{1-\cos\theta}{\theta}=\frac{1-\cos^2\theta}{\theta(1+\cos\theta)}=\frac{\sin^2\theta}{\theta(1+\cos\theta)}$$

따라서 공식 (1)에 의하여

$$\begin{aligned}\lim_{\theta\to0}\frac{1-\cos\theta}{\theta}&=\lim_{\theta\to0}\left[\frac{\sin\theta}{\theta}\cdot\frac{\sin\theta}{1+\cos\theta}\right]\\&=\left[\lim_{\theta\to0}\frac{\sin\theta}{\theta}\right]\cdot\left[\lim_{\theta\to0}\frac{\sin\theta}{1+\cos\theta}\right]\\&=1\cdot\frac{0}{1+1}\\&=0\end{aligned}$$

이므로 공식 (2)는 성립한다.

예 1 $\lim_{h\to 0}\dfrac{\sin 3h}{h}=3$

실제로, $\theta=3h$ 라 놓으면, $h\to 0$ 일 때 $\theta\to 0$ 이다. 따라서

$$\lim_{h\to 0}\frac{\sin 3h}{h}=\lim_{\theta\to 0}\frac{3\sin\theta}{\theta}=3\lim_{\theta\to 0}\frac{\sin\theta}{\theta}=3$$

삼각함수에 대해서는 여러 가지 공식이 성립한다. 여기서는 삼각함수의 도함수를 유도하는 데 필요한 공식을 증명 없이 소개하기로 한다.

Ⅰ. 덧셈公式

$$\sin(\alpha\pm\beta)=\sin\alpha\cos\beta\pm\cos\alpha\sin\beta$$
$$\cos(\alpha\pm\beta)=\cos\alpha\cos\beta\mp\sin\alpha\sin\beta$$
$$\tan(\alpha\pm\beta)=\frac{\tan\alpha\pm\tan\beta}{1\mp\tan\alpha\tan\beta} \tag{11.8.8}$$

Ⅱ. 倍角의 公式

$$\sin 2\theta=2\sin\theta\cos\theta$$
$$\begin{aligned}\cos 2\theta&=\cos^2\theta-\sin^2\theta\\&=2\cos^2\theta-1=1-2\sin^2\theta\end{aligned}$$
$$\tan 2\theta=\frac{2\cos\theta}{1-\tan^2\theta} \tag{11.8.9}$$
$$\sin^2\theta=\frac{1-\cos 2\theta}{2}$$
$$\cos^2\theta=\frac{1+\cos 2\theta}{2} \tag{11.8.10}$$

예 2 $\sin\dfrac{5\pi}{12}=\sin\left(\dfrac{\pi}{4}+\dfrac{\pi}{6}\right)=\sin\dfrac{\pi}{4}\cos\dfrac{\pi}{6}+\cos\dfrac{\pi}{4}\sin\dfrac{\pi}{6}$

$$=\frac{1}{\sqrt2}\cdot\frac{\sqrt3}{2}+\frac{1}{\sqrt2}\cdot\frac{1}{2}=\frac{\sqrt3+1}{2\sqrt2}=\frac{\sqrt6+\sqrt2}{4}$$

예 3

$$\cos^2\frac{\pi}{12}=\frac{1+\cos\dfrac{\pi}{6}}{2}=\frac{1+\dfrac{\sqrt3}{2}}{2}=\frac{2+\sqrt3}{4},\quad \cos\frac{\pi}{12}>0$$

$$\cos\frac{\pi}{12}=\frac{\sqrt{2+\sqrt3}}{2}=\frac{\sqrt{8+2\sqrt2}}{4}=\frac{\sqrt6+\sqrt2}{4}$$

3. 三角函數의 微分法

이제, 삼각함수의 도함수를 구해 보자. 먼저 도함수의 정의 및 덧셈공식 (11.8.8)을 이용하여, 사인함수의 도함수를 구한다.

$$\begin{aligned}\frac{d}{dx}\sin x &= \lim_{\Delta x\to 0}\frac{\sin(x+\Delta x)-\sin x}{\Delta x}\\ &= \lim_{\Delta x\to 0}\frac{\sin x\cos\Delta x+\cos x\sin\Delta x-\sin x}{\Delta x}\\ &= \lim_{\Delta x\to 0}\left(-\sin x\frac{1-\cos\Delta x}{\Delta x}+\cos x\frac{\sin\Delta x}{\Delta x}\right)\end{aligned}$$

한편, [定理 11.8.1]에 의하여

$$\lim_{\Delta x\to 0}\frac{\sin\Delta x}{\Delta x}=1,\quad \lim_{\Delta x\to 0}\frac{1-\cos\Delta x}{\Delta x}=0$$

이므로, 위의 등식으로부터

$$\begin{aligned}\frac{d}{dx}\sin x &= -\sin x\lim_{\Delta x\to 0}\frac{1-\cos\Delta x}{\Delta x}+\cos x\lim_{\Delta x\to 0}\frac{\sin\Delta x}{\Delta x}\\ &= (-\sin x)\cdot 0+(\cos x)\cdot 1=\cos x\end{aligned}$$

따라서

$$\frac{d}{dx}\sin x=\cos x \tag{11.8.11}$$

다음에, (11.8.3)에 의하여

$$\cos x=\sin\left(x+\frac{\pi}{2}\right),\quad \cos\left(x+\frac{\pi}{2}\right)=-\sin x$$

이므로, 연쇄법칙([定理 6.3.3])과 (11.8.11)을 이용하여 코사인함수의 도함수를 구하면,

$$\begin{aligned}\frac{d}{dx}\cos x &= \frac{d\sin\left(x+\frac{\pi}{2}\right)}{dx}\\ &= \cos\left(x+\frac{\pi}{2}\right)=-\sin x\end{aligned}$$

따라서

$$\frac{d}{dx}\cos x=-\sin x \tag{11.8.12}$$

한편, 탄젠트함수의 도함수를 구하기 위하여 (11.8.11), (11.8.12) 및 미분공식([定理 6.3.2]의 (4))을 이용하면,

$$\begin{aligned}\frac{d}{dx}\tan x &= \frac{d}{dx}\left(\frac{\sin x}{\cos x}\right)\\ &= \frac{(\sin x)'\cos x - \sin x(\cos x)'}{\cos^2 x}\\ &= \frac{\cos x\cos x + \sin x\sin x}{\cos^2 x} = \frac{1}{\cos^2 x} = \sec^2 x\end{aligned}$$

따라서

$$\frac{d}{dx}\tan x = \sec^2 x \qquad (11.8.13)$$

끝으로, 정의식

$$\cot x = \frac{1}{\tan^2 x},\quad \sec x = \frac{1}{\cos x},\quad \operatorname{cosec} x = \frac{1}{\sin x}$$

을 이용하면 다음 定理의 나머지 부분도 증명할 수 있다.

[定理 11.8.2]

(1) $\frac{d}{dx}\sin x = \cos x,\qquad \frac{d}{dx}\cos x = -\sin x$

(2) $\frac{d}{dx}\tan x = \sec^2 x,\qquad \frac{d}{dx}\cot x = -\operatorname{cosec}^2 x$

(3) $\frac{d}{dx}\sec x = \sec x\tan x,\qquad \frac{d}{dx}\operatorname{cosec} x = -\operatorname{cosec} x\cot x$

위의 定理와 연쇄법칙에 의하여 다음 定理도 성립한다.

[定理 11.8.3]

(1) $\frac{d}{dx}\sin^n x = \frac{d}{dx}(\sin x)^n = n\sin^{n-1}x\cos x \qquad (n \geq 1)$

$\frac{d}{dx}\sin f(x) = (\cos f(x))f'(x)$

(2) $\frac{d}{dx}\cos^n x = \frac{d}{dx}(\cos x)^n = -n\cos^{n-1}x\sin x \qquad (n \geq 1)$

$\frac{d}{dx}\cos f(x) = (-\sin f(x))f'(x)$

예 4

$$\frac{d}{dx}\sin^2 x = 2\sin x\cos x = \sin 2x$$

$$\frac{d}{dx}\sin(3x^2-4) = (\cos(3x^2-4))(6x) = 6x\cos(3x^2-4)$$

예 5

$$\frac{d}{dx} = \cos e^x = (-\sin e^x)e^x = -e^x\sin e^x$$

$$\frac{d}{dx}e^{\cos x} = e^{\cos x}(-\sin x) = -\sin x e^{\cos x}$$

예 6

$$\frac{d}{dx}\sec x = \frac{d}{dx}\left(\frac{1}{\cos x}\right)$$

$$= \frac{-(\cos x)'}{\cos^2 x} = \frac{\sin x}{\cos^2 x}$$

$$= \frac{1}{\cos x}\,\frac{\sin x}{\cos x} = \sec x\tan x$$

$$\frac{d^2}{dx^2}\sec x = \frac{d}{dx}(\sec x\tan x)$$

$$= (\sec x)'\tan x + \sec x(\tan x)'$$

$$= \sec x\tan x\tan x + \sec x\sec^2 x$$

$$= \sec x(\tan^2 x + \sec^2 x)$$

練習問題 11.8

[1] 다음 극한값을 구하여라.

(a) $\lim_{\theta\to 0}\frac{1-\cos\theta}{\theta^2}$　　(b) $\lim_{\theta\to 0}\frac{1-\cos\theta}{\theta\sin\theta}$

(c) $\lim_{\theta\to 0}\frac{\sin 4\theta}{\theta}$

[2] 다음 함수의 도함수를 구하여라.

(a) $y=\cot x$　　(b) $y=\mathrm{cosec}\, x$

(c) $y=\sin\sqrt{x}$　　(d) $y=x\tan x$

(e) $y=\ln(\sin x)$　　(f) $y=e^x\cos x$

[3] 다음 함수의 도함수를 구하여라.

(a) $y=\sin^3 4x$　　(b) $y=\cos^2 3x$

(c) $y=(\sin x+1)^2$　　(d) $y=\sin^2(x+1)$

제12장

積 分 法

12.1 不定積分
12.2 積 分 法
12.3 定 積 分
12.4 特異積分
12.5 不定積分의 應用
12.6 定積分의 應用
12.7 도마의 成長모델

제12장 積分法

이 장에서는 不定積分과 定積分을 정의하고 積分法에 대하여 논한다. 그리고 特異積分을 정의하고 부정적분과 정적분의 응용에 대하여 간단히 논한다.

12.1 不定積分

1. 不定積分의 定義

함수 $F(x)$의 도함수가 $f(x)$일 때, 즉

$$F(x)=f(x)$$

일 때, $F(x)$를 $f(x)$의 **原始函數**(primitive function) 또는 **逆導函數**(antiderivative)라 한다.

예를 들면,

$$\frac{d}{dx}x^3=3x^2, \quad \frac{d}{dx}(x^3+4)=3x^2$$

이므로, x^3과 x^3+4는 모두 $3x^2$의 원시함수이다.

일반적으로, 함수 $f(x)$의 한 원시함수가 $F(x)$일 때, 또 다른 원시함수를 $G(x)$라 하면,

$$\frac{d}{dx}G(x)=f(x)=\frac{d}{dx}F(x), \quad \text{즉} \quad \frac{d}{dx}\{G(x)-F(x)\}=0$$

이므로, 적당한 상수 C가 존재하여

$$G(x)-F(x)=C, \quad \text{즉} \quad G(x)=F(x)+C$$

가 성립한다. 따라서 함수 $f(x)$의 임의의 원시함수를

$$\int f(x)\,dx \tag{12.1.1}$$

로 나타내면, 다음이 성립한다.

$$\frac{d}{dx}F(x)=f(x) \iff \int f(x)\,dx=F(x)+C \qquad (12.1.2)$$

이 때, (12.1.1)을 $f(x)$의 **不定積分**(indefinite sign)이라 하고, $\int$를 **積分記號**(integral sign), $f(x)$를 **被積分函數**(integrand), x를 **積分變數**(variable of integration), C를 **積分常數**(integration constant)라 한다.

어떤 함수의 부정적분을 구하는 것을 **積分한다**(integrate)고 하며, 그 계산법을 **積分法**(integration)이라 한다.

2. 不定積分의 性質

미분에 관한 기본공식과 이미 알고 있는 微分公式

$$\frac{d}{dx}\left(\frac{x^{n+1}}{n+1}\right)=x \ (n\neq -1), \quad \frac{d}{dx}\ln x=\frac{1}{x} \ (x>0),$$

$$\frac{d}{dx}e^x=e^x, \quad \frac{d}{dx}\ln|x|=\frac{1}{x}$$

을 이용하면, 다음 두 定理를 얻는다.

[定理 12.1.1] 積分公式 I

(1) $\int x^n dx=\frac{1}{n+1}x^{n+1}+C \ (n\neq -1)$

(2) $\int \frac{1}{x}dx=\ln x+C \ (x>0)$, $\quad \int \frac{1}{x}dx=\ln|x|+C$

(3) $\int e^x dx=e^x+C$

[定理 12.1.2] 積分公式 II

(1) $\int \sin x\,dx=-\cos x+C$

(2) $\int \cos x\,dx=\sin x+C$

(3) $\int \sec^2 x\,dx=\tan x+C$

(4) $\int \mathrm{cosec}^2 x\,dx=-\cot x+C$

[定理 12.1.3]

(1) $\int kf(x)\,dx = k\int f(x)\,dx$

(2) $\int \{f(x) \pm g(x)\}\,dx = \int f(x)\,dx \pm \int g(x)\,dx$

예 1 $\int x^3 dx = \frac{1}{3+1}x^{3+1} + C = \frac{1}{4}x^4 + C, \quad \int 1\,dx = x + C$

예 2 $\int \sqrt{x}\,dx = \int x^{\frac{1}{2}} dx = \frac{1}{3/2}\,x^{\frac{3}{2}} + C = \frac{2}{3}x^{\frac{3}{2}} + C$

$\int \frac{1}{x^4} dx = \int x^{-4} dx = \frac{1}{-3}x^{-3} + C = \frac{-1}{3x^3} + C$

예 3 $\int (x^3 + 4x)\,dx = \int x^3 dx + 4\int x\,dx = \frac{1}{4}x^4 + C_1 + 4\left(\frac{1}{2}x^2 + C_2\right)$

$= \frac{1}{4}x^4 + 2x^2 + C \quad (C = C_1 + 4C_2)$

예 4 $\int \left(e^x + \frac{1}{x}\right) dx = \int e^x dx + \int \frac{1}{x} dx = e^x + \ln|x| + C$

$\int \left(5e^x - x^2 + \frac{3}{x}\right) dx = 5\int e^x dx - \int x^2 dx + \int \frac{3}{x} dx$

$= (5e^x + C_1) - \left(\frac{x^3}{3} + C_2\right) + (3\ln|x| + C_3)$

$= 5e^x - \frac{x^3}{3} + 3\ln|x| + C$

예 5 $\int (\tan x + 5)\cos x\,dx = \int (\sin x + 5\cos x)\,dx$

$= \int \sin x\,dx + 5\int \cos x\,dx = -\cos x + 5\sin x + C$

練習問題 12.1

[1] 다음을 구하여라.

(a) $\int 4x^{10} dx$

(b) $\int 2x^{-4} dx$

(c) $\int \frac{3}{x} dx$

(d) $\int (2x^6 - 4x^3 + 4)\,dx$

(e) $\int (1-x)\,dx$

(f) $\int (ax^2+bx+c)\,dx$

[2] 다음을 구하여라.

(a) $\int 4e^x dx$

(b) $\int \left(e^x - \frac{2}{x}\right) dx$

(c) $\int (5x+e^x)\,dx$

(d) $\int \left(\frac{4}{x}+\frac{1}{x^2}\right) dx$

[3] 다음을 구하여라.

(a) $\int (x+\cos x)\,dx$

(b) $\int (e^x + \sin x)\,dx$

(c) $\int \left(\frac{1}{x}+4\cos x\right) dx$

(d) $\int (2\sin x+3\cos x)\,dx$

12.2 積 分 法

어떤 함수를 적분하는 문제는 미분하는 문제처럼 기계적으로 할 수만은 없다. 앞 절의 예와는 달리, 기본공식만을 써서는 적분하기 어려운 경우가 있기 때문이다.

다음에 소개하는 두 積分法을 이용하면 간단히 해결되는 경우가 많다.

1. 置換積分法

부정적분의 정의에 의하여 다음을 얻는다. 즉,

$$\int f(u)\,du = F(u) + C \Longleftrightarrow \frac{dF(u)}{du} = f(u)$$

한편, 이제 $u=g(x)$가 x의 함수이면, $F(u)=F(g(x))$는 x의 함수이고, 따라서 連鎖法則에 의하여 다음이 성립한다.

$$\frac{dF(g(x))}{dx} = \frac{dF(u)}{dx} = \frac{dF(u)}{du}, \quad \frac{du}{dx} = f(u)\,\frac{du}{d} = f(g(x))g'(x)$$

그러므로 부정적분의 정의에 의하여

$$\int f(g(x))g'(x)\,dx = F(g(x)) + C$$

이로써 다음 定理가 증명된 셈이다.

[定理 12.2.1] 置換積分法

$$\int f(u)\,du = F(u) + C$$

이고, 함수 $u=g(x)$가 미분가능할 때,

$$\int f(g(x))g'(x)\,dx = F(g(x)) + C \qquad (12.2.1)$$

이 定理의 방법과 같이, 변수를 바꾸어 적분을 계산하는 방법을 **置換積分法**(integration by substituion)이라 한다.

위의 定理에서 $u=g(x)$, $du=g'(x)dx$이므로, (12.2.1)은 다음과 같이 쓸 수 있다.

$$\int f(g(x))\,d(g(x)) = F(g(x)) + C$$

예 1 $\int (x^2+1)^2 2x\,dx$에서 $u=x^2+1$이라 놓으면 $du=2x\,dx$이므로

$$\int (x^2+1)^2 2x\,dx = \int u^2 du = \frac{u^3}{3} + C = \frac{1}{3}(x^2+1)^3 + C$$

예 2 $\int 30x^2(x^3+4)^9 dx$를 積分하기 위하여 $u=x^3+4$라 놓으면,

$$du = 3x^2 dx, \quad 10du = 30x^2 dx$$

따라서

$$\int 30x^2(x^3+4)^9 dx = \int 10u^9 du = u^{10} + C = (x^3+4)^{10} + C$$

예 3 $\int 8e^{2x+1} dx$에서 $u=2x+1$이라 놓으면,

$$du = 2dx, \quad 4du = 8dx$$

따라서

$$\begin{aligned}\int 8e^{2x+1} dx &= \int 4e^u du \\ &= 4\int e^u du \\ &= 4e^u + C = 4e^{2x+1} + C\end{aligned}$$

예 4 $\int \frac{dx}{(2x+1)^2}$에서 $u=2x+1$이라 놓으면 $du=2dx$이므로,

$$\int \frac{dx}{(2x+1)^2}=\int \frac{1}{2u^2}du=\frac{1}{2}\int u^{-2}du$$

$$=\frac{1}{2}(-u^{-1})+C=\frac{-1}{2(2x+1)}+C$$

예 5 $\int \sin^3 x \cos x\, dx$에서 $u=\sin x$라 놓으면 $du=\cos x\, dx$이므로,

$$\int \sin^2 x \cos x\, dx=\int u^3 du=\frac{1}{4}u^4+C=\frac{1}{4}\sin^4 x+C$$

예 6 $\int \frac{3x^2+4}{x^3+4x}dx$에서 $u=x^3+4x$라 놓으면 $du=(3x^2+4)dx$이므로,

$$\int \frac{3x^2+4}{x^3+4x}dx=\int \frac{1}{u}du=\ln|u|+C=\ln|x^3+4x|+C$$

위의 예 6에서와 같이, 置換積分法을 이용하여 다음이 성립함을 증명하여 보자.

$$\int \frac{f'(x)}{f(x)}dx=\ln|f(x)|+C \tag{12.2.2}$$

이제, $u=f(x)$라 놓으면 $du=f'(x)dx$이므로,

$$\int \frac{f'(x)}{f(x)}dx=\int \frac{1}{u}du=\ln|u|+C$$

$$=\ln|f(x)|+C$$

예 7 $\int \tan x\, dx=\int \frac{\sin x}{\cos x}dx$

$$=-\int \frac{-\sin x}{\cos x}dx=-\ln|\cos x|+C$$

2. 部分積分法

두 함수 $f(x)$와 $g(x)$가 모두 미분가능할 때,

$$\frac{d}{dx}f(x)g(x)=f'(x)g(x)+f(x)g'(x)$$

따라서 양변의 不定積分을 구하면,

$$f(x)g(x)=\int f'(x)g(x)\,dx+\int f(x)g'(x)\,dx$$

를 얻고, 이를 고쳐 쓰면 다음과 같이 된다.

$$\int f(x)g'(x)\,dx=f(x)g(x)-\int f'(x)g(x)\,dx$$

이로써, 다음 定理를 얻는다. 이 定理의 공식을 이용한 積分方法을 **部分積分法**(integration by parts)이라 한다.

[定理 12.2.2] 部分積分法

두 함수 $f(x)$와 $g(x)$가 미분가능할 때,

$$\int f(x)g'(x)\,dx=f(x)g(x)-\int f'(x)g(x)\,dx \qquad (12.2.3)$$

특히,

$$\int f(x)\,dx=xf(x)-\int xf'(x)\,dx \qquad (12.2.4)$$

예 8 부정적분 $\int xe^x dx$는 지금까지 배운 방법으로는 적분할 수 없으므로 部分積分法을 적용해 본다.

이제, $f(x)=x$, $g(x)=e^x$라 놓으면 $f'(x)=1$, $g'(x)=e^x$이므로,

$$\int xe^x dx=f(x)g(x)-\int f'(x)g(x)\,dx$$

따라서

$$\int xe^x dx=xe^x-\int e^x dx=xe^x-e^x+C$$

공식을 잘못 적용하면 주어진 적분보다 더 복잡한 적분으로 변형된다는 사실에 주의할 필요가 있다. 예를 들어, 위의 예에서

$$f(x)=e^x, \quad g(x)=\frac{1}{2}x^2$$

이라 놓으면,

$$f'(x)=e^x, \quad g(x)=x$$

따라서

$$\int xe^x dx = \frac{1}{2}e^x x^2 - \frac{1}{2}\int x^2 e^x dx$$

로 되어, 주어진 문제보다 더 복잡한 피적분함수가 나타나게 된다.

때에 따라서는 部分積分法을 두 번 이상 적용해야 할 경우도 있다. 예를 들면,

$$\int x^2 e^x dx = x^2 e^x - 2\int xe^x dx \qquad [f(x)=x^2,\ g(x)=e^x \text{으로 놓음}]$$
$$= x^2 e^x - 2xe^x + 2e^x + C \qquad [f(x)=x,\ g(x)=e^x \text{으로 놓음}]$$

예 9 $\int x(x+1)^2 dx$에서, $f(x)=x$, $g(x)=\frac{1}{3}(x+1)^3$이라 놓으면,

$$f'(x)=1, \quad g'(x)=(x+1)^2$$

따라서

$$\int x(x+1)^2 dx = \frac{1}{3}x(x+1)^3 - \frac{1}{3}\int (x+1)^3 dx$$
$$= \frac{1}{3}x(x+1)^3 - \frac{1}{12}(x+1)^4 + C$$

예 10 $\int \ln x\, dx$에 部分積分法을 적용하면,

$$\int \ln x\, dx = x\ln x - \int 1\, dx = x\ln x - x + C$$

예 11 $\int x\cos x\, dx$에서 $f(x)=x$, $g(x)=\sin x$라 놓으면,

$$f'(x)=1, \quad g'(x)=\cos x$$

따라서

$$\int x\cos x\, dx = x\sin x - \int \sin x\, dx = x\sin x + \cos x + C$$

練習問題 12.2

[1] 다음을 구하여라.

(a) $\int (2ax+b)(ax^2+bx)^5 dx$ (b) $\int 6e^{2x+3} dx$

(c) $\int \frac{dx}{x+2}$ (d) $\int \frac{2x}{x^2+3}dx$

[2] 다음을 구하여라.

(a) $\int (x+1)(x+2)^2 dx$ (b) $\int x \ln x\, dx$

(c) $\int xe^{-x} dx$ (d) $\int \ln 3x\, dx$

[3] 다음을 구하여라.

(a) $\int 3e^{3x+2} dx$ (b) $\int \sqrt{x+1}\, dx$

(c) $\int x\sqrt{x^2+1}\, dx$ (d) $\int \cot x\, dx$

12.3 定 積 分

1. 定積分의 定義

함수 $f(x)$가 폐구간 $[a, b]$에서 연속이고 $f(x) \geq 0$일 때, $y=f(x)$와 x軸 및 두 직선 $x=a$, $x=b$로 둘러싸인 그림의 넓이 S를 구해 보자.

폐구간 $[a, b]$를 n개의 소구간으로 등분하여 각 分點을 [그림 12-1]에서와 같이

$$a=x_0,\ x_1,\ x_2,\ \cdots,\ x_{n-1},\ x_n=b$$

라 하고, 각 소구간의 길이를 Δx라 하면, 빗금친 직사각형들의 넓이의 합은 다음과 같다.

$$f(x_0)\Delta x+f(x_1)\Delta x+\cdots+f(x_{n-1})\Delta x=\{f(x_0)+f(x_1)+\cdots+f(x_{n-1})\}\Delta x$$

이제, n을 한없이 크게 하면 폐구간 $[a, b]$는 아주 잘게 세분되고, 따라서 Δx는 한없이 작게 된다. 이 때, 직사각형들의 넓이의 합은 구하는 면적 S에 한없이 가까이 접근하게 됨을 직관적으로 알 수 있다. 다시 말해서, 구하는 넓이 S는 다음 극한값과 같다.

$$S=\lim_{\Delta x\to 0}\{f(x_0)+f(x_1)+\cdots+f(x_{n-1})\}\Delta x \qquad (12.3.1)$$

일반적으로, 임의의 함수 $f(x)$가 폐구간 $[a, b]$에서 연속일 때, 위와

[그림 12-1]

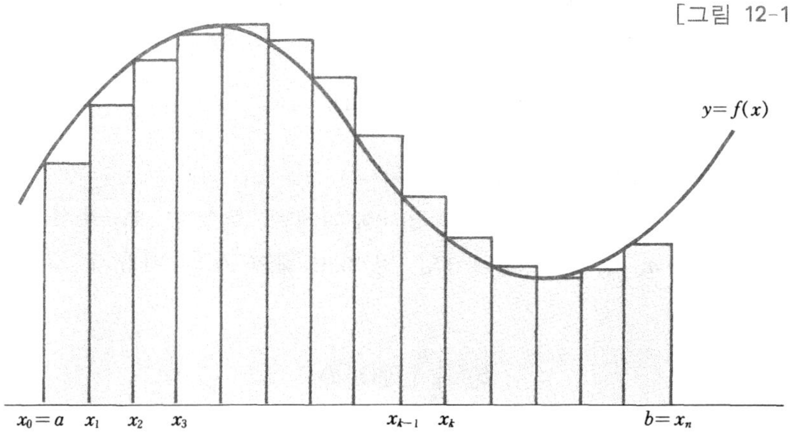

같이 하여 얻은 극한값 (12.3.1)을 기호

$$\int_a^b f(x)\,dx \tag{12.3.2}$$

로 표시하고, 이를 $f(x)$의 $x=a$에서 $x=b$까지의 **定積分**(definite integral)이라 한다. 또한 x를 **積分變數**(variable of integration), a를 定積分의 **아래끝**(lower limit of integration), b를 定積分의 **위끝**(upper limit of integration)이라 부른다. 그리고 다음과 같이 정의한다.

$$\int_a^a f(x)=0, \qquad \int_b^a f(x)\,dx=-\int_a^b f(x)\,dx \tag{12.3.3}$$

[그림 12-2]

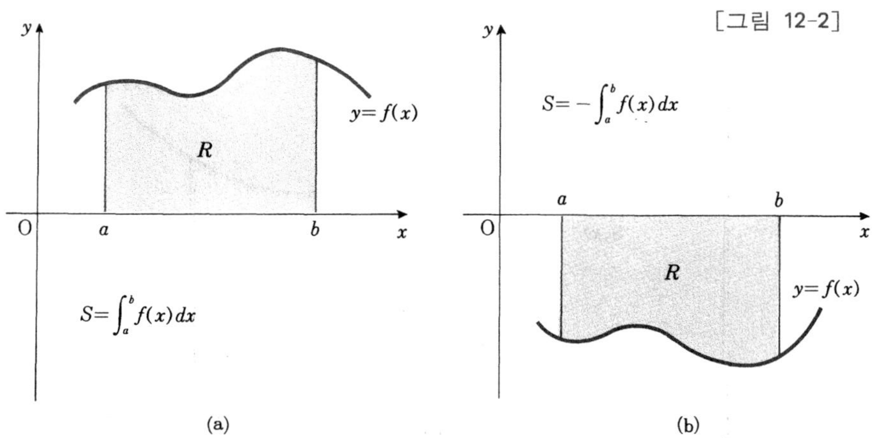

함수 $f(x)$가 폐구간 $[a, b]$에서 연속이고 $f(x) \geq 0$일 때, 곡선 $y=f(x)$ 아래의 $x=a$에서 $x=b$까지의 넓이 S가

$$S=\int_a^b f(x)\,dx$$

임은 定積分의 정의에 의하여 분명하다.

일반적으로, 함수 $f(x)$가 폐구간 $[a, b]$에서 연속일 때, 곡선 $y=f(x)$ 및 두 직선 $x=a$, $x=b$로 둘러싸인 영역의 넓이 S를 다음과 같이 정의한다.

$$S=\int_a^b |f(x)|\,dx \tag{12.3.4}$$

2. 定積分과 不定積分

[그림 12-3]에서 구간 $[a, b]$ 內의 한 점 x를 잡아 곡선 $y=f(x)$ 아래의 a에서 x까지의 넓이를 $S(x)$라 하면,

$$S(a)=\int_a^a f(x)\,dx=0, \quad S(b)=\int_a^b f(x)\,dx \tag{12.3.5}$$

이제, x의 증분 Δx에 대한 $S(x)$의 증분을 ΔS라 하면, 근사식

$$\Delta S=S(x+\Delta x)-S(x)=f(x)\Delta x$$

가 성립함을 직관적으로 알 수 있다. 따라서

[그림 12-3]

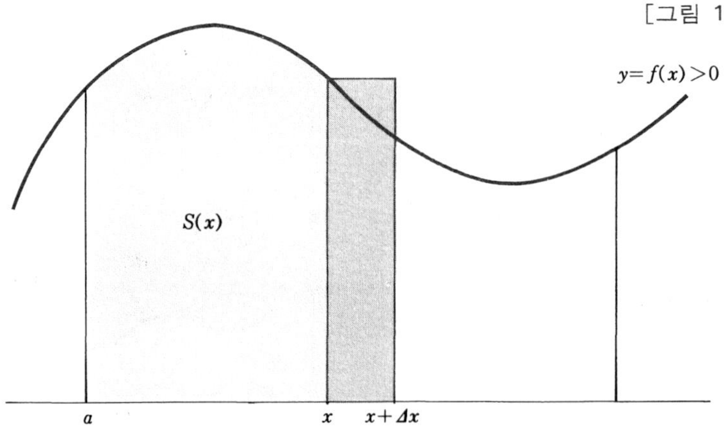

$$\frac{d}{dx}S(x)=\lim_{\Delta x\to 0}\frac{\Delta S}{\Delta x}=f(x)$$

즉, $S(x)$는 $f(x)$의 원시함수이다. 그러므로 $f(x)$의 한 원시함수를 $F(x)$라 하면, $S(x)=F(x)+C$를 만족시키는 상수 C가 존재한다.

이제 상수 C의 값을 구하기 위하여 이 식의 양변에 $x=a$를 대입하고 (12.3.5)의 첫째 식을 이용하면 $C=-F(a)$이므로,

$$S(x)=F(x)-F(a)$$

이고 이 식의 양변에 $x=b$를 대입하면, (12.3.5)의 둘째 식에 의하여

$$\int_a^b f(x)\,dx=F(b)-F(a) \tag{12.3.6}$$

간단히 하기 위하여 $F(b)-F(a)$를 기호로

$$\Big[F(x)\Big]_a^b \quad \text{또는} \quad F(x)\Big|_a^b$$

로 나타낸다. 이제까지 얻은 결과를 요약하면 다음과 같다.

[定理 12.3.1] 微積分學의 基本定理

함수 $f(x)$가 구간 $[a, b]$에서 연속일 때,

$\frac{d}{dx}F(x)=f(x)$이면

$$\int_a^b f(x)\,dx=\Big[F(x)\Big]_a^b=F(b)-F(a) \tag{12.3.7}$$

예 1 $\int_1^4 3x^2dx$를 적분하기 위하여 $F(x)=x^3$이라 놓으면, $F'(x)=3x^2$

따라서

$$\int_1^4 3x^2dx=\Big[x^3\Big]_1^4=4^3-1^3=64-1=63$$

한편, $\int 3x^2dx=x^3+C$임을 이용하면,

$$\int_1^4 3x^2dx=\Big[x^3+C\Big]_1^4=(4^3+C)-(1^3+C)=63+(C-C)=63$$

이와 같이, 계산과정에서 상수 C는 없어지고 만다.

예 2 $\int_2^5 \frac{dx}{x^2}=\int_2^5 \frac{1}{x^2}dx=\left[-\frac{1}{x}\right]_2^5=-\frac{1}{5}-\left(-\frac{1}{2}\right)=\frac{3}{10}$

$$\int_2^5 \frac{2x^3+1}{x^2}=\int_2^5\left(2x+\frac{1}{x^2}\right)dx=\left[x^2-\frac{1}{x}\right]_2^5=\left(25-\frac{1}{5}\right)-\left(4-\frac{1}{2}\right)=21\frac{3}{10}$$

예 3 $\int_1^e \frac{dx}{x}=\int_1^e \frac{1}{x}dx=\Big[\ln|x|\Big]_1^e=\ln e-\ln 1=1$

$$\int_{-e}^{-1} \frac{dx}{x}=\int_{-e}^{-1} \frac{1}{x}dx=\Big[\ln|x|\Big]_{-e}^{-1}$$
$$=\ln|-1|-\ln|-e|=\ln 1-\ln e=0-1=-1$$

한편, 함수 $f(x)=\frac{1}{x}$은 $[-1,\ 1]$에서 연속이 아니다. 따라서 다음과 같은 계산은 옳지 않다.

$$\int_{-1}^{1} \frac{dx}{x}=\int_{-1}^{1} \frac{1}{x}dx=\Big[\ln|x|\Big]_{-1}^{1}$$
$$=\ln 1-\ln|-1|=\ln 1-\ln 1=0$$

예 4 $\int_0^{\frac{\pi}{2}} \cos x\, dx=\Big[\sin x\Big]_0^{\frac{\pi}{2}}=\sin\frac{\pi}{2}-\sin 0=1$

$$\int_0^{\frac{\pi}{2}} \sin x\, dx=\Big[-\cos x\Big]_0^{\frac{\pi}{2}}=-\cos\frac{\pi}{2}+\cos 0=1$$

3. 定積分의 性質

정적분의 정의 및 부정적분의 성질에 의하여 다음 定理를 얻는다.

[定理 12.3.2]

(1) $\int_a^b f(x)\,dx=\int_a^c f(x)\,dx+\int_c^b f(x)\,dx$

(2) $\int_a^b kf(x)\,dx=k\int_a^b f(x)\,dx$

(3) $\int_a^b [f(x)\pm g(x)]dx=\int_a^b f(x)\,dx\pm\int_a^b g(x)\,dx$

(4) $\int_a^b f(g(x))g'(x)\,dx=\int_{g(a)}^{g(b)} f(u)\,du$ (置換積分法)

(5) $\int_a^b f(x)g'(x)\,dx=\Big[f(x)g(x)\Big]_a^b-\int_a^b f'(x)g(x)\,dx$ (部分積分法)

예 5 $\int_1^2\left(4e^x+\frac{1}{x}\right)dx=4\int_1^2 e^x dx+\int_1^2\frac{1}{x}dx=4\Big[e^x\Big]_1^2+\Big[\ln x\Big]_1^2$

$$=4(e^2-e)+(\ln 2-\ln 1)=4(e^2-e)+\ln 2$$

예 6 $I=\int_1^2(2x^3-2)^2 6x^2 dx$ 에서, $u=g(x)=2x^3-2$ 라 놓으면, $du=6x^2dx$ 이고, $x=1$ 일 때 $u=g(1)=0$, $x=2$ 일 때 $u=g(2)=14$ 이다. 따라서

$$I=\int_0^{14}u^2du=\left[\frac{1}{3}u^3\right]_0^{14}=\frac{1}{3}(14^3-0)=914\frac{2}{3}$$

예 7 $I=\int_0^1(2x+1)^4dx$ 일 때, $u=2x+1$ 이라 놓으면 $du=2dx$ 이다.

한편, $x=0$ 일 때 $u=1$ 이고, $x=1$ 일 때 $u=3$ 이므로,

$$I=\frac{1}{2}\int_0^1(2x+1)^4 2dx=\frac{1}{2}\int_1^3 u^4du$$

$$=\frac{1}{2}\left[\frac{1}{5}u^5\right]_1^3=\frac{1}{10}(3^5-1)=24\frac{1}{5}$$

예 8 앞 절의 예 8에 의하여

$$\int xe^x dx=xe^x-e^x+c$$

따라서

$$\int_0^1 xe^xdx=\Big[xe^x\Big]_0^1-\int_0^1 e^xdx=e-\Big[e^x\Big]_0^1=e-(e-1)=1$$

예 9 $\int_0^{\frac{\pi}{2}}x\cos x\,dx$에서, $f(x)=x$, $g(x)=\sin x$ 라 놓으면,

$$f'(x)=1,\ g'(x)=\cos x$$

따라서

$$\int_0^{\frac{\pi}{2}}x\cos x\,dx=\Big[x\sin x\Big]_0^{\frac{\pi}{2}}-\int_0^{\frac{\pi}{2}}\sin x\,dx$$

$$=\frac{\pi}{2}\sin\frac{\pi}{2}+\Big[\cos x\Big]_0^{\frac{\pi}{2}}$$

$$=\frac{\pi}{2}+\cos\frac{\pi}{2}-\cos 0=\frac{\pi}{2}-1$$

정적분의 값은 적분변수와는 아무 상관이 없다. 즉,

$$\int_a^b f(x)\,dx=\int_a^b f(t)\,dt=\int_a^b f(u)\,du$$

예를 들면,

$$\int_0^1 x^2 dx = \int_0^1 t^2 dt = \int_0^1 u^2 du = \frac{1}{3}$$

練習問題 12.3

[1] 다음을 계산하여라.

(a) $\int_1^3 \frac{1}{2} x^2 dx$ (b) $\int_0^1 x(x^2+6)dx$

(c) $\int_1^4 \sqrt{x}\, dx$ (d) $\int_2^4 (x^3-3x^2)dx$

(e) $\int_2^3 \left(x^2+\frac{1}{x^2}\right)dx$ (f) $\int_0^4 (x-2)^3 dx$

[2] 다음을 계산하여라.

(a) $\int_0^1 xe^{3x}dx$ (b) $\int_2^3 e^{x+1}dx$

(c) $\int_2^3 (e^{2x}+e^x)dx$ (d) $\int_e^6 \left(\frac{1}{x}+\frac{1}{1+x}\right)dx$

[3] 다음을 계산하여라.

(a) $\int_1^2 \frac{x+1}{x^2+x+1}dx$ (b) $\int_1^2 \frac{\ln x}{x}dx$

(c) $\int_0^1 xe^{x^2}dx$ (d) $\int_0^\pi \sin(2x)dx$

12.4 特異積分

1. $x \longrightarrow \infty$일 때의 極限

변수 x의 값이 한없이 커지면, 이에 대응하여 $\frac{1}{x}$의 값은 0에 접근한다. 이 경우에 x가 無限大에 접근할 때의 $\frac{1}{x}$의 극한값은 0이라 말하고, 이를

$$\lim_{x\to\infty}\frac{1}{x}=0$$

으로 나타낸다.

[그림 12-4]

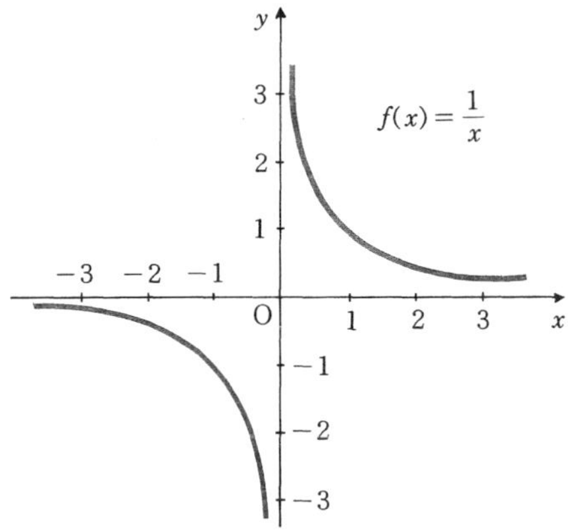

일반적으로, x가 한없이 커질 때 함수 $f(x)$의 값이 어떤 일정한 값 L에 접근하면, 이를

$$\lim_{x\to\infty} f(x)=L \quad \text{또는} \quad \lim_{x\to+\infty} f(x)=L \tag{12.4.1}$$

로 나타내고, x가 무한대 ∞에 접근할 때의 $f(x)$의 극한값은 L이라고 말한다.

마찬가지로, x가 한없이 작아질 때, 즉 x가 음수이면서 그 절대값이 한없이 커질 때, 함수 $f(x)$의 값이 어떤 일정한 값 L에 접근하면, 이를

$$\lim_{x\to-\infty} f(x)=L \tag{12.4.2}$$

로 나타내고, x가 음의 무한대 $-\infty$에 접근할 때의 $f(x)$의 극한값은 L이라고 말한다. 예를 들면, $\lim_{x\to-\infty}\frac{1}{x}=0$ 이다.

예 1 (a) $\lim_{x\to\infty}\frac{1}{x^2}=0, \qquad \lim_{x\to-\infty}\frac{1}{x^2}=0$

(b) $\lim_{x\to\infty} e^{-x}=\lim_{x\to\infty}\frac{1}{e^x}=0$

예 2 p가 양의 정수일 때, $\lim_{x\to\infty}\frac{1}{x^p}=0$

예 3 $\lim_{x\to\infty}\frac{x^2-3x+2}{5x^2-4x-7}$를 구하기 위하여 분자와 분모를 x^2으로 나누면,

$$\lim_{x\to\infty}\frac{x^2-3x+2}{5x^2-4x-7}=\lim_{x\to\infty}\frac{1-\frac{3}{x}+\frac{2}{x^2}}{5-\frac{4}{x}+\frac{7}{x^2}}=\frac{1}{5}$$

---

2. 特異積分

극한개념을 이용하여 정적분의 정의를 확장하여 보자. 정적분

$$\int_1^t \frac{1}{x^2}dx = \left[-\frac{1}{x}\right]_1^t = 1 - \frac{1}{t} \qquad (t>1)$$

에서 t의 값이 한없이 커지면 이 정적분의 값은 1에 접근하는데, 이러한 사실을

$$\int_1^\infty \frac{1}{x^2}dx = 1$$

로 나타낸다.

일반적으로, 함수 $f(x)$가 구간 $[a, \infty)$에서 연속일 때, $\lim_{t\to\infty}\int_a^t f(x)\,dx$가 존재하면 이 극한값은

$$\int_a^\infty f(x)\,dx$$

로 나타낸다. 즉,

$$\int_a^\infty f(x)\,dx = \lim_{t\to\infty}\int_a^t f(x)\,dx \qquad (12.4.3)$$

마찬가지로, 함수 $f(x)$가 구간 $(-\infty, b]$에서 연속일 때, $\lim_{t\to-\infty}\int_t^b f(x)\,dx$가 존재하면, 이 극한값을 $\int_{-\infty}^b f(x)\,dx$로 나타낸다. 즉,

[그림 12-5]

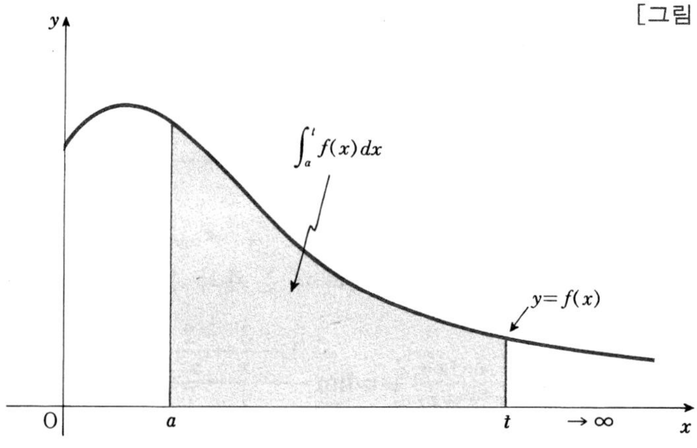

$$\int_{-\infty}^{b} f(x)\,dx = \lim_{t\to-\infty}\int_{t}^{b} f(x)\,dx \qquad (12.4.4)$$

여기서 (12.4.3), (12.4.4)의 우변의 극한값이 존재하면 적분은 **수렴한다**(to be convergent, converge) 또는 **존재한다**고 말하고, 극한값이 존재하지 않으면 적분은 **발산한다**(to be divergent, diverge) 또는 **존재하지 않는다**고 말한다.

이와 같이, 정적분의 위끝 또는 아래끝이 ∞ 또는 $-\infty$인 것을 **特異積分**(improper integral)이라고 한다.

예 4 (1) $\displaystyle\int_1^{\infty}\frac{1}{x^2}dx = \lim_{t\to\infty}\int_1^{t}\frac{1}{x^2}dx = \lim_{t\to\infty}\left[-\frac{1}{x}\right]_1^t$

$$= \lim_{t\to\infty}\left(-\frac{1}{t}+1\right)=1$$

(2) 한편, 특이적분 $\displaystyle\int_1^{\infty}\frac{1}{x}dx$는 존재하지 않는다.

실제로,

$$\int_1^{t}\frac{1}{x}dx=\Big[\ln x\Big]_1^t=\ln t-\ln 1=\ln t \qquad (t>0)$$

또 자연로그함수는 증가함수인 동시에 $\lim_{t\to\infty}\ln t$는 존재하지 않는다.

따라서

$$\int_1^{\infty}\frac{1}{x}dx=\lim_{t\to\infty}\int_1^{t}\frac{1}{x}dx=\lim_{t\to\infty}\ln t$$

의 값은 존재하지 않는다.

일반적으로, 다음이 성립한다.

$$\int_1^{\infty}\frac{1}{x^n}dx=\begin{cases}\text{수렴} & (n>1 \text{ 일 때})\\ \text{발산} & (n\le 1 \text{ 일 때})\end{cases}$$

예 5 特異積分 $\displaystyle\int_{-\infty}^{0} e^x dx$를 구하여 보자.

$$\int_t^0 e^x dx=\Big[e^x\Big]_t^0=e^0-e^t=1-e^t$$

이므로,

$$\int_{-\infty}^{0} e^x dx=\lim_{t\to-\infty}\int_t^0 e^x dx=\lim_{t\to-\infty}(1-e^t)=1$$

따라서 이 적분은 수렴하고 그 값은 1이다.

함수 $f(x)$가 모든 실수에서 연속이고, 또 적당한 상수 c에 대하여 특이적분 $\int_{-\infty}^{c} f(x)\,dx$와 $\int_{c}^{\infty} f(x)\,dx$가 모두 수렴할 때, $\int_{-\infty}^{\infty} f(x)\,dx$를 다음과 같이 정의한다.

$$\int_{-\infty}^{\infty} f(x)\,dx=\int_{-\infty}^{c} f(x)\,dx+\int_{c}^{\infty} f(x)\,dx \tag{12.4.5}$$

특이적분

$$\int_{a}^{\infty} f(x)\,dx, \qquad f(x)\ge 0$$

을 영역의 넓이라고 해석하면 흥미있는 일이 생긴다. 예를 들어, 앞의 예 4의

$$\text{(a)}\ \int_{1}^{\infty} \frac{1}{x^2}dx, \qquad \text{(b)}\ \int_{1}^{\infty} \frac{1}{x}dx$$

을 생각해 보자. [그림 12-6]에서와 같이, 곡선 $y=\frac{1}{x^2}$과 곡선 $y=\frac{1}{x}$은 모두 x축을 점근선으로 갖고 그 모양도 비슷하다. 그러나 (a)의 경우 아무리 오른쪽으로 가더라도 영역의 넓이는 1을 넘지 않지만, (b)의 경우에는 오른쪽으로 갈수록 영역의 넓이가 한없이 커진다.

일반적으로, 함수 $f(x)$가 구간 $[a, \infty)$에서 연속일 때, 특이적분

$$S=\int_{a}^{\infty} |f(x)|\,dx$$

가 수렴하는 경우에 S를 곡선 $y=f(x)$와 x축으로 둘러싸이고 직선 $x=a$의 오른쪽에 있는 영역의 넓이로 정의한다.

[그림 12-6]

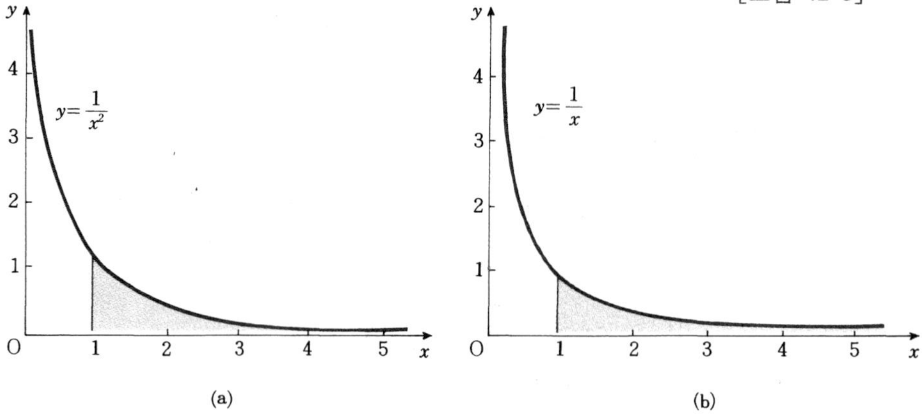

[그림 12-7]

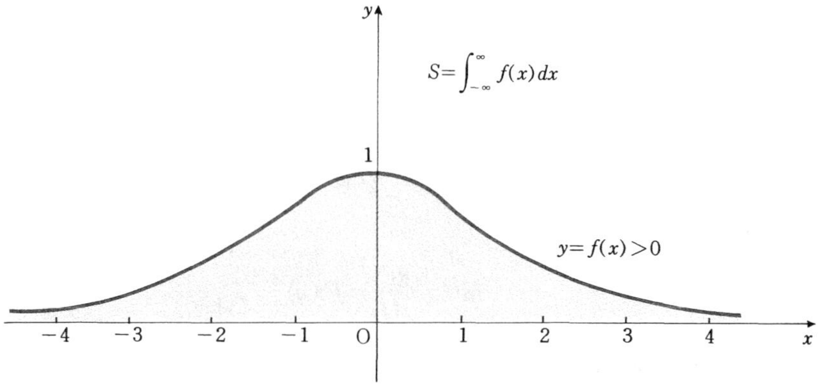

같은 방법으로,

$$\int_{-\infty}^{b} |f(x)|\,dx,$$

$$\int_{-\infty}^{\infty} |f(x)|\,dx$$

에 대해서도 영역의 넓이를 정의한다.

練習問題 12.4

[1] 다음을 구하여라.

(a) $\int_{-\infty}^{-1} \frac{1}{x^2}dx$ (b) $\int_{2}^{\infty} \frac{1}{e^2}dx$

(c) $\int_{3}^{\infty} \frac{1}{x^2}dx$ (d) $\int_{1}^{\infty} \frac{1}{\sqrt{x}}dx$

[2] 다음의 특이적분을 계산하여라.

(a) $\int_{0}^{\infty} xe^{-x^2}dx$ (b) $\int_{1}^{\infty} \frac{dx}{x^n}$ $(n>1)$

(c) $\int_{0}^{\infty} e^{-rt}dt$ $(r>0)$ (d) $\int_{-\infty}^{0} e^{rt}dx$ $(r>0)$

12. 5 不定積分의 應用

1. 限界費用과 總費用

총비용함수 $TC=f(q)$를 q에 관하여 미분하면, 다음과 같이 한계비용함수를 얻는다.

$$MC=\frac{dC}{dq}=f'(q)$$

따라서 MC를 q에 관하여 적분하면 총비용함수를 얻는다. 즉,

$$\begin{aligned} TC&=\int MC\,dq \\ &=\int f'(q)\,dq \\ &=f(q)+C \end{aligned} \tag{12.5.1}$$

예 1 한계비용함수가 $MC=f'(q)=2e^{0.2q}$이고, 고정비용이 $b=90$으로 주어졌을 때, 총비용함수를 구하여 보자. 먼저

$$\int 2\cdot e^{0.2q}\cdot dq=2\cdot\frac{1}{0.2}e^{0.2q}+C=10e^{0.2q}+C$$

적분상수 C의 값을 다음과 같이 구할 수 있다. $b=90$이므로 $q=0$일 때 총비용은 90이 된다. 따라서

$$10e^{0}+C=90$$

에서, C의 값이 80으로 정해진다. 그러므로 총비용함수는 다음과 같다.

$$TC=10\cdot e^{0.2q}+80$$

예 2 한계비용함수가 $MC=25+30q-9q^2$이고, 고정비용이 $b=55$로 주어졌을 때, 총비용함수는 다음과 같이 구할 수 있다. 먼저

$$\int(25+30q-9q^2)\,dq=25q+15q^2-3q^3+C$$

그런데 $b=55$이므로, $q=0$일 때 총비용은 55가 된다. 따라서

$$TC=25q+15^2-3q^3+55$$

---

2. 限界收入과 總收入

앞에서와 마찬가지로 한계수입함수가 다음과 같이 주어졌다고 하면,

$$MR=\frac{dR}{dq}=g'(q)$$

이를 q에 관하여 적분함으로써, 다음과 같이 총수입함수를 구할 수 있다.

$$TR=\int MR\,dq=g'(q)dq=g(q)+C \qquad (12.5.2)$$

그런데 $q=0$일 때에는 $TR=0$이므로 $C=0$가 된다.

예 3 한계수입함수가 다음과 같이 주어질 때, 총수입함수와 수요함수를 구해 보자.

$$MR=g'(q)=8-6q+2q^2$$

우선, $g'(q)$를 q에 관하여 적분하면 다음을 얻는다.

$$\int(8-6q+2q^2)dq-8q-3q^2+\frac{2}{3}q^3+C$$

그런데 $q=0$일 때 $TR=0$이므로 $C=0$이고, 따라서 총수입함수는 다음과 같다.

$$TR=8q-3q^2+\frac{2}{3}q^3$$

한편, $TR=p\cdot q$이므로 총수입함수를 q로 나누면 수요함수는 다음과 같이 구할 수 있다.

$$p=8-3q-\frac{2}{3}q^2$$

練習問題 12.5

[1] 한계비용함수가 다음과 같이 주어져 있고, 고정비용이 100일 때 총비용함수를 구하여라.

$$MC=10-0.01q+0.0009q^2$$

[2] 한계수입함수가 다음과 같이 주어지고, $q=0$이면 $TR=0$일 때, 총수입함수를 구하여라.

(a) $MR=75-1.6q$ (b) $MR=10(1-q)^{-2}$

[3] 어느 재화에 대한 수요의 가격탄력도가 모든 가격에 대하여 $-\frac{1}{4}$이라고 할 때, 이 재화의 수요함수를 구하여라.

12. 6 定積分의 應用

1. 企業의 總利潤

기업의 총이윤 π는 총수입 R에서 총비용 C를 뺀 것과 같다. 한편, 총수입과 총비용은 각각 한계수입과 한계비용을 산출량 q에 관하여 적분한 것과 같으므로, 산출량이 q_0일 때 기업의 총이윤은 다음과 같이 구할 수 있다.

$$\begin{aligned}\pi &= \int_0^{q_0} MR\,dq - \int_0^{q_0} MC\,dq \\ &= \int_0^{q_0} (MR - MC)\,dq \qquad (12.6.1)\end{aligned}$$

예 1 어느 독점기업의 한계수입함수와 한계비용함수가 다음과 같을 때, 균형산출량과 총이윤을 구해 보자.

$$MR = 25 - 5q - 2q^2$$
$$MC = 10 - 3q - q^2$$

우선, 이윤극대화의 일차조건 $MR = MC$에서

$$25 - 5q - 2q^2 - 10 + 3q + q^2 = 0$$
$$15 - 2q - q^2 = 0$$
$$(5 + q)(3 - q) = 0$$

이고, 또 이윤극대화의 이차조건은

$$\begin{aligned}\frac{d^2\pi}{dq^2} &= \frac{d}{dq}(MR - MC) \\ &= -2 - 2q < 0\end{aligned}$$

이므로, $q=3$이 이 독점기업의 균형산출량이 되고, 이 때 이윤이 극대가 됨을 알 수 있다.

이제, $q=3$ 일 때의 총이윤은 (12.6.1)로부터 다음과 같이 구할 수 있다.

$$\pi=\int_0^3(MR-MC)\,dq=\int_0^3(15-2q-q^2)\,dq$$
$$=\left[15q-q^2-\frac{q^3}{3}\right]_0^3=45-9-9=27$$

2. 消費者剩餘

소비자가 어느 재화를 일정량 구매할 때 지불하려고 하는 화폐액은 소비자가 실제로 지불한 화폐액보다 많은데, 이 차액을 흔히 **消費者剩餘**(consumer surplus)라고 부른다. [그림 12-8]에서 d가 수요곡선을 나타내고 가격이 p_0라 하면, 소비자는 이 재화를 q_0만큼 구매하고 실제로 지불한 화폐액은 Oq_0Bp_0이다. 그러나 수요곡선에 따르면 이 소비자는 이 재화를 q_1만큼 구매하기 위해서 p_1의 가격을 지불할 용의가 있고, q_2만큼 구매하기 위해서는 p_2의 가격을 지불할 용의가 있음을 알 수 있다. 그러므로 이 소비자가 이 재화를 q_0만큼 구매하기 위하여 지불하려고 하는 화폐액은 $OABq_0$라 말할 수 있다. 이 때, 소비자잉여는 Ap_0B와 같은데 수요함수가 $p=f(q)$라면, 이는 다음과 같이 나타낼 수 있다.

$$\int_0^{q_0}f(q)\,dq-p_0q_0 \qquad (12.6.2)$$

[그림 12-8]

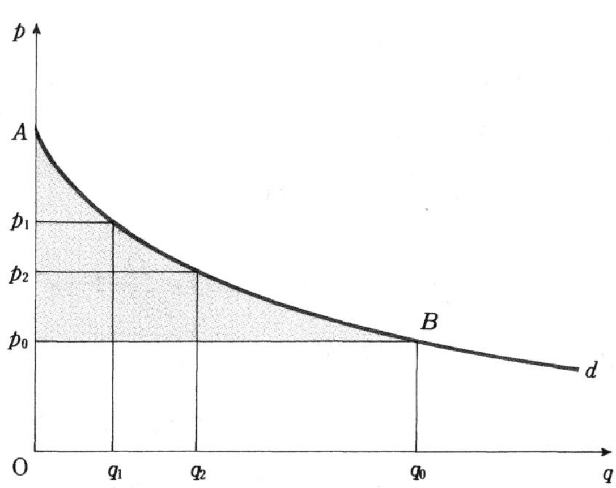

예 2 수요함수가 $p=85-4q-q^2$ 이고, $q=5$, $p=40$ 일 때 소비자잉여를 구해 보면 다음과 같다.

$$\int_0^5 (85-4q-q^2)\,dq-(5)(40)$$

$$=\left[85q-2q^2-\frac{q^3}{3}\right]_0^5-200$$

$$=333\frac{1}{3}-200=133\frac{1}{3}$$

3. 投資의 現在價値의 合

제11장 5절에서 할인과 현재가치의 개념을 설명하였다. 이제는 적분을 이용하여 투자수익의 흐름의 현재가치를 구하는 방법을 설명하여 보자. 먼저, 지금 어떤 투자를 행하여 앞으로 n년간 $V(t)$, $t=1, 2, \cdots, n$의 수익이 예상된다고 가정하여 보자. 연 1회의 복리로 이 투자수익의 흐름의 현재가치 A를 구해 보면 다음과 같다.

$$A=\sum_{t=1}^{n} V(t)(1+r)^{-t} \tag{12.6.3}$$

그런데 $V(t)$가 연속변수이고 또 할인을 연속적으로 행한다고 하면, 이 투자의 현재가치는 다음과 같이 나타낼 수 있다.

$$A=\int_0^n V(t)e^{-rt}dt \tag{12.6.4}$$

예 3 앞으로 y년간 매년 D원씩 받기로 된 연금의 현재가치를 r의 이율로 할인하여 보면 다음과 같다.

$$A=\int_0^y De^{-rt}dt=D\int_0^y e^{-rt}dt=D\left[\frac{-1}{r}e^{-rt}\right]_0^y$$

$$=\left[\frac{-D}{r}e^{-rt}\right]_{t=0}^{t=y}=\frac{-D}{r}(e^{-ry}-1)=\frac{D}{r}(1-e^{-ry})$$

따라서 만약 $D=3000$, $r=0.06$, $y=2$ 이라면,

$$A=\frac{3000}{0.06}(1-e^{-0.12})=50000(1-0.8869)=5655$$

그런데 만약 이 투자수익이 영구적으로 계속된다면, 그 현재가치는

$$A=\int_0^{\infty} D(t)e^{-rt}dt$$

와 같은 異狀積分에 의하여 구해진다. 이와 같은 예로는 매년 일정한 이자를 영구적으로 지불하기로 된 永久債(consol)가 있다.

예 4 매년 D원씩의 이자를 영구적으로 지불하기로 된 공채에 대한 투자의 현재가치를 r의 이율로 할인하여 보면 다음과 같다.

$$A=\int_0^{\infty} De^{-rt}dt=\lim_{y\to\infty}\int_0^{y} De^{-rt}dt$$

$$=\lim_{y\to\infty}\frac{D}{r}(1-e^{-ry})=\frac{D}{r}$$

練習問題 12.6

[1] $MR=20-2q$이고 $MC=4+(q-4)^2$일 총이윤함수를 구하여라.

[2] 다음에서 소비자잉여를 구하여라.

(a) 수요함수가 $p=3q-q^2$이고, $q=5/2$일 때

(b) 수요함수가 $p=\sqrt{a-q}$이고, $p=5$일 때

[3] 매년 말에 1000원씩 2년간 받기로 된 수입의 현재가치를 연리 5%로 연속적으로 할인할 때 현재가치를 구하여라.

[4] 매년 1000원의 이자를 영구적으로 받기로 된 공채의 현재가치를 연리 4%로 연속적으로 할인할 때 현재가치를 구하여라.

12.7 도마의 成長모델

적분을 이용하는 경제이론의 한 예로서 **도마의 成長모델**이 있다. 흔히 도마(E. D. Domar)의 성장모델은 해롯(R. Harrod)의 성장모델과 더불어 **해롯-도마의 성장모델**이라 불린다. 그 까닭은 두 모델의 결론이 동일하기 때문인데, 실제로 두 모델은 서로 독립적으로 형성된 것이다. 여기서는 적분을 이용하여 보다 쉽게 이해할 수 있는 도마 모델을 설명해 보기로 한다.

먼저, 도마의 성장모델의 골격을 이루는 기본적인 전제는 다음과 같은

세 가지로 요약할 수 있다. 첫째, 시간의 함수로 나타나는 투자 $I(t)$는 두 가지의 효과를 갖는다는 것이다. 즉, 투자의 증가는 한편으로 총수요를 증가시키고, 다른 한편으로는 경제의 생산능력(productive capacity)을 증가시킨다.

둘째, 투자 $I(t)$가 총수요에 미치는 효과는 승수를 통해서 나타난다. 즉, 정부부문이 없는 경우 소득의 균형조건은

$$Y = C(Y) + I \tag{12.7.1}$$

이 된다. 따라서 (12.7.1)의 양변을 시간 t에 관해 미분하면 다음을 얻는다.

$$\frac{dY}{dt} = \frac{dC}{dY}\frac{dY}{dt} + \frac{dI}{dt}$$

그런데 윗식에서 $\frac{dC}{dY}$는 한계소비성향을 나타내므로,

$$\frac{dY}{dt} = \frac{1}{1-c}\frac{dI}{dt}$$

또는,

$$\frac{dY}{dt} = \frac{1}{s}\frac{dI}{dt} \tag{12.7.2}$$

여기서 s는 한계저축성향인데, (12.7.2)는 바로 제3장 2절에서 설명한 승수의 다른 표현에 불과하다.

셋째, 투자 $I(t)$가 경제의 생산능력에 미치는 효과는 경제가 생산할 수 있는 최대산출량을 나타내는 **潛在產出量**(potential output)의 변화율로서 측정할 수 있다. 즉, 잠재산출량을 P, 자본을 K라 할 때, 산출-자본비율(output-capital ratio)이 ρ로 일정하다고 하면 다음이 성립한다.

$$\frac{P}{K} = \rho \tag{12.7.3}$$

그런데 윗식을 다시 쓰면, 다음을 얻는다.

$$P = \rho K \tag{12.7.4}$$

여기서 윗식이 의미하는 것은 자본량 K가 결정되면, 그 경제가 생산할 수 있는 최대산출량인 잠재산출량 P가 결정된다는 것이다. 다시 말하

면, 자본량 K가 결정되면 노동을 아무리 많이 투입해도 산출량은 P 이상으로 증가하지는 않는다는 것이다.

이제, (12.7.4)의 양변을 시간에 대하여 미분하면, 다음 식을 얻을 수 있다.

$$\frac{dP}{dt}=\rho\frac{dK}{dt} \tag{12.7.5}$$

그런데 $\frac{dK}{dt}$는 바로 자본량의 변화로서 투자 $I(t)$와 같으므로, (12.7.5)는 다음과 같이 다시 쓸 수 있다.

$$\frac{dP}{dt}=\rho I \tag{12.7.6}$$

이와 같이, 도마 성장모델의 골격은 투자가 갖는 두 가지의 효과에 초점을 맞추고 있다. 그런데 도마의 성장모델에서의 균형이란 경제의 생산능력이 완전히 이용되는 상태를 의미한다. 따라서 균형이 이루어지기 위해서는 총수요와 잠재산출량이 일치해야 한다. 다시 말하면, 도마의 성장모델에 있어서 균형조건은 다음과 같이 쓸 수 있다.

$$Y=P \tag{12.7.7}$$

그리고 $t=0$, 즉 초기(initial period)에 균형이 이루어져 있다고 가정하면, (12.7.7)의 균형조건은 다음과 같이 바꿔 쓸 수 있다.

$$\frac{dY}{dt}=\frac{dP}{dt} \tag{12.7.8}$$

즉, $t=0$에서 균형이 이루어져 있는 경우에 있어 $t=0$ 이후의 균형조건은 총수요와 잠재산출량의 변화가 서로 같아야 한다는 것이다.

이제, 여기서 (12.7.8)의 균형조건을 충족시키기 위한 투자 $I(t)$의 시간경로(time path)를 생각해 보자. 먼저 (12.7.2)와 (12.7.6)을 균형조건 (12.7.8)에 대입하면 다음 식을 얻을 수 있다.

$$\frac{1}{s}\frac{dI}{dt}=\rho I$$

또는,

$$\frac{1}{I}\frac{dI}{dt}=\rho s \tag{12.7.9}$$

그리고 (12.7.9)를 시간 t에 관해 적분하면 다음을 얻는다.

$$\int \frac{1}{I}\frac{dI}{dt}dt = \int \rho s\, dt \qquad (12.7.10)$$

여기서 (12.7.10)의 좌변은

$$\int \frac{1}{I}\frac{dI}{dt}dt = \int \frac{1}{I}dI = \ln|I| = C_1 \qquad (12.7.11)$$

이 되고, 우변은

$$\int \rho s\, dt = \rho\, st + C_2 \qquad (12.7.12)$$

이 되므로, (12.7.11)과 (12.7.12)를 (12.7.10)에 대입하면,

$$\ln|I| = \rho st + C \qquad (12.7.13)$$

이 때, $C = C_2 - C_1$로서 積分常數를 나타낸다.

이제, (12.7.13)을 다시 지수의 형태로 나타내면 다음을 얻게 된다.

$$|I| = e^{\rho st + c}$$

또는,

$$|I| = e^{\rho st}e^{c} = Ae^{\rho st} \qquad (12.7.14)$$

이 때, $A = e^{c}$이다.

그런데 만약 투자 I가 양이라 하면 $|I| = I$가 되므로, (12.7.14)는

$$I(t) = Ae^{\rho st} \qquad (12.7.15)$$

가 된다. 그리고

$$I(0) = Ae^{0} = A$$

로서 A의 값은 바로 초기의 투자 $I(0)$가 되므로, (12.7.15)는 다음과 같이 다시 쓸 수 있다.

$$I(t) = I(0)\ e^{\rho st} \qquad (12.7.16)$$

따라서 생산능력과 총수요가 균형을 이루기 위해서는 투자가 ρs의 성장률로 증가해야 함을 알 수 있다.

여기서 다시 투자가 (12.7.16)의 시간경로를 따라 증가할 때, 소득은 어떻게 성장하는가를 보이기 위해 (12.7.2)를 시간에 대해 적분하면 다음

식을 얻을 수 있다.

$$Y(t)=\frac{1}{s}I(t)+C_3 \tag{12.7.17}$$

그런데 초기에서 소득이 균형을 이루고 있다고 가정하고 있으므로,

$$S(0)=sY(0)=I(0) \tag{12.7.18}$$

가 성립해야 한다. 이 때, $S(0)$는 초기의 저축을 나타내고 있다.

따라서 (12.7.17)에 $t=0$를 대입하여 (12.7.18)과 비교하면 積分常數 $C_3=0$가 됨을 알 수 있다. 그러므로 (12.7.17)은 이제

$$\begin{aligned}Y(t)&=\frac{1}{s}I(t)\\&=\frac{1}{s}I(0)e^{\rho st}\end{aligned}$$

와 같이 고쳐 쓸 수 있는데, (12.7.18)에서

$$Y(0)=\frac{1}{s}I(0)$$

이므로, 윗식은 다시 다음과 같이 쓸 수 있다.

$$Y(t)=Y(0)e^{\rho st} \tag{12.7.19}$$

이와 같이, 도마의 성장모델에 있어서는 생산능력, 즉 잠재산출량과 총수요가 일치하도록 투자가 성장하면, 소득 또한 투자의 증가율과 같은 성장률 ρs로 성장하게 된다.

예 1 저축성향이 $s=0.20$, 산출-자본비율이 $\rho=0.5$로 주어져 있으며, $I(0)=20$, $Y(0)=100$일 때, 도마의 성장모델에서 투자와 소득의 성장경로를 생각해 보자.

먼저, 생산능력, 즉 잠재산출량의 증가량과 총수요의 증가량은 각각 다음과 같다.

$$\frac{dP}{dt}=\frac{1}{2}I(t)$$

$$\frac{dY}{dt}=\frac{1}{0.2}\frac{dI}{dt}$$

따라서 균형조건은 다음과 같다.

$$\frac{1}{2}I(t)=\frac{1}{0.2}\frac{dI}{dt}$$

즉,

$$\frac{1}{I}\frac{dI}{dt}=0.1$$

이제, 윗식을 적분하면,

$$\int\frac{1}{I}\frac{dI}{dt}dt=0.1t+C_1$$

$$\ln|I|+C_2=0.1t+C_1$$

가 되며, 다시 윗식을 정리하면 다음을 얻는다.

$$I(t)=e^{0.1t+C}$$

그런데 $I(0)=e^c$ 이므로 윗식은 다음과 같이 된다.

$$I(t)=I(0)e^{0.1t}$$
$$=20e^{0.1t}$$

그리고 소득의 성장률은 투자의 증가율 0.1 과 같으므로,

$$Y(t)=Y(0)e^{0.1t}$$
$$=100e^{0.1t}$$

도마의 성장모델에 있어서는 다음과 같은 의문이 제기된다. 즉, 만약 투자의 실제증가율을 r라 할 때, r가 생산능력과 총수요의 균형을 위해서 필요한 투자증가율 ρs와 같지 않을 때에는 어떤 결과가 나타날 것인가? 이를 알아보기 위해 먼저 이용계수(coefficient of utilization)를 다음과 같이 정의하여 보자.

$$u=\lim_{t\to\infty}\frac{Y(t)}{P(t)} \tag{12.7.20}$$

이용계수를 이와 같이 정의할 때, 만약 $u=1$ 이면 $t\to\infty$ 일 때 $Y(t)=P(t)$가 되어 생산능력이 모두 이용되는 균형을 이룸을 알 수 있다. 그리고 만일 $u>1$ 이면 $t\to\infty$ 인 때 $Y(t)>P(t)$가 되어 초과수요가 존재하며, 또 만일 $u<1$ 이면 $t\to\infty$ 인 때 $Y(t)<P(t)$가 되어 잉여생산능력이 존재함을 알 수 있다.

그런데 이용계수는 또 임의의 시점 t에 대해서 다음과 같이 정의할 수 있다.

$$u(t)=\frac{\frac{dY}{dt}}{\frac{dP}{dt}} \tag{12.7.21}$$

여기서 $Y(t)$와 $P(t)$는 각각 실제의 소득과 실제의 생산능력을 나타낸다. 그런데 실제의 투자의 증가율은 r이므로,

$$I(t)=I(0)e^{rt}$$

이 되고, 윗식을 t에 대해 미분하면,

$$\frac{dI}{dt}=rI(0)e^{rt}$$

를 얻을 수 있다. 따라서

$$\frac{dY}{dt}=\frac{1}{s}\frac{dI}{dt}=\frac{r}{s}I(0)e^{rt} \tag{12.7.22}$$

$$\frac{dP}{dt}=\rho I(t)=\rho I(0)e^{rt} \tag{12.7.23}$$

가 성립하고, (12.7.22)와 (12.7.23)을 (12.7.21)에 대입하면 다음 식을 얻을 수 있다.

$$u(t)=\frac{\frac{dY}{dt}}{\frac{dP}{dt}}=\frac{r}{\rho s} \tag{12.7.24}$$

이제, (12.7.24)를 이용하면, **實際成長率**(actual rate of growth) r와 생산능력과 총수요의 균형을 위해 필요한 성장률인 **必要成長率**(required rate of growth) ρs가 서로 다를 때, 어떤 현상이 나타나는가를 분석할 수 있다. 먼저, 만약 $r>\rho s$이면, (12.7.24)에서 $u(t)>1$이 되어 $\frac{dY}{dt}>\frac{dP}{dt}$가 된다. 따라서 실제성장률 r가 필요성장률 ρs보다 크면 초과수요가 나타나게 된다. 다시 말하면, $r>\rho s$인 경우에는 투자의 수요창출효과가 생산능력 증대효과보다 크게 나타난다. 그리고 또 $r<\rho s$이면, $u(t)<1$이 되어 $\frac{dY}{dt}<\frac{dP}{dt}$가 된다. 따라서 실제성장률 r가 필요성장률 ρs보다 작으면 잉여생산능력이 나타남을 알 수 있다. 즉, $r<\rho s$인 경우에는 투자의 생산능력 증대효과가 수요창출효과보다 크게 나타난다.

이와 같은 분석결과는 매우 역설적이라 할 수 있다. 왜냐하면 만약 투

자의 실제성장률(r)이 필요성장률(ρs)보다 큰 경우에는 초과수요, 즉 생산능력의 부족이 나타나고, 투자의 실제성장률(r)이 필요성장률(ρs)보다 작은 경우에는 잉여생산능력이 나타나기 때문이다. 그렇다면, 이와 같은 경우에 기업가들은 어떻게 행동하게 될 것인가?

우선 $r>\rho s$인 경우에는 투자를 감소시켜야만 $r=\rho s$를 이룰 수 있으나, 이 때에는 생산능력의 부족이 나타나므로 기업가는 오히려 투자를 증가시키게 될 것이다. 따라서 투자의 실제성장률 r는 더욱 커지게 되고, 이에 따라 r와 ρs의 차이는 더욱 벌어지게 된다.

그리고 반대로 $r>\rho s$인 경우에는 투자를 증가시켜야만 $r=\rho s$를 이룰 수 있으나, 이 때에는 잉여생산능력이 나타나므로 기업가는 오히려 투자를 감소시키게 된다. 따라서 투자의 실제성장률 r는 더욱 작아지게 되고, 이에 따라 r와 필요성장률 ρs의 차이는 더욱 커지게 된다.

이와 같이, 일단 실제성장률과 필요성장률 사이에 차이가 발생하면 ($r>\rho s$이거나 $r<\rho s$인 경우 모두) 다시 $r=\rho s$를 다시 회복할 수가 없게 된다. 따라서 총수요와 잠재산출량이 일치하여 생산능력이 완전히 이용되어야 한다는 도마의 성장모델의 균형조건이 충족되기 위해서는 $r=\rho s$라는 조건이 모든 시점에서 충족되어야 한다.

그러나 이와 같은 조건이 충족되는 것은 전혀 우연에 불과하다고밖에 말할 수 없다. 그러므로 도마의 成長모델에서는 만일 r와 ρs 사이에 조금이라도 차이가 발생하면, $r=\rho s$로 돌아가기는커녕 오히려 그 차이가 더욱 커지게 된다. 이와 같은 의미에서 도마 모델의 성장경로를 소위 **칼날** (razor's edge)의 **成長經路**라 한다.

練習問題 12.7

[1] 도마의 성장모델에서 ρ와 s가 다음과 같이 주어졌을 때, 필요성장률을 구하고 이를 비교하여 보아라.

(a) $\rho=\dfrac{1}{3}$, $s=0.24$

(b) $\rho=\dfrac{1}{2}$, $s=0.30$

(c) $\rho=\dfrac{1}{5}$, $s=0.15$

[2] 도마의 성장모델은 몇 가지의 생산요소를 명시적으로 고려하고 있는가? 또 그것은 생산에 있어 자본-노동비율(capital-labor ratio) 및 필요의 대체탄력도가 어떻다는 것을 의미하는가?

[3] 본문에서 (12.7.16)은 (12.7.9)를 0기부터 t기까지의 정적분에 의해 구할 수도 있음을 보여라.

[4] 도마의 성장모델의 안정성을 도모하기 위해 저축에 대한 가정을 바꿀 수 있다. 어떻게 바꾸면 되겠는가?

제13장

微分方程式과 差分方程式

제 13 장 微分方程式과 差分方程式

지금까지는 경제·경영모델 가운데 靜學 및 比較靜學모델의 이해를 위한 수학적 기초와 그 응용을 주로 다루어 왔다. 이제, 이 장에서는 간단한 **動學모델**(dynamic model)의 이해를 위한 수학적 기초를 다지고, 이를 제3장 1절에서 본 수요·공급모델에 응용하여 보기로 하자.

동학모델이란 이미 제1장 3절에서 설명한 바와 같이 시간(time)이 명시적으로 포함된 모델을 말한다. 이 장에서는 보는 바와 같이, 微分方程式과 差分方程式은 동학모델을 다루는 데 매우 유용하게 응용되고 있다.

13. 1 微分方程式

한 함수의 도함수(第一階, 第二階 등의)를 포함하고 있는 방정식을 **常微分方程式**(ordinary differential equation), 또는 간단히 **微分方程式**이라 한다.

다음은 모두 미분방정식이다.

$$\frac{dy}{dt}=2t \tag{13.1.1}$$

$$\frac{d^2y}{dt^2}-3\frac{dy}{dt}+2y=0 \tag{13.1.2}$$

$$\left(\frac{d^2y}{dt^2}\right)^2+2\left(\frac{dy}{dt}\right)^4+4y=3t^5 \tag{13.1.3}$$

미분방정식에 포함된 도함수 중에서 가장 높은 계수(order)의 도함수가 第n階도함수일 때, 이 미분방정식을 **n階微分方程式**이라 한다. 또 n階미분방정식에서 第n階도함수에 관한 이 방정식의 次數(degree)가 r일 때, 이 미분방정식을 **n階 r次微分方程式**이라 한다.

위의 예에서, (13.1.1)은 一階一次미분방정식이고, (13.1.2)는 二階一次미분방정식이며, (13.1.3)은 二階三次미분방정식이다.

주어진 미분방정식을 만족시키는 함수 $y=y(t)=f(t)$를 이 미분방정식의 **解**(solution)라 하고, 그 해를 구하는 것은 **微分方程式을 푼다**고 한다.

임의의 상수 C에 대하여, 함수

$$y=\frac{1}{2}t^2+C \tag{13.1.4}$$

는 미분방정식

$$\frac{dy}{dt}=t \tag{13.1.5}$$

를 만족시킨다. 따라서 임의의 상수 C에 대하여 함수 (13.1.4)는 미분방정식 (13.1.5)의 해이다.

또 다른 예로서, 임의의 두 상수 C_1, C_2에 대하여

$$y=C_1e^t+C_2e^{2t} \tag{13.1.6}$$

은 미분방정식

$$\frac{d^2y}{dt^2}-3\frac{dy}{dt}+2y \tag{13.1.7}$$

의 해이다. 실제로, (13.1.6)에 의하여

$$\frac{dy}{dt}=C_1e^t+2C_2e^{2t}, \quad \frac{d^2y}{dt^2}=C_1e^t+4C_2e^{2t}$$

이므로, 다음 등식이 성립한다.

$$\begin{aligned}&\frac{d^2y}{dt^2}-3\frac{dy}{dt}+2y\\&\quad=C_1e^t+4C_2e^{2t}-3(C_1e^t+2C_2e^{2t})+2(C_1e^t+C_2e^{2t})=0\end{aligned}$$

위에서 보는 바와 같이, 一階미분방정식 (13.1.5)의 해는 무수히 많다. 이 무수히 많은 解를 임의의 상수 C를 이용하여 (13.1.4)와 같이 한꺼번에 간단히 나타낼 수 있다. 이와 같이, 임의의 상수를 포함하는 해를 **一般解**(general solution)라 하고, 임의의 상수에 특정한 값을 대입한 해를 **特殊解**(particular solution)라 한다. 예를 들어, (13.1.4)에 $C=1$을 대입한

$$y=\frac{1}{2}t^2+1$$

은 미분방정식 (13.1.5)의 특수해이다.

일반적으로, n階미분방정식의 일반해는 n개의 임의 상수를 갖는다. 두 개의 임의의 상수 C_1과 C_2를 가진 (13.1.6)은 二階미분방정식 (13.1.7)의 일반해이다. 이 일반해의 임의의 상수에 $C_1=3$, $C_2=2$를 대입하여 얻은

$$y=3e^t+2e^{2t}$$

은 방정식 (13.1.7)의 한 특수해이다.

실제 미분방정식을 풀 때에는 방정식 이외에 적당한 조건이 주어진다.

예를 들어, 미분방정식 $\dfrac{dy}{dt}=t$에서 조건

$$y(0)=8 \qquad (\text{즉, } t=0\text{ 일 때의 } y\text{의 값이 } 8) \tag{13.1.8}$$

을 만족시키는 미분방정식의 해를 구해 보자. 이 방정식의 일반해는

$$y=\frac{1}{2}t^2+C \qquad (C\text{는 임의의 상수})$$

이므로, 조건식 (13.1.8)에 의하여 다음을 얻는다.

$$8=\frac{1}{2}\cdot 0+C, \quad \text{즉} \quad C=8$$

따라서 조건식 (13.1.8)을 만족시키는 특수해는 다음과 같다.

$$y=\frac{1}{2}t^2+8 \tag{13.1.9}$$

이 때, 조건식 (13.1.8)을 **初期條件**(initial condition)이라 한다. 일반적으로, n階미분방정식에 n개의 초기조건이 주어지면 단 하나의 특수해를 얻을 수 있다.

앞으로 이 책에서는 미분방정식 중에서 가장 간단한 一階미분방정식만을 다루기로 한다.

13.2 一階微分方程式의 解法

이 절에서는 간단한 一階미분방정식

$$\frac{dy}{dt}=F(t,\ y)$$

의 여러 가지 해법에 대하여 논하기로 한다.

1. 積分에 의한 方法

미분방정식 $\frac{dy}{dt}=F(t,\ y)$에서, $F(t,\ y)$가 t만의 함수인 경우에는 積分法을 이용한다.

[定理 13.2.1]

미분방정식

$$\frac{dy}{dt}=f(t)$$

의 일반해는 다음과 같다.

$$y=\int f(t)\,dt+C \qquad (C\text{는 임의의 상수})$$

예를 들어, 미분방정식

$$\frac{dy}{dt}=t$$

의 일반해는 다음과 같다.

$$y=\int f(t)\,dt+C=\frac{1}{2}t^2+C$$

따라서 초기조건이 $y(0)=8$인 경우에

$$8=y(0)=\frac{1}{2}\cdot 0+C, \quad \text{즉} \quad C=8$$

이므로, 이 때의 特殊解는 $y=\frac{1}{2}t^2+8$이다.

예 1 초기조건이 $y(0)=2$인 미분방정식 $\frac{dy}{dt}=e^t$를 풀어보자.

이 방정식의 일반해는 다음과 같다.

$$y=\int e^t dt+C=e^t+C$$

따라서

$$2=y(0)=e^0+C=1+C, \quad \text{즉} \quad C=1$$

그러므로 구하는 特殊解는 다음과 같다.

$$y=e^t+1$$

예 2 미분방정식 $\frac{dy}{dt}=\frac{1}{t}$의 일반해는

$$y=\int\frac{1}{t}dt+C=\ln t+C$$

여기서 로그의 진수는 양이어야 하므로, 엄밀히 말하면 일반해는

$$y=\ln|t|+C$$

그러나 앞으로 절대값 기호는 생략하기로 한다.

2. 變數分離

미분방정식 $\frac{dy}{dt}=F(t, y)$가 주어졌을 때, 두 변수 t와 y를 다음과 같이 분리시킬 수 있는 경우를 생각해 보자.

$$N(y)\frac{dy}{dt}+M(t)=0 \tag{13.2.1}$$

방정식 (13.2.1)은 變數分離(separation of variables)에 의하여

$$M(t)dt+N(y)dy=0 \tag{13.2.2}$$

와 같이 쓸 수 있고, 따라서 이 방정식의 일반해는 다음과 같다.

$$\int M(t)dt+\int N(y)dy=C \quad (C\text{는 임의의 상수}) \tag{13.2.3}$$

[定理 13.2.2]

미분방정식 $\frac{dy}{dt}=F(t, y)$에서, 두 변수 t와 y를 분리시켜

$$M(t)dt+N(y)dy=0$$

으로 고쳐 쓸 수 있을 때의 일반해는 다음과 같다.

$$\int M(t)dt+\int N(y)dy=C$$

예 3 방정식 $3y^2dy-tdt=0$의 일반해는 다음과 같다.

$$\int 3y^2dy-\int tdt=C,\quad \text{즉}\quad y^3-\frac{1}{2}t^2=C$$

미분방정식

$$\frac{dy}{dt}+ay=0 \qquad (a\text{는 상수}) \tag{13.2.4}$$

을 풀어보자.

먼저 위의 방정식에서 變數分離하면 이 방정식은

$$\frac{1}{y}dy+adt=0$$

으로 변형된다. 이로부터

$$\int\frac{1}{y}dy+\int adt=C$$

$$\ln y+at=C, \quad \text{즉} \quad \ln y=C-at$$

따라서

$$y=e^{C-at}=e^C e^{-at}$$

그러므로 $A=e^C$라 놓으면 미분방정식 (13.2.4)의 일반해는 다음과 같다.

$$y=y(t)=Ae^{-at} \qquad (A\text{는 임의의 상수}) \tag{13.2.5}$$

위의 결과를 종합하면 다음 정리를 얻는다.

[定理 13.2.3]

미분방정식

$$\frac{dy}{dt}+ay=0$$

의 일반해는 다음과 같다.

$$y=Ae^{-at} \qquad (A\text{는 임의의 상수})$$

미분방정식 (13.2.4)에서 초기조건

"$t=0$ 일 때의 y의 값 $y(0)$"

이 주어졌을 때에는 공식 (13.2.5)에 의하여

$$y(0)=Ae^0=A$$

이므로, 이 때의 특수해는 다음과 같다.

$$y=y(0)e^{-at} \tag{13.2.6}$$

예 4 초기조건이 $y(0)=10$ 인 미분방정식 $\frac{dy}{dt}+2y=0$ 의 일반해는

$$y=Ae^{-2t}$$

이고, 주어진 초기조건을 만족시키는 특수해는 다음과 같다.

$$y=10e^{-2t}$$

예 5 미분방정식 $2tdy+ydt=0$ 의 양변을 $2yt$ 로 나누면, 다음과 같이 변수를 분리할 수 있다.

$$\frac{1}{y}dy+\frac{1}{2t}dt=0$$

이로부터 다음 등식을 얻는다.

$$\int\frac{1}{y}dy+\int\frac{1}{2t}dt=C, \quad 즉 \quad \ln y+\frac{1}{2}\ln t=C$$

따라서

$$\ln(yt^{\frac{1}{2}})=C, \quad 즉 \quad yt^{\frac{1}{2}}=e^C$$

이제, $A=e^C$ 라 놓으면 일반해는 다음과 같다.

$$y=At^{-\frac{1}{2}} \qquad (A는 임의의 상수)$$

3. 完全微分方程式

二變數함수 $F(t, y)$의 全微分은

$$dF=dF(t, y)=\frac{\partial F}{\partial t}dt+\frac{\partial F}{\partial y}dy$$

이므로, 방정식 $F(t, y)=c$는 분명히 미분방정식

$$dF=\frac{\partial F}{\partial t}dt+\frac{\partial F}{\partial y}dy=0 \tag{13.2.7}$$

의 해이다.

예를 들어, $t^2+ty+y^2=C$는 미분방정식

$$(2t+y)dt+(t+2y)dy=0$$

의 일반해이다.

일반적으로, 미분방정식

$$Mdt+Ndy=0 \tag{13.2.8}$$

이 주어졌을 때(여기서 M과 N은 t 및 y에 관한 함수), 적당한 二變數함수 $F(t, y)$에 대하여

$$M=\frac{\partial F}{\partial t},\quad N=\frac{\partial F}{\partial y} \tag{13.2.9}$$

가 성립하면, 이 미분방정식의 一般解는 다음과 같다.

$$F(t, y)=C \tag{13.2.10}$$

이 때, 방정식 (13.2.8)을 **完全微分方程式**(exact differential equation)이라 한다.

[定理 13.2.4]

완전미분방정식

$$Mdt+Ndy=0$$

의 일반해는 다음과 같다.

$$F(t, y)=C \qquad (C\text{는 임의의 상수})$$

여기서 $F(t, y)$는 다음 조건을 만족시키는 二變數함수이다.

$$M=\frac{\partial F}{\partial t},\quad N=\frac{\partial F}{\partial y}$$

예 6 다음 미분방정식의 일반해를 구해 보자.

$$(3t^2+2ty)dt+(t^2+3y^2)dy=0$$

위의 방정식에서

$$M=3t^2+2ty,\quad N=t^2+3y^2$$

이라 놓으면,

$$\frac{\partial M}{\partial y}=2t=\frac{\partial N}{\partial t}$$

따라서 주어진 방정식은 완전미분방정식이다. 이제, 조건식

$$\frac{\partial F}{\partial t}=M,\quad \frac{\partial F}{\partial y}=N$$

을 만족시키는 함수를 $F(t, y)$라 하면,

$$\frac{\partial F}{\partial y}=N=t^2+3y^2$$

$$F=\int Ndy+K(t)=t^2y+y^3+K(t)$$

따라서

$$\frac{\partial F}{\partial t}=2ty+K'(t)$$

이고, 또한 가정에 의하여

$$\frac{\partial F}{\partial t}=M=3t^2+2ty$$

이므로,

$$K'(t)=3t^2, \quad 즉 \quad K(t)=t^3+k$$

따라서

$$F(t, y)=t^2y+y^3+t^3+k$$

이고, 구하는 일반해는 다음과 같다.

$$t^2y+y^3+t^3=C \qquad (C는\ 임의의\ 상수)$$

위의 계산과정에서 때때로 나오는 상수는 마지막 상수 C에 흡수되어 있음에 주의할 필요가 있다.

예 7 미분방정식 $y^2dt+2tdy=0$의 일반해를 구해 보자. 이제,

$$M=y^2, \quad N=2yt$$

이라 놓으면,

$$\frac{\partial M}{\partial y}=2y=\frac{\partial N}{\partial t}$$

이므로 주어진 방정식은 완전미분방정식이다. 그런데

$$\frac{\partial F}{\partial t}=M=y^2$$

즉,

$$F=\int Mdt+L(y)=y^2t+L(y)$$

따라서

$$\frac{\partial F}{\partial y}=2yt+L'(y), \quad \frac{\partial F}{\partial y}=N=2yt$$

이므로,

$$L'(y)=0, \quad 즉 \quad L(y)=k$$

그러므로 구하는 일반해는 다음과 같다.

$$y^2t=C \qquad (C는\ 임의의\ 상수)$$

앞의 예 6과 예 7에서와 같이,

$$\frac{\partial F}{\partial y}=N, \quad \frac{\partial F}{\partial t}=M$$

중에서 어느 하나를 먼저 택하여도 같은 결과를 얻는다.

4. 線型微分方程式

다음과 같은 꼴의 미분방정식을 **一階線型微分方程式**(linear differential equation of the first order)이라 한다.

$$\frac{dy}{dt}+P(t)y=Q(t) \tag{13.2.11}$$

위의 미분방정식을 풀기 위하여, 먼저

$$\mu=e^{\int P(t)dt} \tag{13.2.12}$$

이라 놓고 μy를 t에 관하여 미분하면,

$$\begin{aligned}\frac{d}{dt}(\mu y)&=\frac{d\mu}{dt}y+\mu\frac{dy}{dt}\\&=\mu P(t)y+\mu\frac{dy}{dt}=\mu\left(\frac{dy}{dt}+P(t)y\right)\end{aligned} \tag{13.2.13}$$

이제, (13.2.11)의 양변에 μ를 곱하면

$$\mu\left(\frac{dy}{dt}+P(t)y\right)=\mu Q(t)$$

이므로, (13.2.13)에 의하여

$$\frac{d}{dt}(\mu y)=\mu Q(t), \quad 즉 \quad \mu y=\int \mu Q(t)+c$$

따라서 線型微分方程式 (13.2.11)의 一般解는 다음과 같다.

$$e^{\int P\,dt}y=C+\int e^{\int P\,dt}Q(t)\,dt$$

즉,

$$y=e^{-\int P\,dt}\left(C+\int e^{\int P\,dt}Q(t)\,dt\right) \tag{13.2.14}$$

위의 (13.2.12)와 같이 정의된 μ를 **積分因子**(integrating factor)라 한다.

[定理 13.2.5]

一階선형미분방정식

$$\frac{dy}{dt}+P(t)y=Q(t)$$

의 일반해는 다음과 같다.

$$y=e^{-\int P\,dt}\left(C+\int e^{\int P\,dt}Q(t)\,dt\right) \qquad (C\text{는 임의의 상수})$$

예들 들어, 미분방정식

$$\frac{dy}{dt}+ay=b \qquad (a,\ b\text{는 상수}) \tag{13.2.15}$$

는 $P(t)=a$, $Q(t)=b$인 선형미분방정식이다. 이 방정식을 풀어보자.

먼저, $a=0$이면, 주어진 방정식은 $\frac{dy}{dt}=b$로 되어 일반해는

$$y=y(t)=\int b\,dt+C=bt+C \qquad (C\text{는 임의의 상수}) \tag{13.2.16}$$

다음에 $a\neq 0$이며, 積分因子는(상수항은 무시하고)

$$e^{\int a\,dt}=e^{at}$$

이고, 따라서 $\frac{dy}{dt}+ay=b$의 일반해는 다음과 같다.

$$y=e^{-at}\left(A+\int be^{at}dt\right)=e^{-at}\left(A+\frac{b}{a}e^{at}\right)$$

즉,

$$y=y(t)=Ae^{-at}+\frac{b}{a} \qquad (A\text{는 임의의 상수}) \tag{13.2.17}$$

[定理 13.2.6]

미분방정식

$$\frac{dy}{dt}+at=b \qquad (a,\ b\text{는 상수})$$

의 일반해는 다음과 같다.

(1) $a=0$인 경우 : $\quad y=bt+C \quad (C\text{는 임의의 상수})$

(2) $a\neq 0$인 경우 : $\quad y=Ae^{-at}+\frac{b}{a} \quad (A\text{는 임의의 상수})$

위의 定理에서, 특히 초기조건 '$t=0$ 일 때의 y의 값 $y(0)$'이 주어져 있을 때

$$a=0 \text{ 인 경우,} \qquad y(0)=b\cdot 0+C$$

$$a\neq 0 \text{ 인 경우,} \qquad y(0)=Ae^0+\frac{b}{a}=A+\frac{b}{a}$$

이므로, 이 때의 특수해는 다음과 같다.

$$a=0 \text{ 인 경우,} \qquad y=bt+y(0)$$

$$a\neq 0 \text{ 인 경우,} \qquad y=\left(y(0)-\frac{b}{a}\right)e^{-at}+\frac{b}{a}$$

예 8 초기조건이 $y(0)=10$ 인 미분방정식

$$\frac{dy}{dt}+2y=6$$

을 풀어보자. 일반해는

$$y=Ae^{-2t}+3 \qquad (A\text{는 임의의 상수})$$

이고, 따라서 구하는 특수해는 다음과 같다.

$$y=7e^{-2t}+3$$

예 9 방정식 $\dfrac{dy}{dt}+2ty=t$는 $P(t)=2t$, $Q(t)=t$ 인 선형미분방정식이다.

적분인자는 $e^{\int 2tdt}=e^{t^2}$ 이고, 따라서 일반해는 다음과 같다.

$$y=e^{-t^2}\left(C+\int te^{t^2}dt\right)$$

$$=e^{-t^2}\left(C+\frac{1}{2}e^{t^2}\right)$$

즉,

$$y=\frac{1}{2}+Ce^{-t^2} \qquad (C\text{는 임의의 상수})$$

예 10 선형미분방정식 $\dfrac{dy}{dt}+4ty=4t$를 풀어보자. 적분인자는(상수항은 무시하고) $e^{\int 4t\,dt}=e^{2t^2}$ 이므로, 주어진 방정식의 일반해는 다음과 같다.

$$e^{2t^2}y=\int 4te^{2t^2}dt+C,$$

$$e^{2t^2}y=e^{2t^2}+C$$

즉,

$$y=1+Ce^{-2t^2}$$

---

5. 베르누이 方程式

자연수 $n=2, 3, 4, \cdots$에 대하여, 다음과 같은 꼴의 미분방정식을 **베르누이 方程式**(Bernoulli's equation)이라 한다.

$$\frac{dy}{dt}+P(t)y=Q(t)y^n \qquad (13.2.18)$$

새로운 변수를 도입하면, 이 방정식은 선형미분방정식 꼴로 변형된다. 실제로, $u=y^{1-n}$이라 놓으면

$$\frac{du}{dt}=\frac{du}{dy}\frac{dy}{dt}$$

$$=(1-n)y^{-n}\frac{dy}{dt}$$

이고, 또 (13.2.18)은 양변을 y^n으로 나누면

$$y^{-n}\frac{dy}{dt}+P(t)y^{1-n}=Q(t)$$

따라서 (13.2.18)은 다음과 같은 선형미분방정식으로 변형된다.

$$\frac{1}{1-n}\frac{du}{dt}+P(t)u=Q(t)$$

물론, 위의 방정식은 [定理 13.2.5]를 이용하여 풀 수 있다.

[定理 13.2.7]

Bernoulli 방정식

$$\frac{du}{dt}+P(t)y=Q(t)y^n \qquad (n\text{은 } \geq 2 \text{ 인 자연수})$$

에 대하여, $u=y^{1-n}$이라 놓으면, 이 방정식은 다음과 같이 변형된다.

$$\frac{1}{1-n}\frac{du}{dt}+P(t)u=Q(t)$$

예 11 미분방정식 $\frac{dy}{dt}+2ty=3ty^2$은 Bernoulli 방정식이다.

이제, $u=y^{1-2}=y^{-1}$이라 놓으면, 다음과 같이 변형된다.

$$-\frac{du}{dt}+2tu=3t, \quad \text{즉} \quad \frac{du}{dt}-2tu=-3t$$

이 미분방정식의 적분인자는(상수항은 무시하고) $e^{\int -2t dt} = e^{-t^2}$ 이고, 따라서 [定理 13.2.5]에 의하여

$$u = e^{t^2}\left(C + \int -3te^{t^2} dt\right) = e^{t^2}\left(C + \frac{3}{2}e^{t^2}\right)$$

즉,

$$u = \frac{3}{2} + Ce^{t^2}$$

그러므로 주어진 미분방정식의 일반해는 다음과 같다.

$$y = \frac{1}{\frac{3}{2} + Ce^{t^2}} \qquad (C\text{는 임의의 상수})$$

예 12 미분방정식 $\frac{dy}{dt} + \frac{1}{t}y = y^3$ 는 Bernoulli 방정식이다.
이제, $u = y^{1-3} = y^{-2}$ 이라 놓으면, 주어진 방정식은 다음과 같은 선형 미분방정식으로 변한다.

$$\frac{-1}{2}\frac{du}{dt} + \frac{1}{t}u = 1, \quad \text{즉} \quad \frac{du}{dt} - \frac{2}{t}du = -2$$

[定理 13.2.5]에 의하여 미분방정식의 일반해는

$$u = 2t + Ct^2$$

임을 알 수 있다($e^{-2\ln t} = (e^{\ln t})^{-2} = t^{-2}$ 임에 주의).
따라서 주어진 미분방정식의 일반해는 다음과 같다.

$$y = (2t + Ct^2)^{-\frac{1}{2}} \qquad (C\text{는 임의의 상수})$$

練習問題 13.2

[1] 다음 미분방정식을 풀어라.

(a) $2ydt + 2tdy = 0$ (b) $\frac{dy}{dt} = -\frac{t}{y}$

(c) $1 - t\frac{dy}{dt} = 0$ (d) $\frac{dy}{dt} = 3y^2t$

[2] 다음 완전미분방정식을 풀어라.

(a) $3t^2y^2dt + 2t^3ydy = 0$

(b) $(y^3 + 2t)dt + 3ty^2dy = 0$

(c) $(y^2 + y)dt + (t + 2ty)dy = 0$

[3] 다음 미분방정식의 일반해를 구하여라.

(a) $\dfrac{dy}{dt}-y=10$ (b) $\dfrac{dy}{dt}+t^2y=3t^2$

(c) $\dfrac{dy}{dt}+ty=0$ (d) $2\dfrac{dy}{dt}+12y+2e^t=0$

[4] 다음 Bernoulli 방정식을 풀어라.

(a) $\dfrac{dy}{dt}-y=ty^2$ (b) $\dfrac{dy}{dt}=3ty^2$

[5] 초기조건이 $y(0)=4$ 인 미분방정식 $\dfrac{dy}{dt}+t^2y=3y^2$ 을 풀어라.

13. 3 差分方程式

함수 $y=f(t)$가 있을 때, 독립변수 t의 증분 Δt의 값이 일정한 경우, 이에 대한 y의 증분

$$\Delta y(t)=\Delta f(t)=f(t+\Delta t)-f(t)$$

를 특히 t에서의 y의 **差分**(difference) 또는 **定差** 또는 **階差**라 한다.

이 장에서는 t가 음이 아닌 정수값만을 택하는 것으로 약속하고, 또 $\Delta t=1$ 인 경우에 대하여 논하기로 한다. 따라서 t에서의 y의 차분은 다음과 같이 정의된다.

$$\Delta y(t)=f(t+1)-f(t) \tag{13.3.1}$$

함수 $y=f(t)$에 대하여, $f(t)$의 값을 간단히 y_t로 나타내고 $\Delta y(t)$의 값을 Δy_t로 나타내기로 하자. 즉,

$$y_t=f(t), \quad \Delta y_t=y_{t+1}-y_t$$

예를 들면, $y=y(t)=t^2$ 일 때

$$\Delta y_0=y_1-y_0=1^2-0^2=1$$
$$\Delta y_1=y_2-y_1=2^2-1^2=3$$
$$\Delta y_2=y_3-y_2=3^2-2^2=5$$
$$\cdots\cdots\cdots\cdots$$
$$\Delta y_t=y_{t+1}-y_t=(t+1)^2-t^2=2t+1 \tag{13.3.2}$$

차분 Δy_t는 또한 t의 함수이므로, Δt의 차분 $\Delta(\Delta y_t)$를 정의할 수 있다. 이를 y의 **第二階差分**(second order difference)이라 하고, 간단히 $\Delta^2 y_t$로 나타낸다. 즉,

$$\begin{aligned}\Delta^2 y_t &= \Delta(\Delta y_t)\\ &= \Delta y_{t+1} - \Delta y_t\\ &= (y_{t+2} - y_{t+1}) - (y_{t+1} - y_t)\\ &= y_{t+2} - 2y_{t+1} + y_t \qquad (13.3.3)\end{aligned}$$

일반적으로, y의 **第n階差分**(difference of nth order) $\Delta^n y_t$를 다음과 같이 정의한다.

$$\begin{aligned}\Delta^n y_t &= \Delta(\Delta^{n-1} y_t)\\ &= \Delta^{n-1} y_{t+1} - \Delta^{n-1} y_t \qquad (13.3.4)\end{aligned}$$

특히, y의 차분 Δy_t를 **第一階差分**이라 한다.

예 1 $y = f(t) = t^2$일 때,

$$\begin{aligned}&\Delta y_t = y_{t+1} - y_t = (t+1)^2 - t^2 = 2t+1\\ &\Delta^2 y_t = \Delta y_{t+1} - \Delta y_t = (2(t+1)+1) - (2t+1) = 2\\ &\Delta^3 y_t = \Delta^2 y_{t+1} - \Delta^2 y_t = 2 - 2 = 0\\ &\Delta^4 y_t = \Delta^3 y_{t+1} - \Delta^3 y_t = 0 - 0 = 0\\ &\Delta^5 y_t = \Delta^6 y_t = \cdots = 0\end{aligned}$$

함수 $y = f(t)$의 차분(第一階, 第二階 등의)을 포함한 방정식을 **差分方程式**(difference equation) 또는 **定差方程式** 또는 **階差方程式**이라 한다. 다음은 모두 차분방정식이다.

$$\begin{aligned}\Delta y_t &= 2t+1\\ \Delta^2 y_t &= 2\end{aligned}$$

차분방정식에 포함된 차분 중에서 그 階數(order)가 가장 높은 것이 第n階差分일 때, 이 차분방정식을 **n階差分方程式**이라 한다. 또, n階차분방정식에서 第n階差分에 관한 次數가 r일 때, 이 차분방정식을 **n階r次差分方程式**이라 한다. 위의 예에서, (13.3.2)는 一階一次차분방정식이고 (13.3.4)는 二階一次차분방정식이다.

주어진 차분방정식을 만족시키는 함수 $y=f(t)$, 즉 y_t를 이 차분방정식의 **解**(solution)라 하고, 이러한 해를 구하는 것을 **差分方程式을 푼다**고 말한다. 예를 들면, $y=t^2$은 차분방정식 $\Delta y_t=2t+1$, $\Delta^2 y_t=2$의 解이다.

차분방정식을 반드시 差分記號 $\Delta^n y_t$를 써서 나타낼 필요는 없다. 실제로, 차분방정식 $\Delta y_t=2t+1$, $\Delta^2 y_t=2$는 각각 (13.3.2)와 (13.3.3)을 이용하여 다음과 같이 나타낼 수 있다.

$$y_{t+1}-y_t=2t+1$$
$$y_{t+2}-2y_{t+1}+y_t=2$$

또한 차분방정식 $y_{t+1}-y_t=2t+1$은 t 대신에 $t-1$에 대입하여 얻은 차분방정식

$$y_t-y_{t-1}=2t-1$$

과 본질적으로 동일하다. 마찬가지로, $y_{t+2}-2y_{t+1}+y_t=2$에서 t 대신에 $t-2$를 대입하면 다음과 같이 변형된다.

$$y_t-2y_{t-1}+y_{t-2}=2$$

이제, 차분방정식

$$y_{t+1}=3y_t \tag{13.3.5}$$

의 해를 구해 보자. 이 때,

$$y_1=3y_0$$
$$y_2=3y_1=3^2y_0$$
$$y_3=3y_2=3^3y_0$$
$$\cdots\cdots\cdots\cdots\cdots\cdots$$
$$y_t=3^ty_0$$

따라서 $A=y_0$라 놓으면 주어진 차분방정식의 해는 다음과 같다.

$$y_t=A3^t \qquad (A\text{는 임의의 상수})$$

이와 같이, 임의의 상수를 이용하여 주어진 差分方程式의 모든 解를 나타낸 것을 **一般解**(general solution)라 하고, 임의의 상수에 특정한 값을 대입한 解를 **特殊解**(particular solution)라 한다. 예를 들어,

$$y_t=5\cdot 3^t$$

는 差分方程式 $y_{t+1}=3y_t$의 特殊解이다.

실제로, 차분방정식을 풀 때에는 차분방정식 이외에 적당한 조건이 주어진다. 예를 들어, 조건

$$y_t = 15 \tag{13.3.6}$$

을 만족시키는 차분방정식

$$y_{t+1} = 3y_t$$

의 해를 구해 보자. 이 방정식의 일반해는

$$y_t = A3^t \qquad (A\text{는 임의의 상수})$$

이므로, 조건 (13.3.6)에 의하여

$$15 = y_1 = A3, \quad \text{즉} \quad A = 5$$

따라서 구하는 해는 다음과 같다.

$$y_t = 5 \cdot 3^t$$

이 때, 조건식 (13.3.6)을 **初期條件**(initial condition)이라 한다.

일반적으로, n階差分方程式에 n개의 초기조건이 주어지면 이를 만족시키는 특수해는 단 하나 존재한다.

예를 들면, 초기조건이

$$y_0 = 9, \quad y_1 = -1 \tag{13.3.7}$$

인 二階차분방정식

$$y_t = 3y_{t-1} + 10y_{t-2} - 12 \tag{13.3.8}$$

의 특수해는 다음과 같다.

$$y_t = 2(5)^t + 6(-2)^t + 1 \tag{13.3.9}$$

실제로, (13.3.9)에 $t=0$과 $t=1$을 대입하면,

$$y_0 = 2(5)^0 + 6(-2)^0 + 1 = 9$$
$$y_1 = 2(5)^1 + 6(-2)^1 + 1 = -1$$

이므로 初期條件 (13.3.7)을 만족시킨다. 또한 (13.3.9)가 성립할 때,

$$y_{t-1} = 2(5)^{t-1} + 6(-2)^{t-1} + 1$$
$$y_{t-2} = 2(5)^{t-2} + 6(-2)^{t-2} + 1$$

이므로 다음 등식이 성립한다.

$$
\begin{aligned}
&3y_{t-1}+10_{t-2}-12\\
&\quad=3[2(5)^{t-1}+6(-2)^{t-1}+1]+10[2(5)^{t-2}+6(-2)^{t-2}+1]-12\\
&\quad=2(5)^{t-2}(3\cdot5+10)+6(-2)^{t-2}[3\cdot(-2)+10]+3+10-12\\
&\quad=2(5)^{t}+6(-2)^{t}+1=y_t
\end{aligned}
$$

즉, (13.3.9)는 初期條件이 (13.3.7)인 差分方程式 (13.3.8)의 特殊解이다.

앞으로, 이 책에서는 간단한 一階차분방정식만을 다루기로 한다.

13.4 一階差分方程式의 解法

一階차분방정식 중에서 가장 중요한 것은 다음과 같은 **線型一階差分方程式**(linear first-order difference equation)이다.

$$y_t=\alpha y_{t-1}+\beta \qquad (\alpha,\ \beta\text{: 상수}) \tag{13.4.1}$$

특히 $\beta=0$ 이면 이를 **同次**(homogeneous)**方程式**이라 하고, $\beta\neq0$ 이면 이를 **非同次**(non-homogeneous)**方程式**이라 부른다.

1. 線型同次方程式

선형동차방정식

$$y_t=\alpha y_{t-1} \qquad (\alpha\text{는 일정한 상수}) \tag{13.4.2}$$

의 일반해를 구해 보자. 방정식 (13.4.2)에 의하여

$$
\begin{aligned}
&y_1=\alpha y_0\\
&y_2=\alpha y_1=\alpha^2 y_0\\
&y_3=\alpha y_2=\alpha^3 y_0\\
&y_4=\alpha y_3=\alpha^4 y_0\\
&\cdots\cdots\cdots\cdots\cdots\cdots\\
&y_t=\alpha y_{t-1}=\alpha^t y_0
\end{aligned}
$$

따라서 주어진 차분방정식의 일반해는 다음과 같다.

$$y_t=A\alpha^t \qquad (A\text{는 임의의 상수}) \tag{13.4.3}$$

이제까지 얻은 결과를 요약하면 다음 정리를 얻는다.

[定理 13.4.1]

차분방정식

$$y_t = \alpha y_{t-1} \qquad (\alpha\text{는 상수})$$

의 일반해는 다음과 같다.

$$y_t = A\alpha^t \qquad (A\text{는 임의의 상수})$$

또, 초기조건이 $y_0 = \gamma$ 일 때의 특수해는 $y_t = y_0\alpha^t = \gamma\alpha^t$ 이다.

예 1 차분방정식 $my_{t+1} - ny_t = 0$(m과 n은 일정한 상수)은

$$y_{t+1} = \frac{n}{m}y_t, \quad \text{즉} \quad y_t = \frac{n}{m}y_{t-1}$$

으로 변형되므로 이 차분방정식의 일반해는 다음과 같이 나타낼 수 있다.

$$y_t = A\left(\frac{n}{m}\right)^t \qquad (A\text{는 임의의 상수})$$

특히, 초기조건이 $y_0 = \gamma$ 일 때의 주어진 차분방정식의 특수해는

$$y_t = \gamma\left(\frac{n}{m}\right)^t$$

선형동차방정식 $y_t = \alpha y_{t-1}$ 의 일반해인 $y_t = A\alpha^t$ 의 그래프는 α의 값에 따라 달라진다.

다음 몇 가지 경우를 생각해 보자(t의 값은 0, 1, 2, …으로만 변한다).

(1) $\alpha = 1$일 때, $y_t = A\alpha = A$ (「그림 13-1」 참조)

(2) $\alpha > 1$일 때, $A \neq 0$인 경우 t가 증가함에 따라 $y_t = A\alpha^t$는 발산한다. 특히, $A > 0$이면 t가 증가함에 따라 y_t는 $+\infty$로 되고, y_t는 $-\infty$로 된다.

[그림 13-2]는 $\alpha = 2$이고 $A = \frac{1}{4}$인 경우의 그래프이다.

(3) $\alpha < -1$일 때, $A \neq 0$인 경우 t가 증가함에 따라 y_t는 진동하면서 발산한다.

[그림 13-3]은 $\alpha = -2$, $A = 3$인 경우의 그래프이다.

(4) $-1 < \alpha < 1$일 때, t가 증가함에 따라 y_t는 0에 수렴하게 된다. 특히, $0 < \alpha < 1$이면 y_t는 단조로이 0에 수렴하고, $-1 < \alpha < 0$이면 y_t는 진동하면서 0에 수렴한다.

[그림 13-1]

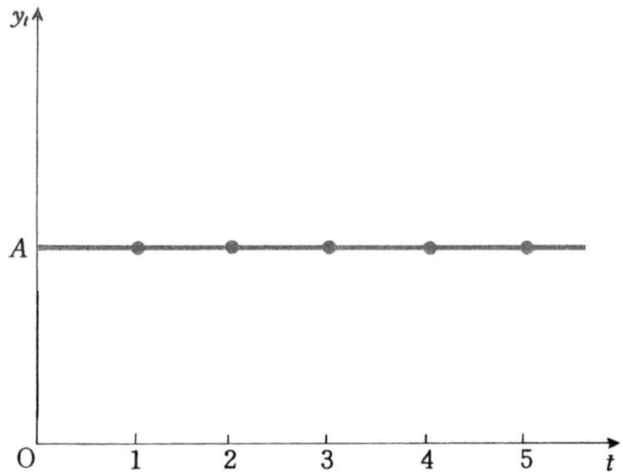

[그림 13-2]

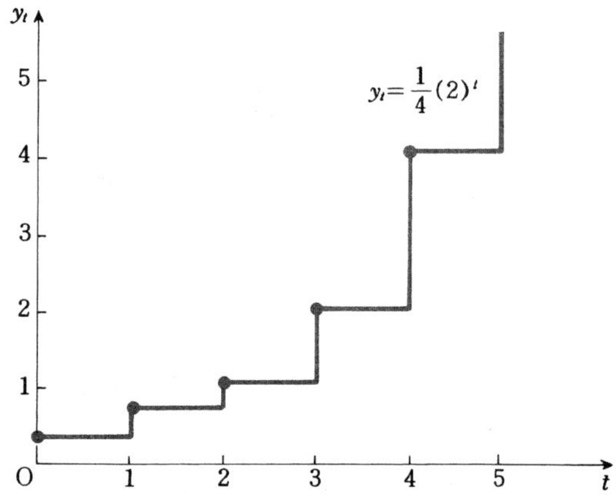

[그림 13-3]

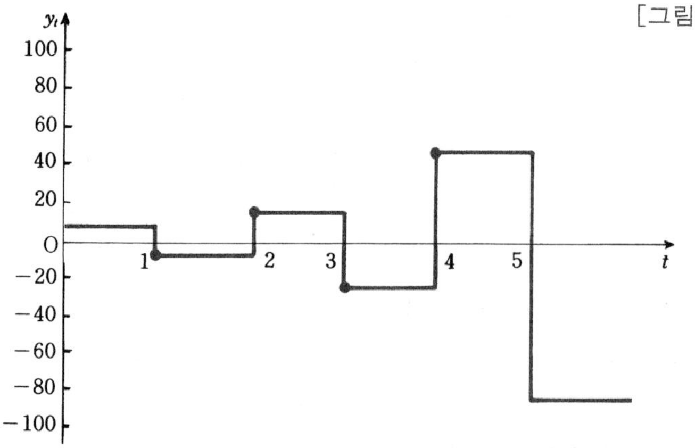

2. 線型非同次方程式

선형비동차방정식

$$y_t = \alpha y_{t-1} + \beta \qquad (\alpha,\ \beta\text{는 상수}) \tag{13.4.4}$$

의 일반해를 구해 보자.

차분방정식 (13.4.4)에 $t=1,\ 2,\ 3,\ \cdots$을 차례로 대입하면, 다음을 얻는다.

$$\begin{aligned}
y_1 &= \alpha y_0 + \beta \\
y_2 &= \alpha y_1 + \beta = \alpha^2 y_0 + (\alpha+1)\beta \\
y_3 &= \alpha y_2 + \beta = \alpha y_0 + (\alpha^2+\alpha+1)\beta \\
y_4 &= \alpha y_3 + \beta = \alpha y_0 + (\alpha^3+\alpha^2+\alpha+1)\beta \\
&\cdots\cdots\cdots\cdots\cdots\cdots\cdots\cdots\cdots\cdots \\
y_t &= \alpha y_{t-1} + \beta = \alpha^t y_0 + (\alpha^{t-1}+\alpha^{t-2}+\cdots+\alpha+1)\beta
\end{aligned} \tag{13.4.5}$$

한편, 등비급수의 성질에 의하여

$$\alpha^{t-1}+\alpha^{t-2}+\cdots+\alpha+1 = \begin{cases} \dfrac{1-\alpha^t}{1-\alpha}, & \alpha \neq 1 \\ t, & \alpha = 1 \end{cases}$$

따라서 다음 定理가 성립된다.

[定理 13.4.2]

차분방정식

$$y_t = \alpha y_{t-1} + \beta \qquad (\alpha,\ \beta\text{는 상수})$$

의 일반해는 다음과 같다(여기서 A는 임의의 상수).

(1) $\alpha \neq 1$ 인 경우 : $\quad y_t = A\alpha^t + \beta\dfrac{1-\alpha^t}{1-\alpha}$

(2) $\alpha = 1$ 인 경우 : $\quad y_t = A + \beta t$

또, 초기조건이 $y_0 = \gamma$ 일 때의 특수해는 다음과 같다.

(1) $\alpha \neq 1$ 인 경우 : $\quad y_t = \gamma\alpha^t + \beta\dfrac{1-\alpha^t}{1-\alpha}$

(2) $\alpha = 1$ 인 경우 : $\quad y_t = \gamma + \beta^t$

예 2 초기조건이 $y_0=7$ 인 차분방정식 $2y_{t+1}-y_t=2$ 를 풀어보자.
이 차분방정식을 변형하면

$$y_{t+1}=\frac{1}{2}y_t+1$$

을 얻고, 다시 이 식에서 t 대신에 $t-1$ 을 대입하면

$$y_t=\frac{1}{2}y_{t-1}+1$$

로 된다. 따라서 구하는 특수해는 다음과 같다.

$$y_t=7\left(\frac{1}{2}\right)^t+\frac{1-\left(\frac{1}{2}\right)^t}{1-\frac{1}{2}}, \quad 즉 \quad y_t=5\left(\frac{1}{2}\right)^t+2$$

[定理 13.4.2]에 의하여, 비동차방정식

$$y_t=\alpha y_{t-1}+\beta \qquad (\alpha\neq 1)$$

의 일반해는 다음과 같다.

$$\begin{aligned} y_t &= A\alpha^t+\beta\frac{1-\alpha^t}{1-\alpha} \\ &= A\alpha^t+\frac{\beta}{1-\alpha}-\frac{\beta}{1-\alpha}\alpha^t \\ &= \frac{\beta}{1-\alpha}+\left(A-\frac{\beta}{1-\alpha}\right)\alpha^t \end{aligned}$$

따라서

$$\delta_0=\frac{\beta}{1-\alpha}, \quad \delta_1=A-\frac{\beta}{1-\alpha}$$

라 놓으면, 일반해는 다음과 같이 간단한 꼴로 표시된다.

$$y_t=\delta_0+\delta_1\alpha^t \tag{13.4.6}$$

식 (13.4.6)으로부터 알 수 있듯이 y_t의 그래프는 α의 값에 따라 달라진다. 실제로, 다음 네 가지 경우를 생각해 볼 수 있다.

(1) $\alpha>1$ 일 때, t가 증가함에 따라 α^t는 발산한다. 특히, t가 증가함에 따라 $\delta_1>0$ 이면 y_t는 $+\infty$로 되고, $\delta_1<0$ 이면 y_t는 $-\infty$로 된다.

(2) $0<\alpha<1$ 일 때, t가 증가함에 따라 α^t는 0에 수렴한다. 따라서 t가

증가함에 따라 y_t는 δ_0에 수렴한다.

(3) $-1<\alpha<0$ 일 때, t가 증가함에 따라 α^t는 진동하면서 0에 수렴한다. 따라서 y_t는 진동하면서 δ_0에 수렴한다.

(4) $\alpha<-1$ 일 때, t가 증가함에 따라 α^t는 진동하면서 발산한다. 따라서 y_t도 진동하면서 발산한다.

練習問題 13.4

[1] 다음 차분방정식을 풀고, t가 증가함에 따라 y_t가 어떻게 변하는지를 설명하여라.

(a) $y_t=3y_{t-1}$, $y_0=5$

(b) $y_t=-2y_{t-1}$, $y_0=2$

(c) $y_t=0.5y_{t-1}$, $y_0=1$

[2] 다음 차분방정식을 풀고, t가 증가함에 따라 y_t가 어떻게 변하는지를 설명하여라.

(a) $y_t=y_{t-1}+2$, $y_0=5$

(b) $y_t=3y_{t-1}+4$, $y_0=2$

(c) $y_t=-3y_{t-1}+5$, $y_0=2$

(d) $y_t=6y_{t-1}-5$, $y_0=4$

13.5 간단한 動學모델

1. 거미집모델

차분방정식이 이용되는 가장 대표적인 경제모델로는 **거미집모델**(cobweb model)이 있다. 거미집모델이란 제3장 1절에서 본 수요·공급모델에 期間(time period)을 명시적으로 포함시키고, 今期의 공급량을 前期의 가격의 함수로 보는 모델을 말한다. 따라서 線型거미집모델은 t가 기간을 나타낸다고 할 때, 다음 세 방정식으로 이루어진다.

$$
\begin{aligned}
q^D &= a+bp_t && \text{(需要函數)}\\
q^S &= c+dp_{t-1} && \text{(供給函數)}\\
q^D &= q^S && \text{(均衡條件)} \qquad (13.5.1)
\end{aligned}
$$

이 모델에서 수요함수와 공급함수를 균형조건에 대입하고, p_t에 관하여 풀면 다음과 같은 一階非同次 差分方程式을 얻는다.

$$p_t=\frac{d}{b}p_{t-1}+\frac{c-a}{b} \tag{13.5.2}$$

따라서 거미집모델에 있어서 t기의 가격 p_t는 $(t-1)$기의 가격 p_{t-1}에 의하여 결정됨을 알 수 있다.

일반적으로, 균형이란 내생변수의 값이 변화하지 않는 상태를 말하므로, 거미집모델에 있어서의 균형가격 $\bar{p}$는 다음과 같은 조건을 만족시킨다.

$$\bar{p}=p_t=p_{t-1} \tag{13.5.3}$$

이제, (13.5.3)을 (13.5.2)에 대입한 다음, 이를 $\bar{p}$에 관하여 풀면

$$\bar{p}=\frac{a-c}{d-b} \tag{13.5.4}$$

을 얻는데, 이는 제3장 1절의 (13.5.7)에서 본 균형가격과 동일하다. 다시 말하면, $p_t=p_{t-1}$이면 거미집모델은 일반적으로 수요·공급모델과 동일한 모델이 되고 균형가격도 매기마다 동일하게 결정된다.

그러나 거미집모델에서 $p_t\neq p_{t-1}$이면, 가격 p_t는 매기마다 변하게 된다. 이 때, t가 증가함에 따라 p_t가 어떻게 변하는가를 보기 위하여 차분방정식 (13.5.2)를 풀어 보자. 먼저, $t=0$일 때의 가격을 p_0라고 하면, [定理 13.4.2]에 의하여,

$$p_t=p_0\left(\frac{d}{b}\right)^t+\left(\frac{c-a}{b}\right)\left(1-\left(\frac{d}{b}\right)^t\right)\Big/\left(1-\frac{d}{b}\right)$$

즉, 다음을 얻는다.

$$p_t=\left(p_0-\frac{a-c}{d-b}\right)\left(\frac{d}{b}\right)^t+\frac{a-c}{d-b} \tag{13.5.5}$$

또, (13.5.4)에서 $\bar{p}=(a-c)/(d-b)$이므로, (13.5.5)는

$$p_t=(p_0-\bar{p})\left(\frac{d}{b}\right)^t+\bar{p} \tag{13.5.6}$$

와 같이 간단히 나타낼 수 있다.

일반적인 경우처럼, 만일 수요곡선이 우하향이고 공급곡선이 우상향이

면, $b<0$ 이고 $d>0$ 이므로 $(d/b)<0$ 이다. 따라서 $(d/b)^t$는 매기마다 그 부호를 바꾸면서 균형가격 $\bar{p}$를 중심으로 진동하게 된다. 그러면 p_t의 이 순환적인 움직임이 균형가격 $\bar{p}$를 향하여 수렴할 것인가? 다음 세 경우를 생각하여 보자.

(1) $|d|>|b|$일 경우: 이 때에는 $|d/b|>1$ 이므로 t가 증가함에 따라 $(d/b)^t$는 점점 커져서, p_t는 $\bar{p}$를 중심으로 진동하면서 발산하게 된다.

(2) $|d|<|b|$인 경우: 이 때에는 $|d/b|<1$ 이므로 t가 증가함에 따라 $(d/b)^t$는 점점 작아져서, p_t는 $\bar{p}$를 중심으로 진동하면서 $\bar{p}$를 향해 수렴해 간다.

(3) $|d|=|b|$인 경우: 이 때에는 $d/b=-1$ 이 되기 때문에 p_t는 p_0와 $(2\bar{p}-p_0)$의 두 값을 가지면서 규칙적으로 진동하게 된다.

거미집모델 (13.5.1)에서 수요곡선의 기울기의 절대값은 $1/|b|$이고, 공급공선의 기울기의 절대값은 $1/|d|$이다. 따라서 공급곡선의 기울기의 절대값이 수요곡선의 기울기의 절대값보다 더 큰 경우, 즉 (2)의 조건이 만족되는 경우에만 p_t가 균형가격 $\bar{p}$를 향하여 수렴함을 알 수 있다.

이 관계가 [그림 13-4]에 도시되어 있다. 우선, 어떤 이유로 해서 초기공급량이 q_0로 결정되었다고 하면 초기가격은 p_0가 된다. 이 가격에서 수요량은 p_0M_0 이므로 공급량과 같다. 한편, 가격 p_0는 다음 기에 생산자들로 하여금 p_0N_1을 공급하게 한다. 그러나 이 때에는 가격이 p_1으로 하락

[그림 13-4]

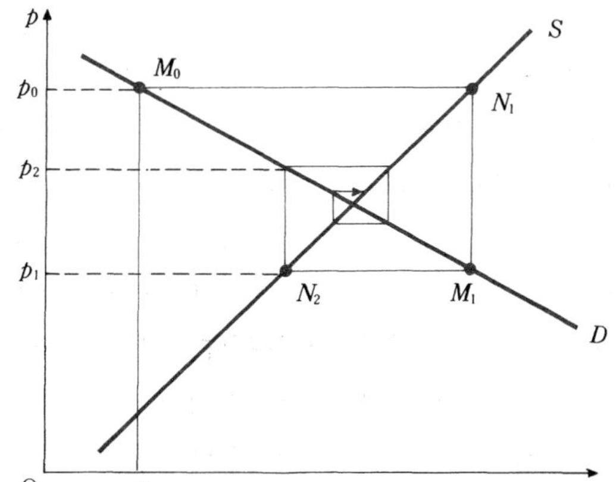

[그림 13-5]

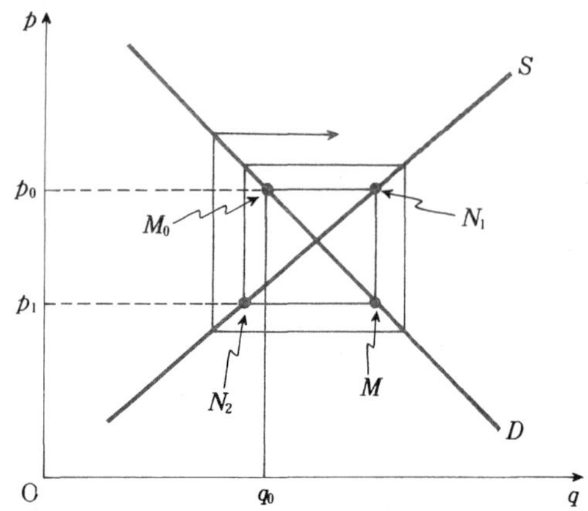

한다. 왜냐하면 p_1의 가격에서 소비자들은 $p_0N_1 = p_1M_1$을 수요하기 때문이다. 이제, 가격이 p_1이므로 생산자들은 다음 기에 p_1N_2를 공급하게 된다. 그러나 이 때에는 생산자들은 가격을 p_2로 올릴 수 있다. 이와 같은 과정이 반복되어 결국 가격 p_t는 t가 증가함에 따라 거미집의 모양을 그리면서 수요곡선과 공급곡선이 만나는 균형가격으로 수렴해 간다.

한편, 수요곡선의 기울기의 절대값이 공급곡선의 기울기의 절대값보다 더 큰 경우에는 (1)의 조건 $|d|>|b|$이 성립하고, [그림 13-5]에서 보는 것처럼 t가 증가함에 따라 p_t는 거미집의 모양을 그리면서 점점 균형가격으로부터 이탈하여 간다.

일반적으로, 가격이 균형가격으로부터 이탈했을 때 다시 균형가격으로 복귀시키는 메커니즘이 시장 안에 존재하고 있으면, 그 균형을 **安定的 均衡**(stable equilibrium)이라고 한다. 그러나 일단 가격이 균형에서 이탈했을 때 다시 균형가격으로 복귀시키는 메커니즘이 市場 안에 존재하지 않는다면, 그 균형은 **不安定的 均衡**(unstable equilibrium)이 된다.

앞에서 본 바와 같이 거미집모델에 있어서는 공급곡선의 기울기의 절대값이 수요곡선의 기울기의 절대값보다 크기만 하면 안정적 균형을 이루게 된다. 따라서 $|d|<|b|$를 균형의 **安定條件**(stability condition)이라고 한다. 그런데 이 안정조건은 공급곡선이 우상향하지 않고 우하향하는 경우에도 성립함을 보일 수 있다. 그러나 이 때에는 $d<0$이므로 $(d/b)>0$이고, 따라서 가격이 균형가격을 중심으로 진동하지 않고 점진적으로 균형가격

을 향하여 수렴해 간다.

2. 連續的 價格調整모델

거미집모델에 있어서는 가격 p는 매기마다 이산적으로 변하고 있다. 이제, 가격이 시간이 변함에 따라 연속적으로 변하는 모델을 설명하여 보자. 연속적 가격조정(continuous price adjustment)모델은 다음과 같은 세 방정식으로 이루어진다.

$$q^D = a + bp \tag{13.5.7}$$

$$q^S = c + dp \tag{13.5.8}$$

$$\begin{aligned}\frac{dp}{dt} &= \alpha(q^D - q^S) = \alpha(a + bp - c - dp)\\ &= \alpha(a-c) + p(b-d)\end{aligned} \tag{13.5.9}$$

여기서 p는 시간 t가 변함에 따라 연속적으로 변하는 변수로서, 일정시점에 있어서의 가격의 변화율(rate of change)은 그 시점에 있어서의 초과수요(excess demand), 즉 수요량과 공급량의 차인 $(q^D - q^S)$에 비례한다고 가정하고 있다. 식 (13.5.9)에서 α를 **調整係數**(adjustment coefficient)라고 부르는데, $\alpha>0$ 이라고 가정하기로 하자. 따라서 일정시점에서 수요량이 공급량보다 크면 가격은 상승하고, 반대로 공급량이 수요량보다 크면 가격은 하락한다.

균형에 있어서는 가격이 변하지 않으므로, 다음이 성립한다.

$$\frac{dp}{dt} = 0 \tag{13.5.10}$$

따라서 이제 균형조건 (13.5.10)을 (13.5.9)에 대입하면,

$$\alpha(a-c) + p(b-d) = 0 \tag{13.5.11}$$

한편, $\alpha>0$ 이므로 (13.5.11)로부터 균형가격 $\bar{p}$는 다음과 같다.

$$\bar{p} = \frac{a-c}{d-b} \tag{13.5.12}$$

그런데 (13.5.12)는 제3장 1절에서 살펴본 간단한 수요·공급모델과 앞에서 살펴본 거미집모델에서의 균형가격과 동일하다. 이제, (13.5.12)를 (13.5.9)에 대입하여 정리하면 다음을 얻는다.

$$\frac{dp}{dt}=\frac{\alpha}{b-d}(p-\bar{p}) \tag{13.5.13}$$

여기서 α, b, d는 모두 상수이므로, $\lambda=\alpha/(b-d)$라고 놓으면 (13.5.13)은 다음과 같이 간단히 나타낼 수 있다.

$$\frac{dp}{dt}=\lambda(p-\bar{p}) \tag{13.5.14}$$

즉,

$$\frac{dp}{p-\bar{p}}=\lambda dt \tag{13.5.15}$$

이제 一階一次 微分方程式 (13.5.15)의 일반해를 구해 보면 다음과 같다.

$$\int\frac{dp}{p-\bar{p}}=\int\lambda dt, \quad \ln(p-\bar{p})=\lambda t+C$$

$$p-\bar{p}=C\cdot e^{\lambda t} \qquad (C=e^{C})$$

따라서

$$d=\bar{p}+C\cdot e^{\lambda t} \tag{13.5.16}$$

그런데 $t=0$일 때 $p=p_0$라고 하면, $C=p_0-\bar{p}$이므로 (13.5.15)의 특수해는 다음과 같다.

$$p=\bar{p}+(p-\bar{p})e^{\lambda t} \tag{13.5.17}$$

앞에서 $\lambda=\alpha/(b-d)$이고 $\alpha>0$, $b<0$, $d>0$이므로, $\lambda<0$이다. 따라서 (13.5.17)에서 t가 증가함에 따라 가격 $p(t)$는 균형가격 $\bar{p}$로 점진적으로 수렴해 간다는 것을 알 수 있다.

그런데 해 (13.5.17)에서 보는 것처럼 연속적 가격조정모델에 있어서의 균형의 안정조건은 $\lambda<0$이다. 따라서 $b<0$이기만 하면, $d<0$이라 하더라도 $|d|<|b|$이며, 또 균형의 안정조건이 만족되는 것은 거미집모델에서와 같다.

練習問題 13.5

[1] 거미집모델에서 $b<0$, $d<0$이고 $|d|<|b|$이면 안정적 균형을 이룸을 그림을 그려서 설명하여라.

[2] 거시경제모델이 다음과 같이 주어질 때, 균형국민소득 Y는 t가 증가함에 따라 어떻게 변하는가? 여기서 S는 저축, I는 투자, 그리고 Y는 소득을 나타내고, 이들 내생변수는 모두 시간 t의 함수이다.

$$S(t)=\alpha Y(t)$$

$$I(t)=\beta\frac{dY}{dt}$$

$$S(t)=I(t)$$

$$\alpha<0,\quad \beta>0$$

13.6 乘數理論의 動態化

제3장의 간단한 거시모델에서 정부부문과 해외부문이 존재하지 않는 경우에 ΔI만큼의 독립투자의 증가는 승수에 의해 다음과 같이 소득을 증가시킴을 보았다.

$$\Delta Y=\frac{1}{1-c}\Delta I \tag{13.6.1}$$

이와 같은 결론은 比較靜學에 의해 도출된 것으로, 만약 독립투자가 증가하기 이전의 균형소득이 Y_0라 하면, 독립투자가 ΔI만큼 증가한 후의 균형소득 Y_1은 다음과 같다.

$$Y_1=Y_0+\frac{1}{1-c}\Delta I$$

그러나 이 결과는 독립투자의 증가가 있기 이전의 균형소득에서 독립투자의 증가가 있은 후의 새로운 균형소득으로 옮겨지는 **時間經路**(time path)를 보여주지는 못한다. 이와 같은 시간경로를 분명히하기 위해서는 모델의 動態化가 필요하다.

제3장에서 본 가장 간단한 거시모델의 동태화는 보통 다음과 같은 세 방정식으로 구성된다.

$$C_t=a+cY_{t-1},\quad a>0,\quad 0<c<1 \tag{13.6.2}$$

$$I_t=I_0+\Delta I \tag{13.6.3}$$

$$Y_t=C_t+I_t \tag{13.6.4}$$

앞에서, (13.6.2)는 t기의 소비 C_t가 $(t-1)$기의 소득 Y_{t-1}에 의해 결정된다는 단기의 소비함수를 나타내고, (13.6.3)은 t기의 투자 I_t는 초기의 투자 I_0와 독립투자의 증가량 ΔI의 합으로 나타난다는 것을 보여주고 있다. 그리고 (13.6.4)는 거시경제모델의 균형조건을 나타낸다.

이제, 이 모델을 풀기 위해 (13.6.2)와 (13.6.3)을 (13.6.4)에 대입하면, 다음 식을 얻는다.

$$Y_t - cY_{t-1} = a + I_0 + \Delta I \tag{13.6.5}$$

여기서 (13.6.5)는 비동차선형의 차분방정식이므로, 그 일반해는 非同差線型 差分方程式을 해법에 의해 다음과 같이 구할 수 있다.

$$Y_t = \delta c^t + \frac{a + I_0 + \Delta I}{1-c} \tag{13.6.6}$$

이 때, δ는 임의상수(arbitrary constant)이다. 그런데 $0<c<1$이므로 $t\to\infty$이면 $c^t\to 0$가 된다. 따라서 (13.6.5)에서 $t\to\infty$이면

$$Y_t = (a + I_0 + \Delta I)/(1-c)$$

가 된다는 것을 알 수 있다. 한편, $(a+I_0)/(1-c)$는 바로 Y_0와 같고, 그리고 $\Delta I/(1-c)$는 독립투자의 증가에 따른 균형소득의 증가량 ΔY이므로, (13.6.6)에서 $t\to\infty$일 때의 Y_t의 값은 바로 靜態分析에서 독립투자가 있은 이후의 균형소득과 같다. 그런데 이와 같은 t의 값이 점차 커짐에 따라 Y_t의 값이 정태분석의 결과와 같게 된다는 것은 바로 (13.6.6)이 독립투자의 증가에 따라 소득이 새로운 균형치를 향해 증가해 가는 동태적인 과정을 보여준다는 것을 의미한다.

이와 같은 동태적인 과정을 도시하면 [그림 13-6]과 같다. 즉, [그림 13-6]에서 처음의 균형은 P_0에서 이루어지고 있다. 이 때, 독립투자가 RR'만큼 증가하면, 새로운 균형은 P_E에서 이루어지고, 이 때의 균형소득은 Y_E가 된다. 그런데 이 때 균형소득의 증가는 比較靜學分析이 보여주듯이 순간적으로 이루어지는 것이 아니라 시간이 지남에 따라 점차적으로 Y_E를 향해 증가해 가는 것이다. 이제, 좀더 상세하게 이 과정을 설명해 보면 다음과 같다. 만약 $a=0$라 하면, $t=1$에서의 투자는 OR가 되고, 새로운 독립투자의 증가량은 RR'이므로, $t=1$에서의 소비는 A_1P_1이 된다. 따라서 $t=1$에서 소득의 크기는 $Y_0P_1=OY_1$와 같다. 그리고 $t=2$에서의 소비는 A_2P_2가 되므로, $t=2$에서의 소득은 $Y_1P_2=A_2P_2+A_2Y_1=OY_2$가 된다. 이와 같은

[그림 13-6]

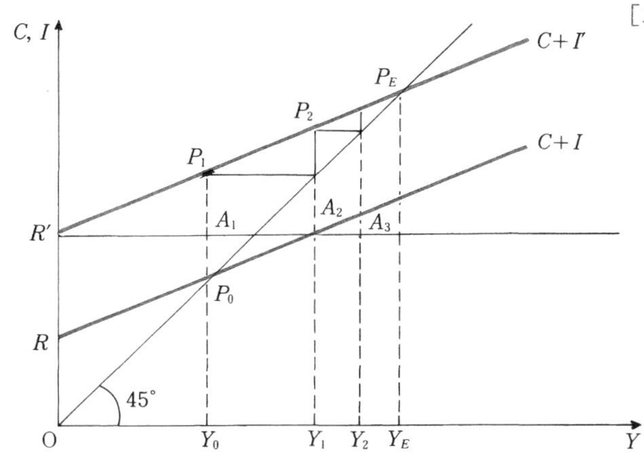

방법으로 소득은 t의 값이 커짐에 따라 점차로 Y_E를 향해 증가하게 되는 것이다.

지금까지는 투자가 순전히 독립적(autonomous)인 경우에 있어 승수의 동태적 적응과정을 살펴보았다. 이제, 투자가 일부는 독립적이고, 또 일부는 소득의 크기에 의해 결정된다고 가정하여 보자. 이 경우에는 (13.6.3)의 투자함수는 다음과 같이 고쳐 쓸 수 있다.

$$I_t = hY_{t-1} + I_0 + \Delta I \tag{13.6.7}$$

이 때, h는 한계투자성향(marginal propensity to invest)이라고 부를 수 있으며, $0<h<1$ 의 값을 갖는다.

식 (13.6.2)와 (13.6.7)을 균형조건(13.6.4)에 대입하면 다음 식을 얻는다.

$$Y_t - (c+h)Y_{t-1} = a + I_0 + \Delta I \tag{13.6.8}$$

여기서 (13.6.8)은 역시 非同次線型의 差分方程式이므로 그 일반해를 구하면 다음과 같다.

$$Y_t = \delta(c+h)^t + \frac{a + I_0 + \Delta I}{1 - c - h} \tag{13.6.9}$$

그런데 (13.6.9)에서 c와 h는 1보다 작은 陽의 값이나, $c+h$가 1보다 작다는 보장은 없다. 만약, $c+h$가 1보다 큰 경우에는 $c+h$의 값이 t가 증가함에 따라 점차 커지게 되므로 Y_t의 값도 무한히 커지게 된다. 그리고

[그림 13-7]

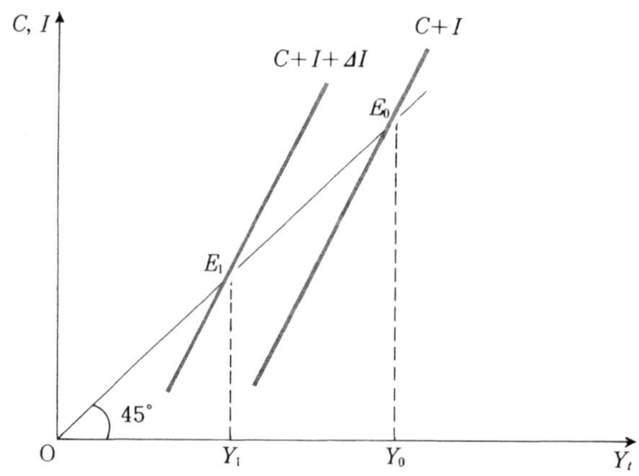

만약 $c+h=1$ 인 경우에는 $(c+h)^t=1$ 이 되므로, (13.6.9)는

$$Y_t=\delta+\frac{a+I_0+\Delta I}{1-c-h}$$

가 되는데, 이 때 δ는 임의상수이므로 Y_t의 값은 일정하게 정해지지 않는다. 그러나 $0<c+h<1$ 인 경우에는 t가 증가함에 따라 $\delta(c+h)^t$는 0에 접근하게 되므로 독립투자가 증가한 후의 균형소득은

$$Y_E=\frac{a+I_0+\Delta I}{1-c-h}$$

로 접근한다. 다시 말하면, 균형소득의 안정조건은 $0<c+h<1$ 이다.

여기서 참고로 불안정균형의 경우를 도시하면 [그림 13-7]과 같이 나타낼 수 있다. 만약 처음의 균형이 E_0에서 이루어져 있다가, 독립투자가 ΔI만큼 증가하면 새로운 균형은 어떻게 될 것인가? 지금까지 배운 비교정학으로부터 얻은 결론은 E_1에서 새로운 균형이 이루어진다는 것이다. 그러나 이 결론은 옳지 않다. 왜냐하면 [그림 13-7]은 $c+h>1$ 인 경우로 E_0의 균형에서 일단 이탈되면, 새로운 균형은 이루어지지 않는다는 것이 앞에서 설명한 動學의 결론이기 때문이다.

이와 같이 볼 때, 比較靜學의 결론은 動學에 의해 뒷받침하지 않으면 안 된다는 것을 알 수가 있다. 이러한 원리를 사뮤엘슨(P. A. Samuelson)은 **對應의 原理**(correspondence principle)라고 부르고 있다.

練習問題 13.6

[1] 단순한 동태모델이 다음과 같이 주어져 있다고 하자. 이 때, 만일 독립투자가 $\Delta I=20$ 만큼 증가했다면 균형소득은 얼마가 되겠는가? 그리고 또 이 균형은 안정적인가?

$$Y_0=100, \quad C_0=60, \quad I_0=40$$
$$C_t=0.60\,Y_{t-1}$$
$$Y_t=C_t+I_t$$

[2] 문제 1에서 투자함수만 $I_t=0.20\,Y_{t-1}+20$ 으로 바뀔 때 균형소득을 구하고, 그 안정성을 검토하여 보아라.

[3] 다음의 각 경우에 균형의 안정성을 검토하고, 균형소득을 구하여라.

(a) $Y_0=100$, $C_0=80$, $I_0=20$, $C_t=0.8\,Y_{t-1}$ 이고, 투자는 독립적일 때, 투자가 20에서 25로 증가한 경우

(b) $Y_0=100$, $C_0=64$, $I_0=36$, $C_t=0.64\,Y_{t-1}$, $I_t=0.20\,Y_{t-1}+16$ 일 때, 독립투자가 16에서 24로 증가한 경우

[4] 소비함수가 다음과 같이 주어질 때, 안정조건과 균형소득을 구하여라.

$$C_t=a+c\,Y_t+dC_{t-1}, \qquad 0<c<1$$

13.7 新古典學派 成長모델

솔로(R. M. Solow)에 의하여 전개된 **新古典學派 成長모델**(neoclassical growth model)은 제12장 7절에서 본 해롯-도마 성장모델이 갖는 균형의 불안정성을 해결하고 있다. 즉, 신고전학파의 성장모델에 있어서는 경제가 균형으로부터 이탈하는 경우 다시 균형으로 되돌아가는 힘이 작용한다.

일반적으로, 성장모델에 있어 중요한 것은 다음과 같은 세 가지 가정이다. 첫째, 생산요소의 하나인 노동의 증가율에 대한 가정으로서, 만약 노동의 증가율이 n으로 일정하다면 t기의 노동량은 다음과 같이 나타낼 수 있다.

$$L_t=L_0e^{nt} \qquad (13.7.1)$$

이 때, L_0는 초기의 노동량이다.

그런데 노동생산성의 증가는 노동의 양이 증가한 것과 동일한 효과를 갖는다. 이와 같이 노동의 생산성까지 노동증가율에서 고려하는 것을 效率單位(effective labour unit)로 나타낸 노동증가율이라 부른다. 따라서 만약 노동생산성의 증가율을 λ라고 하면, 효율단위로 나타낸 t기의 노동량은 다음과 같다.

$$L_t = L_0 e^{(n+\lambda)t} \tag{13.7.2}$$

둘째, 경제 전체의 생산함수(aggregate production function)에 대한 가정인데, 이 가정에 따라 성장이론의 성격이 달라지게 된다. 신고전학파의 성장모델에 있어서는 총체적 생산함수

$$Q_t = f(K_t,\ L_t) \tag{13.7.3}$$

이 일차의 동차함수라고 가정하고 있다. 따라서 다음 관계가 성립하게 된다.

$$\lambda Q_t = f(\lambda K_t,\ \lambda L_t) \tag{13.7.4}$$

여기서 $\lambda = 1/L_t$이라 하고, 이를 (13.7.4)에 대입하면 다음이 성립한다.

$$\frac{Q_t}{L_t} = f\left(\frac{K_t}{L_t},\ 1\right) \tag{13.7.5}$$

이제, $q_t = Q_t/L_t$는 산출-노동비율(output-labor ratio)을, $k_t = K_t/L_t$는 자본-노동비율(capital-labor ratio)을 나타낸다고 하면, (13.7.5)는 다음과 같이 고쳐 쓸 수 있다.

$$q_t = f(k_t,\ 1) = g(k_t) \tag{13.7.6}$$

다시 말하면, 생산함수가 一次동차함수일 때에는 1인당 산출량은 1인당 자본장비율의 함수가 된다.

셋째, 성장이론의 구성에 있어 중요한 것은 투자와 자본형성에 대한 가정인데, 해롯-도마의 성장모델이나 신고전학파의 성장모델은 모두 **均衡成長모델**(balanced growth model)이라는 특징을 가지고 있다. 여기서 균형성장이란 경제가 완전고용을 유지하면서 성장해 나가는 것을 말한다. 이는 다시 말하면, 매기의 저축(S_t)과 투자 (I_t)가 같다는 것을 의미한다. 따라서 다음 관계가 성립한다.

$$\frac{dK_t}{dt}=I_t=S_t \tag{13.7.7}$$

위에서, 저축률(saving rate)이 s로 일정하다고 가정하면, 다음 식이 성립하게 된다.

$$\frac{dK_t}{dt}=I_t=S_t=sQ_t \tag{13.7.8}$$

즉, 매기마다 sQ_t만큼이 저축되고, 또 그것이 모두 투자되므로, t기의 자본증가량은 sQ_t가 되는 것이다.

이제, 지금까지 설명한 신고전학파의 성장모델의 세 가지 가정을 요약하여 보면 다음과 같다.

(1) 노동증가율은 n으로 일정하다. 따라서 다음 式이 성립한다.

$$L_t=L_0e^{nt} \tag{13.7.1}$$

(2) 총체적 생산함수는 一次동차함수이다.

$$q_t=f(k_t,\ 1)=g(k_t) \tag{13.7.6}$$

(3) 저축과 투자는 일치하며, 저축률은 일정하다.

$$\frac{dK_t}{dt}=I_t=S_t=sQ_t \tag{13.7.8}$$

이상과 같은 모델의 가정으로부터, 이제 신고전학파모델의 **成長經路**(growth path)를 생각해 보자. 먼저, 자본-노동비율, 즉 $k_t=K_t/L_t$의 양변에 로그를 취하고 시간에 대하여 미분하면 다음 식을 얻을 수 있다.

$$\frac{\frac{dk_t}{dt}}{k_t}=\frac{\frac{dK_t}{dt}}{K_t}-\frac{\frac{dL_t}{dt}}{L_t} \tag{13.7.9}$$

이 때, $\frac{dk_t}{dt}\Big/k_t$는 자본-노동비율의 증가율이고, (13.7.8)에서 $\frac{dK_t}{dt}=sQ_t$이며, $\frac{dL_t}{dt}\Big/L_t$는 노동증가율로 (13.7.1)의 가정에 의해 n으로 일정하다. 따라서 (13.7.9)는 이제 다음과 같이 쓸 수 있다.

$$\frac{dk_t/dt}{k_t}=\frac{sQ_t}{K_t}-n \tag{13.7.10}$$

그리고 (13.7.10)에서 sQ_t/K_t의 분모와 분자를 동시에 L_t로 나누면, 다음 관계가 성립함을 알 수 있다.

$$\frac{dk_t/dt}{k_t}=\frac{s\cdot q_t}{k_t}-n=\frac{s\cdot g(k_t)}{k_t}-n \tag{13.7.11}$$

[그림 13-8]

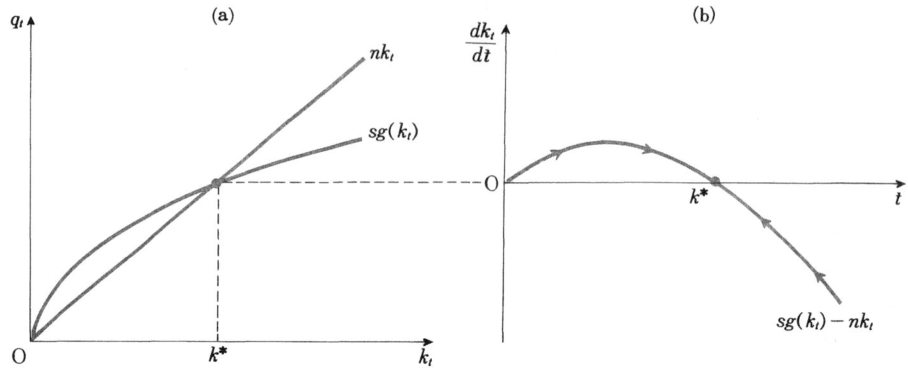

흔히 (13.7.11)을 신고전학파 성장모델의 基本方程式(fundamental equation)이라고 부르는데, 이 식은 一階微分方程式이므로 그 해를 구하면 균형성장경로에 있어서의 자본-노동비율을 구할 수 있다.

신고전학파의 성장모델에 있어 균형성장경로는 앞에서 말한 바와 같이 안정적인데, 이를 도시하여 설명하면 다음과 같다. 먼저 (13.7.11)의 양변에 k_t를 곱하면 다음 식을 얻는다.

$$\frac{dk_t}{dt}=s\cdot g(k_t)-nk_t \qquad (13.7.12)$$

[그림 13-8]의 (a)에는 $s\cdot g(k_t)$와 nk_t가 나타나 있는데, 이 때 만약 $k_t<k^*$이면 $s\cdot g(k_t)>nk_t$가 되므로, (13.7.12)로부터 $\frac{dk_t}{dt}>0$이 되어 k_t는 증가함을 알 수 있다. 그리고 반대로 만약 $k_t>k^*$이면 $s\cdot g(k_t)<nk_t$가 되므로 (13.7.12)로부터 $\frac{dk_t}{dt}<0$이 되어 k_t는 감소한다. 따라서 $k_t=k^*$일 때 경제는 일정한 성장률로 균형성장을 하게 되며, k_t가 k^*를 벗어나면 다시 k^*로 되돌아가는 힘이 작용함을 알 수가 있다.

이와 같은 관계는 [그림 13-8]의 (b)에서 보다 명확하게 이해할 수 있다. 즉, [그림 13-8]의 (b)는 (13.7.12)의 관계를 도시한 것인데, 만약 $k_t<k^*$이면 $\frac{dk_t}{dt}>0$이 되고, 이 때 k_t는 화살표의 방향을 따라 k^*로 증가하게 된다.

그리고 만약 $k_t>k^*$이면 $\frac{dk_t}{dt}<0$가 되고, 이 때 k_t는 화살표의 방향을 따라 k^*로 감소하게 된다. 따라서 k^*는 바로 자본-노동비율의 균형치가 된다. 그리고 일단 $k_t=k^*$가 달성되면 자본-노동비율은 k^*에서 일정하게

유지된다. 따라서 $k_t=k^*$가 달성되면 자본증가율은 노동증가율과 같아지게 된다. 이와 같은 k^*의 경제상태를 **持續狀態**(steady state)라 부른다.

이제, 지금까지의 분석의 구체적인 예로서 코브-더글러스 생산함수를 갖는 경제를 생각해 보자. 즉, 총체적 생산함수가 $Q_t=K_t^{\alpha}L_t^{1-\alpha}$와 같이 주어져 있다고 하면, 이 생산함수는 다시 다음과 같이 나타낼 수 있다.

$$q_t=\frac{Q_t}{L_t}=\left(\frac{K_t}{L_t}\right)^{\alpha}=k_t^{\alpha}$$

이를 (13.7.12)에 대입하여 정리하면 다음의 식을 얻을 수 있다.

$$\frac{dk_t}{dt}=sk_t^{\alpha}-nk_t$$

$$\frac{dk_t}{dt}+nk_t=sk_t^{\alpha}$$

그런데 윗식은 바로 베르누이 방정식이다. 따라서 $z=k_t^{1-\alpha}$라 하면, 위의 방정식은

$$\frac{dz}{dt}+(1-\alpha)nz=(1-\alpha)s$$

가 되고, 이를 풀면 다음을 얻을 수 있다.

$$z=\left[z(0)-\frac{s}{n}\right]e^{-(1-\alpha)nt}+\frac{s}{n}$$

그리고 다시 $z=k_t^{1-\alpha}$를 윗식에 대입하면,

$$k_t^{1-\alpha}=\left[k_t^{1-\alpha}-\frac{s}{n}\right]e^{-(1-\alpha)nt}+\frac{s}{n}$$

이 때, k_0는 초기의 자본-노동비율이다.

그런데 만일 $t\to\infty$이면, 윗식에서 $e^{-(1-\alpha)nt}\to 0$가 된다. 따라서 다음이 성립한다.

$$k_t^{1-\alpha}\to\frac{s}{n},\quad \text{즉}\quad k_t\to\left(\frac{s}{n}\right)^{\frac{1}{1-\alpha}}$$

다시 말하면, 시간이 증가함에 따라 자본-노동비율은 균형치 $\left(\frac{s}{n}\right)^{\frac{1}{1-\alpha}}$에 접근하게 되는데, **持續狀態**에서의 자본-노동비율은 저축률이 크면 클수록 더욱 크고, 노동증가율이 크면 클수록 작아지게 된다.

練習問題 13.7

[1] 노동증가율을 효율단위로 할 때 본문의 분석은 어떻게 달라지는가를 설명하여 보아라.

[2] 총체적 생산함수가 다음과 같이 주어져 있다고 하자.

$$Q_t = T(t)f(K_t, L_t)$$

여기서 f는 일차동차함수이고, $T(t)$는 기술진보를 나타낸다. 만약, $T(t)$의 증가율이 ρ이고, 노동의 증가율을 n이라 할 때 지속상태에서의 산출량 Q의 성장률을 구해 보아라.

[3] 생산함수가 다음의 아래 그림과 같이 주어진 경우 균형성장은 어떻게 되겠는가?

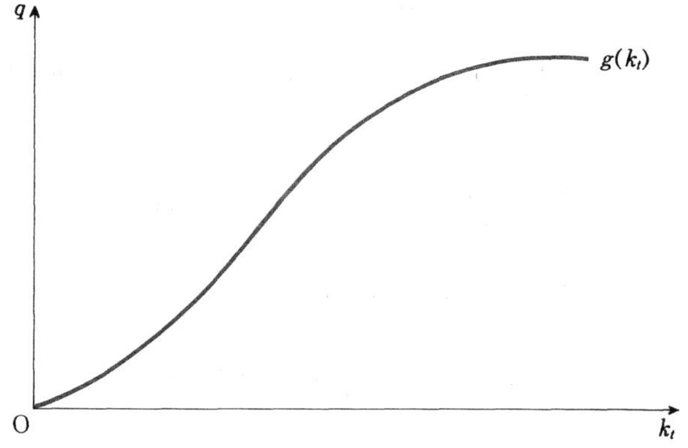

[4] 노동증가율이 일정한 상수가 아니라 자본-노동비율의 함수로서 다음 그림과 같이 나타낼 수 있다고 하면, 균형성장은 어떻게 되겠는가?

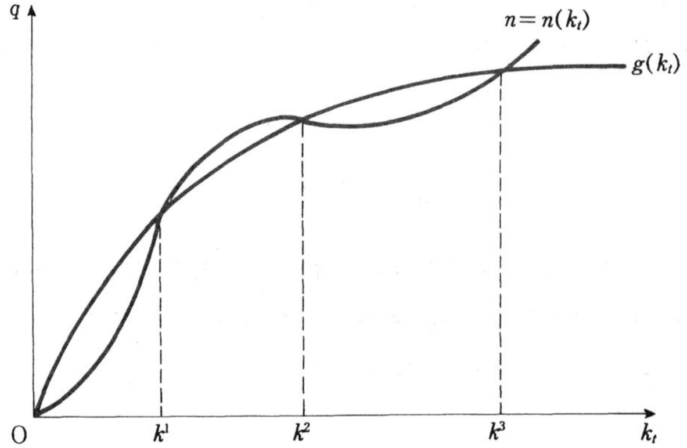

제**14**장

Euclid 空間

제 14 장 Euclid 空間

이 장에서는 실수를 성분으로 가지는 벡터를 정의하고 n차원 공간 $\mathbb{R}^n$ 위의 內積을 정의하여, n차원 공간에서의 직선의 방정식과 평면의 방정식에 대하여 논하고 볼록집합에 대하여 논하기로 한다.

14. 1 幾何學的 벡터

평면 또는 공간에서 움직이는 점이 점 A에서 점 B까지 이동하는 것을 A에서 B로 향하는 화살표를 붙여 선분 AB에 방향을 줄 때 이 선분을 **有向線分**(directed line-segment)이라 하고 점 A와 점 B를 각각 이 유향선분의 **始點**(initial point), **終點**(terminal point)이라고 한다.

[그림 14-1]에서 유향선분 AB와 유향선분 CD는 방향과 길이가 각각 같다. 이와 같이 유향선분 AB와 그 방향과 길이가 각각 같은 유향선분은 모두 한 (幾何學的) **벡터**(vector)를 나타낸다고 생각하고, 이 벡터를 $\overrightarrow{AB}$로 나타낸다. 또 $\overrightarrow{AB}$의 길이를 벡터 $\overrightarrow{AB}$의 **길이** 또는 **크기**라 하고 이것을 $\|\overrightarrow{AB}\|$로 나타낸다.

[그림 14-1]

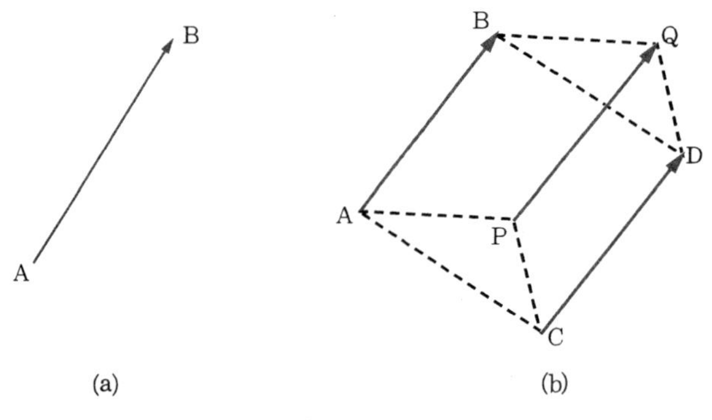

평면 또는 공간에서, [그림 14-1]의 (b)와 같이 □ABCD가 평행사변형을 이루면 두 유향선분 AB, CD의 방향과 길이가 각각 같다. 이와 같은 경우에 $\overrightarrow{AB}$와 $\overrightarrow{CD}$는 서로 **같다**고 하고, 이것을

$$\overrightarrow{AB} = \overrightarrow{CD}$$

로 나타낸다. 따라서 평면 또는 공간에서 벡터는 모두 한 고정점 O를 시점으로 가지는 벡터로 나타낼 수 있다.

시점이 일치하는 두 벡터 $\overrightarrow{OA}$, $\overrightarrow{OB}$에 대하여, [그림 14-2]와 같은 평행사변형 OACB의 대각선 OC로 결정되는 벡터 $\overrightarrow{OC}$를 $\overrightarrow{OA}$와 $\overrightarrow{OB}$의 합이라 하고, 이것을

$$\overrightarrow{OA} + \overrightarrow{OB} = \overrightarrow{OC}$$

또는

$$\overrightarrow{OB} + \overrightarrow{OA} = \overrightarrow{OC}$$

로 나타낸다. 여기서

$$\overrightarrow{OA} = \overrightarrow{BC}, \qquad \overrightarrow{OB} = \overrightarrow{AC}$$

이므로 다음 등식이 성립한다.

$$\overrightarrow{OA} + \overrightarrow{AC} = \overrightarrow{OA} + \overrightarrow{OB} = \overrightarrow{OC}$$

$$\overrightarrow{OB} + \overrightarrow{BC} = \overrightarrow{OB} + \overrightarrow{OA} = \overrightarrow{OC}$$

[그림 14-2]

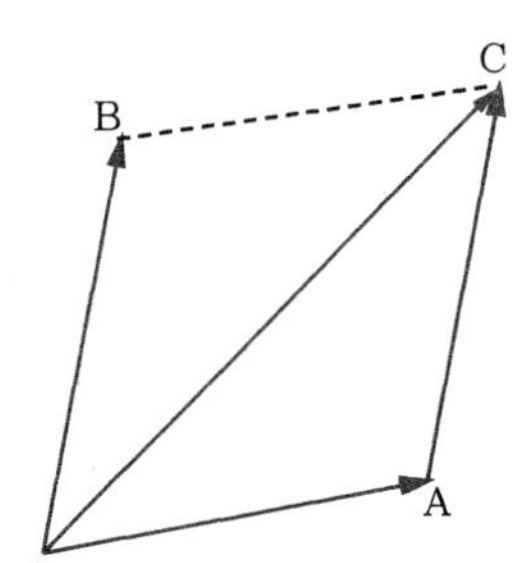

[그림 14-3]

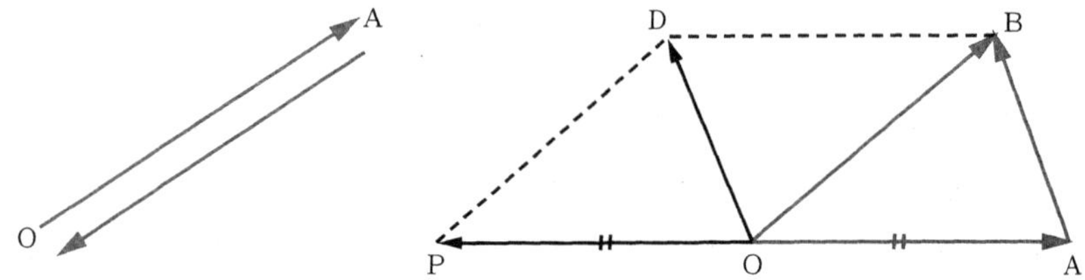

(a) (b)

벡터 $\overrightarrow{OA}$에서 O와 A가 일치하는 경우에는 이것을 크기가 0인 벡터라고 생각한다. 그리고 이 벡터를 **영벡터**라 하고, 이 벡터를 $\mathbf{0}$으로 나타낸다. 즉

$$\overrightarrow{OO} = \mathbf{0}$$

벡터 $\overrightarrow{OA}$에 대하여 $\overrightarrow{AO}$를 $-\overrightarrow{OA}$로 나타낸다(그림 14-3 (a) 참조). 즉,

$$-\overrightarrow{OA} = \overrightarrow{AO}$$

그리고 $\overrightarrow{OB} + (-\overrightarrow{OA})$를 $\overrightarrow{OB} - \overrightarrow{OA}$로 나타낸다. 즉

$$\overrightarrow{OB} - \overrightarrow{OA} = \overrightarrow{OB} + (-\overrightarrow{OA})$$

위의 [그림 14-3]의 (b)에서 $\overline{OA} = \overline{PO}$이고 □OBDP가 평행사변형일 때, 다음 등식이 성립한다.

$$\begin{aligned}\overrightarrow{OA} + \overrightarrow{AB} &= \overrightarrow{OB} \\ \overrightarrow{OB} - \overrightarrow{OA} &= \overrightarrow{OB} + (-\overrightarrow{AO}) \\ &= \overrightarrow{OB} + \overrightarrow{OP} \\ &= \overrightarrow{OD} = \overrightarrow{AB}\end{aligned}$$

즉,

$$\overrightarrow{AB} = \overrightarrow{OB} - \overrightarrow{OA}$$

[그림 14-4]

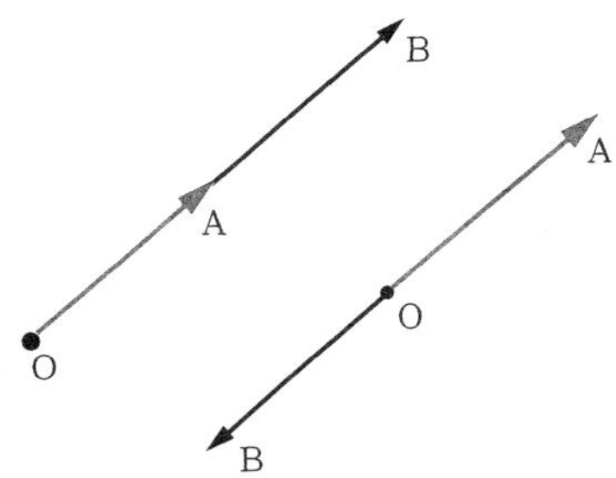

벡터 $\overrightarrow{OA}$ 와 실수 k에 대하여 다음과 같이 정의된 벡터 $k\overrightarrow{OA}$를 **스칼라**(scalar) k에 의한 $\overrightarrow{OA}$의 **스칼라倍**(scalar multiple)라고 한다.

(1) $k>0$ 일 때, $k\overrightarrow{OA}$의 방향은 $\overrightarrow{OA}$의 방향과 같고 그 크기는 $k\|\overrightarrow{OA}\|$이다.

(2) $k<0$ 일 때, $k\overrightarrow{OA}$의 방향은 $\overrightarrow{OA}$의 방향과 반대 방향이고 그 크기는 $|k|\|\overrightarrow{OA}\|$이다.

(3) $0\overrightarrow{OA}=\mathbf{0}, \qquad k\mathbf{0}=\mathbf{0}$

평면 또는 공간에서 두 벡터 $\overrightarrow{PQ}$, $\overrightarrow{RS}$에 대하여, 한 점 O를 택하여

$$\overrightarrow{OA}=\overrightarrow{PQ}, \qquad \overrightarrow{OB}=\overrightarrow{RS}$$

라고 할 때, $\angle$AOB의 크기 θ $(0\leq\theta\leq\pi)$를 이 두 벡터가 이루는 **각의 크기**라고 한다.

[그림 14-5]

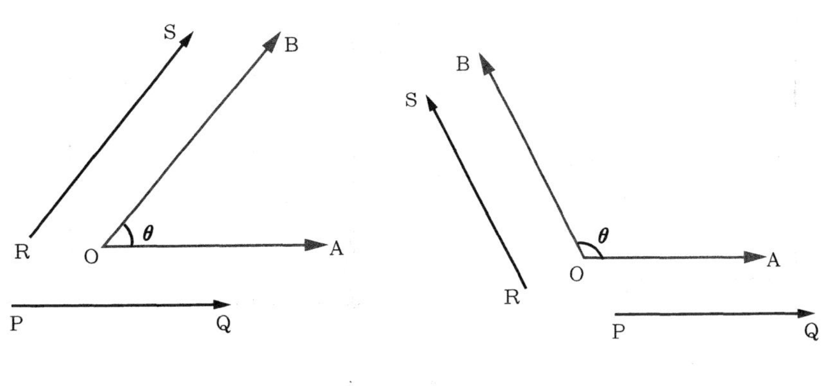

[그림 14-6]

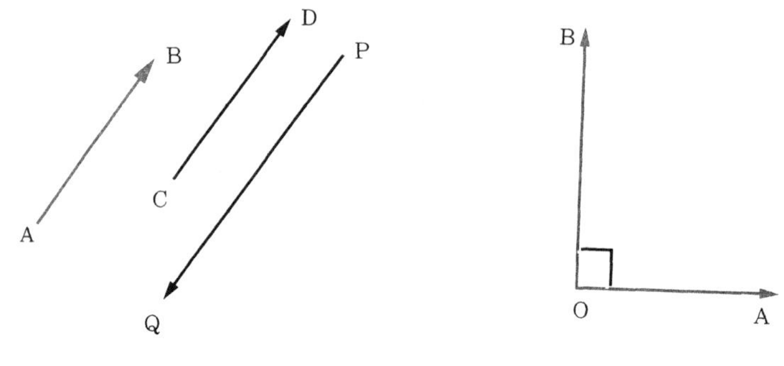

(a) (b)

두 벡터가 이루는 각의 크기가 0 또는 π일 때, 이 두 벡터는 **平行하다**(parallel)고 한다. 그리고 두 벡터가 이루는 각의 크기가 $\dfrac{\pi}{2}$일 때 이 두 벡터는 서로 **垂直이다**(perpendicular) 또는 **直交한다**(orthogonal)고 한다.

영벡터는 모든 벡터와 평행하기도 하고 수직이기도 하다고 생각한다.

좌표평면에서, 점 A의 좌표가 A(a_1, a_2)일 때, 벡터 $\overrightarrow{OA}$를

$$\overrightarrow{OA} = (a_1, a_2)$$

로 나타내고 이를 $\overrightarrow{OA}$의 **成分 表示**라고 한다([그림 14-7]의 (a) 참조).

[그림 14-7]

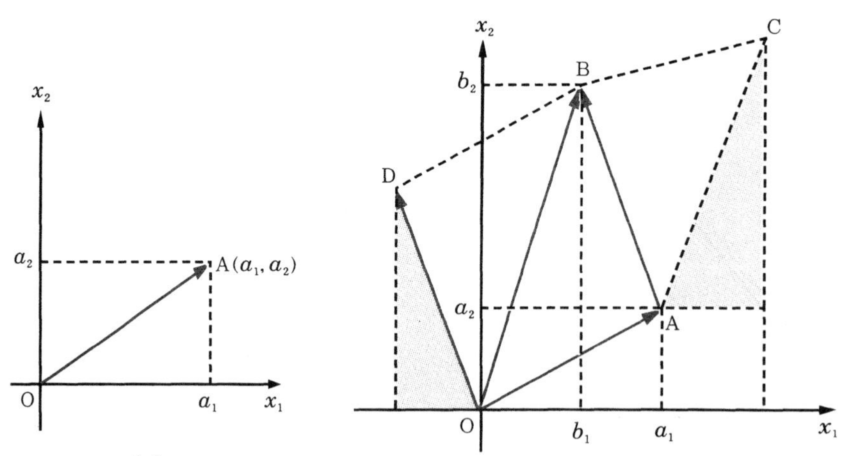

(a) (b)

벡터 $\overrightarrow{OA} = (a_1, a_2)$에 대하여 다음이 성립한다.

$$\|\overrightarrow{OA}\| = \sqrt{a_1^2 + a_2^2}, \quad k\overrightarrow{OA} = (ka_1, ka_2)$$

두 벡터 $\overrightarrow{OA} = (a_1, a_2)$, $\overrightarrow{OB} = (b_1, b_2)$에 대하여, [그림 14-7]의 (b)와 같이 평행사변형 OACB와 평행사변형 OABD를 생각하면

$$\overrightarrow{OC} = \overrightarrow{OA} + \overrightarrow{OB},$$
$$\overrightarrow{OD} = \overrightarrow{AB} = \overrightarrow{OB} - \overrightarrow{OA}$$

이고 또 C, D의 좌표는 각각

$$C(a_1+b_1, a_2+b_2), \qquad D(b_1-a_1, b_2-a_2)$$

이므로 다음이 성립한다.

$$\overrightarrow{OC} = \overrightarrow{OA} + \overrightarrow{OB} = (a_1+b_1, a_2+b_2),$$
$$\overrightarrow{OD} = \overrightarrow{AB} = \overrightarrow{OB} - \overrightarrow{OA} = (b_1-a_1, b_2-a_2)$$

예 1 아래 그림에서 다음이 성립한다.

[그림 14-8]

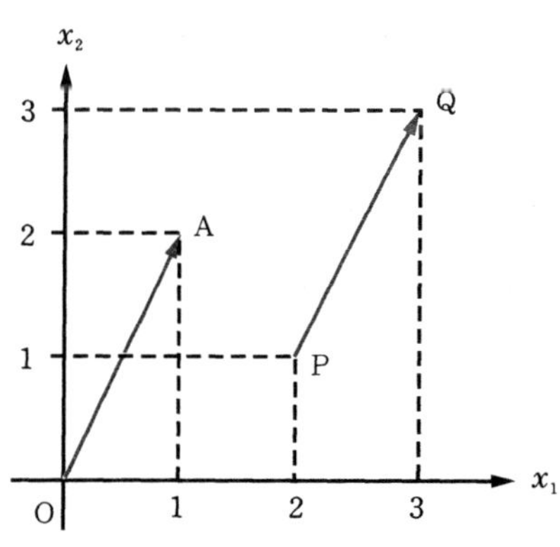

$$\overrightarrow{PQ} = \overrightarrow{OA} = (1, 2)$$
$$\|\overrightarrow{PQ}\| = \|\overrightarrow{OA}\| = \sqrt{1+4} = \sqrt{5}$$

좌표공간에서 A의 좌표가 $A(a_1, a_2, a_3)$일 때, 벡터 $\overrightarrow{OA}$를

$$\overrightarrow{OA} = (a_1, a_2, a_3)$$

로 나타내고, 이를 $\overrightarrow{OA}$의 **成分 表示**라고 한다([그림 14-9] 참조).

[그림 14-9]

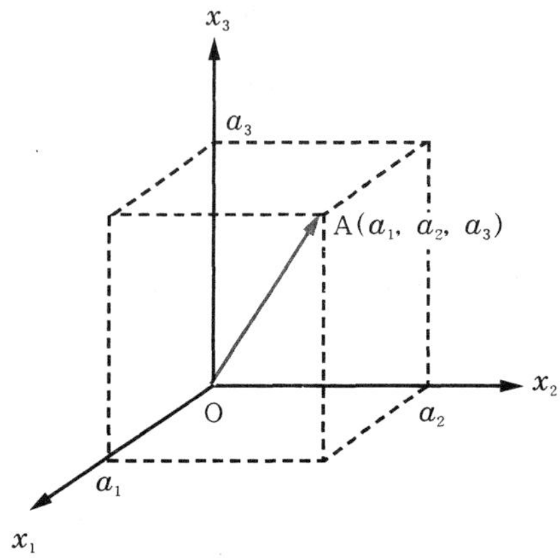

좌표공간에서 $\overrightarrow{OA} = (a_1, a_2, a_3)$일 때 다음이 성립한다.

$$\|\overrightarrow{OA}\| = \sqrt{a_1^2 + a_2^2 + a_3^2}, \qquad k\overrightarrow{OA} = (ka_1, ka_2, ka_3)$$

또, 두 벡터 $\overrightarrow{OA} = (a_1, a_2, a_3)$, $\overrightarrow{OB} = (b_1, b_2, b_3)$에 대하여 다음이 성립함을 확인할 수 있다.

$$\overrightarrow{OA} + \overrightarrow{OB} = (a_1+b_1, a_2+b_2, a_3+b_3)$$
$$\overrightarrow{AB} = \overrightarrow{OB} - \overrightarrow{OA} = (b_1-a_1, b_2-a_2, b_3-a_3)$$

練習問題 14.1

[1] 좌표평면 위의 네 점 A(3, 1), B(1, 4), P(7, 5), Q(5, 8)에 대하여 다음 물음에 답하여라.

(a) 두 벡터 $\overrightarrow{AB}$, $\overrightarrow{PQ}$를 그림으로 나타내어라.

(b) $\overrightarrow{AB}$, $\overrightarrow{PQ}$가 같은 벡터인지를 판정하여라.

[2] 좌표평면 위의 두 점 A(5, 1), B(−1, 6)에 대하여 다음 물음에 답하여라.

(a) 두 벡터 $\overrightarrow{OA}$, $\overrightarrow{OB}$를 그림으로 나타내어라.

(b) 두 벡터 $2\overrightarrow{OA}$, $(-3)\overrightarrow{OB}$를 그림으로 나타내어라.

(c) 벡터 $\overrightarrow{OA}+\overrightarrow{OB}$를 성분으로 나타내어라.

(d) 벡터 $\overrightarrow{AB}$를 성분으로 나타내어라.

[3] 좌표공간 위의 두 점 A(2, −1, 5), B(1, −1, 3)에 대하여 다음 물음에 답하여라.

(a) 두 벡터 $\overrightarrow{OA}$, $\overrightarrow{OB}$를 성분으로 나타내고 그 길이를 구하여라.

(b) 벡터 $\overrightarrow{OA}+\overrightarrow{OB}$를 성분으로 나타내어라.

(c) 벡터 $\overrightarrow{AB}$를 성분으로 나타내어라.

14. 2 數 벡터

실수 $x_1, \cdots, x_n$을 이 순서대로 늘어놓아 괄호로 묶어 놓은 $(x_1, \cdots, x_n)$을 **順序 n組**(ordered n-tuple)라 하고, 이때 $x_1, \cdots, x_n$을 $(x_1, \cdots, x_n)$의 **成分**(component)이라고 한다. 여기서 두 순서 n조 $(a_1, \cdots, a_n)$, $(b_1, \cdots, b_n)$의 각 대응하는 성분이 같을 때, 이 두 순서 n조는 서로 같다고 한다. 즉

$$(a_1, \cdots, a_n)=(b_1, \cdots, b_n) \Longleftrightarrow a_1=b_1, \cdots, a_n=b_n$$

특히 $n=1$인 경우에 (x_1)을 실수 x_1과 같다고 생각하고, 또 $n=2$인 경우에 (x_1, x_2)를 **順序雙**(ordered pair)이라고 한다.

실수를 성분으로 가지는 순서 n조 전체의 집합을 $\mathbb{R}^n$으로 나타낸다. 즉

$$\mathbb{R}^n=\{(x_1, \cdots, x_n) \mid x_1, \cdots, x_n \in \mathbb{R}\}$$

임의의 두 순서 n조 $\mathbf{a}=(a_1, \cdots, a_n)$, $\mathbf{b}=(b_1, \cdots, b_n)$와 실수 k에 대하여 $\mathbf{a}+\mathbf{b}$, $k\mathbf{a}$를 다음과 같이 정의하자.

$$\mathbf{a}+\mathbf{b}=(a_1, \cdots, a_n)+(b_1, \cdots, b_n)=(a_1+b_1, \cdots, a_n+b_n)$$

$$k\mathbf{a}=k(a_1, \cdots, a_n)=(ka_1, \cdots, ka_n)$$

예 1 집합 $\mathbb{R}^3$에서 다음 등식이 성립한다.

$$(1,\ 0,\ 3)+(5,\ 2,\ -4)=(6,\ 2,\ -1),$$
$$3(1,\ 0,\ -2)=(3,\ 0,\ -6),$$
$$(-1)(1,\ 2,\ -3)=(-1,\ -2,\ 3)$$

또, 집합 $\mathbb{R}^4$에서 다음 등식이 성립한다.

$$(1,\ 2,\ 3,\ 4)+(2,\ -1,\ 3,\ 0)=(3,\ 1,\ 6,\ 4)$$
$$2(1,\ 2,\ 3,\ 4)=(2,\ 4,\ 6,\ 8)$$

다음 정리가 성립함을 쉽게 확인할 수 있다.

[定理 14.2.1]

실수로 이루어진 順序 n組 전체의 집합을 $\mathbb{R}^n$으로 나타내자. 즉,

$$\mathbb{R}^n=\{(x_1,\ \cdots,\ x_n)\,|\,x_1,\ \cdots,\ x_n\in\mathbb{R}\}$$

또 임의의 $\mathbf{a}=(a_1,\ \cdots,\ a_n)\in\mathbb{R}^n$, $\mathbf{b}=(b_1,\ \cdots,\ b_n)\in\mathbb{R}^n$과 $k\in\mathbb{R}$에 대하여 $\mathbf{a}+\mathbf{b}$, $k\mathbf{a}$를 다음과 같이 정의하자.

$$\mathbf{a}+\mathbf{b}=(a_1,\ \cdots,\ a_n)+(b_1,\ \cdots,\ b_n)=(a_1+b_1,\ \cdots,\ a_n+b_n)$$
$$k\mathbf{a}=k(a_1,\ \cdots,\ a_n)=(ka_1,\ \cdots,\ kb_n)$$

이 때, 임의의 $\mathbf{a}, \mathbf{b}, \mathbf{c}\in\mathbb{R}^n$와 $k, l\in\mathbb{R}$에 대하여 다음이 성립한다.

A.1 $(\mathbf{a}+\mathbf{b})+\mathbf{c}=\mathbf{a}+(\mathbf{b}+\mathbf{c})$

A.2 $\mathbf{a}+\mathbf{b}=\mathbf{b}+\mathbf{a}$

A.3 특정한 원소 $\mathbf{0}=(0,\ \cdots,\ 0)\in\mathbb{R}^n$이 존재하여, 모든 $\mathbf{a}\in\mathbb{R}^n$에 대하여 등식 $\mathbf{a}+\mathbf{0}=\mathbf{0}+\mathbf{a}=\mathbf{a}$가 성립한다.

A.4 각 $\mathbf{a}\in\mathbb{R}^n$에 대하여, $\mathbf{a}+(-\mathbf{a})=(-\mathbf{a})+\mathbf{a}=\mathbf{0}$인 $-\mathbf{a}\in\mathbb{R}^n$가 존재한다.

SM.1 $k(\mathbf{a}+\mathbf{b})=k\mathbf{a}+k\mathbf{b}$

SM.2 $(k+l)\mathbf{a}=k\mathbf{a}+l\mathbf{a}$

SM.3 $(kl)\mathbf{a}=k(l\mathbf{a})$

SM.4 $1\mathbf{a}=\mathbf{a}$

위의 정리 14.2.1 이 성립한다는 의미에서, $\mathbb{R}^n$을 실수체 $\mathbb{R}$ 위의 n次元 **벡터空間**(vector space)이라고 한다. 또 $\mathbb{R}^n$의 각 원소 $(a_1, \cdots, a_n)$을 **數벡터**(number vector) 또는 간단히 **벡터**라 하고, 특히 $(0, \cdots, 0)$을 **零벡터**라고 하며 각 실수를 **스칼라**(scalar)라고 한다.

벡터 $\mathbf{a} = (a_1, \cdots, a_n)$에 대하여 $-\mathbf{a} = (-a_1, \cdots, -a_n)$이다.

벡터공간 $\mathbb{R}^n$에서의 뺄셈은 덧셈을 사용하여 다음과 같이 정한다. 즉 $\mathbf{a} = (a_1, \cdots, a_n)$, $\mathbf{b} = (b_1, \cdots, b_n)$일 때

$$\begin{aligned}\mathbf{b} - \mathbf{a} &= \mathbf{b} + (-\mathbf{a}) \\ &= (b_1 - a_1, \cdots, b_n - a_n)\end{aligned}$$

예 2 벡터공간 $\mathbb{R}^5$에서 다음 등식이 성립한다.

(1) $(1, 0, 1, 2, 3) + (0, -1, 2, 3, 4) = (1, -1, 3, 5, 7)$

(2) $-(1, 0, 1, 2, 3) = (-1, 0, -1, -2, -3)$

(3) $(1, 2, 3, 4, 5) - (1, 0, -1, 2, 3) = (0, 2, 4, 2, 2)$

(4) $2(2, 3, 1, 0, 4) - 3(1, -1, 1, 0, 1)$

$= (4, 6, 2, 0, 8) - (3, -3, 3, 0, 3)$

$= (1, 9, -1, 0, 5)$

直交座標系 $\mathrm{O} - x_1x_2$가 도입되어 있는 座標平面에서, 집합 $\mathbb{R}^2$의 원소 (a_1, a_2)는 점 $\mathrm{A}(a_1, a_2)$를 나타내기도 하고 幾何學的 벡터 $\overrightarrow{\mathrm{OA}} = (a_1, a_2)$를 나타내기도 한다고 생각하자.

이 때, 앞 절에서 본 바와 같이 $\overrightarrow{\mathrm{OA}} = (a_1, a_2)$와 $\overrightarrow{\mathrm{OB}} = (b_1, b_2)$에 대하여 다음이 성립한다.

$$\begin{aligned}\overrightarrow{\mathrm{OA}} + \overrightarrow{\mathrm{OB}} &= (a_1, a_2) + (b_1, b_2) \\ &= (a_1 + b_1, a_2 + b_2)\end{aligned}$$

$$k\overrightarrow{\mathrm{OA}} = k(a_1, a_2) = (ka_1, ka_2)$$

$$\begin{aligned}\overrightarrow{\mathrm{AB}} = \overrightarrow{\mathrm{OB}} - \overrightarrow{\mathrm{OA}} &= (b_1, b_2) - (a_1, a_2) \\ &= (b_1 - a_1, b_2 - a_2)\end{aligned}$$

[그림 14-10]

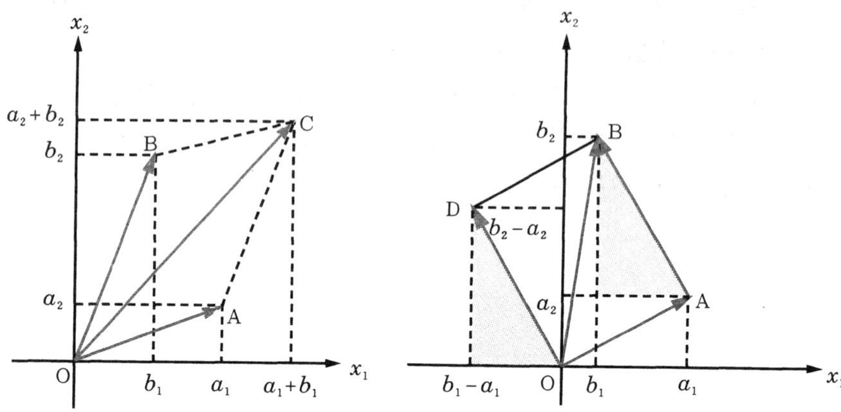

마찬가지로, 直交座標系 O$-x_1x_2x_3$가 도입되어 있는 座標空間에서, 집합 $\mathbb{R}^3$의 각 원소 (a_1, a_2, a_3)는 점 A(a_1, a_2, a_3)를 나타내기도 하고, 또 기하학적 벡터 $\overrightarrow{\mathrm{OA}}=(a_1, a_2, a_3)$를 나타내기도 한다고 생각하자. 이 때 $\overrightarrow{\mathrm{OA}}=(a_1, a_2, a_3)$과 $\overrightarrow{\mathrm{OB}}=(b_1, b_2, b_3)$에 대하여 다음이 성립한다.

$$\begin{aligned}\overrightarrow{\mathrm{OA}}+\overrightarrow{\mathrm{OB}}&=(a_1, a_2, a_3)+(b_1, b_2, b_3)\\&=(a_1+b_1,\ a_2+b_2,\ a_3+b_3)\\k\overrightarrow{\mathrm{OA}}&=k(a_1, a_2, a_3)=(ka_1,\ ka_2,\ ka_3)\\\overrightarrow{\mathrm{AB}}&=\overrightarrow{\mathrm{OB}}-\overrightarrow{\mathrm{OA}}=(b_1, b_2, b_3)-(a_1, a_2, a_3)\\&=(b_1-a_1,\ b_2-a_2,\ b_3-a_3)\end{aligned}$$

한편, $n>3$인 경우에 $\mathbb{R}^n$을 기하학적으로 표현할 수는 없으나 $n=2$인 경우를 일반화하여 $\mathbb{R}^n$의 각 $(a_1, \cdots, a_n)$은 直交座標系 O$-x_1 \cdots x_n$이 도입되어 있는 **座標 n空間**에서 점 A$(a_1, \cdots, a_n)$를 나타내기도 하고 또 幾何學的 벡터 $\overrightarrow{\mathrm{OA}}=(a_1, \cdots, a_n)$를 나타내기도 한다고 생각하기로 한다. 그리고 두 점 A$(a_1, \cdots, a_n)$, B$(b_1, \cdots, b_n)$에 대하여

$$\overrightarrow{\mathrm{OA}}+\overrightarrow{\mathrm{OB}},\quad k\overrightarrow{\mathrm{OA}},\quad \overrightarrow{\mathrm{AB}}$$

를 다음과 같이 정한다.

$$\overrightarrow{OA} + \overrightarrow{OB} = (a_1, \cdots, a_n) + (b_1, \cdots, b_n) = (a_1+b_1, \cdots, a_n+b_n)$$
$$k\overrightarrow{OA} = k(a_1, \cdots, a_n) = (ka_1, \cdots, ka_n)$$
$$\overrightarrow{AB} = \overrightarrow{OB} - \overrightarrow{OA} = (b_1, \cdots, b_n) - (a_1, \cdots, a_n)$$
$$= (b_1 - a_1, \cdots, b_n - a_n)$$

練習問題 14.2

[1] 벡터공간 $\mathbb{R}^2$에서 두 벡터 $\mathbf{a} = (1, 3)$, $\mathbf{b} = (-2, 4)$에 대하여 다음 벡터를 구하여라.

(a) $-\mathbf{a}$ (b) $3\mathbf{a}$ (c) $\mathbf{a} + \mathbf{b}$

(d) $\mathbf{a} - \mathbf{b}$ (e) $3\mathbf{a} + 2\mathbf{b}$ (f) $2\mathbf{a} - 3\mathbf{b}$

[2] 벡터공간 $\mathbb{R}^3$에서 두 벡터 $\mathbf{a} = (3, 0, 2)$, $\mathbf{b} = (1, -2, 5)$에 대하여 다음 벡터를 구하여라.

(a) $-\mathbf{a}$ (b) $3\mathbf{a}$ (c) $\mathbf{a} + \mathbf{b}$

(d) $\mathbf{a} - \mathbf{b}$ (e) $3\mathbf{a} + 2\mathbf{b}$ (f) $2\mathbf{a} - 3\mathbf{b}$

[3] 벡터공간 $\mathbb{R}^4$에서 두 벡터 $\mathbf{a} = (3, 0, 2, 1)$ $\mathbf{b} = (1, 2, -2, 3)$에 대하여 다음 벡터를 구하여라.

(a) $\mathbf{a} + \mathbf{b}$ (b) $2\mathbf{a} + 3\mathbf{b}$ (c) $3\mathbf{a} - 4\mathbf{b}$

14.3 벡터의 內積과 노름

이 절에서는 벡터공간 $\mathbb{R}^n$에 대하여 좀더 자세히 생각해 보기로 한다.

[定義 14.3.1]

벡터공간 $\mathbb{R}^n$에서 $\mathbf{a} = (a_1, \cdots, a_n)$, $\mathbf{b} = (b_1, \cdots, b_n)$에 대하여 다음과 같이 정의된 실수 $\mathbf{a} \cdot \mathbf{b}$를 $\mathbf{a}$와 $\mathbf{b}$의 **內積**(inner product) 또는 **스칼라積**(scalar product, dot product)이라고 한다.

$$\mathbf{a} \cdot \mathbf{b} = a_1 b_1 + \cdots + a_n b_n$$

예 1 벡터공간 $\mathbb{R}^4$에서 다음이 성립한다.

(1) $(1,\ 2,\ 3,\ 4)\cdot(5,\ 0,\ -1,\ 1) = 1\cdot5 + 2\cdot0 + 3\cdot(-1) + 4\cdot1 = 6$

$(5,\ 0,\ -1,\ 1)\cdot(1,\ 2,\ 3,\ 4) = 5 - 3 + 4 = 6$

(2) $(1,\ 2,\ 3,\ 4)\cdot(-2,\ 1,\ -4,\ 3) = 1\cdot(-2) + 2\cdot1 + 3\cdot(-4) + 4\cdot3$

$= -2 + 2 - 12 + 12 = 0$

(3) $(1,\ 2,\ 3,\ 4)\cdot(1,\ 2,\ 3,\ 4) = 1^2 + 2^2 + 3^2 + 4^2 = 30 > 0$

다음 정리가 성립함을 쉽게 확인할 수 있다.

[定理 14.3.2]

임의의 $\mathbf{a},\ \mathbf{b},\ \mathbf{c} \in \mathbb{R}^n$와 $k \in \mathbb{R}$에 대하여 다음이 성립한다.

(1) $(\mathbf{a}+\mathbf{b})\cdot\mathbf{c} = \mathbf{a}\cdot\mathbf{c} + \mathbf{b}\cdot\mathbf{c},\ (k\mathbf{a})\cdot\mathbf{b} = k(\mathbf{a}\cdot\mathbf{b})$

(2) $\mathbf{a}\cdot(\mathbf{b}+\mathbf{c}) = \mathbf{a}\cdot\mathbf{b} + \mathbf{a}\cdot\mathbf{c},\ \mathbf{a}\cdot(k\mathbf{b}) = k(\mathbf{a}\cdot\mathbf{b})$

(3) $\mathbf{a}\cdot\mathbf{b} = \mathbf{b}\cdot\mathbf{a}$

(4) $\mathbf{a}\cdot\mathbf{a} \geq 0$이고, 특히 $\mathbf{a}\cdot\mathbf{a} = 0 \Longleftrightarrow \mathbf{a} = (0,\ \cdots,\ 0)$

[定理 14.3.3]

벡터 $\mathbf{a} = (a_1,\ \cdots,\ a_n) \in \mathbb{R}^n$에 대하여 다음과 같이 정의된 실수 $\|\mathbf{a}\|$를 벡터 $\mathbf{a}$의 **노름**(norm, 독일어) 또는 **길이**라고 한다.

$$\|\mathbf{a}\| = \sqrt{\mathbf{a}\cdot\mathbf{a}} = \sqrt{a_1{}^2 + \cdots + a_n{}^2}$$

특히 $\|\mathbf{a}\| = 1$일 때, $\mathbf{a}$를 **單位벡터**(unit vector)라고 한다.

예 2 벡터공간 $\mathbb{R}^4$에서 $\mathbf{a} = (1,\ 2,\ -1,\ 1)$일 때 다음이 성립한다.

(1) $-\mathbf{a} = (-1, -2, 1, -1),\quad 2\mathbf{a} = (2, 4, -2, 2),\ -2\mathbf{a} = (-2, -4, 2, 2)$

(2) $\|\mathbf{a}\| = \sqrt{\mathbf{a}\cdot\mathbf{a}} = \sqrt{1^2 + 2^2 + (-1)^2 + 1^2} = \sqrt{7}$

$\|-\mathbf{a}\| = \sqrt{(-1)^2 + (-2)^2 + 1^2 + (-1)^2} = \sqrt{7}$

(3) $\|2\mathbf{a}\| = \sqrt{2^2 + 4^2 + (-2)^2 + 2^2} = \sqrt{28} = 2\sqrt{7}$

$\|-2\mathbf{a}\| = \sqrt{(-2)^2 + (-4)^2 + 2^2 + (-2)^2} = \sqrt{28} = 2\sqrt{7}$

[定理 14.3.4]

벡터공간 $\mathbb{R}^n$에서 임의의 벡터 $\mathbf{a}=(a_1, \cdots, a_n) \in \mathbb{R}^n$와 실수 k에 대하여 다음이 성립한다.

(1) $\|\mathbf{a}\|^2 = \mathbf{a}\cdot\mathbf{a}$

(2) $\|\mathbf{a}\| \geq 0$이고, 특히 $\|\mathbf{a}\| = 0 \Longleftrightarrow \mathbf{a} = \mathbf{0}$

(3) $\|k\mathbf{a}\| = |k|\,\|\mathbf{a}\|$, 특히 $\|-\mathbf{a}\| = \|\mathbf{a}\|$

[증명] (1) 이것은 정의에 의하여 분명하다.

(2) $\|\mathbf{a}\| = \sqrt{a_1^2 + \cdots + a_n^2}$이므로 $\|\mathbf{a}\| \geq 0$이다. 또 $a_1, \cdots, a_n$은 실수이므로 다음이 성립한다.

$$\begin{aligned}\|\mathbf{a}\| = 0 &\Longleftrightarrow a_1^2 + \cdots + a_n^2 = 0 \\ &\Longleftrightarrow a_1 = \cdots = a_n = 0 \Longleftrightarrow \mathbf{a} = (0, \cdots, 0) = \mathbf{0}\end{aligned}$$

(3) $\|k\mathbf{a}\| = \sqrt{k\mathbf{a}\cdot k\mathbf{a}} = \sqrt{k^2\mathbf{a}\cdot\mathbf{a}} = |k|\sqrt{\mathbf{a}\cdot\mathbf{a}} = |k|\,\|\mathbf{a}\|$

이제 벡터공간 $\mathbb{R}^2$ 또는 $\mathbb{R}^3$에서 생각해 보자. 아래 [그림 14-11]에서 보는 바와 같이, 좌표평면에서 점 $\mathrm{A}(a_1, a_2)$에 대하여

$$\overrightarrow{\mathrm{OA}} = (a_1, a_2), \qquad \|\overrightarrow{\mathrm{OA}}\| = \sqrt{a_1^2 + a_2^2}$$

이고, 좌표공간에서 점 $\mathrm{A}(a_1, a_2, a_3)$에 대하여 다음이 성립한다.

$$\overrightarrow{\mathrm{OA}} = (a_1, a_2, a_3), \qquad \|\overrightarrow{\mathrm{OA}}\| = \sqrt{a_1^2 + a_2^2 + a_3^2}$$

[그림 14-11]

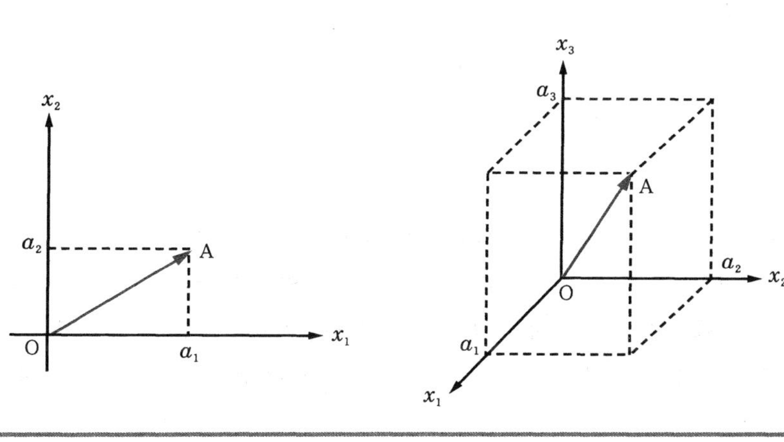

[그림 14-12]

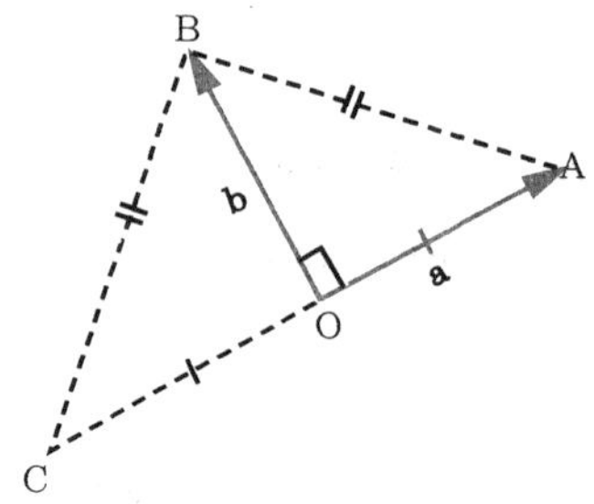

위의 [그림 14-12]에서 $\overrightarrow{OA} = \overrightarrow{OC}$ 일 때, $\mathbf{a} = \overrightarrow{OA}$, $\mathbf{b} = \overrightarrow{OB}$ 라고 하면

$$\overrightarrow{AB} = \overrightarrow{OB} - \overrightarrow{OA} = \mathbf{b} - \mathbf{a}, \qquad \overrightarrow{CB} = \overrightarrow{OB} - \overrightarrow{OC} = \mathbf{b} + \mathbf{a}$$

이므로 다음이 성립한다.

$$\begin{aligned} \angle \mathrm{AOB} = 90^\circ &\Longleftrightarrow \|\overrightarrow{AB}\| = \|\overrightarrow{CB}\| \\ &\Longleftrightarrow (\mathbf{b} - \mathbf{a})\cdot(\mathbf{b} - \mathbf{a}) = (\mathbf{b} + \mathbf{a})\cdot(\mathbf{b} + \mathbf{a}) \\ &\Longleftrightarrow \mathbf{b}\cdot\mathbf{b} - 2\mathbf{a}\cdot\mathbf{b} + \mathbf{a}\cdot\mathbf{a} = \mathbf{b}\cdot\mathbf{b} + 2\mathbf{a}\cdot\mathbf{b} + \mathbf{a}\cdot\mathbf{a} \\ &\Longleftrightarrow \mathbf{a}\cdot\mathbf{b} = 0 \end{aligned}$$

따라서 $\mathbf{a}$, $\mathbf{b}$ 가 수직이기 위한 필요충분조건은 $\mathbf{a}\cdot\mathbf{b} = 0$ 이다.

예 3 좌표공간에서 두 점 A(1, 2, −3), B(1, 1, 1)에 대하여 $\overrightarrow{OA}$ 와 $\overrightarrow{OB}$ 는 서로 직교한다. 실제로

$$\overrightarrow{OA} = (1,\ 2,\ -3),\ \overrightarrow{OB} = (1,\ 1,\ 1)$$

이므로 $\overrightarrow{OA}\cdot\overrightarrow{OB} = 1 + 2 - 3 = 0$ 이다.

좌표평면 또는 좌표공간 위에서, 서로 다른 세 점 O, A, B에 대하여 [그림 14-13]과 같이 점 A에서 $\overline{OB}$ 또는 그 연장선 위에 내린 수선의 발을 P라고 할 때, $\overrightarrow{OA} = \mathbf{a}$, $\overrightarrow{OB} = \mathbf{b}$, $\overrightarrow{OP} = k\mathbf{b}$ 라고 하면, $\mathbf{a} = (\mathbf{a} - k\mathbf{b}) + k\mathbf{b}$ 이다. 그리고 $\overrightarrow{AP}$ 와 $\overrightarrow{OB}$ 는 서로 직교하므로, 벡터 $\mathbf{a} - k\mathbf{b}$ 와 벡터 $\mathbf{b}$ 는 서로 직교한다.

[그림 14-13]

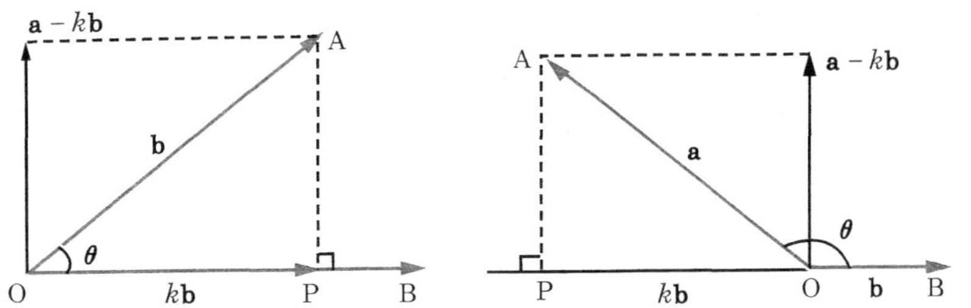

따라서

$$(\mathbf{a}-k\mathbf{b})\cdot\mathbf{b}=0,\quad 즉\quad \mathbf{a}\cdot\mathbf{b}-k(\mathbf{b}\cdot\mathbf{b})=0$$

이므로 $k=\dfrac{\mathbf{a}\cdot\mathbf{b}}{\mathbf{b}\cdot\mathbf{b}}$이다. 또 $\angle\mathrm{AOB}=\theta\ (0\le\theta\le\pi)$이면 다음이 성립한다.

$$\cos\theta=\frac{k\|\mathbf{b}\|}{\|\mathbf{a}\|}=\frac{\mathbf{a}\cdot\mathbf{b}}{\|\mathbf{a}\|\|\mathbf{b}\|}$$

예 4 좌표평면에서 두 점 A(1, 2), B(2, 1)에 대하여

$$\mathbf{a}=\overrightarrow{\mathrm{OA}}=(1,\ 2),\ \mathbf{b}=\overrightarrow{\mathrm{OB}}=(2,\ 1)$$

이라 하고 $\angle\mathrm{AOB}=\theta\,(0\le\theta\le\pi)$라고 하면 다음이 성립한다.

$$\cos\theta=\frac{\mathbf{a}\cdot\mathbf{b}}{\|\mathbf{a}\|\|\mathbf{b}\|}=\frac{2+2}{\sqrt{1+4}\sqrt{4+1}}=\frac{4}{5}$$

[그림 14-14]

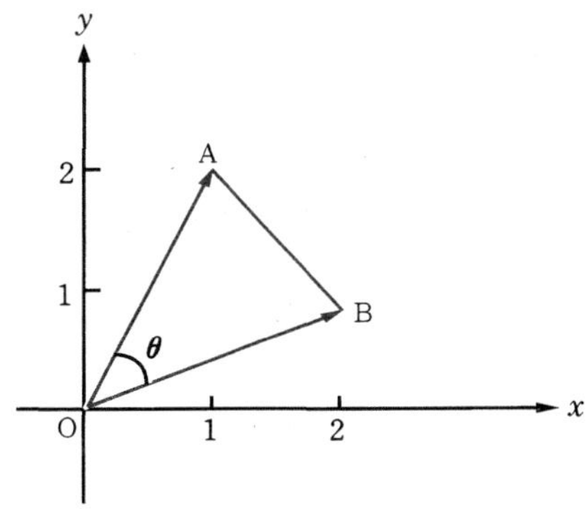

이제 일반적인 벡터공간 $\mathbb{R}^n$에 대하여 생각해 보자.

[定理 14.3.5] Cauchy-Schwartz의 부등식

벡터공간 $\mathbb{R}^n$에서, 임의의 벡터 $\mathbf{a}=(a_1, \cdots, a_n)$, $\mathbf{b}=(b_1, \cdots, b_n)$에 대하여 다음 부등식이 성립한다.

$$|\mathbf{a}\cdot\mathbf{b}| \le \|\mathbf{a}\|\|\mathbf{b}\|$$

[증명] 먼저 $n=1$인 경우에는, $|\mathbf{a}\cdot\mathbf{b}|=|a_1b_1|=\|\mathbf{a}\|\|\mathbf{b}\|$이다.

다음에 $n\ge 2$인 경우에 다음이 성립한다.

$$\begin{aligned}(\|\mathbf{a}\|\|\mathbf{b}\|)^2-|\mathbf{a}\cdot\mathbf{b}|^2 &= \left(\sum_{i=1}^{n} a_i^2\right)\left(\sum_{j=1}^{n} b_j^2\right)-\left(\sum_{i=1}^{n} a_ib_i\right)^2 \\ &= \sum_{i\ne j}^{n} a_i^2b_j^2-\sum_{i\ne j}^{n} a_ib_ia_jb_j \\ &= \sum_{i<j}^{n}(a_i^2b_j^2+a_j^2b_i^2-2a_ib_ia_jb_j) \\ &= \sum_{i<j}^{n}(a_ib_j-a_jb_i)^2\ge 0\end{aligned}$$

따라서 $(\|\mathbf{a}\|\|\mathbf{b}\|)^2-|\mathbf{a}\cdot\mathbf{b}|^2\ge 0$, 즉 $\|\mathbf{a}\|\|\mathbf{b}\|\ge|\mathbf{a}\cdot\mathbf{b}|$이다.

앞의 정리 14.3.5는 임의의 실수 $a_1, \cdots, a_n, b_1, \cdots, b_n$에 대하여 다음 부등식이 성립함을 뜻한다.

$$(a_1+b_1+\cdots+a_nb_n)^2\le(a_1^2+\cdots+a_n^2)(b_1^2+\cdots+b_n^2)$$

특히 임의의 실수 a, b, c, x, y, z에 대하여 다음이 성립한다.

$$(ax+by)^2\le(a^2+b^2)(x^2+y^2)$$
$$(ax+by+cz)^2\le(a^2+b^2+c^2)(x^2+y^2+z^2)$$

두 벡터 $\mathbf{a}, \mathbf{b}\in\mathbb{R}^n$가 영벡터가 아닐 때, 정리 14.3.5에 의하여

$$-1\le\frac{\mathbf{a}\cdot\mathbf{b}}{\|\mathbf{a}\|\|\mathbf{b}\|}\le 1$$

이므로 다음과 같은 실수 θ가 단 하나 존재한다.

$$\cos\theta = \frac{\mathbf{a}\cdot\mathbf{b}}{\|\mathbf{a}\|\|\mathbf{b}\|}, \qquad 0 \le \theta \le \pi$$

이러한 θ를 두 벡터 $\mathbf{a}$, $\mathbf{b}$가 이루는 **角**(angle)의 **크기**라고 한다.

다음은 벡터공간 $\mathbb{R}^2$, $\mathbb{R}^3$에서 얻은 결과를 일반화한 것이다.

[定理 14.3.6]

벡터공간 $\mathbb{R}^n$에서 두 벡터 $\mathbf{a}$, $\mathbf{b}$에 대하여 $\mathbf{a}\cdot\mathbf{b}=0$일 때 $\mathbf{a}$, $\mathbf{b}$는 서로 **垂直**이다 또는 **直交한**다고 한다.

또 $\mathbf{a} \neq (0, \cdots, 0)$일 때, 적당한 실수 $k \in \mathbb{R}$에 대하여 $\mathbf{b}=k\mathbf{a}$인 경우에 $\mathbf{a}$와 $\mathbf{b}$는 서로 **平行하**다고 한다.

예 5 벡터공간 $\mathbb{R}^n$에서

$$\mathbf{e}_1 = (1, 0, \cdots, 0),$$
$$\mathbf{e}_2 = (0, 1, \cdots, 0),$$
$$\cdots\cdots\cdots\cdots\cdots\cdots$$
$$\mathbf{e}_n = (0, \cdots, 0, 1)$$

은 서로 직교하는 단위벡터이다.

특히, 벡터공간 $\mathbb{R}^2$에서 $\mathbf{e}_1 = (1, 0)$, $\mathbf{e}_2 = (0, 1)$은 서로 직교하는 단위벡터이다.

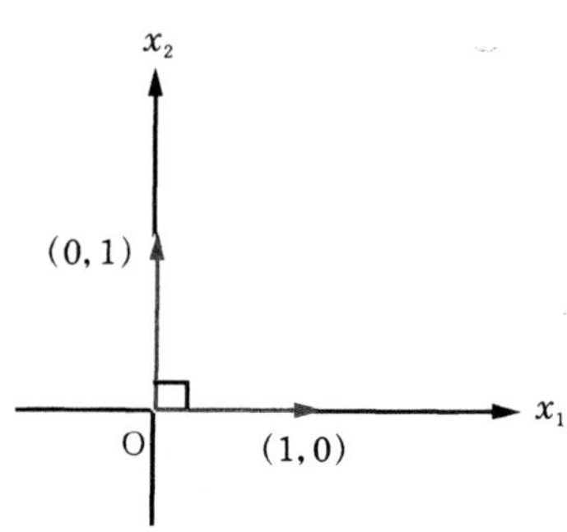

[그림 14-15]

예 6 벡터공간 $\mathbb{R}^n$에서, $\mathbf{a}=(a_1, \cdots, a_n)\neq(0, \cdots, 0)$일 때 $\mathbf{a}$와 평행한 단위벡터는 다음과 같다.

$$\frac{\mathbf{a}}{\|\mathbf{a}\|}=\frac{1}{\sqrt{a_1{}^2+\cdots+a_n{}^2}}(a_1, \cdots, a_n),$$

$$-\frac{\mathbf{a}}{\|\mathbf{a}\|}=\frac{-1}{\sqrt{a_1{}^2+\cdots+a_n{}^2}}(a_1, \cdots, a_n)$$

[定理 14.3.7] Pythagoras의 定理

벡터공간 $\mathbb{R}^n$에서 두 벡터 $\mathbf{a}$, $\mathbf{b}$가 직교하면 다음 등식이 성립한다.

$$\|\mathbf{a}+\mathbf{b}\|^2=\|\mathbf{a}\|^2+\|\mathbf{b}\|^2$$

[증명] $\mathbf{a}\cdot\mathbf{b}=\mathbf{b}\cdot\mathbf{a}=0$이므로

$$\begin{aligned}|\mathbf{a}+\mathbf{b}|^2&=(\mathbf{a}+\mathbf{b})\cdot(\mathbf{a}+\mathbf{b})\\&=\mathbf{a}\cdot\mathbf{a}+\mathbf{a}\cdot\mathbf{b}+\mathbf{b}\cdot\mathbf{a}+\mathbf{b}\cdot\mathbf{b}\\&=\mathbf{a}\cdot\mathbf{a}+\mathbf{b}\cdot\mathbf{b}=|\mathbf{a}|^2+|\mathbf{b}|^2\end{aligned}$$

[定理 14.3.8] 三角形 不等式

벡터공간 $\mathbb{R}^n$에서 임의의 벡터 $\mathbf{a}$, $\mathbf{b}$에 대하여 다음 부등식이 성립한다.

$$\|\mathbf{a}+\mathbf{b}\|\leq\|\mathbf{a}\|+\|\mathbf{b}\|$$

[그림 14-16]

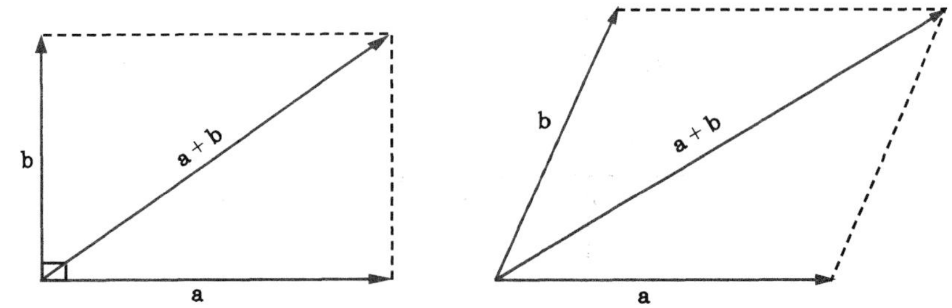

[증명] Cauchy-Schwartz 부등식에 의하여

$$\begin{aligned}\|\mathbf{a}+\mathbf{b}\|^2 &= (\mathbf{a}+\mathbf{b})\cdot(\mathbf{a}+\mathbf{b})\\ &= \mathbf{a}\cdot\mathbf{a}+\mathbf{a}\cdot\mathbf{b}+\mathbf{b}\cdot\mathbf{a}+\mathbf{b}\cdot\mathbf{b}\\ &= \|\mathbf{a}\|^2+2\mathbf{a}\cdot\mathbf{b}+\|\mathbf{b}\|^2\\ &\le \|\mathbf{a}\|^2+2\|\mathbf{a}\|\|\mathbf{b}\|+\|\mathbf{b}\|^2=(\|\mathbf{a}\|+\|\mathbf{b}\|)^2\end{aligned}$$

따라서 $\|\mathbf{a}+\mathbf{b}\|^2\le(\|\mathbf{a}\|+\|\mathbf{b}\|)^2$, 즉 $\|\mathbf{a}+\mathbf{b}\|\le\|\mathbf{a}\|+\|\mathbf{b}\|$이다.

앞의 정리 14.3.8은 임의의 실수 $a_1, \cdots, a_n, b_1, \cdots, b_n$에 대하여 다음 부등식이 성립함을 뜻한다.

$$\{(a_1+b_1)^2+\cdots+(a_n+b_n)^2\}^{\frac{1}{2}}\le\{a_1{}^2+\cdots+a_n{}^2\}^{\frac{1}{2}}\{b_1{}^2+\cdots+b_n{}^2\}^{\frac{1}{2}}$$

좌표공간 $\mathbb{R}^3$에서 두 벡터

$$\mathbf{a}=(a_1,\ a_2,\ a_3),\qquad \mathbf{b}=(b_1,\ b_2,\ b_3)$$

에 대하여 다음과 같이 정의된 벡터 $\mathbf{a}\times\mathbf{b}$를 $\mathbf{a}$와 $\mathbf{b}$의 **外債**(cross product)이라고 한다.

$$\mathbf{a}\times\mathbf{b}=\left(\begin{vmatrix}a_2 & a_3\\ b_2 & b_3\end{vmatrix},\ -\begin{vmatrix}a_1 & a_3\\ b_1 & b_3\end{vmatrix},\ \begin{vmatrix}a_1 & a_2\\ b_1 & b_2\end{vmatrix}\right)$$

이 때, 두 벡터 $\mathbf{a}$와 $\mathbf{b}$는 $\mathbf{a}\times\mathbf{b}$와 직교한다. 실제로, 행렬식의 성질에 의하여 다음이 성립한다.

$$\begin{aligned}\mathbf{a}\cdot(\mathbf{a}\times\mathbf{b}) &= a_1\begin{vmatrix}a_2 & a_3\\ b_2 & b_3\end{vmatrix}-a_2\begin{vmatrix}a_1 & a_3\\ b_1 & b_3\end{vmatrix}+a_3\begin{vmatrix}a_1 & a_2\\ b_1 & b_2\end{vmatrix}\\ &= \begin{vmatrix}a_1 & a_2 & a_3\\ a_1 & a_2 & a_3\\ b_1 & b_2 & b_3\end{vmatrix}=0\end{aligned}$$

$$\begin{aligned}\mathbf{b}\cdot(\mathbf{a}\times\mathbf{b}) &= b_1\begin{vmatrix}a_2 & a_3\\ b_2 & b_3\end{vmatrix}-b_2\begin{vmatrix}a_1 & a_3\\ b_1 & b_3\end{vmatrix}+b_3\begin{vmatrix}a_1 & a_2\\ b_1 & b_2\end{vmatrix}\\ &= \begin{vmatrix}b_1 & b_2 & b_3\\ a_1 & a_2 & a_3\\ b_1 & b_2 & b_3\end{vmatrix}=0\end{aligned}$$

예 7 두 벡터 $\mathbf{a}=(1, 2, 0)$, $\mathbf{b}=(2, 5, 3)$에 대하여 다음이 성립한다.

$$\mathbf{a}\times\mathbf{b}=\left(\begin{vmatrix}2 & 0\\ 5 & 3\end{vmatrix}, -\begin{vmatrix}1 & 0\\ 2 & 3\end{vmatrix}, \begin{vmatrix}1 & 2\\ 2 & 5\end{vmatrix}\right)=(6, -3, 1)$$

$$\mathbf{a}\cdot(\mathbf{a}\times\mathbf{b})=1\cdot 6+2\cdot(-3)+0\cdot 1=0$$

$$\mathbf{b}\cdot(\mathbf{a}\times\mathbf{b})=2\cdot 6+5\cdot(-3)+3\cdot 1=0$$

$$\|\mathbf{a}\times\mathbf{b}\|=\sqrt{6^2+(-3)^2+1^2}=\sqrt{46}$$

아래 그림과 같이 한 점 O를 택하고 $\overrightarrow{\mathrm{OA}}=a$, $\overrightarrow{\mathrm{OB}}=b$가 되도록 두 점 A, B를 택하면 벡터 $\mathbf{a}\times\mathbf{b}$는 $\mathbf{a}$, $\mathbf{b}$와 직교하고 그 길이는 $\overline{\mathrm{OA}}$, $\overline{\mathrm{OB}}$를 두 변으로 가지는 평행사변형의 넓이와 일치한다. 그리고 벡터 $\mathbf{a}\times\mathbf{b}$의 방향은 나사를 $\mathbf{a}$에서 $\mathbf{b}$쪽으로 돌렸을 때 이 나사가 진행하는 방향과 일치한다.

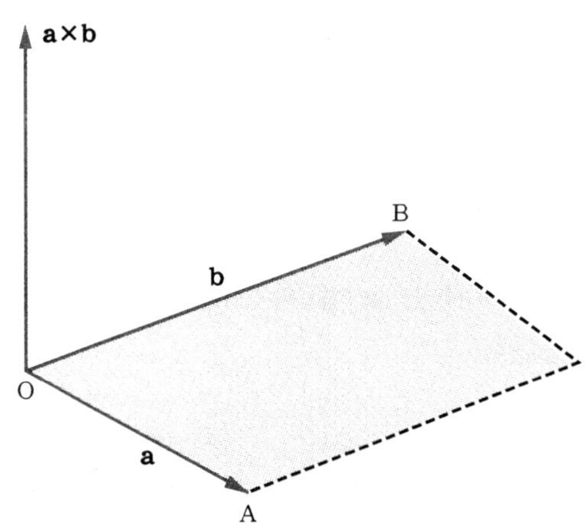

座標 n空間 위의 서로 다른 두 점 $\mathrm{A}(a_1, \cdots, a_n)$, $\mathrm{B}(b_1, \cdots, b_n)$에 대하여, 벡터 $\overrightarrow{\mathrm{AB}}$의 길이 $\|\overrightarrow{\mathrm{AB}}\|$를 두 점 A, B 사이의 **거리**(distance)라 하고 이것을 $d(\mathrm{A}, \mathrm{B})$로 나타낸다([그림 14-18] 참조). 즉

$$\begin{aligned} d(\mathrm{A}, \mathrm{B}) &= \|\overrightarrow{\mathrm{AB}}\| = \|\overrightarrow{\mathrm{OB}}-\overrightarrow{\mathrm{OA}}\| \\ &= \sqrt{(b_1-a_1)^2+\cdots+(b_n-a_n)^2} \end{aligned}$$

[그림 14-18]

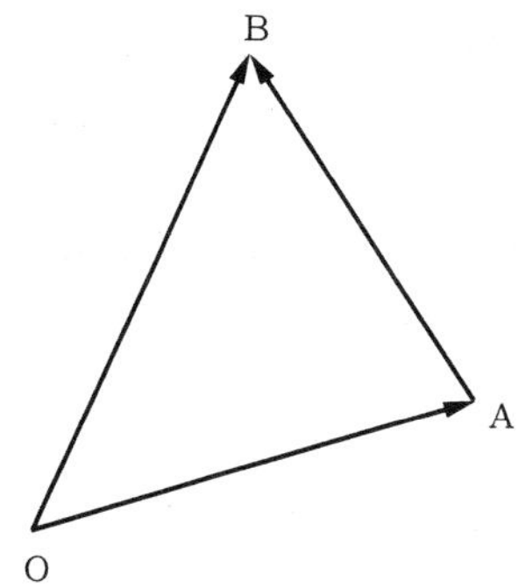

두 점 사이의 거리를 이와 같이 정의하면, 정리 14.3.4와 정리 14.3.7에 의하여 다음이 성립한다.

[定理 14.3.9]

좌표 n공간 위의 세 점 A, B, C에 대하여 다음이 성립한다.

(1) $d(\mathrm{A}, \mathrm{B}) \geq 0$ 이고, 특히 $d(\mathrm{A}, \mathrm{B}) = 0 \Longleftrightarrow \mathrm{A} = \mathrm{B}$

(2) $d(\mathrm{A}, \mathrm{B}) = d(\mathrm{B}, \mathrm{A})$

(3) $d(\mathrm{A}, \mathrm{C}) \leq d(\mathrm{A}, \mathrm{B}) + d(\mathrm{B}, \mathrm{C})$

[그림 14-19]

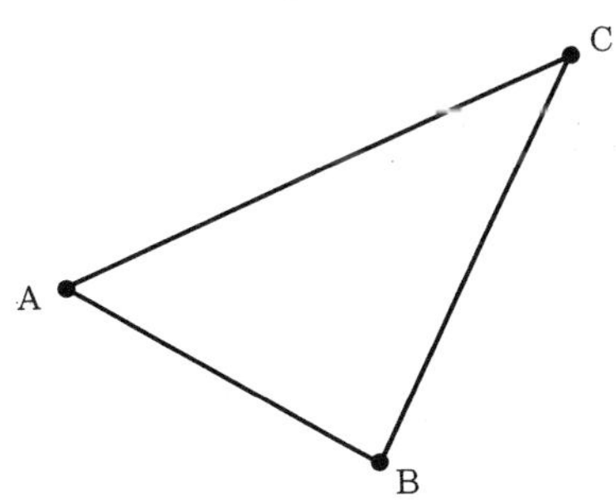

사실, 내적의 성질을 이용하면 座標 n空間 $\mathbb{R}^n$에 대해서도 Euclid 平面幾何學의 特性인 線分의 길이와 두 선분이 이루는 각의 크기를 정의할 수 있다. 이러한 의미에서, 내적이 정의되어 있는 벡터공간 $\mathbb{R}^n$을 ***n*次元 Euclid空間**(n-dimensional Euclidean space)이라고 한다.

練習問題 14.3

[1] 벡터공간 $\mathbb{R}^2$에서 다음 두 벡터 $\mathbf{a}$, $\mathbf{b}$의 내적 $\mathbf{a}\cdot\mathbf{b}$를 구하여라.

(a) $\mathbf{a}=(1, -2)$, $\mathbf{b}=(3, 2)$ (b) $\mathbf{a}=(2, 3)$, $\mathbf{b}=(-3, 2)$

[2] 벡터공간 $\mathbb{R}^2$에서 두 벡터 $\mathbf{a}=(1, 2)$, $\mathbf{b}=(-2, k)$가 서로 직교하도록 실수 k의 값을 정하여라.

[3] 벡터공간 $\mathbb{R}^2$에서 두 벡터 $\mathbf{a}=(3, 4)$, $\mathbf{b}=(-1, 2)$에 대하여 두 벡터 $\mathbf{a}$, $\mathbf{b}$가 이루는 각의 크기를 θ라고 할 때, $\cos\theta$의 값을 구하여라. 그리고 벡터 $\mathbf{a}$와 평행한 단위벡터를 구하여라.

[4] 좌표평면에서 세 점 A(2, 7), B(1, 2), C(5, 3)에 대하여 다음 물음에 답하여라.

(a) 점 A에서 선분 BC에 내린 수선의 발을 P라고 할 때, 벡터 $\overrightarrow{BP}$의 성분과 벡터 $\overrightarrow{BA}-\overrightarrow{BP}$의 성분을 구하여라.

(b) 위의 (a)의 결과를 이용하여 $\triangle$ABC의 넓이를 구하여라.

[5] 벡터공간 $\mathbb{R}^3$에서 다음 두 벡터 $\mathbf{a}$, $\mathbf{b}$의 내적 $\mathbf{a}\cdot\mathbf{b}$를 구하여라.

(a) $\mathbf{a}=(0, 1, -1)$, $\mathbf{b}=(1, 3, 4)$

(b) $\mathbf{a}=(0, 1, -1)$, $\mathbf{b}=(4, 3, 3)$

[6] 좌표공간에서 다음 두 점 사이의 거리를 구하여라.

(a) A(−1, 4, −3), B(1, −2, 0)

(b) A(0, 1, −1), B(1, 3, 4)

14.4 直線의 方程式과 平面의 方程式

直交座標系 $O-x_1x_2\cdots x_n$이 도입되어 있는 좌표 n공간에서, 주어진 점 $P(p_1, \cdots, p_n)$과 벡터 $\mathbf{a}=(a_1, \cdots, a_n)\neq(0, \cdots, 0)$에 의하여 벡터 $\overrightarrow{PX}$가 벡터 $\mathbf{a}$에 평행하게 되는 점 $X(x_1, \cdots, x_n)$ 전체의 집합은 다음과 같다.

$$\begin{aligned}&\{X\in\mathbb{R}^n \mid \overrightarrow{PX}=t\mathbf{a},\ t\in\mathbb{R}\}\\=&\{(x_1, \cdots, x_n)\in\mathbb{R}^n \mid (x_1, \cdots, x_n)=(p_1, \cdots, p_n)+t(a_1, \cdots, a_n),\ t\in\mathbb{R}\}\end{aligned}$$

이 집합을 점 P를 지나 벡터 $\mathbf{a}$에 평행한 **直線**이라 하며, 다음 각 방정식을 이 直線의 **方程式**이라 하고 t를 **媒介變數**(parameter)라고 한다.

$$(x_1, \cdots, x_n) = (p_1, \cdots, p_n) + t(a_1, \cdots, a_n), \quad t \in \mathbb{R}$$

$$\begin{cases} x_1 = p_1 + ta_1 \\ x_2 = p_2 + ta_2 \\ \cdots\cdots\cdots\cdots \\ x_n = p_n + ta_n \end{cases} \quad (t \in \mathbb{R})$$

$$\frac{x_1 - p_1}{a_1} = \frac{x_2 - p_2}{a_2} = \cdots = \frac{x_n - p_n}{a_n}$$

[그림 14-20]

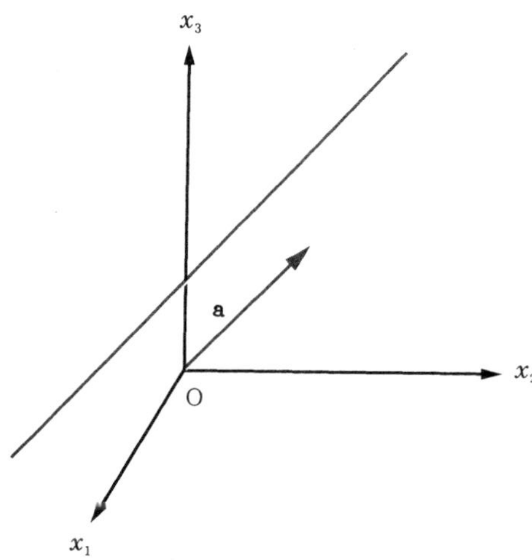

예 1 직교좌표계 $O-xy$가 도입되어 있는 좌표평면에서, 한 점 $P(-1, 1)$을 지나 벡터 $\mathbf{a} = (1, 2)$에 평행한 직선의 방정식은 다음과 같이 세 가지 방법으로 나타낼 수 있다([그림 14-21] 참조).

$$(x, y) = (-1, 1) + t(1, 2), \quad t \in \mathbb{R}$$

$$\begin{cases} x = -1 + t \\ y = 1 + 2t \end{cases} \quad (t \in \mathbb{R})$$

$$\frac{x+1}{1} = \frac{y-1}{2}, \quad \text{즉} \quad y - 1 = 2(x+1)$$

[그림 14-21]

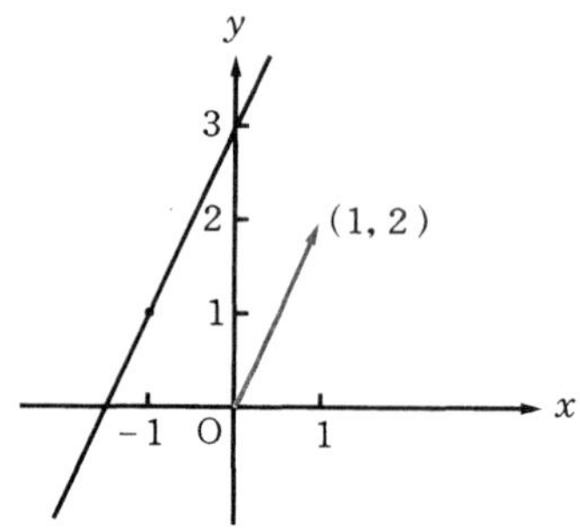

예 2 직교좌표계 $O-xyz$가 도입되어 있는 좌표평면에서, 점 $P(1, 1, -4)$를 지나 벡터 $\mathbf{a}=(1, -2, 3)$에 평행한 직선의 방정식은 다음과 같이 세 가지 방법으로 나타낼 수 있다.

$$(x, y, z)=(1, 1, -4)+t(1, -2, 3), \quad t\in\mathbb{R}$$

$$\begin{cases} x=1+t \\ y=1-2t \qquad (t\in\mathbb{R}) \\ z=-4+3t \end{cases}$$

$$\frac{x-1}{1}=\frac{y+1}{-2}=\frac{z+4}{3}$$

直交座標系 $O-x_1x_2\cdots x_n$이 도입되어 있는 좌표 n공간에서, 주어진 점 $P(p_1, \cdots, p_n)$과 벡터 $\mathbf{a}=(a_1, \cdots, a_n)\neq(0, \cdots, 0)$에 대하여 벡터 $\overrightarrow{PX}$가 벡터 $\mathbf{a}$에 수직으로 되는 점 $X(x_1, \cdots, x_n)$ 전체의 집합은 다음과 같다.

$$\begin{aligned} &\{X\in\mathbb{R}^n \mid \mathbf{a}\cdot\overrightarrow{PX}=0\} \\ &=\{(x_1, \cdots, x_n)\in\mathbb{R}^n \mid a_1(x_1-p_1)+\cdots+a_n(x_n-p_n)=0\} \end{aligned}$$

이 집합을 점 P를 지나 벡터 $\mathbf{a}$에 수직인 **超平面**(hyperplane)이라 하고 벡터 $\mathbf{a}$를 이 초평면의 **法벡터**(normal vector)라고 한다. 그리고 방정식

$$a_1(x_1-p_1)+\cdots+a_n(x_n-p_n)=0$$

을 이 **超平面**의 **方程式**이라고 한다.

[그림 14-22]

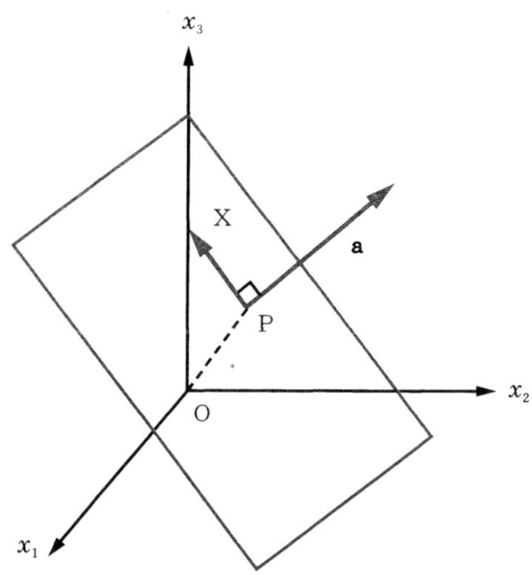

즉, 이 초평면의 방정식은

$$a_1x_1 + \cdots + a_nx_n = b \quad (\text{단 } b = p_1 + \cdots + p_n)$$

이고, 벡터 $\mathbf{a} = (a_1, \cdots, a_n)$는 이 초평면에 수직인 법벡터이다.

좌표평면에서 초평면은 직선을 뜻하고, 좌표공간에서 초평면은 보통 의미의 평면을 뜻한다.

예 3 직교좌표계 $O-xy$가 도입되어 있는 좌표평면에서

(1) $P(-1, 1)$을 지나 벡터 $\mathbf{a} = (2, 3)$에 수직인 직선의 방정식은 다음과 같다.

$$2(x+1) + 3(y-1) = 0, \quad \text{즉} \quad 2x + 3y = 1$$

(2) 원점 $O(0, 0)$을 지나 벡터 $\mathbf{a} = (a_1, a_2) \neq (0, 0)$에 수직인 직선의 방정식은 $a_1x + a_2y = 0$이다.

한편, 원점 $O(0, 0)$을 지나 벡터 $\mathbf{a} = (a_1, a_2) \neq (0, 0)$에 평행한 직선의 방정식은 $\dfrac{x}{a_1} = \dfrac{y}{a_2}$이다.

[그림 14-23]

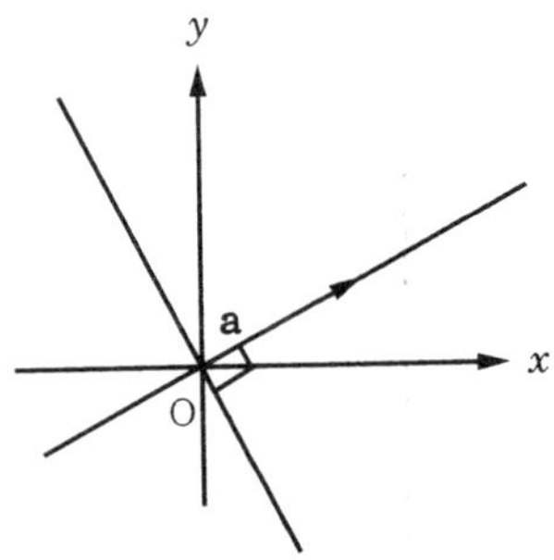

예 4 직교좌표계 $O-xyz$가 도입되어 있는 좌표공간에서

(1) $P(-1, 1, 2)$를 지나 벡터 $\mathbf{a}=(2, 3, 4)$에 수직인 평면의 방정식은 다음과 같다.

$$2(x+1)+3(y-1)+4(z-2)=0,\ 즉\ 2x+3y+4z=9$$

(2) 원점 $O(0, 0, 0)$을 지나 벡터 $\mathbf{a}=(a_1, a_2, a_3)\neq(0, 0, 0)$에 수직인 평면의 방정식은 $a_1x+a_2y+a_3z=0$이다.

(3) 원점 $O(0, 0, 0)$을 지나 벡터 $\mathbf{a}=(a_1, a_2, a_3)\neq(0, 0, 0)$에 평행한 직선의 방정식은 $\dfrac{x}{a_1}=\dfrac{y}{a_2}=\dfrac{z}{a_3}$이다.

[그림 14-24]

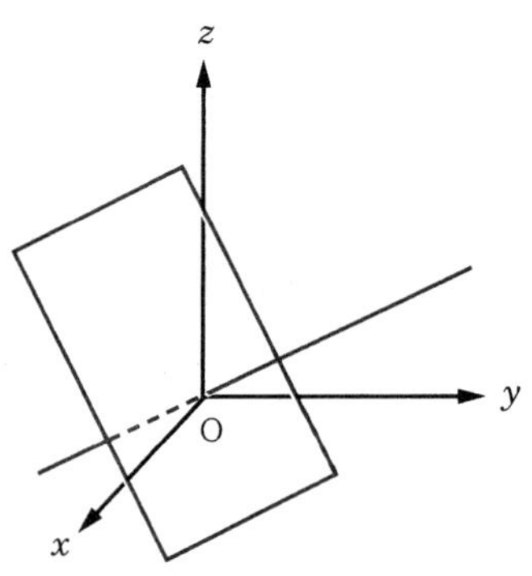

예 5 직교좌표계 $O-xyz$가 도입되어 있는 좌표공간에서, 동일한 직선 위에 있지 않은 세 점 $O(0, 0, 0)$, $P(a_1, a_2, a_3)$, $Q(b_1, b_2, b_3)$을 지나는 평면의 방정식은 다음과 같다.

$$\begin{vmatrix} x & y & z \\ a_1 & a_2 & a_3 \\ b_1 & b_2 & b_3 \end{vmatrix} = 0$$

실제로 구하는 평면은 원점 O를 지나므로 그 방정식은

$$Ax + By + Cz = 0$$

의 꼴이고, 이 평면 위의 임의의 점을 X(x, y, z)라고 할 때 X, P, Q는 이 평면 위의 점이므로 다음이 성립한다.

$$Ax + By + Cz = 0$$
$$Aa_1 + Ba_2 + Ca_3 = 0$$
$$Ab_1 + Bb_2 + Cb_3 = 0$$

이것을 A, B, C에 관한 동차 연립일차방정식으로 생각할 때 A, B, C 중 적어도 하나는 0이 아니므로, 따름 정리 2.7.2에 의하여 다음이 성립한다.

$$\begin{vmatrix} x & y & z \\ a_1 & a_2 & a_3 \\ b_1 & b_2 & b_3 \end{vmatrix} = 0$$

즉
$$\begin{vmatrix} a_2 & a_3 \\ b_2 & b_3 \end{vmatrix} x - \begin{vmatrix} a_1 & a_3 \\ b_1 & b_3 \end{vmatrix} y + \begin{vmatrix} a_1 & a_2 \\ b_1 & b_2 \end{vmatrix} z = 0$$

한편, 조건에 의하여 위의 방정식에서 x, y, z의 계수 중 적어도 하나는 0이 아니므로 위의 방정식은 x, y, z에 관한 일차식이고, 또 세 점 O, P, Q의 좌표는 이 방정식을 만족시키므로 이것이 구하는 평면의 방정식이다.

예 6 좌표공간에서 두 평면

$$x + 2y - 2z = 1$$
$$2x + 5y + z = 4$$

에 대하여 생각해 보자.

이 두 방정식을 연립하여 풀면, 그 해는 다음과 같다.

$$\begin{cases} x = -3 + 12t \\ y = 2 - 5t \qquad (t \in \mathbb{R}) \\ z = 0 + t \end{cases}$$

[그림 14-25]

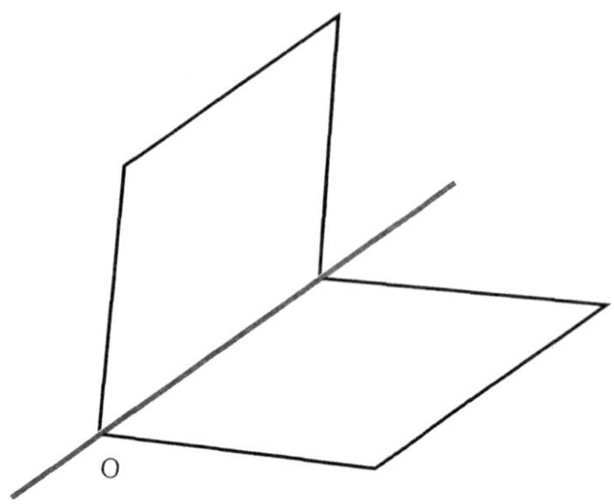

따라서 주어진 두 평면은 한 직선에서 만나고 그 직선의 방정식은 위의 방정식과 같다. 이 방정식은 다음과 같이 쓸 수 있다.

$$\frac{x+3}{12}=\frac{y-2}{-5}=\frac{z}{1}$$

練習問題 14.4

[1] 좌표평면에서 다음 조건을 만족시키는 직선의 방정식을 구하여라.

(a) 두 점 P(1, 2), Q(−1, 5)를 지나는 직선

(b) 점 P(1, 2)를 지나 벡터 $\mathbf{a}=(-1, 2)$에 평행한 직선

(c) 점 P(1, 2)를 지나 벡터 $\mathbf{a}=(-1, 2)$에 수직인 직선

[2] 좌표공간에서 다음 조건을 만족시키는 평면의 방정식을 구하여라.

(a) 점 P(1, −2, 5)를 지나 벡터 $\mathbf{a}=(-1, 2, 1)$에 수직인 평면

(b) (c) 세 점 O(0, 0, 0), P(1, 2, 3), Q(−1, 2, 4)를 지나는 평면

[3] 좌표평면에서 서로 다른 세 점

$$O(0, 0),\ P(a_1, a_2),\ Q(b_1, b_2)$$

를 지나는 직선의 방정식은 다음과 같음을 증명하여라.

$$\begin{vmatrix} x & y & 1 \\ a_1 & a_2 & 1 \\ b_1 & b_2 & 1 \end{vmatrix}=0$$

[4] 좌표공간에서 두 평면 $4x+3y+z=8$, $3x+2y-4z=1$이 만나는 직선의 방정식을 구하여라.

[5] 좌표공간에서 두 평면 $2x+y+2z=5$, $3x+2y-z=4$가 만나는 직선의 방정식을 다음 절차에 따라 구하여라.

(a) 두 벡터 $\mathbf{a}=(2, 1, 2)$, $\mathbf{b}=(3, 2, -1)$에 대하여 $\mathbf{a}\times\mathbf{b}$를 구하여라.

(b) 위의 두 방정식에서 $z=0$을 대입하여 얻은 연립일차방정식을 풀어서 구하는 직선 위에 있는 한 점 P의 좌표를 구하여라.

(c) 위의 (a), (b)를 이용하여, 구하는 직선의 방정식이

$$\frac{x-6}{-5}=\frac{x+7}{8}=\frac{z}{1}$$

임을 확인하여라.

[6] 좌표공간에서 두 평면 $2x-3y+z=0$, $3x+4y-7z=0$에 대하여 다음 물음에 답하여라.

(a) 이 두 평면이 만나는 직선의 방정식을 구하여라.

(b) 원점을 지나 이 두 평면과 수직인 평면의 방정식을 구하여라.

14.5 볼록集合

다음 [그림 14-26]에서와 같이 직교좌표계 $\mathrm{O}-x_1x_2$가 도입되어 있는 좌표평면에서 일차부등식 $a_1x_1+a_2x_2\geq k$를 만족시키는 점 (x_1, x_2) 전체의 집합

$$S_1=\{(x_1, x_2)\mid a_1x_1+a_2x_2\geq k\}$$

과 일차부등식 $a_1x_1+a_2x_2\leq k$를 만족시키는 점 (x_1, x_2) 전체의 집합

$$S_2=\{(x_1, x_2)\mid a_1x_1+a_2x_2\leq k\}$$

는 **半平面**(half plane)을 나타낸다. 이 때, 직선 $a_1x_1+a_2x_2=k$를 이들 반평면의 **境界線**(boundary)이라고 한다.

[그림 14-26]

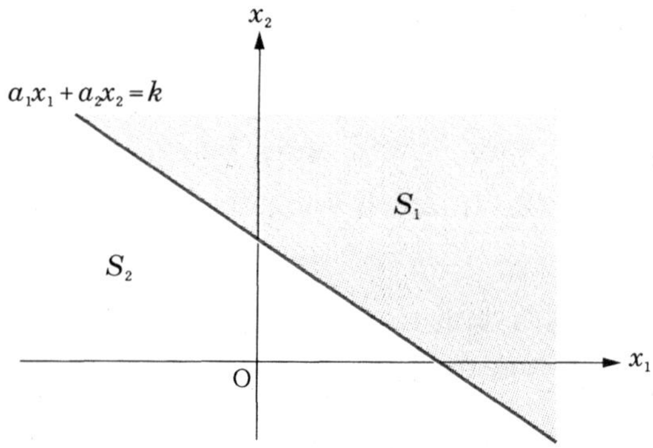

일반적으로, 연립일차부등식

$$\begin{cases} a_1x_1 + a_2x_2 \geq k \\ b_1x_1 + b_2x_2 \geq l \\ c_1x_1 + c_2x_2 \geq m \end{cases}$$

를 만족시키는 점 (x_1, x_2) 전체의 집합은 각 일차부등식이 각각 나타내는 반평면들의 공통부분을 나타낸다([그림 14-27] 참조).

[그림 14-27]

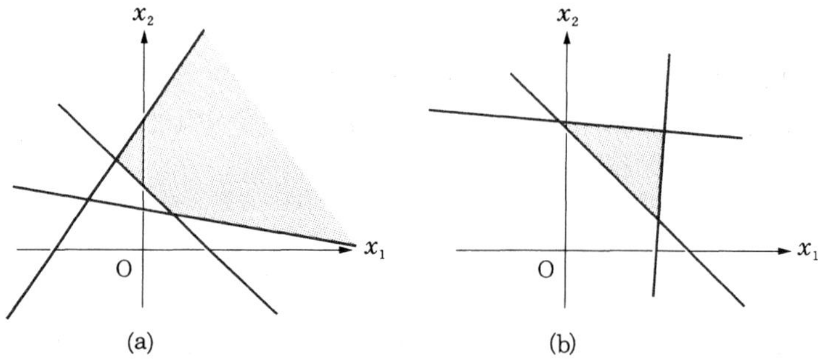

이와 같이, 직교좌표계 $O-x_1x_2$가 도입되어 있는 좌표평면에서, x_1, x_2에 관한 연립일차부등식을 만족시키는 점 (x_1, x_2) 전체의 집합이 나타내는 領域(region)을 **多角形볼록集合**(polygonal convex set)이라고 한다.

특히, [그림 14-27] (b)의 경우와 같이 다각형 볼록집합이 有界(bounded)일 때, 이 다각형 볼록집합을 간단히 **볼록多角形**(convex polygon)이라고 한다.

예 1 직교좌표계 $O-x_1x_2$가 도입되어 있는 좌표평면에서, 일차부등식

$$x_1 + x_2 \geq 2$$

가 나타내는 반평면은 [그림 14-28]의 (a)와 같다.

그리고, 연립일차부등식

$$\begin{cases} x_1 - x_2 \geq 1 \\ x_1 + x_2 \geq 2 \end{cases}$$

이 나타내는 영역은 부등식 ①이 나타내는 반평면과 부등식 ②가 나타내는 반평면과의 공통부분으로서 [그림 12-28]의 (b)와 같다.

[그림 14-28]

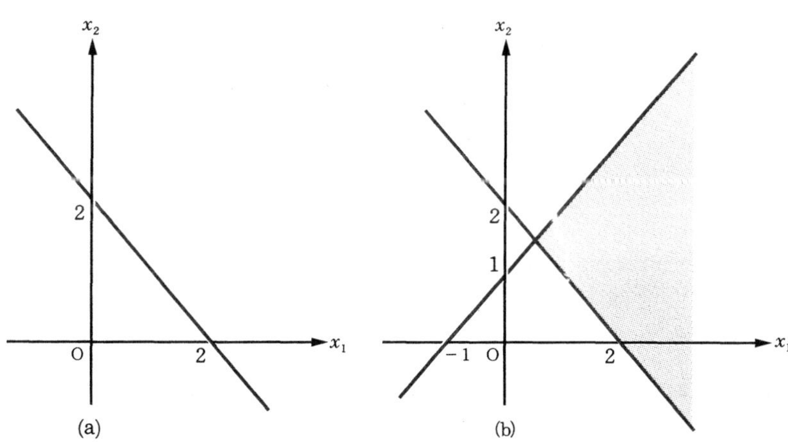

일반적으로, 직교좌표계 $O-x_1x_2\cdots x_n$ 이 도입되어 있는 좌표공간에서 일차부등식

$$a_1x_1 + a_2x_2 + \cdots + a_nx_n \geq k$$

를 만족시키는 점 $(x_1, x_2, \cdots, x_n)$ 전체의 집합과

$$a_1x_1 + a_2x_2 + \cdots + a_nx_n \leq k$$

를 만족시키는 점 $(x_1, x_2, \cdots, x_n)$ 전체의 집합을 **半空間**(half space)이라고 하고, 이때 超平面 $a_1x_1 + a_2x_2 + \cdots + a_nx_n = k$를 이들 반공간의 **境界**(boundary)라고 한다([그림 14-29]). 또, $x_1, x_2, \cdots, x_n$에 관한 연립일차부등식을 만족시키는 점 $(x_1, x_2, \cdots, x_n)$ 전체의 집합이 나타내는 領域을 **多面體볼록集合**(polyhedral convex set)이라고 한다.

[그림 14-29]

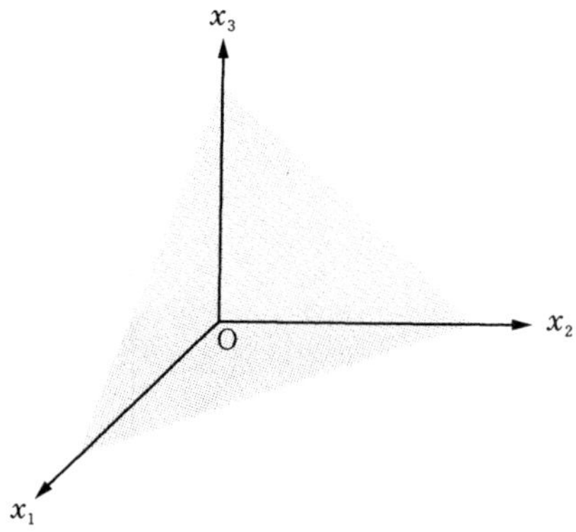

練習問題 14.5

[1] 다음 일차부등식이 나타내는 반평면을 좌표평면 위에 그려라.

(1) $2x_1 - x_2 \leq 1$ (2) $2x_1 + 3x_2 \geq 6$

[2] 다음 연립일차부등식이 나타내는 영역을 좌표평면 위에 그려라.

(1) $\begin{cases} 3x_1 + x_2 \geq 9 \\ x_1 + x_2 \geq 4 \end{cases}$ (2) $\begin{cases} x_1 - x_2 \geq 1 \\ x_1 + 3x_2 \geq 1 \end{cases}$

제 15장

線型計劃法

제 15 장 線型計劃法

이 장에서는 線型計劃法의 여러 가지 예에 대하여 알아보고, 線型計劃問題의 기하학적 解法과 대수적인 解法에 대하여 알아보기로 한다.

15.1 線型計劃法의 例

線型計劃法(linear programming)이란 무엇인가를 보기 위하여 우선 몇 가지 구체적인 예를 들어 설명하기로 한다.

1. 生産問題

두 종류의 기계가 설치되어 있는 어떤 공장에서 세 종류의 제품을 생산한다고 하자. 기계 1, 기계 2의 하루 이용 가능시긴이 각각 r_1분, r_2분이고, 제품 1을 1단위 생산하는 데 기계 1, 2를 각각 a_{11}분, a_{21}분 사용해야 한다고 하자. 마찬가지로, 제품 2를 1단위 생산하는 데 기계 1, 2를 각각 a_{12}분, a_{22}분 사용하고, 제품 3을 1단위 생산하는 데 기계 1, 2를 각각 a_{13}분, a_{23}분 사용해야 한다고 하자. 각 제품의 단위당 이익을 각각 c_1, c_2, c_3라 할 때, 두 기계의 이용 가능시간 한도 내에서 최대의 이익을 얻으려면 각 제품을 각각 얼마나 생산하면 좋을까 하는 문제를 생각해 보자.

이 문제를 수학적으로 다루기 위하여 주어진 조건을 표로 나타내 보면 다음 표와 같이 된다.

	제품 1	제품 2	제품 3	이용능력(분)
기 계 1	a_{11}	a_{12}	a_{13}	r_1
기 계 2	a_{21}	a_{22}	a_{23}	r_2
이 익	c_1	c_2	c_3	

지금 각 제품의 생산량을 각각 x_1, x_2, x_3 단위라 하면, 기계의 이용 가능시간에 대한 제약에 의하여 다음 연립일차부등식이 성립하여야 한다.

$$a_{11}x_1+a_{12}x_2+a_{13}x_3\leq r_1$$
$$a_{21}x_1+a_{22}x_2+a_{23}x_3\leq r_2$$

여기서 x_1, x_2, x_3는 제품의 생산량이므로

$$x_1\geq 0,\quad x_2\geq 0,\quad x_3\geq 0$$

이어야 한다. 한편, 제품을 생산하여 얻게 되는 총이익 Z는 다음과 같다.

$$Z=c_1x_1+c_2x_2+c_3x_3$$

이 총이익을 최대로 하는 x_1, x_2, x_3를 구하는 것이 주어진 문제의 목적이므로, 이 문제는 다음과 같이 쓸 수 있다.

$$\begin{cases} a_{11}x_1+a_{12}x_2+a_{13}x_3\leq r_1 \\ a_{21}x_1+a_{22}x_2+a_{23}x_3\leq r_2 \end{cases} \tag{15.1.1}$$
$$x_1\geq 0,\quad x_2\geq 0,\quad x_3\geq 0 \tag{15.1.2}$$

인 조건 아래에서

$$Z=c_1x_1+c_2x_2+c_3x_3 \tag{15.1.3}$$

를 최대로 하는 x_1, x_2, x_3를 구하여라.

식 (15.1.1)의 두 부등식을 **制約條件**(constraints)이라 한다. 이와 같이 제약조건이 연립일차부등식으로 표시되고 최대로 하려는 값도 또한 일차식으로 표시된 문제를 푸는 것을 **線型計劃法**(linear programming)이라 한다. 식 (15.1.3)은 이 계획의 목적을 나타내므로 **目的函數**(objective function)라 한다. 非陰數制限(nonnegativity restriction)인 (15.1.2)는 제품의 생산량이 음수일 수 없음을 나타내 주고 있다.

2. 營養問題

건강을 유지하기 위하여 우리는 몇 가지 영양소를 매일 최저필요량만큼은 최소한 섭취하여야 한다. 문제를 간단히 하기 위하여, 세 종류의 영양소 N_1, N_2, N_3를 두 종류의 식품 F_1, F_2로 섭취한다고 가정하자. 각 영양소의 1일 최저필요량을 r_1, r_2, r_3라 하고, 각 식품 1단위의 가격 및 이에 함유되어 있는 영양소의 양이 다음 표와 같다고 하자.

	F_1	F_2	1일 최저필요량
N_1	a_{11}	a_{12}	r_1
N_2	a_{21}	a_{22}	r_2
N_3	a_{31}	a_{32}	r_3
가 격	c_1	c_2	

여기서 a_{ij}는 식품 F_j의 1단위에 함유되어 있는 영양소 N_i의 양이다.

이러한 조건 아래에서 최소한 각 영양소의 1일 최저필요량은 섭취하면서 비용을 최소로 하려면 각 식품의 구입량을 얼마로 하면 좋을까 하는 문제를 생각해 보자. 각 식품의 하루 구입량을 x_1, x_2라 하면, 영양소에 관한 제약에 의하여 연립일차방정식이 성립하여야 한다.

$$\begin{cases} a_{11}x_1 + a_{12}x_2 \geq r_1 \\ a_{21}x_1 + a_{22}x_2 \geq r_2 \\ a_{31}x_1 + a_{32}x_3 \geq r_3 \end{cases}$$

또, 식품의 구입량은 음수일 수 없으므로

$$x_1 \geq 0, \quad x_2 \geq 0$$

이어야 하며, 이 때 드는 총비용 Z는 다음과 같다.

$$Z = c_1x_1 + c_2x_2$$

따라서 이 문제는 다음과 같이 쓸 수 있다.

$$\begin{cases} a_{11}x_1 + a_{12}x_2 \leq r_1 \\ a_{21}x_1 + a_{22}x_2 \leq r_2 & (15.1.4) \\ a_{31}x_1 + a_{32}x_2 \leq r_3 \\ x_1 \geq 0, \quad x_2 \geq 0 & (15.1.5) \end{cases}$$

인 제약조건 아래에서

$$Z = c_1x_1 + c_2x_2 \qquad (15.1.6)$$

를 최소로 하는 x_1, x_2를 구하여라.

이 문제는 目的函數 Z를 (15.1.4), (15.1.5) 아래에서 최소로 하는 x_1, x_2를 구하는 線型計劃問題이다.

3. 輸送問題

이 문제는 특수한 解法이 개발되어 있을 뿐만 아니라 실용성이 대단히 높기 때문에 독립적인 연구대상이 되고 있는 선형계획문제이다.

어떤 기업이 세 지역에 공장을 갖고 있고, 이 공장에서 생산되는 상품을 네 시장에 공급한다고 하자. 이 때, i공장에서 j시장까지 단위상품을 수송하는 데 드는 비용을 c_{ij}라 하고, 또 i공장의 단위기간당 생산능력을 s_i라 하고, 동일한 단위기간당 j시장의 수요량을 d_j라 하면, 다음과 같은 표를 얻는다.

시장 / 공장	1	2	3	4	공 급 량
1	c_{11}	c_{12}	c_{13}	c_{14}	s_1
2	c_{21}	c_{22}	c_{23}	c_{24}	s_2
3	c_{31}	c_{32}	c_{33}	c_{34}	s_3
수 요 량	d_1	d_2	d_3	d_4	

이제, 각 i공장으로부터 각 j시장에 공급하는 상품의 양을 $x_{ij}(i=1,\ 2,\ 3;\ j=1,\ 2,\ 3,\ 4)$라 하면, 각 공장의 생산능력 이상의 상품을 공급할 수는 없으므로 다음 연립일차부등식이 성립하여야 한다.

$$\begin{cases} x_{11}+x_{12}+x_{13}+x_{14}\leq s_1 \\ x_{21}+x_{22}+x_{23}+x_{24}\leq s_2 \\ x_{31}+x_{32}+x_{33}+x_{34}\leq s_3 \end{cases} \tag{15.1.7}$$

또한, 각 시장의 수요량을 만족시킬 필요가 있으므로 연립일차부등식

$$\begin{cases} x_{11}+x_{21}+x_{31}\geq d_1 \\ x_{12}+x_{22}+x_{32}\geq d_2 \\ x_{13}+x_{23}+x_{33}\geq d_3 \\ x_{14}+x_{24}+x_{34}\geq d_4 \end{cases} \tag{15.1.8}$$

가 성립해야 한다. 이 때의 총수송비용 Z는 다음과 같다.

$$Z=c_{11}x_{11}+c_{12}x_{12}+c_{13}x_{13}+c_{14}x_{14}+c_{21}x_{21}+\cdots+c_{34}x_{34} \tag{15.1.9}$$

따라서 주어진 문제는 제약조건 (15.1.7)과 (15.1.18) 아래에서 총수송비용 Z를 최소로 하는 $x_{11},\ x_{12},\ \cdots,\ x_{34}$를 구하는 것이다.

위에서 든 세 문제는 線型計劃問題의 전형적인 예이다. 다시 말하면, 선형계획문제는 제약조건식이 일차부등식 또는 일차방정식들로 되어 있고 각 변수의 값은 음이 아니며, 최대 또는 최소로 하려는 目的函數도 또한 일차식으로 표시되어 있다.

練習問題 15.1

[1] 세 가지 원료를 사용하여 두 종류의 제품을 생산하는 공장이 있다고 하자. 제품 1을 1단위 생산하는 데 원료 1과 원료 3이 각각 1단위씩 필요하고, 제품 2를 1단위 생산하는 데 원료 2, 원료 3이 각각 1단위, 2단위씩 필요하다고 한다. 원료 1, 원료 2, 원료 3의 시간당 최대공급량은 각각 16단위, 8단위, 24단위라 한다. 제품 1, 제품 2의 단위당 이익이 각각 40원, 30원일 때, 최대의 이익을 얻으려면 두 제품을 각각 얼마나 생산하면 좋을가?

[2] 세 영양소 A, B, C를 두 종류의 제품으로 섭취한다고 하자. 각 영양소의 1일 최저필요량은 각각 27, 21, 30단위이고, 각 식품 1단위의 가격 및 이에 함유되어 있는 영양소의 양이 다음 표와 같다고 할 때, 최소한 각 영양소의 1일 최저필요량을 섭취하면서 비용을 최소로 하려면 각 식품의 구입량을 얼마로 하면 좋을가?

	식품 1	식품 2	최저필요량
영양소 A	3	1	27
영양소 B	1	1	21
영양소 C	1	2	30
가 격	4	2	

15.2 線型計劃問題의 標準型

앞 절에서 본 바와 같이, 선형계획문제는 연립일차부등식으로 주어진 제약조건 아래에서 일차식으로 정의된 목적함수의 값을 극대 또는 극소로 하는 변수의 음이 아닌 값을 구하는 문제이다. 특히, 목적함수의 값을 최대로 하는 문제를 **最大問題**라 하고, 목적함수의 값을 극소로 하는 문제를 **最小問題**라 한다.

예를 들면, 다음 최대문제는 변수가 2개이고 제약조건식이 3개인 선형계약문제이다.

$$\begin{cases} x_1+2x_2\leq 14 \\ x_1+x_2\leq 8 \\ 3x_1+x_2\leq 18 \\ x_1\geq 0,\ x_2>0 \end{cases}$$

인 제약조건 아래에서

$$Z=2x_1+x_2$$

를 최대로 하는 x_1, x_2를 구하여라.

일반적으로, n개의 변수 $x_1, x_2, \cdots, x_n$과 m개의 제약조건식으로 이루어진 線型計劃問題의 **標準型**(standard form)은 다음과 같다.

[最大問題]

$$\begin{cases} a_{11}x_1+a_{12}x_2+\cdots+a_{1n}x_n\leq r_1 \\ a_{21}x_1+a_{22}x_2+\cdots+a_{2n}x_n\leq r_2 \\ \quad\vdots \qquad \vdots \qquad\qquad \vdots \quad \vdots \\ a_{m1}x_1+a_{m2}x_2+\cdots+a_{mn}x_n\leq r_m \end{cases} \tag{15.2.1}$$

$$x_j\geq 0, \quad j=1,\ 2,\ \cdots,\ n \tag{15.2.2}$$

인 제약조건 아래에서

$$\max.\ Z=c_1x_1+c_2x_2+\cdots+c_nx_n \tag{15.2.3}$$

[最小問題]

$$\begin{cases} a_{11}x_1+a_{12}x_2+\cdots+a_{1n}x_n\geq r_1 \\ a_{21}x_1+a_{22}x_2+\cdots+a_{2n}x_n\geq r_2 \\ \quad\vdots \qquad \vdots \qquad\qquad \vdots \quad \vdots \\ a_{m1}x_1+a_{m2}x_2+\cdots+a_{mn}x_n\geq r_m \end{cases} \tag{15.2.4}$$

$$x_j\geq 0, \quad j=1,\ 2,\ \cdots,\ n \tag{15.2.5}$$

인 제약조건 아래에서

$$\min.\ Z=c_1x_1+c_2x_2+\cdots+c_nx_n \tag{15.2.6}$$

여기서 (15.2.3)과 (15.2.6)은 다음 내용을 각각 간단히 나타낸 것이다.

〈目的函數 $Z=c_1x_1+c_2x_2+\cdots+c_nx_n$을 최대로 하는(maximize) $x_1, x_2, \cdots, x_n$을 구하여라.〉

〈目的函數 $Z=c_1x_1+c_2x_2+\cdots+c_nx_n$을 최소로 하는(minimize) $x_1, x_2, \cdots, x_n$을 구하여라.〉

부등식의 양변에 -1을 곱하면 그 부등호의 방향이 변한다. 예를 들면, 부등식 $4x_1-3x_2\leq 2$는 이 부등식의 양변에 -1을 곱하여 얻은 부등식 $-4x_1+3x_2\geq -2$와 동치이면서 그 부등호의 방향만이 다르다.

이와 같이 하여, (15.2.1)과 (15.2.4)처럼 부등호의 방향을 最大問題에서는 $\leq$로 하고, 最小問題에서는 $\geq$로 만들 수 있다.

두 열벡터

$$A=\begin{bmatrix} a_1 \\ a_2 \\ \vdots \\ a_m \end{bmatrix}, \qquad B=\begin{bmatrix} b_1 \\ b_2 \\ \vdots \\ b_m \end{bmatrix}$$

에 대하여, 대소관계 $A\leq B$를 다음과 같이 정의하자.

$$A\leq B \Longleftrightarrow a_1\leq b_1,\ a_2\leq b_2,\ \cdots,\ a_m\leq b_m$$

이 때,

$$A=\begin{bmatrix} a_{11} & a_{12} & \cdots & a_{1n} \\ a_{21} & a_{22} & \cdots & a_{2n} \\ \cdots & \cdots & \cdots & \cdots \\ a_{m1} & a_{m2} & \cdots & a_{mn} \end{bmatrix}, \quad X=\begin{bmatrix} x_1 \\ x_2 \\ \vdots \\ x_n \end{bmatrix}, \quad R=\begin{bmatrix} r_1 \\ r_2 \\ \vdots \\ r_m \end{bmatrix}, \quad O=\begin{bmatrix} 0 \\ 0 \\ \vdots \\ 0 \end{bmatrix}_{n\times 1},$$

$$C=[c_1\ \ c_2\ \ \cdots\ \ c_n]$$

이라 놓으면, 본문의 最大問題와 極小問題는 각각 다음과 같다.

$AX\leq R,\quad X\geq O$	$AX\geq R,\quad X\geq O$
인 제약조건 아래에서	인 제약조건 아래에서
max. $Z=CX$	min. $Z=CX$

또, 제약조건식 (15.2.1)을 다음과 같이 나타낼 수도 있다.

$$\begin{bmatrix} a_{11} \\ a_{21} \\ \vdots \\ a_{m1} \end{bmatrix} x_1 + \begin{bmatrix} a_{12} \\ a_{22} \\ \vdots \\ a_{m2} \end{bmatrix} x_2 + \cdots + \begin{bmatrix} a_{1n} \\ a_{2n} \\ \vdots \\ a_{mn} \end{bmatrix} x_3 \leq \begin{bmatrix} r_1 \\ r_2 \\ \vdots \\ r_m \end{bmatrix}$$

15.3 線型計劃問題의 幾何學的 解法

변수가 2개인 선형계획문제는 기하학적으로 쉽게 풀 수 있다. 첫째 예로서, 다음의 最大問題를 생각하여 보자.

$$\begin{cases} x_1 \leq 16 \\ x_2 \leq 8 & (15.3.1) \\ x_1 + 2x_2 \leq 24 \\ x_1, \quad x_2 \geq 0 & (15.3.2) \end{cases}$$

인 조건 아래에서

$$\max. \quad Z = 40x_1 + 30x_2 \qquad (15.3.3)$$

[그림 15-1]과 같이 평면 위에 두 좌표축 x_1축과 x_2축을 잡으면, 변수 x_1, x_2는 제약조건을 만족시켜야 하므로 점 (x_1, x_2)는 어떤 일정한 범위에 존재하게 된다. 실제로, 점 (x_1, x_2)는 (15.3.2)를 만족시켜야 하므로 제1 사분면 위에 있으며, (15.3.1)의 각 부등식이 나타내는 半平面(half plane)

[그림 15-1]

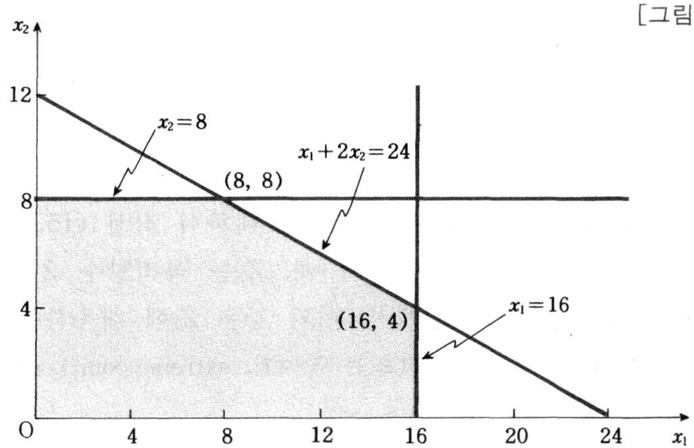

[그림 15-2]

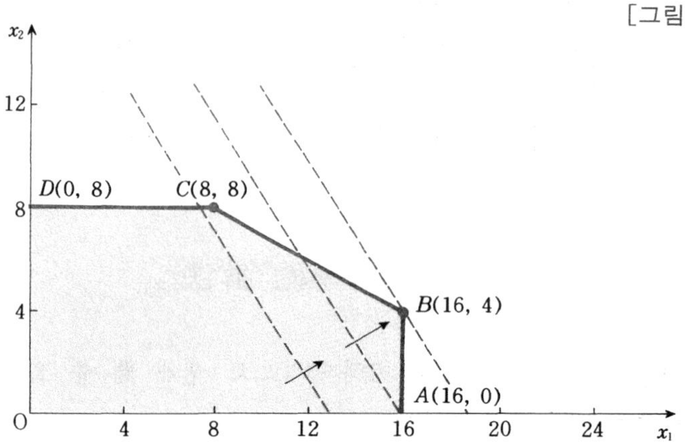

의 공통부분(intersection) 위에 존재한다. 따라서 (15.3.1), (15.3.2)를 동시에 만족시키는 점 (x_1, x_2)의 존재범위는 [그림 15-1]의 빗금친 부분 및 그 경계선(boundary)임을 알 수 있다. 조건식 (15.3.1)~(15.3.2)를 만족시키는 점 (x_1, x_2)를 **可能解**(feasible solution) 또는 **許容解**라 하고, 可能解 전체의 집합을 **可能領域**(feasible region) 또는 **許容域**이라 한다.

[그림 15-2]에서 가능영역은 오각형 $OABCD$의 둘레 및 그 내부이고, 따라서 주어진 선형계획문제는 이 가능영역 안에서 목적함수 Z의 값을 최대로 하는 可能解 (x_1, x_2)를 구하는 문제이다. 이제, 목적함수 Z를

$$x_2 = \frac{Z}{30} - \frac{4}{3}x_1 \tag{15.3.4}$$

으로 고쳐 쓰면, 이는 기울기가 $-\frac{4}{3}$이고 x절편이 $\frac{Z}{30}$인 직선을 나타낸다. [그림 15-2]에서와 같이, Z의 값이 변함에 따라서 (15.3.4)는 평행한 직선을 이루며, 또한 Z의 값이 커지면 직선은 원점으로부터 멀어진다. 더욱이, 어떤 값 Z_0가 존재하여, $0 \leq Z \leq Z_0$인 Z에 대하여 직선 (15.3.4)는 가능영역과 共有點을 갖지만, $Z > Z_0$인 Z에 대하여 직선 (15.3.4)와 가능영역의 공유점이 존재하지 않는다. 이 때, Z_0는 목적함수 $Z = 40x_1 + 30x_2$의 최대값이다. 위의 [그림 15-2]에서, 이와 같은 Z_0에 대응하는 직선 $40x_1 + 30x_2 = Z_0$는 가능영역의 한 끝점(또는 꼭지점, extreme point) B를 지나는 직선 l이다.

한편, 끝점 B는 직선 AB와 직선 BC의 교점이므로, 연립방정식

[그림 15-3]

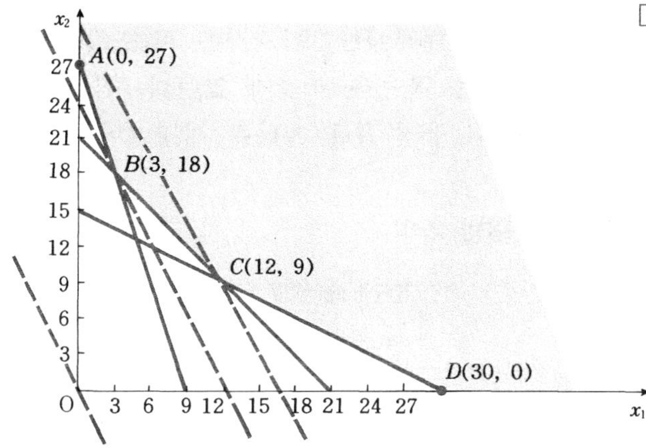

$$\begin{cases} x=16 \\ x_1+2x_2=24 \end{cases}$$

를 풀면, B의 좌표 $x=16$, $x=4$를 얻을 수 있다. 따라서 $(x_1, x_2)=(16, 4)$는 목적함수 Z를 최대로 하는 해이고, 이 때의 최대값 Z_0는 760이다.

또 다른 예로서 다음 문제를 생각해 보자.

$$\begin{cases} 3x_1+\ \ x_2 \geq 27 \\ \ \ x_1+\ \ x_2 \geq 21 \qquad\qquad (15.3.5) \\ \ \ x_1+2x_2 \geq 30 \\ \ \ x_1, \quad x_2 \geq 0 \qquad\qquad (15.3.6) \end{cases}$$

인 제약조건 아래에서

$$\text{min.} \quad Z=4x_1+2x_2 \tag{15.3.7}$$

이 문제의 조건식 (15.3.5)~(15.3.6)의 可能領域은 [그림 15-3]에서 보는 바와 같이 빗금친 부분 및 有限線分 또는 반직선으로 된 경계선으로 이루어진 영역이다.

이제, 목적함수 $Z=4x_1+2x_2$를

$$x_2=-2x_1+\frac{Z}{2} \tag{15.3.8}$$

로 고쳐 쓰면, 이는 기울기가 -2이고, x절편이 $\dfrac{Z}{2}$인 직선을 나타낸다. [그림 15-3]에서와 같이 (15.3.8)은 Z의 값이 변함에 따라 평행한 직선을 이루며, Z의 값이 커지면 직선은 원점으로부터 멀어진다. 더욱이, 어떤 값 Z_0가 존재하여 $Z_0 \leq Z$인 Z에 대해서는 이 직선은 可能領域과 共有點을 갖지만, $Z < Z_0$인 Z에 대해서는 공유점을 갖지 않는다. 이와 같은 값 Z_0에 대응하는 직선은 가능영역이 끝점 B를 지나는 직선 l이며, 목적함수 Z의 최소값은 Z_0이다.

끝점 B의 좌표는 연립방정식

$$\begin{cases} 3x_1 + x_2 = 27 \\ x_1 + x_2 = 21 \end{cases}$$

의 해는 $x_1 = 3$, $x_2 = 18$이므로, $(x_1, x_2) = (3, 18)$은 목적함수를 최소로 하는 해이고, 이 때의 최소값 Z_0는 $Z_0 = 4 \cdot 3 + 2 \cdot 18 = 48$이다.

線型計劃問題에서 목적함수를 최대 또는 최소로 하는 해를 **最適解**(optimum solution)라 하고, 이 最適解에 대한 목적함수의 값을 **最適값**(optimum value)이라 한다. 앞의 두 예와 같이 변수가 2개인 선형계획문제에서는 조건식의 가능영역을 도시한 다음에 목적함수가 나타내는 직선이 가능영역과 접하는 끝점을 구하면 最適解와 最適값을 얻을 수 있다.

변수가 2개인 조건식의 가능영역은 [그림 15-2]와 같은 볼록다각형(convex polygon)일 수도 있고, 또 [그림 15-3]과 같이 有限線分 및 반직선을 경계선으로 갖는 영역일 수도 있다. 이와 같은 집합을 통틀어 볼록多角集合(convex polygonal set)이라 부른다.

위의 예로부터 얻은 중요한 사실은 목적함수가 가능영역의 끝점에서 최적값을 갖는다는 것이다. 다시 말해서, 선형계획문제의 최적해는 가능영역의 끝점 중에서 찾을 수 있다. 경우에 따라서는 최적해가 2개 이상일 수도 있다. 예를 들면, 두 번째 예에서 목적함수가

$$Z = 4x_1 + 2x_2$$

대신에

$$Z = x_1 + x_2$$

이면, 이 새로운 목적함수는 선분 BC의 모든 점에서 최소값을 갖는다. 그러나 이 경우에도 끝점 B, C 중 어느 한 점을 택하더라도 그 최소값에는 변함이 없으므로 B와 C는 모두 최적해이다.

또, 때에 따라서는 최적해가 존재하지 않는 경우도 있다. 예를 들어,

두 번째 예에서 최소로 하려는 목적함수가

$$Z=-x_1-x_2$$

이면, 이 문제의 最適解는 존재하지 않는다. 그러나 어떤 문제의 최적해가 존재한다면 그 최적해는 반드시 可能領域의 끝점에서 찾을 수 있다.

最適解가 존재하면 이는 가능영역의 어느 한 끝점이고 가능영역의 끝점은 有限個밖에 없으므로, 가능영역의 모든 끝점에 대한 목적함수의 값을 비교함으로써 문제의 最適解와 最適값을 구할 수 있다. 예를 들어, 첫째 예에서 끝점은 [그림 15-2]의 점 O, A, B, C, D이고, 두 번째 예에서 끝점은 [그림 15-3]의 점 A, B, C, D이므로, 이 점들에 대한 목적함수의 값을 쉽게 비교할 수 있다.

변수가 n개인 선형계획문제의 可能解, 可能領域, 最適解도 마찬가지로 정의할 수 있다. 변수가 3개인 경우의 可能領域은 볼록多面體이거나 또는 볼록다면체의 일부를 무한히 잡아늘인 형태의 영역이라는 것을 쉽게 상상할 수 있다. 그러나 변수가 4개 이상인 경우에는 가능영역을 도시할 수 없다. 따라서 일반적인 선형계획문제를 풀려면 기하학적 解法만으로는 불가능하므로, 새로이 대수적인 해법을 도입하여 계산에 의한 방법을 연구하여야 한다. 변수의 개수가 많으면 전자계산기가 필요함은 물론이다.

練習問題 15.3

[1] 다음 선형계획문제를 기하학적으로 풀어라.

(a) $\begin{cases} 2x_1+x_2\le 10 \\ x_1+x_2\le 6 \\ x_1+2x_2\le 10 \\ x_1,\ x_2\ge 0 \end{cases}$

인 제약조건 아래에서

max. $Z=3x_1+4x_2$

(b) $\begin{cases} x_1+2x_2\ge 3 \\ x_1+4x_2\ge 4 \\ 3x_1+x_2\ge 3 \\ x_1,\ x_2\ge 0 \end{cases}$

인 제약조건 아래에서

min. $Z=12x_1+42x_2$

[2] 문제 1의 (a)에서 목적함수가 $Z=3x_1+3x_2$인 경우를 풀어라.

[3] 문제 1의 (b)에서 목적함수가 $Z=12x_1+48x_2$인 경우를 풀어라.

15.4 基本可能解와 基本變數

변수의 개수 또는 제약조건식의 개수가 많을 경우에는 기하학적 해법만으로는 선형계획문제를 해결할 수 없고, 따라서 계산에 의한 解法을 연구해야 함은 이미 말한 바와 같다.

1. Slack 變數와 Surplus 變數

일반적으로, 不等式보다는 方程式이 다루기 쉽다. 그러므로 선형계획문제를 연립일차부등식으로 주어진 제약조건식에 새로운 변수를 도입하여 적당한 연립일차방정식으로 바꾼다.

다음 제약조건식을 생각해 보자.

$$\begin{cases} x_1 \qquad \leq 16 \\ \qquad x_2 \leq 8 \\ x_1 + 2x_2 \leq 25 \\ x_1,\ x_2 \geq 0 \end{cases} \tag{15.4.1}$$

먼저, 첫째 부등식의 좌변은 우변보다 크지 않으므로 우변에서 좌변을 뺀 값을 새로운 변수 x_3 라 놓으면, 이 부등식은 방정식

$$x_1 + x_3 = 16$$

으로 변형되고, 분명히 $x_3 \geq 0$ 이 성립한다.

마찬가지로, 둘째 부등식의 우변에서 좌변을 뺀 값을 x_4 라 놓으면, 이 부등식은

$$x_2 + x_4 = 8$$

로 변형되고, 이 때 $x_4 \geq 0$ 이다.

이와 같은 방법으로 새로운 변수 x_3, x_4, x_5 를 도입하여 위의 세 부등식을 방정식으로 변형하면, 조건식 (15.4.1)은 다음과 같이 된다.

$$\begin{cases} x_1 \qquad + x_3 \qquad\qquad = 16 \\ \qquad x_2 \qquad + x_4 \qquad = 8 \\ x_1 + 2x_2 \qquad\qquad + x_5 = 24 \\ x_1,\ x_2,\ x_3,\ x_4,\ x_5 \geq 0 \end{cases} \tag{15.4.2}$$

또 다른 예로서 다음 조건식을 생각해 보자.

$$\begin{cases} 3x_1+\ \ x_2\geq 27 \\ \ \ x_1+\ \ x_2\geq 21 \\ \ \ x_1+2x_2\geq 30 \\ x_1,\ x_2\geq 0 \end{cases} \tag{15.4.3}$$

첫째 부등식의 우변은 좌변보다 크지 않으므로, 좌변에서 우변을 뺀 값을 새로운 변수 x_3라 놓으면, 이 부등식은

$$3x_1+x_2-x_3=27$$

로 변형되는 동시에 $x_3\geq 0$이 성립한다. 이와 같은 방법으로 새로운 변수 x_3, x_4, x_5를 도입한다.

위의 세 부등식을 방정식으로 변형하면, 조건식 (15.4.3)은 다음과 같이 된다.

$$\begin{cases} 3x_1+\ \ x_2-x_3 \qquad\qquad =27 \\ \ \ x_1+\ \ x_2 \qquad -x_4 \qquad =21 \\ \ \ x_1+2x_2 \qquad\qquad -x_5=30 \\ x_1,\ x_2,\ x_3,\ x_4,\ x_5\geq 0 \end{cases} \tag{15.4.4}$$

앞의 조건식 (15.4.2)에서 새로 도입한 변수 x_3, x_4, x_5를 **슬랙變數**(slack variable)라 하고, 조건식 (15.4.4)에서 새로 도입한 변수 x_3, x_4, x_5를 **서플러스變數**(surplus variable)라 한다.

일반적으로, 最大問題에는 부등식의 개수만큼 슬랙變數를 도입하고, 最小問題에는 부등식의 개수만큼 서플러스變數를 도입할 수 있다. 좀더 구체적으로 말하면 다음과 같다.

最大問題

$$\begin{cases} a_{11}x_1+a_{12}x_2+\cdots+a_{1n}x_n\leq r_1 \\ a_{21}x_1+a_{22}x_2+\cdots+a_{2n}x_n\leq r_2 \\ \ \ \vdots \qquad\quad \vdots \qquad\qquad\quad \vdots \quad \vdots \\ a_{m1}x_1+a_{m2}x_2+\cdots+a_{mn}x_n\leq r_m \\ x_j\geq 0, \quad j=1,\ 2,\ \cdots,\ n \end{cases}$$

인 制約條件 아래에서

$$\max.\quad Z=c_1x_1+c_2x_2+\cdots+c_nx_n$$

에 m개의 슬랙變數 x_{n+1}, x_{n+2}, …, x_{n+m}을 도입하면 이 최대문제는 다음과 같이 변형된다.

[最大問題]

$$\begin{cases} a_{11}x_1 + a_{12}x_2 + \cdots + a_{1n}x_n + x_{n+1} & = r_1 \\ a_{21}x_1 + a_{22}x_2 + \cdots + a_{2n}x_n \quad + x_{n+2} & = r_2 \\ \vdots \qquad \vdots \qquad \vdots & \vdots \\ a_{m1}x_1 + a_{m2}x_2 + \cdots + a_{mn}x_n \qquad + x_{n+m} & = r_m \\ x_j \geq 0, \quad j = 1, 2, \cdots, n, \cdots, n+m \end{cases}$$

인 제약조건 아래에서

$$\max. \quad Z = c_1x_1 + c_2x_2 + \cdots + c_nx_n + 0x_{n+1} + \cdots + 0x_{n+m}$$

最小問題

$$\begin{cases} a_{11}x_1 + a_{12}x_2 + \cdots + a_{1n}x_n \geq r_1 \\ a_{21}x_1 + a_{22}x_2 + \cdots + a_{2n}x_n \geq r_2 \\ \vdots \qquad \vdots \qquad \vdots \quad \vdots \\ a_{m1}x_1 + a_{m2}x_2 + \cdots + a_{mn}x_n \geq r_m \\ x_j \geq 0, \quad j = 1, 2, \cdots, n \end{cases}$$

인 제약조건 아래에서

$$\min. \quad Z = c_1x_1 + c_2x_2 + \cdots + c_nx_n$$

에 m개의 서플러스變數 x_{n+1}, x_{n+2}, …, x_{n+m}을 도입하면 이 최소문제는 다음과 같이 변형된다.

[最小問題]

$$\begin{cases} a_{11}x_1 + a_{12}x_2 + \cdots + a_{1n}x_n - x_{n+1} & = r_1 \\ a_{21}x_1 + a_{22}x_2 + \cdots + a_{2n}x_n \quad - x_{n+2} & = r_2 \\ \vdots \qquad \vdots \qquad \vdots & \vdots \\ a_{m1}x_1 + a_{m2}x_2 + \cdots + a_{mn}x_n \qquad - x_{n+m} & = r_m \\ x_j \geq 0, \quad j = 1, 2, \cdots, n, \cdots, n+m \end{cases}$$

인 제약조건 아래에서

$$\min. \quad Z = c_1x_1 + c_2x_2 + \cdots + c_nx_n + 0x_{n+1} + \cdots + 0x_{n+m}$$

2. 끝점解와 基本可能解

이제, 線型計劃法의 계산에 의한 解法에 대하여 알아보기 위하여, 제3절의 첫 문제를 다시 생각하여 보자.

最大問題

$$\begin{cases} x_1 \qquad \leq 16 \\ \qquad x_2 \leq 8 \\ x_1 + 2x_2 \leq 24 \\ x_1,\ x_2 \geq 0 \end{cases} \qquad (15.4.5)$$

인 제약조건 아래에서

$$\max.\quad Z = 40x_1 + 30x_2$$

이 문제에 슬랙變數 x_3, x_4, x_5를 도입하면 다음과 같이 변형시킬 수 있다.

$$\begin{cases} x_1 \qquad + x_3 \qquad\qquad = 16 \\ \qquad x_2 \qquad + x_4 \qquad = 8 \\ x_1 + 2x_2 \qquad\qquad + x_5 = 24 \\ x_1,\ x_2,\ x_3,\ x_4,\ x_5 \geq 0 \end{cases} \qquad \begin{matrix} (15.4.6) \\ \\ (15.4.7) \end{matrix}$$

인 제약조건 아래에서

$$\max.\quad Z = 40x_1 + 30x_2 + 0x_3 + 0x_4 + 0x_5$$

따라서 본래의 문제는 위의 제약조건식을 만족시키는 점 $(x_1,\ x_2,\ x_3,\ x_4,\ x_5)$ 중에서 목적함수 Z의 값을 최대로 하는 점을 구하는 문제와 같다. 그런데 $Z = 40x_1 + 30x_2 + 0x_3 + 0x_4 + 0x_5$에서 x_3, x_4, x_5의 계수는 모두 0이므로, 실제로 최대값을 구하는 데에는 x_1, x_2의 값만이 필요하다.

조건식 (15.4.5)의 可能領域은 [그림 15-4]의 오각형 $OABCD$의 둘레 및 그 내부이다. 제약조건식이 연립부등식인 경우와 마찬가지로, 조건식 (15.4.6)~(15.4.7)을 만족시키는 점 $(x_1,\ x_2,\ x_3,\ x_4,\ x_5)$를 이 조건식의 **可能解** 또는 **許容解**라 한다. 이 가능해 전체의 집합을 **可能領域** 또는 **許容域**이라 하고, 가능해 중에서 목적함수 Z의 값을 최대로 하는 것을 **最適解**라 한다.

한 점 $(x_1,\ x_2,\ x_3,\ x_4,\ x_5)$가 조건식 (15.4.6)~(15.4.7)을 만족시키는 可能解이면, 이 점의 첫째와 둘째 성분을 가진 점 $(x_1,\ x_2)$는 분명히 조건식

[그림 15-4]

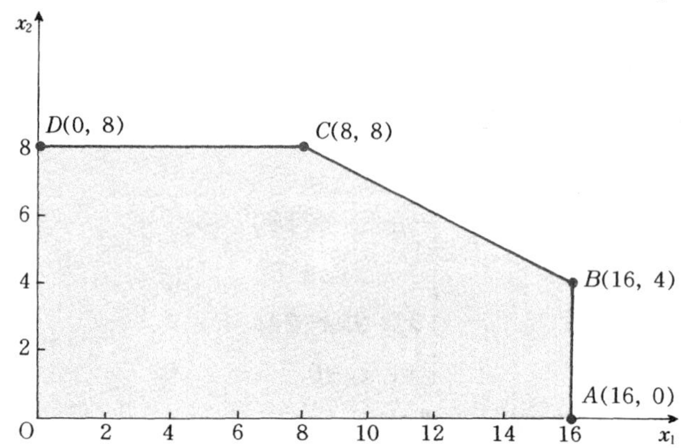

(15.4.5)를 만족(0, 0)므로, 점 (x_1, x_2)는 (15.4.5)의 可能解이다. 역으로, 조건식 (15.4.5)를 만족시키는 可能解 (x_1, x_2)가 주어졌을 때, (15.4.6)이 성립하도록 x_3, x_4, x_5의 값을 정하면, $(x_1, x_2, x_3, x_4, x_5)$는 (15.4.6)～(15.4.7)의 可能解가 된다. 다시 말하면, 조건식 (15.4.5)를 만족시키는 可能領域과 조건식 (15.4.6)～(15.4.7)을 만족시키는 가능영역 사이에는 1 대 1의 대응관계가 있고, 또 이 대응에 대하여 最適解는 最適解에 대응한다.

[그림 15-4]의 가능영역은 5개의 끝점을 가지고 있다. 각 끝점에 내응하는 조건식 (15.4.6)～(15.4.7)의 可能解를 이 조건식의 **끝점解**(extreme point solution)라 한다. 예를 들어, 점 O의 좌표는 $x_1=0$, $x_2=0$이므로 이 값을 (15.4.6)에 대입하면, $x_3=16$, $x_4=8$, $x_5=24$를 얻는다. 따라서 끝점 (0, 0)에 대응하는 끝점解는 (0, 0, 16, 8, 24)이다.

아래 표는 각 끝점에 대응하여 끝점解를 보여주고 있다. 이 표로부터 곧 알 수 있는 것은 끝점解의 두 성분은 0이고, 나머지 세 성분은 양수라는 사실이다. 뿐만 아니라, 양인 성분의 개수 3은 연립방정식 (15.4.6)의

끝점 (x_1, x_2)	끝점解 $(x_1, x_2, x_3, x_4, x_5)$
(0, 0)	(0, 0, 16, 8, 24)
(16, 0)	(16, 0, 0, 8, 8)
(16, 4)	(16, 4, 0, 4, 0)
(8, 8)	(8, 8, 8, 0, 0)
(0, 8)	(0, 8, 16, 0, 8)

방정식의 개수와 일치한다.

끝점解는 (15.4.6)과 (15.4.7)을 만족시키는 可能解인 동시에 그 두 성분이 0 임을 알았다. 일반적으로, 연립일차방정식 (15.4.6)의 5 개의 변수 중에서 2 개의 변수를 0 으로 놓았을 때 유일한 해가 존재하면, 그 해를 연립방정식 (15.4.6)의 **基本解**(basic solution) 또는 **基底解**라 부른다. 따라서 끝점解는 분명히 基本解이다. 한편, $x_1=x_3=0$ 이라 놓으면 (15.4.6)의 첫 방정식이 성립하지 않으므로, $x_1=x_3=0$ 인 基本解는 존재하지 않는다. 끝점解가 아닌 基本解를 모두 구하면 다음과 같다.

$$(0,\ 12,\ 16,\ -4,\ 0),\quad (24,\ 0,\ -8,\ 8,\ 0),\quad (16,\ 8,\ 0,\ 0,\ -8)$$

그런데 이 基本解들은 그 성분 중에서 음수인 것이 반드시 들어 있다. 즉, 끝점解가 아닌 基本解는 (15.4.7)을 만족시키지 않는다. 따라서 基本解인 동시에 可能解인 것은 끝점解뿐임을 알 수 있다.

基本解이면서 동시에 可能解인 것을 **基本可能解**(basic feasible solution) 또는 **基底可能解**라 한다. 실제로, 基本可能解는 끝점解와 같다. 즉, 끝점解는 기하학적인 개념인 데 반하여 이를 대수학적으로 말하면 基本可能解인 것이다. 最適解는 끝점解 중에서 찾을 수 있으므로, 最適解가 존재한다면 이는 基本可能解 중에서 얻을 수 있다.

3. 基本變數와 非基本變數

제약조건

$$\begin{cases} x_1 \quad\quad + x_3 \quad\quad\quad = 16 \\ \quad\quad x_2 \quad\quad + x_4 \quad = 8 \\ x_1 + 2x_2 \quad\quad\quad + x_5 = 24 \end{cases} \tag{15.4.6}$$

$$x_1,\ x_2,\ x_3,\ x_4,\ x_5 \geq 0 \tag{15.4.7}$$

에서, 연립방정식 (15.4.6)의 변수는 5 개이고 방정식은 3 개이다. 이 연립방정식에서 2 개의 변수 x_1, x_2를 0 으로 놓으면 변수 x_3, x_4, x_5는 유일한 해 $x_3=16$, $x_4=8$, $x_5=24$를 갖고 이 세 수는 모두 양이므로,

$$(0,\ 0,\ 16,\ 8,\ 24) \tag{15.4.8}$$

는 조건식 (15.4.6)~(15.4.7)의 基本可能解이다. 이제 세 변수 x_3, x_4, x_5

를 x_1, x_2로 나타내기 위하여 연립방정식 (15.4.6)을 변형하면 다음과 같다.

$$\begin{cases} x_3 = 16 - x_1 \\ x_4 = \ 8 \qquad - \ x_2 \\ x_5 = 24 - x_1 - 2x_2 \end{cases} \tag{15.4.9}$$

여기서 상수항 16, 8, 24는 基本可能解 (15.4.8)의 x_3, x_4, x_5의 값이다. 基本可能解 (15.4.8)에서 그 성분이 0인 두 변수 x_1, x_2를 이 基本可能解의 **非基本變數**(non-basic variable) 또는 **非基底變數**라 하고, 나머지 세 변수 x_3, x_4, x_5를 基本變數(basic variable) 또는 基底變數라 한다. 위의 연립방정식 (15.4.9)는 기본변수를 비기저변수로 나타낸 것이다.

마찬가지로, 基本可能解

$$(16,\ 0,\ 0,\ 8,\ 8) \tag{15.4.10}$$

의 기본변수는 x_1, x_4, x_5이고, 이를 비기저변수 x_2, x_3로 나타내기 위하여 연립방정식 (15.4.6)을 x_1, x_4, x_5에 관하여 풀면 다음과 같다.

$$\begin{cases} x_1 = 16 \qquad\quad - x_3 \\ x_4 = \ 8 - \ x_2 \\ x_5 = \ 8 - 2x_2 + x_3 \end{cases} \tag{15.4.11}$$

여기서 상수항은 基本可能解 (16, 0, 0, 8, 8)의 x_1, x_4, x_5의 값이다.

練習問題 15.4

[1] 다음 선형계획문제에 슬랙變數 또는 서플러스變數를 도입하여라.

(a)

$$\begin{cases} x_1 \qquad\ \ \le 4 \\ \qquad x_2 \le 3 \\ x_1 + 2x_2 \le 8 \\ x_1,\ x_2 \ge 0 \end{cases}$$

인 제약조건 아래에서

max. $Z = 2x_1 + 5x_2$

(b)

$$\begin{cases} x_1 + 2x_2 \ge 3 \\ x_1 + 4x_2 \ge 4 \\ 3x_1 + \ x_2 \ge 3 \\ x_1,\ x_2 \ge 0 \end{cases}$$

인 제약조건 아래에서

min. $Z = 12x_1 + 42x_2$

[2] 위의 선형계획문제 (a)와 (b)는 각각 다음과 같은 끝점을 가지고 있음을 확인하여라.

(a) (0, 0), (0, 3), (2, 3), (4, 2), (4, 0)

(b) (4, 0), $\left(2, \frac{1}{2}\right)$, $\left(\frac{3}{5}, \frac{6}{5}\right)$, (0, 3)

또, 각 끝점에 대응하는 끝점解(즉, 基本可能解)를 구하여라.

15.5 심플렉스解法

선형계획문제의 最適解는 基本可能解 중에서 얻을 수 있고 또 基本可能解의 개수는 유한이므로, 간단한 문제에서는 모든 基本可能解를 구한 다음에 이에 대응하는 목적함수의 값을 계산하여 이들을 비교함으로써 最適解를 구할 수 있다. 그러나 변수 또는 제약조건식의 개수가 많을 경우 이러한 방법은 계산이 매우 복잡해지기 때문에 실제문제를 해결하는 데에는 적합하지 않다. 最適解를 간단히 구하는 방법으로서 고안된 것이 **심플렉스解法** (simplex method)이다. 심플렉스解法은 다음과 같은 절차를 따라 행한다.

(1) 적당한 基本可能解를 하나 택한다.
(2) 이 基本可能解에 대응하는 목적함수의 값을 계산한 다음, 이 基本可能解가 最適解인지를 조사한다.
(3) 最適解가 아니면, 이것보다 더 나은 基本可能解를 구한다.
(4) 위에서 얻은 새 基本可能解에 대하여 (2), (3)의 과정을 반복한다.

基本可能解는 유한개밖에 없으므로 이와 같은 과정을 유한번 반복하면 最適解를 얻게 된다. 最適解가 없는 경우에는 위의 과정을 밟는 도중에 最適解가 존재하지 않음을 알 수 있게 된다.

다음 예를 이용하여 심플렉스解法을 구체적으로 논해 보기로 한다.

[最大問題]

$$\begin{cases} x_1 \quad + x_3 \quad = 16 \\ \quad x_2 \quad + x_4 \quad = 8 \\ x_1 + 2x_2 \quad + x_5 = 24 \end{cases} \qquad (15.5.1)$$

$$x_j \geq 0, \quad j = 1, 2, 3, 4, 5 \qquad (15.5.2)$$

인 제약조건 아래에서

$$\max. \quad Z = 40x_1 + 30x_2 \qquad (15.5.3)$$

이 최대문제의 첫 基本可能解는 쉽게 구할 수 있다. 즉, $x_1=x_2=0$ 으로 놓아 연립방정식을 풀면 $x_3=16$, $x_4=8$, $x_5=24$ 이므로,

$$(0,\ 0,\ 16,\ 8,\ 24) \tag{15.5.4}$$

는 基本可能解이다. 이 基本可能解가 最適解인지 아닌지를 조사하고, 또 最適解가 아닐 경우에는 이보다 더 나은 基本可能解를 구해야 한다.

基本可能解 (15.5.4)의 基本變數 x_3, x_4, x_5와 목적함수 Z를 非基本變數 x_1, x_2로 나타내면 다음과 같다.

$$\begin{cases} x_3=16-x_1 \\ x_4=\ 8 \qquad -\ x_2 \\ x_5=24-x_1-2x_2 \end{cases} \tag{15.5.5}$$

$$Z=40x_1+30x_2 \tag{15.5.6}$$

最初基本可能解 (15.5.4)의 x_1, x_2 성분은 모두 0이므로 이 基本可能解에 대한 Z의 값은 0이다. 한편, (15.5.6)의 계수 40과 30은 모두 양수이므로 x_1 또는 x_2의 값을 적당히 택하면 Z의 값을 0보다 크게 할 수 있다. 따라서 $Z=0$은 최대값이 아니며, 基本可能解 (15.5.4)는 最適解가 아니다. 다시 말하면, 基本可能解 (15.5.4)가 最適解인지 아닌지는 목적함수 Z를 非基本變數로 나타낸 식 (15.5.6)의 계수의 부호로 판정한다.

보다 더 나은 基本可能解를 구하려면 적당한 변수를 새로운 基本變數로 택해야 한다. 最初基本可能解 (15.5.4)의 非基本變數인 두 변수 x_1, x_2 중 (15.5.6)에서 가장 큰 계수를 가진 x_1을 잡아 $x_1=\theta$ $(\theta>0)$, $x_2=0$이라 놓으면, (15.5.5)는 다음과 같이 된다.

$$\begin{cases} x_3=16-\theta \\ x_4=\ 8 \\ x_5=24-\theta \end{cases} \tag{15.5.7}$$

이 때, $(x_1,\ x_2,\ x_3,\ x_4,\ x_5)$의 값은

$$(\theta,\ 0,\ 16-\theta,\ 8,\ 24-\theta) \tag{15.5.8}$$

이고, 이는 분명히 연립방정식 (15.5.1)의 해이다. 따라서

$$16-\theta\geq 0,\quad 24-\theta\geq 0 \tag{15.5.9}$$

을 만족시키는 모든 θ에 대하여 (15.5.8)은 可能解이고, 이에 대한 목적함수 Z의 값은 다음과 같다.

$$Z=40\theta \tag{15.5.10}$$

목적함수의 최대값을 구하는 것이 목적이므로, θ의 값은 크면 클수록 좋다. 따라서 연립방정식 (15.5.9)를 만족하는 θ의 최대값을 구해야 한다. 실제로, 이와 같은 θ의 최대값은

$$\frac{16}{1}, \quad \frac{24}{1}$$

중에서 가장 작은 값인 $\theta=16$이며, 이 때 (15.5.7)에 의하여 $x_3=0$으로 된다.

또한, 다른 변수의 값은 (15.5.7) 또는 (15.5.8)로부터 얻을 수 있다. 결국, 새로운 基本可能解는

$$(16,\ 0,\ 0,\ 8,\ 8) \tag{15.5.11}$$

이고, 이 기본가능해에 대한 목적함수의 값은 $Z=40\cdot16=640$이다.

基本可能解 (15.5.11)에서 $x_3=0$이므로, 最初基本可能解 (15.5.4)의 基本變數이었던 x_3는 새로운 基本可能解 (15.5.11)의 기본변수가 아니다.

실제로, 基本可能解 (15.5.11)의 基本變數는 x_1, x_4, x_5이고 비기본변수는 x_2, x_3이며, 이 기본가능해는 非基本變數 x_2, x_3를 0으로 놓아 (15.5.1)로부터 얻은 基本解이다. 또, 最初基本可能解 (15.5.4)로부터 基本可能解 (15.5.11)로 변함에 따라, 변수 x_1은 새로운 기본변수로 되고 그 대신 변수 x_3는 기본변수로부터 물러나게 되며, 이 때 목적함수의 값은 0에서 640으로 변한다.

이제 새로운 變數可能解 (15.5.11), 즉 (16, 0, 0, 8, 8)이 最適解인지를 조사하고, 또 最適解가 아닌 경우에는 이 보다 더 나은 基本可能解를 구해야 한다. 이를 위해서는 먼저 基本可能解 (15.5.11)의 基本變數 x_1, x_4, x_5 및 Z를 非基本變數 x_2, x_3로 나타내어야 한다. 물론, 이 경우에 연립방정식 (15.5.1)을 변형하여도 좋으나, 심플렉스解法에서는 (15.5.5)를 변형하는 방법을 사용한다.

연립방정식 (15.5.5)에서는 x_1과 x_2가 非基本變數이었으나, 변수 x_1은 이제 새로운 基本可能解 (15.5.11)의 基本變數이고 그 대신에 x_3가 비기본변수로 되었다. 식 (15.5.5)의 첫째 등식을 x_1에 관하여 풀면,

$$x_1=16-x_3$$

이고, 이를 (15.5.5)의 나머지 두 식 및 (15.5.6)에 대입하면 다음을 얻는다.

$$\begin{cases} x_1 = 16 \qquad\quad - x_3 \\ x_4 = \ 8 - \ x_2 \\ x_5 = \ 8 - 2x_2 + x_3 \end{cases} \tag{15.5.12}$$

$$Z = 640 - 30x_2 - 40x_3 \tag{15.5.13}$$

여기서 (15.5.12)의 상수항은 基本可能解 (15.5.11)에 대한 基本變數 x_1, x_4, x_5의 값이고, (15.5.13)의 상수항은 이 基本可能解에 대한 Z의 값이다.

식 (15.5.13)에서 x_2의 계수 30은 양수이고, x_3의 계수 -40은 음수이다. 따라서 x_2의 값을 크게 하면 Z의 값도 640보다 커지므로, 基本可能解 (15.5.11)은 最適解가 아니다. 앞의 과정에서와 마찬가지로, 最適解인지 아닌지에 관한 판정은 (15.5.13)의 계수의 부호에 따른다.

다음 단계는 변수 x_2를 기본변수로 갖는 基本可能解를 구하는 일이다. 이제 $x_2 = \theta(\theta > 0)$, $x_3 = 0$이라 놓아 이를 (15.5.12)에 대입하면,

$$\begin{cases} x_1 = 16 \\ x_4 = \ 8 - \theta \\ x_5 = \ 8 - 2\theta \end{cases}$$

를 얻는다. 따라서 부등식

$$8 - \theta \geq 0, \quad 8 - 2\theta \geq 0 \tag{15.5.14}$$

을 만족시키는 θ에 대하여

$$(16,\ \theta,\ 0,\ 8-\theta,\ 8-2\theta) \tag{15.5.15}$$

는 可能解이고, 이에 대응하는 Z의 값은 $Z = 640 + 30\theta$이다. 연립부등식 (15.5.14)를 만족시키는 최대의 θ값은

$$\frac{8}{1} = 8, \qquad \frac{8}{2} = 4$$

중에서 가장 작은 값인 $\theta = 4$이다.

이제, $\theta = 4$를 (15.5.15)에 대입하면, 새로운 基本可能解

$$(16,\ 4,\ 0,\ 4,\ 0) \tag{15.5.16}$$

를 얻게 되는데, 이 때 이 새로운 基本可能解에 대응하는 목적함수의 값은 $Z = 640 + 30 \cdot 4 = 760$이다.

새로 얻은 基本可能解 (15.5.16)의 基本變數는 x_1, x_2, x_4 이고 非基本變數는 x_3, x_5 이다. 基本可能解 (15.5.11)로부터 基本可能解 (15.5.16)으로 변함에 따라 변수 x_2는 새로운 기본변수로 되고, 그 대신에 x_5가 비기본변수로 된 것이다. 이에 따라 목적함수의 값도 640에서 760으로 변한다.

다시 基本可能解 (15.5.16)이 最適解인지를 조사하기 위하여 앞의 논법을 반복한다. 基本變數 x_1, x_2, x_4의 목적함수 Z를 非基本變數 x_3, x_5로 나타내기 위하여, 먼저 연립방정식 (15.5.12)의 마지막 식을 x_2에 관하여 풀면,

$$x_2 = 4 + \frac{1}{2}x_3 - \frac{1}{2}x_5$$

이고, 이를 (15.5.12)의 나머지 두 식과 (15.5.13)에 대입하면 이들은 각각 다음과 같다.

$$\begin{cases} x_1 = 16 - x_3 \\ x_4 = 4 - \dfrac{1}{2}x_3 + \dfrac{1}{2}x_5 \\ x_2 = 4 + \dfrac{1}{2}x_3 - \dfrac{1}{2}x_5 \end{cases} \tag{15.5.17}$$

$$Z = 760 - 25x_3 - 15x_5 \tag{15.5.18}$$

한편, 목적함수 $Z = 760 - 25x_3 - 15x_5$에서 x_3, x_5의 계수가 모두 음이므로, x_3, x_5에 어떠한 양의 값에 대해서도 Z의 값은 760보다 작아진다. 따라서 基本可能解 (16, 4, 0, 4, 0)은 最適解이고, 이에 대한 Z의 값 760은 最適값이다. 이로써 주어진 최대문제는 완전히 풀린 셈이다.

이제까지 설명한 최대문제에 관한 심플렉스解法을 요약하면 다음과 같다.

[심플렉스解法]

(1) 적당한 基本可能解를 하나 택한다.

(2) 이 最初基本可能解에 대한 基本變數를 非基本變數로 나타낸다. 또한 목적함수도 非基本變數로 나타낸다.

(3) 목적함수에서의 비기본변수의 계수가 모두 음이면 最初基本可能解는 最適解이다.

(4) 目的函數에서의 非基本變數의 계수 중에서 양인 것이 있으면, 이 양의 계수를 갖는 비기본변수가 택할 수 있는 최대의 값을 적당한 연립부등식으로부터 구하여, 이 변수를 基本變數로 갖는 새로운 基本可能解를 얻는다.

(5) 새로 얻은 基本可能解에 대해 (2)~(4)의 과정을 반복한다.

練習問題 15.5

다음 최대문제에 슬랙變數를 도입하여 심플렉스解法으로 풀어라.

[1]

$$\begin{cases} x_1+2x_2\leq 14 \\ x_1+\ \ x_2\leq 8 \\ 3x_1+\ \ x_2\leq 18 \\ x_2,\ x_2\geq 0 \end{cases}$$

인 제약조건 아래에서

$$\max.\quad Z=2x_1+x_2$$

[2]

$$\begin{cases} x_1+\ \ x_2\leq 5 \\ 3x_1+2x_2\leq 12 \\ x_2,\ x_2\geq 0 \end{cases}$$

인 제약조건 아래에서

$$\max.\quad Z=4x_1+3x_2$$

15.6 심플렉스 따블로

앞 절에서 설명한 심플렉스解法을 일반화하고 또 그 계산과정을 간략히 하려면 그 계산과정을 일정한 법칙에 따라서 표로 나타낼 필요가 있다. 이 절에서는 이러한 표를 작성하는 방법을 증명 없이 설명하고자 한다.

다음과 같은 최대문제를 생각해 보자.

[最大問題]

$$\begin{cases} a_{11}x_1+a_{12}x_2+x_3 \qquad\qquad = r_1 \quad (r_1>0) \\ a_{21}x_1+a_{22}x_2 \qquad +x_4 \qquad = r_2 \quad (r_2>0) \\ a_{31}x_1+a_{32}x_2 \qquad\qquad +x_5 = r_3 \quad (r_3>0) \end{cases} \tag{15.6.1}$$

$$x_j\geq 0;\quad j=1,\ 2,\ 3,\ 4,\ 5 \tag{15.6.2}$$

인 제약조건 아래에서

$$\max.\quad Z=c_1x_1+c_2x_2+c_3x_3+c_4x_4+c_5x_5 \tag{15.6.3}$$

분명히,

$$(0,\ 0,\ r_1,\ r_2,\ r_3) \tag{15.6.4}$$

는 基本可能解이고, 이 基本可能解의 기본변수는 x_3, x_4, x_5이다. 아래와 같은 표를 基本可能解 $(0, 0, r_1, r_2, r_3)$에 대응하는 심플렉스 따블로(simplex tableau)라 한다. '따블로'라는 말은 '表'라는 뜻을 가진 佛語인데, 선형계획법에서는 흔히 이 말을 사용한다.

〈따블로 I〉

C	기본변수	기본가능해	x_1	x_2	x_3	x_4	x_5
c_3	x_3	r_1	a_{11}	a_{12}	1	0	0
c_4	x_4	r_2	a_{21}	a_{22}	0	1	0
c_5	x_5	r_3	a_{31}	a_{32}	0	0	1
	Z	Z_0	z_1-c_1	z_2-c_2	z_3-c_3	z_4-c_4	z_5-c_5

위의 표에서, '基本變數列'은 첫 基本可能解의 基本變數인 x_3, x_4, x_5로 이루어져 있고, 'C열'은 목적함수 Z에서의 x_3, x_4, x_5의 계수인 c_3, c_4, c_5로 이루어져 있다. 또 '基本可能解列'은 基本可能解 $(0, 0, r_1, r_2, r_3)$의 x_3, x_4, x_5성분인 r_1, r_2, r_3로 이루어져 있고, 'x_1열', 'x_2열', …, 'x_5열'은 연립방정식 (15.6.1)에서의 x_1, x_2, …, x_5의 계수들로 이루어져 있다. 즉, 행렬

$$\begin{bmatrix} a_{11} & a_{12} & 1 & 0 & 0 \\ a_{21} & a_{22} & 0 & 1 & 0 \\ a_{31} & a_{32} & 0 & 0 & 1 \end{bmatrix}$$

은 연립방정식 (15.6.1)의 계수행렬이다.

한편, 'Z행'의 Z_0, z_1, z_2, …, z_5는 일정한 규칙에 따라 정해진 값이다. 먼저, Z_0는 基本可能解 $(0, 0, r_1, r_2, r_3)$에 대한 Z의 값이다. 실제로,

$$Z_0 = c_3r_1 + c_4r_2 + c_5r_3 \tag{15.6.5}$$

은 두 열벡터

$$\begin{bmatrix} c_3 \\ c_4 \\ c_5 \end{bmatrix}, \qquad \begin{bmatrix} r_1 \\ r_2 \\ r_3 \end{bmatrix}$$

의 서로 대응하는 원소들을 곱하여 얻은 값을 모두 합한 것이다. 이와 같이 정의된 값 $c_3r_1+c_4r_2+c_5r_3$를 이 두 열벡터의 내적(inner product, scalar product)이라 한다. 즉, Z_0는 C열과 基本可能解列의 내적이다.

각 $i=1, 2, 3, 4, 5$에 대하여 z_i는 C열과 x_i열의 내적이다. 즉,

$$\begin{cases} z_1=c_3a_{11}+c_4a_{21}+c_5a_{31} \\ z_2=c_3a_{12}+c_4a_{22}+c_5a_{32} \\ z_3=c_3\cdot 1+c_4\cdot 0+c_5\cdot 0 \\ z_4=c_3\cdot 0+c_4\cdot 1+c_5\cdot 0 \\ z_5=c_3\cdot 0+c_4\cdot 0+c_5\cdot 1 \end{cases} \tag{15.6.6}$$

한편, $z_3=c_3$, $z_4=c_4$, $z_5=c_5$이므로, 따블로 Ⅰ의 'Z행'은 다음과 같다.

$$Z_0,\ z_1-c_1,\ z_2-c_2,\ 0,\ 0,\ 0$$

위에서 정의한 z_1-c_1, z_2-c_2, z_3-c_3, z_4-c_4, z_5-c_5를 **最初基本可能解**(0, 0, r_1, r_2, r_3)의 **심플렉스基準**(simplex criterion)이라 한다.

이제, 다음의 두 가지 경우를 생각해 보자.

(1) 심플렉스基準 $z_1-c_1, \cdots, z_5-c_5$가 모두 ≥ 0인 경우
이 경우 最初基本可能解는 最適解이고, 따라서 Z의 最適값은 Z_0이다.

(2) 심플렉스基準 $z_1-c_1, \cdots, z_5-c_5$ 중에 음인 것이 존재하는 경우
이 경우 (0, 0, r_1, r_2, r_3)는 最適解가 아니다.

이제, 예를 들어 $z_1-c_1<0$이라 가정할 때, 다음과 같은 두 가지 경우를 다시 생각해 보아야 한다.

(2-1) $z_1-c_1<0$이라 가정할 때, x_1열의 원소 a_{11}, a_{21}, a_{31}이 모두 ≤ 0인 경우
이 때, 주어진 최대문제의 最適解는 존재하지 않는다.

(2-2) $z_1-c_1<0$이라 가정할 때, x_1열의 원소 a_{11}, a_{21}, a_{31} 중에서 양인 것이 존재하는 경우

예를 들어,

$$a_{11}>0, \quad a_{21}=0, \quad a_{31}>0$$

이라고 가정하자. 이 때, (0, 0, r_1, r_2, r_3)는 最適解가 아니고 이보다 더 나은 基本可能解가 존재한다. 보다 더 나은 基本可能解 및 이에 대응하는 심플렉스 따블로 Ⅱ를 다음과 같은 절차에 따라 구할 수 있다.

〈따블로 Ⅰ〉

C	기본변수	기본가능해	x_1	x_2	x_3	x_4	x_5
c_3	x_3	r_1	$\textcircled{a_{11}}$	a_{12}	1	0	0
c_4	x_4	r_2	a_{21}	a_{22}	0	1	0
c_5	x_5	r_3	a_{31}	a_{32}	0	0	1
	Z	Z_0	z_1-c_1	z_2-c_2	0	0	0

먼저,

$$\frac{r_1}{a_{11}}, \quad \frac{r_3}{a_{31}}$$

중에서 최소인 값을 구한다. 예를 들어, $\frac{r_1}{a_{11}}$이 최소인 값이라고 하자. 즉,

$$\frac{r_1}{a_{11}} \leq \frac{r_3}{a_{31}}$$

이 때, 새로운 基本可能解의 基本變數는 x_1, x_4, x_5로 된다. 다시 말하면, 最初基本可能解로부터 새로운 基本可能解로 바뀜에 따라, 기본변수이었던 x_3는 非基本變數로 되고, 그 대신에 x_1이 새로운 基本變數로 된다. 이러한 의미에서, 따블로 Ⅰ의 원소 a_{11}(○표로 나타낸 원소)을 피보트 엘리먼트(pivot element)라 부른다. 본래 'pivot'라는 용어는 회전축을 뜻하는 말이므로, 원소 a_{11}을 축으로 하여 x_3 대신에 x_1이 새로운 기본변수로 된다는 사실을 나타내기 위하여 사용한 용어이다. 이 때, 다음 표에서 보는 바와 같이, C열의 c_3는 c_1으로 바뀐다.

〈따블로 Ⅱ〉

C	기본변수	기본가능해	x_1	x_2	x_3	x_4	x_5
c_1	x_3	r_1'	1	a_{12}'	a_{13}'	0	0
c_4	x_4						
c_5	x_5						
	Z						

새로운 따블로 Ⅱ의 제1행의 원소들은 따블로 Ⅰ의 제1행의 각 원소를 피보트 엘리먼트인 a_{11}으로 나눈 값들이다. 즉,

$$r_1' = \frac{r_1}{a_{11}}, \quad 1, \quad a_{12}' = \frac{a_{12}}{a_{11}}, \quad a_{13}' = \frac{1}{a_{11}}, \quad 0, \quad 0$$

다시 말하면,

$$(\text{따블로 II의 제1행}) = \frac{1}{a_{11}}(\text{따블로 I의 제1행})$$

이와 같이 하여, 따블로 I에서 따블로 II로 바뀔 때, 피보트 엘리먼트 a_{11}는 1로 바뀌고 나머지 행들은 피보트 엘리먼트 a_{11}을 품고 있는 열이

$$\begin{bmatrix} a_{11} \\ a_{21} \\ a_{31} \\ z_1 - c_1 \end{bmatrix} \text{에서} \begin{bmatrix} 1 \\ 0 \\ 0 \\ 0 \end{bmatrix}$$

으로 바뀌도록 다음과 같이 계산하여 얻는다.

$$(\text{따블로 II의 제2행}) = (\text{따블로 I의 제2행}) - a_{21}(\text{따블로 II의 제1행})$$

$$(\text{따블로 II의 제3행}) = (\text{따블로 I의 제3행}) - a_{31}(\text{따블로 II의 제1행})$$

$$(\text{따블로 II의 제4행}) = (\text{따블로 I의 제4행}) - (z_1 - c_1)(\text{따블로 II의 제1행})$$

〈따블로 II〉

C	기본변수	기본가능해	x_1	x_2	x_3	x_4	x_5
c_1	x_1	r_1'	1	a_{12}'	a_{13}'	0	0
c_4	x_4	r_2'	0	a_{22}'	a_{23}'	1	0
c_5	x_5	r_3'	0	a_{32}'	a_{33}'	0	1
	Z	Z_0'	0	$z_2'-c_2$	$z_3'-c_3$	$z_4'-c_4$	$z_5'-c_5$

예를 들면, 따블로 II의 제2행은 다음과 같다.

$$r_2' = r_2 - a_{21}r_1',\ 0,\ a_{22}' = a_{22} - a_{21}a_{12}',\ a_{23}' = 0 - a_{21}a_{13}',\ 1,\ 0$$

이와 같이 계산하여 얻은 따블로 II는 새로운 基本可能解

$$(x_1,\ x_2,\ x_3,\ x_4,\ x_5) = (r_1',\ 0,\ 0,\ r_2',\ r_3')$$

에 대응하는 심플렉스 따블로이다. 물론, 따블로 I에서 성립했던 모든 등식은 따블로 II에서도 성립한다. 특히, 새로운 基本可能解에 대한 목적함수 Z의 값은 $Z_0' = c_1r_1' + c_4r_2' + c_5r_3'$이며, 마지막 행의 원소($Z_0'$를 제외한)들

은 새로운 基本可能解의 심플렉스基準이다.

이상과 같은 과정을 반복하여 有限個의 따블로를 만들면, 결국 주어진 최대문제의 最適解를 구하게 되거나 또는 最適解가 존재하지 않음을 밝힐 수 있는 것이다.

이제까지 설명한 解法을 간략히 요약해 보자.

[심플렉스 따블로]

(1) 먼저 적당한 基本可能解 $(0, 0, r_1, r_2, r_3)$를 택하여, 이에 대응하는 따블로 Ⅰ을 만든다.

(2) 따블로 Ⅰ의 마지막 행에 있는 모든 심플렉스基準을 조사한다. 이 때,

(2-1) 심플렉스基準이 모두 ≥ 0이면, 첫 基本可能解는 最適解이고, 따라서 이로써 계산은 끝나게 된다.

(2-2) 심플렉스基準 중에 음인 것이 존재하면, 음인 것 중에서 적당한 하나를 택한다(흔히, 그 절대값이 최대인 것을 택한다). 예를 들어, z_1-c_1을 택하였다면 이 원소가 들어 있는 列(따블로 Ⅰ에서 점선으로 표시된 열)의 변수 x_1이 새로운 基本變數로 된다.

다음에는 이 열의 원소 a_{11}, a_{21}, a_{31}의 부호를 조사한다. 이 때,

i) a_{11}, a_{21}, a_{31}이 모두 ≤ 0이면, 주어진 최대문제의 最適解는 존재하지 않는다.

ii) a_{11}, a_{21}, a_{31} 중에 양인 것이 있는 경우에는, 예를 들어

$$a_{11}>0,\ a_{21}=0,\ a_{31}>0$$

인 경우에는, a_{11}, a_{31}과 동일한 행에 속하는 基本可能解列의 원소 r_1, r_3를 각각 이들로 나눈 값인

$$\frac{r_1}{a_{11}},\quad \frac{r_3}{a_{31}}$$

를 비교하여 이 중에서 최소인 것을 택한다. 예를 들어 $\frac{r_1}{a_{11}}$을 택하였다면, a_{11}은 피보트 엘리먼트이고 a_{11}이 들어 있는 행(따블로 Ⅰ에서 점선으로 표시된 행)에 있는 基本變數 x_3는 非基本變數로 된다.

(3) 앞에서 설명한 방법에 따라 따블로 Ⅱ를 만들고, 이 새로운 따블로에 대하여 (2)의 절차를 반복하여 행한다.

좀더 자세한 설명은 다음 두 예를 풀면서 보충하기로 한다.

다음 최대문제를 풀어 보자.

$$\begin{cases} x_1 \quad\quad + x_3 \quad\quad\quad = 16 \\ \quad\quad x_2 \quad\quad + x_4 \quad = \ 8 \\ x_1 + 2x_2 \quad\quad\quad + x_5 = 24 \end{cases}$$

인 제약조건 아래에서

$$\max. \quad Z = 40x_1 + 30x_2 + 0x_3 + 0x_4 + 0x_5$$

분명히, (0, 0, 16, 8, 24)는 基本可能解이고 이에 대한 基本變數는 x_3, x_4, x_5이다. 또, 이에 대한 Z의 값은 0이므로, 이 最初基本可能解의 따블로는 〈표 15-1〉과 같다.

이 표에서 마지막 행에 있는 심플렉스基準은 다음과 같이 계산한다.

$$-40 = 0 \cdot 1 + 0 \cdot 0 + 0 \cdot 1 - 40$$
$$-30 = 0 \cdot 0 + 0 \cdot 1 + 0 \cdot 2 - 30$$
$$0 = 0 \cdot 1 + 0 \cdot 0 + 0 \cdot 0 - 0$$
$$0 = 0 \cdot 0 + 0 \cdot 1 + 0 \cdot 0 - 0$$
$$0 = 0 \cdot 0 + 0 \cdot 0 + 0 \cdot 1 - 0$$

〈표 15-1〉

C	기본변수	기본가능해	x_1	x_2	x_3	x_4	x_5
0	x_3	16	①	0	1	0	0
0	x_4	8	0	1	0	1	0
0	x_5	24	1	2	0	0	1
	Z	0	−40	−30	0	0	0

심플렉스基準 중에서 −40, −30은 음수이므로 이 첫 基本可能解보다 더 나은 基本可能解를 얻을 수 있다. 이제, −40, −30 중에서 그 절대값이 큰 −40을 택하면, 점선으로 표시된 열에 있는 x_1이 새로운 기본변수로 된다. 이 열에 있는 양수는 1, 1이고, 이들과 동일한 행에 있는 基本可能解의 값 16, 24를 각각 1, 1로 나눈 값인

$$\frac{16}{1}, \ \frac{24}{1}$$

중에서 최소인 것은 16 이다. 따라서 피보트 엘리먼트는 제1행의 원소 1 이고, x_3 대신에 x_1 이 새로운 基本變數로 된다.

새로운 基本可能解에 대응하는 따블로를 만들기 위해 제1행의 변수 x_3 대신에 x_1을 써 넣고 목적함수 Z에서의 x_3의 계수 0 대신에 x_1의 계수 40을 써 넣는다. 또 제1행의 그 밖의 모든 원소를 피보트 엘리먼트 1로 나누면 〈표 15-2〉와 같다.

〈표 15-2〉

C			x_1	x_2	x_3	x_4	x_5
40	x_1	16	1	0	1	0	0
0	x_4						
0	x_5						

이제 〈표 15-1〉의 x_1 열의 원소인

$$1,\quad 0,\quad 1,\quad -40$$

은

$$1,\quad 0,\quad 0,\quad 0$$

으로 되도록 〈표 15-1〉의 각 행을 고쳐야 한다. 그런데 이미 0인 제2행은 그대로 두면 되므로, 새로운 따블로의 제2행은 다음과 같다.

$$8,\quad 0,\quad 1,\quad 0,\quad 1,\quad 0$$

새로운 따블로의 제3행은 〈표 15-1〉의 제3행인

$$24,\quad 1,\quad 2,\quad 0,\quad 0,\quad 1$$

에서 〈표 15-2〉의 제1행인

$$16,\quad 1,\quad 0,\quad 1,\quad 0,\quad 0$$

을 뺌으로써 얻는다. 즉, 새로운 따블로의 제3행은

$$8,\quad 0,\quad 2,\quad -1,\quad 0,\quad 1$$

이다. 마찬가지로, 새로운 따블로의 마지막 행은 〈표 15-1〉의 마지막 행인

$$0,\quad -40,\quad -30,\quad 0,\quad 0,\quad 0$$

에서 〈표 15-2〉의 제1행에 -40을 곱한 값

$$-640, \quad -40, \quad 0, \quad -40, \quad 0, \quad 0$$

을 뺀 것이다. 즉,

$$640, \quad 0, \quad -30, \quad 40, \quad 0, \quad 0$$

따라서 새로운 따블로는 〈표 15-3〉과 같다.

〈표 15-3〉

C	기본변수	기본가능해	x_1	x_2	x_3	x_4	x_5
40	x_1	16	1	0	1	0	0
0	x_4	8	0	1	0	1	0
0	x_5	8	0	②	-1	0	1
	Z	640	0	-30	40	0	0

〈표 15-3〉은 새로운 基本可能解

$$(x_1,\ x_2,\ x_3,\ x_4,\ x_5)=(16,\ 0,\ 0,\ 8,\ 8)$$

에 대응하는 따블로이고, 이 基本可能解에 대한 Z의 값인 640은 C열과 基本可能解列의 내적이다. 즉, $640=40\cdot16+0\cdot8+0\cdot8$이다.

위의 표의 마지막 행에 있는 심플렉스基準

$$0, \quad -30, \quad 40, \quad 0, \quad 0$$

중에는 음수 -30이 있으므로, 보다 더 나은 基本可能解를 얻을 수 있음을 알 수 있다. 그리고 두 수

$$\frac{8}{1}=8, \quad \frac{8}{2}=4$$

중에서 최소인 것은 4이므로, 〈표 15-3〉에서 보는 바와 같이, 피보트 엘리먼트는 2이고 基本變數이었던 x_5 대신에 x_2가 새로운 기본변수로 된다. 이로써, 앞에서와 같은 방법으로 세 번째 따블로를 얻게 된다.

〈표 15-4〉는 새로운 基本可能解

$$(x_1,\ x_2,\ x_3,\ x_4,\ x_5)=(16,\ 4,\ 0,\ 4,\ 0)$$

에 대한 따블로이고, 이 基本可能解에 대한 Z의 값은 760이다.

〈표 15-4〉

C			x_1	x_2	x_3	x_4	x_5
40	x_1	16	1	0	1	0	0
0	x_4	4	0	0	$\frac{1}{2}$	1	$-\frac{1}{2}$
30	x_2	4	0	1	$-\frac{1}{2}$	0	$\frac{1}{2}$
	Z	760	0	0	25	0	15

그런데 위의 표에서 마지막 행에 있는 심플렉스基準 0, 0, 25, 0, 15는 모두 양수이므로, 이로써 계산은 모두 끝났다. 결국, 주어진 최대문제의 最適解는 (16, 4, 0, 4, 0)이고 Z의 最適값은 760이다.

다음 최대문제를 생각해 보자.

$$\begin{cases} 3x_1+\ \ x_2+\ \ x_3\leq 4 \\ \ \ x_1+\ \ x_2+2x_3\leq 2 \\ x_1,\ x_2,\ x_3\geq 0 \end{cases}$$

인 제약조건 아래에서

$$\max.\quad Z=27x_1+21x_2+30x_3$$

먼저, 슬랙變數 x_4, x_5를 도입하여 이 문제를 다음과 같이 변형한다.

$$\begin{cases} 3x_1+x_2+x_3+x_4 \qquad =4 \\ \ \ x_1+x_2+2x_3 \qquad +x_5=2 \\ x_j\geq 0;\quad j=1,2,3,4,5 \end{cases}$$

인 제약조건 아래에서

$$\max.\quad Z=27x_1+21x_2+30x_3+0x_4+0x_5$$

분명히 (0, 0, 0, 4, 2)는 基本可能解이다. 이 基本可能解의 基本變數는 x_4, x_5이고 이에 대응하는 심플렉스 따블로는 다음 표와 같다.

〈표 15-5〉

C	기본변수	기본가능해	x_1	x_2	x_3	x_4	x_5
0	x_4	4	3	1	1	1	0
0	x_5	2	1	1	②	0	1
	Z	0	−27	−21	−30	0	0

이 표에서, 심플렉스基準 -27, -21, -30, 0, 0 중에 음수인 것이 있으므로 보다 더 나은 基本可能解를 얻을 수 있다. 세 음수 -27, -21, -30 가운데 그 절대값이 가장 큰 -30을 택하면, x_3가 새로운 基本變數로 되고 2가 피보트 엘리먼트이다. 따라서 기본변수이었던 x_5 대신에 x_3가 새로운 기본변수로 되어 다음 표와 같은 두 번째 따블로를 얻는다.

〈표 15-6〉

C			x_1	x_2	x_3	x_4	x_5
0	x_4	3	$\textcircled{\frac{5}{2}}$	$\frac{1}{2}$	0	1	$-\frac{1}{2}$
30	x_3	1	$\frac{1}{2}$	$\frac{1}{2}$	1	0	$\frac{1}{2}$
	Z	30	-12	-6	0	0	15

〈표 15-6〉에서 마지막 행에 있는 심플렉스基準

$$-12,\quad -6,\quad 0,\quad 0,\quad 15$$

중에 음수인 -12, -6이 있으므로, 이보다 더 나은 基本可能解를 구할 수 있다. 이제 -12를 택하면 피보트 엘리먼트는 $\frac{5}{2}$이고, 따라서 基本變數이었던 x_4 대신에 x_1이 새로운 基本變數로 된다. 간단히 계산에 의하여 아래 표와 같은 세 번째 따블로를 얻는다.

〈표 15-7〉

C			x_1	x_2	x_3	x_4	x_5
27	x_1	$\frac{6}{5}$	1	$\frac{1}{5}$	0	$\frac{2}{5}$	$-\frac{1}{5}$
30	x_3	$\frac{2}{5}$	0	$\textcircled{\frac{2}{5}}$	1	$-\frac{1}{5}$	$\frac{3}{5}$
	Z	$\frac{22}{5}$	0	$-\frac{18}{5}$	0	$\frac{24}{5}$	$\frac{63}{5}$

〈표 15-7〉에서, 심플렉스基準 중에 음수 $-\frac{18}{5}$이 있으므로, 보다 더 나은 基本可能解를 구할 수 있다. 위의 표에서 보는 바와 같이, 피보트 엘리먼트는 $\frac{2}{5}$이고, 따라서 基本變數이었던 x_3 대신에 x_2가 새로운 基本變數로 된다. 다시 간단한 계산에 의하여 네 번째 따블로를 얻게 된다.

〈표 15-8〉

C			x_1	x_2	x_3	x_4	x_5
27	x_1	1	1	0	$-\frac{1}{2}$	$\frac{1}{2}$	$-\frac{1}{2}$
21	x_2	1	0	1	$\frac{5}{2}$	$-\frac{1}{2}$	$\frac{3}{2}$
	Z	48	0	0	9	3	18

〈표 15-8〉에서, 심플렉스基準이 모두 0 또는 양수이므로 이제 계산은 끝났다. 따라서 구하는 最適解는

$$(x_1,\ x_2,\ x_3,\ x_4,\ x_5) = (1,\ 1,\ 0,\ 0,\ 0)$$

이고 Z의 最適값은 48이다. 따라서 주어진 최대문제의 最適解는

$$(x_1,\ x_2,\ x_3) = (1,\ 1,\ 0)$$

이고, Z의 최적값은 48이다.

이상의 계산과정을 다시 한번 되살펴보자. 〈표 15-5〉에서, 음수인 심플렉스基準은 -27, -21, -30인데, 앞의 계산은 이 중에서 -30을 택하여 행한 것이었다. 그런데 -30 대신에 -21을 택하여도 동일한 결과를 얻는다. 실제로, -21을 택하면 다음과 같은 따블로를 얻게 된다.

〈표 15-9〉

C	기본변수	기본가능해	x_1	x_2	x_3	x_4	x_5
0	x_4	4	3	1	1	1	0
0	x_5	2	1	①	2	0	1
	Z	0	-27	-21	-30	0	0
0	x_4	2	②	0	-1	1	-1
21	x_2	2	1	1	2	0	1
		42	-6	0	12	0	21
27	x_1	1	1	0	$-\frac{1}{2}$	$\frac{1}{2}$	$-\frac{1}{2}$
21	x_2	1	0	1	$\frac{5}{2}$	$-\frac{1}{2}$	$\frac{3}{2}$
	Z	48	0	0	9	3	18

練習問題 15.6

[1] 본문에서, 〈표 15-5〉의 심플렉스基準 중 -27을 택하여 풀어라.

[2] 제5절의 연습문제 1과 2를 따블로를 써서 풀어라.

[3] 다음 최대문제의 最適解가 존재하지 않음을 심플렉스 따블로를 써서 증명하여라.

$$\begin{cases} x_1 - x_2 \leq 1 \\ -2x_1 + x_2 \leq 2 \\ x_1 - 2x_2 \leq 1 \\ x_1 \geq 0,\ x_2 \geq 0 \end{cases}$$

인 제약조건 아래에서

$$\max.\quad Z = x_1 + x_2$$

[4] 다음 최대문제를 심플렉스 따블로를 써서 풀어라.

$$\begin{cases} 2x_1 + 3x_2 + x_3 + x_4 = 10 \\ x_1 + 2x_3 + x_5 = 8 \\ x_1 + 2x_2 + 5x_3 + x_6 = 19 \\ x_j \geq 0;\quad j = 1, 2, \cdots, 6 \end{cases}$$

인 제약조건 아래에서

$$\max.\quad Z = 6x_1 + 2x_2 + 5x_3$$

15.7 最初基本可能解와 人工變數

1. 人工變數

앞 절에서 본 바와 같이, 最初基本可能解가 주어지면 이로부터 심플렉스 따블로를 이용하여 最適解를 구할 수 있다.

그러나 다음과 같은 최대문제에서 보는 바와 같이, 일반적으로 최대문제의 最初基本可能解를 쉽게 얻을 수가 없다.

[最大問題 Ⅰ]

$$\begin{cases} x_1 - x_2 + 2x_3 - x_4 = 2 \\ 2x_1 + x_2 - 3x_3 + x_4 = 6 \\ x_1 + x_2 + x_3 + x_4 = 7 \end{cases} \tag{15.7.1}$$

$$x_j \geq 0, \quad j = 1, 2, 3, 4 \tag{15.7.2}$$

인 制約條件 아래에서

$$\max. \quad Z = -2x_1 - x_2 + x_3 + x_4 \tag{15.7.3}$$

이 문제의 最初基本可能解를 구하는 방법에 대하여 알아보기로 하자.

먼저, 새로운 x_5, x_6, x_7을 도입하여 다음과 같은 補助線型計劃問題를 만든다.

[補助問題]

$$\begin{cases} x_1 - x_2 + 2x_3 - x_4 + x_5 = 2 \\ 2x_1 + x_2 - 3x_3 + x_4 + x_6 = 6 \\ x_1 + x_2 + x_3 + x_4 + x_7 = 7 \end{cases} \tag{15.7.4}$$

$$x_j \geq 0, \quad j = 1, 2, \cdots, 7 \tag{15.7.5}$$

인 制約條件 아래에서

$$\max. \quad Z = -x_5 - x_6 - x_7 \tag{15.7.6}$$

여기서 새로 도입한 변수 x_5, x_6, x_7을 **人工變數**(artificial variable) 또는 **人爲變數**라 한다 이 보조문제의 最初基本可能解로서

$$(0,\ 0,\ 0,\ 0,\ 2,\ 6,\ 7) \tag{15.7.7}$$

을 택하면, 심플렉스 따블로를 써서 보조문제의 最適解

$$(r_1,\ r_2,\ r_3,\ r_4,\ 0,\ 0,\ 0) \tag{15.7.8}$$

을 얻을 수 있다. 이 때,

$$(x_1,\ x_2,\ x_3,\ x_4) = (r_1,\ r_2,\ r_3,\ r_4) \tag{15.7.9}$$

는 본래 주어진 [最大問題 Ⅰ]의 基本可能解이다.

위의 이론을 바탕으로 하여, 주어진 [最大問題 Ⅰ]을 풀어보자. 補助問題의 基本可能解 (15.7.7)에 대응하는 따블로는 〈표 15-10〉과 같다.

〈표 15-10〉

C			x_1	x_2	x_3	x_4	x_5	x_6	x_7
-1	x_5	2	①	-1	2	-1	1	0	0
-1	x_6	6	2	1	-3	1	0	1	0
-1	x_7	7	1	1	1	1	0	0	1
	Z	-15	-4	-1	0	-1	0	0	0

여기서

$$-15=(-1)\cdot 2+(-1)\cdot 6+(-1)\cdot 7$$
$$-4=z_1-c_1=(-1)\cdot 1+(-1)\cdot 2+(-1)\cdot 1-0$$

이로부터 순차적으로 〈표 15-11〉을 얻을 수 있다.

〈표 15-11〉

C			x_1	x_2	x_3	x_4	x_5	x_6	x_7
0	x_1	2	1	-1	2	-1		0	0
-1	x_6	2	0	③	-7	3		1	0
-1	x_7	5	0	2	-1	2		0	1
		-7	0	-5	8	-5		0	0
0	x_1	$\frac{3}{8}$	1	0	$-\frac{1}{3}$	0			0
0	x_2	$\frac{2}{3}$	0	1	$-\frac{7}{3}$	1			0
-1	x_7	$\frac{11}{3}$	0	0	$\frac{11}{3}$ (circled)	0			1
		$-\frac{11}{3}$	0	0	$-\frac{11}{3}$	0			0
0	x_1	3	1	0	0	0			
0	x_2	3	0	1	0	1			
0	x_3	1	0	0	1	0			

〈표 15-11〉에서 基本變數로부터 물러난 人工變數에 대한 列은 비워 놓았다. 일단 기본변수로부터 물러난 인공변수는 다시 기본변수로 될 수 없으므로 이 변수에 대한 열은 계산할 필요가 없기 때문이다. 〈표 15-11〉의 마지막 따블로에서 인공변수 x_5, x_6, x_7은 모두 기본변수로부터 물러났으므로 補助問題의 最適解는

$$(3,\ 3,\ 1,\ 0,\ 0,\ 0,\ 0)$$

이고, 이로부터 다음과 같은 [最大問題 Ⅰ]의 基本可能解를 얻는다.

$$(3,\ \ 3,\ \ 1,\ \ 0) \qquad (15.7.10)$$

이제 [最大問題 Ⅰ]의 最初基本可能解 (15.7.10)에 대응하는 따블로는 〈표 15-12〉와 같다.

〈표 15-12〉

C			x_1	x_2	x_3	x_4
-2	x_1	3	1	0	0	0
-1	x_2	3	0	1	0	①
1	x_3	1	0	0	1	0
	Z	-8	0	0	0	-2

이 표에서 마지막 행을 제외한 부분은 〈표 15-11〉의 마지막 따블로를 그대로 옮겨 쓰되, 다만 목적함수가 (15.7.6)에서 (15.7.3)으로 바뀌었기 때문에 C열의 값이 달라진 것이다. 또, 마지막 행의 원소는

$$-8 = Z_0 = (-2)\cdot 3 + (-1)\cdot 3 + 1\cdot 1$$
$$0 = z_1 - c_1 = (-2)\cdot 1 + (-1)\cdot 0 + 1\cdot 0 - (-2)$$

와 같이 하여 얻은 값이다.

〈표 15-13〉

C			x_1	x_2	x_3	x_4
-2	x_1	3	1	0	0	0
1	x_4	3	0	1	0	1
1	x_3	1	0	0	1	0
	Z	-2	0	2	0	0

〈표 15-13〉에서 심플렉스基準(마지막 행의 원소)이 모두 0 또는 양수이므로 이로써 계산은 끝난다.

따라서 [最大問題 Ⅰ]의 最適解는 $x_1=3,\ x_4=3,\ x_3=1,\ x_2=0$, 즉

$$(x_1,\ x_2,\ x_3,\ x_4) = (3,\ 0,\ 1,\ 3)$$

이고, 이에 대한 목적함수 Z의 값은 -2이다.

2. Charnes의 M法

人工變數를 이용하여 基本可能解를 구하는 또 다른 방법으로서 Charnes의 M法(Charnes' M method)이라는 방법이 있다. 이것은 이미 소개한 방법과 본질적으로 같으나 그 형식에 있어서 약간 다르다.

먼저, [最大問題 Ⅰ]에 人工變數 x_5, x_6, x_7을 도입하여 다음과 같은 문제로 확대한다.

[最大問題 Ⅱ]

$$\begin{cases} x_1 - x_2 + 2x_3 - x_4 + x_5 = 2 \\ 2x_1 + x_2 - 3x_3 + x_4 + x_6 = 6 \\ x_1 + x_2 + x_3 + x_4 + x_7 = 7 \end{cases} \tag{15.7.11}$$

$$x_j \geq 0, \ j = 1, 2, \cdots, 7 \tag{15.7.12}$$

인 制約條件 아래에서

$$\max. \quad Z = -2x_1 - x_2 + x_3 + x_4 - Mx_5 - Mx_6 - Mx_7 \tag{15.7.13}$$

여기서 목적함수에 나타난 수 M은 충분히 큰 적당한 양수이다. 이 문제의 목적함수는 주어진 [最大問題 Ⅰ]의 목적함수에

$$-M(x_5 + x_6 + x_7)$$

을 더한 것이다. 따라서 [最大問題 Ⅱ]의 最適解가

$$(r_1, \ r_2, \ r_3, \ r_4, \ 0, \ 0, \ 0) \tag{15.7.8}$$

과 같이 x_5, x_6, x_7의 성분이 모두 0으로 되면, 이 解는 [最大問題 Ⅰ]의 最適解이다. 이 때, 양수 M은 [最大問題 Ⅱ]에 대한 심플렉스解法을 원활히 시행할 수 있도록 충분히 크게 잡는다.

심플렉스 따블로를 이용하여 [最大問題 Ⅱ]를 풀어보자.

[最大問題 Ⅱ]의 最初基本可能解는

$$(0, \ 0, \ 0, \ 0, \ 2, \ 6, \ 7)$$

이고, 이에 대응하는 따블로는 〈표 15-14〉와 같다. 여기서 마지막 행은 M을 포함하는 부분과 포함하지 않는 부분으로 나누어 나타내었다.

基本可能解에 대한 목적함수의 값은

〈표 15-14〉

C	기본변수		x_1	x_2	x_3	x_4	x_5	x_6	x_7
$-M$	x_5	2	①	-1	2	-1	1	0	0
$-M$	x_6	6	2	1	-3	1	0	1	0
$-M$	x_7	7	1	1	1	1	0	0	1
	Z	$-15M$	$-4M$	$-M$	0	$-M$	0	0	0
		0	2	1	-1	-1	0	0	0

$$(-M)\cdot 2+(-M)\cdot 6+(-M)\cdot 7=-M(2+6+7)=-15M$$

이고, 심플렉스基準은

$$z_1-c_1=-M(1+2+1)-(-2)=-4M+2,$$
$$z_2-c_2=-M(-1+1+1)-(-1)=-M+1$$

과 같이 계산한다. 이 때, 人工變數에 대한 심플렉스基準은 모두 0이다. 수 M은 충분히 큰 양수이므로 $-4M$, 따라서 $-4M+2$는 음이다. 이 수를 택하면, x_1 열의 1은 피보트 엘리먼트이고, x_5 대신에 x_1이 새로운 基本變數로 된다. 따라서 두 번째 따블로는 〈표 15-15〉와 같이 된다.

〈표 15-15〉

C			x_1	x_2	x_3	x_4	x_5	x_6	x_7
-2	x_1	2	1	-1	2	-1		0	0
$-M$	x_6	2	0	③	-7	3		1	0
$-M$	x_7	5	0	2	-1	2		0	1
	Z	$-7M$	0	$-5M$	$8M$	$-5M$		0	0
		-4	0	3	-5	1		0	0

충분히 큰 M에 대하여, 두 번째 基本可能解에 대한 심플렉스基準 중

$$z_2-c_2=-5M+3<0$$
$$z_4-c_4=-5M+1<0$$

으로 된다. 따라서 x_2 또는 x_4를 새로운 기본변수로 택할 수 있다.

변수 x_2를 새로운 기본변수로 택하면, 3은 피보트 엘리먼트가 되고 인공변수 x_6는 기본변수로부터 물러나게 된다. 이와 같은 방법으로, 셋째

따블로와 넷째 따블로를 만들면 다음 〈표 15-16〉과 같다.

〈표 15-16〉

C			x_1	x_2	x_3	x_4	x_5	x_6	x_7
-2	x_1	$\frac{8}{3}$	1	0	$-\frac{1}{3}$	0			0
-1	x_2	$\frac{2}{3}$	0	1	$-\frac{7}{3}$	1			0
$-M$	x_7	$\frac{11}{3}$	0	0	$\frac{11}{3}$ (circled)	0			1
	Z	$-\frac{11}{3}M$	0	0	$-\frac{11}{3}M$	0			0
		-6	0	0	2	-2			0
-2	x_1	3	0	0	0	0			
-1	x_2	3	0	1	0	①			
1	x_3	1	0	0	1	1			
	Z	0	0	0	0	0			
		-8	0	0	0	-2			

〈표 15-16〉의 마지막 따블로에 의하여, 네 번째 基本可能解

$$(3,\ 3,\ 1,\ 0,\ 0,\ 0,\ 0)$$

의 基本變數는 x_1, x_2, x_3 이다. 즉, 人工變數는 모두 基本變數로부터 물러난 것이다. 따라서

$$(3,\ 3,\ 1,\ 0)$$

은 주어진 [最大問題 I]의 基本可能解이다.

〈표 15-16〉의 마지막 행에서 $-2<0$ 이므로, 이 基本可能解보다 더 나은 基本可能解를 얻을 수 있다.

〈표 15-17〉

C			x_1	x_2	x_3	x_4
-2	x_1	3	1	0	0	0
1	x_4	3	0	1	0	1
1	x_3	1	0	0	1	0
	Z	-2	0	2	0	0

〈표 15-17〉에서 심플렉스基準은 모두 0 또는 양수이므로,

$$x_1=3,\quad x_4=3,\quad x_3=1,\quad x_2=0$$

즉,

$$(x_1,\ x_2,\ x_3,\ x_4)=(3,\ 0,\ 1,\ 3)$$

은 最適解이고 이에 대한 목적함수의 값은 -2 이다.

練習問題 15.7

[1] 다음 최대문제를 人工變數를 도입하여 Charnes의 M法으로 이 문제를 풀어라.

$$\begin{cases} 2x_1+\ \ x_2+4x_3=20 \\ \ \ x_1+2x_2+\ \ x_3=30 \\ x_1,\ x_2,\ x_3\geq 0 \end{cases}$$

인 제약조건 아래에서

$$\max.\quad Z=x_1+x_2+x_3$$

[2] 다음 최대문제의 첫 제약식에는 변수 x_4가 있으므로 人工變數를 새로 도입할 필요가 없다. 둘째 식과 셋째 식에 인공변수 x_5, x_6를 도입한 다음에 Charnes의 M法을 써서 이 問題를 풀어라.

$$\begin{cases} \ \ x_1+2x_2+\ \ x_3+\ \ x_4=10 \\ 2x_1+\ \ x_2+5x_3\qquad\ -20 \\ \ \ x_1+2x_2+3x_3\qquad\ =15 \\ x_j\geq 0,\quad j=1,\ 2,\ 3,\ 4 \end{cases}$$

인 제약조건 아래에서

$$\max.\quad Z=x_1+2x_2+3x_3-x_4$$

15.8 最小問題와 人工變數

最小問題에 관한 심플렉스解法은 最大問題에 대한 解法과 본질적으로 같다. 다음 문제를 생각해 보자.

[最小問題 Ⅰ]

$$\begin{cases} 3x_1 - \ x_2 \geq 27 \\ x_1 + \ x_2 \geq 21 \\ x_1 + 2x_2 \geq 30 \end{cases} \qquad (15.8.1)$$

$$x_j \geq 0, \ x_2 \geq 0 \qquad (15.8.2)$$

인 제약조건 아래에서

$$\text{min.} \quad Z = 4x_1 + 2x_2 \qquad (15.8.3)$$

이 最小問題의 기하학적 解法은 이미 제3절에서 논한 바 있다. 이 문제를 심플렉스解法으로 풀기 위하여, 제4절의 (15.4.4)와 같이 서플러스 변수 x_3, x_4, x_5를 도입하면 주어진 최소문제는 다음 문제로 변형된다.

[最小問題 Ⅱ]

$$\begin{cases} 3x_1 + \ x_2 - x_3 \qquad\qquad = 27 \\ x_1 + \ x_2 \qquad - x_4 \qquad = 21 \\ x_1 + 2x_2 \qquad\qquad - x_5 = 30 \end{cases} \qquad (15.8.4)$$

$$x_j \geq 0, \ j = 1, 2, 3, 4, 5 \qquad (15.8.5)$$

인 제약조건 아래에서

$$\text{min.} \quad Z = 4x_1 + 2x_2 + 0x_3 + 0x_4 + 0x_5 \qquad (15.8.6)$$

한편, (15.8.4)에 $x_1 = x_2 = 0$을 대입하면, $x_3 = -27$, $x_4 = -21$, $x_5 = -30$과 같이 음수를 얻으므로 $(0, 0, -27, -21, -30)$은 [最小問題 Ⅱ]의 基本可能解가 아니다. 따라서 앞 절에서와 같이 人工變數를 도입하여 最初基本可能解를 얻은 다음에, 이를 이용하여 最適解를 구하여야 한다. 이 절에서는 Charnes의 M法만을 설명하기로 한다.

충분히 큰 양수 M과 人工變數 x_6, x_7, x_8을 도입하여, [最小問題 Ⅱ]를 다음과 같이 확대한다.

[最小問題 Ⅲ]

$$\begin{cases} 3x_1 + \ x_2 - x_3 \qquad\qquad + x_6 \qquad\qquad = 27 \\ x_1 + \ x_2 \qquad - x_4 \qquad\qquad + x_7 \qquad = 21 \\ x_1 + 2x_2 \qquad\qquad - x_5 \qquad\qquad + x_8 = 30 \end{cases} \qquad (15.8.7)$$

$$x_j \geq 0, \quad j = 1, 2, \cdots, 8 \qquad (15.8.8)$$

인 제약조건 아래에서

$$\text{min.}\quad Z=4x_1+2x_2+0x_3+0x_4+0x_5+Mx_6+Mx_7+Mx_8 \quad (15.8.9)$$

최대문제의 경우와는 달리, 목적함수에서 人工變數 x_6, x_7, x_8의 계수가 $-M$이 아니고 M이라는 사실에 주목하자. [最小問題 Ⅲ]의 最初基本可能解로서

$$(0,\ 0,\ 0,\ 0,\ 0,\ 27,\ 21,\ 30) \qquad (15.8.10)$$

을 택하면, 이에 대한 基本變數 x_6, x_7, x_0이고 이 基本可能解에 대응하는 따블로는 〈표 15-18〉과 같다.

〈표 15-18〉

C	기 본 변 수	기 본 가능해	x_1	x_2	x_3	x_4	x_5	x_6	x_7	x_8
M	x_6	27	③	1	-1	0	0	1	0	0
M	x_7	21	1	1	0	-1	0	0	1	0
M	x_8	30	1	2	0	0	-1	0	0	1
	Z	$78M$	$5M$	$4M$	$-M$	$-M$	$-M$	0	0	0
		0	-4	-2	0	0	0	0	0	0

여기서 最初基本可能解에 대한 목적함수 Z의 값은

$$M\cdot 27+M\cdot 21+M\cdot 30=M(27+21+30)=78M$$

이고, 심플렉스基準은

$$z_1-c_1=M(3+1+1)-4=5M-4,$$
$$z_2-c_2=M(1+1+2)-2=4M-2$$

와 같이 계산하여 얻는다. 이 때, c_1, c_2, $\cdots$, c_8은 각각 (15.8.9)에서의 x_1, x_2, $\cdots$, x_8의 계수를 뜻한다.

最大問題와는 달리 最小問題에서는 심플렉스基準이 모두 0 또는 음이면 最適解이고, 양인 것이 적어도 하나 존재하면 보다 더 나은 基本可能解를 얻을 수 있다.

〈표 15-18〉에서 M을 충분히 큰 양수로 택하면 다음과 같이 된다.

$$5M-4>0,\quad 4M-2>0$$

따라서 x_1 또는 x_2를 새로운 基本變數로 택할 수 있다. 이제, x_1을 새로운 기본변수로 택하면, 最大問題에서와 같이

$$\frac{27}{3}=9,\quad \frac{21}{1}=21,\quad \frac{30}{1}=30$$

중에서 최소인 것, 즉 9를 택한다. 이 때, 27과 3이 들어 있는 행의 변수인 x_6는 기본변수로부터 물러나게 되고, 3은 피보트 엘리먼트로 된다.

最大問題에서와 같은 방법으로, 새로운 基本可能解에 대응하는 따블로 〈표 15-19〉를 얻는다.

〈표 15-19〉

C			x_1	x_2	x_3	x_4	x_5	x_6	x_7	x_8
4	x_1	9	1	$\frac{1}{3}$	$-\frac{1}{3}$	0	0		0	0
M	x_7	12	0	$\frac{2}{3}$	$\frac{1}{3}$	-1	0		1	0
M	x_8	21	0	$\textcircled{\frac{5}{3}}$	$\frac{1}{3}$	0	-1		0	1
	Z	$33M$	0	$\frac{7}{3}M$	$\frac{2}{3}M$	$-M$	$-M$		0	0
		36	0	$\frac{2}{3}$	$\frac{4}{3}$	0	0		0	0

〈표 15-19〉에서, 두 번째 基本可能解의 심플렉스基準 중에서

$$\frac{7}{3}M-\frac{2}{3}>0,\quad \frac{2}{3}M-\frac{4}{3}>0$$

이므로, 변수 x_2 또는 x_3를 새로운 基本變數로 택할 수 있다.

변수 x_2를 새로운 기본변수로 택하면, 위에서와 같이 $\frac{5}{3}$가 피보트 엘리먼트이고, 따라서 x_8이 기본변수로부터 물러나게 됨을 알 수 있다.

〈표 15-20〉은 세 번째 基本可能解에 대응하는 따블로이다. 이 표에서,

$$\frac{1}{5}M-\frac{6}{5}>0,\quad \frac{2}{5}M-\frac{2}{5}>0$$

이므로 변수 x_3 또는 x_5는 새로운 기본변수로 택할 수 있다. 이제, x_3를 새로운 기본변수로 택하면, $\frac{1}{5}$은 피보트 엘리먼트이고 x_7은 기본변수로부터 물러나게 된다.

〈표 15-20〉

C			x_1	x_2	x_3	x_4	x_5	x_6	x_7	x_8
4	x_1	$\frac{24}{5}$	0	0	$-\frac{2}{5}$	0	$\frac{1}{5}$		0	
M	x_7	$\frac{18}{5}$	0	0	**$\frac{1}{5}$**	-1	$\frac{2}{5}$		1	
2	x_2	$\frac{63}{5}$	0	1	$\frac{1}{5}$	0	$-\frac{3}{5}$		0	
	Z	$\frac{18}{5}M$	0	0	$\frac{1}{5}M$	$-M$	$\frac{2}{5}M$		0	
		$\frac{222}{5}$	0	0	$-\frac{6}{5}$	0	$-\frac{2}{5}$		0	

〈표 15-21〉은 네 번째 基本可能解에 대응하는 따블로이다. 이 표에서, 人工變數 x_6, x_7, x_8은 모두 基本變數로부터 물러났음을 알 수 있다. 이 基本可能解의 심플렉基準 중에서 2는 양수이므로 x_5는 새로운 기본변수이고 2는 피보트 엘리먼트이다.

〈표 15-21〉

C			x_1	x_2	x_3	x_4	x_5	x_6	x_7	x_8
4	x_1	12	1	0	0	-2	1			
0	x_3	18	0	0	1	-5	**2**			
2	x_2	9	0	1	0	1	-1			
	Z	0	0	0	0	0	0			
		66	0	0	0	-6	2			

〈표 15-22〉

C			x_1	x_2	x_3	x_4	x_5
4	x_1	3	1	0	$-\frac{1}{2}$	$\frac{1}{2}$	0
0	x_5	9	0	0	$\frac{1}{2}$	$-\frac{5}{2}$	1
2	x_2	18	0	1	$\frac{1}{2}$	$-\frac{3}{2}$	0
	Z	48	0	0	-1	-1	0

새로 얻은 〈표 15-22〉에서 심플렉스基準은 모두 0 또는 음이므로 계산은 이로써 끝난다.

따라서 [最小問題 II]의 最適解는 $x_1=3$, $x_5=9$, $x_2=18$, $x_3=x_4=0$ 즉,

$$(x_1,\ x_2,\ x_3,\ x_4,\ x_5)=(3,\ 18,\ 0,\ 0,\ 9)$$

이고, 이에 대한 목적함수의 값은 48이다. 그러므로 [最小問題 I]의 最適解는

$$(x_1,\ x_2)=(3,\ 18)$$

이고, 이에 대한 목적함수 Z의 最適값은 48이다.

그런데 이 결과는 이미 제3절에서 얻은 결과와 일치한다.

練習問題 15.8

다음 최소문제를 Charnes의 M法으로 풀어라.

[1]

$$\begin{cases} x_1+2x_2\geq 8 \\ 3x_1+2x_2\geq 12 \\ x_1,\ x_2\geq 0 \end{cases}$$

인 제약조건 아래에서

$$\text{min.}\quad Z=x_1+4x_2$$

[2]

$$\begin{cases} x_1+2x_2\geq 3 \\ x_1+4x_2\geq 4 \\ 3x_1+x_2\geq 3 \\ x_1,\ x_2\geq 0 \end{cases}$$

인 제약조건 아래에서

$$\text{min.}\quad Z=12x_1+42x_2$$

[3]

$$\begin{cases} x_1+x_2+3x_3\geq 4 \\ x_1+2x_2+2x_3\geq 3 \\ x_1,\ x_2,\ x_3\geq 0 \end{cases}$$

인 제약조건 아래에서

$$\text{min.}\quad Z=50x_1+80x_2+140x_3$$

15.9 雙對問題

지금까지는 最大問題와 最小問題를 전혀 다른 문제인 것처럼 다루어 왔으나, 이 두 문제 사이에는 밀접한 관계가 있다. 실제로, 모든 최대문제(최소문제)에 대해서 동일한 最適값을 갖는 최소문제(최대문제)가 존재한다.

다음 두 문제를 비교해 보자.

[問題 I] 最大問題

$$\begin{cases} a_{11}x_1+a_{12}x_2+\cdots+a_{1n}x_n \leq d_1 \\ a_{21}x_1+a_{22}x_2+\cdots+a_{2n}x_n \leq d_2 \\ \cdots\cdots\cdots\cdots\cdots\cdots\cdots\cdots \\ a_{m1}x_1+a_{m2}x_2+\cdots+a_{mn}x_n \leq d_m \end{cases} \tag{15.9.1}$$

$$x_j \geq 0, \quad j=1, 2, \cdots, n \tag{15.9.2}$$

인 제약조건 아래에서

$$\text{max.} \quad G=c_1x_1+c_2x_2+\cdots+c_nx_n \tag{15.9.3}$$

[問題 II] 最小問題

$$\begin{cases} a_{11}y_1+a_{21}y_2+\cdots+a_{m1}y_m \leq c_1 \\ a_{12}y_1+a_{22}y_2+\cdots+a_{m2}y_m \leq c_2 \\ \cdots\cdots\cdots\cdots\cdots\cdots\cdots\cdots \\ a_{1n}y_1+a_{2n}y_2+\cdots+a_{mn}y_m \leq c_n \end{cases} \tag{15.9.4}$$

$$y_i \geq 0, \quad i=1, 2, \cdots, m \tag{15.9.5}$$

인 제약조건 아래에서

$$\text{min.} \quad F=d_1y_1+d_2y_2+\cdots+d_my_m \tag{15.9.6}$$

[問題 I]과 [問題 II] 사이에 다음과 같은 관계가 있음을 알 수 있다. 먼저, [問題 II]의 제약조건식의 개수 n은 [問題 I]의 변수의 개수와 같고, [問題 II]의 변수의 개수 m은 [問題 I]의 제약조건식의 개수와 같다. 또한, 조건식 (15.9.1)과 (15.9.4)의 계수배열을 비교하면 가로와 세로가 서로 반대이며, 이 두 조건식의 부등호는 그 방향이 서로 반대이다. 한편, 조건식 (15.9.4)의 우변에는 (15.9.3)의 목적함수의 계수가 순서대로

배열되어 있고, (15.9.6)의 목적함수의 계수는 조건식 (15.9.1)의 우변에 있는 상수이다. 끝으로 [問題 Ⅰ]에 있는 기호 "max."는 [問題 Ⅱ]의 "min."으로 바뀌어 最大問題가 最小問題로 변한 것이다.

다시 말하면, [問題 Ⅰ]과 [問題 Ⅱ]는 그 제약조건식의 계수행렬이 서로 轉置되어 있고, 목적함수의 계수와 제약조건식의 우변이 서로 바뀌어 있으며, 조건식의 부등호의 방향이 달라져 있고 "max."와 "min."이 바뀌었다.

이와 같은 관계에 있는 [問題 Ⅰ]과 [問題 Ⅱ]에 있어서, 어느 하나를 **原問題**(primal problem)라 하고, 다른 하나를 原問題의 **雙對問題**(dual problem)라 한다.

따라서 [問題 Ⅰ]을 原問題로 보면 [問題 Ⅱ]는 [Ⅰ]의 雙對問題이고, [問題 Ⅱ]를 原問題로 보면 [問題 Ⅰ]은 [Ⅱ]의 雙對問題이다. 原問題와 雙對問題에 대해서는 다음 定理가 성립한다.

[雙對整理]

原問題의 最適解가 존재한다면, 그 雙對問題의 最適解도 존재하고 이 두 문제의 最適값은 서로 같다. 또한, 이 때 原問題(雙對問題)의 最適解는 雙對問題(原問題)의 最適解에 대응하는 심플렉스 따블로로부터 얻을 수 있다.

最小問題는 人工變數를 도입해야 하므로 最大問題보다 그 계산과정이 훨씬 더 복잡하다. 따라서 최소문제를 푸는 대신에 雙對問題인 최대문제를 풀어 雙對定理를 적용하면 간편하다.

다음 예를 이용하여 위의 사실을 설명하기로 한다.

原問題 [Ⅰ]

$$\begin{cases} 3x_1 + x_2 \geq 27 \\ x_1 + x_2 \geq 21 \\ x_1 + 2x_2 \geq 30 \\ x_1,\ x_2 \geq 0 \end{cases}$$

인 제약조건 아래에서

$$\text{min.} \quad F = 4x_1 + 2x_2$$

雙對問題 [Ⅰ]

$$\begin{cases} 3y_1 + y_2 + y_3 \leq 4 \\ y_1 + y_2 + 2y_3 \leq 2 \\ y_1,\ y_2,\ y_3 \geq 0 \end{cases}$$

인 제약조건 아래에서

$$\text{max.} \quad G = 27y_1 + 21y_2 + 30y_3$$

原問題 [I]에는 서플러스變數 x_3, x_4, x_5를 도입하고, 雙對問題 [I]에는 슬랙變數 y_4, y_5를 도입하여 다음과 같이 변형할 수 있다.

原問題 [II]

$$\begin{cases} 3x_1 + x_2 - x_3 = 27 \\ x_1 + x_2 - x_4 = 21 \\ x_1 + 2x_2 - x_5 = 30 \\ x_j \geq 0, \quad j = 1, 2, 3, 4, 5 \end{cases}$$

인 제약조건 아래에서

$$\text{min.} \quad F = 4x_1 + 2x_2 + 0x_3 + 0x_4 + 0x_5$$

雙對問題 [II]

$$\begin{cases} 3y_1 + y_2 + y_3 + y_4 = 4 \\ y_1 + y_2 + 2y_3 + y_5 = 2 \\ y_i \geq 0, \ i = 1, 2, 3, 4, 5 \end{cases}$$

인 제약조건 아래에서

$$\text{max.} \quad G = 27y_1 + 21y_2 + 30y_3 + 0y_4 + 0y_5$$

이 두 문제의 雙對的 관계를 표로 보이면 〈표 15-23〉과 같다.

〈표 15-23〉

쌍대문제	원 문 제					
	x_1	x_2	x_3	x_4	x_5	
y_1	3	1	−1	0	0	=27
y_2	1	1	0	−1	0	=21
y_3	1	2	0	0	−1	=30
y_4	1	0				≥0
y_5	0	1				≥0
	‖ 4	‖ 2	≤ 0	≤ 0	≤ 0	

原問題 [II]의 最適解에 대응하는 따블로와 雙對問題 [II]의 最適解에 대응하는 따블로를 비교하기 위하여, 제 8 절의 〈표 15-22〉와 제 6 절의 〈표 15-8〉을 그대로 옮겨 써보면 다음 〈표 15-24〉와 〈표 15-25〉와 같다.

〈표 15-24〉

C			x_1	x_2	x_3	x_4	x_5
4	x_1	3	1	0	$-\frac{1}{2}$	$\frac{1}{2}$	0
0	x_5	9	0	0	$\frac{1}{2}$	$-\frac{5}{2}$	1
2	x_2	18	0	1	$\frac{1}{2}$	$-\frac{3}{2}$	0
	F	48	0	0	-1	-1	0

〈표 15-25〉

C			x_1	x_2	x_3	x_4	x_5
27	y_1	1	1	0	$-\frac{1}{2}$	$\frac{1}{2}$	$-\frac{1}{2}$
21	y_2	1	0	1	$\frac{5}{2}$	$-\frac{1}{2}$	$\frac{3}{2}$
	G	48	0	0	9	3	18

이 두 표에서 알 수 있듯이, 原問題 [Ⅱ]의 最適解

$$(x_1,\ x_2,\ x_3,\ x_4,\ x_5)=(3,\ 18,\ 0,\ 0,\ 9)$$

에 대한 목적함수 F의 값은 48이고, 雙對問題 [Ⅱ]의 最適解

$$(y_1,\ y_2,\ y_3,\ y_4,\ y_5)=(1,\ 1,\ 0,\ 0,\ 0)$$

에 대한 목적함수 G의 값도 48이다. 또, 原問題 [Ⅱ]의 最適解는 雙對問題 [Ⅱ]의 最適解에 대응하는 따블로 〈표 15-25〉로부터 얻을 수 있다. 즉,

$x_1=\ 3=$(y_4에 대한 심플렉스基準)
$x_2=18=$(y_5에 대한 심플렉스基準)
$x_3=\ 0=$(y_1에 대한 심플렉스基準)
$x_4=\ 0=$(y_2에 대한 심플렉스基準)
$x_5=\ 9=$(y_3에 대한 심플렉스基準)

따라서 原問題 [Ⅰ]의 最適解

$$(x_1,\ x_2)=(3,\ 18)$$

은 雙對問題 [Ⅱ]의 最適解에 대응하는 따블로 〈15-25〉의 서플러스變數 y_4, y_5에 대한 심플렉스基準(□로 나타낸 수)을 순서대로 쓴 것이다.

마찬가지로, 雙對問題 [Ⅱ]의 最適解는 原問題 [Ⅱ]의 最適解에 대응하는 따블로 〈표 15-24〉로부터 얻을 수 있다. 즉,

$$y_1=1=-(x_3\text{에 대한 심플렉스基準})$$
$$y_2=1=-(x_4\text{에 대한 심플렉스基準})$$
$$y_3=0=-(x_5\text{에 대한 심플렉스基準})$$
$$y_4=0=-(x_1\text{에 대한 심플렉스基準})$$
$$y_5=0=-(x_2\text{에 대한 심플렉스基準})$$

따라서 최대문제인 雙對問題 [Ⅰ]의 最適解

$$(y_1,\ y_2,\ y_3)=(1,\ 1,\ 0)$$

은 최소문제인 原問題 [Ⅱ]의 最適解에 대응하는 따블로 〈표 15-24〉의 슬랙變數 x_3, x_4, x_5에 대한 심플렉스基準(□로 나타낸 수)의 절대값을 순서대로 쓴 것이다.

예 1 최소문제

$$\begin{cases} x_1+\ x_2+3x_3\geq 4 \\ x_1+2x_2+2x_3\geq 3 \\ x_1,\ x_2,\ x_3\geq 0 \end{cases}$$

인 제약조건 아래에서

$$\text{min.}\quad F=50x_1+80x_2+140x_3$$

최대문제

$$\begin{cases} y_1+\ y_2\leq 50 \\ y_1+2y_2\leq 8 \\ 3y_1+2y_2\leq 140 \\ y_1,\ y_2\geq 0 \end{cases}$$

인 제약조건 아래에서

$$\text{max.}\quad G=4y_1+3y_2$$

여기서 최대문제는 주어진 최소문제의 雙對問題이다. 최대문제에 슬랙變數 y_3, y_4, y_5를 도입하면 다음을 얻는다.

$$\begin{cases} y_1+\ y_2+\ y_3 \qquad\qquad = 50 \\ y_1+2y_2+ \qquad +y_4 \qquad = 80 \\ 3y_1+2y_2+ \qquad\qquad +y_5=140 \\ y_i\geq 0,\ i=1,\ 2,\ 3,\ 4,\ 5 \end{cases}$$

인 제약조건 아래에서

$$\text{max.}\quad G=4y_1+3y_2$$

이 새로운 최대문제의 最適解에 대응하는 따블로가 〈표 15-26〉과 같다고 한다면, 주어진 최소문제의 最適解는 $(x_1,\ x_2,\ x_3)=(1,\ 0,\ 1)$이고 이에 대한 목적함수 F의 값은 190이다.

〈표 15-26〉

C			y_1	y_2	y_3	y_4	y_5
4	y_1	40	1	0	-2	0	1
3	y_2	10	0	1	3	0	-1
0	y_4	20	0	0	-4	1	1
	G	190	0	0	1	0	1

예 2 최대문제

$$\begin{cases} x_1+\ \ x_2+3x_3\leq 12 \\ 2x_1+4x_2+\ \ x_3\geq 42 \\ x_1,\ x_2,\ x_3\geq 0 \end{cases}$$

인 제약조건 아래에서

$$\max.\quad F=3x_1+4x_2+3x_3$$

최소문제

$$\begin{cases} y_1+2y_2\geq 3 \\ y_1+4y_2\geq 4 \\ 3y_1+\ \ y_2\geq 3 \\ y_1,\ y_2\geq 0 \end{cases}$$

인 제약조건 아래에서

$$\min.\quad G=12y_1+42y_2$$

여기서 최소문제는 주어진 최대문제의 雙對問題이다. 이 최소문제에 서플러스變數 y_3, y_4, y_5와 人工變數 y_6, y_7, y_8을 도입하여 심플렉스解法으로 풀었을 때, 最適解에 대응하는 따블로가 〈표 15-27〉과 같다고 하면, 주어진 최대문제의 最適解는

$$(x_1,\ x_2,\ x_3)=(3,\ 9,\ 0)$$

이고, 이에 대한 목적함수 F의 값은 45이다.

〈표 15-27〉

C			y_1	y_2	y_3	y_4	y_5	y_6	y_7	y_8
0	y_5	$\frac{7}{2}$	0	0	$-\frac{11}{2}$	$\frac{5}{2}$	0			
42	y_2	$\frac{1}{2}$	0	1	$\frac{1}{2}$	$-\frac{1}{2}$	0			
12	y_1	2	1	0	-2	1	0			
	G	45	0	0	-3	-9	0			

練習問題 15.9

[1] 본문의 〈표 15-26〉, 〈표 15-27〉을 확인하여라.

[2] 다음 최소문제의 雙對問題를 구하여라.

$$\begin{bmatrix} 1 & 0 & 1 \\ 0 & 1 & 2 \end{bmatrix} \begin{bmatrix} x_1 \\ x_2 \\ x_3 \end{bmatrix} \geq \begin{bmatrix} 2 \\ 5 \end{bmatrix}$$

$$x_1, \ x_2, \ x_3 \geq 0$$

인 제약조건 아래에서

$$\min. \quad F = 4x_1 + 3x_2 + 8x_3$$

[3] 문제 2의 雙對問題에 슬랙變數 y_3, y_4, y_5를 도입하여 풀었을 때, 最適解에 대응하는 따블로가 다음과 같다고 하자.

			y_1	y_2	y_3	y_4	y_5
0	y_3	2	0	0	1	2	−1
5	y_2	3	0	1	0	1	0
2	y_1	2	1	0	0	−2	1
	G	19	0	0	0	1	2

(a) 原問題와 雙對問題의 最適解를 구하여라.

(b) 最適解에 대한 목적함수 F의 값을 구하여라.

[4] 두 변수 x_1, x_2로 표시된 최대문제에 대해 슬랙變數 x_3, x_4를 도입하여 심플렉스解法으로 푸는 과정에서 다음과 같은 따블로를 얻었다고 하자.

		x_1	x_2	x_3	x_4
x_2	2	0	1	2	−1
x_2	2	1	0	−1	1
	14	0	0	2	1

(a) 이 표는 最適解에 대응하는 따블로인가? 왜냐?

(b) 주어진 문제의 最適解 $(x_1, \ x_2)$와 最適값을 구하여라.

(c) 이 문제의 雙對問題의 最適解를 구하여라.

[5] 다음 최소문제의 最適解는 $x_1=8$, $x_2=0$ 이다.

$$\begin{cases} x_1+2x_2\geq\ 8 \\ 3x_1+2x_2\geq 12 \\ x_1,\ x_2\geq 0 \end{cases}$$

인 제약조건 아래에서

$$\text{min.}\quad F=x_1+4x_2$$

이 최소문제에 서플러스變數 x_3, x_4을 도입하였을 때,

(a) 最適解에 대한 x_3, x_4의 값을 구하여라. 最適값은 얼마인가?

(b) 이 최소문제의 雙對問題를 써라.

(c) 雙對問題의 最適解 (y_1, y_2)를 (a)로부터 구하여라.

제16장

게임理論

제 16 장　게임理論

이 장에서는 게임(game)에 대한 용어와 定理에 대하여 간단히 설명하고, 특히 $2\times n$型 직사각게임에 대한 解法에 대하여 논하기로 한다.

16.1　定義와 用語

게임(game)이란 그 내용을 정해 주는 規則과 規定들로 이루어진 집합이라고 말할 수 있다. 미리 정해진 규칙에 따라 게임을 행할 때 一連의 選擇行爲를 **플레이**(play)라 하고, 게임에 참여하는 사람을 **플레이어**(player)라고 한다. 각 플레이어는 차례가 되면 게임규칙이 허용하는 범위 안에서 적당한 운동대상을 택하게 되는데, 이러한 일련의 선택행위에 의하여 플레이가 진행된다. 예를 들어, 바둑규칙에 의하여 바둑이라는 게임이 정해지고, 이 규칙에 따라 행해지는 對局이 플레이인 것이다. 이 때, 각 對局者는 차례가 되면 그때 그때에 알맞는 手를 선택한다.

게임을 진행해 나가는 차례의 개수가 유한이고, 또 각 차례에 대한 선택대상의 개수가 유한일 때, 이 게임을 **有限게임**(finite game)이라 부르고, 그렇지 않은 게임을 **無限게임**(infinite game)이라 부른다. 게임에 참가하는 플레이어의 수가 n일 때, 이 게임을 ***n*人게임**(n-person game)이라 한다. 이 때, 利害를 같이 하는 사람들은 모두 한 플레이어로 생각한다. 예를 들면, 임금협상이라는 게임은 많은 사람이 협상에 참여하더라도 실제로는 勞動組合과 經營主라는 두 단체가 벌이는 게임이므로 2人게임이다.

각 플레이어는 서로 상반되는 이해관계를 갖고 있다. 게임의 매 플레이마다 그 결과에 따라 각 플레이어는 게임規約에 의하여 정해진 일정한 점수 또는 金額을 받게 되는데, 이를 각 플레이어의 利得(payoff)이라 한다. 여기서 이득이 양이면 받는 금액을 뜻하고, 이득이 음이면 잃은 금액을 뜻한다. 매 플레이마다 각 플레이어가 얻는 이득의 총합이 항상 일정한 게임을 **常數合게임**(constant-sum game)이라 하고, 그렇지 않은 게임을 **非常數合게임**(nonconstant-sum game)이라 한다.

常數合게임 중에서 이득의 총합이 항상 0인 게임을 **零合게임**(zero-sum game)이라 한다. 예를 들어, 게임에 진 사람이 이긴 사람에게 일정한 액수의 돈을 지불하는 게임은 零合게임이다.

零合 2人게임을 흔히 **直四角게임**(rectangular game)이라고도 부른다. 다음과 같은 게임은 그 좋은 예이다.

플레이어 P_1은 1, 2, 3이라고 쓴 3장의 카드를 갖고 있고 플레이어 P_2는 1, 2, 3, 4라고 쓴 4장의 카드를 갖고 있다. 일정한 신호가 나면 P_1, P_2는 가지고 있는 카드 중에서 한 장씩만을 동시에 꺼내 보이고, 그 결과에 따라 P_1이 P_2로부터 〈표 16-1〉에 표시된 금액을 받기로 게임규칙을 정한다. 예를 들면, P_1이 〈1〉이라고 쓴 카드를 내고, P_2가 〈4〉라고 쓴 카드를 내면 P_1은 P_2로부터 6원을 받는다. 또, P_1이 〈2〉라고 쓴 카드를 내고 P_2가 〈1〉이라고 쓴 카드를 냈을 때, P_1은 P_2로부터 -3원을 받는다(즉, P_1은 P_2에게 3원을 준다).

이 게임에서 P_1은 3장의 카드 중에서 1장을 꺼내 보일 수 있으므로 P_1은 세 가지 선택대상을 갖고 있다. 다시 말해서, P_1은 세 가지 **戰略**(strategy)을 택할 수 있다. 마찬가지로, P의 전략은 네 가지이다. 아래의 〈표 16-1〉에서 왼쪽의 숫자 1, 2, 3은 P_1의 전략을 나타내는 전략번호이고, 윗줄의 숫자 1, 2, 3, 4는 P_2의 전략을 나타내는 전략번호라고 생각할 수 있다.

〈표 16-1〉

P_1 \ P_2	1	2	3	4
1	1	3	−5	6
2	−3	0	2	−4
3	−2	2	1	0

이 때, 〈표 16-1〉로 부터 만든 행렬

$$A=\begin{bmatrix} 1 & 3 & -5 & 6 \\ -3 & 0 & 2 & -4 \\ -2 & 2 & 1 & 0 \end{bmatrix}$$

을 제외한 게임의 **利得行列**(payoff matrix)이라 한다.

일반적으로, 두 플레이어 P_1, P_2가 각각 m개의 전략, n개의 전략을 행하는 零合 2人게임을 **$m\times n$형 直四角게임**($m\times n$ rectangular game)이라 한

〈표 16-2〉

P_1 \ P_2	1	2	…	n
1	a_{11}	a_{12}	…	a_{1n}
2	a_{21}	a_{22}	…	a_{2n}
⋮	……	……	……	……
m	a_{m1}	a_{m2}	…	a_{mn}

다. 이러한 게임이 〈표 16-2〉와 같은 利得表를 갖는다고 하면, 왼쪽의 숫자 1, 2, …, m은 P_1의 전략번호이고, 윗줄의 숫자는 P_2의 전략번호이다. 또, P_1이 전략 i를 택하고 P_2가 전략 j를 택할 경우, P_1의 이득은 a_{ij}이고 P_2의 이득은 $-a_{ij}$이다. 이 때, 〈표 16-2〉로부터 만든 행렬

$$A=\begin{bmatrix} a_{11} & a_{12} & \cdots & a_{1n} \\ a_{21} & a_{22} & \cdots & a_{2n} \\ \cdots & \cdots & \cdots & \cdots \\ a_{m1} & a_{m2} & \cdots & a_{mn} \end{bmatrix}$$

은 이 게임의 利得行列이다.

16.2 決定的 直四角게임

零合2人게임을 플레이할 때, 두 플레이어는 最適의 전략을 써서 가능한 한 최대의 이득을 얻으려 하며, 따라서 각 플레이어의 이득은 상대편의 전략에도 관계된다.

게임理論에서는 각 플레이어가 상대편의 전략을 미리 알지 못하는 가운데 확실히 얻을 수 있는 이득을 가능한 한 최대로 하려는 의도를 갖고 있다는 가정 아래에서 이론을 전개한다. 다시 말해서, 게임理論에서는 각 플레이어가 투기적인 전략은 쓰지 않으면서 상대편이 자신에게 가장 불리한 전략을 쓰는 경우에 대처하여, 일어날 수 있는 가능한 손실을 되도록 최소로 하려는 데에 더 많은 관심을 쏟음으로써 확실히 얻을 수 있는 이득을 가능한 한 최대로 하려 한다고 가정한다.

이제, 다음과 같은 利得表로 표시되는 게임을 생각해 보자.

〈표 16-3〉

P_1 \ P_2	1	2	3
1	4	3	6
2	5	-1	-2

이 게임에서, P_1이 戰略 1을 택하면 P_2가 어떤 전략을 택하더라도 P_1은 적어도 제1행의 최소값(minimum)인 3을 확실히 얻을 수 있다. 마찬가지로, P_1이 전략 2를 택하면 P_2가 어떤 전략을 택하더라도 P_1은 적어도 제1행의 최소값인 -2를 확실히 얻을 수 있다. 이 두 최소값 3과 -2의 최대값(maximum)은 3이므로, P_2가 어떠한 전략을 택하더라도 P_1이 戰略 1을 택하면 적어도 3을 확실하게 얻을 수 있는 반면에, P_1이 戰略 2를 택하면 3보다 작은 이득을 얻을 가능성이 있다.

그런데 상대편 P_2의 입장에서 보면, 위의 利得表는 P_2의 損失을 나타내므로 P_2의 이득을 최대로 하려면 P_1이 얻는 이득을 가능한 한 최소가 되게 해야 한다. 이제, P_2가 戰略 1을 택하면 P_1은 많아야 제1열의 최대값인 5를 얻는다. 또, P_2가 戰略 2를 택하면 P_1은 많아야 제2열의 최대값인 3을 얻는다. 마찬가지로, P_2가 戰略 3을 택하면 P_1은 많아야 제3열의 최대값인 6을 얻는다. 이 최대값 5, 3, 6의 최소값은 3이므로, P_2가 전략 2를 택하면 P_1이 어떠한 전략을 택하더라도 많아야 3을 얻게 된다. 그러나 P_2가 戰略 2 이외의 전략을 택한다면 P_1은 3보다 많은 이득을 얻을 가능성이 있다. 다시 말해서, P_2의 戰略 2는 P_1이 3보다 많은 이득을 얻게 되는 것을 확실하게 방해할 수 있는 전략이고, 이 때 P_2가 얻는 利得은 -3이다. 따라서 P_1의 戰略 1은 P_1이 이득 3을 확실하게 얻을 수 있게 하는 전략이고, P_2의 戰略 2는 P_1이 3보다 많은 이득을 얻게 되는 것을 확실하게 방해할 수 있는 전략이다. 이러한 의미에서, P_1의 戰略 1과 P_2의 戰略 2를 각각 P_1, P_2의 **最適戰略**(optimal strategy)이라 하고, 이 때의 P_1의 이득 3을 이 게임의 **값**(value)이라 한다.

위의 예에서 最適戰略 및 게임값을 구한 과정을 요약하면 다음과 같다.

利得行列

$$A=\begin{bmatrix} a_{11} & a_{12} & a_{13} \\ a_{21} & a_{22} & a_{23} \end{bmatrix}=\begin{bmatrix} 4 & 3 & 6 \\ 5 & -1 & -2 \end{bmatrix}$$

에서, 제 1 행의 원소 a_{11}, a_{12}, a_{13} 의 최소값(minimum)을 $\bar{a}_1$ 이라 하고, 제 2 행의 원소 a_{21}, a_{22}, a_{23} 의 최소값을 $\bar{a}_2$ 라 하면

$$\bar{a}_1 = \min_j a_{1j} = \min\{a_{11},\ a_{12},\ a_{13}\} = 3$$
$$\bar{a}_2 = \min_j a_{2j} = \min\{a_{21},\ a_{22},\ a_{23}\} = -2$$

이고, 이 두 최소값 3과 -2의 최대값(maximum)을 v_1 이라 하면 다음 등식이 성립한다.

$$v_1 = \max\{\bar{a}_1,\ \bar{a}_2\} = \max_i \bar{a}_i = \max_i \min_j a_{ij} = 3$$

이 때, v_1 을 行列 A 의 **맥시민값**(maximin)이라 하고, v_1 을 기호 maximin 으로 나타낸다. 이 기호는 英語의 語順에 따라

〈각 행의 최소값 중에서 최대인 값(maximum among a set of row minima)〉

임을 뜻한다.

마찬가지로, 행렬 A 의 각 열의 최대값을 각각 a_1, a_2, a_3 라 하면

$$\bar{\bar{a}}_1 = \max_i a_{i1} = \max\{a_{11},\ a_{21}\} = 5$$
$$\bar{\bar{a}}_2 = \max_i a_{i2} = \max\{a_{12},\ a_{22}\} = 3$$
$$\bar{\bar{a}}_3 = \max_i a_{i3} = \max\{a_{13},\ a_{23}\} = 6$$

이고, 또 이 세 최대값 $\bar{\bar{a}}_1$, $\bar{\bar{a}}_2$, $\bar{\bar{a}}_3$ 의 최소값을 v_2 라 하면,

$$v_2 = \min\{\bar{\bar{a}}_1,\ \bar{\bar{a}}_2,\ \bar{\bar{a}}_3\} = \min_j \bar{\bar{a}}_j = \min_j \max_i a_{ij} = 3$$

이 때, v_2 를 행렬 A 의 **미니맥스값**(minimax)이라 하고, v_2 를 minimax 로 나타낸다. 즉, minimax 는

〈각 열의 최대값 중에서 최소인 값〉

을 뜻한다.

다음 〈표 16-4〉는 위의 계산과정을 표로 나타낸 것이다.

〈표 16-4〉

P_1 \ P_2	1	2	3	행의 최소값
1	4	③	6	3
2	5	-1	-2	-2
열의 최대값	5	3	6	

$v_1 = \text{maximin} = 3$
$v_2 = \text{minimax} = 3$
$v_1 = v_2 = 3$

일반적으로, v_1과 v_2는 일치하지 않으며, 실제로 다음이 성립한다.

$$v_1 = \text{maximin} \leq \text{minimax} = v_2$$

위의 예와 같이, $v_1 = v_2 = v$인 경우에 v를 이 **게임의 값**이라 하고, 이 값이 속하는 행과 열의 번호를 각각 P_1, P_2의 **最適戰略**이라고 한다. 또한, $v_1 = v_2$인 게임을 **決定的**(strictly determined) **게임**이라고 하고, 이와는 반대로 $v_1 \neq v_2$인 게임을 **非決定的 게임**이라 한다.

행렬 A가 주어졌을 때, 제 i행에 최소인 동시에 제 j열에서 최대인 원소 a_{ij}가 존재하는 경우에 a_{ij}를 A의 **鞍裝點**(saddle point)이라 한다.

주어진 $m \times n$형 직사각게임이 결정적일 필요충분조건은 이 게임의 利得行列 A가 안장점 a_{ij}를 갖는 것이며, 이 때 P_1, P_2의 最適戰略은 각각 戰略 i, 戰略 j임을 위의 예로부터 쉽게 알 수 있다.

다음의 몇 가지 예를 생각해 보자.

예 1 다음과 같은 이득표를 가진 게임을 생각해 보자.

P_1 \ P_2	1	2	3	행의 최소값	
1	1	−3	5	−3	$v_1 = \text{maximin} = 1$
2	−1	0	4	−1	$v_2 = \text{minimax} = 1$
3	2	①	2	1	$v_1 = 1 = v_2$
열의 최대값	2	1	5		

이 게임은 결정적 게임이며 게임값은 1이다. 이 때, P_1의 最適戰略은 戰略 3이고, P_2의 最適戰略은 戰略 2이다.

분명히, 게임값 1(○표한 수)은 利得行列의 안장점이다.

예 2 利得行列이

$$\begin{bmatrix} ② & 5 & ② \\ 1 & 4 & -1 \end{bmatrix}$$

인 게임에서, 이 행렬의 안장점은

$$a_{11} = 2 \text{ 및 } a_{13} = 2$$

이다. 따라서 이 게임은 게임값이 2인 결정적 게임이고, P_1의 最適戰略은 戰略 1, P_2의 最適戰略은 戰略 1 또는 戰略 3이다.

예 3 利得行列

$$\begin{bmatrix} 4 & 1 \\ 2 & 3 \end{bmatrix}$$

은 안장점을 갖지 않는다. 실제로 어느 원소도 행의 최소값인 동시에 열의 최대값이 아니다. 따라서 이 게임은 결정적이 아니다.

예 4 일반적으로, 2×2 형 직사각게임의 利得行列

$$A = \begin{bmatrix} a_{11} & a_{12} \\ a_{21} & a_{22} \end{bmatrix}$$

이 다음 조건 중 어느 하나를 만족시킬 때, 그리고 그 때에만 A는 안장점을 갖지 않는다.

(a) $a_{11} < a_{12}$, $a_{11} < a_{21}$, $a_{22} < a_{12}$, $a_{22} < a_{21}$

(b) $a_{11} > a_{12}$, $a_{11} > a_{21}$, $a_{22} > a_{12}$, $a_{22} > a_{21}$

앞의 각 부등식은 어느 한 대각선에 있는 두 원소가 다른 대각선에 있는 두 원소보다 모두 커야 함을 뜻한다. 특히, 다음이 성립한다.

$$a_{11} + a_{22} - a_{12} - a_{22} \neq 0$$

練習問題 16.2

[1] 다음 게임 중에서 결정적인 게임을 찾아 보아라. 또, 결정적인 게임인 경우에는 그 게임값과 P_1, P_2 의 最適戰略을 구하여라.

(a)

P_1 \ P_2	1	2
1	0	2
2	−1	4

(b)

P_1 \ P_2	1	2
1	5	0
5	0	7

(c)

P_1 \ P_2	1	2	3	4
1	1	5	1	7
2	−2	8	0	−9
3	1	12	1	3

(d)

P_1 \ P_2	1	2	3
1	1	0	2
2	0	3	2

[2] 다음 행렬의 안장점이 존재하면 이를 구하여라.

(a) $A=\begin{bmatrix} 4 & 0 & 1 \\ 5 & 3 & 8 \end{bmatrix}$ (b) $A=\begin{bmatrix} 6 & 0 & 7 \\ 3 & 1 & 6 \\ 5 & 4 & 2 \end{bmatrix}$

[3] 두 사람 P_1, P_2가 동시에 각각 하나 또는 두 개의 손가락을 내보여서, 내보인 손가락 전체의 합만큼 P_2가 P_1에게 지불한다고 할 때, 이 게임의 利得表를 만들어라. 그리고 이 게임은 결정적임을 보이고, 게임값 및 最適戰略을 구하여라.

16.3 非決定的 直四角게임

非決定的 직사각게임의 利得行列은 鞍裝點을 갖지 않으므로 다음 부등식이 성립한다.

$$\text{maximin} < \text{minimax}$$

이 사실을 예시하기 위하여 〈표 16-5〉와 같은 게임을 생각해 보자.

〈표 16-5〉

P_1 \ P_2	1	2	행의 최소값
1	4	1	1
2	2	3	2
열의 최대값	4	3	

maximin = 2
minimax − 3
2 < 3

〈표 16-5〉에서 P_1이 맥시민값을 얻으려면 전략 2를 택하여야 하고, P_2가 미니맥스값을 얻으려면 전략 2를 택해야 한다. 그런데 P_1, P_2가 이와 같은 전략을 택하면, P_1의 실제 이득은 기대했던 맥시민값 2보다도 더 많은 3으로 된다. 이 결과에 만족한 나머지 P_1이 매 플레이마다 항상 戰略 2를 택한다면, 이를 눈치챈 P_2는 戰略 2 대신에 戰略 1을 택하여 P_1의 이득을 2로 줄이려 할 것이다. 반대로, P_2가 항상 戰略 1을 택한다면, P_1은 戰略 2 대신에 戰略 1을 택하여 보다 많은 이득 4를 얻으려 할 것이다. 결국, 이 게임에서는 매 플레이마다 항상 같은 전략을 택하면 상대편

이 유리하게 되므로, P_1과 P_2는 각 전략을 일정한 비율, 즉 확률로 혼합해 가면서 택해야 한다.

지금 P_1이 확률 x_1으로 戰略 1을 택하고 확률 x_2로 戰略 2를 택하는 경우, 確率行벡터 $X=[x_1 \ x_2]$를 P_1의 **混合戰略**(mixed strategy)이라 한다. 마찬가지로, P_2가 확률 y_1으로 戰略 1을 택하고 확률 y_2로 戰略 2를 택하는 경우, 確率列벡터 $Y=\begin{bmatrix} y_1 \\ y_2 \end{bmatrix}$를 P_2의 混合戰略이라 한다. 이 때, 확률의 정의에 의하여 다음 식이 성립한다.

$$x_1 \geq 0, \ x_2 \geq 0, \ x_1+x_2=1; \qquad y_1 \geq 0, \ y_2 \geq 0, \ y_1+y_2=1$$

예를 들어, P_1이 混合戰略 $X=\begin{bmatrix} \frac{1}{4} & \frac{3}{4} \end{bmatrix}$을 택한다는 것은 戰略 1을 택할 확률이 $\frac{1}{4}$이고 戰略 2를 택할 확률이 $\frac{3}{4}$임을 뜻한다.

混合戰略

$$X=[1 \quad 0], \quad X=[0 \quad 1] \quad \text{또는} \quad Y_1=\begin{bmatrix} 1 \\ 0 \end{bmatrix}, \quad Y_2=\begin{bmatrix} 0 \\ 1 \end{bmatrix}$$

은 각각 P_1의 戰略 1, 戰略 2, 그리고 P_2의 戰略 1, 戰略 2와 같다고 생각해도 좋다. 따라서 이제까지 사용한 전략이란 말은 混合戰略의 특별한 경우라고 생각할 수 있으므로, 이것을 混合戰略에 대하여 **純粹戰略**(pure strategy)이라 한다.

戰略概念의 확장과 더불어 이득개념도 확장해 보자. 앞의 〈표 16-5〉와 같은 게임에서 P_1이 混合戰略 $X=[x_1 \ x_2]$를 택하고, 또 P_2가 混合戰略 $Y=\begin{bmatrix} y_1 \\ y_2 \end{bmatrix}$를 택할 때, P_1의 이득이 4일 확률은 x_1y_1이고, P_1의 이득이 2일 확률은 x_2y_1이다. 이와 같이 하여 P_1이 얻을 利得의 기대값(expected value)을 $E(X, Y)$로 나타내면, 다음 등식이 성립한다.

$$E(X, Y)=4x_1y_1+2x_2y_1+x_1y_2+3x_2y_2$$

이제, $x_2=1-x_1$, $y_2=1-y_1$을 이 식에 대입하여 정리하면 다음과 같이 된다.

$$E(X, Y)=4\left(x_1-\frac{1}{4}\right)\left(y_1-\frac{1}{2}\right)+\frac{5}{2} \tag{16.3.1}$$

이 $E(X, Y)$를 混合戰略 X, Y에 대한 P_1의 **期待利得**(expected payoff)이라 한다. 일반적으로,

$$A=\begin{bmatrix} a_{11} & a_{12} \\ a_{21} & a_{22} \end{bmatrix}$$

를 利得行列로 갖는 非決定的 게임에서, 混合戰略 X, Y에 대한 P_1의 期待利得 $E(X, Y)$는 다음과 같다.

$$\begin{aligned} E(X,\ Y) &= a_{11}x_1y_1+a_{21}x_2y_1+a_{12}x_1y_2+a_{22}x_2y_2 \\ &= [x_1\ \ x_2]\begin{bmatrix} a_{11} & a_{12} \\ a_{21} & a_{22} \end{bmatrix}\begin{bmatrix} y_1 \\ y_2 \end{bmatrix} \\ &= XAY \end{aligned} \tag{16.3.2}$$

위의 식에서 $x_2=1-x_1$, $y_2=1-y_1$을 대입하여 정리하면 다음과 같이 된다.

$$E(X,\ Y)=a(x_1-b)(y_1-c)+d \tag{16.3.3}$$

여기서

$$a=a_{11}+a_{22}-a_{12}-a_{21}\neq 0$$

$$b=\frac{a_{22}-a_{21}}{a},\quad c=\frac{a_{22}-a_{12}}{a}$$

$$d=\frac{|A|}{a}=\frac{a_{11}a_{22}-a_{12}a_{21}}{a}$$

지금까지 배운 이론을 일반적인 $m\times n$형 직사각게임에 확장하기로 한다. 利得表가 〈표 16-6〉과 같은 게임을 생각해 보자.

〈표 16-6〉

P_1 \ P_2	1	2	…	n
1	a_{11}	a_{12}	…	a_{1n}
2	a_{21}	a_{22}	…	a_{2n}
⋮	………	………	………	………
m	a_{m1}	a_{m2}	…	a_{mn}

이 게임의 利得行列을 A라 하고, P_1, P_2의 混合戰略을 각각

$$X=[x_1,\ x_2,\ \cdots,\ x_n],\quad Y=\begin{bmatrix} y_1 \\ y_2 \\ \vdots \\ y_n \end{bmatrix}$$

이라 하면, 다음이 성립한다.

$$x_i \geq 0, \quad x_1 + x_2 + \cdots + x_m = 1$$
$$y_j \geq 0, \quad y_1 + y_2 + \cdots + y_n = 1$$

또, 이 混合戰略에 대한 P_1의 期待利得을 $E(X, Y)$라 하면, 다음이 성립한다.

$$E(X, Y) = XAY$$

이제, 제 i번째 성분이 1이고 나머지 다른 성분이 모두 0인 確率行벡터를 X_i라 하면, P_1의 混合戰略 X_i는 P_1의 純粹戰略 i와 같으며 다음 등식이 성립한다.

$$E(X_i, Y) = X_i AY = [a_{i1} \ a_{i2} \cdots a_{in}] \begin{bmatrix} y_1 \\ y_2 \\ \vdots \\ y_n \end{bmatrix}$$
$$= a_{i1}y_1 + a_{i2}y_2 + \cdots + a_{in}y_n \qquad (16.3.4)$$

마찬가지로, 제 j번째 성분이 1이고 나머지 다른 성분이 모두 0인 確率列벡터를 Y_j라 하면, P_2의 混合戰略 Y_j는 P_2의 純粹戰略 j와 같으며, 또한 다음 등식이 성립한다.

$$E(X, Y_j) = XAY_j = [x_1 \ x_2 \cdots x_m] \begin{bmatrix} a_{1j} \\ a_{2j} \\ \vdots \\ a_{mj} \end{bmatrix}$$
$$= a_{1j}x_1 + a_{2j}x_2 + \cdots + a_{mj}x_m \qquad (16.3.5)$$

純粹戰略의 경우와 마찬가지로, P_1, P_2의 混合戰略 X, Y에 관한 기대값 $E(X, Y)$에 대해서도 맥시민값 및 미니맥스값을 정의할 수 있다. 플레이어 P_1의 한 混合戰略 X에 대하여, P_2의 모든 混合戰略 Y에 관한 기대값 $E(X, Y)$의 최소값을 $\bar{E}(X)$라 하면, 다음 등식이 성립한다.

$$\bar{E}(X) = \min_Y E(X, Y) \qquad (16.3.6)$$

이제, 모든 X에 대한 $\bar{E}(X)$의 최대값을 v_1이라 하고, 이 v_1이 $X = \bar{X}$일 때 얻어졌다면 (16.3.6)에 의하여 다음 등식이 성립한다.

$$v_1 = \bar{E}(\bar{X}) = \max_X \bar{E}(\mathrm{X}) = \max_X \min_Y E(X, Y),$$
$$v_1 = \bar{E}(\bar{X}) = \min_Y E(\bar{X}, Y) \qquad (16.3.7)$$

이 때, v_1을 이 게임의 **맥시민값**(maximin)이라 하고, 混合戰略 $\bar{X}$를 P_1의 **맥시민戰略**(maximin strategy)이라 한다. 純粹戰略의 경우와 마찬가지로, P_1이 맥시민戰略 $\bar{X}$를 택한다면 P_2의 전략에 관계없이 P_1은 적어도 v_1을 확실하게 얻게 된다.

상대편 P_2에 대해서도 마찬가지이다. 즉, 플레이어 P_2의 한 混合戰略 Y에 대하여

$$\bar{\bar{E}}(Y)=\max_X E(X,\ Y)\ \text{[모든 } X\text{에 대한 } E(X,\ Y)\text{의 最大값]} \tag{16.3.8}$$

라 할 때, $\bar{\bar{E}}(Y)$가 $Y=\bar{Y}$에서 최소값 $v_2=\bar{\bar{E}}(\bar{Y})$를 갖는다면 다음 등식이 성립한다.

$$v_2=\bar{\bar{E}}(\bar{Y})=\min_Y \bar{\bar{E}}(Y)=\min_Y \max_X E(X,\ Y),$$
$$v_2=\bar{\bar{E}}(\bar{Y})=\max_X E(X,\ \bar{Y}) \tag{16.3.9}$$

이 때, v_2를 이 게임의 **미니맥스값**(minimax)이라 하고, 混合戰略 $\bar{Y}$를 P_2의 **미니맥스戰略**(minimax strategy)이라 한다.

純粹戰略의 경우와 마찬가지로, P_2가 미니맥스戰略 $\bar{Y}$를 택한다면 P_1의 전략에 관계없이 P_1의 이득이 v_2보다 크게 되는 것을 확실하게 방해할 수 있다.

식 (16.3.7)과 (16.3.9)에 의하여 다음이 성립한다.

$$v_1=\min_Y E(\bar{X},\ Y)\le E(\bar{X},\ \bar{Y})\le \max_X E(X,\ \bar{Y})=v_2 \tag{16.3.10}$$

실제로, $v_1=v_2$가 성립한다. 다시 말해서, 다음 定理가 성립한다.

[定理 16.3.1] 零合 2人게임의 基本定理

$$\max_X \min_Y E(X,\ Y)=E(\bar{X},\ \bar{Y})=\min_Y \max_X E(X,\ Y)$$

위의 定理와 (16.3.10)에 의하여

$$\max_X E(X,\ \bar{Y})=E(\bar{X},\ \bar{Y})=\min_Y E(\bar{X},\ Y) \tag{16.3.11}$$

그러므로 모든 X, Y에 대하여 다음이 성립한다.

$$E(X,\ \bar{Y})\le E(\bar{X},\ \bar{Y})\le E(\bar{X},\ Y) \tag{16.3.12}$$

따라서 맥시민戰略 $\bar{X}$는 상대편이 $\bar{Y}$를 택할 경우에 대비해서 P_1이 택할 수 있는 최선의 전략이며, 미니맥스戰略 $\bar{Y}$는 P_1이 $\bar{X}$를 택할 경우에 대비해서 P_2가 택할 수 있는 최선의 전략인 것이다.

이러한 의미에서, $\bar{X}$, $\bar{Y}$를 각각 P_1, P_2의 **最適戰略**(potimal solution)이라 한다. 그리고 $v_1=v_2=E(\bar{X}, \bar{Y})$를 v로 나타내고 이를 게임의 값이라 하며, $(\bar{X}, \bar{Y}, v)$를 **게임의 解**(solution) 또는 **均衡解**라 부른다.

어떤 게임의 最適戰略이 $\bar{X}$, $\bar{Y}$이고 게임의 값이 v란 말은

"이 게임을 반복해서 행하고, 또 매 플레이마다 P_1은 混合戰略 $\bar{X}$를 택하고, P_2는 混合戰略 $\bar{Y}$를 택한다면 P_1의 期待利得은 v"

라는 뜻이다. 즉, 이와 같은 방법으로 이 게임을 충분히 많이 반복하면 P_1이 이득은 v에 한없이 가까워진다는 것을 뜻한다.

예 1 〈표 16-5〉의 예에서, (16.3.1)에 의하여

$$E(X, Y)=4\left(x_1-\frac{1}{4}\right)\left(y_1-\frac{1}{2}\right)+\frac{5}{2}$$

이제,

$$\bar{X}=\begin{bmatrix}\frac{1}{4} & \frac{3}{4}\end{bmatrix}, \quad \bar{Y}=\begin{bmatrix}\frac{1}{2} \\ \frac{1}{2}\end{bmatrix}$$

이라 하면, 모든 X와 Y에 대하여

$$E(X, \bar{Y})=E(\bar{X}, \bar{Y})=E(\bar{X}, Y)=\frac{5}{2}$$

따라서 $\bar{X}$, $\bar{Y}$는 각각 P_1, P_2의 最適戰略이며 게임값은 $v=\frac{5}{2}$이다.

예 2 利得行列이 다음과 같은 非決定的 게임을 생각해 보자.

$$A=\begin{bmatrix}a_{11} & a_{12} \\ a_{21} & a_{22}\end{bmatrix}$$

공식 (16.3.3)을 이용하면, P_1과 P_2의 最適戰略

$$\bar{X}=[x_1 \ x_2], \quad \bar{Y}=\begin{bmatrix}y_1 \\ y_2\end{bmatrix}$$

를 쉽게 구할 수 있다.

실제로, $a=a_{11}+a_{22}-a_{12}-a_{21}\neq 0$ 이라 놓으면,

$$x_1=\frac{a_{22}-a_{21}}{a}, \quad y_1=\frac{a_{22}-a_{12}}{a}, \quad x_2=1-x_1, \quad y_2=1-y_1$$

또, 게임값은 $v=\frac{|A|}{a}$이다.

게임의 해에 관한 [定理 16.3.2], [定理 16.3.3]의 증명은 생략하기로 한다.

[定理 16.3.2] 게임의 解에 관한 性質 Ⅰ

P_1의 純粹戰略 i에 해당하는 混合戰略을 X_i라 하고, P_2의 純粹戰略 j에 해당하는 混合戰略을 Y_j라 하자. 이 때, 다음이 성립한다.

(1) $\bar{E}(X)=\min_{Y} E(X, Y)=\min_{j} E(X, Y_j)$

(2) $\bar{\bar{E}}(X)=\max_{X} E(X, Y)=\max_{i} E(X_i, Y)$

[定理 16.3.3] 게임의 解에 관한 性質 Ⅱ

P_1의 純粹戰略 i에 해당하는 混合戰略을 X_i라 하고, P_2의 純粹戰略 j에 해당하는 混合戰略 Y_j라 하자. 이제 P_1, P_2의 最適戰略을 각각

$$\bar{X}=[x_1\ \ x_2\ \ \cdots\ \ x_m],\quad \bar{Y}=\begin{bmatrix} y_1 \\ y_2 \\ \vdots \\ y_n \end{bmatrix}$$

이라 하고 게임의 값을 v라 할 때 다음이 성립한다.

(1) 모든 j에 대하여 $E(\bar{X}, Y_j)\geq v$이다.
특히, $E(\bar{X}, Y_j)>v$가 성립하는 j에 대해서는 $y_j=0$이다.

(2) 모든 i에 대하여 $E(X_i, \bar{Y})\leq v$이다.
특히, $E(X_i, \bar{Y})<v$가 성립하는 i에 대해서는 $x_i=0$이다.

위의 [定理 16.3.3]에 의하여 다음 정리가 성립한다.

[定理 16.3.4] 게임의 解에 관한 性質 Ⅱ′

[定理 16.3.3]의 가정 아래에서 다음이 성립한다.

(1) $y_j>0$인 j에 대하여, $E(\bar{X}, Y_j)=v$이다.

(2) $x_i>0$인 i에 대하여, $E(X_i, \bar{Y})=v$이다.

위의 定理들은 다음 절에서 자주 이용된다.

練習問題 16.3

[1] 다음 게임의 게임값과 最適戰略을 구하여라.

(a)

P_1 \ P_2	1	2
1	1	0
2	-1	2

(b)

P_1 \ P_2	1	2
1	7	-6
5	5	8

(c)

P_1 \ P_2	1	2
1	1	2
2	3	4

(d)

P_1 \ P_2	1	2
1	15	3
2	-1	2

[2] 두 사람 P_1, P_2는 손가락을 하나 또는 둘을 내보여서, 내보인 손가락 수의 合이 짝수이면 P_1이 그 합만큼 얻고, 홀수이면 P_2가 그 합만큼 얻는 게임을 생각해 보자.

(a) 이 게임의 利得表는 다음과 같음을 보여라.

P_1 \ P_2	1	2
1	2	-3
2	-3	4

(b) 게임값과 最適戰略을 구하여라.

16.4 $2\times n$型 直四角게임의 幾何學的 解法

〈표 16-7〉과 같은 $2\times n$형 직사각게임은 그래프를 써서 풀 수 있다.

〈표 16-7〉

P_1 \ P_2	1	2	$\cdots$	n
1	a_{11}	a_{12}	$\cdots$	a_{1n}
2	a_{21}	a_{22}	$\cdots$	a_{2n}

이제, P_1의 混合戰略을 $X=[x\ \ 1-x]$, $0\le x\le 1$이라 하고 게임의 값을

[그림 16-1]

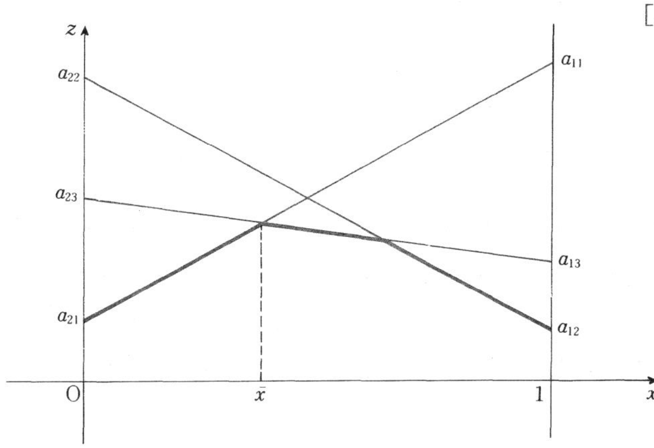

v라 하면, [定理 16.3.2]에 의하여 P_2의 임의의 混合戰略 Y에 대하여 다음 등식이 성립한다.

$$v=\max_X \min_Y E(X,\ Y)=\max_X \min_j E(X,\ Y_j)$$

한편, (16.3.5)에 의하여

$$E(X,\ Y_j)=a_{1j}x+a_{2j}(1-x)=(a_{1j}-a_{2j})x+a_{2j} \qquad (16.4.1)$$

이므로, $z=\min_j E(X,\ Y_j)$의 그래프는 n개의 선분

$$z=(a_{1j}-a_{2j})x+a_{2j}, \qquad 0\leq x\leq 1 \qquad (j=1,\ \cdots,\ n)$$

중에서 맨 아래에 놓인 부분을 모아 만든 꺾은 금이다([그림 16-1]의 굵은 선). 따라서

$$v=\max_X \min_j E(X,\ Y_j)=\max_{0\leq x\leq 1} \min_j \{(a_{1j}-a_{2j})x+a_{2j}\}$$

의 값은 이 꺾은 금에서의 最大값이다. 이 최대값 v를 $x=\bar{x}$에서 얻었다고 가정하면, P_1의 最適戰略은 $\bar{X}=[\bar{x}\ \ 1-\bar{x}]$이다. 그리고 P_2의 最適戰略은 [定理 16.3.3] 또는 [定理 16.3.4]를 이용하여 구한다.

예 1 다음 게임의 해는 이미 제16장 3절에서 구한 바 있다.

P_1 \ P_2	1	2
1	4	1
2	2	3

이제, P_1의 전략을 $X=[x\ \ 1-x]$라 하면, 다음 등식이 성립한다.

$$E(X,\ Y_1)=[x\ \ 1-x]\begin{bmatrix}4\\2\end{bmatrix}=2x+2$$

$$E(X,\ Y_2)=[x\ \ 1-x]\begin{bmatrix}1\\3\end{bmatrix}=-2x+3$$

따라서 $z=\min_j E(X,\ Y_j)$의 그래프는 [그림 16-2]의 굵은 선이다. 이 그래프 위의 최대값은 [그림 16-2]의 두 직선의 교점으로부터 얻을 수 있다. 방정식 $2x+2=-2x+3$을 풀면 $x=\dfrac{1}{4}$이므로, P_1의 最適戰略은 $\bar{X}=\left[\dfrac{1}{4}\ \ \dfrac{3}{4}\right]$이고 게임의 값 v는 $v=2\cdot\dfrac{1}{4}+2=\dfrac{5}{2}$이다.

[그림 16-2]

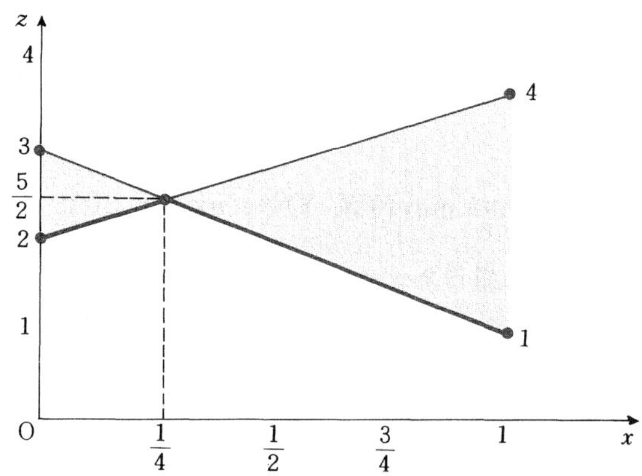

[定理 16.3.4]의 (2)에 의하여, P_2의 最適戰略을 $\bar{Y}=\begin{bmatrix}y_1\\y_2\end{bmatrix}$라 하면,

$$E(X_1,\ \bar{Y})=[4\quad 1]\begin{bmatrix}y_1\\y_2\end{bmatrix}=\frac{5}{2}$$

$$E(X_2,\ \bar{Y})=[2\quad 3]\begin{bmatrix}y_1\\y_2\end{bmatrix}=\frac{5}{2}$$

따라서 $$4y_1+y_2=2y_1+3y_2=\frac{5}{2}$$

즉, $$y_1=\frac{1}{2},\quad y_2=\frac{1}{2}$$

그러므로 P_2의 最適戰略은 $\bar{Y}=\begin{bmatrix}\frac{1}{2}\\[4pt]\frac{1}{2}\end{bmatrix}$이다.

예 2 다음 표로 표시되는 게임을 풀어보자.

P_1 \ P_2	1	2	3	4
1	-1	2	3	0
2	2	1	-1	3

플레이어 P_1의 전략을 $X=[x\ \ 1-x]$라 하면, P_2의 각 純粹戰略 Y_j에 대한 $E(X,\ Y_j)$는 다음과 같다.

$$E(X,\ Y_1)=[x\ \ 1-x]\begin{bmatrix}-1\\2\end{bmatrix}=-3x+2$$

$$E(X,\ Y_2)=[x\ \ 1-x]\begin{bmatrix}2\\1\end{bmatrix}=x+1$$

$$E(X,\ Y_3)=[x\ \ 1-x]\begin{bmatrix}3\\-1\end{bmatrix}=4x-1$$

$$E(X,\ Y_4)=[x\ \ 1-x]\begin{bmatrix}0\\3\end{bmatrix}=-3x+3$$

따라서 $z=\min_j E(X,\ Y_j)$의 그래프는 [그림 16-3]의 굵은 선이다.

[그림 16-3]

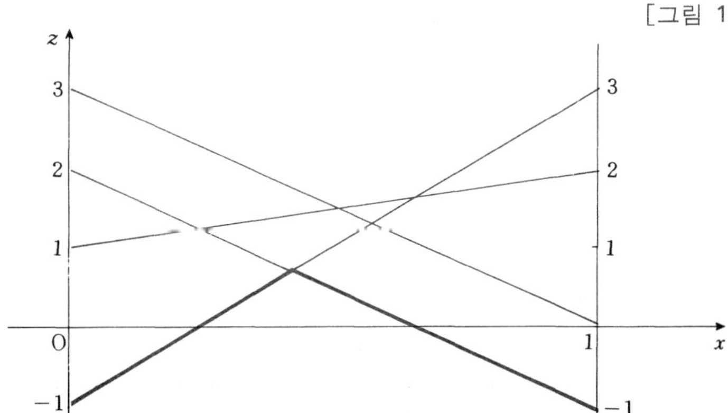

이 그래프 위의 최대값은 [그림 16-3]의 두 굵은 선의 교점으로부터 구할 수 있다.

한편, 방정식 $-3x+2=4x-1$을 풀면 $x=\dfrac{3}{7}$이므로 P_1의 最適戰略은 $\bar{X}=\begin{bmatrix}\dfrac{3}{7} & \dfrac{4}{7}\end{bmatrix}$의 게임의 값 v는 다음과 같다.

$$v=(-3)\frac{3}{7}+2=\frac{5}{7}$$

이제, P_2의 最適戰略을 $\bar{Y}=\begin{bmatrix} y_1 \\ y_2 \\ y_3 \\ y_4 \end{bmatrix}$라 하면

$$E(\bar{X},\ Y_1)=\frac{5}{7}=v, \qquad E(\bar{X},\ Y_2)=\frac{10}{7}>v$$

$$E(\bar{X},\ Y_3)=\frac{5}{7}=v, \qquad E(\bar{X},\ Y_4)=\frac{12}{7}>v$$

이므로, [定理 16.3.3]에 의하여 $y_2=y_4=0$이다. 한편, $\bar{X}$의 성분은 모두 0보다 크므로 $E(X_1,\ \bar{Y})=E(X_2,\ Y)=v=\frac{5}{7}$이다. 따라서

$$[-1\ \ 2\ \ 3\ \ 0]\begin{bmatrix} y_1 \\ 0 \\ y_3 \\ 0 \end{bmatrix}=\frac{5}{7}, \quad [2\ \ 1\ \ -1\ \ 3]\begin{bmatrix} y_1 \\ 0 \\ y_3 \\ 0 \end{bmatrix}=\frac{5}{7}$$

즉, $\quad -y_1+3y_3=\frac{5}{7}, \qquad 2y_1-y_3=\frac{5}{7}$

이로부터 $y_1=\frac{4}{7}$, $y_3=1-y_1=\frac{3}{7}$을 얻으므로, $\bar{Y}=\begin{bmatrix} \frac{4}{7} \\ 0 \\ \frac{3}{7} \\ 0 \end{bmatrix}$이다.

練習問題 16.4

[1] 다음 게임을 그래프를 이용하여 풀어라.

(a)

P_1 \ P_2	1	2
1	7	5
2	2	9

(b)

P_1 \ P_2	1	2	3
1	2	−3	1
2	−1	4	2

(c)

P_1 \ P_2	1	2	3
1	5	7	2
2	0	−1	8

(d)

P_1 \ P_2	1	2	3	4
1	−1	2	3	−3
2	1	−1	−2	5

16.5 戰略의 優越性과 게임의 縮約

利得表가 [표 16-8]과 같은 게임을 생각해 보자.

〈표 16-8〉

P_1 \ P_2	1	2	3	행의 최소값
1	4	3	7	3
2	6	⑤	7	5
3	8	1	1	1
열의 최대값	8	5	7	

maximin＝5
minimax＝5

제2행의 각 원소 6, 5, 7은 제1행의 대응하는 원소 4, 3, 7보다 크거나 또는 같다. 따라서 P_2가 어떤 전략을 택하더라도 P_1에게 있어서는 戰略 2를 택하는 편이 戰略 1을 택하는 것보다 유리하거나 또는 적어도 불리하지는 않다. 따라서 P_1은 절대로 전략 1을 택하지 않는다. 이 때, P_1의 戰略 2(제2행)는 戰略 1(제1행)보다 **優越하다**(dominate) 또는 戰略 2는 戰略 1을 **支配한다**고 말한다.

마찬가지로, 상대편 P_2의 전략에 대한 **優越性**도 정의할 수 있다. 利得表의 제2열의 원소 3, 5, 1은 제3열의 대응하는 원소 7, 7, 1보다 작거나 또는 같다. 상대편 P_2의 입장에서 보면 P_1의 이득을 가능한 한 최소로 해야 하므로 P_2에게 있어서는 戰略 2를 택하는 편이 戰略 3을 택하는 것보다 유리하거나 또는 적어도 불리하지는 않다. 따라서 P_2는 절대로 戰略 3을 택하지 않는다. 이 때, P_2의 戰略 2(제2열)는 戰略 3(제3열)보다 **優越하다** 또는 戰略 2는 戰略 3을 **支配한다**고 말한다.

위의 利得表에서 우월하지 않은 행과 열, 즉 제1행과 제3열을 없애버리면 〈표 16-9〉와 같은 게임을 얻는다.

〈표 16-9〉

P_1 \ P_2	1	2	행의 최소값
2	6	⑤	5
3	8	1	1
열의 최대값	8	5	

maximin＝5
minimax＝5

이 게임의 게임값은 본래의 게임과 마찬가지로 5이고, 또 P_1과 P_2의 最適戰略 모두 戰略 2이다.

일반적으로, 우월하지 않은 행 또는 열을 없애버림으로써 게임의 크기를 작게 만드는 것을 게임의 **縮約**(contraction)이라 한다.

위의 예에서 본 바와 같이, 본래의 게임은 縮約하여 얻은 게임과 본질적으로 같은 게임이므로 게임의 해를 구할 때에는 가능한 한 간단한 꼴로 縮約하는 것이 좋다.

예 1 다음 표 (a)로 표시되는 게임을 풀어보자.

(a)

P_1 \ P_2	1	2	3
1	5	4	1
2	2	3	−1
3	3	2	3

(b)

P_1 \ P_2	1	2	3
1	5	4	1
3	3	2	3

(c)

P_1 \ P_2	1	2
1	4	1
3	2	3

표 (a)에서 제1행은 제2행보다 우월하므로, 제2행을 없애버리면 표 (b)의 게임을 얻는다. 한편, 표 (b)에서 제2열이 제1열보다 우월하므로, 제1열을 버리면 결국 표 (a)의 게임은 표 (c)의 게임으로 縮約된다.

제16장 4절의 예 1에 의하여, 표 (c)를 풀면 다음 결과를 얻는다.

$$\begin{bmatrix} \frac{1}{4} & \frac{3}{4} \end{bmatrix}, \quad \begin{bmatrix} \frac{1}{2} \\ \frac{1}{2} \end{bmatrix}, \quad v=\frac{5}{2}$$

따라서 주어진 게임의 最適戰略은 위의 最適戰略에다 縮約과정에서 없애버린 행과 열에 해당하는 전략부분에 0을 더하여 얻은 混合戰略이다. 실제로, 最適戰略은 다음과 같다.

$$\begin{bmatrix} \frac{1}{4} & 0 & \frac{3}{4} \end{bmatrix}, \quad \begin{bmatrix} 0 \\ \frac{1}{2} \\ \frac{1}{2} \end{bmatrix}$$

예 2 다음 표 (a)의 게임을 풀어보자.

(a)

P_1 \ P_2	1	2	3	4
1	1	−1	2	−3
2	−1	1	0	1

(b)

P_1 \ P_2	1	4
1	1	−3
2	−1	1

제 4 열은 제 2 열보다 우월하고 제 1 열은 제 3 열보다 우월하므로 이 게임은 표 (b)의 게임으로 縮約된다.

이제, 제16장 3 절의 예 2 의 공식을 이용하여 縮約된 게임을 풀면 이 게임의 해는 다음과 같다.

$$\left[\frac{1}{3},\ \frac{2}{3}\right],\quad \begin{bmatrix} \frac{2}{3} \\ \frac{1}{3} \end{bmatrix},\quad v=-\frac{1}{3}$$

따라서 주어진 게임의 最適戰略 및 게임값 v는 다음과 같은 값을 갖는다.

$$\left[\frac{1}{3},\ \frac{2}{3}\right],\quad \begin{bmatrix} \frac{2}{3} \\ 0 \\ 0 \\ \frac{1}{3} \end{bmatrix},\quad v=-\frac{1}{3}$$

練習問題 16.5

[1] 다음 게임을 축약하여라.

(a)

P_1 \ P_2	1	2	3
1	3	4	2
2	1	2	−1
3	2	5	−3

(b)

P_1 \ P_2	1	2	3
1	−1	4	3
2	1	2	1
3	3	−1	−1

[2] 다음 게임을 축약하여 풀어라.

(a)

P_1 \ P_2	1	2	3
1	1	0	2
2	0	3	2

(b)

P_1 \ P_2	1	2	3	4
1	5	−1	−2	8
2	−6	0	8	9

(c)

P_1 \ P_2	1	2
1	0	2
2	1	3
3	−1	0
4	2	0

(d)

P_1 \ P_2	1	2
1	0	15
2	−10	20
3	10	12

16.6 直四角게임과 線型計劃法

利得表가 〈표 16-10〉과 같은 직사각게임을 생각해 보자.

〈표 16-10〉

P_1 \ P_2	1	2	…	n
1	a_{11}	a_{12}	…	a_{1n}
2	a_{21}	a_{22}	…	a_{2n}
⋮	………	………	………	………
m	a_{m1}	a_{m2}	…	a_{mn}

이제, P_1의 最適戰略은 $\bar{X}=[x_1\ x_2\ \cdots\ x_m]$, 게임의 값은 v라 하면,

$$v=\bar{E}(\bar{X})=\min_{Y} E(\bar{X},\ Y)=\min_{j} E(\bar{X},\ Y_j)$$

이므로, 모든 $j=1,\ 2,\ \cdots,\ n$에 대하여 $E(\bar{X},\ Y_j)\geq v$가 성립하는 동시에 $E(\bar{X},\ Y_j)=v$를 만족시키는 j가 존재한다. 따라서 모든 j에 대하여

$$E(\bar{X},\ Y_j)=a_{1j}x_1+a_{2j}x_2+\cdots+a_{mj}x_m\geq v$$

그러므로 게임의 값과 P_1의 最適戰略을 구한다는 것은 다음과 같은 선형계획문제를 푸는 것과 같다. 즉,

$$\begin{cases} -a_{11}x_1-a_{21}x_2-\cdots-a_{m1}x_m+v\leq 0 \\ -a_{12}x_1-a_{22}x_2-\cdots-a_{m2}x_m+v\leq 0 \\ \cdots\cdots\cdots\cdots\cdots\cdots\cdots\cdots\cdots\cdots\cdots\cdots \\ -a_{1n}x_1-a_{2n}x_2-\cdots-a_{mn}x_m+v\leq 0 \\ \quad x_1+x_2+\cdots+x_m=1 \\ \quad x_i\geq 0, \quad i=1, 2, \cdots, m \end{cases}$$

인 制約條件 아래에서

$$\max \quad Z=0x_1+0x_2+\cdots+0x_m+v$$

여기서 일반적으로 변수 v에 대한 非陰數條件 $v\geq 0$은 성립하지 않는다. 따라서 게임을 약간 변형하여 조건 $v\geq 0$을 첨부하여야 한다. 이를 위해서는 利得表의 모든 원소 a_{ij}에 일정한 값 k를 더하여 $a_{ij}+k>0$이 되도록 하면 된다. 이 변형된 게임은 본래의 게임을 하면서 다만 P_1이 P_2로부터 k만큼의 이득을 더 받는 것과 같으므로, 이러한 변형은 각 플에이어의 전략 자체에는 아무런 영향을 주지 않으며, 단지 게임의 값만을 k만큼 많게 할 뿐이다. 그러므로 본래의 利得表의 원소가 모두 양수인 경우만을 생각해도 좋은 것이다. 이제, 주어진 利得表의 원소가 모두 양수라고 가정하면, $v\geq 0$이다. 이 때, 등식

$$x_1+x_2+\cdots+x_m=1$$

을 부등식

$$x_1+x_2+\cdots+x_m\leq 1$$

로 바꾸면 v 대신에 변수 x_{m+1}을 사용하면 다음과 같은 標準型의 선형계획문제를 얻는다.

最大問題〔I〕

$$\begin{cases} -a_{11}x_1-a_{21}x_2-\cdots-a_{m1}x_m+x_{m+1}\leq 0 \\ -a_{12}x_1-a_{22}x_2-\cdots-a_{m2}x_m+x_{m+1}\leq 0 \\ \cdots\cdots\cdots\cdots\cdots\cdots\cdots\cdots\cdots\cdots\cdots\cdots \\ -a_{1n}x_1-a_{2n}x_2-\cdots-a_{mn}x_m+x_{m+1}\leq 0 \\ \quad x_1+x_2+\cdots+x_m=1 \\ \quad x_i\geq 0, \quad i=1, 2, \cdots, m, m+1 \end{cases}$$

인 制約條件 아래에서

$$\max. \quad Z=0x_1+0x_2+\cdots+0x_m+v$$

마찬가지로, P_2의 最適戰略 $\bar{Y}=\begin{bmatrix} y_1 \\ y_2 \\ \vdots \\ y_n \end{bmatrix}$과 게임값 v에 관한 관계식으로부터 다음과 같은 선형계획문제를 얻는다.

最小問題〔Ⅱ〕

$$\begin{cases} -a_{11}y_1-a_{21}y_2-\cdots-a_{1n}y_n+y_{n+1}\geq 0 \\ -a_{21}y_1-a_{22}y_2-\cdots-a_{2n}y_n+y_{n+1}\geq 0 \\ \cdots\cdots\cdots\cdots\cdots\cdots\cdots\cdots\cdots\cdots\cdots\cdots \\ -a_{m1}y_1-a_{m2}y_2-\cdots-a_{mn}y_n+y_{n+1}\geq 0 \\ \quad y_1+y_2+\cdots+y_n=1 \\ \quad y_j\geq 0, \quad j=1, 2, \cdots, n, n+1 \end{cases}$$

인 制約條件 아래에서

$$\text{min.} \quad Z=0y_1+0y_2+\cdots+0y_n+y_{n+1}$$

問題〔Ⅰ〕과 問題〔Ⅱ〕는 서로 雙對的인 문제이다. 따라서 問題〔Ⅰ〕을 풀면 P_1의 最適戰略과 게임의 값뿐만 아니라, 雙對定理에 의하여 P_2의 最適戰略도 구할 수 있다.

예 1 다음 게임을 선형계획법으로 풀어보자.

P_1 \ P_2	1	2
1	4	1
2	2	3

모든 원소가 양수이므로 다음과 같은 최대문제를 얻는다.

$$\begin{cases} -4x_1-2x_2+x_3\leq 0 \\ -\ \ x_1-3x_2+x_3\leq 0 \\ \quad x_1+\ \ x_2 \qquad \leq 1 \\ \quad x_1,\ x_2,\ x_3\geq 0 \end{cases}$$

인 제약조건 아래에서

$$\text{max.} \quad Z=0x_1+0x_2+x_3$$

슬랙變數 x_4, x_5, x_6를 도입하여 심플렉스 따블로를 만들면 다음과 같이 〈표 16-11〉을 얻는다.

〈표 16-11〉

C	基本變數	基本可能解	x_1	x_2	x_3	x_4	x_5	x_6
0	x_4	0	-4	-2	①	1	0	0
0	x_5	0	-1	-3	1	0	1	0
0	x_6	1	1	1	0	0	0	1
		0	0	0	-1	0	0	0
1	x_3	0	-4	-2	1	1	0	0
0	x_5	0	③	-1	0	-1	1	0
0	x_6	1	1	1	0	0	0	1
		0	-4	-2	0	1	0	0
1	x_3	0	0	$-\frac{10}{3}$	1	$-\frac{1}{3}$	$\frac{4}{3}$	0
0	x_1	0	1	$-\frac{1}{3}$	0	$-\frac{1}{3}$	$\frac{1}{3}$	0
0	x_6	1	0	$\frac{4}{3}$	0	$\frac{1}{3}$	$-\frac{1}{3}$	1
		0	0	$-\frac{10}{3}$	0	$-\frac{1}{3}$	$\frac{4}{3}$	0
1	x_3	$\frac{5}{2}$	0	0	1	$\frac{1}{2}$	$\frac{1}{2}$	$\frac{5}{2}$
0	x_1	$\frac{1}{4}$	1	0	0	$-\frac{1}{4}$	$\frac{1}{4}$	$\frac{1}{4}$
0	x_2	$\frac{3}{4}$	0	1	0	$\frac{1}{4}$	$-\frac{1}{4}$	$\frac{3}{4}$
		$\frac{5}{2}$	0	0	0	$\frac{1}{2}$	$\frac{1}{2}$	$\frac{5}{2}$

이 계산에 의하여 $x_1=\frac{1}{4}$, $x_2=\frac{3}{4}$, $x_3=\frac{5}{2}$이므로, P_1의 最適戰略은 $\begin{bmatrix}\frac{1}{4} & \frac{3}{4}\end{bmatrix}$이고 게임의 값은 $\frac{5}{2}$이다. 이 때, 표의 □친 부분의 결과에 따라서 $y_1=\frac{1}{2}$, $y_2=\frac{1}{2}$, $y_3=\frac{5}{2}$이므로 P_2의 最適戰略은 $\begin{bmatrix}\frac{1}{2} \\ \frac{1}{2}\end{bmatrix}$이다.

예 2 다음 표 (a)의 각 원소에 3을 더하면, 표 (b)와 같이 모든 원소는 양수로 된다.

(a)

P_1 \ P_2	1	2	3
1	0	2	−1
2	−2	3	4
3	3	1	2

(b)

P_1 \ P_2	1	2	3
1	3	5	2
2	1	6	7
3	6	4	5

표 (b)를 이용하여 선형계획문제를 만들면 다음과 같다.

$$\begin{cases} -3x_1 - x_2 - 6x_3 + x_4 \leq 0 \\ -5x_1 - 6x_2 - 4x_3 + x_4 \leq 0 \\ -2x_1 - 7x_2 - 5x_3 + x_4 \leq 0 \\ x_1 + x_2 + x_3 \leq 1 \\ x_i \geq 0, \quad i = 1, 2, 3, 4 \end{cases}$$

인 제약조건 아래에서

$$\max. \quad Z = 0x_1 + 0x_2 + 0x_3 + x_4$$

이 최대문제에 슬랙變數 x_5, x_6, x_7, x_8을 도입하여 심플랙스 따블로를 만들면 〈표 16-12〉를 얻는다.

〈표 16-12〉

C			x_1	x_2	x_3	x_4	x_5	x_6	x_7	x_8
0	x_5	0	−3	−1	−6	①	1	0	0	0
0	x_6	0	−5	−6	−4	1	0	1	0	0
0	x_7	0	−2	−7	−5	1	0	0	1	0
0	x_8	1	1	1	1	0	0	0	0	1
		0	0	0	0	−1	0	0	0	0

1	x_4	0	-3	-1	-6	1	1	0	0	0
0	x_6	0	-2	-5	②	0	-1	1	0	0
0	x_7	0	1	-6	1	0	-1	0	1	0
0	x_8	1	1	1	1	0	0	0	0	1
		0	-3	-1	-6	1	1	0	0	0
1	x_4	0	-9	-16	0	1	-2	3	0	0
0	x_3	0	-1	$-\frac{5}{2}$	1	0	$-\frac{1}{2}$	$\frac{1}{2}$	0	0
0	x_7	0	2	$-\frac{7}{2}$	0	0	$-\frac{1}{2}$	$-\frac{1}{2}$	1	0
0	x_8	1	2	$\textcircled{\frac{7}{2}}$	0	0	$\frac{1}{2}$	$-\frac{1}{2}$	0	1
		0	-9	-16	0	1	-2	3	0	0
1	x_4	$\frac{32}{7}$	$\frac{1}{7}$	0	0	1	$\frac{2}{7}$	$\frac{5}{7}$	0	$\frac{32}{7}$
0	x_3	$\frac{5}{7}$	$\frac{3}{7}$	0	1	0	$-\frac{1}{7}$	$\frac{1}{7}$	0	$\frac{5}{7}$
0	x_7	1	4	0	0	0	0	-1	1	1
0	x_2	$\frac{2}{7}$	$\frac{4}{7}$	1	0	0	$\frac{1}{7}$	$-\frac{1}{7}$	0	$\frac{2}{7}$
		$\frac{32}{7}$	$\frac{1}{7}$	0	0	1	$\boxed{\frac{2}{7}}$	$\boxed{\frac{5}{7}}$	$\boxed{0}$	$\boxed{\frac{32}{7}}$

이 표에 의하여

$$x_1=0,\quad x_2=\frac{2}{7},\quad x_3=\frac{5}{7},\quad x_4=\frac{32}{7}$$

$$y_1=\frac{2}{7},\quad y_2=\frac{5}{7},\quad y_3=0,\quad y_4=\frac{32}{7}$$

이므로, P_1과 P_2의 最適戰略은 각각 다음과 같다.

$$\begin{bmatrix}0 & \frac{2}{7} & \frac{5}{7}\end{bmatrix},\qquad \begin{bmatrix}\frac{2}{7}\\ \frac{5}{7}\\ 0\end{bmatrix}$$

또, $x_4=\frac{32}{7}$이므로, 표 (a)로부터 표 (b)를 만들 때에 더하였던 3을 뺀 값 $\frac{32}{7}-3=\frac{11}{7}$이 (a)의 게임의 값이다.

練習問題 16.6

[1] 다음 게임을 심플렉스解法으로 풀어라.

(a)

P_1 \ P_2	1	2	3
1	1	2	3
2	2	3	1
3	3	1	2

(b)

P_1 \ P_2	1	2	3	4
1	−1	2	−3	4
2	4	−3	2	1
3	−2	2	2	−2

[2] 다음과 같은 利得行列을 갖는 게임이 있다. 플레이어 P_2의 입장에서 본 선형계획문제를 식으로 써라.

(a) $A=\begin{bmatrix} 4 & 2 \\ 0 & 9 \end{bmatrix}$ (b) $A=\begin{bmatrix} 1 & 4 & 3 \\ 0 & 2 & 8 \end{bmatrix}$

練習問題解答

練習問題 2.2

[1] (a) $\{x|x>5\}$ (b) $\{x|0<x<5\}$ (c) $\{x|x^2+2x-8=0\}$

[2] (a), (b), (c), (e), (f), (h)

[3] (a) $A\cup B=\{2, 4, 6\}$ (b) $B\cap C=\{2, 6\}$
(c) $D\cap B\cap A=\{2, 6\}$ (d) $C\cup A\cup D=\{1, 2, 4, 6\}$

[4] ϕ, $\{x\}$, $\{\{y, z\}\}$, $\{x, \{y, z\}\}$

[5] (a) $A\times B=\{(1, a), (1, b), (3, a), (3, b), (5, a), (5, b)\}$
(b) $C\times B=\{(1, a), (1, b), (2, a), (2, b)\}$
(c) $A\times C=\{(1, 1), (1, 2), (3, 1), (3, 2), (5, 1), (5, 2)\}$
(d) $A\times B\times C=\{(1, a, 1), (1, a, 2), (1, b, 1), (1, b, 2), (3, a, 1), (3, a, 2), (3, b, 1), (3, b, 2), (5, a, 1), (5, a, 2), (5, b, 1), (5, b, 2)\}$

練習問題 2.7

[1] $\overline{P_1P_2}=\sqrt{(x_2-x_1)^2+(y_2-y_1)^2}$

[2] $\overline{P_1P_2}=\sqrt{(x_2-x_1)^2+(y_2-y_1)^2+(z_2-z_1)^2}$

練習問題 2.8

[1] $f(1)=1,\quad f(0)=1,\quad f(-1)=-1$

[2] f는 1 대 1

[3] f는 위로의 함수

[4] $4!=24$

練習問題 2.9

[2] $(g\circ f)(x)=g(f(x))=g(2x^3+1)=2x^3+3$
$(f\circ g)(x)=f(g(x))=f(x+2)=2(x+2)^3+1$

[3] (a) $g\circ f$는 1 대 1 (b) $g\circ f$는 위로의 함수

練習問題　2.12

［2］ (a) $x=0,\ y=0$　　(c) $x^2+y^2=32$

(b) $x^2+y^2=16$　　(d) $x^2+y^2=48$

［3］ (a) $D=\{(x,\ y,\ z)\,|\,x^2+y^2+z^2\geq 16\}$

(b) $D=R^3$

練習問題　3.1

［1］ $p=4,\ q=4000$

［2］ $p=4\frac{1}{3},\ q=3666\frac{2}{3}$

［3］ $p=4\frac{1}{3},\ q=4666\frac{2}{3}$

練習問題　3.2

［1］ $Y=400,\ C=340,\ S=60$

［2］ $Y=480,\ k=4$

練習問題　3.3

［1］ $Y=520$

［2］ $\Delta Y=10$

［3］ $Y=333\frac{1}{3}$

練習問題　3.4

［1］ $\bar{Y}=600,\ \bar{r}=0.1$

［2］ $\bar{Y}=650,\ \Delta Y/\Delta G=5/3$

［3］ $\bar{Y}=650,\ \Delta Y/\Delta M^S=5/3$

練習問題　4.2

［2］ (b) $BC\neq CB$

[3] $x=4,\ y=-1$

練習問題 4.3

[1] $AB=O,\ BA\neq O$

[6] $X=A^{-1}BC^{-1}$

[7] $(ABCD)^{-1}=D^{-1}C^{-1}B^{-1}A^{-1}$

[8] (a) $\begin{bmatrix} 1 & 0 & 0 \\ 0 & \frac{1}{2} & 0 \\ 0 & 0 & -\frac{1}{3} \end{bmatrix}$ (b) $\begin{bmatrix} 1 & 0 & 0 \\ 0 & 1 & 0 \\ 0 & 0 & 1 \end{bmatrix}$

練習問題 4.5

[1] $(A^T)^T=A$

[2] AA^T, A^TA 는 모두 對稱行列

[4] $(AB)^T=B^TA^T,\ (A^TB^T)^T=BA$

[5] (a) $A=A^T \Longrightarrow AA^T=A^TA$

[6] $A^{-1}=\begin{bmatrix} -\frac{1}{4} & 0 \\ 0 & -\frac{1}{3} \end{bmatrix}$, $B^{-1}=\begin{bmatrix} -\frac{1}{2} & 0 & 0 \\ 0 & \frac{1}{5} & 0 \\ 0 & 0 & -\frac{1}{3} \end{bmatrix}$

練習問題 4.6

[1] $\begin{bmatrix} 0 & 0 & 0 & 4 & -3 \\ 0 & 0 & 0 & -3 & -4 \\ 0 & 0 & 1 & 0 & 0 \\ 0 & 1 & 0 & 0 & 0 \\ 1 & 0 & 0 & 0 & 0 \end{bmatrix}$

[2] (a) $\begin{bmatrix} 2 & 1 & 1 & 0 & 0 & 2 \\ 1 & 2 & 1 & 0 & 0 & 2 \\ 1 & 1 & 2 & 0 & 0 & 2 \\ 0 & 0 & 0 & 1 & 0 & 0 \\ 0 & 0 & 0 & 0 & 1 & 0 \\ 2 & 2 & 2 & 0 & 0 & 4 \end{bmatrix}$ (b) $\begin{bmatrix} 1 & 0 & 0 & 0 & 0 \\ 0 & 2 & 0 & 0 & 2 \\ 0 & 0 & 2 & 2 & 0 \\ 0 & 0 & 2 & 2 & 0 \\ 0 & 2 & 0 & 0 & 2 \end{bmatrix}$

[3] $X=-A^{-1}BA^{-1}$

練習問題 5.2

[1] $A_{11}=2,\ A_{12}=16,\ A_{13}=1$
$A_{21}=6,\ A_{22}=-11,\ A_{23}=3$
$A_{31}=31,\ A_{32}=12,\ A_{33}=-14$

[2] (a) $(a-b)^2-(a+b)^2=-4ab$ (b) 12 (c) −5 (d) −6

[3] (a) 6 (b) 6

[4] (a) 2 (b) 180 (c) −12 (d) 6

練習問題 5.3

[3] (a) 16 (b) 12

[4] (a) −75 (b) a^3-b^3

練習問題 5.4

[1] (a) $\begin{bmatrix} \frac{1}{3} & -\frac{8}{3} \\ 0 & 1 \end{bmatrix}$ (b) $\begin{bmatrix} 1 & 0 \\ 0 & \frac{1}{2} \end{bmatrix}$ (c) $\begin{bmatrix} \frac{1}{28} & \frac{1}{4} \\ \frac{3}{28} & -\frac{1}{4} \end{bmatrix}$ (d) $\begin{bmatrix} 4 & -7 \\ -1 & 2 \end{bmatrix}$

[2] (a) $\begin{bmatrix} 0 & -\frac{1}{5} & \frac{3}{10} \\ -1 & \frac{1}{5} & \frac{7}{10} \\ 0 & \frac{2}{5} & -\frac{1}{10} \end{bmatrix}$ (b) $\frac{1}{8}\begin{bmatrix} 3 & 2 & -9 \\ -1 & 2 & -5 \\ -6 & -4 & 26 \end{bmatrix}$

(c) $\begin{bmatrix} 1 & 0 & 0 \\ 0 & 0 & 1 \\ 0 & 1 & 0 \end{bmatrix}$ (d) $\begin{bmatrix} 0 & 0 & 1 \\ 0 & 2 & -2 \\ 3 & -6 & 3 \end{bmatrix}$

[3] $A_{23}=3$, $A_{31}=3$, $A_{32}=1$, $A_{33}=2$ 이므로

$$A^{-1}=-\frac{1}{5}\begin{bmatrix} 8 & -12 & 3 \\ 1 & -4 & 1 \\ -2 & 3 & -2 \end{bmatrix}=\frac{1}{5}\begin{bmatrix} -8 & 12 & -3 \\ -1 & 4 & -1 \\ 2 & -3 & 2 \end{bmatrix}$$

[5] $A^{-1}=\dfrac{1}{1-t^2}\begin{bmatrix} 1 & -t & -t \\ -t & 1 & 1 \\ -t & t^2 & 1 \end{bmatrix}$

[6] (a) $\begin{bmatrix} 2 & 1 \\ 1 & 1 \end{bmatrix}$ (b) $\begin{bmatrix} 3 & 2 & 1 \\ 2 & 2 & 1 \\ 1 & 1 & 1 \end{bmatrix}$ (c) $\begin{bmatrix} 4 & 3 & 2 & 1 \\ 3 & 3 & 2 & 1 \\ 2 & 2 & 2 & 1 \\ 1 & 1 & 1 & 1 \end{bmatrix}$

練習問題 5.5

[1] (a) $x_1=8$, $x_2=8$ (b) $x_1=3$, $x_2=0$

[2] (a) $x_1=3$, $x_2=4$, $x_3=2$ (b) $x=\dfrac{b+c}{2}$, $y=\dfrac{a+c}{2}$, $z=\dfrac{a+b}{2}$

練習問題 5.6

[1] 解가 존재하지 않는다.

[2] $x_1=-\dfrac{7}{5}$, $x_2=\dfrac{6}{5}$, $x_3=\dfrac{1}{5}$

[3] $x_1=-\dfrac{7}{11}t+\dfrac{16}{11}$, $x_2=\dfrac{1}{11}t-\dfrac{7}{11}$, $x_3=t$

[4] $x_1=x_2=x_3=0$

[5] $k=13$

練習問題 5.7

[1] $Y=\dfrac{a+b}{1-(c+d)}$, $C=a+\dfrac{c(a+b)}{1-(c+d)}$, $I=b+\dfrac{d(a+b)}{1-(c+d)}$

[2] $p=\dfrac{a-c}{d-b}$, $q=\dfrac{ad-bc}{d-b}$

[3] $Y=\dfrac{f(b+G_0)+g(M_0-d)}{\{1-c(1-t)\}f+eg}$, $r=\dfrac{-e(b+G_0)+\{1-c(1-t)\}(M_0-d)}{\{1-c(1-t)\}f+eg}$

[4] (a) $\bar{Y}=600$, $\bar{r}=0.1$ (b) $\bar{Y}=600$, $\bar{r}=0.1$

練習問題 5.8

[1] $x_1=15$, $x_2=567/28$, $x_3=189/14$

[2] (b) $\bar{X}=\begin{bmatrix} 580/19 \\ 656/19 \\ 300/19 \end{bmatrix}$ (c) $\text{GNP}=\dfrac{1536}{19}$

練習問題 5.9

[1] (a) $Y_1=360$, $Y_2=512$ (b) $Y_1=512$, $Y_2=1472$

[2] (a) $B=\begin{bmatrix} c_1-m_1 & m_2 \\ m_1 & c_2-m_2 \end{bmatrix}$

(b) $Y_1=\dfrac{(1-c_2+m_2)I_1+m_2I_2}{(1-c_2+m_2)(1-c_1+m_1)-m_1m_2}$

$Y_2=\dfrac{m_1I_1+(1-c_1+m_1)I_2}{(1-c_2+m_2)(1-c_1+m_1)-m_1m_2}$

(c) $Y_1>0$, $Y_2>0$ ($\because$ $\Delta>0$)

[3] $$B=\begin{bmatrix} (c_1-m_{12}-m_{13}\cdots m_{1n}) & m_{21} & m_{31} \cdots\cdots & m_{n1} \\ m_{12} & (c_2-m_{21}-m_{23}\cdots m_{2n}) & m_{32} \cdots\cdots & m_{n2} \\ \vdots & & & \vdots \\ m_{1n} \quad m_{2n} \quad m_{3n} & \cdots\cdots & m_{n-1,\,n} & (c_n-m_{n1}-m_{n2}\cdots m_{nn-1}) \end{bmatrix}$$

練習問題 6.1

[1] (a) $\dfrac{5}{2}$ (b) $\dfrac{20}{7}$ (c) 2

[2] (a) 2/23 (b) 2 (c) 8 (d) -9

[3] (a) 7

[4] (a) $a+2/a^2+2$ (b) 連續

[5] (a) 2 (b) 0 (c) $x<-11$ (d) 0

練習問題 6.2

[1] (a) $f'(x)=6x$ (b) $f'(3)=18,\ f'(4)=24$

[2] $\lim_{\Delta t\to 0}\dfrac{f(1+\Delta t)-f(1)}{\Delta t}=\lim_{\Delta t\to 0}\dfrac{\dfrac{1}{1-\Delta t}-1}{\Delta t}=-1$

[3] $\dfrac{\Delta y}{\Delta x}=\dfrac{f(b)-f(a)}{b-a}=\dfrac{b^2-a^2}{b-a}=b+a$

[4] $f'(2)=5$

[5] $f'(x)=2x$ 이므로
$y-1=2(x-1)$, 곧 $y=2x-1$

練習問題 6.3

[1] (a) $4x^{-5}$ (b) $\dfrac{2}{3}x^{-\frac{2}{3}}$ (c) $36w^3$

[2] (a) $81x^2+18x-6$ (b) $54x^2+126x-11$
(c) $12x(x+1)$ (d) $3acx^2+2bcx$
(e) $-9x^2-14x$ (f) $1-3x^{-2}$

[3] (a) $1-3/x^2$ (b) $-7/x^2$
(c) $20/(x+5)^2$ (d) $acx^2+2adx-bc/(cx+d)^2$

[4] (a) $18x(3x^2-7)^2$ (b) $144x(8x^3-5)^5$
(c) $4a(ax+b)$ (d) $-32(16x+3)^{-3}$

[5] (a) $5(x-1)^3(x+1)^4+3(x-1)^2(x+1)^5$ (b) $2x^{-2}\left(1+\dfrac{1}{x}\right)^{-3}$

練習問題 6.4

[1] (a) $f'(x)=2x,\ f''(x)=2$
(b) $f'(x)=2/(1-x)^2,\ f''(x)=4/(1-x)^3$
(c) $g'(x)=16x^3-3,\ g''(x)=48x^2$

(d) $g'(x)=5x^4(1+x)^6+6x^5(1+x)^5$

$g''(x)=20x^3(1+x)^6+60x^4(1+x)^5+30x^5(1+x)^4$

[2] (a) $y'=3x^2-4x-3,\ y''=6x-4,\ y'''=6$

(b) $y'=2ax+b,\ y''=2a,\ y'''=0$

(c) $y'=1-1/x^2,\ y''=2/x^3,\ y'''=-6/x^4$

(d) $y'=-2x/(1+x^2)^2,\ y''=6x^2-2/(1+x^2)^3$

$$y'''=\frac{12x(1+x^2)^2-6x(6x^2-2)}{(1+x^2)^5}$$

練習問題 6.5

[1] (a) $y=-x+4$ (b) $y=\frac{1}{3}x+\frac{5}{3}$

[2] (a) $y=x^2-2$ (b) $y=x^2$

[3] (a) 値域: $\{y|y\geq 0\}$, 逆函數: $y=\sqrt{x}+2$

(b) $y=x^3,\ x\geq 0$, 値域: $\{y|y\geq 0\}$, 逆函數: $y=x^{\frac{1}{3}}$

(c) 値域: $\{y|y\geq 0\}$, 逆函數: $y=x^{\frac{1}{4}}$

練習問題 6.6

[1] (a) -0.75 (b) $-p^{-0.25}/8+4p^{-0.25}$

(c) $-2p^2/10-p^2$ (d) $-\sqrt{p}/20-2\sqrt{p}$

[2] (a) $\alpha p^\alpha/\alpha+p^\alpha$ (b) $\alpha<0$

[3] (a) $\eta=-5\cdot\frac{3}{5}=-3$ (b) $\eta=-6\cdot\frac{3}{5}=-\frac{18}{5}$

(c) $\eta=-\frac{1}{4}\cdot\frac{3}{5}=-\frac{3}{20}$ (d) $\eta=-\frac{15}{9}\cdot\frac{3}{5}=-1$

[4] $dq/dp=-\eta kp^{-\eta-1}$ 이므로

$$\eta=-\eta kp^{-\eta-1}\cdot\frac{p}{kp^{-\eta}}=-\eta$$

練習問題 6.7

[2] $D(=q)=100-2p$, 즉 $p=50-\frac{1}{2}q$

(a) $TR=p\cdot q=\left(50-\dfrac{1}{2}q\right)q=50q-\dfrac{1}{2}q^2$

$\therefore\ MR=50-q$

(b) $AR=50-\dfrac{1}{2}q$

[3] (a) $MP=3al^2+2bl+c$　　(b) $AP=al^2+bl+c+d/l$

[5] $MC=2$

練習問題　7.2

[1] (a) $f_x=2x+5y,\ f_y=5x-3y^2$

(b) $f_x=3x^2-4x-7y,\ f_y=-7x+14$

(c) $f_x=\dfrac{5y}{(x+y)^2},\ f_y=\dfrac{-5x}{(x+y)^2}$

(d) $f_x=\dfrac{x^2+1}{x^2y},\ f_y=\dfrac{-x^3+x}{x^2y^2}=\dfrac{-x^2+1}{xy^2}$

[2] (a) $\partial z/\partial x=2(y-2),\ \partial z/\partial y=2x+3$

(b) $\partial z/\partial x=6+16y^2,\ \partial z/\partial y=32xy-27y^2$

(c) $\partial z/\partial x=2/y-2,\ \partial z/\partial y=-2x-3/(y-2)^2$

(d) $\partial z/\partial x=2y/(x+y)^2,\ \partial z/\partial y=-2x/(x+y)^2$

[3] $\partial u/\partial x=y+z,\ \partial u/\partial y=x+z,\ \partial u/\partial z=y+x$

[4] $F_x(x,\ y)=4xy^3-3x^2y^5$　　$\therefore\ F_x(1,\ 1)=1$

$F_y(x,\ y)=6x^2y^2-5x^3y^4$　　$\therefore\ F_y(-1,\ 0)=0$

[5] $F_x(x,\ y,\ z)=6xy-yz$　　$\therefore\ F_x(1,\ 1,\ 1)=5$

$F_y(x,\ y,\ z)=3x^2-xz+2yz^2$　　$\therefore\ F_y(1,\ 1,\ 1)=4$

$F_z(x,\ y,\ z)=-xy+2y^2z$　　$\therefore\ F_z(1,\ 1,\ 1)=1$

練習問題　7.3

[1] (a) $\dfrac{\partial z}{\partial x}=2(y-2),\ \dfrac{\partial^2 z}{\partial y\partial x}=2,\ \dfrac{\partial^2 z}{\partial x^2}=0$

$\dfrac{\partial z}{\partial y}=2x+3,\ \dfrac{\partial^2 z}{\partial x^2 y}=2,\ \dfrac{\partial^2 z}{\partial y^2}=0$

(b) $\dfrac{\partial z}{\partial x}=6+16y^2,\ \dfrac{\partial^2 z}{\partial y\partial x}=32y,\ \dfrac{\partial^2 z}{\partial x^2}=0$

$\dfrac{\partial z}{\partial y}=32xy-27y^2,\ \dfrac{\partial^2 z}{\partial x\partial y}=32y,\ \dfrac{\partial^2 z}{\partial x^2}=32x-54y$

(c) $\dfrac{\partial z}{\partial x}=\dfrac{2}{y-2}$, $\dfrac{\partial z}{\partial y\partial x}=\dfrac{-2}{(y-2)^2}$, $\dfrac{\partial^2 z}{\partial x^2}=0$

$\dfrac{\partial z}{\partial y}=\dfrac{-(2x+3)}{(y-2)^2}$, $\dfrac{\partial z}{\partial x\partial y}=\dfrac{-2}{(y-2)^2}$, $\dfrac{\partial^2 z}{\partial y^2}=\dfrac{2(2x+3)}{(y-2)^3}$

(d) $\dfrac{\partial z}{\partial x}=\dfrac{2y}{(x+y)^2}$, $\dfrac{\partial z}{\partial y\partial x}=\dfrac{2(x+y)-4y}{(x+y)^3}=\dfrac{2(x-y)}{(x+y)^3}$

$\dfrac{\partial^2 z}{\partial x^2}=\dfrac{-4y}{(x+y)^3}$

$\dfrac{\partial z}{\partial y}=\dfrac{-2x}{(x+y)^2}$, $\dfrac{\partial^2 z}{\partial x\partial y}=\dfrac{2(x-y)}{(x+y)^3}$

$\dfrac{\partial^2 z}{\partial y^2}=\dfrac{4x}{(x+y)^3}$

[2] (a) $f_x=3x^2-3y$, $f_y=3y^2-3x$

$f_{xx}=6x$, $f_{xy}=-3=f_{yx}$, $f_{yy}=6y$

(b) $\dfrac{\partial z}{\partial x}=2xy+y^2$, $\dfrac{\partial z}{\partial y}=x^2+2xy$

$\dfrac{\partial^2 z}{\partial x^2}=2y$, $\dfrac{\partial^2 z}{\partial y\partial x}=2x+2y=\dfrac{\partial^2 z}{\partial x\partial y}$, $\dfrac{\partial^2 z}{\partial y^2}=2x$

(c) $f_x=\dfrac{-x^2+y^2}{(x^2+y^2)^2}$, $f_y=\dfrac{-2xy}{(x^2+y^2)^2}$

$f_{xx}=\dfrac{2x(x^2-3y^2)}{(x^2+y^2)^3}$, $f_{xy}=f_{yx}=\dfrac{2y(3x^2-y^2)}{(x^2+y^2)^3}$

$f_{yy}=\dfrac{2x(3y^2-x^2)}{(x^2+y^2)^3}$

(d) $f_x=2y/(x+y)^2$, $f_y=-2x/(x+y)^2$

$f_{xx}=-4y/(x+y)^3$, $f_{yx}=f_{xy}=2(x-y)/(x+y)^3$

$f_{yy}=4x/(x+y)^3$

[3] (a) $\dfrac{\partial u}{\partial x}3x^2y+16xz^3$, $\dfrac{\partial^2 u}{\partial y\partial x}=3x^2$

$\dfrac{\partial^2 u}{\partial z\partial x}=18xz^2$, $\dfrac{\partial^2 u}{\partial x^2}=6xy+6z^3$

$\dfrac{\partial u}{\partial y}=x^3+2yz$, $\dfrac{\partial^2 u}{\partial x\partial y}=3x^2$

$\dfrac{\partial^2 u}{\partial z\partial y}=2y$, $\dfrac{\partial^2 u}{\partial y^2}=2z$

$\dfrac{\partial u}{\partial z}=9x^2z^2+y^2$, $\dfrac{\partial^2 u}{\partial x\partial z}=18xz^2$

$\dfrac{\partial^2 u}{\partial y\partial z}=2y$, $\dfrac{\partial^2 u}{\partial z^2}18x^2z$

(b) $\dfrac{\partial u}{\partial x}=2x,\ \dfrac{\partial u}{\partial y}=2y,\ \dfrac{\partial u}{\partial z}=2x$

$$\frac{\partial^2 u}{\partial x^2}=\frac{\partial^2 u}{\partial y^2}=\frac{\partial^2 u}{\partial z^2}=2$$

$$\frac{\partial^2 u}{\partial y\partial x}=\frac{\partial^2 u}{\partial x\partial y}=\frac{\partial^2 u}{\partial z\partial x}=\frac{\partial^2 u}{\partial x\partial z}=\frac{\partial^2 u}{\partial z\partial y}=\frac{\partial^2 u}{\partial y\partial z}=0$$

[4] (a) $f_x=4xy^3-3x^2y^5,\ f_{xy}=12xy^2-15x^2y^4$

$f_y=6x^2y^2-5x^3y^4,\ f_{yx}=12xy^2-15x^2y^4$

$\therefore\ f_{xy}=f_{yx}$

(b) $f_x=15x^2(x^3+y^2)^4,\ f_{xy}=120x^2y(x^3+y^2)^3$

$f_y=10y(x^3+y^2)^4,\ f_{yx}=120x^2y(x^3+y^2)^3$

$\therefore\ f_{xy}=f_{yx}$

[5] (a) $f_x=3x^2y-y^3,\ f_{xx}=6xy$

$f_y=x^3-3xy^2,\ f_{yy}=-6xy$

$\therefore\ f_{xx}+f_{yy}=0$

(b) $f_x=3x^2-3y^2,\ f_{xx}=6x$

$f_y=-6xy,\ f_{yy}=-6x$

$\therefore\ f_{xx}+f_{yy}=0$

練習問題　7.4

[1] (a) $dy=4(x-1)dx$　(b) $dx=0.05,\ dy=0.2$

(c) $\Delta y=0.205,\ \Delta y-dy=0.005$

[2] (a) $dy=(-4x^3-6x)dx$　(b) $dy=-x^2+1/(x^2+1)^2dx$

[3] $dz=(6x+y)dx+(x+6y^2)dy$

[4] (a) $\Delta u=0.075015$　(b) $\Delta u-dy=0.000015$

[5] $d^2u=2dx^2+2dy^2+2dz^2$

練習問題　7.5

[1] (a) $\dfrac{dz}{dx}=6x^2-12xy+y+12$　(b) $\dfrac{dz}{dx}=10x-3y+\dfrac{1}{x^2}(3x-4y)$

(c) $\dfrac{dz}{dx}=9x-27y$

[2] (a) $\dfrac{dz}{dt}=3t^2+50t-21$ (b) $\dfrac{dz}{dt}=14t+2$

(c) $\dfrac{dz}{dt}=64t^3+20t+4$

[3] $\dfrac{\partial w}{\partial u}=6u+4v$, $\dfrac{\partial w}{\partial v}=4u+18v$

練習問題 7.6

[2] $\dfrac{\partial z}{\partial x}=-\dfrac{2x+3y}{2y+2z}$, $\dfrac{\partial z}{\partial y}=-\dfrac{3x+2y+2z}{2y+2z}$

練習問題 7.7

[1] 종속

[2] $18y^2$

[3] $\dfrac{dy}{dx}=\dfrac{4x-3y}{2x-2y}$, $\dfrac{dz}{dx}=-\dfrac{3x^2+2xy-3y^2}{z(3x-2y)}$

[4] $\dfrac{dy}{dx}=-\dfrac{nx-lz}{ny-mz}$, $\dfrac{dz}{dx}=-\dfrac{ly-mx}{ny-mz}$

練習問題 7.8

[1] (a) 2次 (b) 4次 (c) 同次函數가 아니다. (d) (−1)次
(e) 2次 (f) 4次

練習問題 7.9

[1] (a) $MP_1=2$, $MP_2=1$
(b) $MP_1=1$, $MP_2=1$

[2] (a) 3次 (b) (−1)次 (c) 6次

[3] $q=A(x_1^{\alpha}+x_2^{\alpha})$, $\alpha>1$

(a) $MRTS=\left(\dfrac{x_1}{x_2}\right)^{\alpha-1}$

(b) $\dfrac{d^2x_2}{dx_1^2}=-\dfrac{(\alpha-1)x_1^{\alpha-2}}{x_2^{\alpha-1}}<0$

(c) $\rho=\dfrac{1}{1-\alpha}$

練習問題 7. 10

[1] $C=C(Y-T)$, $I=I(r)$, $G=G_0$, $T=T_0$, $M^D=L(Y)$, $M^S=M_0$

[2] (c) $\bar{Y}=2000$, $\bar{r}=0.5$

(d) $dY/dI=30/17$, $dY/dG=30/17$, $dY/dt=-4{,}000$, $dY/dM^S=20/17$

(e) $dY/dG=0.6/1.1$

練習問題 8. 3

[1] (a) $x=2$ (b) $x=-\frac{1}{4}$ (c) $x=\pm 1$ (d) $x=1$ or 2

[2] 극대 -2, 극소 2

[3] (a) $x\geq 3$ 일 때 증가, $x\leq 3$ 일 때 감소

[4] (b) 최소 $f(1)=11$, 최대값 $f(3)=41$

[5] (a) $f(2)=13$(극대) (c) 극대・극소가 존재하지 않음

[6] (c) $f(0)=10$(극대), $f(-1)=9$(극소), $f(1)=9$(극소)

練習問題 8. 4

[1] 아래로 볼록

練習問題 8. 5

[1] (a) Maclaurin 級數 展開式:

$$f(x)=1+x+x^2+x^3+x^4$$

Taylor 級數 展開式:

$$f(x)=-1+(x-2)-(x-2)^2+(x-2)^3-(x-2)^4$$

(b) Maclaurin 級數 展開式:

$$f(x)=1-2x+2x^2-2x^3+2x^4$$

Taylor 級數 展開式:

$$f(x)=-\frac{1}{3}-\frac{2}{9}(x-2)+\frac{2}{27}(x-2)^2-\frac{2}{81}(x-2)^3+\frac{2}{243}(x-2)^4$$

[2] $R_n(c)=\dfrac{f^{(r+1)}(z)}{(r+1)!}(x-c)^{r+1}$

練習問題 8.6

[1] (a) $l=\frac{a}{2b}$ (b) $l=0$

[2] $AC=a\left\{\frac{c}{a(b-1)}\right\}^{\frac{b-1}{b}}+c\left\{\frac{c}{a(b-1)}\right\}^{b}$

[4] (a) $q=4$ (b) $q=0$

練習問題 8.7

[1] $MU_1=3q_1^2q_2$, $MU_2=q_1^3$
(b) $MU_1=q_2+2q_1$, $MU_2=q_1$

[2] (d) MRS가 체감하지 않는다.

[3] (a) $q_1=50$, $q_2=20$, $U=1000$
(b) $q_1=25$, $q_2=20$, $U=500$
(c) 수요법칙 성립

[4] (a) $q_1=30$, $q_2=30$, $u=27000$
(b) $q_1=30$, $q_2=30$, $u=30\sqrt{30}$
(c) $q_1=30$, $q_2=30$, $u=(30)^{3\alpha}$

練習問題 8.8

[1] $p=\frac{a(b+2d)+bc}{2(b+d)}$, $q=\frac{ac}{2(b+d)}$ $d\neq-b$, $d>0$

[2] $\eta=1$

練習問題 8.9

[1] (a) $\bar{t}=18$, (b) $\pi=\frac{7}{2}$ (c) $p=34$

[2] (b) $\pi=47$ (c) $\bar{t}=14$, $\bar{q}=\frac{7}{4}$, $T=\frac{49}{2}$

[3] (a) $\bar{t}=4$ (b) $\bar{p}=7$, $\bar{q}=4$

練習問題　9.1

[2]　(a) $q=[x_1\ \ x_2]\begin{bmatrix} 3 & -2 \\ -2 & 7 \end{bmatrix}\begin{bmatrix} x_1 \\ x_2 \end{bmatrix}$

(b) $q=[x_1\ \ x_2]\begin{bmatrix} -1 & 5 \\ 5 & -31 \end{bmatrix}\begin{bmatrix} x_1 \\ x_2 \end{bmatrix}$

(c) $q=[x_1\ \ x_2\ \ x_3]\begin{bmatrix} 3 & -1 & 2 \\ -1 & 5 & -1 \\ 2 & -1 & 4 \end{bmatrix}\begin{bmatrix} x_1 \\ x_2 \\ x_3 \end{bmatrix}$

練習問題　9.2

[1]　(a) $\lambda=2,\ 2\pm\sqrt{2}$　　(b) $\lambda=1,\ \frac{1}{6},\ \frac{5}{6}$

[4]　$q=x_1^2+2x_1x_2+x_1x_3+4x_2x_3-x_2^2+x_3^2$

$-A=\begin{bmatrix} 1 & 1 & \frac{1}{2} \\ 1 & -1 & 2 \\ \frac{1}{2} & 2 & 1 \end{bmatrix}$ 에서

$|A_1|=1>0,\ |A_2|=-2<0,\ |A_3|=-\frac{7}{2}<0$

練習問題　9.4

[1]　$f(0,\ 0)-3$(극소값)

[2]　$f\left(\frac{5}{3},\ \frac{4}{3}\right)=-\frac{7}{3}$ (극대값)

[3]　$f\left(\frac{1}{3},\ \frac{1}{3}\right)=-\frac{16}{3}$ (극소값)

練習問題　9.5

[1]　$f(0,\ 0,\ 0)=0$ (극소값)

[2]　$f(0,\ 0,\ 0)=5$ (극대값)

[3]　$f\left(\frac{1}{20},\ \frac{11}{20},\ -\frac{1}{10}\right)=\frac{11}{40}$ (극소값)

練習問題 9.6

[1] (a) $x_1=4.8,\ x_2=1.2$ (b) $\pi=229.6$

[2] (b) $x_1=p^2r_1^{-\frac{3}{2}}r_2^{-\frac{1}{2}},\ x_2=p^2r_1^{-\frac{1}{2}}r_2^{-\frac{3}{2}},\ q^*=4pr_1^{-\frac{1}{2}}r_2^{-\frac{1}{2}}$

[3] $\pi=112$

練習問題 9.7

[2] $\pi^*(r_1, r_2, r_3, r_4, r_5, p)=p^6r_1^{-1}r_2^{-1}r_3^{-1}r_4^{-1}r_5^{-1}$

(a) $\dfrac{\partial\pi^*}{\partial r_1}=-p^6r_1^{-2}r_2^{-1}r_3^{-1}r_4^{-1}r_5^{-1}=x_1^*$

$\dfrac{\partial\pi^*}{\partial r_2}=-p^6r_1^{-1}r_2^{-2}r_3^{-1}r_4^{-1}r_5^{-1}=x_2^*$

$\dfrac{\partial\pi^*}{\partial r_3}=-p^6r_1^{-1}r_2^{-1}r_3^{-2}r_4^{-1}r_5^{-1}=x_3^*$

$\dfrac{\partial\pi^*}{\partial r_4}=-p^6r_1^{-1}r_2^{-1}r_3^{-1}r_4^{-2}r_5^{-1}=x_4^*$

$\dfrac{\partial\pi^*}{\partial r_5}=-p^6r_1^{-1}r_2^{-1}r_3^{-1}r_4^{-1}r_5^{-2}=x_5^*$

(c) $\dfrac{\partial\pi^*}{\partial p}=q^*(r, p)=6p^5r_1^{-1}r_2^{-1}r_3^{-1}r_4^{-1}r_5^{-1}$

練習問題 10.1

[1] (a) 극대 $f\left(1, \frac{1}{2}\right)=\frac{1}{2}$ (b) 극대 $f\left(\frac{3}{2}, -\frac{1}{2}\right)=\frac{9}{4}$

(c) 극소 $f(1, 5)=-19$

[2] (a) 극소 $f(1, 1)=\frac{3}{2}$ (b) 극대 $f(-3, 13)=50$

(c) 극소 $f(18, 30)=0$ (d) 극대 $f(18, -9)=70$

練習問題 10.2

[1] Saddle point $(-11, 1, 11)$

[2] 극대 $f(8, 8, 0)=192$

練習問題 10.3

[2] (b) $q=Ax_1^{a}x_2^{1-a}$

[3] (b) $x_1=\dfrac{c^0-b}{2r_1}$, $x_2=\dfrac{c^0-b}{2r_2}$

練習問題 10.4

[1] $q_1=200$, $q_2=10$, $\mathrm{U}=20^{\frac{3}{2}}\cdot 10$

[2] 소비자균형은 동일

[3] $q_1=\dfrac{y_0}{2p_1}-\dfrac{1}{4}$, $q_2=\dfrac{y_0}{2p_2}+\dfrac{p_1}{4p_2}$

[4] 소비자균형은 동일

[5] 네 경우 모두 한 함수의 단조변환임에 주의

[6] 문제 2 의 경우

間接效用函數:

$$W=q_1^{\frac{\alpha}{\beta}}q_2=\left(\frac{y_0}{p_1}\ \frac{\alpha}{\alpha+\beta}\right)^{\frac{\alpha}{\beta}}\left(\frac{y_0}{p_2}\ \frac{\beta}{\alpha+\beta}\right)$$

支出函數:

$$E=p_1q_1+p_2q_2=p_1\left(w\frac{\alpha}{\beta}\ \frac{p_2}{p_1}\right)^{\frac{\beta}{\alpha+\beta}}+p_2w^{\frac{\beta}{\alpha+\beta}}\left(\frac{\beta p_2}{\alpha p_1}\right)^{\frac{-\alpha}{\alpha+\beta}}$$

문제 4 의 경우

間接效用函數:

$$W=q_1^2q_2^2=(y_0^2/4p_1p_2)^2$$

支出函數:

$$E=p_1q_1+p_2q_2=2(p_1p_2)^{\frac{1}{2}}W_0^{\frac{1}{4}}$$

練習問題 11.1

[1] (a) -4 (b) -4 (c) 3 (d) -1 (e) 5 (f) 5

[2] (a) -2 (b) $\log_2 2^4=4$ (c) 3 (d) 20

[3] (a), (b)

練習問題 11.3

[1] (a) $\dfrac{dy}{dt}=2e^{2t+3}$ (b) $\dfrac{dy}{dt}=-5e^{1-5t}$

(c) $\frac{dy}{dt}=2te^{t^2+1}$ (d) $\frac{dy}{dt}=-6te^{2-t^2}$

(e) $\frac{dy}{dx}=(2ax+b)e^{ax^2+bx+c}$ (f) $\frac{dy}{dx}=e^x+xe^x$

(g) $\frac{dy}{dx}=2xe^{2x}+2x^2\cdot e^{2x}$ (h) $\frac{dy}{dx}ae^{bx+c}+abxe^{bx+c}$

[2] (a) $\frac{dy}{dt}=\frac{5}{t}$ (b) $\frac{dy}{dt}=\frac{c}{t}$

(c) $\frac{dy}{dt}=\frac{1}{t+2}$ (d) $\frac{dy}{dt}=\frac{10}{t+1}$

(e) $\frac{dy}{dx}=\frac{1}{x(1+x)}$ (f) $\frac{dy}{dx}=\frac{1}{x}-\frac{8}{1-x}$

(g) $\frac{dy}{dx}=\frac{1}{x(1+x)}$ (h) $\frac{dy}{dx}=6x^3+12x^3\ln x^2$

[3] (a) $\frac{dy}{dt}=5^t\ln^5$ (b) $\frac{dy}{dt}=\frac{1}{(t+1)\ln 2}$

(c) $\frac{dy}{dx}=(2\ln 11)11^{2t+3}$ (d) $\frac{dy}{dx}=\frac{2}{x\ln 7}$

(e) $\frac{dy}{dx}=\frac{16x}{(8x^2+3)\ln 2}$ (f) $\frac{dy}{dx}=\frac{x}{\ln 3}+2x\log_3 x$

練習問題 11.4

[1] (a) $\frac{dy}{dx}=\frac{3(8-x^2)}{(x+2)^2(x+4)^2}$

(b) $\frac{dy}{dx}=\left(\frac{2x}{x^2+3}+2x\right)(x^2+3)e^{x^2+1}$

[2] $\frac{dy}{dx}=\left(\frac{1}{x}+\frac{x}{x^2+1}+\frac{x}{x^2+4}\right)x\sqrt{(x^2+1)(x^2+4)}$

練習問題 11.5

[4] $r=0.0718$

[7] $p=3625$

練習問題　11.6

[3]　$\dfrac{d\log_b q}{d\log_b p}=\dfrac{d\left(\dfrac{\ln q}{\ln b}\right)}{d\left(\dfrac{\ln p}{\ln b}\right)}=\dfrac{d(\ln q)}{d(\ln p)}=\eta$

練習問題　11.7

[1]　$t=\dfrac{1}{r^2}$

[2]　(a) $r_v=r$　　(b) $\dfrac{d^2A}{dt}=A\left[\dfrac{f''(t)f(t)-f'(t)^2}{f(t)^2}\right]$

練習問題　11.8

[1]　(a) $\dfrac{1}{2}$　　(b) $\dfrac{1}{2}$　　(c) 4

[2]　(a) $y'=-\csc^2 x$　　(b) $y'=-\csc x\cdot\cot x$

(c) $y'=\dfrac{1}{2}x^{-\frac{1}{2}}\cos\sqrt{x}$　　(d) $y'=\tan x+x\sec^2 x$

(e) $y'=\cot x$　　(f) $y'=e^x\cos x-e^x\sin x$

[3]　(a) $y'=12\sin^2 4x\cdot\cos 4x$　　(b) $y'=-6\cos 3x\cdot\sin 3x$

(c) $y'=2(\sin x+1)\cdot\cos x$　　(d) $y'=2\sin(x+1)\cdot\cos(x+1)$

練習問題　12.1

[1]　(a) $\dfrac{4}{11}x^{11}+c$　　(b) $-\dfrac{2}{3}x^{-3}+c$

(c) $3\ln x+c$　　(d) $\dfrac{2}{7}x^7-x^4+3x+c$

(e) $x-\dfrac{1}{2}x^2+c$　　(f) $\dfrac{a}{3}x^3+\dfrac{b}{2}x^2+cx+d$

[2]　(a) $4e^x+c$　　(b) $e^x-2\ln x+c$

(c) $\dfrac{5}{2}x^2+e^x+c$　　(d) $4\ln x-\dfrac{1}{x}+c$

[3]　(a) $\dfrac{1}{2}x^2+\sin x+c$　　(b) $e^x-\cos x+c$

(c) $\ln x+4\sin x+c$ (d) $-2\cos x+3\sin x+c$

練習問題 12.2

[1] (a) $\frac{1}{6}(ax^2+bx)^6+c$ (b) $3e^{2x+3}+c$

(c) $\ln(x+2)+c$ (d) $\ln(x^2+3)+c$

[2] (a) $\frac{1}{3}(x+1)(x+2)^3-\int\frac{1}{3}(x+2)^3dx$

$=\frac{1}{3}(x+1)(x+2)^3-\frac{1}{12}(x+2)^4+c$

(b) $x^2\ln x-\int x^2\cdot\frac{1}{x}dx=x^2\ln x-\int xdx=x^2\ln x-\frac{1}{2}x^2+c$

(c) $-xe^{x}+\int e^{-x}dx=-xe^{x}-e^{-x}+c$

(d) $x\ln 3x-\int x\cdot\frac{1}{x}dx=x\ln 3x-x+c$

練習問題 12.3

[1] (a) $\frac{13}{3}$ (b) $\frac{49}{4}$ (c) $\frac{14}{3}$ (d) 4 (e) $\frac{19}{3}-\frac{1}{3}\left(\frac{1}{27}-\frac{1}{8}\right)$ (f) 4

[2] (a) $\frac{2}{9}e^3$ (b) $e^3(e-1)$ (c) $\frac{1}{2}e^4(e^2-1)+e^2(e-1)$ (d) $\ln\frac{42}{e(e+1)}$

[3] (b) $\frac{1}{2}(\ln 2)^2$ (c) $\frac{1}{2}(e-1)$ (d) 0

練習問題 12.4

[1] (a) 1 (b) $\frac{1}{e^2}$ (c) $\frac{1}{3}$ (d) ∞(發散)

[2] (a) $\frac{1}{2}$ (b) $\frac{1}{n-1}$ (c) $\frac{1}{r}$ (d) $\frac{1}{r}$

練習問題 12.5

[1] $TC=0.0003q^3-0.005q^2+10q+100$

[2] (a) $TR=-0.8q^2+75q$

(b) $TR=10(1-q)^{-1}-10$

[3] $q=cp^{-\frac{1}{4}}$

練習問題　12. 6

[1] $\pi=3q^2-\frac{1}{3}q^3+c$

[2] (a) $\frac{25}{24}$ (b) $\frac{125}{3}-5a+\frac{2}{3}a\sqrt{a}$

[3] $A=20000(1-e^{-0.1})$

[4] $A=25000$

練習問題　12. 7

[1] (a) $\rho s=\frac{1}{3}\times 0.24=0.08$

(b) $\rho s=\frac{1}{2}\times 0.30=0.15$

(c) $\rho s=\frac{1}{5}\times 0.15=0.03$

[2] $Y=\min\left(\frac{L}{\alpha},\ \frac{K}{\beta}\right)$

[3] $I(t)=I(0)e^{\rho st}$

[4] 모델의 안정성이 높아짐.

練習問題　13. 2

[1] (a) $y=At^{-1}$ (b) $y^2=-t^2+c$

(c) $y=\ln t+c$ (d) $y=-1/\left(\frac{3}{2}t^2+c\right)$

[2] (a) $t^3y^2=c$ (b) $ty^3+t^2=c$

(c) $ty+ty^2=c$

[3] (a) $y=Ae^t-10$ (b) $y=3+ce^{-\frac{1}{3}t^3}$

(c) $y=Ae^{-\frac{1}{2}t^2}$ (d) $y=ce^{-bt}-\frac{1}{7}e^t$

[4] (a) $y=1/(ce^{-t}-t+1)$ (b) $y=-1/\left(\frac{3}{2}t^{2}+c\right)$

[5] $y=3+e^{-\frac{1}{2}t^3}$

練習問題 13. 4

[1] (a) $y_t=5.3^t$ (b) $y_t=2(-2)^t$ (c) $y_t=(0.5)^t$

[2] (a) $y_t=5+2t$ (b) $y_t=4.3^t-2$

(c) $y_t=2(-3)^t+5\dfrac{1-(-3)^t}{4}$ (d) $y_t=3.6^t+1$

練習問題 13. 5

[2] $Y(t)=Ae^{\int\frac{\alpha}{\beta}dt}$

練習問題 13. 6

[1] 안정적

[2] 안정적

[3] (a) 안정적 (b) 안정적

練習問題 13. 7

[2] $Q=\dfrac{nK+\rho}{s}$

練習問題 14. 1

[1] (a) $\overrightarrow{AB}=(-2,\ 3)$, $\overrightarrow{PQ}=(-2,\ 3)$ 이므로 $\overrightarrow{AB}=\overrightarrow{PQ}$ 이다.

[2] (a) $\overrightarrow{OA}+\overrightarrow{OB}=(4,\ 7)$ (b) $\overrightarrow{AB}=(-6,\ 5)$

[3] (a) $\overrightarrow{OA}=(2,\ -1,\ 5)$, $\|\overrightarrow{OA}\|=\sqrt{2^2+(-1)^2+5^2}=\sqrt{30}=2\sqrt{5}$

$\overrightarrow{OB}=(1,\ -1,\ 3)$, $\|\overrightarrow{OB}\|=\sqrt{1^2+(-1)^2+3^2}=\sqrt{11}$

(b) $\overrightarrow{OA}+\overrightarrow{OB}=(3,\ -2,\ 8)$

(c) $\overrightarrow{AB}=(-1,\ 0,\ -2)$

練習問題 14.2

[1] (a) $-\mathbf{a}=(-1,\ -3)$ (b) $3\mathbf{a}=(3,\ 9)$ (c) $\mathbf{a}+\mathbf{b}=(-1,\ 7)$
(d) $\mathbf{a}-\mathbf{b}=(3,\ -1)$ (e) $3\mathbf{a}+2\mathbf{b}=(-1,\ 17)$ (f) $2\mathbf{a}-3\mathbf{b}=(8,\ -6)$

[2] (a) $-\mathbf{a}=(-3,\ 0,\ -2)$ (b) $3\mathbf{a}=(9,\ 0,\ 6)$
(c) $\mathbf{a}+\mathbf{b}=(4,\ -2,\ 7)$ (d) $\mathbf{a}-\mathbf{b}=(2,\ 2,\ -3)$
(e) $3\mathbf{a}+2\mathbf{b}=(11,\ -4,\ 16)$ (f) $2\mathbf{a}-3\mathbf{b}=(3,\ 6,\ -11)$

[3] (a) $\mathbf{a}+\mathbf{b}=(4,\ 2,\ 0,\ 4)$ (b) $2\mathbf{a}+3\mathbf{b}=(9,\ 6,\ -2,\ 11)$
(c) $3\mathbf{a}-4\mathbf{b}=(5,\ -8,\ 14,\ -9)$

練習問題 14.3

[1] (a) $\mathbf{a}\cdot\mathbf{b}=3-4=-1$ (b) $\mathbf{a}\cdot\mathbf{b}=-6+6=0$

[2] $\mathbf{a}\cdot\mathbf{b}=-2+2k=0$ 이므로 $k=1$ 이다.

[3] $\cos\theta=\dfrac{\mathbf{a}\cdot\mathbf{b}}{\|\mathbf{a}\|\|\mathbf{b}\|}=\dfrac{3(-1)+4\cdot 2}{\sqrt{3^2+4^2}\sqrt{(-1)^2+2^2}}=\dfrac{1}{\sqrt{5}}$

[4] (a) $\overrightarrow{\mathrm{BA}}=(1,\ 5)$, $\overrightarrow{\mathrm{BC}}=(4,\ 1)$
$\overrightarrow{\mathrm{BP}}=k\overrightarrow{\mathrm{BC}}$ 라고 할 때,
$\overrightarrow{\mathrm{BA}}-\overrightarrow{\mathrm{BP}}=\overrightarrow{\mathrm{AP}}$, $\overrightarrow{\mathrm{AP}}\cdot\overrightarrow{\mathrm{BP}}=0$, $k\neq 0$
이므로 $k=\dfrac{9}{17}$ 이고 따라서 $\overrightarrow{\mathrm{BA}}-\overrightarrow{\mathrm{BP}}=\left(\dfrac{-19}{17},\ \dfrac{76}{17}\right)$ 이다.

(b) $\triangle\mathrm{ABC}=\dfrac{1}{2}\overline{\mathrm{BC}}\cdot\overline{\mathrm{AP}}=\dfrac{1}{2}\|\overrightarrow{\mathrm{BC}}\|\|\overrightarrow{\mathrm{AP}}\|$

$$=\frac{1}{2}\sqrt{4^2+1^2}\cdot\sqrt{\frac{19^2}{17^2}+\frac{76^2}{17^2}}$$

[5] (a) $\mathbf{a}\cdot\mathbf{b}=0+3-4=-1$
(b) $\mathbf{a}\cdot\mathbf{b}=0+3-3=0$

[6] (a) $d(\mathrm{A},\ \mathrm{B})=\sqrt{2^2+(-6)^2+3^2}=\sqrt{49}=7$
(b) $d(\mathrm{A},\ \mathrm{B})=\sqrt{1^2+2^2+5^2}=\sqrt{30}$

練習問題 14.4

[1] (a) $\dfrac{x-1}{-2}=\dfrac{y-2}{3}$ 즉 $y=-\dfrac{3}{2}(x-1)+2$

(b) $\dfrac{x-1}{-1}=\dfrac{y-2}{2}$ 즉 $y=-2(x-1)+2$

(c) $-(x-1)+2(y-2)=0$ 즉 $x-2y+3=0$

[2] (a) $-1(x-1)+2(y+2)+z-5=0$ 즉 $x-2y-z=0$

(b) $\begin{vmatrix} x & y & z \\ 1 & 2 & 3 \\ -1 & 2 & 4 \end{vmatrix}=0$ 즉 $2x-7y+4z=0$

[4] Gauss-Jordan의 소거법을 이용하여 다음 연립일차방정식의 해를 구한다.

$$\begin{cases} 4x+3y+z=8 \\ 3x+2y-4z=1 \end{cases}$$

구하는 직선의 방정식은 다음과 같다.

$$\begin{cases} x=14t-13 \\ y=-19t+20 \qquad (t \in \mathbb{R}) \\ z=t \end{cases}$$

즉 $\dfrac{x+13}{14}=\dfrac{y-20}{-19}=\dfrac{z}{1}$

[5] (a) $\mathbf{a}\times\mathbf{b}=\left(\begin{vmatrix} 1 & 2 \\ 2 & -1 \end{vmatrix}, -\begin{vmatrix} 2 & 2 \\ 3 & -1 \end{vmatrix}, \begin{vmatrix} 2 & 1 \\ 3 & 2 \end{vmatrix}\right)=(-5, 8, 1)$

(b) 연립방정식

$$\begin{cases} 2x+y=5 \\ 3x+2y=4 \end{cases}$$

의 해는 $x=6$, $y=-7$이다.

따라서 점 P(6, −7, 0)은 구하는 직선 위에 있는 점이다.

[6] (a) $x=y=z$

(b) $x+y+z=0$

練習問題 15.3

[1] (a) $(x_1, x_2)=(2, 4)$, $z=22$ (b) $(x_1, x_2)=\left(2, \dfrac{1}{2}\right)$, $z=45$

[2] $(x_1, x_2)=(2, 4)$ or $(4, 2)$, $z=18$

[3] $(x_1, x_2)=\left(2, \frac{1}{2}\right)$, $z=48$

練習問題 15.4

[2] (a) $(0, 0, 4, 3, 8)$, $(0, 3, 4, 0, 2)$, $(2, 3, 2, 0, 0)$,
$(4, 2, 0, 1, 0)$, $(4, 0, 0, 3, 4)$

(b) $(4, 0, 1, 0, 9)$, $\left(2, \frac{1}{2}, 0, 0, \frac{7}{2}\right)$, $\left(\frac{3}{5}, \frac{6}{5}, 0, \frac{7}{5}, 0\right)$, $(0, 3, 3, 8, 0)$

練習問題 15.5

[1] $(x_1, x_2)=(5, 3)$, $z=13$

[2] $(x_1, x_2)=(2, 3)$, $z=17$

練習問題 15.6

[2] (1) $(x_1, x_2)=(5, 3)$, $z=13$

(2) $(x_1, x_2)=(2, 3)$, $z=17$

[3] 최적해가 존재하지 않는다.

[4] $(x_1, x_2, x_3, x_4, x_5, x_6)=(4, 0, 2, 0, 0, 5)$, $z=34$

練習問題 15.7

[1] $(x_1, x_2, x_3)=\left(\frac{10}{3}, \frac{40}{3}, 0\right)$, $z=\frac{50}{3}$

[2] $(x_1, x_2, x_3, x_4)=\left(\frac{5}{2}, \frac{5}{2}, \frac{5}{2}, 0\right)$, $z=15$

練習問題 15.8

[1] $(x_1, x_2)=(8, 0)$, $z=8$

[2] $(x_1, x_2)=\left(2, \frac{1}{2}\right)$, $z=45$

[3] $(x_1, x_2, x_3)=(1, 0, 1)$, $z=190$

練習問題 15.9

[3] (a) 원문제의 최적해 $(x_1, x_2, x_3)=(0, 1, 2)$
쌍대문제의 최적해 $(y_1, y_2)=(2, 3)$

練習問題 16.2

[1] (a) 최적전략 $(p_1, p_2)=(1, 1)$, $v=0$

[2] (a) 3 (b) 없음

[3] 최적전략 $(p_1, p_2)=(2, 1)$, $v=3$

練習問題 16.3

[1] (a) $v=\frac{1}{2}$, $\overline{X}=\left[\frac{3}{4}, \frac{1}{4}\right]$, $\overline{Y}=\begin{bmatrix}\frac{1}{2}\\ \frac{1}{2}\end{bmatrix}$

(b) $v=\frac{43}{8}$, $\overline{X}=\left[\frac{3}{16}, \frac{13}{16}\right]$, $\overline{Y}=\begin{bmatrix}\frac{7}{8}\\ \frac{1}{8}\end{bmatrix}$

(c) 결정적 게임 $v=3$

(d) 결정적 게임 $v=3$

[2] (b) $v=\frac{-1}{12}$, $\overline{X}=\left[\frac{7}{12}, \frac{5}{12}\right]$, $\overline{Y}=\begin{bmatrix}\frac{7}{12}\\ \frac{5}{12}\end{bmatrix}$

練習問題 16.4

[1] (a) $v=\frac{53}{9}$, $\overline{X}=\left[\frac{7}{9}, \frac{2}{9}\right]$, $\overline{Y}=\begin{bmatrix}\frac{4}{9}\\ \frac{5}{9}\end{bmatrix}$

(b) $v=\frac{1}{2},\ \overline{X}=\left[\frac{1}{2},\ \frac{1}{2}\right],\ \overline{Y}=\begin{bmatrix}\frac{7}{10}\\ \frac{3}{10}\\ 0\end{bmatrix}$

(c) $v=\frac{40}{11},\ \overline{X}=\left[\frac{8}{11},\ \frac{3}{11}\right],\ \overline{Y}=\begin{bmatrix}\frac{6}{11}\\ \frac{5}{11}\end{bmatrix}$

(d) $v=\frac{1}{7},\ \overline{X}=\left[\frac{3}{7},\ \frac{4}{7}\right],\ \overline{Y}=\begin{bmatrix}\frac{5}{7}\\ 0\\ \frac{2}{7}\\ 0\end{bmatrix}$

練習問題　16.5

［2］ (a) $v=\frac{3}{4},\ \overline{X}=\left[\frac{3}{4},\ \frac{1}{4}\right],\ \overline{Y}=\begin{bmatrix}\frac{3}{4}\\ \frac{1}{4}\end{bmatrix}$

(b) $v=-\frac{1}{2},\ \overline{X}=\left[\frac{1}{2},\ \frac{1}{2}\right],\ \overline{Y}=\begin{bmatrix}1/12\\ 11/12\\ 0\\ 0\end{bmatrix}$

(c) $v=\frac{3}{2},\ \overline{X}=\left[0,\ \frac{1}{2},\ 0,\ \frac{1}{2}\right],\ \overline{Y}=\begin{bmatrix}3/4\\ 1/4\end{bmatrix}$

(d) $v=10,\ \overline{X}=[0,\ 0,\ 1],\ \overline{Y}=\begin{bmatrix}1\\ 0\end{bmatrix}$

練習問題　16.6

［1］ (a) $v=2,\ \overline{X}=\left[\frac{1}{3},\ \frac{1}{3},\ \frac{1}{3}\right],\ \overline{Y}=\begin{bmatrix}1/3\\ 1/3\\ 1/3\end{bmatrix}$

[2] (a) $-4y_1-2y_2+y_3\geq 0$

$-9y_2+y_3\geq 0$

$y_1+y_2\geq 0$

$y_1, y_2, y_3\geq 0$

인 條件 아래에서

min. $z=0y_1+0y_2+y_3$

(b) $-y_1-4y_2-3y_3+y_4\geq 0$

$-2y_2-8y_3+y_4\geq 0$

$y_1+y_2+y_3\geq 0$

$y_j\geq 0,\ j=1, 2, 3, 4$

인 條件 아래에서

min. $z=0y_1+0y_2+0y_3+y_4$

찾아보기

[著者略歷]

李 孝 求

西江大學校 經濟學科 卒業
Northwestern 大學校(經濟學博士)
國際經濟研究院 首席研究員
西江大學校 經濟大學院長
現: 西江大學校 經濟學科 名譽敎授

著 書

微視經濟學(博英社, 1976)
經濟原論演習(博英社, 1980)
새統計學(博英社, 1983)
새外換論(博英社, 1985)

朴 勝 安

서울大學校 師範大學 數學科 卒業
서울大學校 大學院 數學科(理學碩士)
University of Illinois(理學博士)
現: 西江大學校 理科大學 名譽敎授

著 書

群表現論(民音社, 1987)
現代代數學(제 4 판, 京文社, 1998)
整數論(제 4 판, 京文社, 1997)
線型代數學(제 2 판, 淸文閣, 1994)
代數學과 暗號學(京文社, 1999)

第四版
經濟・經營數學

1977년 2월 28일 초판발행
1982년 9월 25일 전정판발행
1993년 2월 10일 신정판발행
1999년 8월 30일 제 4 판발행
2014년 3월 10일 중판발행

공저자 이효구・박승안
발행인 안 종 만
발행처 (주)박영사
서울특별시 종로구 평동 13-31번지
전화 (733)6771 FAX (736)4818
등록 1959. 3. 11. 제300-1959-1호(倫)

www.pybook.co.kr e-mail: pys@pybook.co.kr

정 가 35,000원 ISBN 978-89-6454-089-3